Vorwort

Dieses Lehrbuch spiegelt den Inhalt der ersten **vier Lernfelder** des Rahmenlehrplans für den berufsbezogenen Unterricht der Medizinischen Fachangestellten wider. Kompakt und anschaulich werden in nur einem Band die Grundlagen der medizinischen **Behandlungsassistenz**, **Praxisorganisation und -verwaltung**, **Abrechnung** und **EDV** sowie die Zusatzbereiche **Kommunikation** und **Englisch** dargeboten.

Diese **didaktische Konzeption** verfolgt das Ziel, dass medizinische Inhalte neben AWL- und Abrechnungsinhalten **parallel und integrativ** im Unterricht behandelt werden können. Zugleich ermöglicht das Arztinformationssystem „ALBIS on WINDOWS" die integrative Vermittlung berufsspezifischer EDV-Kentnisse für die Bereiche Abrechnung, Praxisverwaltung und -management. Das zusätzliche Angebot von Kommunikations- und Englischinhalten dient der Förderung der sozialen Kompetenz der Auszubildenden und ihrer Kommunikationsfähigkeit im Umgang mit Patienten.

Das **fächerübergreifende Gesamtkonzept** entspricht der ganzheitlichen Tätigkeit der Medizinischen Fachangestellten in der Praxis und ermöglicht das Durchführen eines **handlungsorientierten Unterrichts**.

Durch die **Lernfeldkonzeption** können **praxissituative Lernprozesse** initiiert, begleitet und abgeschlossen werden. Die dabei erworbenen **Kompetenzen** bilden die Basis für ein **selbstständiges Problemlösen** im beruflichen Alltag. Anhand von **Praktika** wird der Aufforderungscharakter zur eigenverantwortlichen Lösung von Problemsituationen erhöht. Die Sachdarstellung bietet zu[illegible]form zur Bewältigung vergleichbarer privater Situationen.

Handlungsorientierte Einstiegssituationen [illegible] deutlichen die jeweilige berufliche Situation der [illegible] **vation** zu erhöhen, sind die Inhalte insgesamt [illegible] **orientiert** aufbereitet.

Mithilfe von **Wiederholungs- und Prüfungsfragen** am Ende eines Kapitels können sich die Schülerinnen und Schüler in die Lage der selbstständigen Wissensabfrage zur Selbstprüfung versetzen.

Das Layout erfüllt den hohen Anspruch eines modernen Unterrichtsbuches. Die Lerneinheiten sind mit **Abbildungen, Tabellen und Merksätzen aufeinander abgestimmt**, sodass die Lernenden schnell und leicht auch komplexe Zusammenhänge erfassen. Ein **umfangreiches Stichwortverzeichnis** unterstützt das Auffinden von Sachverhalten.

Wir, das Autorenteam, wünschen allen Schülerinnen und Schülern, Lehrerinnen und Lehrern mit diesem Buch viel **Freude und Erfolg** im Unterricht.

Die Verfasser

Inhalt

Lernfeld 1: Sich in Beruf und Gesundheitswesen orientieren

Lernfeld 2: Patienten empfangen und begleiten

Lernfeld 3: Praxishygiene und Schutz vor Infektionskrankheiten organisieren

Lernfeld 4: Bei Diagnostik und Therapie der Bewegungsapparat-Erkrankungen assistieren

Praxiszentrum

Im Anger 1
88131 Lindau

	Angaben zur Praxis
Dr. med. Andrea Schmitz **Fachärztin für Innere Medizin und Allgemeinmedizin** **(Assistenz: Dr. Michael Späker)**	*Medizinische Fachangestellte:* Maria Müller (Rezeption, alle) Ingeborg Sterzik (Assistenz, auch Dr. Meierhoff) *Auszubildende:* 1. Jahr: Katrin Funk (auch Dr. Hellinghaus) 2. Jahr: Melissa Hellberg (auch Dr. Gropp, Dr. Meierhoff)
Dr. med. Udo Böcker **Facharzt für Chirurgie**	*Medizinische Fachangestellte:* Maria Müller (Rezeption, alle) Susanne Falk (Assistenz, schwanger, ab Jahresmitte in Elternzeit), Vertretung: Nina Lange *Medizinischer Fachangestellter:* Lars Peters (Assistenz, auch Dr. Hellinghaus) *Auszubildende:* 1. Jahr: Nezire Agan 3. Jahr: Julia Koch (auch Dr. Bachmann, Dr. Hellinghaus)
Dr. med. Gudrun Gropp **Fachärztin für Orthopädie**	*Medizinische Fachangestellte:* Maria Müller (Rezeption, alle) Vanessa Altmann (Assistenz, auch Dr. Bachmann) *Auszubildende:* 1. Jahr: Lara Dickmann (auch Dr. Meierhoff) 2. Jahr: Melissa Hellberg (auch Dr. Schmitz, Dr. Meierhoff)
Dr. med. Dieter Bachmann **Facharzt für Radiologie**	*MTR:* Jakob van Rees *Medizinische Fachangestellte:* Maria Müller (Rezeption, alle) Vanessa Altmann (Assistenz, auch Dr. Gropp) *Auszubildende:* 3. Jahr: Julia Koch (auch Dr. Böcker, Dr. Hellinghaus)
Dr. med. Thomas Meierhoff **Facharzt für Frauenheilkunde und Geburtshilfe**	*Medizinische Fachangestellte:* Maria Müller (Rezeption, alle) Ingeborg Sterzik (auch Dr. Schmitz) *Auszubildende:* 1. Jahr: Lara Dickmann (auch Dr. Gropp) 2. Jahr: Melissa Hellberg (auch Dr. Schmitz, Dr. Gropp)
Dr. med. Wilfried Hellinghaus **Facharzt für Innere Medizin mit Schwerpunkt Hämatologie und Onkologie**	*Medizinische Fachangestellte:* Maria Müller (Rezeption, alle) *Medizinischer Fachangestellter:* Lars Peters (auch Dr. Böcker) *Auszubildende:* 1. Jahr: Katrin Funk (auch Dr. Schmitz) 3. Jahr: Julia Koch (auch Dr. Böcker, Dr. Bachmann)
Frau Daniela Peters **Physiotherapeutin**	*Rezeption:* Jessica Albus
Herr Rainer Hesse **Apotheker**	*Pharmazeutisch-Kaufmännische Angestellte (PKA):* Laura Langenbrink
Öffnungszeiten: **Mo, Di, Do** **07:30–12:30 Uhr** **14:30–19:00 Uhr** **Mi, Fr** **07:00–13:00 Uhr**	Tel.: 05041 580601 Fax: 05041 580602 E-Mail: Praxiszentrum.dr.schmitz@t-online.de

Lernfeld 1: Sich in Beruf und Gesundheitswesen orientieren

1 Duale Berufsausbildung

Situation

Katrin Funk und ihre Freundin Michaela haben die Realschule abgeschlossen und reden über ihre Zukunftspläne.
Katrin: „Ich habe eine Ausbildung als Medizinische Fachangestellte begonnen. Nach meinem Praktikum bei einem Arzt kam für mich kein anderer Beruf mehr infrage. Letzte Woche hatte ich zum ersten Mal Berufsschulunterricht. Es war sehr interessant."
Michaela: „Ich möchte Krankenschwester werden. Deshalb gehe ich weiter zur Schule, denn ohne Fachhochschulreife habe ich keine Chance, ein Krankenhaus zu finden, bei dem ich mit dieser Ausbildung beginnen kann. Ich werde versuchen, auf einem Berufskolleg diesen Abschluss zu erreichen."

1.1 Die Berufsschule

Die Ausbildung zur Medizinischen Fachangestellten ist eine **duale Berufsausbildung**. Sie findet an zwei Ausbildungsorten, im Betrieb und in der Berufsschule statt. Eine überwiegend praktische Ausbildung leistet der Ausbildungsbetrieb. In der Berufsschule wird allgemeinbildendes und berufstheoretisches Wissen vermittelt.
Rechtsgrundlage für die betriebliche Ausbildung ist das **Berufsbildungsgesetz (BBiG)**. Es regelt unter anderem

- die Rechte und Pflichten der Ausbildungsbetriebe und der Auszubildenden,
- den Berufsausbildungsvertrag, der in jedem Fall die individuelle Rechtsgrundlage eines Ausbildungsverhältnisses sein muss,
- das System der anerkannten Ausbildungsberufe sowie
- die Aufgaben der zuständigen Stellen, d. h. in diesem Fall der Ärztekammer (siehe Kapitel 3.1).

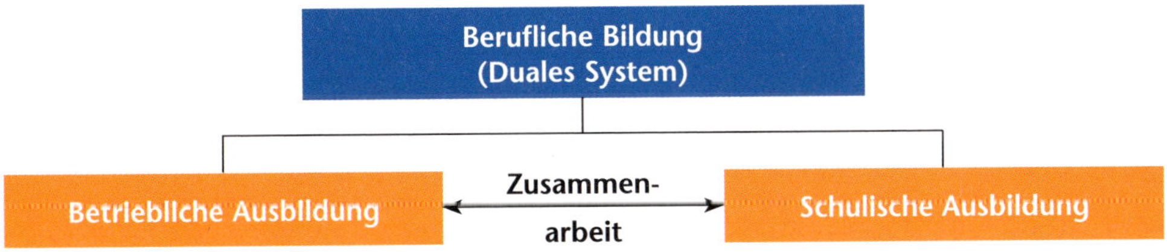

- *Rechtsgrundlage:* Berufsausbildungsgesetz (BBiG)
- *Betriebliche Ausbildung erfordert:* Ausbildungsverhältnis zwischen Ausbilder und Auszubildender

- *Rechtsgrundlage:* Schulgesetze der Länder
- *Betriebliche Ausbildung erfordert:* Berufsschulbesuch

Die **Rechtsgrundlage** für den zweiten Lernort, **die Berufsschule**, ist das Schulgesetz des jeweiligen Bundeslandes. Die hier wichtigste Bestimmung ist die Berufsschulpflicht. Diese ist in den einzelnen Bundesländern unterschiedlich geregelt, ist aber in den meisten Fällen sehr weit gefasst. Da die betrieblichen Ausbildungsinhalte und die berufsschulischen Lehrpläne aufeinander abgestimmt sind, führt ein Verzicht auf den Berufsschulbesuch zu einer lückenhaften Ausbildung. Hinzu kommt, dass der berufsbezogene Lehrstoff der Berufsschule Gegenstand der Abschlussprüfung ist. Die Berufsschule hat somit ihren festen Platz im dualen System der beruflichen Bildung.

1.2 Der Ausbildungsbetrieb

Während der Ausbildungszeit lernen die Auszubildenden das breite Spektrum an Tätigkeiten in einer Arztpraxis kennen. Das Gespräch mit den Patienten, die Assistenz bei der Behandlung, die Umsetzung und Beachtung aller Maßnahmen zur Praxishygiene und die vielfältigen organisatorischen Aufgaben sind u. a. interessante und abwechslungsreiche Tätigkeiten. Neben dem fachlichen Können ist der richtige Umgang mit den Patienten besonders wichtig. Die Fähigkeit, Vertrauen zu schaffen, Ängste zu nehmen und Einfühlungsvermögen zu zeigen, gehört zum Anforderungsprofil einer Medizinischen Fachangestellten. Damit auch umfassend alle für die Ausübung des Berufes notwendigen Kompetenzen erworben werden können, erlegt das Berufsbildungsgesetz dem Arzt die Verpflichtung zur umfassenden Ausbildung auf.

§ 14 BBiG – Berufsausbildung

(1) Ausbildende haben

1. dafür zu sorgen, dass den Auszubildenden die berufliche Handlungsfähigkeit vermittelt wird, die zum Erreichen des Ausbildungsziels erforderlich ist, und die Berufsausbildung in einer durch ihren Zweck gebotenen Form planmäßig, zeitlich und sachlich gegliedert so durchzuführen, dass das Ausbildungsziel in der vorgesehenen Ausbildungszeit erreicht werden kann,
2. selbst auszubilden oder einen Ausbilder oder eine Ausbilderin ausdrücklich damit zu beauftragen,
3. Auszubildenden kostenlos die Ausbildungsmittel, insbesondere Werkzeuge und Werkstoffe zur Verfügung zu stellen, die zur Berufsausbildung und zum Ablegen von Zwischen- und Abschlussprüfungen, auch soweit solche nach Beendigung des Berufsausbildungsverhältnisses stattfinden, erforderlich sind,

4. Auszubildende zum Besuch der Berufsschule sowie zum Führen von schriftlichen Ausbildungsnachweisen anzuhalten, soweit solche im Rahmen der Berufsausbildung verlangt werden, und diese durchzusehen,
5. dafür zu sorgen, dass Auszubildende charakterlich gefördert sowie sittlich und körperlich nicht gefährdet werden.

(2) Auszubildenden dürfen nur Aufgaben übertragen werden, die dem Ausbildungszweck dienen und ihren körperlichen Kräften angemessen sind.

Aufgaben

1. Informieren Sie sich darüber, was man unter einer „dualen Berufsausbildung" versteht.
2. Stellen Sie fest, welche Fächer im Rahmen Ihrer Ausbildung zur Medizinischen Fachangestellten in den einzelnen Ausbildungsjahren in der Berufsschule erteilt werden und welche Unterteilung bei den Fächern vorgenommen wird.
3. Erkundigen Sie sich, welche Möglichkeiten das Berufskolleg bietet, um weitere Schulabschlüsse wie z.B. die Fachhochschulreife zu erreichen.
4. Auch die Berufsschule ist ein Ort, in der ein geordnetes Zusammenleben der Schülerinnen und Schüler gewährleistet sein muss. Verhaltens- und Umgangsregeln sind in der Schulordnung festgelegt.
   - Besorgen Sie sich die Schulordnung Ihrer Schule.
   - Unterstreichen Sie im Text die Ihnen wichtig erscheinenden Verhaltensregeln.
   - Moderieren Sie, was bei Versäumnissen des Berufsschulunterrichtes aufgrund von Krankheit zu beachten ist.
5. Folgender Grundriss einer Arztpraxis liegt vor:

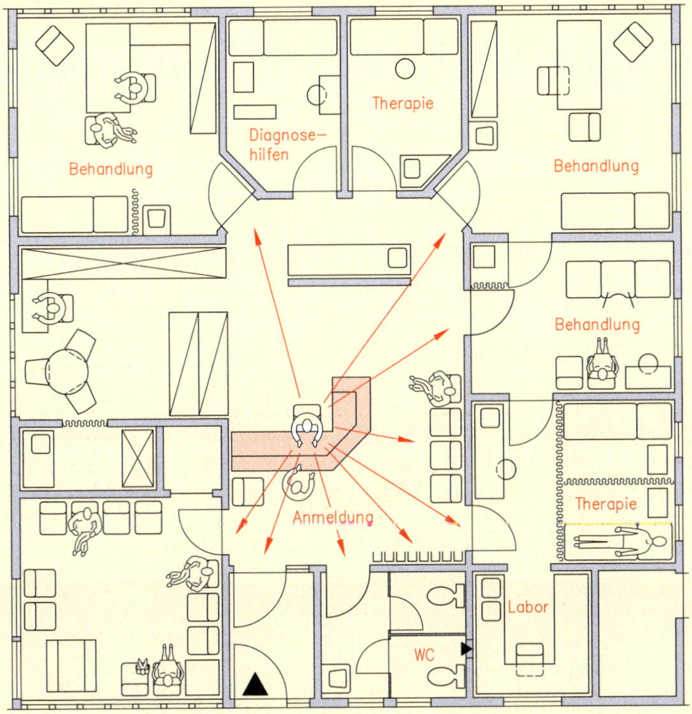

   - Erstellen Sie eine Übersicht mit den wichtigsten Aufgaben, die eine Medizinische Fachangestellte in den einzelnen Räumen übernimmt.

2 Berufe und Zweige des Gesundheitswesens

Situation

Voller Interesse hat Anne, Katrins Freundin aus den USA, die zurzeit zu Besuch ist, dem Gespräch von Katrin und Michaela zugehört. „Ausbildung als Medizinische Fachangestellte oder Krankenschwester, so etwas kennen wir in Amerika gar nicht. Du arbeitest nach dem College bei einem Arzt und lernst so nach und nach alle Tätigkeiten, die in einer Praxis anfallen. Krankenschwestern werden bei uns direkt durch ihre praktische Tätigkeit in den Krankenhäusern ausgebildet. Bei uns gibt es teilweise auch nicht diese strenge Aufteilung zwischen Arzt, Arztpraxen und Krankenhäusern. Vielmehr suchen viele Versicherte oft sogenannte Gesundheitszentren auf. Hier erfolgt je nach Bedarf eine ärztliche Behandlung oder eine stationäre Versorgung des Versicherten, wobei aufgrund der Kosten sehr viel Wert auf Gesundheitsvorsorge gelegt wird. Über das Gesundheitswesen hier werde ich sicherlich meinen Freunden Interessantes berichten können. Gestern sah ich in der Stadt das Gesundheitsamt. Was ist ein Amt für Gesundheit? Letztens beim Arzt trug eine der Angestellten ein Namensschild mit dem Zusatz LTA. Ihr seht, ich habe noch viele Fragen."

2.1 Öffentlicher Gesundheitsdienst

Insgesamt umfasst das Gesundheitswesen folgende Bereiche:

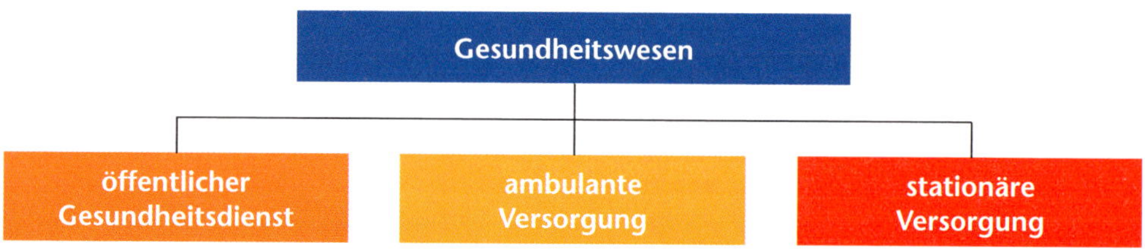

Der **öffentliche Gesundheitsdienst** umfasst alle Behörden, die Überwachungs- und Dienstleistungsaufgaben im Bereich Gesundheit wahrnehmen. Auf jeder staatlichen Ebene gibt es entsprechende Behörden.

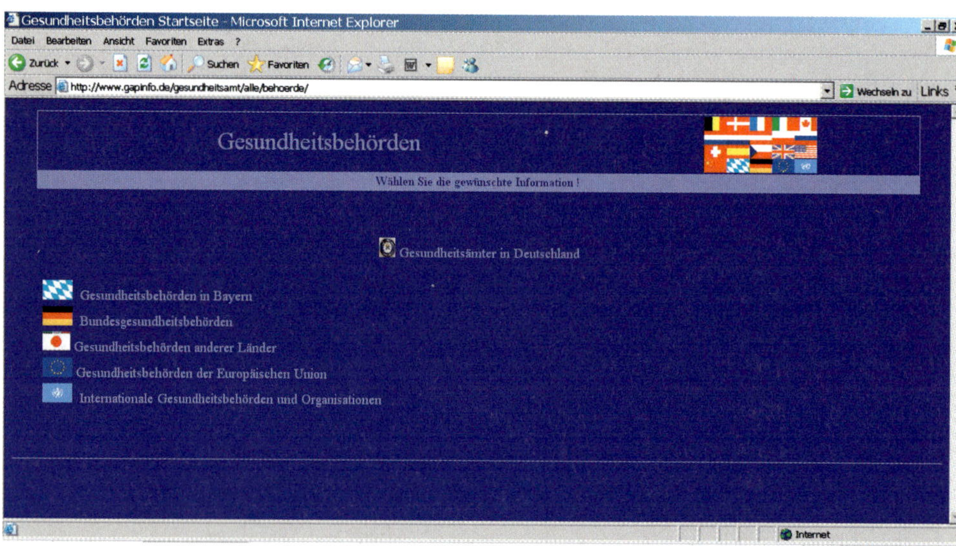

Quelle: http://www.gapinfo.de/gesundheitsamt/alle/behoerde; abgerufen am 11.03.2009

Die oberste Behörde im öffentlichen Gesundheitsdienst ist das **Bundesministerium für Gesundheit (BMG)**. Themen und Schwerpunkte im Bereich Gesundheit können auf der Internetseite des Ministeriums (bmg.bund.de) eingesehen werden.
Bei der Wahrnehmung dieser Aufgaben wird das Bundesministerium für Gesundheit von einer Vielzahl von Bundesbehörden unterstützt.

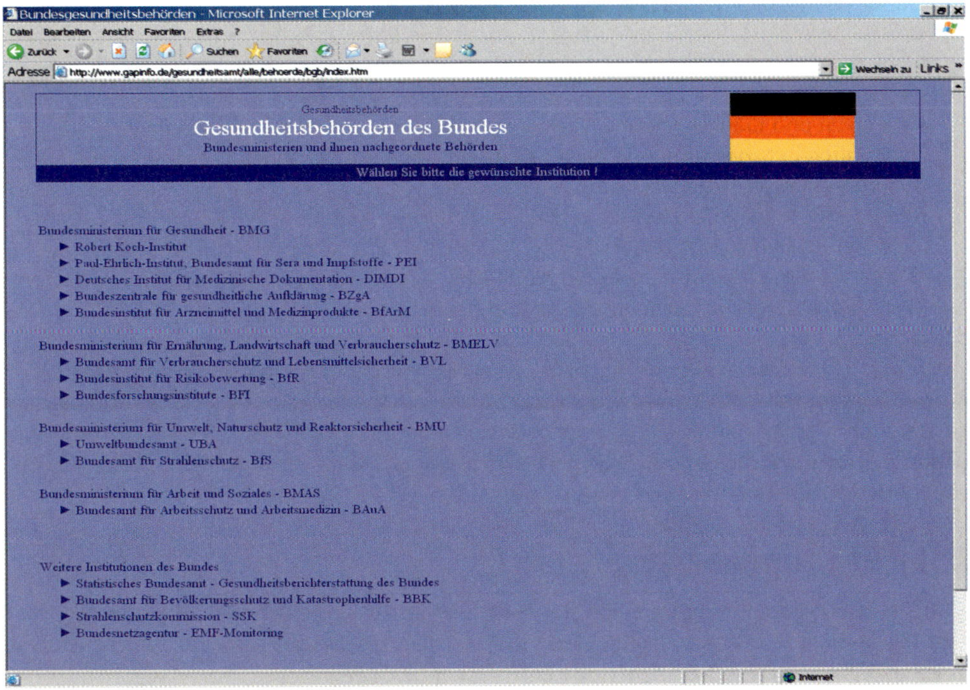

Quelle: http://www.gapinfo.de/gesundheitsamt/alle/behoerde/bgb/index.htm; abgerufen am 11.03.2009

Bei den Landesgesundheitsbehörden liegt der Schwerpunkt der Aufgaben u.a. auf dem Gebiet der übertragbaren Krankheiten, der Hygiene, der Umweltmedizin und der Epidemiologie. Entsprechende Informationen über die zuständigen Gesundheitsbehörden eines Landes findet man im Internet.
Die **Gesundheitsämter** sind Einrichtungen auf kommunaler Ebene. Mit ihnen hat der Bürger, aber auch die Arztpraxis am ehesten Kontakt, da viele Angebote direkt für jeden Einzelnen zur Verfügung stehen. Schwerpunktaufgaben sind insbesondere:

- Infektionsschutz und Umwelthygiene,
- Gesundheitsförderung und Prävention,
- Gesundheitsberichterstattung und Epidemiologie,
- gesundheitlicher Verbraucherschutz.

In diesem Zusammenhang übernehmen die Gesundheitsämter folgende Aufgaben:

Aufgaben der Gesundheitsämter	
Hoheitliche Aufgaben	**Fürsorgliche Aufgaben**
▪ Aufsicht über medizinisches Personal ▪ Amtsärztliche Zeugnisse und Gutachten ▪ Seuchenbekämpfung ▪ Allgemeine Hygieneüberwachung	▪ Mütterberatung ▪ Schulgesundheitsdienst ▪ Behindertenfürsorge ▪ Fürsorge für Geschlechtskranke ▪ Tuberkulosefürsorge ▪ Fürsorge bei psychischen Erkrankungen ▪ Fürsorge bei Suchtkrankheiten

Das konkrete Angebot für die Bürger wird am Beispiel der Beratungsthemen deutlich, die z. B. die Gesundheitsämter in Baden-Württemberg zum Abruf anbieten.

Unser Angebot:	
Badeseen und Schwimmbäder	Infektionsschutz
Beratungsangebote	Kinder- und Jugendgesundheit
Gesundheitsdaten und Berichte	Lästlinge und Schädlinge
Gesundheitsförderung	Sucht
Gesundheit und Umwelt	Trinkwasser
Gutachten und Untersuchungen	Wohnungshygiene
Hygiene und Einrichtungen	Zahngesundheit
Impfungen	

Quelle: Vgl. Gesundheitsthemen des Öffentlichen Gesundheitsdienstes Baden-Württemberg; http://www.gesundheitsamt-bw.de; abgerufen am 02.02.2009

Jeder, der schon einmal ein amtsärztliches Zeugnis benötigte, hat mit dem Gesundheitsamt Kontakt gehabt, da nur die hier tätigen Amtsärzte befugt sind, ein entsprechendes Zeugnis auszustellen. Das Gesundheitsamt ist auch für den niedergelassenen Arzt die direkt zuständige Behörde, wenn z. B. bei einem Patienten eine meldepflichtige Erkrankung nach Bundesseuchengesetz anzuzeigen ist.

2.2 Stationäre Versorgung

Manche Erkrankungen erfordern eine stationäre Behandlung. Die Entscheidung über die Notwendigkeit einer Krankenhausbehandlung trifft der niedergelassene Arzt, bei dem ein Patient in Behandlung ist. Dieser veranlasst eine entsprechende Einweisung.

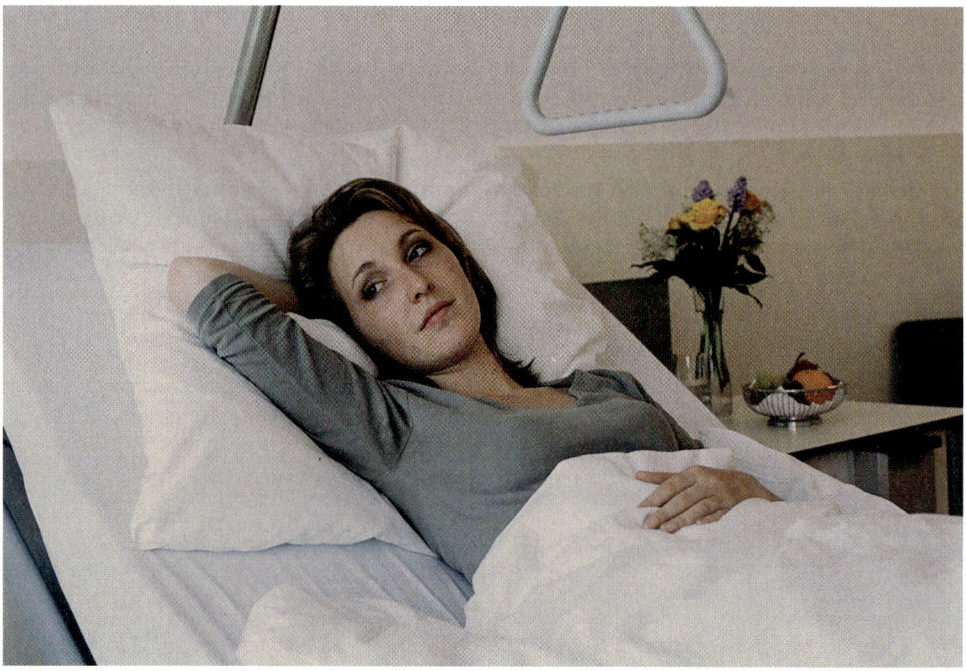

Die stationäre Behandlung umfasst die vollstationäre, teilstationäre, vor- und nachstationäre Behandlung sowie das ambulante Operieren. Die Kliniken sind in der Regel nach **Fachabtei-**

lungen wie Innere Medizin, Chirurgie, Gynäkologie, Urologie usw. aufgebaut. Die Fachabteilungen werden von Fachärzten dieser Disziplin geleitet. Sie sind mit besonderen Behandlungseinrichtungen ausgestattet.

Krankenhäuser

Akutkrankenhäuser

z. B. Krankenhäuser für
- innere Krankheiten
- Chirurgie
- Unfallbehandlung
- Gynäkologie und Geburtshilfe

Sonderkrankenhäuser

z. B. Krankenhäuser für
- Psychiatrie
- Rheumaerkrankungen
- Suchtkranke
- Kuren

nach den angebotenen Versorgungsmöglichkeiten unterscheidet man Krankenhäuser der

– Grundversorgung	(sichern die wohnortnahe Grundversorgung)
– Regelversorgung	(Krankenhäuser mit mehr als drei Fachrichtungen und teilweise überörtlicher Krankenversorgung)
– Zentralversorgung	(überörtlicher Einzugsbereich; viele Spezialdisziplinen)
– Maximalversorgung	(zumeist Universitätskliniken)

Die normale stationäre Versorgung erfolgt in **Akutkrankenhäusern. Sonderkrankenhäuser** dienen überwiegend der Langzeitbehandlung, beispielsweise bei chronischen Erkrankungen.

2.3 Ambulante ärztliche Versorgung

Die ambulante ärztliche Versorgung erfolgt bei niedergelassenen Ärzten. Sie umfasst u. a.:
- ärztliche Behandlung,
- Maßnahmen zur Früherkennung von Krankheiten,
- ärztliche Betreuung bei Schwangerschaft und Mutterschaft,
- Anordnung der Hilfeleistung anderer Personen sowie die Verordnung von Behandlungen.

Zur Erfüllung dieser Aufgaben bedarf der Arzt einer umfassenden Ausbildung. Die ärztliche Ausbildung umfasst ein Studium der Medizin von mindestens zwölf Semestern an einer wissenschaftlichen Hochschule. Der vorklinische Teil umfasst vier Semester und endet mit dem ersten Abschnitt der ärztlichen Prüfung. Es folgt der klinische Teil vom fünften bis zum zehnten Semester mit weiteren Universitätsprüfungen. In den Semestern elf und zwölf ist ein praktisches Jahr zu absolvieren, das in folgenden Bereichen geleistet werden kann:
- Innere Medizin,
- Chirurgie,
- Allgemeinmedizin oder wahlweise in einem der übrigen klinisch-praktischen Fachgebiete.

Danach findet der zweite Abschnitt der ärztlichen Prüfung statt. Mit dem erfolgreichen Abschluss des Staatsexamens als Arzt erhält dieser die Approbation, d. h. die staatliche Zulassung als Arzt.

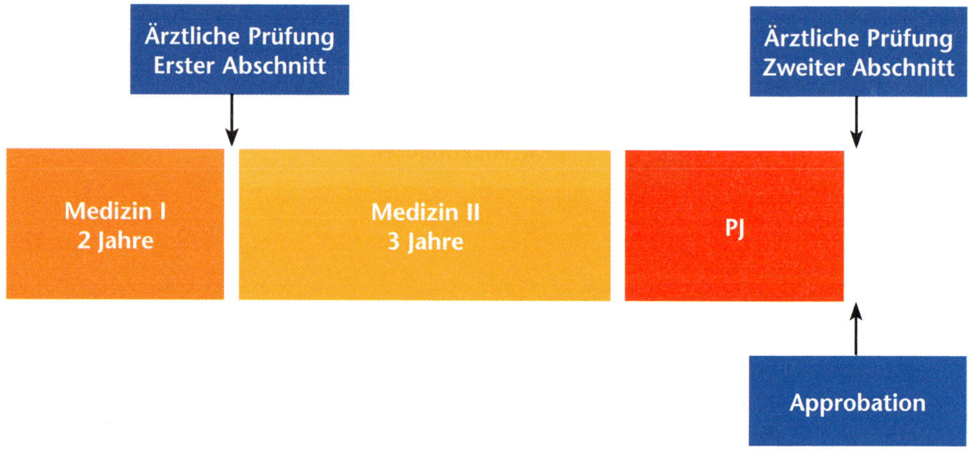

Um ärztliche Leistungen für Kassenpatienten zu erbringen, ist eine Zulassung als Vertragsarzt, eine sogenannte **Kassenzulassung**, notwendig. Die **Zulassung** als Kassenarzt ist an genau geregelte Voraussetzungen (Approbation, den erfolgreichen Abschluss entweder einer allgemeinmedizinischen Weiterbildung oder einer Weiterbildung in einem anderen Fachgebiet mit der Befugnis zum Führen einer entsprechenden Gebietsbezeichnung, Vorbereitungszeit usw.) gebunden. Sie wird von dem sogenannten **Zulassungsausschuss** (mit dem gleichen Anteil an Personen besetztes Gremium aus Krankenkassenvertretern und Ärzten; ansässig bei den KVen) erteilt.
Die Zulassung bedeutet für den Vertragsarzt ein **Versorgungsrecht** und eine **Versorgungspflicht** zugleich und ist an die Verträge der ärztlichen Versorgung gebunden. Nach der Zulassungsverordnung muss der Arzt u.a. in erforderlichem Maß zur Verfügung stehen (sogenannte **Präsenzpflicht**).

2.4 Berufe im Bereich der ambulanten ärztlichen Versorgung

Die Medizinische Fachangestellte
Die Medizinische Fachangestellte assistiert dem Arzt bei allen Tätigkeiten rund um die Arztpraxis und die Patienten. Aufgabenschwerpunkte sind

- **im medizinischen Bereich:**
  - Assistenz bei der Behandlung,
  - Mithilfe beim Einsatz diagnostischer Hilfsmittel, wie Laboruntersuchungen, EKG usw.,
  - Mithilfe beim Einsatz therapeutischer Hilfsmittel, wie Inhalation, Wärmeanwendungen usw.,

- **im Verwaltungsbereich:**
  - Patientenannahme,
  - allgemeine Verwaltung einschließlich Praxisorganisation.

Grundlegende Informationen über alle Tätigkeiten einer Medizinischen Fachangestellten enthält das **Ausbildungsberufsbild**, das mit Beginn der Ausbildung zur Verfügung gestellt wird. Es beinhaltet die Fertigkeiten und Kenntnisse, die in der Ausbildungszeit zu erwerben sind.

Ausbildungsberufsbild	
1	**Der Ausbildungsbetrieb**
1.1	Berufsbildung, Arbeits- und Tarifrecht
1.2	Stellung des Ausbildungsbetriebes im Gesundheitswesen; Anforderungen an den Beruf
1.3	Organisation und Rechtsform des Ausbildungsbetriebes
1.4	Gesetzliche und vertragliche Bestimmungen der medizinischen Versorgung
1.5	Umweltschutz
2	**Gesundheitsschutz und Hygiene**
2.1	Sicherheit und Gesundheitsschutz bei der Arbeit
2.2	Maßnahmen der Arbeits- und Praxishygiene
2.3	Schutz vor Infektionskrankheiten
3	**Kommunikation**
3.1	Kommunikationsformen und -methoden
3.2	Verhalten in Konfliktsituationen
4	**Patientenbetreuung und -beratung**
4.1	Betreuen von Patienten und Patientinnen
4.2	Beraten von Patienten und Patientinnen
5	**Betriebsorganisation und Qualitätsmanagement**
5.1	Betriebs- und Arbeitsabläufe
5.2	Qualitätsmanagement
5.3	Zeitmanagement
5.4	Arbeiten im Team
5.5	Marketing
6	**Verwaltung und Abrechnung**
6.1	Verwaltungsarbeiten
6.2	Materialbeschaffung und -verwaltung
6.3	Abrechnungswesen
7	**Information und Dokumentation**
7.1	Informations- und Kommunikationssysteme
7.2	Dokumentation
7.3	Datenschutz und Datensicherheit
8	**Durchführen von Maßnahmen bei Diagnostik und Therapie unter Anleitung und Aufsicht des Arztes oder der Ärztin**
8.1	Assistenz bei ärztlicher Diagnostik
8.2	Assistenz bei ärztlicher Therapie
8.3	Umgang mit Arzneimitteln, Sera und Impfstoffen sowie Heil- und Hilfsmitteln
9	**Grundlagen der Prävention und Rehabilitation**
10	**Handeln bei Not- und Zwischenfällen**

Quelle: Verordnung über die Berufsausbildung zum Medizinischen Fachangestellten/zur Medizinischen Fachangestellten (vom 26.04.2006); http://www.bundesaerztekammer.de/downloads/MFA_Verordnung_05052006.pdf; abgerufen am 11.03.2009, S. 1

Um Ausbildern und Auszubildenden eine Hilfe zu geben, wird in einem **Ausbildungsrahmenplan** eine sachliche zeitliche Gliederung der Berufsausbildung vorgenommen. Es wird somit festgeschrieben, zu welcher Zeit der Ausbildung die oben beschriebenen Fertigkeiten und Kenntnisse zu erwerben sind. Abweichungen vom Ausbildungsrahmenplan aus betriebspraktischen Gründen sind aber möglich. Der folgende Auszug zeigt die erste Seite des Ausbildungsrahmenplans.

Ausbildungsrahmenplan für die Berufsausbildung zum Medizinischen Fachangestellten/zur Medizinischen Fachangestellten

– Zeitliche Gliederung –

(...)

A.

Während der gesamten Ausbildungszeit
– 1. bis 36. Ausbildungsmonat –

Die Fertigkeiten und Kenntnisse gemäß Anlage 1 der Berufsbildpositionen

- 1.4 Gesetzliche und vertragliche Bestimmungen der medizinischen Versorgung, Lernziel a,
- 1.5 Umweltschutz,
- 8.1 Assistenz bei der ärztlichen Diagnostik, Lernziel a,

sind während der gesamten Ausbildungszeit zu vermitteln.

B.

Vor der Zwischenprüfung
– 1. bis 18. Ausbildungsmonat –

(1) In einem Zeitraum von zwei bis vier Monaten sind schwerpunktmäßig die Fertigkeiten, Kenntnisse und Fähigkeiten gemäß Anlage 1 der Berufsbildpositionen

- 1.1 Berufsbildung, Arbeitsrecht- und Tarifrecht, Lernziele a bis d,
- 1.2 Stellung des Ausbildungsbetriebes im Gesundheitswesen; Anforderungen an den Beruf, Lernziele a und b,
- 1.3 Organisation und Rechtsform des Ausbildungsbetriebes, Lernziele a bis c,
- 1.4 Gesetzliche und vertragliche Bestimmungen der medizinischen Versorgung, Lernziel b,
- 2.1 Sicherheit und Gesundheitsschutz bei der Arbeit, Lernziele a, b und d,
- 5.1 Betriebs- und Arbeitsabläufe, Lernziel b,

zu vermitteln. (...)

Quelle: Verordnung über die Berufsausbildung zum Medizinischen Fachangestellten/zur Medizinischen Fachangestellten (vom 26.04.2006); http://www.bundesaerztekammer.de/downloads/MFA_Verordnung_05052006.pdf; abgerufen am 11.03.2009, S. 10

Der Ausbildungsfortschritt ist in einem **Berichtsheft** nachzuweisen. Im zweiten Ausbildungsjahr ist eine **Zwischenprüfung** abzulegen. Die Teilnahme an der Zwischenprüfung ist Voraussetzung für die Zulassung zur Abschlussprüfung. Zum Ende der Ausbildung findet eine **Abschlussprüfung** statt. Der schriftliche Teil bezieht sich auf die Bereiche

- Behandlungsassistenz,
- Betriebsorganisation und -verwaltung,
- Wirtschafts- und Sozialkunde.

Ein weiterer Teil umfasst praktische Übungen. Mündliche Ergänzungsprüfungen werden nur durchgeführt, soweit sie für das Bestehen der Prüfung notwendig sind. Verantwortlich für die Durchführung aller Prüfungen ist ein Prüfungsausschuss der jeweiligen Ärztekammer.

Zusatzqualifikationen für die Medizinische Fachangestellte
Eine wichtige **Weiterbildungsmöglichkeit** für die Medizinische Fachangestellte, insbesondere wenn sie in einer Praxis tätig ist, in der geröntgt wird, ist der Röntgenstrahlenschutzkurs gemäß § 18a der Röntgenverordnung. Er beinhaltet:

1. Anatomie und Röntgenanatomie
2. Strahlenart und Strahlenerzeugung
3. Dosisgröße und Einheiten
4. Eigenschaften und Wirkung der Röntgenstrahlung
5. Strahlenbiologische Grundlagen des Strahlenschutzes
6. Begriffe und Benennung in der Röntgendiagnostik
7. Belichtungstechnik/-automatik
8. Verstärkerfolien, Röntgenfilm und seine Verarbeitung
9. Dunkelkammerarbeit bzw. Filmverarbeitung
10. Film- und Verarbeitungsfehler
11. Untersuchungsmethoden und -geräte
12. Spezielle Gerätekunde
13. Strahlenschutz des Personals
14. Strahlenschutz des Patienten
15. Kontrastmittel und Kontrastmittelzwischenfälle
16. Qualitätskontrolle in der Röntgendiagnostik
17. Anforderungen an die Qualität eines Röntgenbildes

Die Medizinische Fachangestellte erhält nach Ablegen der Strahlenschutzprüfung eine Bescheinigung über die erfolgreiche Teilnahme.

Fachwirtin für ambulante medizinische Versorgung (vormals Arztfachhelferin)
Mit der Aufstiegsfortbildung zur Fachwirtin für ambulante medizinische Versorgung erhält die Medizinische Fachangestellte die Chance, Führungsaufgaben im Team des niedergelassenen Arztes oder anderer ambulanter Einrichtungen der medizinischen Versorgung wahrzunehmen. Sie übernimmt anspruchsvolle Aufgaben in den Bereichen medizinische Assistenz, Patientenbetreuung und Praxisorganisation.

Die Fortbildung gliedert sich in einen Pflicht- und einen Wahlteil. Der Pflichtteil umfasst 300 Stunden und beinhaltet folgende Module:

- Patientenbetreuung und Teamführung,
- Qualitätsmanagement,
- Durchführung der Ausbildung,
- Betriebswirtschaftliche Praxisführung,

- Einsatz von Informations- und Kommunikationstechnologien,
- Management von Arbeitssicherheit und Gesundheitsschutz,
- Betreuung von Risikopatienten und Notfallmanagement.

Die Fachwirtin nimmt Funktionen in mindestens einem spezifischen medizinisch ausgerichteten Aufgabengebiet wahr. Die entsprechenden Kenntnisse erwirbt sie im Wahlteil. Die Fortbildungskurse haben einen Mindestumfang von 40 Stunden. Der Pflichtteil umfasst mindestens 120 Stunden. Folgende Bereiche werden angeboten:

- Onkologie,
- Ambulantes Operieren,
- Gastroenterologische Endoskopie,
- Pneumologie,
- Dialyse,
- Ambulantes Operieren in der Augenheilkunde,
- Patientenbegleitung und Koordination,
- Ernährungsmedizin,
- Ambulante Versorgung älterer Menschen,
- Prävention im Kindes- und Jugendalter,
- Prävention bei Jugendlichen und Erwachsenen,
- Palliativmedizin.

Die angehende Fachwirtin kann aus diesem Angebot die Kurse auswählen, die dem Praxisschwerpunkt ihres Arbeitgebers entsprechen oder für die sie ein besonderes Interesse hat.

Veränderter Versorgungsbedarf der Patienten → macht eine Entlastung des Arztes notwendig → **Lösung: Fachwirtin für ambulante medizinische Versorgung**

z. B. Zunahme alter, pflegebedürftiger, chronisch kranker Patienten; ernährungsbedingter Erkrankungen; neuer Versorgungsformen (u. a. Disease-Management-Programme)

Aufstiegsfortbildung mit Pflichtteil von 300 Stunden und Wahlteil von mindestens 120 Stunden

Aufgaben

1. Informieren Sie sich mithilfe des Internets über das Gesundheitswesen in Deutschland. Erarbeiten Sie eine Übersicht über die wichtigsten Behörden und Einrichtungen in den einzelnen Bereichen.
2. Stellen Sie dar, wie die stationäre Versorgung organisiert ist.
3. Beschreiben Sie, wie die niedergelassene ärztliche Praxis in das Gesundheitswesen einzuordnen ist.
4. Informieren Sie sich, welche Voraussetzungen erfüllt sein müssen, damit ein Arzt eine Praxis mit Kassenzulassung führen darf.
5. Informieren Sie sich umfassend über die Aufgaben einer Medizinischen Fachangestellten mithilfe des Ausbildungsberufsbildes. Erstellen Sie anhand des Ausbildungsrahmenplans eine Übersicht mit den Kenntnissen und Fertigkeiten, die im ersten Ausbildungsjahr zu erwerben sind.
6. Welche Fortbildungsmöglichkeiten gibt es für Medizinische Fachangestellte?
7. Anne hat sich vorgenommen, nach ihrer Rückkehr in die USA in ihrer Schule eine Informationsveranstaltung über das deutsche Gesundheitswesen durchzuführen. Helfen Sie Anne bei der Aufbereitung der Informationen. Erstellen Sie eine Präsentation über Struktur und wichtige Einrichtungen des Gesundheitswesens. Binden Sie dabei die repräsentativen Übersichten aus dem Internet ein. Greifen Sie u. a. auf die angegebenen Quellen zu.
8. Katrin hat in der Berufsschule die Aufgabe übernommen, die sonstigen Gesundheitsfachberufe aus den Bereichen Pflegeberufe, diagnostisch-technische Berufe, Geburtshilfe, Rettungsdienst und Therapie und Rehabilitation darzustellen. Erarbeiten Sie eine entsprechende Übersicht. Informationen zu diesen Berufen finden Sie im Internet.

3 Ärztliche Organisationen

Situation

In der Praxis, in der Katrin ausgebildet wird, ist Herr Dr. Michael Späker als Assistent tätig. Er möchte sich nach einer Vorbereitungszeit als Vertragsarzt niederlassen. Er hat schon an entsprechenden Fortbildungen der Ärztekammer und der KV teilgenommen. In einem Gespräch mit Katrin merkt er an: „Ich finde es gut, dass die Ärztekammer, aber auch die KV entsprechende Fortbildungen anbietet. Immerhin zahle ich bei der Ärztekammer meine Mitgliedsbeiträge, während bei der Kassenärztlichen Vereinigung Beiträge erst fällig sind, wenn ich eine eigene Praxis mit Kassenzulassung habe." „Und ich dachte immer, man muss erst Beiträge an die Ärztekammer zahlen, wenn man als Arzt eine eigene Praxis hat." „Oh nein, Katrin, jeder approbierte Arzt in Deutschland ist Mitglied der zuständigen Ärztekammer. Mitglied der KV wird er, wenn er eine Kassenpraxis übernimmt oder neu eröffnet. Darüber hinaus kann er in weiteren Berufs- oder ärztlichen Organisationen freiwillig Mitglied sein."

3.1 Aufgaben der Ärztekammern

Die Ärztekammern sind Körperschaften öffentlichen Rechts, d. h., sie übernehmen für den Staat Aufgaben und einen Teil der Aufsichtsfunktionen im Bereich der ärztlichen Versorgung. In jedem Bundesland befindet sich eine Ärztekammer. Nur Nordrhein-Westfalen verfügt aufgrund der Vielzahl seiner Einwohner über zwei Ärztekammern. Ihre Aufgaben sind in der folgenden Abbildung von der Internetseite der Ärztekammer Westfalen-Lippe dargestellt. Diese Aufgaben gelten so für alle Ärztekammern der Bundesrepublik Deutschland.

Als berufsständische Selbstverwaltungskörperschaft nimmt die ÄKWL die ihr durch das Heilberufsgesetz des Landes NRW (...) übertragenen Aufgaben wahr. Dazu gehören in erster Linie:

- die Gestaltung des Berufs- und Weiterbildungsrechts;
- die Sorge für die Erhaltung eines hochstehenden Berufsstandes und die Erfüllung der Berufspflichten;
- die Durchführung der Facharztprüfung;
- die Qualitätssicherung der ärztlichen Berufsausübung;
- die Organisation der Fortbildung;
- die Wahrnehmung der beruflichen Belange der Ärzteschaft.

Zudem ist die ÄKWL zuständig für die Ausbildung von Medizinischen Fachangestellten, sie schlichtet bei innerärztlichen Streitigkeiten, geht Patientenbeschwerden nach, benennt Sachverständige und gibt Fachgutachten ab. Eine unabhängige Gutachterkommission für ärztliche Haftpflichtfragen greift Behandlungsfehlervorwürfe auf und eine ärztlich geleitete Bürgerinformation (...) nimmt Wegweiserfunktionen innerhalb des Gesundheitswesens wahr. (...)

Quelle: Ärztekammer Westfalen-Lippe, Münster; http://www.aekwl.de/index.php?id=173; abgerufen am 11.03.2009

Die Landesärztekammern haben sich in der **Bundesärztekammer** zu einer Arbeitsgemeinschaft zusammengeschlossen. Deren Aufgaben umfassen:

Die Bundesärztekammer (Arbeitsgemeinschaft der Deutschen Ärztekammern) ist die Spitzenorganisation der ärztlichen Selbstverwaltung; sie vertritt die berufspolitischen Interessen der Ärztinnen und Ärzte in der Bundesrepublik Deutschland. Als Arbeitsgemeinschaft der 17 deutschen Ärztekammern wirkt die Bundesärztekammer (BÄK) aktiv am gesundheitspolitischen Meinungsbildungsprozess der Gesellschaft mit und entwickelt Perspektiven für eine bürgernahe und verantwortungsbewusste Gesundheits- und Sozialpolitik.

- Sicherung einer guten medizinischen Versorgung der Bevölkerung durch den ständigen Erfahrungsaustausch zwischen den Ärztekammern und gegenseitige Abstimmung ihrer Ziele und Tätigkeiten; Vermittlung des Meinungs- und Erfahrungsaustausches zwischen den Landesärztekammern;
- Pflege des Zusammengehörigkeitsgefühls aller in Deutschland tätigen Ärzte und ihre Beratung und Unterrichtung bei wichtigen Vorgängen für Ärzte auf dem Gebiet des Gesundheitswesens und des sozialen Lebens;
- Herbeiführung einer möglichst einheitlichen Regelung der ärztlichen Berufspflichten und Grundsätze für die ärztliche Tätigkeit auf allen Gebieten;
- Wahrung der beruflichen Belange der Ärzteschaft in Angelegenheiten, die über den Zuständigkeitsbereich eines Landes hinausgehen. Kontakte zu Bundesregierung und Bundesrat sowie zu den politischen Parteien;
- Vermittlung der Position der Ärzteschaft zu gesundheitspolitischen und medizinischen Fragen;
- Förderung der ärztlichen Fortbildung;
- Förderung der Qualitätssicherung;
- Herstellung von Beziehungen zur medizinischen Wissenschaft und zu ärztlichen Vereinigungen des Auslandes;

- Regelung insbesondere von
  - Berufsordnung: Regelt ethische und berufsrechtliche Pflichten der Ärzte untereinander und gegenüber den Patienten. Darunter fällt z. B. die Schweigepflicht des Arztes (der Arzt hat über das, was ihm in seiner Eigenschaft als Arzt von seinem Patienten anvertraut oder über ihn bekannt geworden ist, zu schweigen);
  - Weiterbildungsordnung: Definiert Inhalt, Dauer und Ziele der Weiterbildung und der Facharztbezeichnungen.

Quelle: Bundesärztekammer, Berlin; http://www.bundesaerztekammer.de/page.asp?his=0.1.13; abgerufen am 14.11.2008

3.2 Aufgaben der Kassenärztlichen Vereinigungen

Der folgende Auszug von der Internetseite der Kassenärztlichen Vereinigung Bayerns gibt Hinweise zu den gesetzlichen Grundlagen und Aufgaben der KV.

(...) Die Kassenärztliche Vereinigung Bayerns ist eine Körperschaft des öffentlichen Rechts. Sie ist die Vertretung ihrer Mitglieder, aller zugelassenen Vertragsärzte und Vertragspsychotherapeuten, der ermächtigten Krankenhausärzte und der angestellten Ärzte in medizinischen Versorgungszentren (MVZ) in Bayern. Für alle Mitglieder gilt das Satzungs- und Vertragsrecht der KVB. Die KVB hat als Körperschaft des öffentlichen Rechts eine Doppelfunktion (siehe auch Aufgaben der KVB):

- Sie nimmt hoheitliche Aufgaben wahr. Sie wirkt gegenüber ihren Mitgliedern sozusagen als Behörde.
- Sie vertritt die Rechte und Interessen der zugelassenen Ärzte und Psychotherapeuten gegenüber den Krankenkassen und der Politik. (...)

Aufgaben der KVB

Aus der Doppelfunktion der KVB ergeben sich die wesentlichen Aufgaben:

- Sicherstellungsauftrag,
- Gewährleistungsauftrag,
- Interessenvertretung ihrer Mitglieder.

Sicherstellungsauftrag

(...) Die KVB stellt die ambulante ärztliche und seit 01.01.1999 auch die psychotherapeutische Versorgung aller Bürgerinnen und Bürger in Bayern sicher.
Ca. 20000 Vertragsärzte und 2070 Vertragspsychotherapeuten sorgen dafür, dass alle Einwohner in diesem Bundesland (mehr als 12 Millionen) bei Bedarf medizinisch und psychotherapeutisch betreut werden.
Ziel ist es, die Einwohner

- wohnortnah,
- ausreichend,
- zweckmäßig und
- unter Berücksichtigung einer wirtschaftlichen Behandlungs- und Verordnungsweise

zu versorgen. Dabei wird der allgemein anerkannte Stand medizinischer Erkenntnisse zugrunde gelegt.
(...) In sprechstundenfreien Zeiten wird in Bayern ein ärztlicher Bereitschaftsdienst organisiert. Die Mitglieder der KVB sind verpflichtet, nach entsprechenden Einsatzplänen, am Bereitschaftsdienst teilzunehmen.

Gewährleistungsauftrag

(...) Zum Gewährleistungsauftrag gehören:

- Ordnungsgemäße Erbringung ärztlicher Leistung,
- Prüfung und Sicherung der Qualität,
- Prüfung der Abrechnung und Wirtschaftlichkeit der KVB-Mitglieder,
- Überwachung der vertragsärztlichen Pflichten. (...)

Interessenvertretung

Die KVB setzt sich u.a. für folgende Interessen ihrer Mitglieder gegenüber Kassen und Politik ein:

- Verhandlungen der Honorarverträge und Vergütung,
- Abrechnungsabwicklung mit Kassen und Honorarauszahlung,
- Beratung bei vertragsärztlicher Tätigkeit,
- Vertretung berufspolitischer Interessen. (...)

Quelle: Kassenärztliche Vereinigung Bayerns, München; http://www.kvb.de/servlet/PB/menu/1004510_/1/index.html und http://www.kvb.de/servlet/PB/menu/1005440/index.html; beide abgerufen am 14.11.2008

Diese gesetzliche Grundlage gilt so für alle Kassenärztlichen Vereinigungen in allen Bundesländern.

Die Mitgliedschaft eines Arztes in der Kassenärztlichen Vereinigung setzt eine Zulassung zur vertragsärztlichen Versorgung der gesetzlich Versicherten voraus.

Dachorganisation aller Kassenärztlichen Vereinigungen ist die Kassenärztliche Bundesvereinigung (KBV). Ihre Aufgaben stellt sie folgendermaßen dar:

Institution

Die 17 Kassenärztlichen Vereinigungen (KVen) bilden heute auf Bundesebene die Kassenärztliche Bundesvereinigung (KBV). KVen und KBV sind als Einrichtungen der ärztlichen Selbstverwaltung Körperschaften des öffentlichen Rechts.

Funktion und Aufgaben

Als genossenschaftlicher Zusammenschluss der Kassenärzte haben die KVen bzw. die KBV die Aufgabe,

- Rechte und wirtschaftliche Interessen der Kassenärzte gegenüber den Krankenkassen zu wahren (§ 75 SGB V).
- Dem sozialversicherten Patienten garantieren KVen bzw. KBV eine qualifizierte ambulante medizinische Versorgung (Sicherstellungsauftrag).
- Die KBV ist die politische Interessenvertretung der Kassenärzte auf Bundesebene und informiert die Öffentlichkeit über ihre gesundheitspolitische Position. Sie hat eigene gesetzliche Aufgaben.
- Die KBV vertritt die Belange der Kassenärzte bei Gesetzgebungsverfahren,
- wirkt in der Konzertierten Aktion im Gesundheitswesen mit,
- führt das Bundesarztregister und
- schließt als Vertragspartner der Spitzenverbände der gesetzlichen Krankenkassen sowie anderer Sozialleistungsträger Verträge ab.

Gemeinsam mit den Bundesverbänden der Krankenkassen, der Bundesknappschaft und den Verbänden der Ersatzkassen bildet sie den Bundesausschuss der Ärzte und Krankenkassen.

Quelle: Vgl. Kassenärztliche Bundesvereinigung: Aufgaben der KBV; http://www.kbv.de/wir_ueber_uns/4623.html; abgerufen am 02.02.2009

Die Kassenärztliche Bundesvereinigung untersteht der Aufsicht des Bundesgesundheitsministeriums.
Neben den Körperschaften öffentlichen Rechts gibt es eine Vielzahl von Berufsorganisationen, die als Verbandsvertreter auf freiwilliger Basis in besonderer Weise die Interessen der Ärztinnen und Ärzte vertreten. Beispiele hierfür sind:

- Hartmannbund – Verband der Ärzte Deutschlands,
- Marburger Bund – Verband der verbeamteten und angestellten Ärzte,
- NAV – Virchow-Bund – Verband der niedergelassenen Ärzte Deutschlands e.V.,
- Deutscher Ärztinnenbund e.V.

Bei den Verhandlungen und dem Abschluss zum Vergütungs- und Manteltarif für die Medizinische Fachangestellte wird die Arbeitgeberseite vertreten durch die Arbeitsgemeinschaft zur Regelung der Arbeitsbedingungen für Medizinische Fachangestellte.

Aufgaben

1. Stellen Sie dar, welche weiteren Berufsorganisationen es für Ärzte gibt und welche Ziele diese Organisationen haben.
2. Die Ärztekammer als Pflichtorganisation aller Ärzte nimmt eine Vielzahl von Aufgaben zur Interessenvertretung der Ärzte wahr. Daneben regelt sie die Aufgaben im Zusammenhang mit der Berufsausbildung zur Medizinischen Fachangestellten.
   - Ermitteln Sie aufgrund der Aussagen auf den Internetseiten der jeweils zuständigen Ärztekammer die allgemeinen Aufgaben, die diese wahrnimmt. Erstellen Sie hierzu eine Karteikarte, auf der Sie diese Aussagen zusammenfassen.
   - Erstellen Sie eine weitere Karteikarte, in der Sie alle Aufgaben festhalten, die die Kammer im Zusammenhang mit der Berufsausbildung wahrnimmt.
3. Die Kassenärztliche Vereinigung befasst sich mehr mit den Aufgaben im Rahmen des gesamten Gesundheitswesens.
   - Erstellen Sie auf einer Karteikarte eine Übersicht über die wichtigsten Aufgaben der KV im Rahmen des Gesundheitswesens.
4. Auch im Rahmen der Quartalsabrechnung hat die KV eine bedeutende Rolle.
   - Erkundigen Sie sich in Ihrer Praxis, welche Aufgaben die KV im Rahmen der Abwicklung der Quartalsabrechnung hat.
   - Versuchen Sie in der folgenden Darstellung mit den Beteiligten „Kassenpatient", „Vertragsarzt", „KV" und „Gesetzliche Krankenversicherung" die Beziehungen darzustellen, die im Rahmen der Behandlung von Kassenpatienten und der Abrechnung entstehen.

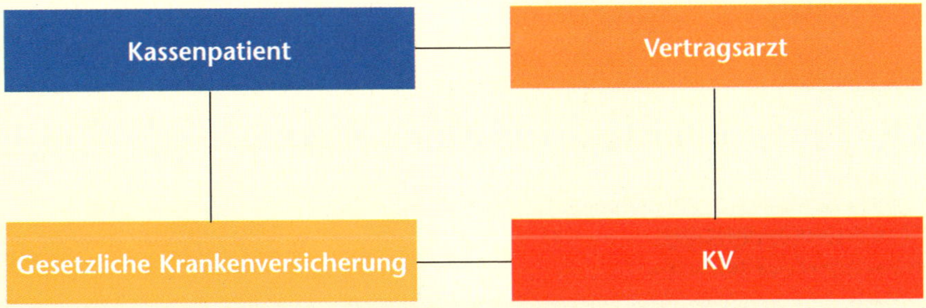

4 Berufsorganisationen der Arbeitnehmer

Situation

Die Auszubildende Lara Dickmann unterhält sich mit ihrer Kollegin Maria Müller: „Vor Beginn der Ausbildung habe ich die Ausbildungsmesse ‚Tage der Berufsausbildung' besucht. Bei den Informationsständen zur Ausbildung der Medizinischen Fachangestellten war u. a. auch ein Stand des Berufsverbands. Sind eigentlich viele Angestellte in unserer Praxis Mitglied in einem Berufsverband?"
Maria Müller, die als langjährige Mitarbeiterin im Praxiszentrum die meisten Angestellten bereits von Anfang an kennt, meint: „Vanessa und ich sind in der Gewerkschaft, Ingeborg und Julia sind im Verband medizinischer Fachberufe. Von den anderen weiß ich nicht, ob sie einem Berufsverband angehören."

Berufsverbände und Gewerkschaften sind wichtige Säulen zur Vertretung der Interessen der Arbeitnehmer. Aufgrund ihres Engagements gelang es u. a., die Arbeits- und Lebensbedingungen zu verbessern, die Einkommen zu steigern und die Arbeitszeiten zu verkürzen. Wie der folgende Auszug aus dem Gehaltstarifvertrag für die Medizinische Fachangestellte zeigt, spielen Berufsverbände bei deren Interessenvertretung eine entscheidende Rolle.

Zwischen der Arbeitsgemeinschaft zur Regelung der Arbeitsbedingungen der Arzthelferinnen/Medizinischen Fachangestellten, Herbert-Lewin-Platz 1, 10623 Berlin und dem Verband medizinischer Fachberufe e. V., Bissenkamp 12–16, 44135 Dortmund, wird folgender Gehaltstarifvertrag abgeschlossen: (...)

Quelle: Verband medizinischer Fachberufe e. V., Dortmund;
http://www.vmf-online.de/v1/berufsinfo/tarifeseite_dokumente/GTV_MFA_AH.pdf; abgerufen am 11.03.2009, S. 1

Der Verband medizinischer Fachberufe e.V. (VmF) ist nur im Bereich der Gesundheitsberufe tätig und gehört keinem Dachverband an. Neben diesem Berufsverband vertritt die Gewerkschaft ver.di die Interessen der Medizinischen Fachangestellten. Sie ist eine Einzelgewerkschaft, die zum Verbund des Deutschen Gewerkschaftsbundes gehört.
Zielsetzung bei allen Arbeitnehmervertretungen ist:

- Sicherung qualifizierter Arbeitsplätze,
- Aushandeln angemessener Tarifverträge,
- umfassende Öffentlichkeitsarbeit,
- Vertretung der Mitglieder bei arbeitsrechtlichen Problemen.

Da bei den Medizinischen Fachangestellten die Zahl der weiblichen Arbeitnehmer bei Weitem überwiegt, gibt es darüber hinaus noch eine Interessenvertretung, die sich bewusst der besonderen Vertretung der Rechte der Frauen verschrieben hat: „Der Verband der weiblichen Arbeitnehmer e. V. (VWA)".

Aufgaben

- Fordern Sie beim VmF und bei ver.di entsprechende Unterlagen zur Vertretung der Medizinischen Fachangestellten an.
- Erfassen Sie auf Plakaten Aufgaben und Ziele der Berufsverbände und Gewerkschaften.
- Erstellen Sie für sich eine Übersicht mit den Vorteilen, die sich Ihrer Meinung nach durch die Mitgliedschaft in einem Berufsverband oder einer Gewerkschaft ergeben.

5 Leistungsangebot und Leistungsbereitschaft einer Arztpraxis

Situation

Katrin: „Heute habe ich bei einem Patienten sehr ungeduldig reagiert. Wir hatten so viel zu tun, aber er glaubte, dass er sofort behandelt werden müsse, weil er Schmerzen hat." Melissa, die bereits im zweiten Ausbildungsjahr ist, meint: „Geduld und Freundlichkeit gehören zu unserem Beruf. Wenn ein Patient meint, er müsse aufgrund von Schmerzen direkt behandelt werden, musst du Herrn Dr. Späker oder Frau Dr. Samitz rufen. Der Patient wird ja sicherlich nicht gleich auf unserer Internetseite unter dem Punkt ‚Lob & Kritik' eine Beschwerde eintragen. Wir sollten aber sicherheitshalber in der nächsten Teambesprechung noch einmal das Problem des Umgangs mit sehr ungeduldigen Patienten ansprechen."

5.1 Aufgaben der Medizinischen Fachangestellten im Rahmen des Leistungsangebotes

Das Leistungsangebot einer Arztpraxis umfasst (vgl. Kapitel 2.3)

im medizinischen Bereich:

- Assistenz bei der Behandlung,
- Mithilfe beim Einsatz diagnostischer Hilfsmittel, wie Laboruntersuchungen, EKG usw.,
- Mithilfe beim Einsatz therapeutischer Hilfsmittel, wie Inhalation, Wärmeanwendungen usw.

im Verwaltungsbereich:

- Patientenannahme,
- allgemeine Verwaltung einschließlich Praxisorganisation.

Die Aufgaben der Medizinischen Fachangestellten ergeben sich aus dem Einsatzort in der Arztpraxis. Gehen wir von unten stehendem Aufbau einer Arztpraxis aus, ergeben sich folgende Hauptaufgaben:

Anmeldung:	Patientenannahme und allgemeine Verwaltung
Behandlung:	Assistenz einschließlich Durchführung aller Hygienemaßnahmen
Diagnosehilfen und Labor:	Mithilfe beim Einsatz diagnostischer Hilfsmittel, z. B. EKG und Vornahme aller angeordneten Laboruntersuchungen, soweit diese in eigener Praxis erfolgen
Therapie:	Mithilfe beim Einsatz therapeutischer Hilfsmittel, z. B. Inhalation

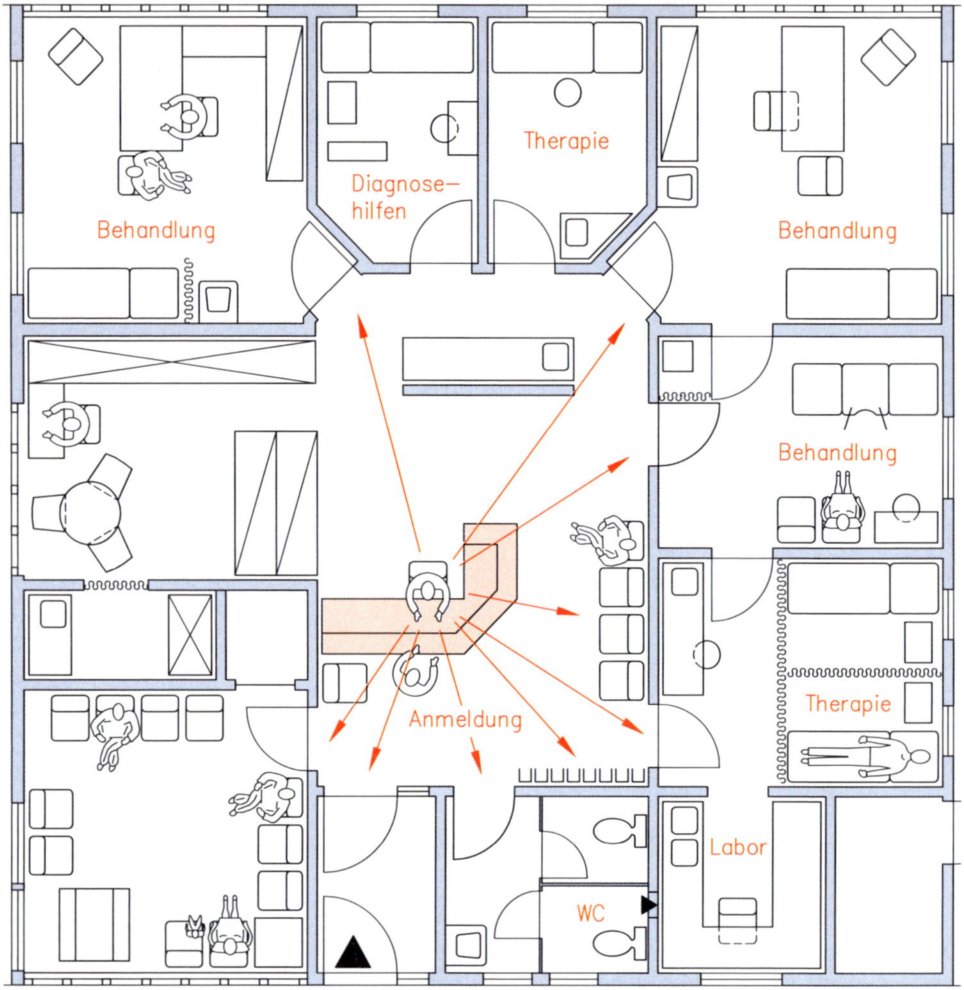

5.2 Leistungsbereitschaft – die Arztpraxis als patientenorientiertes Unternehmen

Aus dem Leistungsangebot und dem Aufbau der Arztpraxis ergibt sich formal die Aufbauorganisation. Die entsprechenden Aufgaben werden an die Medizinische Fachangestellte übertragen **(delegierbare Leistungen)**. Die Arbeitsabläufe sind darüber hinaus sinnvoll zu koordinieren. Um auf Dauer Erfolg und Anerkennung einer Praxis zu sichern und das Vertrauen der Patienten zu gewinnen, sind neben der hochwertigen ärztlichen Behandlung viele andere Faktoren zu beachten. Hierzu ist die Entwicklung eines Praxisprofils erforderlich. Bereiche in diesem Praxisprofil können sein:

Praxismarketing

Konzepte hierzu müssen sich an den speziellen Anforderungen des Patienten orientieren. Der Patient ist konsequent in den Mittelpunkt zu stellen. Dies beginnt beim Erstkontakt mit dem Patienten, der geprägt sein muss von einem menschlichen und respektvollen Umgang. In vielen Arztpraxen erwartet den Patienten dann in der Wartezeit ein umfassendes Serviceprogramm rund um die ärztliche Versorgung. Beispielsweise können Informationen zu einer gesunden Lebensweise und Ernährung geboten werden. Der Wartebereich und die übrige

Inneneinrichtung sind möglichst so zu gestalten, dass bereits die Umgebung viele Ängste nimmt. Ein einheitliches Erscheinungsbild, insbesondere bei allen Praxisvordrucken einschließlich der Gestaltung von Internetseiten, ist unbedingt erforderlich. Aber auch das Praxisteam als Ganzes muss zeigen, dass es sich mit Freude engagiert und mit den gestellten Aufgaben identifiziert. Praxiserfolg im Rahmen eines Marketingkonzeptes setzt somit voraus:

- Erhöhung der Patientenzufriedenheit,
- großes Engagement der Mitarbeiter und Identifikation mit den gestellten Aufgaben
- überzeugende Kommunikation mit dem Patienten.

Praxismarketing lässt sich zusammenfassen mit dem Satz „Tue Gutes, aber sprich auch darüber". Der Bekanntheitsgrad ist unter Ausnutzung aller Möglichkeiten, auch des Internets, zu steigern. Nur so bleibt man im Gedächtnis der Patienten und erreicht deren Bindung an die eigene Praxis.

Praxismanagement

Ein noch so gutes Marketingkonzept hat keinen Erfolg, wenn der Patient beispielsweise lange Wartezeiten in Kauf nehmen muss und er insgesamt das Gefühl hat, die Praxisabläufe seien nicht optimal organisiert. Erste Voraussetzung einer guten Organisation ist die klare Aufgabenzuordnung bei den delegierbaren Leistungen. Die auf die jeweilige Praxis bezogene Übertragung von Aufgaben an die Medizinischen Fachangestellten kann nur im Rahmen einer Aufgabenanalyse vorgenommen werden. Dabei werden beispielsweise bei den Hauptaufgaben Verwaltungs- und Praxismanagement, Assistenz, Diagnosehilfen, Labor und Therapie die dort anfallenden Teilaufgaben ermittelt. Anschließend werden die Teilaufgaben zu einem Aufgabenbereich zusammengefasst, der von einer Medizinischen Fachangestellten zu übernehmen ist.
Die **Zusammenfassung von Teilaufgaben zu einem Aufgabenbereich**, der von einer Medizinischen Fachangestellten übernommen wird, bezeichnet man als **Stelle**. Wichtig bei der Zusammenfassung von Teilaufgaben in einer Stelle sind folgende Gesichtspunkte:

- Die Zusammenfassung der Teilaufgaben muss dem Leistungsvermögen einer Angestellten entsprechen. Sie darf weder über- noch unterfordert sein.
- Die zu einer Stelle zusammengefassten Aufgaben müssen überschaubar sein. Jede Angestellte muss wissen, welche Teilaufgaben sie zu bewältigen hat. Sie trägt auch die Verantwortung in ihrem Bereich.
- Mit den verschiedenen Stellen in der Praxis muss eine Spezialisierung verbunden sein. Dadurch ist es möglich, die Gesamtaufgabe der Praxis effektiver und somit wirtschaftlicher zu erfüllen.

In großen Arztpraxen wird zu allen vorhandenen Stellen eine Stellenbeschreibung angelegt. In dieser **Stellenbeschreibung** wird festgehalten:

- **Stellenanforderungen:** Vorbildung, Kenntnisse und Eigenschaften, die man für diese Stelle benötigt.
- **Stellenaufgabe:** Alle Teilaufgaben, die zu erfüllen sind, werden beschrieben.
- **Stelleneinordnung:** Es wird festgelegt, wer als Vorgesetzte Weisungsbefugnisse hat und wem die Stelleninhaberin Weisungen geben kann.

Typische Elemente einer Stellenbeschreibung finden sich in Stellenanzeigen wieder.

Große ärztliche Praxis sucht für sofort oder später eine erfahrene

Medizinische Fachangestellte

für die Anmeldung.

Sie sollte über mehrjährige Erfahrungen im Bereich der Patientenannahme und der allgemeinen Verwaltung einer Arztpraxis verfügen.

Wir legen Wert auf Teamfähigkeit und hohe fachliche und soziale Kompetenz.

Sie erwartet ein weit gefächertes Aufgabenfeld, Weiterbildungsangebote sowie nach entsprechender Einarbeitung und ebensolchem Engagement Zulagen bzw. Leistungsprämien.

Ihre aussagefähigen Bewerbungsunterlagen richten Sie bitte schriftlich an:

Arztpraxis Dr. med. Andrea Schmitz, Schillerstraße 54, 44623 Lindau

Mit der klaren Aufgabenzuordnung zu einer Stelle ist eine Arbeitsteilung verbunden, die eine hohe Effizienz der Arbeit bewirkt. Die Medizinische Fachangestellte kennt ihren Arbeitsbereich und beherrscht die Arbeit mit entsprechender Sicherheit und auch Schnelligkeit. Dabei schleicht sich oft die Gewohnheit ein, dass in vielen Praxen bestimmte Hauptaufgaben an bestimmte Personen gebunden sind. Eine Fachangestellte ist nur noch im Anmelde- und Verwaltungsbereich tätig, eine andere nur noch mit Assistenz betraut usw.

Probleme treten in diesen Fällen auf, wenn aufgrund von Urlaub oder Krankheit eine Fachangestellte ausfällt. Ein wirksames Instrument des Praxismanagements zur Vermeidung dieser Nachteile ist der **systematische Arbeitsplatzwechsel**. In bestimmten Zeitabständen findet ein Wechsel im Einsatzbereich zwischen den Medizinischen Fachangestellten statt.

Trotz guter Organisation lassen sich Probleme und Konflikte nicht immer vermeiden. Um diese Reibungsverluste möglichst klein zu halten, sollte das **regelmäßige Teamgespräch** fest in den Terminplan einer Praxis eingeplant werden. Zu einem im Wochenplan festgelegten Zeitpunkt werden unter Leitung des Praxisinhabers alle auftretenden Probleme angesprochen und möglichst gemeinsam gelöst. Gleichzeitig dient das Gespräch der Information aller Beschäftigten über Probleme in den einzelnen Bereichen einer Praxis, über die man aufgrund des eigenen begrenzten Tätigkeitsbereichs sonst nichts erfahren würde.

Neben der eindeutigen Festlegung der Verantwortungsbereiche **(formale Organisation)** gehört zum Praxismanagement u. a. die

- Optimierung der Praxisabläufe einschließlich Terminorganisation,
- wirtschaftliche Abwicklung der gesamten Abrechnung,
- betriebswirtschaftliche Gesamtplanung als Grundlage für die Erzielung eines Praxisgewinns.

Der Arzt als Praxisinhaber konzentriert sich bei seiner täglichen Arbeit schwerpunktmäßig auf die Behandlung seiner Patienten. Er muss notwendigerweise Führungsaufgaben im delegierbaren Bereich an Mitarbeiter übertragen. Führung, insbesondere Mitarbeiterführung, will gelernt sein. Hier für die richtigen Bedingungen zu sorgen ist eine wichtige Aufgabe. So muss z. B. eindeutig festgelegt werden, in welchem Umfang eine Medizinische Fachangestellte Weisungsbefugnisse gegenüber den anderen Angestellten hat. Ganz wichtig in diesem Zusammenhang ist, dass **regelmäßige Mitarbeitergespräche** geführt werden. Hier werden nicht, wie beim Teamgespräch, Probleme mit allen Mitarbeitern gemeinsam erörtert. Der Praxisinhaber führt vielmehr mit jedem Mitarbeiter in einem festgelegten Turnus ein Gespräch und gibt, was sehr wichtig ist, auch eine Rückmeldung über seine Einschätzung der Leistung des Mitarbeiters.
Mithilfe des Praxismanagements werden die Rahmenbedingungen für das Leistungsangebot einer Praxis geschaffen. Die Leistungsbereitschaft wird sehr stark geprägt durch Motivation, Engagement und die Identifikation der Mitarbeiter mit der eigenen Praxis.

Aufgaben

1. Erstellen Sie eine Übersicht über das Leistungsangebot in Ihrer Praxis.
2. Benennen Sie stichwortartig die Aufgaben der Medizinischen Fachangestellten in der Praxis.
3. Beschreiben Sie alle Maßnahmen Ihrer Praxis, die im Rahmen eines Praxismarketings ergriffen werden.
4. Schauen Sie sich im Internet die entsprechenden Seiten von niedergelassenen Ärzten an.
5. Entwerfen Sie eine Stellenanzeige, in der eine Medizinische Fachangestellte für den Bereich der Anmeldung gesucht wird.
6. Welche Instrumente des Praxismanagements werden in Ihrer Praxis eingesetzt, um Probleme und Konflikte zu beseitigen und die Mitarbeitermotivation zu erhöhen.
7. Mehrere Gruppen (fünf bis sechs Auszubildende je Gruppe) erhalten den Auftrag, für eine neu zu gründende Praxis Vorschläge für ein Konzept zum Leistungsangebot mit Praxisaufbau, Praxismarketing und Praxismanagement zu erarbeiten. Hierzu sind Unterlagen und Prospekte der eigenen Praxis und die vielfältigen Informationen aus dem Internet zu nutzen. Das gemeinsame Konzept ist auf Plakaten darzustellen und den jeweils anderen Gruppen zu erläutern.
   Die Bewertung des jeweiligen Konzepts durch die anderen Gruppen soll durch Aufkleben von zwei unterschiedlich farbigen Punkten erfolgen, wobei eine Farbe Zustimmung, die andere Vorbehalte gegen das Konzept signalisiert. Vorbehalte sind von den anderen Gruppen zu thematisieren und gemeinsam zu diskutieren.

6 Informelle Organisation

Situation

Nezire Agan und Julia Koch treffen sich in der Bahn. Nezire möchte von ihrer Kollegin Folgendes wissen: „Gehen wir nächste Woche Mittwoch wirklich mit allen Angestellten des Praxiszentrums zum Bowlen? Bleibt es dabei?"
„Ja", antwortet Julia, „wir machen das jetzt seit ungefähr einem Jahr. Das Betriebsklima ist dadurch wesentlich besser geworden. Man kommt auch mal dazu, sich länger privat miteinander zu unterhalten, was ja in der Praxis oft nicht möglich ist. "

Bei der Zusammenarbeit von Menschen entwickeln sich persönliche Beziehungen. Man findet einander sympathisch oder weniger sympathisch. Es ergeben sich teilweise Beziehungen, die über den Arbeitsplatz hinausgehen; beispielsweise gestaltet man gemeinsam die Freizeit. Eine Arztpraxis mag noch so gut organisiert sein, das Geflecht persönlicher Beziehungen beeinflusst die Organisation. Die aufgrund der Aufgabenanalyse entwickelte Organisation, die vor allem die Arbeitsteilung der Angestellten in der Praxis regelt, bezeichnet man als formale oder auch formelle Organisation. Das Geflecht persönlicher Beziehungen bezeichnet man als informale oder auch informelle Organisation.

Formale Organisation	Informale Organisation
Aufgabenanalyse mit dem Ergebnis der Arbeitsteilung (Stellen)	Geflecht persönlicher Beziehungen, das ▪ in der Praxis ▪ über den Arbeitsplatz hinaus besteht

Einige Organisationsfachleute sind der Auffassung, dass sich die informelle Organisation positiv auf den Betrieb auswirkt. Andere meinen, sie behindere den reibungslosen Betriebsablauf. Solche allgemeinen Aussagen sind zu ungenau. Sicher ist, die informelle Organisation prägt entscheidend das Betriebsklima. Sie kann die Motivation und Leistungsbereitschaft des einzelnen Mitarbeiters stärken, aber auch hemmen. In einer Arztpraxis können sich unter den Angestellten Gruppenziele entwickeln, die selbst bei relativ schlechten persönlichen Beziehungen aufeinander abgestimmt werden.

Beispiel: *Bei der Vergabe der Termine besteht das Ziel darin, für eine gleichmäßige Auslastung des Personals und der Sachmittel zu sorgen und die Wartezeiten der Patienten gering zu halten. Trotzdem lässt es sich nicht vermeiden, dass Behandlungen aufwendiger sind als ursprünglich angenommen. Bei der Vergabe von Terminen gegen Ende der Sprechstunde achten die Angestellten häufig darauf, dass keine Termine vergeben werden, bei denen umfangreiche und langwierige Behandlungen erwartet werden, da dies den pünktlichen Dienstschluss gefährdet. Häufig kommt es dann zu der Situation, dass gegen Ende der Sprechstunde Leerlauf entsteht.*

An diesem Beispiel wird deutlich, dass das formale Ziel, nämlich die gleichmäßige Auslastung der Praxis, mit dem informalen Ziel der Helferinnen konkurriert, pünktlich Dienstschluss zu haben. Das Gruppenverhalten beeinflusst in diesem Fall die Organisation der Praxis. Soll die informale Organisation die formale Organisation nicht gefährden, so ist Folgendes zu beachten:

- In regelmäßigen Mitarbeiterbesprechungen soll ein Informationsaustausch angestrebt werden, der dem Informationsbedürfnis aller Beteiligten gerecht wird.
- Begründete persönliche Belange der Mitarbeiter sollten in der formalen Organisation berücksichtigt werden.
- Gruppenbeziehungen und -ziele, die sich gegen Mitarbeiter der Praxis richten oder formale Praxisziele bewusst gefährden, müssen aufgelöst werden.

Aufgaben

1. Wodurch unterscheiden sich die formelle und informelle Organisation?
2. Kann man eine eindeutige Aussage dahin gehend treffen, ob die informelle Organisation die Leistungsbereitschaft einer Praxis fördert oder vermindert?
3. Welche Maßnahmen dienen dazu, einer Gefährdung der formalen Organisation durch die informelle Organisation vorzubeugen?
4. Lesen Sie den folgenden Text zur formellen und informellen Organisation eines Unternehmens.
   „Ein Unternehmen – und damit auch seine Kultur – hat eine sichtbare und eine nicht sichtbare Ebene, die formelle und die informelle Ebene. In der sichtbaren Ebene findet man die Merkmale der formalen Organisation. Hier sind Abläufe, Organisationsstrukturen, Führungssysteme, Entscheidungsverhalten und Verhaltensrichtlinien festgelegt.

In der unsichtbaren Ebene findet man die nicht fassbaren Faktoren, die Beziehungen mit all ihren Begleiterscheinungen, wie Gerüchten, Intrigen und Klatsch. In der ersten Organisation befindet man sich auf einer sichtbaren und sicheren Ebene. In der zweiten Organisation entsteht und vertieft sich Vertrauen oder auch Misstrauen. Bei informellen Gesprächen werden Zusammenhalt und Betriebsklima gefördert oder gestört. Diese gelebte Unternehmenskultur trägt zur Stabilität bei oder stört sie. Gefährlich ist es, sie nicht zu beachten."

- In welchen Teilen des Textes werden Wertungen vorgenommen?
- Wie beurteilen Sie diese Wertungen?
- Stellen Sie in Form eines Rollenspiels eine Situation dar, in der sich die Medizinischen Fachangestellten über den Eindruck, den die neu eingestellte Auszubildende auf sie macht, unterhalten.

7 Berufsbildungsgesetz und Berufsausbildungsvertrag

Situation

Katrin: „Gestern ist mein Ausbildungsvertrag von der Ärztekammer zurückgekommen. Ich glaube, ich werde mir den Vertrag nun erst einmal in Ruhe durchlesen." Katrins Freundin Anne blättert interessiert in dem Vertrag. „Oh, die Arbeitszeit beträgt insgesamt 38,5 Stunden und relativ lange Urlaub hast du auch. Nur der Verdienst ist nicht gerade hoch. Mussten deine Eltern den Vertrag mit unterschreiben?" „Ja, da ich noch nicht volljährig bin, haben meine Eltern den Vertrag mit unterschrieben."

Der Berufsausbildungsvertrag wird zwischen dem Arzt und der Auszubildenden abgeschlossen. Bei Minderjährigen ist zusätzlich die Zustimmung des gesetzlichen Vertreters erforderlich.

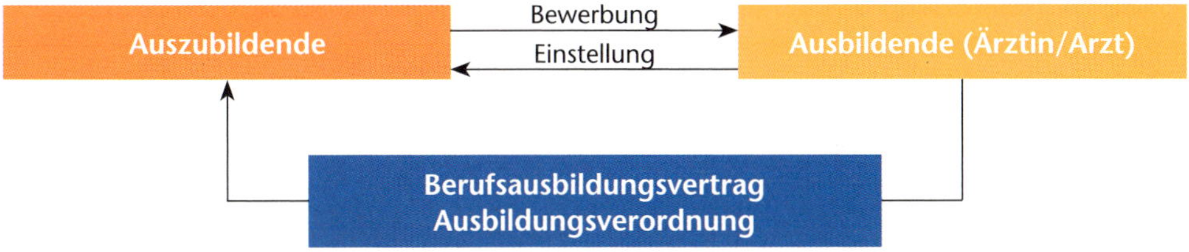

Der Vertragsabschluss erfolgt stets in schriftlicher Form und dreifacher Ausfertigung. Die Ärztekammer stellt die entsprechenden Vordrucke zur Verfügung.

Alle Vertragsausfertigungen erhält zunächst die Ärztekammer. Nach Genehmigung und Eintragung in das Verzeichnis der Berufsausbildungsverhältnisse werden zwei Ausbildungsverträge an den Arzt zurückgesandt. Ein Exemplar wird dann an die Auszubildende weitergegeben.

Nach dem Berufsbildungsgesetz, das für alle staatlich anerkannten Ausbildungsberufe die rechtliche Grundlage ist, müssen im Ausbildungsvertrag folgende Inhalte zwingend enthalten sein (§ 11 BBiG):

1. Art, sachliche und zeitliche Gliederung sowie Ziel der Berufsausbildung, insbesondere die Berufstätigkeit, für die ausgebildet werden soll,
2. Beginn und Dauer der Berufsausbildung,
3. Ausbildungsmaßnahmen außerhalb der Ausbildungsstätte,
4. Dauer der regelmäßigen täglichen Ausbildungszeit,
5. Dauer der Probezeit,
6. Zahlung und Höhe der Vergütung,
7. Dauer des Urlaubs,
8. Voraussetzungen, unter denen der Berufsausbildungsvertrag gekündigt werden kann,
9. ein in allgemeiner Form gehaltener Hinweis auf die Tarifverträge, Betriebs- oder Dienstvereinbarungen, die auf das Berufsausbildungsverhältnis anzuwenden sind.

Anhand des Ausbildungsvertrages für Medizinische Fachangestellte der Ärztekammer Schleswig-Holstein[1] wird aufgezeigt, wie die verpflichtenden Inhalte eines Ausbildungsvertrages für diesen Beruf umgesetzt wurden:

Zu 1: Art, sachliche und zeitliche Gliederung sowie Ziel der Berufsausbildung

Folgender Auszug zeigt, welche Aussagen zur Art, sachlichen und zeitlichen Gliederung im Ausbildungsvertrag enthalten sind:

(...) wird nachstehender Vertrag zur Ausbildung im Ausbildungsberuf Medizinische(r) Fachangestellte(r) nach der Ausbildungsordnung vom (...) geschlossen.

Der Ausbildungsplan regelt die zeitliche und inhaltliche Gliederung nach Maßgabe des Ausbildungsrahmenplans, der als Anlage beigefügt ist.

Weiterhin erhält die Auszubildende ein Exemplar des Ausbildungsberufsbildes, des Ausbildungsrahmenplans sowie ein Berichtsheft. Das **Ausbildungsberufsbild** beinhaltet alle Fertigkeiten und Kenntnisse. Der **Ausbildungsrahmenplan** beschreibt die im Ausbildungsberufsbild aufgeführten Fertigkeiten und Kenntnisse und gibt Auskunft, in welchem Ausbildungsjahr diese Schwerpunkt der Ausbildung sind. Im **Berichtsheft** weist die Auszubildende nach, wie sie durch Tätigkeit in ihrer Praxis die entsprechenden Fertigkeiten erworben hat.

Zu 2: Beginn und Dauer der Berufsausbildung und zu 5: Dauer der Probezeit

Dauer und Beginn der Ausbildung werden auf der ersten Seite und im § 1 des Vertrages angesprochen.

A. Die Ausbildungszeit beträgt drei Jahre. (...)

B. Das Berufsausbildungsverhältnis beginnt am __________ und endet am __________.

§ 1 – Ausbildungs- und Probezeit, Weiterbeschäftigung

Die Ausbildungszeit beträgt drei Jahre.

(1) Die Probezeit beträgt vier Monate.

---

[1] *Die nachfolgenden Vertragsauszüge wurden entnommen aus: Ärztekammer Schleswig-Holstein, Bad Segeberg: Berufsausbildungsvertrag für Medizinische/r Fachangestellte/r; http://aeksh.de/7ah/vertraege-formulare/VerMFA.pdf; abgerufen am 14.11.2008, S. 1–4*

(2) Besteht die/der Auszubildende vor Ablauf der vereinbarten Ausbildungszeit die Abschlussprüfung, so endet das Berufsausbildungsverhältnis mit Bekanntgabe des Ergebnisses durch den Prüfungsausschuss (§ 21 (2) Berufsbildungsgesetz (BBiG)).

(3) Besteht die/der Auszubildende die Abschlussprüfung nicht, so verlängert sich das Berufsausbildungsverhältnis auf sein/ihr Verlangen bis zur nächstmöglichen Wiederholungsprüfung, höchstens jedoch um ein Jahr (§ 21 (3) BBiG).

(4) In Ausnahmefällen kann die zuständige Stelle auf Antrag der/des Auszubildenden die Ausbildungszeit verlängern, wenn die Verlängerung erforderlich ist, um das Ausbildungsziel zu erreichen (§ 8 (2) BBiG).

(5) Die Weiterbeschäftigung nach Abschluss der Ausbildung, ohne dass hierüber ausdrücklich etwas vereinbart wird, begründet ein Arbeitsverhältnis auf unbestimmte Zeit (§ 24 BBiG).

Zu 3: Ausbildungsmaßnahmen außerhalb der Ausbildungsstätte

Hierzu ist ebenfalls auf der ersten Seite des Vertrages vermerkt:

C. Der/die Auszubildende ist verpflichtet, in jedem Ausbildungsjahr fünf Tage an der überbetrieblichen Ausbildung einschließlich Internatsunterbringung in der Berufsbildungsstätte für Medizinische Fachangestellte der Ärztekammer Schleswig-Holstein (Edmund-Christiani-Seminar) teilzunehmen.

Auszubildende Medizinische Fachangestellte, die nicht bei Allgemeinärztinnen/-en, Praktischen Ärztinnen/-en, Internistinnen/-en oder Kinderärztinnen/-en ausgebildet werden, sind verpflichtet, für jedes Ausbildungsjahr drei Tage zusätzlich an der überbetrieblichen Ausbildung teilzunehmen.

Zu 4: Dauer der regelmäßigen täglichen Ausbildungszeit

§ 5 – Ausbildungszeit

(1) Die durchschnittliche wöchentliche Arbeitszeit richtet sich nach den von der Arbeitsgemeinschaft zur Regelung der Arbeitsbedingungen der Medizinischen Fachangestellten mit den Gewerkschaften abgeschlossenen Tarifverträgen. Die tägliche Arbeitszeit darf bei Jugendlichen acht Stunden nicht überschreiten. Wenn an einzelnen Werktagen die Arbeitszeit auf weniger als acht Stunden verkürzt ist, können Jugendliche an den übrigen Werktagen derselben Woche neun Stunden beschäftigt werden. Im Übrigen gelten die Vorschriften des Jugendarbeitsschutzgesetzes in der jeweils gültigen Fassung über die wöchentliche und tägliche Arbeitszeit, die Ruhepausen, die Nacht-, Samstags-, Sonn- und Feiertagsarbeit und den Berufsschulbesuch.

(2) Es bleibt der/dem ausbildenden Ärztin/Arzt überlassen, die Arbeitsstunden unter Berücksichtigung der gesetzlichen Vorschriften auf die einzelnen Wochentage nach den Erfordernissen der Praxis zu verteilen.

(3) Persönliche Angelegenheiten hat die/der Auszubildende grundsätzlich außerhalb der Arbeitszeit zu erledigen. Ein Fernbleiben ist nur mit vorheriger Zustimmung der/des ausbildenden Ärztin/Arztes gestattet. Kann diese Zustimmung den Umständen nach vor-

her nicht eingeholt werden, so ist die/der ausbildende Ärztin/Arzt unverzüglich über die Gründe des Fernbleibens zu unterrichten.

(4) Bleibt die/der Auszubildende ohne Erlaubnis oder ohne hinreichende Entschuldigung der Arbeit oder der Berufsschule fern, so verliert sie/er für die Dauer des Fernbleibens den Anspruch auf Ausbildungsvergütung.

Zu 6: Zahlung und Höhe der Vergütung

E. Die/der Ausbildende zahlt der/dem Auszubildenden eine angemessene Vergütung. Ihre Höhe richtet sich nach den Tarifverträgen, die die Arbeitsgemeinschaft zur Regelung der Arbeitsbedingungen der Medizinischen Fachangestellten abgeschlossen hat.

Die Ausbildungsvergütung beträgt zurzeit:

EUR ________________ brutto im ersten Ausbildungsjahr,

EUR ________________ brutto im zweiten Ausbildungsjahr,

EUR ________________ brutto im dritten Ausbildungsjahr.

Im Ausbildungsvertrag werden hier jeweils die aktuellen Ausbildungsvergütungen eingesetzt.

Zu 7: Dauer des Urlaubs

F. Die/der Ausbildende gewährt der/dem Auszubildenden Urlaub nach den geltenden Bestimmungen. Es besteht ein Urlaubsanspruch:

auf ....

Im Ausbildungsvertrag werden die gültigen tariflichen Regelungen bzw. die Regelungen nach dem Jugendarbeitsschutzgesetz eingesetzt.

Im § 6 des Vertrages findet sich folgende Regelung:

§ 6 – Urlaub

(1) Der Urlaub richtet sich nach den jeweils geltenden Bestimmungen des Manteltarifvertrages für Medizinische Fachangestellte in Verbindung mit dem Jugendarbeitsschutzgesetz (siehe F).

(2) Der Urlaub soll möglichst zusammenhängend und in der Zeit der Berufsschulferien gewährt und genommen werden.

Zu 8: Kündigung des Berufsausbildungsvertrages

§ 7 – Kündigung

(1) Während der Probezeit kann das Berufsausbildungsverhältnis ohne Einhaltung einer Kündigungsfrist und ohne Angabe von Gründen gekündigt werden.

(2) Nach Beendigung der Probezeit kann das Berufsausbildungsverhältnis nur gekündigt werden (§ 22 BBiG)
   a) aus einem wichtigen Grund ohne Einhaltung einer Kündigungsfrist und
   b) von der/dem Auszubildenden mit einer Kündigungsfrist von vier Wochen, wenn sie/er die Berufsausbildung aufgeben oder sich für eine andere Berufstätigkeit ausbilden lassen will.

(3) Die Kündigung muss schriftlich, in den Fällen von Absatz (2), unter Angabe des Kündigungsgrundes erfolgen.

(4) Eine Kündigung aus einem wichtigen Grund ist unwirksam, wenn die ihr zugrunde liegenden Tatsachen dem zur Kündigung Berechtigten länger als zwei Wochen bekannt sind. Ist ein Schlichtungsverfahren gemäß § 9 eingeleitet, so wird bis zu dessen Beendigung der Lauf dieser Frist gehemmt.

(5) Wird das Berufsausbildungsverhältnis nach der Probezeit vorzeitig gelöst, so kann die/der ausbildende Ärztin/Arzt oder die/der Auszubildende Ersatz des Schadens verlangen, wenn der andere den Grund für die Auflösung zu vertreten hat. Das gilt nicht bei Kündigungen wegen Aufgabe oder Wechsel der Berufsausbildung. Der Anspruch erlischt, wenn er nicht innerhalb von drei Monaten nach Beendigung des Berufsausbildungsverhältnisses geltend gemacht wird.

(6) Bei Kündigung des Berufsausbildungsverhältnisses wegen Praxisaufgabe ohne Nachfolger verpflichtet sich die/der ausbildende Ärztin/Arzt, sich mithilfe der Ärztekammer und der Agentur für Arbeit um eine weitere Ausbildung bei einer/m anderen ausbildenden Ärztin/Arzt zu bemühen.

Zu 9: Hinweis, dass die tarifvertraglichen Regelungen anzuwenden sind

§ 10 – Sonstige Vereinbarungen

(1) Ergänzend zu diesem Ausbildungsvertrag finden die Bestimmungen des Berufsbildungsgesetzes sowie die von der Arbeitsgemeinschaft zur Regelung der Arbeitsbedingungen der Medizinischen Fachangestellten mit den Gewerkschaften abgeschlossenen Tarifverträge in der jeweils gültigen Fassung Anwendung.

Rechte und Pflichten der Vertragspartner

In allen Ausbildungsverträgen sind weiterhin die Pflichten der Auszubildenden und des/der Ausbildenden geregelt. Folgendes findet sich hierzu im Ausbildungsvertrag:

§ 2 – Pflichten der ausbildenden Ärztin/des ausbildenden Arztes

Die ausbildende Ärztin/der ausbildende Arzt verpflichtet sich,

a) dafür zu sorgen, dass der/dem Auszubildenden die Fertigkeiten und Kenntnisse vermittelt werden, die zum Erreichen des Ausbildungszieles erforderlich sind. Können diese in der Praxis nicht vermittelt werden, muss die/der Ausbildende dafür Sorge tragen, dass diese Fertigkeiten und Kenntnisse außerbetrieblich vermittelt werden. Die Berufsausbildung ist in einer durch ihren Zweck gebotenen Form planmäßig, zeitlich und sachlich gegliedert so durchzuführen, dass das Ausbildungsziel in der vorgesehenen Ausbildungszeit erreicht werden kann;

b) die Auszubildende/den Auszubildenden zur Teilnahme an der überbetrieblichen Ausbildung (siehe C.) freizustellen;

c) der/dem Auszubildenden kostenlos die Ausbildungsmittel (einschließlich Berufs- und Schutzkleidung nach den geltenden Bestimmungen) zur Verfügung zu stellen, die für die Ausbildung und zur Ablegung von Zwischen- und Abschlussprüfungen, auch soweit solche nach Beendigung des Berufsausbildungsverhältnisses und in zeitlichem Zusammenhang damit stattfinden, erforderlich sind;

d) die/den Auszubildenden zum Besuch der Berufsschule anzuhalten und freizustellen. Das Gleiche gilt, wenn neben der überbetrieblichen Ausbildung weitere Ausbildungsmaßnahmen außerhalb der Ausbildungsstätte vorgesehen sind;

e) der/dem Auszubildenden vor Ausbildungsbeginn und später die Berichtshefte für die Berufsausbildung auszuhändigen, die ordnungsgemäße Führung während der Ausbildungszeit zu gewährleisten und durch regelmäßige Abzeichnung zu überwachen;

f) der/dem Auszubildenden nur Verrichtungen zu übertragen, die dem Ausbildungszweck dienen und ihren/seinen körperlichen Kräften angemessen sind;

g) die/den Auszubildenden darauf hinzuweisen, dass sie/er in die gesetzliche Pflicht zur Verschwiegenheit eingebunden ist (§ 2 (3) Berufsordnung für Ärztinnen und Ärzte);

h) dafür zu sorgen, dass die/der Auszubildende charakterlich gefördert sowie sittlich und körperlich nicht gefährdet wird;

i) sich von der/dem jugendlichen Auszubildenden eine Bescheinigung darüber aushändigen zu lassen, dass diese/dieser
   - vor der Aufnahme der Ausbildung untersucht (§ 32 Jugendarbeitsschutzgesetz [JArbSchG]) und
   - vor Ablauf des 1. Ausbildungsjahres nachuntersucht worden ist (§ 33 JArbSchG).

   Die ausbildende Ärztin/der ausbildende Arzt trägt Sorge dafür, dass diese ärztlichen Bescheinigungen der Ärztekammer vorgelegt werden. Volljährige Auszubildende dürfen nur dann beschäftigt werden, wenn die notwendigen arbeitsmedizinischen Vorsorgeuntersuchungen durchgeführt wurden.

k) unverzüglich (spätestens innerhalb von 14 Tagen) nach Abschluss des Berufsausbildungsvertrages die Eintragung in das Verzeichnis der Berufsausbildungsverhältnisse bei der Ärztekammer unter Beifügung dieses Vertrages und bei jugendlichen Auszubildenden unter Vorlage der ärztlichen Bescheinigung über die Erstuntersuchung nach § 32 JArbSchG zu beantragen; Entsprechendes gilt bei späteren Änderungen des wesentlichen Vertragsinhaltes;

l) die Auszubildende/den Auszubildenden rechtzeitig zu den angesetzten Zwischen- und Abschlussprüfungen anzumelden und für die Teilnahme sowie für den Arbeitstag, der der schriftlichen Abschlussprüfung unmittelbar vorangeht, freizustellen;

m) die Auszubildende/den Auszubildenden anzuhalten, die aus Gründen der Gesundheitspflege und zur Verhütung von Berufserkrankungen notwendigen, mindestens aber die gesetzlich vorgeschriebenen ärztlichen Untersuchungen vornehmen zu lassen.

§ 3 – Pflichten der/des Auszubildenden

Die/der Auszubildende hat sich zu bemühen, die Fertigkeiten und Kenntnisse zu erwerben, die erforderlich sind, um das Ausbildungsziel zu erreichen. Sie/er verpflichtet sich, insbesondere

a) die ihr/ihm im Rahmen ihrer/seiner Berufsausbildung übertragenen Verrichtungen und Aufgaben sorgfältig auszuführen;

b) am Berufsschulunterricht, an der überbetrieblichen Ausbildung (siehe C.), an vorgeschriebenen Prüfungen sowie an weiteren Ausbildungsmaßnahmen außerhalb der Ausbildungsstätte teilzunehmen, für die sie/er nach § 2, Buchstaben b, d und l, freigestellt wird;

c) den Weisungen zu folgen, die ihr/ihm im Rahmen der Berufsausbildung von der/dem ausbildenden Ärztin/Arzt oder anderen weisungsberechtigten Personen erteilt werden;

d) die für die Ausbildungsstätte geltende Ordnung zu beachten;

e) die festgesetzte Arbeitszeit einzuhalten;

f) die Praxiseinrichtung und das Arbeitsmaterial nur zu den ihr/ihm übertragenen Arbeiten zu verwenden, keinen Missbrauch damit zu treiben und sorgsam damit umzugehen;

g) auf Sauberkeit und Hygiene in den Praxisräumen zu achten;

h) alle Praxisvorgänge sowie den Personenkreis der Patienten geheim zu halten (§ 203 StGB), und zwar auch nach Beendigung des Ausbildungsverhältnisses oder eines späteren Arbeitsverhältnisses;

i) alle im Rahmen der ärztlichen Praxis wichtigen Vorkommnisse unverzüglich der/dem ausbildenden Ärztin/Arzt mitzuteilen;

k) ein Berichtsheft ordnungsgemäß zu führen und regelmäßig vorzulegen;

l) bei Fernbleiben von der Ausbildung in der Praxis, vom Berufsschulunterricht, von der überbetrieblichen Ausbildung oder von sonstigen Ausbildungsmaßnahmen der/dem ausbildenden Ärztin/Arzt unter Angabe von Gründen unverzüglich Nachricht zu geben und ihr/ihm bei einer Arbeitsunfähigkeit von mehr als drei Kalendertagen spätestens an dem darauffolgenden Arbeitstag eine ärztliche Bescheinigung zuzuleiten;

m) soweit auf sie/ihn die Bestimmungen des Jugendarbeitsschutzgesetzes Anwendung finden, sich gemäß §§ 32, 33 dieses Gesetzes
   1. vor Beginn der Ausbildung ärztlich untersuchen und
   3. vor Ablauf des 1. Ausbildungsjahres ärztlich nachuntersuchen zu lassen
   und die Bescheinigungen hierüber der/dem ausbildenden Ärztin/Arzt auszuhändigen;

n) die aus Gründen der Gesundheitspflege und zur Verhütung von Berufserkrankungen notwendigen, mindestens aber die gesetzlich vorgeschriebenen ärztlichen Untersuchungen vornehmen zu lassen.

Außerdem hat die Auszubildende nach Abschluss der Ausbildung Anspruch auf ein Zeugnis. Entsprechendes regelt § 8 des Ausbildungsvertrages.

§ 8 – Zeugnis

Bei Beendigung des Berufsausbildungsverhältnisses ist der/dem Auszubildenden von der/dem ausbildenden Ärztin/Arzt ein schriftliches Zeugnis auszustellen. Die elektronische Form ist ausgeschlossen. Haben Ausbildende die Berufsausbildung nicht selbst durchgeführt, so soll auch die Ausbilderin/der Ausbilder das Zeugnis unterschreiben. Es muss Angaben enthalten über Art, Dauer und Ziel der Berufsausbildung sowie über die erworbenen Fertigkeiten und Kenntnisse des/der Auszubildenden; auf Verlangen der/des Auszubildenden auch Angaben über Führung, Leistung und besondere fachliche Fähigkeiten.

Klärung von Streitigkeiten

Trotz aller tarifvertraglichen und arbeitsrechtlichen Regelungen lassen sich Streitigkeiten zwischen dem Arzt und seiner Auszubildenden nicht ausschließen. Der beste Weg ist eine gütliche Einigung. Hierfür stehen u. a. auch Ausbildungsberater zur Verfügung. Diese sind selbst als niedergelassene Ärzte tätig und haben umfassende Erfahrung in allen Fragen der Ausbildung. Die entsprechende Regelung im schleswig-holsteinischen Ausbildungsvertrag findet sich in § 9:

§ 9 – Beilegen von Streitigkeiten

Bei Streitigkeiten aus dem Berufsausbildungsverhältnis ist vor Inanspruchnahme des Rechtsweges eine gütliche Einigung unter Mitwirkung der Ärztekammer anzustreben.

Scheitert eine gütliche Einigung, bleibt oft nur der Ausweg einer Klärung mithilfe des Arbeitsgerichts. Umfassende Beratung und Hilfen bieten die Berufsverbände und die Gewerkschaften.

Aufgaben

1. Beschreiben Sie, wie es bei Ihnen zum Abschluss des Berufsausbildungsvertrages kam.
2. Lesen Sie Ihren Ausbildungsvertrag sorgfältig. Schreiben Sie die Überschriften der einzelnen Paragrafen heraus. Prüfen Sie, ob der im folgenden Kapitel aufgezählte, verpflichtende Inhalt des Ausbildungsvertrages auch in Ihrem Vertrag enthalten ist.
3. Kopieren Sie sich aus Ihrem Vertrag die Pflichten, die Sie als Auszubildende zu übernehmen haben. Erläutern Sie an drei Beispielen, wie Sie diese Pflichten schon in der Arztpraxis umgesetzt und beachtet haben.
4. Erstellen Sie eine kurze Übersicht mit den Pflichten, die der Arzt mit Abschluss des Ausbildungsvertrages übernommen hat.

8 Jugendarbeitsschutzgesetz

Situation

In der Praxis von Frau Dr. Schmitz wird der Personaleinsatz der Fachangestellten für die in diesem Monat anfallenden Notfalldienste geplant. Maria Müller will Katrin ebenfalls einplanen. Katrins Ausbilderin, Frau Dr. Schmitz, weist aber darauf hin, dass in ihrer Praxis minderjährige Auszubildende nicht beim Notdienst eingesetzt werden.

Das Jugendarbeitsschutzgesetz schützt junge Leute unter 18 Jahren, egal ob sie Auszubildende oder Arbeitnehmer sind. Das Mindestalter für die Aufnahme einer vollen beruflichen Tätigkeit beträgt grundsätzlich 15 Jahre.

Folgende Regelungen sind in besonderer Weise zu beachten:

- Jugendliche dürfen nicht länger als acht Stunden täglich und 40 Stunden in der Woche arbeiten. Ausnahme: Wird beispielsweise in einer Arztpraxis mittwochs nur bis 13:00 Uhr gearbeitet, dürfen die jugendlichen Auszubildenden an den übrigen Werktagen $8\frac{1}{2}$ Stunden arbeiten.
- Für Jugendliche gilt die Fünftagewoche. Der Samstag und der Sonntag sind arbeitsfrei. Eine Beschäftigung im ärztlichen Notdienst ist erlaubt. Die Auszubildende muss dann aber an einem berufsschulfreien Arbeitstag frei bekommen.
- Jugendliche dürfen nur in der Zeit zwischen 6:00 Uhr und 20:00 Uhr arbeiten.
- Zwischen Feierabend und Arbeitsbeginn am nächsten Tag müssen immer zwölf Stunden liegen.
- Zur Erholung haben Jugendliche das Recht auf geregelte Pausen. Bei einer Arbeitszeit von über $4\frac{1}{2}$ bis sechs Stunden müssen diese 30 Minuten, bei einer Arbeitszeit von über sechs Stunden insgesamt 60 Minuten andauern. Die erste Pause muss spätestens nach $4\frac{1}{2}$ Stunden gemacht werden. Keine Pause darf kürzer als 15 Minuten sein.
- Der Anspruch Jugendlicher auf Jahresurlaub ist nach Alter gestaffelt:
  - 15-Jährige: 30 Werktage,
  - 16-Jährige: 27 Werktage,
  - 17-Jährige: 25 Werktage.

Für die Teilnahme am Unterricht der Berufsschule sind Jugendliche grundsätzlich freigestellt. Das heißt: Sie brauchen nicht mehr in ihren Ausbildungsbetrieb zurückzukehren, sondern können zu Hause den Unterricht aufarbeiten, wenn die Berufsschule länger als fünf Unterrichtsstunden mit je 45 Minuten dauert.
Die völlige Freistellung von der Arbeit im Betrieb gilt aber nur für einen Berufsschultag pro Woche. Wer zweimal wöchentlich je sechs Stunden Berufsschule hat, muss an einem dieser Tage

wieder an seinen Ausbildungsplatz zurück. Zusätzliche betriebliche Ausbildungsveranstaltungen sind bis zu zwei Stunden pro Woche zulässig.
Freigestellt werden müssen Auszubildende auch für die Zeit vor Unterrichtsbeginn, wenn die Berufsschule vor 9:00 Uhr beginnt. Gleiches trifft zu, wenn die Berufsschule zwar erst um 9:00 Uhr oder später anfängt, aber vorher nur eine kurze Anwesenheit am Ausbildungsplatz möglich ist.
Für die Prüfungen und den Tag vor der schriftlichen Abschlussprüfung sind die jugendlichen Auszubildenden ebenfalls von der Arbeit freizustellen.
Die Gesundheit der Jugendlichen wird ebenfalls durch ärztliche Untersuchungen geschützt. Kein Arbeitgeber darf Jugendliche ohne ein ärztliches Gesundheitszeugnis einstellen (Erstuntersuchung). Spätestens ein Jahr nach Beginn der Beschäftigung muss bei einem jugendlichen Auszubildenden eine Bescheinigung über die durchgeführte Nachuntersuchung vorliegen (Nachuntersuchung).
Der Arzt muss vor Beginn der Beschäftigung eine jugendliche Auszubildende über die mit der Beschäftigung verbundenen möglichen Gefährdungen aufklären. Weiterhin muss er sie mit allen Maßnahmen zur Abwehr der Gefahren vertraut machen (Gefahrenunterweisung). Jugendliche dürfen mit Gefahrstoffen und biologischen Arbeitsstoffen nur unter bestimmten Voraussetzungen und unter Aufsicht eines Fachkundigen beschäftigt werden, wenn dies zur Erreichung des Ausbildungszieles erforderlich ist. Hierzu gehören das Röntgen und Arbeiten mit giftigen, ätzenden oder reizenden Stoffen. Die Aufsicht über die Einhaltung der Vorschriften des Jugendarbeitsschutzgesetzes erfolgt durch die Gewerbeaufsichtsämter.

Aufgaben

1. Welchen Anlass könnte ein ausbildender Arzt haben, minderjährige Auszubildende nicht beim Notfalldienst einzusetzen?
2. Ist der Einsatz im ärztlichen Notfalldienst grundsätzlich nicht möglich? Prüfen Sie anhand der folgenden Basisinformationen diese Frage.
3. Erläutern Sie weiterhin alle Bestimmungen des Jugendarbeitsschutzgesetzes zur Arbeits- und Freizeit.
4. Nennen Sie Beispiele für Beschäftigungsverbote und Beschränkungen bei Jugendlichen.
5. Welcher gesundheitlichen Betreuung unterliegen jugendliche Auszubildende?
6. Wer überwacht das Jugendarbeitsschutzgesetz, wie werden Verstöße geahndet?
7. Claudia, eine Mitschülerin aus der Berufsschule, zeigt Katrin die Durchschrift von folgenden Bestätigungen, die sie in ihrer Praxis unterschreiben musste.

Unterweisung über Gefahren (vor Beginn der Beschäftigung)
Ich bestätige hiermit, dass ich heute bei Beginn meines Ausbildungsverhältnisses über die Unfall- und Gesundheitsgefahren, denen ich bei der Beschäftigung ausgesetzt bin, sowie über die Einrichtungen und Maßnahmen zur Abwendung dieser Gefahren durch meinen Ausbilder bzw. dessen Beauftragten ausdrücklich unterwiesen worden bin.
(Ort): ____________________ (Tag): ____________________
Unterschrift: ____________________________

Unterweisung über besondere Gefahren
Ich bestätige hiermit, dass ich heute vor der erstmaligen Beschäftigung
a) in der Arztpraxis
b) mit Arbeiten, bei denen eine Berührung mit gesundheitsgefährdenden Stoffen möglich ist,

über die besonderen Gefahren dieser Arbeiten sowie über das bei ihrer Verrichtung erforderliche Verhalten von meinem Ausbilder bzw. dessen Beauftragten unterwiesen worden bin.
(Ort): ____________________ (Tag): ____________________
Unterschrift: ____________________________

- Beurteilen Sie Grund und Sinn dieser Bestätigungen.

Für die Ärzte stellen die Ärztekammern folgende Hinweise zur Verfügung:

Hinweise für Arbeitgeber und Ausbilder zum Jugendarbeitsschutzgesetz	
Wird die zulässige tägliche Höchstarbeitszeit eingehalten?	§ 8
Wird die zulässige wöchentliche Höchstarbeitszeit eingehalten?	§ 8
Erhalten die Jugendlichen rechtzeitig ihre Ruhepausen in der vorgeschriebenen Dauer?	§ 11
Wird die zulässige tägliche Schichtzeit eingehalten?	§ 12
Wird die zulässige tägliche ununterbrochene Freizeit von zwölf Stunden gewährleistet?	§ 13
Werden Jugendliche vor 6:00 Uhr oder nach 20:00 Uhr beschäftigt? Ist dies nach § 14 JarbSchG zulässig?	§ 14
Ist für Jugendliche die Fünf-Tage-Woche gewährleistet?	§ 15
Werden Jugendliche an Samstagen beschäftigt? Ist dies nach § 16 JArbSchG zulässig?	§ 16
Werden Jugendliche an Sonn- oder Feiertagen beschäftigt? Ist dies nach § 17 und § 18 JarbSchG zulässig?	§ 17 § 18
Wurde überprüft, ob die Jugendlichen keine Arbeiten unter gesundheitsgefährdenden Einflüssen verrichten (Lärm, Hitze, Kälte, Nässe, Erschütterungen, Strahlen, gefährliche Arbeitsstoffe)?	§ 22
Ist gewährleistet, dass Jugendliche nicht mit Akkordarbeit oder Arbeiten mit vorgegebenem Arbeitstempo beschäftigt werden?	§ 23
Sind die Jugendlichen zu Beginn ihrer Ausbildung oder Beschäftigung über alle Unfall- und Gesundheitsgefahren belehrt worden?	§ 29
Werden die Jugendlichen in mindestens halbjährlichem Abstand über Maßnahmen zur Anwendung der Unfall- und Gesundheitsgefahren unterwiesen?	§ 29
Liegt für alle im Betrieb beschäftigten Jugendlichen die Bescheinigung über die ärztliche Erstuntersuchung vor?	§ 32 § 41
Liegt für alle länger als zwölf Monate beschäftigten Jugendlichen die ärztliche Bescheinigung über die erste Nachuntersuchung vor?	§ 33
Werden die in der ärztlichen Bescheinigung enthaltenen Gefährdungsvermerke beachtet und die damit ausgesprochenen Beschäftigungsverbote allen Mitarbeitern mitgeteilt, die den Jugendlichen ausbilden oder anweisen?	§ 40
Ist ein Abdruck des Jugendarbeitsschutzgesetzes an geeigneter Stelle im Betrieb ausgelegt oder ausgehängt?	§ 47
Ist dem Abdruck des Jugendarbeitsschutzgesetzes die Anschrift des Gewerbeaufsichtsamtes beigefügt?	§ 48
Ist ein Verzeichnis aller in der Praxis beschäftigten Jugendlichen angelegt?	§ 49

Quelle: Landeszahnärztekammer Baden-Württemberg, Stuttgart: Hinweise für Arbeitgeber und Ausbilder zum Jugendarbeitsschutzgesetz; http://lzkbw.de/PHB/handbuch/download/D38286-1789386632-BAAD.doc; abgerufen am 17.11.2008, S. 1

- Prüfen Sie anhand dieser Hinweise, ob die Vorschriften des Jugendarbeitsschutzgesetzes in Ihrer Praxis entsprechend umgesetzt sind.
- Laden Sie aus dem Internet den Text des Jugendarbeitsschutzgesetzes herunter. Schauen Sie sich die in dieser Übersicht aufgeführten Paragraphen des Gesetzes an.

9 Arbeitsvertrag

Situation

Katrin: „Lara, hast du eigentlich nach deiner Ausbildung einen schriftlichen Arbeitsvertrag erhalten?"

„Ja, natürlich. Frau Dr. Gropp legte sehr viel Wert darauf, dass ein entsprechender Arbeitsvertrag schriftlich geschlossen wurde. Vertragsformulare werden auch über die Ärztekammer zur Verfügung gestellt. Wir haben damals das Formular über das Internet geladen und ausgedruckt. Sehr großzügig fand ich, dass Frau Dr. Gropp ein Formular gewählt hat, das die tariflichen Regelungen als Grundlage hat. Normalerweise gelten die nur unter ganz bestimmten Bedingungen. Ansonsten sind in einem Arbeitsvertrag im Wesentlichen die gleichen Pflichten als Arbeitnehmer aufgeführt wie in deinem Ausbildungsvertrag. Allerdings habe ich keine Berufsschulpflicht mehr und das Jugendarbeitsschutzgesetz gilt bei mir schon lange nicht mehr!"

Durch den Arbeitsvertrag gehen der Arzt und die Medizinische Fachangestellte ein gegenseitiges Verpflichtungsverhältnis für eine begrenzte oder unbefristete Zeit ein. **Befristete Arbeitsverträge** sind üblich bei Vertretungen und Aushilfen. Sie enden nach Ablauf der vereinbarten Zeit. Normalerweise sind Arbeitsverträge **unbefristet**, d. h., sie enden erst durch Kündigung. Beide Parteien haben Rechte, müssen aber auch die entsprechenden Pflichten beachten. Selbstverständlich hat eine Medizinische Fachangestellte folgende Pflichten zu beachten:

- Dienstleistungspflicht,
- Sorgfalts- und Haftpflicht,
- Pflicht zur Sauberkeit und Hygiene,
- Schweigepflicht.

Für den Arzt gelten:

- Fürsorgepflicht,
- Vergütungspflicht,
- Zeugnispflicht.

Die umfassenden und notwendigen Regelungen zu

- Jahresurlaub,
- Arbeitsentgelt,
- Tages- und Wochenarbeitszeit,
- Kündigungsfristen

können teilweise durch einen Verweis auf die Gültigkeit der Tarifverträge ersetzt werden. Der Arbeitsvertrag[1], der von den Ärztekammern zur Verfügung gestellt wird, enthält hierzu u. a. folgende wichtige Regelungen:

§ 1

(1) Frau .... wird mit Wirkung vom .... in der Praxis des Arbeitgebers als Medizinische Fachangestellte eingestellt.

(2) Der Arbeitsvertrag wird auf unbestimmte Zeit abgeschlossen.
Der Arbeitsvertrag wird bis zum .... abgeschlossen. (Nichtzutreffendes bitte streichen!)

(3) Die ersten drei Monate gelten als **Probezeit**. Sie entfällt, wenn die Medizinische Fachangestellte in unmittelbarem Anschluss an ein erfolgreich abgeschlossenes Ausbildungsverhältnis in derselben Praxis eingestellt wird.

[1] *Quelle: Ärztekammer Schleswig-Holstein, Bad Segeberg: Arbeitsvertrag zwischen niedergelassenen Ärztinnen/Ärzten und Medizinischen Fachangestellten; http://www.aeksh.de/7ah/vertraege-formulare/ARBVERMFA.pdf; abgerufen am 17.11.2008*

§ 2

Der **Arbeitsbereich** richtet sich nach dem geltenden Berufsbild der Medizinischen Fachangestellten.

§ 3

(1) Die Medizinische Fachangestellte hat die ihr übertragenen Aufgaben gewissenhaft wahrzunehmen und ihr Vertrauen den besonderen Verhältnissen der Praxis anzupassen. Sie ist verpflichtet, alle Anordnungen des Arbeitgebers und die Vorschriften der Berufsgenossenschaft zur Verhütung von **Arbeitsunfällen** und Berufskrankheiten gewissenhaft zu befolgen.

(2) Die Medizinische Fachangestellte ist insbesondere verpflichtet,
- alle Praxisvorgänge sowie den Personenkreis der Patienten geheim zu halten (§ 203 StGB), und zwar auch nach Beendigung des Arbeitsverhältnisses,
- die festgelegte Arbeitszeit einzuhalten,
- die Praxiseinrichtung und das Arbeitsmaterial nur zu den ihr übertragenen Arbeiten zu verwenden, keinen Missbrauch damit zu treiben und sorgfältig damit umzugehen,
- auf Sauberkeit und Hygiene zu achten,
- alle im Rahmen der ärztlichen Praxis wichtigen Vorkommnisse dem Arbeitgeber unverzüglich mitzuteilen.

§ 4

Die **Nebentätigkeit** der Medizinische Fachangestellte bedarf der Genehmigung des Arbeitgebers.

§ 5

(1) Vor Aufnahme der Beschäftigung erfolgt eine **arbeitsmedizinische Vorsorgeuntersuchung** nach den Richtlinien der BGV A4 der Berufsgenossenschaft für Gesundheitsdienst und Wohlfahrtspflege in der jeweils geltenden Fassung. Bei Vorliegen einer Abschlussuntersuchung des vorherigen Arbeitgebers entfällt die Erstuntersuchung.

§ 6

(1) Die durchschnittliche **wöchentliche Arbeitszeit** richtet sich nach dem für Medizinische Fachangestellte geltenden, in § 14 näher bezeichneten Tarifvertrag. Es wird eine wöchentliche Teilarbeitszeit von .... Stunden vereinbart. (Nichtzutreffendes bitte streichen!)

(2) Beginn, Ende und Aufteilung der Arbeitszeit richten sich nach den Erfordernissen der Praxis des Arbeitgebers. Die übliche tägliche Arbeitszeit wird wie folgt festgelegt:

Montag:	von .... bis	und	von .... bis ....
Dienstag:	von .... bis	und	von .... bis ....
Mittwoch:	von .... bis	und	von .... bis ....
Donnerstag:	von .... bis	und	von .... bis ....
Freitag:	von .... bis	und	von .... bis ....
Samstag:	von .... bis	und	von .... bis ....

§ 7

(1) **Arbeitsunfähigkeit** ist unverzüglich mitzuteilen. Bei einer Arbeitsunfähigkeit von mehr als drei Kalendertagen hat die Medizinische Fachangestellte spätestens an dem darauffolgenden Arbeitstag eine ärztliche Bescheinigung über die Arbeitsunfähigkeit und ihre voraussichtliche Dauer vorzulegen. Der Arbeitgeber ist berechtigt, die Vorlage der ärztlichen Bescheinigung früher zu verlangen.

(2) Die Medizinische Fachangestellte darf grundsätzlich nur mit vorheriger Zustimmung des Arbeitgebers der Arbeit fernbleiben. Bei nicht **genehmigtem Fernbleiben** hat die Medizinische Fachangestellte insoweit keinen Anspruch auf die Fortzahlung des Gehaltes. Medizinische Fachangestellte, die am letzten Arbeitstag vor oder am ersten Arbeitstag nach Feiertagen unentschuldigt der Arbeit fernbleiben, haben keinen Anspruch auf Bezahlung für diese Feiertage.

§ 8

Die Medizinische Fachangestellte hat bei unverschuldetem Arbeitsversäumnis infolge eines in der Person liegenden Grundes sowie bei durch Unfall verursachter Arbeitsunfähigkeit Anspruch auf **Fortzahlung des Gehaltes** in Höhe von 100% bis zum Ende der sechsten Woche.

§ 9

(1) Die Medizinische Fachangestellte hat in jedem Kalenderjahr Anspruch auf bezahlten **Urlaub.** Er beträgt derzeit jährlich .... Arbeitstage/Werktage.

(2) Der Urlaub wird unter Berücksichtigung der Belange der Praxis und der Wünsche der Medizinischen Fachangestellten nach Möglichkeit zusammenhängend gewährt.

§ 10

(1) Das **Gehalt** beträgt zz. ....EUR brutto und wird monatlich am 25. des laufenden Kalendermonats gezahlt.

(2) Die Medizinische Fachangestellte befindet sich im .... Berufsjahr und ist in die tarifliche Tätigkeitsgruppe .... eingruppiert.

(3) Nach Ablauf der Probezeit erhält die Medizinische Fachangestellte eine **vermögenswirksame Leistung** von 30,00 EUR monatlich als Vollzeitkraft oder in Höhe von 15,00 EUR monatlich als Teilzeitkraft mit weniger als 18 Stunden wöchentlich.

§ 11

(1) Innerhalb der vereinbarten Probezeit (§ 1 Abs. 3) kann das Arbeitsverhältnis mit einer Frist von zwei Wochen gekündigt werden.

(2) Das Arbeitsverhältnis kann mit einer Frist von vier Wochen zum 15. oder zum Ende eines Kalendermonats gekündigt werden.

(3) Die fristlose **Kündigung** aus wichtigem Grund gemäß § 626 BGB bleibt unberührt.

(4) Die Kündigungsfrist erhöht sich arbeitgeberseits nach einer Beschäftigungsdauer bei demselben Arbeitgeber von zwei Jahren auf einen Monat, von fünf Jahren auf zwei Monate, von acht Jahren auf drei Monate, von zehn Jahren auf vier Monate, von zwölf Jahren auf fünf Monate, von 15 Jahren auf sechs Monate, von 20 Jahren auf sieben Monate jeweils zum Ende des Kalendermonats. Bei der Berechnung der Beschäftigungsdauer werden Zeiten, die vor der Vollendung des 25. Lebensjahres der Medizinische Fachangestellte liegen, nicht berücksichtigt.

(5) Die Kündigung bedarf der Schriftform

§ 12

(1) Die Medizinische Fachangestellte hat nach Kündigung des Arbeitsverhältnisses Anspruch auf umgehende Aushändigung eines Zeugnisses.

(2) Das **Zeugnis** muss Angaben über Art und Dauer der Tätigkeit sowie – auf Wunsch der Medizinischen Fachangestellten – die Leistung und Führung im Dienst enthalten.

§ 13

(1) Der diesem Vertrag beigefügte Personalbogen ist Bestandteil des Arbeitsvertrages.

(2) Dieser Arbeitsvertrag ist zweifach ausgefertigt und von den Vertragsschließenden eigenhändig unterschrieben; jede Vertragspartei erhält eine Ausfertigung.

(3) Änderungen dieses Arbeitsvertrages und zusätzliche bzw. nachträgliche Vereinbarungen bedürfen der Schriftform.

§ 14

Im Übrigen finden die Bestimmungen der von der Arbeitsgemeinschaft zur Regelung der Arbeitsbedingungen der Medizinischen Fachangestellten mit den Gewerkschaften abgeschlossenen **Tarifverträge** in der jeweils gültigen Fassung Anwendung.

Der **Manteltarifvertrag** enthält die längerfristig geregelten allgemeinen Arbeitsbedingungen. Im Manteltarif der Medizinischen Fachangestellten ist u. a. geregelt:

- Probezeit,
- Schweigepflicht,
- Arbeitsschutz,
- Mehr-, Sonntags-, Feiertags- und Nachtarbeit,
- Arbeitsversäumnis,
- Hinweis auf den Vergütungsvertrag,
- Besondere Zuwendungen,
- Altersversorgung,
- Fortzahlung der Vergütung bei persönlicher Arbeitsverhinderung,
- Teilzeitarbeit,
- Krankenbezüge,
- Urlaub,
- Beendigung des Arbeitsverhältnisses,
- Zeugnis,
- Inkrafttreten und
- Gültigkeitsdauer.

Der **Vergütungstarifvertrag** regelt, wie der Name schon sagt, die Vergütung für die Medizinische Fachangestellte. Die Höhe der Vergütung hängt ab von Tätigkeitsmerkmalen, die den Grad der Verantwortung und Schwierigkeit der Tätigkeit beschreiben, und von der Anzahl der Berufsjahre. Die Laufzeit dieses Vertrages ist wesentlich kürzer als beim Manteltarif und beträgt ein bis zwei Jahre.
Diese Tarifverträge gelten nur, wenn die Medizinische Fachangestellte Mitglied in einer Gewerkschaft und ihr Arbeitgeber Mitglied in einer Arbeitsgemeinschaft der Arbeitgeber ist, die zusammen diese Verträge ausgehandelt haben. In allen anderen Arbeitsverträgen gelten diese Tarife nur, wenn ausdrücklich ein Verweis auf den gültigen Mantel- und Gehaltstarif erfolgte.

Aufgaben

1. Warum ist es sinnvoll, einen Arbeitsvertrag schriftlich abzuschließen? Versuchen Sie herauszufinden, ob es eine Verpflichtung gibt, Arbeitsverträge schriftlich zu schließen.
2. Wodurch unterscheiden sich befristete und unbefristete Arbeitsverträge?
3. Erläutern Sie kurz die wichtigsten Pflichten, die die Medizinische Fachangestellte auf der einen und der Arzt auf der anderen Seite aufgrund eines Arbeitsvertrages eingehen.
4. Welche wichtigen Inhalte sind in einem Arbeitsvertrag zu regeln?
5. Durch den Verweis auf den Mantel- und den Vergütungstarifvertrag kann man in Arbeitsverträgen die dort geltenden Regelungen übernehmen.
   a) Was ist der Unterschied zwischen dem Mantel- und dem Vergütungstarif?
   b) Wann gelten diese automatisch?
6. Bei Beendigung der Ausbildung bzw. bei Kündigung eines Arbeitsvertrages hat die Medizinische Fachangestellte Anspruch auf ein Zeugnis. Das Zeugnis muss Auskunft über Art und Dauer der Tätigkeit geben (einfaches Zeugnis). Auf Verlangen der Angestellten sind auch Aussagen zu Führung und Leistung in das Zeugnis mit aufzunehmen (qualifiziertes Zeugnis). Da ein Zeugnis wahrheitsgemäß abzufassen ist, stellt sich die Frage, ob auch negative Aussagen zu Führung und Leistung möglich sind. Verschaffen Sie sich Unterlagen zur Erstellung von Zeugnissen und prüfen Sie, wie zu verfahren ist, wenn Führung und Leistung zu beanstanden sind.

10 Arbeitssicherheit und Arbeitsschutz

Situation

Nezire darf erstmals bei der Behandlung eines Patienten assistieren. Lars Peters schaut sich ganz genau an, ob Nezire auch den Mundschutz richtig angelegt hat und ob die Latexhandschuhe richtig sitzen. „Erinnert mich daran, dass wir demnächst mal wieder eine Personalbesprechung und -schulung zum Arbeitsschutz machen", merkt Herr Dr. Böcker an.

Die Gesundheit der Medizinischen Fachangestellten sollte vor Gefahren geschützt sein, die bei der Arbeit in der Praxis entstehen. Dafür gibt es den Arbeitsschutz. Im Manteltarif steht hierzu: „Die Berufsgenossenschaftlichen Vorschriften für Sicherheit und Gesundheit bei der Arbeit (BGV) und weitere entsprechende gesetzliche Regelungen in den jeweils gültigen Fassungen sind zu beachten und einzuhalten." Verantwortlich für den Arbeitsschutz im Betrieb ist der Arzt. Er muss u. a. Arbeitsplätze, Maschinen, Geräte, Anlagen usw. so einrichten und unterhalten sowie den gesamten Betrieb so organisieren, dass Angestellte gegen Gefahren für Leben und Gesundheit geschützt sind. Der Praxisinhaber muss Maßnahmen durchführen, die Unfälle bei der Arbeit und arbeitsbedingte Gesundheitsgefahren verhüten und zu einer menschengerechten Gestaltung der Arbeit führen. Dazu verpflichten die staatlichen Arbeitsschutzvorschriften, insbesondere das **Arbeitsschutzgesetz**, und die **Unfallverhütungsvorschriften** der Unfallversicherungsträger.

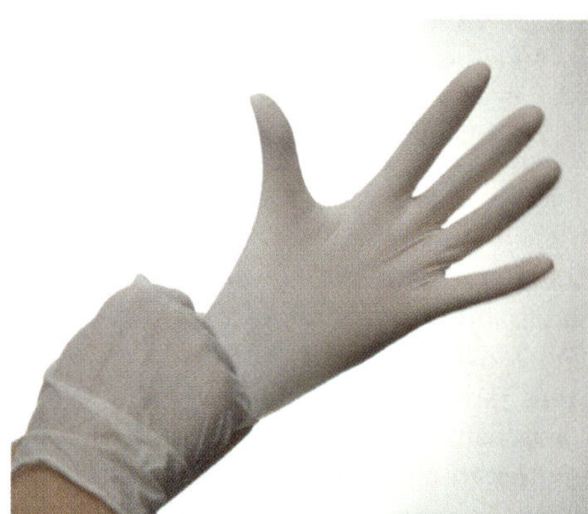

Bei der Erstellung einer Gefährdungsbeurteilung in einer Arztpraxis bietet insbesondere die Berufsgenossenschaft für Gesundheitsdienst und Wohlfahrtspflege erhebliche Hilfen (bgw-online.de). Eine erhebliche Gefährdung geht von dem in jeder Arztpraxis notwendigen Umgang mit **Gefahrstoffen** aus. Hier ist eine geeignete Handhabung sicherzustellen, damit Arbeitsunfälle oder gar Berufskrankheiten vermieden werden und eine Schädigung der Umwelt ausgeschlossen werden kann. Gefahrstoffe sind durch folgende Gefährdungsmerkmale gekennzeichnet:

Gefahrstoffe		
▪ sehr giftig ▪ giftig ▪ gesundheitsschädlich ▪ ätzend ▪ reizend ▪ sensibilisierend ▪ krebserzeugend ▪ fortpflanzungsgefährdend ▪ erbgutverändernd ▪ auf sonstige Weise chronisch schädigend	▪ explosionsgefährlich ▪ brandfördernd ▪ hochentzündlich ▪ leichtentzündlich ▪ entzündlich ▪ explosionsfähig	▪ umweltgefährlich

Um die Gefährdungsmerkmale vor allem auf den Packungen von Gefahrstoffen deutlich zu kennzeichnen, gibt es entsprechende Gefahrensymbole. Folgende Symbole werden unterschieden:

Explosions-gefährlich

Brandfördernd

Leichtentzündlich
Hochentzündlich

Giftig
Sehr giftig

Ätzend

Gesundheitsschädlich
Reizend

Gefahrensymbole

Um möglichst jede Gefährdung beim Umgang mit Gefahrstoffen in einer Arztpraxis zu vermeiden, wurden speziell für den medizinischen Bereich die „Technischen Regeln für Gefahrstoffe 525" (TRSG) erstellt. Hier wird u.a. beschrieben, welche Aufgaben der Arzt als Arbeitgeber beim Einsatz von Gefahrstoffen hat. Die Gefahrstoffverwaltung umfasst:

- Ermitteln von Gefahrenstoffen,
- Prüfen, ob Ersatzstoffe oder andere Verfahren verwendet werden können,
- Erstellen eines Gefahrstoffverzeichnisses,
- Festlegen der notwendigen Schutzmaßnahmen beim Umgang mit Gefahrstoffen,
- dafür sorgen, dass Luftgrenzwerte für Gefahrstoffe eingehalten werden,
- Erstellen entsprechender Betriebsanweisungen,
- Unterweisen aller Beteiligten über den Umgang mit Gefahrstoffen.

Die Medizinische Fachangestellte muss umfassend über den Umgang mit Gefahrstoffen informiert sein. Dabei muss sie alle entsprechenden Schutzmaßnahmen beachten. In regelmäßigen

Abständen sollte eine erneute Unterweisung stattfinden, damit die Handhabung der Gefahrstoffe immer dem neuesten technischen Stand entspricht. Ein wichtiger Gesichtspunkt des Arbeitsschutzes ist die Beachtung der Maßnahmen zum Infektionsschutz in einer Arztpraxis. Dabei geht es auf der einen Seite darum, den Patienten vor den vielfältigen Infektionsgefahren bei einer ärztlichen Behandlung zu schützen. Andererseits sind aber auch der Arzt und alle Beschäftigten einer starken Infektionsgefährdung ausgesetzt, sodass vorbeugende Maßnahmen unbedingt erforderlich sind. Eine Grundvoraussetzung zur Vermeidung von Infektionen ist die kontinuierliche Sicherung der Hygiene in einer Praxis. Mögliche Infektionsquellen für das Praxispersonal bestehen durch Kontakt mit Blut, Speichel oder Sekreten des Patienten. Insbesondere alle blut- und speichelbehafteten Instrumente müssen als mögliche Infektionsquellen angesehen werden. Der Umgang mit diesen Instrumenten beziehungsweise Materialien muss daher so erfolgen, dass das Verletzungs- und Infektionsrisiko auf ein Minimum reduziert wird. Der Hygieneplan einer Praxis sollte folgende Sachverhalte umfassen:

- Händehygiene (Händereinigung, Händedesinfektion und Händepflege),
- Schutzkleidung (Handschuhe, Kittel, Schürze, Haarschutz, Schutzmaske),
- Entsorgungsvorrichtungen, z. B. für gebrauchte Kanülen usw.,
- Reinigung, Desinfektion und gegebenenfalls Sterilisation von Instrumenten,
- Flächendesinfektion.

Trotz aller Vorsorgemaßnahmen kommt es immer wieder zu Infektionen. Insbesondere Hepatitisinfektionen (B und A) stellen eine besondere Gefährdung dar. Daher sollte das gesamte Personal einer ärztlichen Praxis sich einer aktiven HBV-Immunisierung (Hepatitisimpfung) unterziehen. Wegen der besonderen Infektionsgefahr dürfen schwangere Angestellte nach dem Mutterschutzgesetz und nach der Mutterschutzrichtlinienverordnung in einer Arztpraxis nur Arbeiten übernehmen, bei denen keine gesundheitliche Gefährdung zu erwarten ist.

Aufgaben

1. Welche besondere Verantwortung hat der Arzt im Zusammenhang mit dem Arbeitsschutz des Praxispersonals?
2. Was sind Gefahrstoffe? Nennen Sie einige Beispiele für Gefahrstoffe in der Praxis.
3. Welche einzelnen Schritte sind bei der Gefahrstoffverwaltung im Einzelnen zu leisten?
4. Erläutern Sie aufgrund der Erfahrungen in ihrer Praxis, welche Maßnahmen zur kontinuierlichen Sicherung der Hygiene in ihrer Praxis ergriffen werden.
5. Besuchen Sie im Internet die Seiten zum Gefährdungsmanagement einer Arztpraxis der Berufsgenossenschaft für Gesundheitsdienst und Wohlfahrtspflege (bgw-online.de). Machen Sie einen Rundgang durch die virtuelle Arztpraxis und stellen Sie für jeden Raum die möglichen Gefahrstoffe zusammen.
6. Informieren Sie sich über die im Zusammenhang mit Gefahrstoffen notwendigen Betriebsanweisungen, Unterweisungen und Schutzmaßnahmen.

11 Arbeitsschutzgesetze

Situation

Susanne: „Ich habe eine wunderbare Nachricht für euch, ich bin schwanger."
Nezire: „Herzlichen Glückwunsch, oh Susanne, ich wünsche dir alles Gute. Da wird sich ja nun einiges in unserer Praxis ändern. Weiß Dr. Böcker schon Bescheid?" „Ja, natürlich habe ich mit ihm zuerst gesprochen. Ich arbeite jetzt nur noch in der Anmeldung und in der Verwaltung. „Aber da arbeitet doch schon Britta. Was passiert mit ihr?" „Nun, hier scheint sich alles sehr glücklich zu fügen. Brittas Mann arbeitet seit einiger Zeit in München.

Sie will nun auch nach München ziehen und dort in einer Arztpraxis arbeiten. Sie hat Herrn Dr. Böcker vor 14 Tagen die Kündigung eingereicht und scheidet zum Ende dieses Monats aus." „Aber hat sie denn nicht aufgrund ihrer langen Betriebszugehörigkeit eine längere Kündigungsfrist?" „Nein, die längeren Kündigungsfristen aufgrund einer längeren Beschäftigungsdauer gelten nur für den Arbeitgeber." „Und was machst du nach der Geburt deines Kindes? Wirst du weiter hier arbeiten?" „Zunächst einmal beginnt sechs Wochen vor dem voraussichtlichen Geburtstermin die Mutterschutzfrist. Mit Herrn Dr. Böcker habe ich vereinbart, dass ich vor dieser Frist noch meinen Jahresurlaub von 28 Tagen nehme. Nach dem Ende der Mutterschutzfrist weiß ich noch nicht, was ich mache, ob ich Elternzeit in Anspruch nehme. Ich muss das in Ruhe mit meinem Mann überlegen." „Und wer wird nun deine Aufgaben übernehmen?" „Ja, Nezire, da wirst du eine sehr nette und liebe Kollegin bekommen. Nina Lange und ich waren in der gleichen Klasse der Berufsschule. Sie war in einer Arztpraxis, die von einem neuen Arzt übernommen wurde. Mit ihrem neuen Chef kam sie überhaupt nicht zurecht. Daher hatte sie sich dummerweise auf einen Auflösungsvertrag eingelassen. Seit acht Wochen ist sie arbeitslos. Nun wird sie zum Ersten des nächsten Monats bei uns anfangen." „Na, das sind ja viele Neuigkeiten auf einmal. Die Hauptsache aber ist, dass du mir als Kollegin erhalten bleibst."

Mutterschutzgesetz

Das Arbeitsrecht ist so umfassend, dass Arbeitnehmer bei Bedarf auf eine professionelle Beratung angewiesen sind, die u.a. von den Gewerkschaften geleistet wird. Aus diesem Bereich ist der gesetzliche Arbeitsschutz bei Mutterschaft, Schwerbehinderung und im Zusammenhang mit einer Kündigung besonders wichtig.

Für werdende Mütter gilt ein besonderer Schutz. Dieser betrifft die zulässigen Arbeiten, die Arbeitszeiten und den Kündigungsschutz. Rechtsgrundlage dieser Regelungen ist das **Mutterschutzgesetz**.

Für die Tätigkeit einer schwangeren Medizinischen Fachangestellten sind u.a. folgende **gesundheitsrechtliche Vorschriften** zu beachten:

- Nachtarbeitsverbot zwischen 20:00 Uhr und 6:00 Uhr;
- Mehrarbeitsverbot, d.h. nicht mehr als 8,5 Stunden pro Tag bzw. 90 Stunden innerhalb zwei Wochen;
- Sonn- und Feiertagsarbeitsverbot;
- kein Umgang mit Stoffen und Strahlungen, die die Gesundheit von Mutter und Kind gefährden;
- Kontaktverbot zu infektionsverdächtigen oder infizierten Patienten und infektiösem Material;
- Umgangsverbot mit benutzten, stechenden, bohrenden und schneidenden Instrumenten.

Ist eine Medizinische Fachangestellte schwanger, muss sie dies dem Praxisinhaber unverzüglich mitteilen. Anhand einer Gefährdungsanalyse ist dann zu prüfen, in welchem Teil der Praxis und mit welchen Aufgaben eine Weiterbeschäftigung möglich ist, z.B. in der Praxisverwaltung oder in der Anmeldung.

Bei einer schwangeren Auszubildenden ist die Beschäftigung unter Beachtung der gesundheitsrechtlichen Vorschriften schwierig. Nach dem Ausbildungsrahmenplan sind alle Bereiche

der Arztpraxis zu durchlaufen. Im Interesse einer ordnungsgemäßen Ausbildung sollten Umsetzungen und Schutzmaßnahmen geplant werden, die weder Mutter und Kind noch das Ausbildungsziel gefährden.
Mit dem Beginn der **Mutterschutzfrist** sechs Wochen vor der Entbindung darf die werdende Mutter nicht mehr beschäftigt werden, es sei denn, sie erklärt sich ausdrücklich dazu bereit, weiterzuarbeiten. Nach der Entbindung beträgt die Schutzfrist acht Wochen, im Falle von Mehrlingsgeburten zwölf Wochen.
Während der Schwangerschaft und bis zum Ablauf von vier Monaten nach der Entbindung hat die Arbeitnehmerin Kündigungsschutz **(Kündigungsverbot)**. Die schwangere Medizinische Fachangestellte kann aber während der Schwangerschaft und während der Schutzfrist nach der Entbindung das Arbeitsverhältnis ohne Einhaltung einer Frist zum Ende der Schutzfrist kündigen.

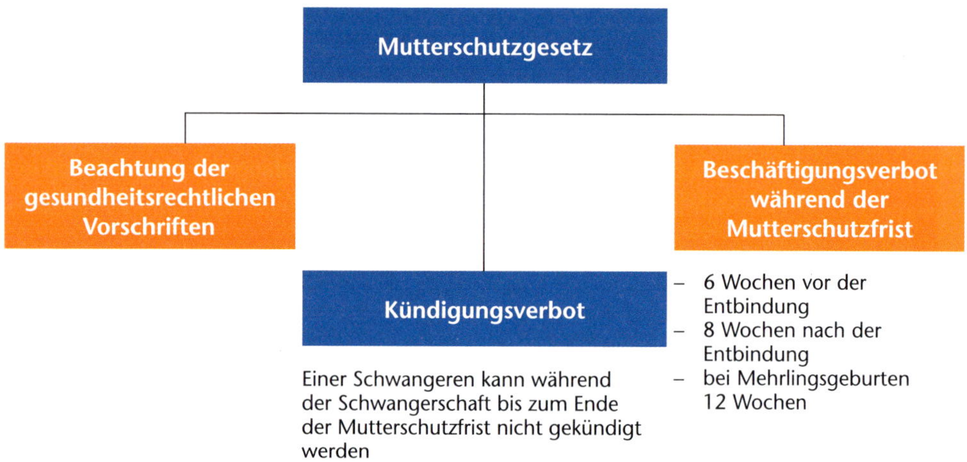

Elternzeit

Arbeitnehmerinnen und Arbeitnehmer, die ihr Kind selbst betreuen und erziehen, **haben bis zur Vollendung des dritten Lebensjahres des Kindes einen Rechtsanspruch auf Elternzeit**. Mit Zustimmung der Arbeitgeberseite können sie bis zu zwölf Monate der Elternzeit auf die Zeit zwischen dem dritten und dem achten Geburtstag des Kindes übertragen.

Während der Elternzeit besteht Kündigungsschutz. Die Anmeldefrist für die Elternzeit beträgt sieben Wochen. Mit der Anmeldung der Elternzeit muss man sich gleichzeitig verbindlich festlegen, für welche Zeiträume innerhalb von zwei Jahren die Elternzeit genommen werden soll. Beantragt ein Elternteil Elternzeit nur bis zur Vollendung des ersten Lebensjahres des Kindes, folgt daraus, dass auf die Elternzeit für das zweite Lebensjahr verzichtet wird. Eine Verlängerung der Elternzeit innerhalb dieses Zeitraums ist in diesem Fall nur mit Zustimmung der Arbeitgeberseite möglich.

Ist geplant, die **Partnermonate des Elterngeldes in Anspruch zu nehmen** (siehe Elterngeld), muss die Anmeldung, wenn die Elternzeit damit verbunden werden soll, erst spätestens sieben Wochen vor Beginn bei der Arbeitgeberseite erfolgen, auch wenn im Rahmen des Elterngeldantrages bereits eine Festlegung getroffen wurde.

Erwerbstätige Eltern können frei entscheiden, wer von ihnen Elternzeit nimmt. Sie können auch gleichzeitig Elternzeit nehmen. Wer Elternzeit nimmt, kann in **Teilzeit bis zu 30 Wochenstunden** arbeiten. In Betrieben mit mehr als 15 Beschäftigten besteht ein Anspruch auf Teilzeitarbeit in der Elternzeit, wenn

- dem keine dringenden betrieblichen Gründe entgegenstehen,
- die Arbeitnehmerin bzw. der Arbeitnehmer mehr als sechs Monate im Unternehmen tätig ist,
- die vertraglich vereinbarte regelmäßige Arbeitszeit für mindestens zwei Monate auf einen Umfang zwischen 15 und 30 Wochenstunden reduziert werden soll,
- der Anspruch der Arbeitgeberseite sieben Wochen vor Beginn der Tätigkeit schriftlich mitgeteilt wurde.

Nach Ablauf der Elternzeit haben die Eltern einen Anspruch, auf ihren oder einen gleichwertigen Arbeitsplatz zurückzukehren. Eine Schlechterstellung ist nicht zulässig. Wurde die Arbeitszeit während der Elternzeit reduziert, gilt nach deren Ende wieder die frühere Arbeitszeit.

Elterngeld/Erziehungsgeld

Das **neue Elterngeld** bekommen alle Eltern, deren Kinder nach dem 01.01.2007 geboren wurden. Für vor dem 01.01.2007 geborene Kinder gibt es weiterhin das **Erziehungsgeld**. Es ist also durchaus möglich, dass Familien mit mehreren Kindern für ein älteres Kind das alte Erziehungsgeld und gleichzeitig für ein jüngeres Kind das neue Elterngeld erhalten.

Anders als beim Erziehungsgeld gibt es beim Elterngeld keine Einkommensgrenzen. Somit kann jede Mutter und jeder Vater in den Genuss des Elterngeldes kommen. Grundsätzlich werden monatlich 67 % des Einkommens als Elterngeld gewährt. Antragsteller mit niedrigem Einkommen können von einer Geringverdienerkomponente profitieren.

Um Eltern mit älteren Kindern nicht zu benachteiligen, bekommen diese einen Geschwisterbonus in Höhe von 10 % (für mindestens ein weiteres Kind unter 3 Jahren, zwei weitere unter 6 Jahren oder ein behindertes Kind unter 14 Jahren). Somit beträgt der Prozentsatz bei Familien mit älteren Kindern 73,7 % (67 % + 6,7 %). Der Geschwisterbonus beträgt mindestens 75,00 EUR.

Alle Eltern bekommen mindestens 300,00 EUR Elterngeld. Diese 300,00 EUR werden nicht auf andere Sozialleistungen, z. B. Arbeitslosengeld II, angerechnet. Maximal werden 1.800,00 EUR Elterngeld gezahlt. Bei Mehrlingsgeburten gibt es darüber hinaus 300,00 EUR Extra-Elterngeld je Geschwisterkind. Eine Familie mit Zwillingen kann so maximal 2.100,00 EUR Elterngeld pro Monat erhalten.

Beide Elternteile haben zusammen Anspruch auf 12 Monatsbeträge Elterngeld. Sie haben Anspruch auf zwei weitere Monate, die sogenannten **Partnermonate**, wenn der Partner für mindestens zwei Monate seine Erwerbstätigkeit reduziert und in dieser Zeit die Betreuung übernimmt. Alleinstehende erhalten das Elterngeld für die vollen 14 Monate. Auf Wunsch der Eltern können die monatlichen Elterngeld-Zahlungen halbiert und so die Auszahlungsmonate verdoppelt werden.

Insgesamt profitieren die Familien vom neuen Elterngeld. Es gibt aber auch Familien, die im Vergleich zum Erziehungsgeld schlechter gestellt werden. Das Erziehungsgeld wurde wahlweise in 12 Monatsbeträgen zu 450,00 EUR oder in 24 Monatsbeträgen zu 300,00 EUR gewährt. Für Familien ohne ein Einkommen aus Erwerbstätigkeit bedeutet das Elterngeld somit im schlimmsten Fall eine Einbuße von 3.600,00 EUR, da hier über 12 Monate nur jeweils 300,00 EUR gezahlt werden.

Das Elterngeld wird steuer- und abgabenfrei gewährt. Zuständig für die Antragstellung auf Elterngeld ist das für den Wohnsitz zuständige Einwohnermeldeamt. Der Antrag auf Elterngeld ist zeitnah nach der Geburt des Kindes zu stellen, denn das Elterngeld wird rückwirkend nur für drei Monate gezahlt.

Im Internet finden sich Elterngeld-Rechner, die nach Eingabe aller notwendigen Daten das zu erwartende monatliche Elterngeld berechnen.

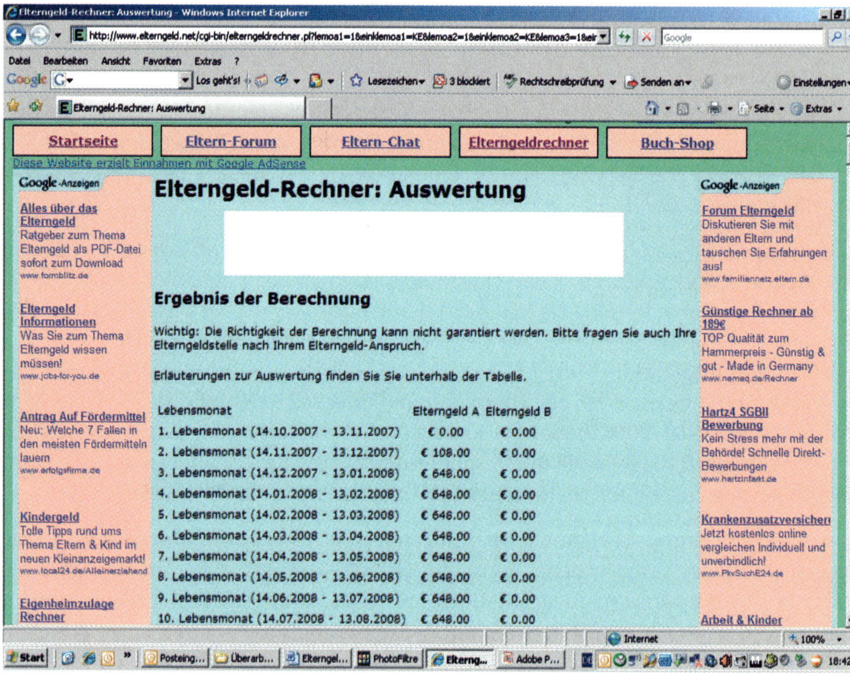

Quelle: http://www.elterngeld.net/elterngeld-rechner.html; abgerufen am 24.09.2007

Schwerbehindertenschutz

Der Schwerbehindertenschutz hat das Ziel, **Schwerbehinderten Arbeitsplätze zu verschaffen**. Bei der Suche nach Arbeit sind sie oftmals wegen ihrer Behinderungen den gesunden Arbeitnehmern unterlegen. Damit Arbeitgeber trotzdem Behinderte einstellen, bietet der Staat finanzielle Mittel für die Schaffung behindertengerechter Arbeitsplätze. Darüber hinaus besteht für Arbeitgeber mit mehr als 20 Beschäftigten die Verpflichtung, wenigstens auf 5 % der Arbeitsplätze schwerbehinderte Menschen zu beschäftigen.

Es gibt Fälle, in denen aufgrund des persönlichen Schicksals einer Medizinischen Fachangestellten der Praxisinhaber entschlossen ist, diese auch als nun schwerbehinderte Arbeitnehmerin weiterzubeschäftigen. Die Einsatzmöglichkeiten begrenzen sich aber auf Tätigkeiten im Praxisempfang und in der Verwaltung. Bei notwendigen Umbauten in der Praxis und bei sonstigen außergewöhnlichen Belastungen erhält der Arzt entsprechende Hilfen. Zuständig hierfür ist ein sogenanntes „Integrationsamt".

Schwerbehinderte unterliegen einem besonderen **Kündigungsschutz**. Die Kündigung eines schwerbehinderten Arbeitnehmers ohne vorherige Zustimmung des Integrationsamtes ist unwirksam. Vor Kündigung eines Schwerbehinderten muss ein Arbeitgeber einen Kündigungsantrag beim Integrationsamt stellen. Dieses entscheidet unter Abwägung der Arbeitnehmer- und Arbeitgeberinteressen über den Kündigungsantrag. Der schwerbehinderte Beschäftigte hat so im Arbeitsleben einen zusätzlichen Rechtsschutz.

Kündigungsschutzgesetz

In einer Arztpraxis kündigen erfahrungsgemäß Mitarbeiter. Manchmal lässt es sich auch nicht vermeiden, dass ihnen gekündigt wird. Da eine Kündigung des Arbeitnehmers durch den Arbeitgeber erhebliche soziale Folgen nach sich ziehen kann, gibt es in Deutschland einen besonderen Kündigungsschutz, der im Kündigungsschutzgesetz geregelt ist. Ziel ist es, den Arbeitnehmer vor einer unverhältnismäßig **schnellen bzw. ungerechtfertigten Kündigung** zu schützen.

Arbeitsverträge werden normalerweise ohne jede Fristbegrenzung abgeschlossen. Es gibt aber auch **befristete Arbeitsverträge**, z. B. Vertretung einer Medizinischen Fachangestellten während des Mutterschaftsurlaubes oder der Elternzeit. Diese enden mit der vereinbarten Frist. Diese Vereinbarung muss schriftlich vorliegen. **Unbefristete Arbeitsverträge** können folgendermaßen beendet werden:

- Aufhebungsvertrag,
- ordentliche Kündigung durch den Arbeitnehmer,
- ordentliche Kündigung durch den Arbeitgeber,
- außerordentliche Kündigung,
- Änderungskündigung.

Bei einem **Aufhebungsvertrag** wird der Arbeitsvertrag in beiderseitigem Einvernehmen beendet. Oft wird dies dem Arbeitnehmer mit der Zahlung einer Abfindung schmackhaft gemacht. Der Aufhebungsvertrag ist aber für den Arbeitnehmer trotz Abfindung oft mit erheblichen Nachteilen verbunden. Diese sind:

- Verzicht auf den allgemeinen Kündigungsschutz,
- Verlust eines besonderen Kündigungsschutzes, z. B. nach dem Mutterschutz- oder Schwerbehindertengesetz,
- Sperrzeit beim Bezug von Arbeitslosengeld; da der Arbeitnehmer durch einen Aufhebungsvertrag seine Arbeitslosigkeit herbeigeführt hat, muss er damit rechnen, dass eine zwölfwöchige Sperrzeit gegen ihn verhängt wird,
- Anrechnung einer Abfindung auf das Arbeitslosengeld.

Bei einer **ordentlichen Kündigung** durch den Arbeitnehmer muss eine Kündigungsfrist von vier Wochen zum 15. des Monats oder zum Monatsende eingehalten werden. Der Arbeitgeber hat somit Zeit, sich um einen neuen Beschäftigten zu bemühen. Ein Kündigungsgrund muss nicht angegeben werden. Allerdings ist die Kündigung immer eine einseitige empfangsbedürftige Willenserklärung. Bei einer Kündigung durch den Arbeitnehmer hat dieser sicherzustellen, dass der Arbeitgeber von der Kündigung auch nachweislich Kenntnis erlangt. Dies gilt umgekehrt auch bei der Kündigung durch den Arbeitgeber. Auch bei einer **ordentlichen Kündigung durch den Arbeitgeber** sind die o. g. Kündigungsfristen einzuhalten. Allerdings verlängert sich hier die Kündigungsfrist in Abhängigkeit von der Dauer des Beschäftigungsverhältnisses des Arbeitnehmers. Es gelten nach § 622 BGB, Absatz 2, folgende Fristen:

Dauer des Beschäftigungsverhältnisses:	Kündigungsfrist zum Ende des Kalendermonats
2 Jahre	1 Monat
5 Jahre	2 Monate
8 Jahre	3 Monate
10 Jahre	4 Monate
12 Jahre	5 Monate
15 Jahre	6 Monate
20 Jahre	7 Monate

Bei der Berechnung der Dauer des Beschäftigungsverhältnisses ist zu beachten, dass erst Beschäftigungszeiten ab Vollendung des 25. Lebensjahres angerechnet werden. Die davor liegenden Zeiten bleiben unberücksichtigt. In den Manteltarif der Medizinischen Fachangestellten sind diese Fristen so übernommen worden.
Die Berechnung der Beschäftigungsdauer beginnt mit Abschluss der Berufsausbildung. Neben der unverhältnismäßig schnellen Kündigung soll der Arbeitnehmer vor einer sozial ungerechtfertigten Kündigung geschützt werden. Hier gelten allerdings für die Anwendung des Kündigungsschutzgesetzes folgende Voraussetzungen:

- Das Unternehmen muss mindestens zehn Arbeitnehmer beschäftigen (Teilzeitkräfte werden mit einem entsprechenden Anteil berücksichtigt).
- Das Arbeitsverhältnis muss mindestens sechs Monate bestehen.

Ist das Kündigungsschutzgesetz zu beachten, muss der Arbeitgeber im Falle einer Kündigung einen Grund zur Rechtfertigung angeben. Das Kündigungsschutzgesetz unterscheidet drei Gründe:

Verhaltensbedingte Kündigung

Verhält sich der Arbeitnehmer trotz mehrerer Abmahnungen weiterhin arbeitsvertragswidrig (wiederholtes Zuspätkommen, Arbeitsbummelei, wiederholte grob fahrlässige Verursachung von Schäden, Störung des Betriebsfriedens) kann der Arbeitgeber ihm kündigen. Allerdings müssen die der Kündigung vorhergehenden Abmahnungen rechtswirksam sein, d. h.,

- eine genaue Tatbeschreibung des vertragswidrigen Verhaltens muss vorliegen;
- das vertragswidrige Verhalten muss ausdrücklich missbilligt werden;
- ein Hinweis auf das erwartete korrekte Verhalten muss vorliegen;
- ein Hinweis auf die arbeitsrechtlichen Konsequenzen bei einer Wiederholung des vertragswidrigen Verhaltens muss erfolgen.

Personenbedingte Kündigung

Hier liegen die Gründe in der Person des Arbeitnehmers, etwa bei einer lang anhaltenden Krankheit, die zur Arbeitsunfähigkeit führt und auch in Zukunft führen wird.

Betriebsbedingte Kündigung

Arbeitsplätze in der Praxis fallen weg, weil der Patientenzuspruch erheblich abgenommen hat.

Das Kündigungsschutzgesetz schreibt im Falle der betriebsbedingten Kündigung vor, dass eine besondere **Sozialauswahl** getroffen wird. Zu berücksichtigen sind demnach die Betriebszugehörigkeit, das Lebensalter und Unterhaltsverpflichtungen. Die Sozialauswahl soll verhindern, dass Mitarbeitern gekündigt wird, für die eine Kündigung eine besondere soziale Härte darstellt. Von mehreren vergleichbaren Arbeitnehmern ist derjenige zu kündigen, der am wenigsten von der Kündigung getroffen wird. Soll beispielsweise aufgrund fehlenden Patientenzuspruchs eine Medizinische Fachangestellte gekündigt werden, trifft es am ehesten die junge, unverheiratete Mitarbeiterin ohne Kind.

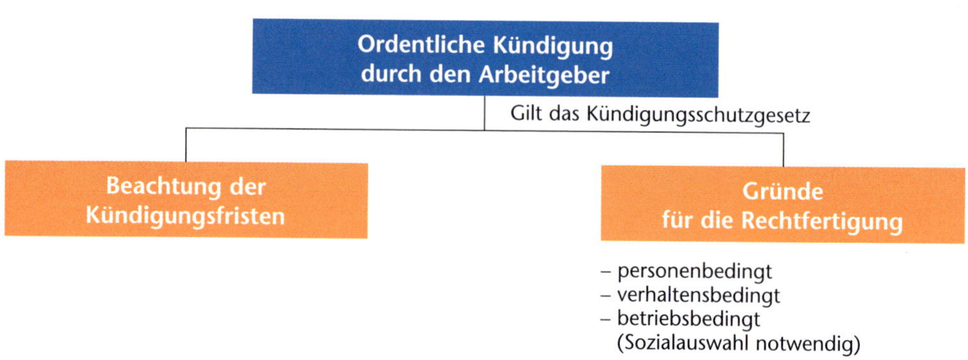

Eine **außerordentliche Kündigung** liegt vor, wenn ein Arbeitgeber bzw. ein Arbeitnehmer aus einem wichtigen Grund **fristlos** kündigt. Wichtiger Grund heißt in diesem Zusammenhang, es kann dem Kündigenden nicht zugemutet werden, den Ablauf der regulären Kündigungsfrist abzuwarten. Kündigt der Arbeitgeber, muss neben dem außerordentlichen Kündigungsgrund ein Verschulden des Arbeitnehmers bewiesen werden. Außerdem ist zu prüfen, ob andere mögliche, mildere Mittel, z. B. eine Abmahnung, ausgereicht hätten.

Beispiele für wichtige Gründe für eine fristlose Kündigung:

- *Arbeitsverweigerung,*
- *grobe Beleidigungen,*
- *sexuelle Belästigung,*
- *Straftaten in der Praxis,*
- *Trunk- und Drogensucht,*
- *eigenmächtiger Urlaubsantritt,*
- *Nichtzahlung des Gehaltes,*
- *Verstoß gegen die Schweigepflicht.*

Auch bei einer **Änderungskündigung** handelt es sich um eine Kündigung des bestehenden Arbeitsverhältnisses. Die Kündigung ist aber verbunden mit dem Angebot, das Arbeitsverhältnis unter veränderten Bedingungen fortzusetzen. Üblicherweise trifft dies einen Arbeitnehmer nicht unvorbereitet. Die Gründe für eine Veränderung der Arbeitsbedingungen werden normalerweise zwischen dem Arbeitgeber und dem Arbeitnehmer besprochen. Für den Arbeitnehmer ergeben sich folgende Möglichkeiten, auf die Änderungskündigung zu reagieren:

- Der Arbeitnehmer nimmt die vom Arbeitgeber gewünschten Änderungen der Arbeitsbedingungen an. Das Arbeitsverhältnis wird dann unter geänderten Bedingungen fortgesetzt.
- Der Arbeitnehmer lehnt die vom Arbeitgeber gewünschten Änderungen der Arbeitsbedingungen ab. In diesem Fall erhält der Arbeitnehmer die Beendigungskündigung.
- Der Arbeitnehmer bittet um Bedenkzeit. In diesem Fall muss er innerhalb der Kündigungsfrist, spätestens aber innerhalb von drei Wochen nach Zustellung der Kündigung erklären, ob er die veränderten Bedingungen akzeptiert.

Droht eine Änderungskündigung, sollte sich der Arbeitnehmer von Fachleuten beraten lassen.

Urlaubsanspruch

Urlaub dient der Gesundheitserhaltung des Arbeitnehmers. Die gesetzlichen Regelungen gehören somit zum Arbeitsschutz. Der Urlaubsanspruch wird abgesichert über

- tarifvertragliche Reglungen,
- Bundesurlaubsgesetz, wenn tarifvertragliche Regelungen fehlen,
- Jugendarbeitsschutzgesetz für Arbeitnehmer bis zur Vollendung des 18. Lebensjahrs.

Nach dem Manteltarif beträgt der Urlaub für Medizinische Fachangestellte:

bis zum vollendeten 30. Lebensjahr	31 Werktage bzw. 26 Arbeitstage
bis zum vollendeten 40. Lebensjahr	34 Werktage bzw. 28 Arbeitstage
vom 40. Lebensjahr an	36 Werktage bzw. 30 Arbeitstage

Wird im Arbeitsvertrag kein Bezug genommen zum Manteltarif, gelten die Bestimmungen des Bundesurlaubsgesetzes. Demnach beträgt der Mindesturlaub 24 Werktage bzw. 20 Arbeitstage. Für nicht volljährige Beschäftigte gelten die Bestimmungen des Jugendarbeitsschutzgesetzes.

Bei der Planung des Jahresurlaubs sind folgende allgemeine Richtlinien zu beachten:

- Bei einem neuen Arbeitsverhältnis muss ein Arbeitnehmer eine Wartefrist von sechs Monaten einhalten, bevor er seinen Jahresurlaub in Anspruch nehmen darf.
- Der Urlaub soll möglichst zusammenhängend gewährt werden. Es sind mindestens zwei Wochen hintereinander nach den Wünschen des Arbeitnehmers einzuplanen.
- Bei der zeitlichen Festlegung sollen die Urlaubswünsche des Arbeitnehmers möglichst berücksichtigt werden.
- Der Arbeitgeber hat das Recht, aus betrieblichen Gründen einen gewissen Anteil auf einen bestimmten Zeitpunkt festzulegen.
- In der innerbetrieblichen Planung ist eine soziale Rangfolge zu beachten. So haben beispielsweise Arbeitnehmer mit Kindern in der Planung Vorrang vor Arbeitnehmern ohne Kinder.
- Erkrankt ein Arbeitnehmer während des Urlaubs, so hat er dem Arbeitgeber eine Arbeitsunfähigkeitsbescheinigung vorzulegen. Der Urlaub wird damit unterbrochen und die Anzahl der Tage der Erkrankung zählen nicht als Urlaub.
- Wird Urlaub wegen Arbeitsunfähigkeit oder aus betrieblichen Gründen bis zum Ende eines Kalenderjahres nicht angetreten, so ist er innerhalb der nächsten drei Monate (31. März des Folgejahres) zu gewähren und zu nehmen.

Bei Auszubildenden soll der Urlaub möglichst zusammenhängend in den Berufsschulferien genommen werden.
Beginnt oder endet das Arbeitsverhältnis im Laufe des Kalenderjahres, so beträgt der Urlaubsanspruch 1/12 für jeden vollen Beschäftigungsmonat.

Aufgaben

1. Aus welchen Gründen sollte eine schwangere Medizinische Fachangestellte nicht mehr die Behandlungsassistenz übernehmen?
2. Welche Vorschriften beinhaltet das Mutterschutzgesetz bezüglich der Mutterschutzfrist?
3. Kann das Arbeitsverhältnis einer schwangeren Medizinischen Fachangestellten durch den Arbeitgeber gekündigt werden? Erläutern Sie den besonderen Kündigungsschutz schwangerer Arbeitnehmer.
4. Welches Ziel wird mit der Elternzeit verfolgt?
5. Wer kann Elternzeit beanspruchen?
6. Über welchen Zeitraum kann Elternzeit beansprucht werden?
7. Eltern und Alleinerziehende erhalten unter bestimmten Voraussetzungen finanzielle Unterstützung vom Staat durch Zahlung von Erziehungsgeld.
   – Erläutern Sie die Voraussetzungen für die Zahlung von Erziehungsgeld.
   – Über welchen Zeitraum wird diese Unterstützung gezahlt?
8. Welchem besonderen Schutz unterliegen schwerbehinderte Arbeitnehmer?
9. Welche Unterstützung erhält ein Arbeitgeber bei der Einrichtung von Arbeitsplätzen für Schwerbehinderte?
10. Auf welche Arten kann es zu einer Lösung eines Arbeitsvertrages kommen? Erläutern Sie kurz die verschiedenen Möglichkeiten.
11. Welche Kündigungsfristen gelten für die Medizinische Fachangestellte bzw. für den Praxisinhaber nach dem Manteltarifvertrag?

Aufgaben

12. Vor einer verhaltensbedingten Kündigung wird das Fehlverhalten des Arbeitnehmers abgemahnt. Ermitteln Sie mithilfe des Internets, welches Fehlverhalten beispielsweise zu einer Abmahnung führen kann. Erstellen Sie weiterhin eine Übersicht, welche Bedingungen an eine rechtswirksame Abmahnung gestellt werden.
Ermitteln Sie, welche Rechte der Arbeitnehmer bei einer Abmahnung hat.

13. Welchen Urlaubsanspruch hat eine Auszubildende in einer Arztpraxis?

14. Eine Medizinische Fachangestellte hat am 31. Dezember des laufenden Jahres noch 14 Tage alten Urlaubs zu bekommen. Kann sie diesen Urlaub in dem darauffolgenden Kalenderjahr in Anspruch nehmen?

15. Britta, die aus der Arztpraxis ausscheidet, hat noch Anspruch auf 20 Tage Urlaub. Es besteht aber nicht die Möglichkeit, diesen Urlaub noch in Anspruch zu nehmen. Was passiert mit ihrem Urlaubsanspruch?

12 Arbeitsgerichtsbarkeit

Situation

Lara erzählt ihren Kolleginnen Neuigkeiten aus der Berufsschule: „Julia, eine Mitschülerin aus meiner Berufsschulklasse, war heute völlig aufgelöst. Sie wollte, wie es eigentlich abgesprochen war, in den Herbstferien Urlaub nehmen und dann hat ihr Chef ihr kurzfristig mitgeteilt, dass dies aufgrund der Erkrankung einer Medizinischen Fachangestellten nicht möglich sei. Sie hat aber ihren Urlaub bereits gebucht. Seitdem hat sie den größten Ärger in der Praxis."
Maria Müller: „Ja, leider gibt es immer wieder einmal Ärger über solche Dinge. Wir versuchen vor allem durch Gespräche solchen Ärger zu vermeiden. Außerdem haben wir das Glück, dass Dr. Böcker ein ausgesprochen großzügiger Chef ist. Unsere neue Mitarbeiterin Nina hat in der nächsten Woche noch einen Termin vor dem Arbeitsgericht. Ihr alter Chef hat einen Teil des Lohnes nicht bezahlt. Ich bin froh, dass wir in unserer Praxis ein so gutes Betriebsklima haben!"

Streitigkeiten zwischen Auszubildenden und dem Praxisinhaber, aber auch zwischen den übrigen Mitarbeitern und dem Arbeitgeber lassen sich nie ausschließen. Der beste Weg, diese Streitigkeiten beizulegen, ist eine gütliche Einigung. So wird das für die Zusammenarbeit wichtige Betriebsklima am wenigsten belastet. Der erste Schritt ist die Lösung von Konflikten durch Gespräche. Um diese erfolgreich zu führen, sollte man Folgendes beachten:

- Überprüfen Sie mithilfe von Vertrauten Ihre eigene Wahrnehmung und Einstellung zum Konflikt. Ein objektiver Rat hilft in vielen Fällen.
- Versuchen Sie die körperlichen und verbalen Konfliktsignale zu erkennen und gegebenenfalls zu ändern. Zorn und verletzende Formulierungen helfen nicht, einen Konflikt zu lösen.
- Überprüfen Sie die Einstellung und Verhaltensmuster Ihres Gesprächspartners. Oft hilft es weiter, wenn man sich in die Rolle des anderen versetzt.

Wenn der richtige Ort und der richtige Zeitpunkt für das Gespräch gewählt werden, das Gespräch gut vorbereitet ist, z. B. durch eine klare Analyse der Konfliktsituation und das Angebot einer Lösung, dann sind alle Voraussetzungen für ein erfolgreiches Gespräch beachtet worden.

Glaubt eine Auszubildende, dass sie bei der Lösung eines Konflikts nicht auf den objektiven Rat eines Dritten außerhalb der Praxis verzichten kann, so muss sie sich zunächst an die Ärztekammer wenden. **Mit dem Ausbildungsvertrag hat sich die Fachangestellte verpflichtet, bei Streitigkeiten aus dem Berufsausbildungsverhältnis vor Inanspruchnahme des Rechtsweges eine gütliche Einigung unter Mitwirkung der Ärztekammer anzustreben.**

Hilfe bieten auch die **Ausbildungsberater**, die aufgrund des Berufsbildungsgesetzes bei der Ärztekammer auf Bezirks- oder Kreisebene berufen sind. Hauptaufgabe der Ausbildungsberater ist es, die Durchführung der Berufsausbildung zu überwachen und Ausbilder und Auszubildende zu beraten. Gerade aufgrund dieser Aufgaben sind sie in der Lage, bei Streitigkeiten aus dem Ausbildungsverhältnis kompetent Rat zu geben.

Medizinische Fachangestellte, die Mitglied in einem **Berufsverband oder einer Gewerkschaft** sind, werden kostenlos in allen Fragen beraten, die das Arbeitsverhältnis betreffen. Ist bei Streitigkeiten eine gütliche Einigung nicht zu erzielen, erhalten sie von ihrem Verband oder ihrer Gewerkschaft in der Regel Rechtsschutz.

Können Streitigkeiten durch außergerichtliche Bemühungen nicht beseitigt werden, bleibt als letzte Möglichkeit die Einschaltung des **Arbeitsgerichts**. Ein Arbeitnehmer, der eine Klage vor dem Arbeitsgericht erheben will, sollte sich von seiner Gewerkschaft oder von einem Rechtsanwalt beraten lassen, die ihn auch vor Gericht vertreten. Es besteht aber kein Anwaltszwang, d. h., er kann seine Interessen auch selbst vertreten. Hiermit wird vor allem das Ziel verfolgt, dass mögliche Kosten kein Hindernis sein sollen, sein Recht vor dem Arbeitsgericht zu suchen. Aus diesem Grunde sind auch die Gerichtskosten gering.

Bei den Arbeitsgerichten findet vor der eigentlichen Streitverhandlung ein **Güteverfahren** unter der Leitung eines Berufsrichters statt. Ziel ist eine Beilegung des Rechtsstreites auf der Basis einer gütlichen und zufriedenstellenden Einigung der beteiligten Parteien. Das Verfahren wird dadurch schnell abgeschlossen.

Gelingt keine Einigung, kommt es zu einer **Streitverhandlung**, an der neben dem Berufsrichter zwei ehrenamtliche Richter mitwirken – ein Vertreter aus Kreisen des Arbeitgebers und ein Vertreter aus Kreisen des Arbeitnehmers. Hier wird dann ein Urteil zu den Ansprüchen des Klägers gefällt. Gegen das Urteil kann die unterlegene Partei Berufung beim zuständigen **Landesarbeitsgericht** einlegen, wenn die Berufung durch das Arbeitsgericht zugelassen wurde oder wenn der Streitwert mehr als 600,00 EUR beträgt. Hier müssen sich die Parteien dann aber durch einen Rechtsanwalt oder den Vertreter einer Gewerkschaft oder eines Verbandes vertreten lassen. Gegen Urteile des Landesgerichts ist unter bestimmten Voraussetzungen eine Revision beim **Bundesarbeitsgericht** zulässig.

Arbeitsgerichtsverfahren

Arbeitnehmer | **Arbeitgeber**

↓

Klage bei Rechtsstreitigkeiten aus dem Arbeitsverhältnis

schriftlich oder mündlich zu Protokoll beim zuständigen Arbeitsgericht

↓

Vertretung vor Gericht ist in folgender Form möglich:

1. persönlich
2. Vertreter von Gewerkschaften für Arbeitnehmer/
   Vertreter von Arbeitgeberverbänden für Arbeitgeber
3. Rechtsanwalt

Vor Beginn des Prozesses ist ein Güterverfahren dringend vorgeschrieben.
Güterverfahren: Die Streitenden sollen sich durch einen Vergleich einigen, um Kosten zu sparen.

↓

Arbeitsgericht (1. Instanz; kein Anwaltszwang)

Laienrichter (Arbeitnehmervertreter) | Berufsrichter | Laienrichter (Arbeitgebervertreter)

↓

Urteil

Ab 600,00 EUR Streitwert ist eine Berufung möglich

↓

Berufung

Die Berufungsverhandlung erfolgt beim Landesarbeitsgericht.

↓

Vertretung vor Gericht ist in folgender Form möglich:

1. Vertreter von Gewerkschaften für Arbeitnehmer/
   Vertreter von Arbeitgeberverbänden für Arbeitgeber
2. Rechtsanwalt

↓

Landesarbeitsgericht (2. Instanz; Anwaltszwang)

Laienrichter | Berufsrichter | Laienrichter

Arbeitsgerichtsbarkeit

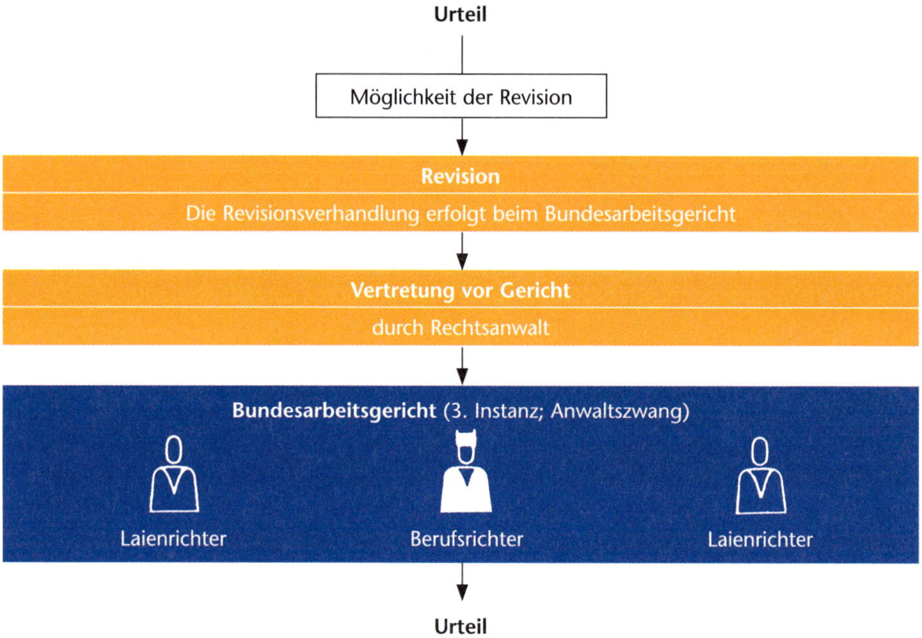

Verfahren vor dem Arbeitsgericht

Aufgaben

1. Konflikte, die sich mit dem Praxisinhaber aus dem Ausbildungs- oder Arbeitsvertrag ergeben, sollten möglichst durch Gespräche gelöst werden. Erläutern Sie die Voraussetzungen für ein erfolgreiches Gespräch.
2. Warum muss sich eine auszubildende Medizinische Fachangestellte bei Streitigkeiten, die sich mit dem Praxisinhaber bei der Ausbildung ergeben, zunächst an die Ärztekammer wenden?
3. Wer kann bei einer außergerichtlichen Einigung arbeitsrechtlicher Konflikte noch mitwirken?
4. Scheitern die außergerichtlichen Versuche einer gütlichen Einigung, muss als letzte Möglichkeit der Weg eines Arbeitsgerichtsverfahrens beschritten werden. Beschreiben Sie kurz dieses Verfahren.
5. Nina, die neue Mitarbeiterin, hatte bei ihrem alten Arbeitgeber einem Auflösungsvertrag zugestimmt. Bis zur Beendigung des Arbeitsverhältnisses war ihr der noch zustehende Jahresurlaub nicht gewährt worden. Nun besteht sie darauf, dass der noch ausstehende Urlaub in Geld zu ersetzen ist. Ihr alter Arbeitgeber beharrt darauf, dass mit dem Auflösungsvertrag alle Ansprüche, auch der Urlaubsanspruch, wegfallen. Schildern Sie, welche Möglichkeit Nina wahrnehmen kann, um ihre Ansprüche durchzusetzen.

13 Sozialversicherung und Möglichkeiten der privaten Absicherung

13.1 Staatliche Sozialversicherung

Situation

Katrins Vater kommt mit sorgenvoller Miene nach Hause: „In unserer Firma sieht es im Augenblick nicht gut aus. Ein großer Auftrag, den wir bekommen sollten, ist an ein anderes Unternehmen gegangen. Ich befürchte, dass ich demnächst kurzarbeiten muss."
„Ich habe den Eindruck, der Staat leistet nicht genug, um die Arbeitslosigkeit zu bekämpfen. Ach, hätte ich meine Berufsausbildung abgeschlossen, vielleicht könnte ich jetzt mehr mitverdienen und wir hätten einige Sorgen weniger", antwortet Katrins Mutter.
Anne, Katrins Freundin aus Amerika, kann dem Gespräch nicht recht folgen: „Was hat denn der Staat mit der Bekämpfung der Arbeitslosigkeit zu tun?" „Nun, in Deutschland haben wir eine soziale Marktwirtschaft. Der Staat versucht mit entsprechenden Maßnahmen zur Existenzsicherung seiner Bürger beizutragen und möglichst den Wohlstand zu fördern. Außerdem werden allen Freiheitschancen eingeräumt. Das war leider nicht immer so. In meiner Generation war es nicht selbstverständlich, dass Frauen eine Ausbildung machten. Außerdem sind wir im Falle von Krankheit, Pflegebedürftigkeit, im Alter und bei Arbeitslosigkeit abgesichert. Bis zum Beginn von Katrins Ausbildung haben wir noch Kindergeld erhalten", erläutert Katrins Mutter Anne die Situation in Deutschland.
„Und was passiert mit denen, die nicht abgesichert sind? Bei uns in Amerika sind manche Leute ohne Job und ohne Geld froh, wenn sie in einer der Suppenküchen von Zeit zu Zeit eine warme Mahlzeit bekommen."
„Nun, bei uns erhält man wenigstens Sozialhilfe. Hungern muss glücklicherweise niemand."

Ziele staatlicher Sozialpolitik

Die Sozialpolitik umfasst alle staatlichen Maßnahmen, die dem Ziel einer Verbesserung der sozialen Gerechtigkeit dienen.

In der sozialen **Marktwirtschaft** besteht auf der einen Seite die Freiheit des Marktes. Hier werden Waren und Dienstleistungen angeboten. Im Idealfall sollte jeder, der es will, als Selbstständiger Waren und Dienstleistungen anbieten oder als Arbeitnehmer tätig sein können. Leider erzielen trotz ihrer Anstrengungen nicht alle ein ausreichendes Einkommen und damit die Voraussetzung für ein menschenwürdiges Leben. Insbesondere bei Krankheit, Arbeitslosigkeit und im Alter sollte eine ausreichende Absicherung vorhanden sein.
Aus diesen Gründen sorgt auf der anderen Seite der Staat für einen sozialen Ausgleich, er ist sozialpolitisch tätig. Dieses soziale Netz besteht aus einer Vielzahl von einzelnen Leistungen.
Die Verpflichtung des Staates, für einen sozialen Ausgleich zu sorgen, bezeichnet man als **Sozialstaatsprinzip**. Dieses ist u. a. im Grundgesetz verankert.

Art. 20 Abs. 1 GG

Die Bundesrepublik Deutschland ist ein demokratischer Bundesstaat.

Art. 28 Abs. 1 GG

Die verfassungsmäßige Ordnung in den Ländern muss den Grundsätzen des sozialen Rechtsstaates im Sinne des Grundgesetzes entsprechen.

Die Sozialpolitik des Staates umfasst

- Existenzsicherung,
- Wohlstandsförderung,
- Angleichung von Freiheitschancen.

Existenzsicherung

Die Existenz des überwiegenden Teils der Bürger ist dadurch gesichert, dass sie als Arbeitnehmer Einkommen erzielen oder als Selbstständige entsprechende Einkünfte haben. Arbeitslosigkeit und viele Probleme auf dem Arbeitsmarkt sind nur zu lösen, wenn der Staat lenkend in diesen Markt eingreift. Die staatliche Arbeitsmarktpolitik, z. B. Aus-, Fort- und Weiterbildung, Berufsberatung und Arbeitsvermittlung, soll günstige Arbeitsbedingungen und möglichst viele Arbeitsplätze schaffen.
Im Alter, bei Krankheit, Pflegebedürftigkeit und Arbeitslosigkeit sichert der Staat über die Sozialversicherung die Bürger in bestimmtem Maße ab. Wem diese Sicherung nicht reicht, der muss zusätzlich aus eigenen Mitteln private Vorsorge betreiben.
Ist ein Bürger unzureichend abgesichert und gerät in Existenznot, wird ihm über die Sozialhilfe eine Grundsicherung gewährt.

Wohlstandsförderung

„Wohlstand für alle!" – Dieses Wahlversprechen kennzeichnet ein Ziel staatlicher Wirtschaftspolitik. Der Staat versucht, Einfluss auf die Wirtschaft zur Erhaltung des Wohlstandes zu nehmen. Dabei verfolgt der Staat folgende Ziele:

- Senkung der Arbeitslosigkeit,
- geringe Preissteigerung (Inflationsrate),
- Förderung des Wirtschaftswachstums,
- Förderung des Umweltschutzes.

Angleichung der Freiheitschancen

Die Gleichstellung von Frau und Mann ist ein Thema, das im Beruf eine große Rolle spielt. Der Staat versucht über die Gesetzgebung, bestehende Ungleichheiten abzubauen. Werden beispielsweise bestimmte Ausbildungen nicht allen ermöglicht, weil sie zu teuer sind, oder werden Frauen nicht entsprechend ihrem Leistungsvermögen eingesetzt, nutzt eine Volkswirtschaft nicht alle Ressourcen. Die Angleichung von Freiheitschancen ist entscheidend für die Steigerung der Leistungsfähigkeit einer Volkswirtschaft. Für alle Menschen sollte daher die Chance bestehen, eine Ausbildung, die ihren Fähigkeiten entspricht, wählen zu können.
Aus der Sozialpolitik ergeben sich für den Staat Verpflichtungen gegenüber dem Bürger. Diese sind festgehalten in einer Vielzahl von Gesetzen. Das umfassendste Gesetzbuch, in dem eine Vielzahl von Ansprüchen der Bürger an den Staat festgeschrieben sind, ist das **Sozialgesetzbuch (SGB)**. Es beinhaltet u. a. die Vorschriften zur Sozialversicherung, zur Sozialhilfe, zur Kinder- und Jugendhilfe usw.

Grundsätze der sozialen Sicherung

	Vorsorge	Versorgung	Fürsorge
Grundgedanke	Bei allen Angestellten und Arbeitern werden vom Lohn oder Gehalt Beiträge für die Sozialversicherung einbehalten. Die Sozialversicherung umfasst ▪ Krankenversicherung, ▪ Rentenversicherung, ▪ Arbeitslosenversicherung, ▪ Pflegeversicherung, ▪ Unfallversicherung. Der Staat ermuntert darüber hinaus seine Bürger mit Steuervergünstigungen, individuelle Vorsorge durch Abschluss von Privatversicherungen zu betreiben. Die Beitragszahlungen sind in einem bestimmten Rahmen steuerlich abzugsfähig.	Der Staat entschädigt für Leistungen, Dienste und Opfer, die vom Bürger für die Allgemeinheit erbracht werden. Zu den Versorgungsleistungen zählen beispielsweise: ▪ Kindergeld, ▪ Versorgung von Behinderten, ▪ Kriegs- und Wehrdienstopferversorgung, ▪ Versorgung von Opfern von Gewalttaten.	Der Staat leistet einzelnen, in Not geratenen Menschen Hilfe, die über keinerlei finanzielle Unterstützung verfügen. Insbesondere über die Sozialhilfe soll diesen Bürgern ein menschenwürdiges Leben ermöglicht werden.
Anspruchsberechtigung	durch Beitragszahlungen	durch Leistungen, Dienste und Opfer, die für die Allgemeinheit erbracht wurden	alle Einwohner der Bundesrepublik Deutschland
Finanzierung	▪ Beiträge zur Sozialversicherung ▪ Staatliche Hilfen ▪ Steuerersparnis für Beiträge zu Privatversicherungen	aus Steuermitteln	aus Steuermitteln

Die Absicherung der wirtschaftlichen und sozialen Existenzrisiken des Bürgers durch staatliche Vorsorgemaßnahmen bezeichnet man auch als **soziales Netz**.

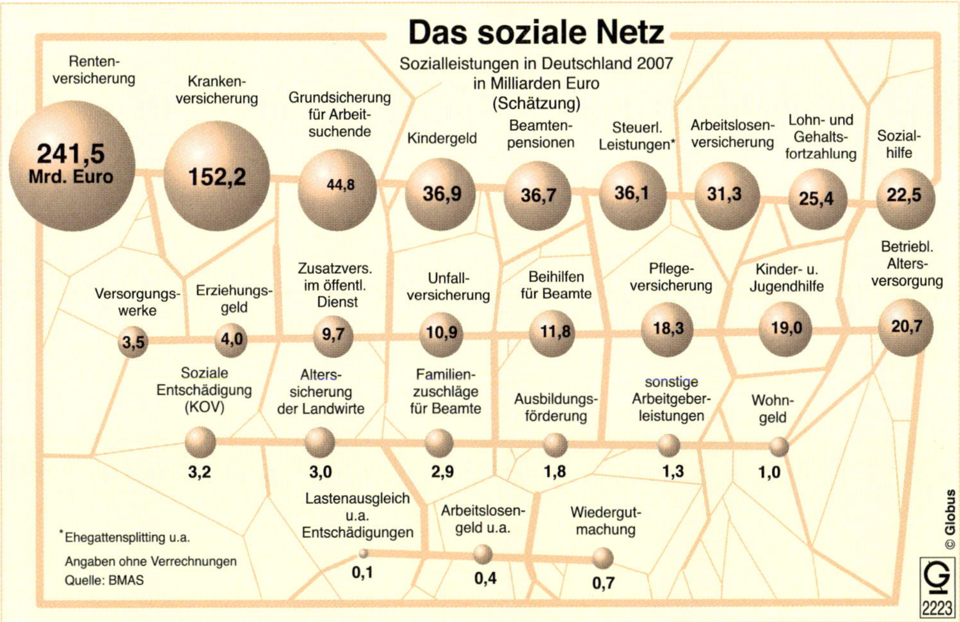

Mittlerweile sind die staatlichen Ausgaben für die soziale Sicherung so enorm gestiegen, dass eine Neugestaltung notwendig ist. Mit der Neugestaltung der Krankenversicherung, der Zusammenlegung von Sozialhilfe und Arbeitslosenhilfe (Arbeitslosengeld II) wurden u. a. erste, für den Bürger merklich spürbare, Einschränkungen vorgenommen.

Möglichkeiten der individuellen Sicherung

Neben der sozialen Absicherung durch die staatliche Sozialversicherung besteht die Möglichkeit einer privaten Vorsorge. Dies ist umso notwendiger, da die Sozialversicherung in Zukunft nur noch eine Grundabsicherung leisten kann. So werden beispielsweise die Renten zukünftig wesentlich niedriger sein als heute. Es ergibt sich somit die Notwendigkeit einer privaten Altersvorsorge. Darüber hinaus bleibt es jedem überlassen, sich gegen Risiken des täglichen Lebens zu versichern, wie Haftpflicht-, Hausrat- oder private Unfallversicherung. Die folgende Abbildung zeigt den Unterschied zwischen privater und staatlicher Versicherung:

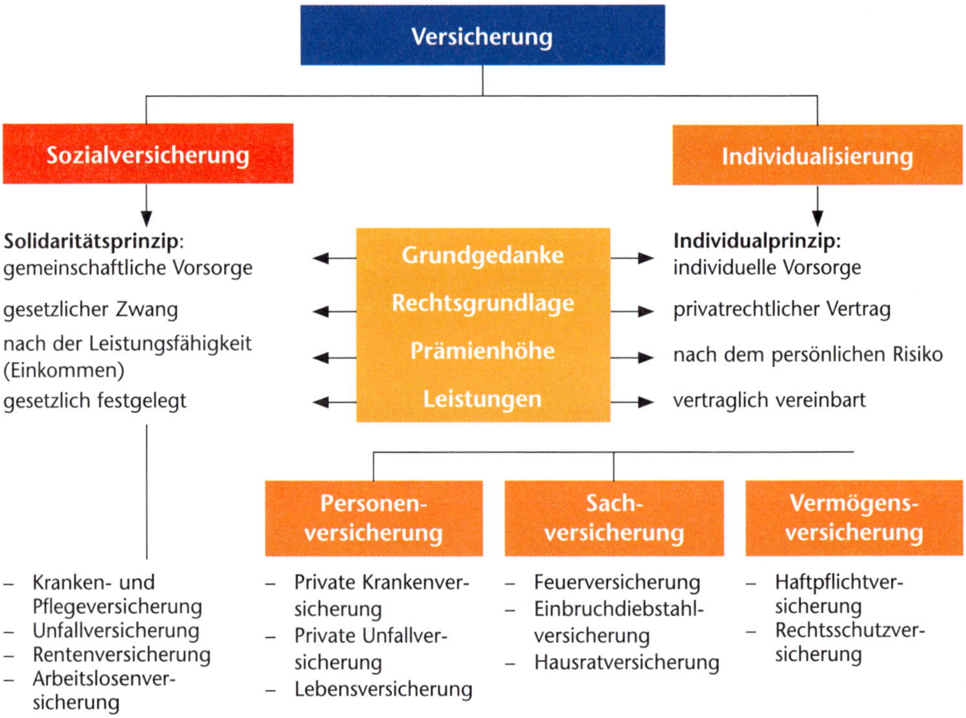

Aufgaben

1. Was versteht man unter einer sozialen Marktwirtschaft?
2. Ermitteln Sie, welche Bereiche die staatliche Sozialpolitik umfasst. Geben Sie für alle Bereiche der staatlichen Sozialpolitik je ein Beispiel.
3. Welche Grundsätze der sozialen Sicherung lassen sich unterscheiden? Erläutern Sie anhand eines Beispiels jeweils Grundgedanken, Anspruchsberechtigung und Finanzierung der jeweiligen sozialen Sicherung.
4. Welche Möglichkeiten einer zusätzlichen Absicherung werden angeboten?
5. Lassen Sie sich auf den Seiten für Schüler den Aufsatz „Sozialpolitik geht alle an" ausdrucken.
6. Fassen Sie zusammen, welche Probleme der Sozialstaat bei der Erfüllung seiner Aufgaben hat.

13.2 Grundzüge der Sozialversicherung

Situation

Katrin hat von ihrer Krankenversicherung die Versichertenkarte erhalten. Diese zeigt sie Anne, die staunt. „Damit kannst du dich bei jedem niedergelassenen Arzt behandeln lassen, ohne etwas bezahlen zu müssen?" „Ja, dafür werden mir aber Krankenversicherungsbeiträge vom Lohn einbehalten. Sobald ich achtzehn Jahre alt werde, muss ich darüber hinaus Praxisgebühren und Zuzahlungen leisten."
Katrins Vater, der zugehört hat, wendet ein: „Die niedrigen Beiträge, die du zahlst, sind ja wohl kaum der Rede wert. Mir wird bei meinen Beiträgen zur Sozialversicherung schon schwindelig." „Dann erhältst du auch einmal eine gute Rente", antwortet Katrin.

Die Sozialversicherung ist eine gesetzliche Pflichtversicherung überwiegend für Angestellte und Arbeiter. Mit dem Abschluss eines Ausbildungs- bzw. Arbeitsvertrages werden sie automatisch Mitglied in der gesetzlichen Kranken-, Pflege-, Renten-, Arbeitslosen- und Unfallversicherung. In der Kranken- und Pflegeversicherung richtet sich der Beitrag nach dem Einkommen. Jeder Versicherte erhält aber unabhängig von der Höhe seiner Beiträge die gleiche Leistung. Dies bezeichnet man als **Solidaritätsprinzip**. Die Beiträge zur Renten- und Arbeitslosenversicherung richten sich ebenfalls nach dem Einkommen. Die Leistungen sind allerdings abhängig von der Höhe der gezahlten Beiträge. Dies bezeichnet man als **Äquivalenzprinzip**, d. h., hohe Beiträge bewirken hohe Leistungen, niedrige Beiträge hingegen auch niedrigere Leistungen. Die Beiträge zur Unfallversicherung zahlt der Arbeitgeber.

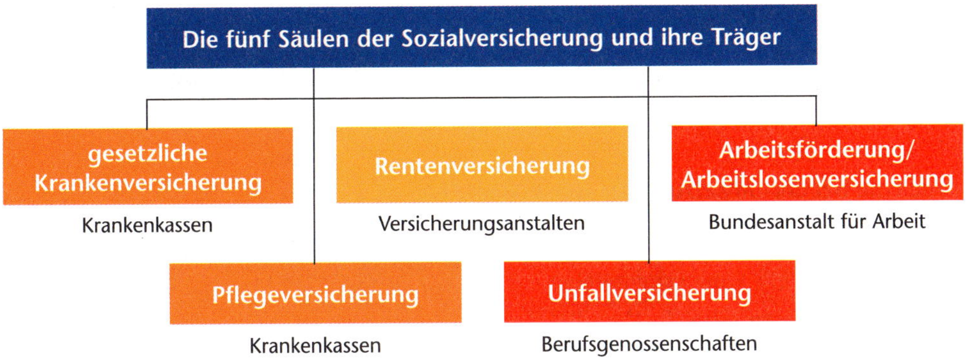

Aufgaben

1. Wer ist in der Sozialversicherung pflichtversichert?
2. Wonach richten sich die Beiträge?
3. Ermitteln Sie, wer diese Beiträge zahlt.
4. Erläutern Sie die beiden Prinzipien, die man bei der Sozialversicherung unterscheidet. Ordnen Sie den jeweiligen Prinzipien eine entsprechende Versicherung zu.
5. Beschaffen Sie sich weitere Informationen zu den Grundzügen der Sozialpolitik. Lassen Sie sich hierzu in dem Magazin Sozialpolitik (www.sozialpolitik.com) die Seiten zu „GESUNDHEIT", „SICHERHEIT" und „ARBEIT + BERUF" ausdrucken. Markieren Sie die Kernaussagen mit einem Textmarker.

13.3 Gesetzliche Krankenversicherung

Situation

„Heute bin ich geschafft. Ich glaube, im Augenblick haben wir eine richtige Grippeepidemie", stöhnt Katrin gegenüber ihrer Kollegin Ingeborg. „So viele Patienten haben wir in der Zeit, seit ich da bin, noch nie an einem Tag gehabt. Wegen der vielen Grippekranken habe ich schon alle Patienten abbestellen müssen, die für Vorsorgeuntersuchungen bestellt waren."
„Ja, heute ist unsere gesamte Terminplanung durcheinander geraten. Achte bitte darauf, alle Karteikarten richtig nach Primär- und Ersatzkassen sowie sonstigen Kostenträgern und Privatkassen einzusortieren", antwortet Ingeborg.

Ziele der gesetzlichen Krankenversicherung

Jeder Bürger der Bundesrepublik Deutschland soll eine medizinische Versorgung erhalten, die dem aktuellen Standard des medizinischen Fortschritts entspricht. Hierzu tragen in erheblichem Umfang die gesetzlichen Krankenversicherungen (GKVen) bei. Sie garantieren ihren Mitgliedern bei einer Erkrankung alle notwendigen medizinischen Leistungen. Durch Unterstützung von Vorbeugemaßnahmen sollen darüber hinaus Krankheiten verhindert, frühzeitig erkannt und eingedämmt werden.

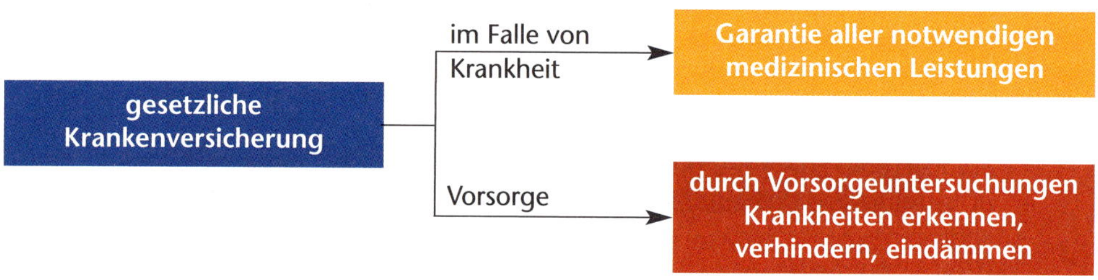

Probleme bei der Umsetzung der gesteckten Ziele

Die Umsetzung der genannten Ziele ist in der Realität nicht so einfach. Schon die Finanzierung stellt ein Problem dar. Verantwortlich hierfür ist u. a. auch die veränderte Bevölkerungsentwicklung. Durch die hohe Lebenserwartung und die niedrige Geburtenrate verlagert sich das Verhältnis von Erwerbstätigen zu Rentnern.

Weiterhin sind die Kosten durch den medizinischen Fortschritt mit immer aufwendigeren Behandlungsmethoden erheblich gestiegen. Mangelnde Effizienz und Qualitätsmängel führten darüber hinaus zu einer Reihe von sinnlosen Ausgaben.

Um diese Probleme in den Griff zu bekommen, wurde eine **Gesundheitsreform** umgesetzt. Sie hat das Ziel, die Solidarversicherung, die die gesetzlichen Krankenversicherungen bieten, zu erhalten. Hierzu muss aber die Finanzierung von Leistungen auf das Notwendige begrenzt werden und die vorhandenen Mängel im Gesundheitssystem müssen beseitigt werden. Die Versicherten müssen verantwortlich mitwirken und eigene finanzielle Beiträge durch Zuzahlungen leisten.

Versicherte Personen

In der Bundesrepublik Deutschland sollte nach Möglichkeit jeder Bürger im Krankheitsfall abgesichert sein. Diese Absicherung erfolgt über

- die gesetzliche Krankenversicherung (GKV),
- die private Krankenversicherung (PKV),
- sonstige Kostenträger, wie beispielsweise die Unfallversicherung, die im Falle eines Arbeitsunfalles alle Behandlungskosten übernimmt.

Über 90% der Bevölkerung (circa 70 Mio. Menschen) sind Mitglied in einer GKV. Folgende Versicherte werden in der gesetzlichen Krankenversicherung unterschieden:

- Versicherungspflichtige,
- freiwillig Versicherte,
- Familienversicherte.

Eine **Versicherungspflicht** in der gesetzlichen Krankenversicherung besteht für:

- Arbeitnehmerinnen und Arbeitnehmer, deren Arbeitsentgelt aus der Beschäftigung mehr als 400,00 EUR monatlich beträgt, aber die Versicherungspflichtgrenze nicht übersteigt. Diese Grenze wird jährlich angepasst und beträgt 48.600,00 EUR im Jahr 2009. Alle Angestellten, die die Beitragspflichtgrenze (Versicherungspflichtgrenze/Beitragsbemessungsgrenze) mit ihrem Bruttogehalt erstmalig überschreiten, können sich nicht wie bisher ab 01. Januar des folgenden Jahres privat krankenversichern. Erst, wenn sie drei Kalenderjahre hintereinander die Beitragsbemessungsgrenze überschritten haben, besteht die Möglichkeit, aus der gesetzlichen Krankenversicherung auszuscheiden und in eine private Krankenversicherung zu wechseln.
- Auszubildende und Studierende sowie Praktikantinnen und Praktikanten, die eine in Studien- oder Prüfungsordnungen vorgeschriebene berufspraktische Tätigkeit ohne Arbeitsentgelt verrichten,
- Rentnerinnen und Rentner, sofern bestimmte Vorversicherungszeiten erfüllt sind, Bezieher von Arbeitslosengeld, Arbeitslosengeld II oder Unterhaltsgeld nach dem SGB III,
- land- und forstwirtschaftliche Unternehmer und ihre mitarbeitenden Familienangehörigen sowie Altenteiler in der Landwirtschaft,
- Künstler und Publizisten.

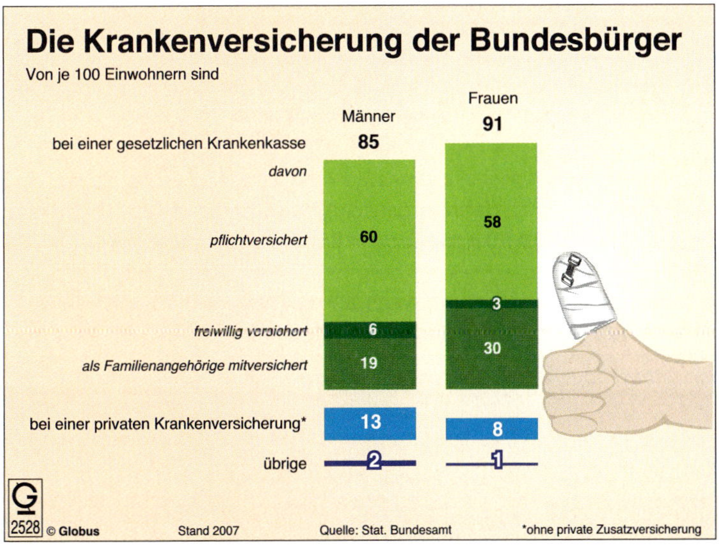

Quelle: Bundesministerium für Gesundheit; http://www.die-gesundheitsreform.de/presse/infografiken/index.html; abgerufen am 15.08.2007

Eine freiwillige Versicherung in der gesetzlichen Krankenversicherung ist u. a. möglich:

- für Mitglieder, die aus der Versicherungspflicht ausscheiden, z. B. wenn die Beitragspflichtgrenze vier Jahre hintereinander überschritten wurde, oder für Mitglieder, die aus einer Familienversicherung ausgeschieden sind.

Familienversichert sind:

- Ehepartner,
- eingetragene Lebenspartner,
- minderjährige Kinder,
- Kinder bis zum 23. Lebensjahr, wenn diese nicht erwerbstätig sind,
- Kinder bis zum 25. Lebensjahr, wenn diese in einer Schul- bzw. Berufsausbildung sind oder ein freiwilliges soziales oder ökologisches Jahr ableisten,
- Kinder ohne Altersbegrenzung, die wegen einer Behinderung nicht in der Lage sind, sich selbst zu unterhalten,
  - die ihren Wohnsitz in Deutschland haben,
  - nicht selbst Mitglied in einer gesetzlichen Krankenkasse sind,
  - die nicht hauptberuflich tätig sind
  - und die kein regelmäßiges Gesamteinkommen haben, das die Geringfügigkeitsgrenze überschreitet (2009: 400,00 EUR).

Beiträge

Die Beiträge der Pflichtversicherten richten sich nach den beitragspflichtigen Bruttoeinnahmen, d. h. bei Arbeitnehmern nach dem Arbeitseinkommen, bei den Rentnern nach den Renten aus der gesetzlichen Rentenversicherung und, soweit vorhanden, aus Versorgungsbezügen (z. B. Betriebsrenten). Bei freiwillig Versicherten werden alle Einnahmen, beispielsweise auch Einkünfte aus Kapitalvermögen (Zinsen) und Einnahmen aus Vermietung und Verpachtung, zugrunde gelegt. Eine Obergrenze bildet die Beitragsbemessungsgrenze für die gesetzliche Krankenversicherung, die im Jahr 2009 3 675,00 EUR pro Monat (44 100,00 EUR pro Jahr) beträgt. Einkünfte oberhalb dieser Grenze bleiben bei der Berechnung der Krankenkassenbeiträge unberücksichtigt.

Beitragsbemessungsgrenze 2009

Die Bemessungsgrenze in der Krankenversicherung beträgt 2009
44 100 EUR p. a. bzw. **3 675 EUR** monatlich.
Bis zu diesem Einkommen werden maximal Beiträge in der gesetzlichen Krankenversicherung berechnet.

Für einen Wechsel in die private Krankenversicherung ist die Versicherungspflichtgrenze (Jahresarbeitsentgeltgrenze) relevant; sie beträgt 2009
48 600 EUR p. a. bzw. **4 050 EUR** monatlich.

Um in die private Krankenversicherung wechseln zu können, muss man die Versicherungspflichtgrenze in drei aufeinanderfolgenden Jahren überschritten haben.

Quelle: Wolfgang Zettner; http://www.beitragsbemessungsgrenze.com; abgerufen am 12.02.2009

Die Beiträge werden im Regelfall paritätisch finanziert. Das bedeutet, sie werden je zur Hälfte von den Versicherten und von den Arbeitgebern bzw. den Rentenversicherungsträgern bezahlt. Seit dem 01. Juli 2005 wird in der gesetzlichen Krankenversicherung von den Versicherten ein zusätzlicher Beitragssatz in Höhe von 0,9 % der beitragspflichtigen Bruttoeinnahmen erhoben. Gleichzeitig wurde der allgemeine Beitragssatz, der vom Arbeitgeber und Arbeitnehmer zu tragen ist, um 0,9 % gesenkt.

Im Rahmen des Konjunkturpaketes II (vgl. hierzu unten stehende Grafik) beschloss die Regierung im Januar 2009 eine Senkung des paritätisch finanzierten Beitragssatzes um 0,6%. Ab dem 1. Juli 2009 gilt ein für alle gesetzlichen Krankenkassen einheitlicher Beitragssatz von 14,0%; zusammen mit dem von den Versicherten allein zu tragenden Anteil von 0,9% liegt er somit bei 14,9% des beitragspflichtigen Einkommens.

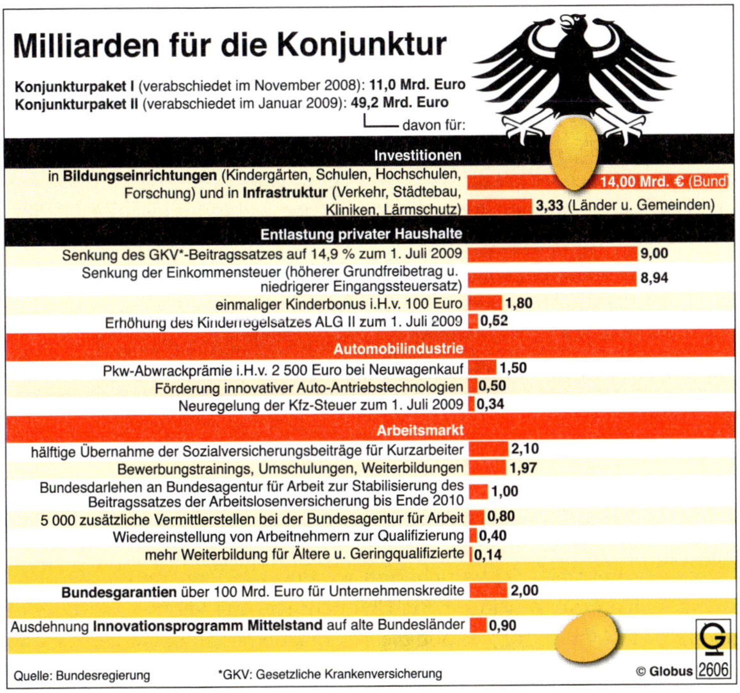

Beispiel: *Allgemeiner Beitragssatz: 14,0%, davon trägt der Arbeitgeber 7,0% und der Arbeitnehmer 7,0%. Zusätzlich zahlt der Versicherte 0,9% und somit insgesamt 7,9%.*

Auch Rentnerinnen und Rentner leisten den zusätzlichen Beitragssatz. Das entspricht dem Solidaritätsprinzip in der gesetzlichen Krankenversicherung. Dadurch werden die Rentenversicherungsträger wie die Arbeitgeber entlastet.

Gesundheitsfonds

Mit der Einführung des Gesundheitsfonds am 1. Januar 2009 wurde die Finanzierung der gesetzlichen Krankenversicherung neu gestaltet.

- Alle Krankenkassen verlangen den gleichen prozentualen Beitragssatz.
- Die Beiträge werden wie bisher abhängig vom beitragspflichtigen Einkommen berechnet und fließen gemeinsam mit Steuermitteln in den neuen Gesundheitsfonds.
- Aus diesem Fonds erhalten die Krankenkassen die Finanzmittel, die zur Versorgung ihrer Versicherten notwendig sind. Hierbei wird die unterschiedliche Versicherten- und Krankheitsstruktur berücksichtigt. Krankenkassen mit älteren und kränkeren Versicherten erhalten mehr Mittel als Krankenkassen mit einer Vielzahl an jungen und gesunden Versicherten.
- Krankenkassen, die mit den Zuweisungen aus dem Gesundheitsfonds nicht auskommen, können von ihren Versicherten Zusatzbeiträge erheben. Krankenkassen, die besonders gut haushalten, können ihren Versicherten Prämien zurückerstatten.
- Ein Zusatzbeitrag darf ein Prozent des beitragspflichtigen Einkommens des Versicherten nicht übersteigen.

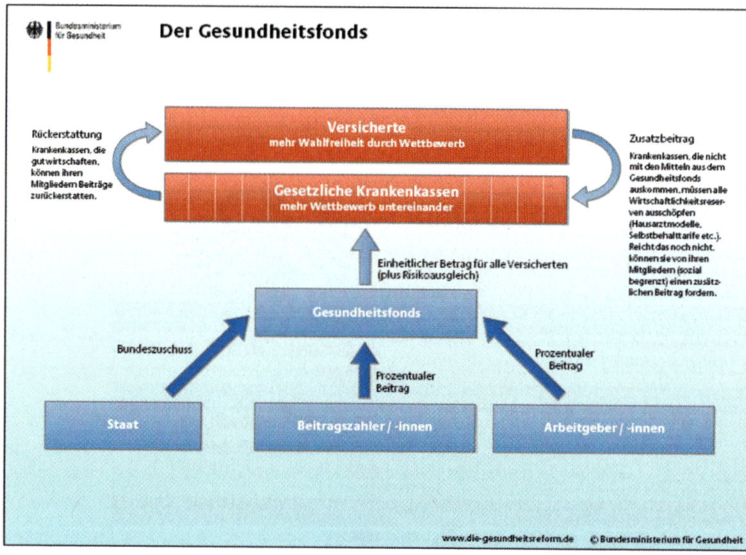

Quelle: Bundesministerium für Gesundheit: Die Gesundheitsreform im Überblick – Informationen zur Gesundheitsreform 2007 (Powerpoint-Vortrag, März 2007), S. 24; http://www.bmg.bund.de/cln_117/nn_1168682/SharedDocs/Standardartikel/DE/AZ/G/Glossarbegriff-Gesundheitsreform.html; abgerufen am 18.02.2009

Krankenkassen in Deutschland

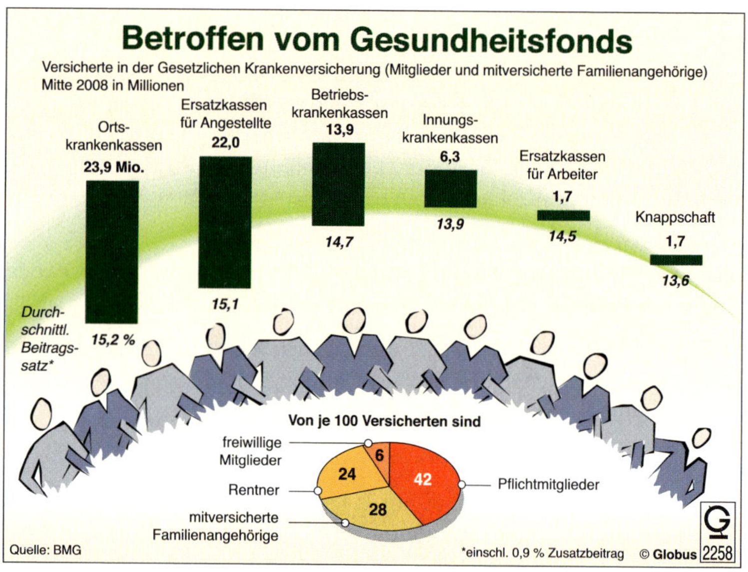

Aus der Grafik ersieht man die wesentlichen Kassenarten, zwischen denen in Deutschland die Versicherten wählen können. Demnach bieten folgende Krankenkassen ihre Dienste an:

- die Allgemeinen Ortskrankenkassen,
- die Ersatzkassen,
- die Betriebskrankenkassen (BKK) oder Innungskrankenkassen (IKK) für Versicherte, die in einem Betrieb beschäftigt sind oder als Rentner vorher dort beschäftigt waren, für den eine BKK oder IKK besteht,
- eine Betriebskrankenkasse oder Innungskrankenkasse unabhängig von einer Betriebszugehörigkeit, sofern diese für alle Versicherten geöffnet worden ist,
- die Bundesknappschaft.

Darüber hinaus gibt es noch:

- die landwirtschaftlichen Krankenkassen,
- die Seekrankenkasse.

Die Bundesknappschaft war früher nur für Beschäftigte des Bergbaus zuständig. Neuerdings ist sie für alle gesetzlich Krankenversicherten frei wählbar.

Die Landwirtschaftliche Krankenversicherung ist nur zugänglich für bäuerliche Familien. Die in der allgemeinen Krankenversicherung geltende freie Wahl der Krankenkasse gibt es für Mitglieder der landwirtschaftlichen Krankenkassen nicht, weil nur diese als berufsständische Krankenkassen Leistungen anbieten, die auf die besonderen Belange der Landwirtschaft zugeschnitten sind.

Die Seekrankenkasse ist die zuständige Krankenkasse für alle Seeleute und ihre mitversicherten Familienangehörigen. Frei wählbar ist die Seekrankenkasse ebenfalls nicht.

Da die gesetzlich Krankenversicherten ihre Krankenkasse frei wählen können, müssen diese sich bemühen, für Mitglieder attraktiv zu sein. Um allerdings Beitragsvorteile auszugleichen, die sich ergeben, wenn eine Kasse sehr viele gesunde und gut verdienende Mitglieder hat, gibt es einen **Risikostrukturausgleich**. Er entlastet Krankenkassen mit ungünstigen Risikostrukturen.

Ein **Wechsel der Krankenversicherung** ist möglich, wenn der Versicherte 18 Monate in einer Krankenkasse versichert war bzw. wenn die Krankenkasse die Beiträge erhöht. Nach der Kündigung kann zum übernächsten Monat die Krankenkasse gewechselt werden.

Leistungen der gesetzlichen Krankenversicherung

Die Leistungen, die alle gesetzlichen Krankenversicherungen abdecken müssen, werden durch den Gemeinsamen Bundesausschuss (G-BA) festgelegt und laufend ergänzt. Darüber hinaus kann sich der Leistungsumfang der einzelnen Kassen leicht unterscheiden, da manche ihren Versicherten Zusatzleistungen bieten. Seit der Gesundheitsreform im Jahr 2007 haben die Kassen die Möglichkeit, Wahltarife in ihr Angebot aufzunehmen, durch die bestimmte Leistungen sichergestellt sind. Folgende Wahltarife müssen die Kassen anbieten:

- integrierte Versorgung
- besondere ambulante ärztliche Versorgung
- strukturierte Behandlungsprogramme bei chronischen Krankheiten (DMP)
- Modellvorhaben
- hausarztzentrierte Versorgung

Prävention – Krankheiten verhindern, erkennen und eindämmen

Bei vielen Erkrankungsrisiken ist durch eine entsprechende Verhaltensweise eine aktive Vorbeugung möglich (**primäre Prävention**). Beispielsweise kann man Risiken wie einen erhöhten Cholesterinwert und Bluthochdruck durch gesunde Ernährung und sportliche Aktivitäten verringern.

Die **Untersuchungen zur Früherkennung** von Krankheiten (**sekundäre Prävention**) haben das Ziel, Krankheiten zu erkennen und zu behandeln, bevor die ersten Symptome auftreten. Folgende **Früherkennungsuntersuchungen** werden von der GKV empfohlen, ihre Kosten werden übernommen:

Untersuchungen	Alter	Häufigkeit
Krebsfrüherkennung Frauen	ab dem 20. Lebensjahr	jährlich
Krebsfrüherkennung Männer	ab dem 45. Lebensjahr	jährlich
Check-up	ab dem 35. Lebensjahr	alle zwei Jahre
Untersuchungen auf Zahn-Mund- und Kieferkrankheiten	bis 6 Jahre 6 bis 18 Jahre	dreimal bis 6 Jahre einmal je Kalenderhalbjahr ab 6 Jahre
Zahnvorsorgeuntersuchung	ab dem 18. Lebensjahr	jährlich

Untersuchungen	Alter	Häufigkeit
Kinder- und Jugenduntersuchungen		
U-Untersuchungen	von Geburt bis zum 6. Lebensjahr	U1 bis U9 nach Vorgaben des Untersuchungsheftes
J-Untersuchungen	zwischen dem 13. und 14. Lebensjahr	eine Untersuchung
Schwangerschaftsvorsorgeuntersuchung	während der gesamten Schwangerschaft	Untersuchung entsprechend den Vorgaben im Mutterpass

Bei allen Vorsorguntersuchungen wird keine Praxisgebühr erhoben.

Eine erhebliche Vorsorge stellen auch **Schutzimpfungen** dar. Sie gehören zu den Satzungsleistungen der Krankenkassen, d.h., die Leistungen sind hier bei den gesetzlichen Krankenkassen nicht identisch. Die von der Ständigen Impfkommission empfohlenen Impfungen für Säuglinge, Kinder und Jugendliche werden aber in der Regel übernommen. Nicht erstattet werden Reiseimpfungen.

Vorsorgeleistungen, beispielsweise Kuren, sollen eine schwache Gesundheit des Krankenversicherten wieder kräftigen. Ernsthafte Erkrankungen sollen so verhütet bzw. eine bestehende Erkrankung soll vermieden werden. Ambulante und stationäre Vorsorgeleistungen sind Aufgabe der gesetzlichen Krankenversicherung. Rehabilitationsleistungen zur Vermeidung von Erwerbsunfähigkeit oder Erwerbsminderung sind Aufgabe der gesetzlichen Rentenversicherung.

Bei **ambulanten Vorsorgeleistungen** werden bestimmte Angebote, wie Heilquellen, spezielle Therapien sowie von Kureinrichtungen oder wohnortnahen Einrichtungen genutzt. **Stationäre Vorsorge- und Rehabilitationsmaßnahmen** werden in speziellen Einrichtungen (Kurkliniken) durchgeführt. Stationäre Vorsorgeleistungen dauern in der Regel drei Wochen, ambulante Vorsorgeleistungen längstens 20 Behandlungstage. Bei begründeter medizinischer Notwendigkeit ist eine Verlängerung möglich.

Bei der stationären Vorsorge sind pro Tag 10,00 EUR zu zahlen. Bei einer Anschlussbehandlung an eine stationäre Behandlung ist die Zuzahlung auf 28 Tage begrenzt.

Bei der Inanspruchnahme ambulanter Vorsorgeleistungen übernimmt die Krankenkasse die Kosten für ärztliche Behandlungen einschließlich der verordneten Arzneimittel, spezifische Heilmittel und die Maßnahmen zur Gesundheitsförderung. Es fallen für über 18-jährige Patienten aber die üblichen Zuzahlungen für den Arzt, Heilmittel und Arzneimittel an. Außerdem sind bei ambulanten Vorsorgeleistungen 10,00 EUR pro Tag zuzuzahlen.

Viele Krankenkassen bieten ihren Versicherten, die regelmäßig die Vorsorge- und Früherkennungsuntersuchungen wahrnehmen, **Bonusprogramme**. Diese Programme kann jede Kasse selbst gestalten. Die Spannbreite reicht von der Ermäßigung bzw. dem Erlass von Zuzahlungen bis hin zu niedrigeren Beiträgen oder Modellen mit Beitragsrückerstattung.

Leistungen der gesetzlichen Krankenversicherung im Rahmen der medizinischen Versorgung

Wer krank ist, benötigt Hilfe. Die gesetzlichen Krankenversicherungen garantieren in diesem Fall alle notwendigen medizinischen Leistungen. Sie haben mit allen Partnern im Gesundheitswesen hierzu entsprechende Verträge abgeschlossen.

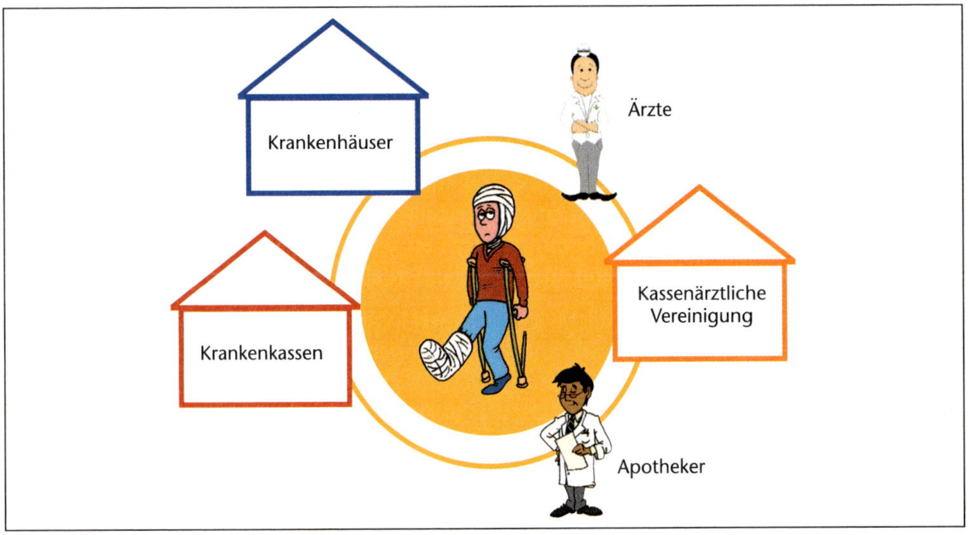

Quelle: Bundesministerium für Gesundheit: Ratgeber zur gesetzlichen Krankenversicherung (Stand 2005); http://www.vdk.de/cms/mime/736D1111400961.pdf; abgerufen am 02.02.2009, verändert, S. 6

Folgende Leistungen bietet die gesetzliche Krankenversicherung im Rahmen der medizinischen Versorgung bei Krankheit und Mutterschaft:

Ärztliche und zahnärztliche Behandlung mit freier Wahl unter den zugelassenen Vertragsärzten und Vertragszahnärzten

Im Rahmen der Gesundheitsreform bieten die Kassen ein Hausarztsystem an. Die Versicherten verpflichten sich dann, zunächst ausschließlich ihren Hausarzt aufzusuchen, der erst bei Bedarf Fachärzte in eine Mit- und Weiterbehandlung einbindet.

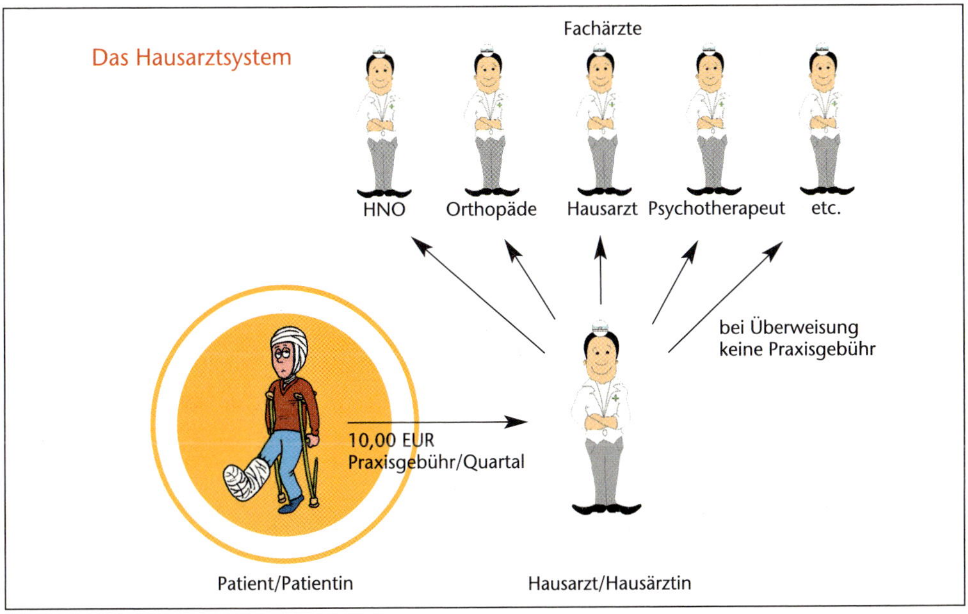

Quelle: Bundesministerium für Gesundheit: Ratgeber zur gesetzlichen Krankenversicherung (Stand 2005); http://www.vdk.de/cms/mime/736D1111400961.pdf; abgerufen am 02.02.2009, verändert, S. 50

Ausgehend von einem Urteil des Bundessozialgerichts in Kassel im Februar 2008, haben sich die Rahmenbedingungen für das bislang angebotene Hausarztsystem der gesetzlichen Krankenversicherungen geändert. Obwohl daraufhin zahlreiche dieser Programme gekündigt wurden, bieten auch heute die meisten Kassen wieder ein solches System an.

Die Versicherten verpflichten sich hierbei, zunächst ausschließlich ihren Hausarzt aufzusuchen, der erst bei Bedarf Fachärzte in eine Mit- und Weiterbehandlung einbindet. Sowohl der Patient als auch der Arzt profitieren von dem engen persönlichen Kontakt, den dieses Modell beinhaltet. Dadurch, dass der Patient sich immer zuerst an seinen Hausarzt wendet, erhält er eine umfassende Versorgung und Beratung aus einer Hand in allen Gesundheitsfragen.

Der Arzt wiederum koordiniert sämtliche Maßnahmen in Absprache mit seinem Patienten, begleitet diesen bei allen Untersuchungen und Behandlungen und gewährleistet so eine optimale medizinische Versorgung. Auf diese Art wird eine enge Zusammenarbeit zwischen Fachärzten, Therapeuten und Krankenhäusern möglich, was auch zu einer Senkung der Kosten beiträgt. Die Teilnahme am Hausarztprogramm ist für Ärzte und Versicherte freiwillig.

Arznei-, Verband-, Heil- und Hilfsmittel

Die gesetzliche Krankenversicherung übernimmt die Kosten für rezeptpflichtige Medikamente bis zur Höhe der gesetzlich festgelegten Preishöchstgrenzen, den sogenannten Festbeträgen. Ist für ein Arzneimittel kein **Festbetrag** festgelegt, zahlt die Krankenkasse die Kosten in voller Höhe. Allerdings sind die gesetzlich festgelegten Zuzahlungen zu leisten.

Je Arzneimittel sind 10 Prozent des Verkaufspreises zu zahlen, jedoch maximal 10,00 EUR und mindestens 5,00 EUR. Befreit von Zuzahlungen sind

- Kinder und Jugendliche bis zum vollendeten 18. Lebensjahr;
- Verordnungen im Zusammenhang mit einer Schwangerschaft

Die Höhe der Zuzahlungen für rezeptpflichtige Arzneimittel ist abhängig vom Preis. Je preiswerter das Arzneimittel ist, desto geringer ist also die Zuzahlung. Nachahmer-Präparate, sogenannte **Generika**, sind billiger als Originalpräparate. Apotheker sind verpflichtet, ihren Kunden wirkungsgleiche, aber günstigere Arzneimittel zu geben, wenn der Arzt statt eines speziellen Präparates einen Wirkstoff verschrieben hat.

Seit dem 1. Juli 2006 sind viele Arzneimittel völlig **zuzahlungsfrei**, da ihr Einkaufspreis deutlich unter dem Festbetrag liegt.

Die gesetzliche Krankenversicherung übernimmt die Kosten für **Heilmittel**. Hierzu gehören u. a. medizinische Bäder, Massagen, Krankengymnastik, Bestrahlung, Ergo- und Sprachtherapie.

Versicherte über 18 Jahre haben die gesetzlich vorgeschriebene Zuzahlung in Höhe von 10% der Kosten sowie zusätzlich 10,00 EUR pro Verordnung zu leisten.

Bei Hilfsmitteln übernimmt die gesetzliche Krankenversicherung die Kosten bis zur Höhe bestimmter Festbeträge oder vertraglich vereinbarter Preise, soweit die Hilfsmittel nicht per Gesetz von der Kostenübernahme ausgeschlossen sind, wie beispielsweise bei Brillen und Kontaktlinsen. Kosten für Sehhilfen werden nur in bestimmten Ausnahmefällen von den gesetzlichen Krankenversicherungen getragen.

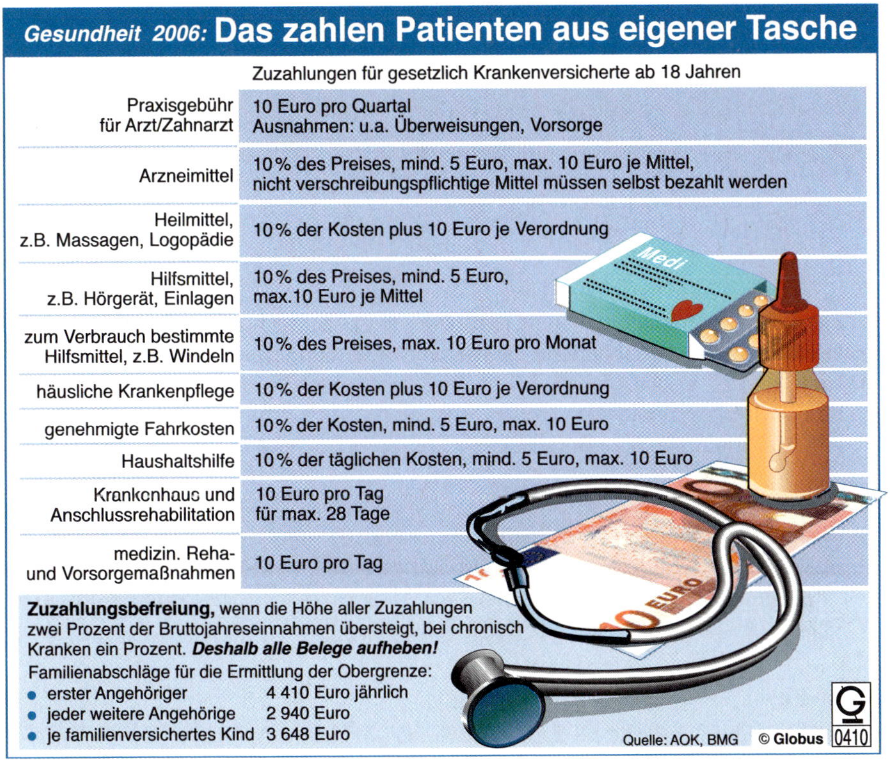

Gesundheit 2006: Das zahlen Patienten aus eigener Tasche

	Zuzahlungen für gesetzlich Krankenversicherte ab 18 Jahren
Praxisgebühr für Arzt/Zahnarzt	10 Euro pro Quartal Ausnahmen: u.a. Überweisungen, Vorsorge
Arzneimittel	10 % des Preises, mind. 5 Euro, max. 10 Euro je Mittel, nicht verschreibungspflichtige Mittel müssen selbst bezahlt werden
Heilmittel, z.B. Massagen, Logopädie	10 % der Kosten plus 10 Euro je Verordnung
Hilfsmittel, z.B. Hörgerät, Einlagen	10 % des Preises, mind. 5 Euro, max.10 Euro je Mittel
zum Verbrauch bestimmte Hilfsmittel, z.B. Windeln	10 % des Preises, max. 10 Euro pro Monat
häusliche Krankenpflege	10 % der Kosten plus 10 Euro je Verordnung
genehmigte Fahrkosten	10 % der Kosten, mind. 5 Euro, max. 10 Euro
Haushaltshilfe	10 % der täglichen Kosten, mind. 5 Euro, max. 10 Euro
Krankenhaus und Anschlussrehabilitation	10 Euro pro Tag für max. 28 Tage
medizin. Reha- und Vorsorgemaßnahmen	10 Euro pro Tag

Zuzahlungsbefreiung, wenn die Höhe aller Zuzahlungen zwei Prozent der Bruttojahreseinnahmen übersteigt, bei chronisch Kranken ein Prozent. ***Deshalb alle Belege aufheben!***

Familienabschläge für die Ermittlung der Obergrenze:
- erster Angehöriger 4 410 Euro jährlich
- jeder weitere Angehörige 2 940 Euro
- je familienversichertes Kind 3 648 Euro

Quelle: AOK, BMG © Globus 0410

Die Zuzahlungen bei Hilfsmitteln betragen 10 % der Kosten, mindestens 5,00 EUR, maximal 10,00 EUR je Mittel. Ausnahme: Bei Hilfsmitteln, die zum Verbrauch genutzt werden, z. B. Windeln bei Inkontinenz, liegt die Zuzahlung bei 10 % pro Verbrauchseinheit – maximal bei 10,00 EUR pro Monat.

Zahnbehandlung

Die gesetzliche Krankenversicherung übernimmt die Kosten für zahnärztliche Untersuchungen. Sie übernimmt in den meisten Fällen die Kosten für Zahnfüllungen und beteiligt sich an den Kosten für Zahnersatz. Beim Zahnersatz wird ein befundbezogener Festzuschuss gezahlt. Aufgrund des zahnärztlichen Befundes und der hierfür vorgesehenen Regelversorgung ergibt sich der Festzuschuss. Dieser wird unabhängig von dem dann tatsächlich eingesetzten Zahnersatz gezahlt. Der Festzuschuss der Regelversorgung erhöht sich, wenn der Versicherte über einen bestimmten Zeitraum regelmäßig die Zahnarztvorsorgeuntersuchungen wahrgenommen hat. Versicherte, die das 18. Lebensjahr vollendet haben, zahlen generell für den ersten Zahnarztbesuch im Quartal eine Praxisgebühr von 10,00 EUR.

Behandlung im Krankenhaus

Die gesetzliche Krankenversicherung übernimmt die Kosten für eine stationäre Behandlung in einem Vertragskrankenhaus. Für maximal 28 Tage im Kalenderjahr zahlen Versicherte, die älter als 18 Jahre alt sind, einen gesetzlich vorgeschriebenen Eigenanteil in Höhe von 10,00 EUR pro Tag an das Krankenhaus.

Krankengeld

Normalerweise zahlt der Arbeitgeber bei Arbeitsunfähigkeit für sechs Wochen Lohn oder Gehalt weiter. Anschließend erhält der gesetzlich Krankenversicherte von seiner Krankenkasse ca. 70 % des regelmäßig erzielten Bruttoarbeitsentgeltes. Bei gesetzlich Versicherten mit einem Einkommen, das höher ist als die Beitragsbemessungsgrenze, wird ein Krankengeld von maximal bis

70 % der Beitragsbemessungsgrenze gezahlt. Das Krankengeld ist weiterhin auf maximal 90 % des letzten Nettoarbeitsentgeltes begrenzt. Krankengeld kann der Versicherte für höchstens 78 Wochen innerhalb von drei Jahren erhalten.

Krankengeld bei Erkrankung eines Kindes
Versicherte in der gesetzlichen Krankenversicherung erhalten für jedes gesetzlich versicherte Kind bis zu 10 Tage Krankengeld pro Jahr, wenn

- das Kind unter 12 Jahre alt ist und ein ärztliches Attest die Notwendigkeit einer Pflege bescheinigt,
- der Krankenversicherte trotz Erwerbstätigkeit diese Pflege übernehmen muss und daher nicht arbeiten kann,
- keine andere im Haushalt lebende Person die Betreuung und Pflege übernehmen kann.

Dauer der Zahlung von Krankengeld bei Erkrankungen des Kindes je Kalenderjahr		
gesetzlich versicherte Kinder unter 12 Jahren	**erwerbstätiger Elternteil**	**Alleinerziehende**
1 Kind	maximal 10 Arbeitstage	maximal 20 Arbeitstage
2 Kinder	maximal 20 Arbeitstage	maximal 40 Arbeitstage
3 Kinder	maximal 25 Arbeitstage	maximal 50 Arbeitstage

Haushaltshilfe
Die gesetzliche Krankenversicherung zahlt eine Haushaltshilfe, wenn der Krankenversicherte stationär behandelt werden muss und dadurch seinen Haushalt nicht weiterführen kann. Voraussetzung ist, dass im Haushalt ein Kind unter 12 Jahren lebt oder das behindert und von daher auf Hilfe angewiesen ist.

Häusliche Krankenpflege
Der gesetzlich Krankenversicherte hat Anspruch auf häusliche Krankenpflege, wenn hierdurch ein Krankenhausaufenthalt vermieden oder verkürzt werden kann. Dies gilt auch, wenn ein Krankenhausaufenthalt eigentlich notwendig ist, aber aus bestimmten Gründen nicht ausführbar ist. Normalerweise werden die Kosten für einen Zeitraum von bis zu vier Wochen übernommen.

Voraussetzung ist, dass im Haushalt des gesetzlich Krankenversicherten keine Person lebt, die den Versicherten in erforderlichem Umfang pflegen kann.

Empfängnisverhütung, Sterilisation (nur wenn medizinisch notwendig, nicht zur persönlichen Lebensplanung), Schwangerschaftsabbruch
Die gesetzliche Krankenversicherung zahlt die Kosten für die ärztliche Beratung und Untersuchung zur Empfängnisverhütung.

Für junge Frauen bis zum vollendeten 20. Lebensjahr übernehmen die Krankenversicherungen die Kosten für bestimmte Verhütungsmittel im gleichen Umfang wie bei Arzneimitteln.

Künstliche Befruchtung
Die gesetzliche Krankenversicherung übernimmt für Eheleute anteilig die Kosten für medizinische Maßnahmen zur Herbeiführung einer Schwangerschaft. Voraussetzung ist, dass die Maßnahmen der künstlichen Befruchtung nach ärztlicher Feststellung erforderlich sind und eine hinreichende Aussicht auf Erfolg versprechen.

Die Eheleute müssen sich zuvor einer Beratung unterziehen, und es dürfen nur Ei- und Samenzellen der Ehegatten verwendet werden (sogenannte „homologe Insemination"). Die Durchführung der künstlichen Befruchtung ist nur durch bestimmte Ärzte und Einrichtungen zulässig, denen die zuständige Landesbehörde eine entsprechende Genehmigung erteilt hat.

Die gesetzlichen Krankenkassen übernehmen anteilig drei Versuche zur Herbeiführung einer Schwangerschaft. Zugleich gelten Altersgrenzen: zwischen 25 und 40 Lebensjahren für Frauen bzw. 50 Lebensjahren bei Männern.

Die anteilige Kostenübernahme durch die Krankenkassen beträgt 50 Prozent, sodass die Versicherten mit einer Eigenbeteiligung von ebenfalls 50 Prozent an den Kosten der künstlichen Befruchtung beteiligt werden. Diese Eigenbeteiligung gilt nicht als Zuzahlung und bleibt bei der Berechnung der Belastungsgrenze unberücksichtigt.

Fahrtkosten

In bestimmten Fällen übernehmen die gesetzlichen Krankenversicherungen die Fahrtkosten, z. B. bei Strahlentherapie, Chemotherapie und ambulanter Dialysebehandlung. Darüber hinaus bekommen Schwerbehinderte die Fahrtkosten zur ambulanten Behandlung erstattet, wenn sie einen Schwerbehindertenausweis mit dem Merkzeichen „aG" (außergewöhnliche Gehbehinderung), „Bl" (blind) oder „H" (hilflos) besitzen oder die Pflegestufe 2 oder 3 nachweisen können. Voraussetzung für die Kostenübernahme durch die Krankenkasse ist die zwingende Notwendigkeit der Fahrt und die Genehmigung der Krankenkasse.

Bei der Erstattung der Fahrtkosten gelten die allgemeinen Zuzahlungsregeln. Gesetzlich Versicherte beteiligen sich mit zehn Prozent der Kosten, höchstens jedoch mit 10,00 EUR und mindestens mit 5,00 EUR.

Leistungen der gesetzlichen Krankenversicherung bei Schwangerschaft und Mutterschaft

Schwangerschaft und Mutterschaft unterliegen einem besonderen Schutz. Folgende zuzahlungsfreie Leistungen erhalten die gesetzlich Krankenversicherten:

- ärztliche Betreuung einschließlich Schwangerschaftsvorsorge,
- Versorgung mit Arznei-, Verband-, Heil- und Hilfsmitteln, die im Rahmen der Schwangerschaft erforderlich sind. Bei Erkrankungen gelten die üblichen Zuzahlungen,
- Leistungen im Zusammenhang mit der Entbindung, beispielsweise Übernahme aller Kosten für die stationäre Entbindung in einem Krankenhaus,
- Hebammenhilfe,
- Häusliche Pflege und Haushaltshilfe, die wegen der Schwangerschaft oder Entbindung erforderlich sind. Voraussetzung ist, dass im Haushalt keine Person lebt, die diese Aufgaben übernehmen kann,
- Mutterschaftsgeld wird sechs Wochen vor und acht Wochen nach der Geburt gezahlt. Bei Mehrlings- und Frühgeburten erhöht sich der Zeitraum auf zwölf Wochen nach der Entbindung. Die Höhe der Leistungen richtet sich nach dem durchschnittlichen Entgelt der letzten drei Monate bzw. der letzten 13 Wochen vor Beginn der gesetzlichen Schutzfrist. Die Krankenkasse zahlt maximal 13,00 EUR je Kalendertag, der Arbeitgeber zahlt den Differenzbetrag zum durchschnittlichen Nettolohn.

Zuzahlungen

Zuzahlungen (siehe hierzu auch Abbildung auf S. 81) werden aufgrund der Gesundheitsreform von allen Patienten über 18 Jahre für alle medizinischen Leistungen konsequent erhoben. Grundsätzlich wird eine Zuzahlung von 10 % der Kosten erhoben, höchstens 10,00 EUR, mindestens 5,00 EUR. Bei Kosten unter 5,00 EUR wird der tatsächliche Preis bezahlt.

Um Überforderungen der Versicherten auszuschließen, sind Belastungsobergrenzen festgelegt worden. Die jährliche Eigenbeteiligung darf 2 % der Bruttoeinnahmen zum Lebensunterhalt nicht überschreiten. Für chronisch Kranke gilt eine Grenze von 1 % der Bruttoeinnahmen. Daher gilt, dass alle Zuzahlungsbelege zu sammeln sind. Vermutet der Versicherte ein Überschreiten, stellt er einen Befreiungsantrag zur Zuzahlung bei seiner gesetzlichen Krankenversicherung. Diese stellt, wenn die Belastungsgrenze erreicht worden ist, einen Befreiungsausweis aus.

Im Einzelnen sind alle Zuzahlungen in der folgenden Tabelle zusammengefasst:

Selbstbeteiligung: So viel zahlen Kassenpatienten drauf

Leistung	Zuzahlung des Patienten
Arzneimittel	Pro Arzneimittel 10 % des Abgabepreises, jedoch mindestens 5,00 EUR. Höchstbetrag 10,00 EUR.
Arzt- und Zahnarztbesuch	10,00 EUR Praxisgebühr pro Quartal (ausgenommen Vorsorge oder Schutzimpfung). Das bedeutet: Nur wenn Sie mit einer Überweisung zu anderen Ärzten gehen, fällt keine erneute Praxisgebühr an. Kinder bis 18 Jahre zahlen nichts.
Krankenhaus	10,00 EUR Zuzahlung pro Tag. Auf maximal 28 Tage begrenzt.
Heilmittel und häusliche Krankenpflege	10 % der Kosten zuzüglich 10,00 EUR je Verordnung. Für maximal 28 Tage pro Jahr. Nicht mehr als die tatsächlich entstandenen Kosten.
Hilfsmittel (z. B. Hörgerät, Rollstuhl)	10 % für jedes Gerät, mindestens 5,00 EUR, höchstens 10,00 EUR.
Zahnersatz	Festzuschüsse (50 % der durchschnittlichen zahnärztlichen und zahntechnischen Kosten). 20 bzw. 30 % Bonus bei regelmäßiger Vorsorge.
Kieferothopädie	20 % der Kosten, 10 % für Behandlung weiterer Kinder (Eigenanteil wird bei erfolgreich abgeschlossener Behandlung zurückerstattet).
Haushaltshilfe und Soziotherapie	10 % der täglichen Kosten, mindestens 5,00 EUR und maximal zehn Euro. Nicht mehr als der tatsächliche Gesamtaufwand.
Ambulante Rehabilitation	Pro Tag 10,00 EUR. Bei Anschlussrehabilitation ist die Zuzahlung auf 28 Tage begrenzt.
Mutter-/Vater-Kind-Kuren	Die Zuzahlung beträgt 10,00 EUR pro Tag. Nur für Versicherte über 18 Jahre.
Brillen/Sehhilfen	Zuschuss nur für Kinder unter 18 Jahren und für stark Sehbehinderte.
Fahrkosten	Werden von den Kassen nur in medizinisch begründeten Ausnahmefällen übernommen. Dann Zuzahlung von 10 %, mindestens 5,00 EUR, höchstens 10,00 EUR, nicht mehr als die tatsächlichen Kosten, Zuzahlungspflicht auch für Versicherte unter 18 Jahren.
Nicht verschreibungspflichtige Medikamente	Werden von den Kassen nicht erstattet. Ausnahmen: bei Kindern bis zwölf Jahren, bei Jugendlichen mit Entwicklungsstörungen bis 18 Jahren sowie bei der Behandlung schwerwiegender Erkrankungen.
Künstliche Befruchtung	Die Kassen übernehmen 50 % der Kosten für maximal drei Versuche. Für Frauen zwischen 25 und 40 Jahren und Männer bis 50 Jahre.
Sterilisation	Übernahme der Kosten nur wenn die Sterilisation wegen einer Erkrankung notwendig ist.

Quelle: Knappschaft, Gesetzliche Krankenkassen, Alle Anbieter im Preisvergleich, 09.03.2007; http://www.focus.de/finanzen/versicherungen/krankenversicherung/krankenkassen/selbstbeteiligung_aid_10580.html; abgerufen am 16.08.2007

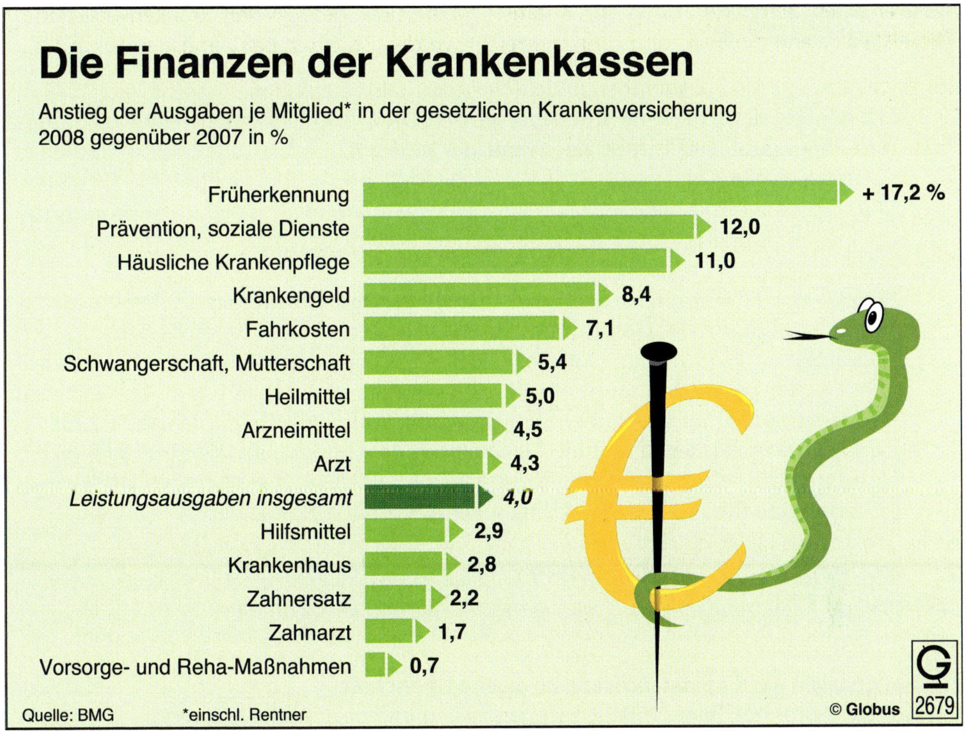

Aufgaben

Lesen Sie den folgenden Text zur Krankenversicherung und Gesundheitsreform.

Gesetzliche Krankenversicherung

Die weitaus meisten Menschen in der Bundesrepublik (über 80 %) sind in einer gesetzlichen Krankenversicherung versichert. Diese tragen die weitaus größte Last der Kosten im Gesundheitswesen. Die Leistungen der gesetzlichen Krankenkassen sind im Sozialgesetzbuch V (SGB V) geregelt; anders bei den privaten Krankenversicherungen. Das bedeutet, dass der Gesetzgeber bestimmt, welche Leistungen durch die Krankenkassen zu zahlen sind und welche nicht. Welche Leistungen im Einzelnen zu erstatten sind, ist in Richtlinien geregelt.

In Zeiten hoher Arbeitslosigkeit und hoher „Lohnnebenkosten", zu denen die Krankenversicherungsbeiträge zählen, unterliegen diese gesetzlichen Regelungen besonders häufigen Reformen durch den Gesetzgeber, der ständig bemüht ist, die „Lohnnebenkosten" durch Entlastungen der Krankenkassen (Streichung von Leistungen, Erhöhung von Eigenbeteiligungen) zu senken. Dies macht es schwer, in einem Ratgeber wie diesem die genauen Leistungen darzustellen, da das Dargestellte bereits kurze Zeit nach Veröffentlichung wieder veraltet sein kann.

Aufgaben

Derjenige, der Probleme mit einer gesetzlichen Krankenversicherung hat, muss sich über den jeweils gültigen Stand der gesetzlichen Leistungen zum aktuellen Zeitpunkt erkundigen und darf nicht unbedingt auf das hier Dargestellte vertrauen. Aus diesem Grund habe ich auch versucht, mich auf die Darstellung der Grundsätze zu beschränken, wobei auch die ein oder andere Detailfrage erörtert wird.

Seit dem 1.1.2004 gilt die sehr umstrittene und im vergangenen Jahr schnell geschaffene Reform des Gesundheitswesens. Hintergrund der umfangreichen neuen Gesetzes- und Verordnungsregeln ist der Wunsch, Kostensenkungen im Gesundheitswesen zu erzielen. Man erhofft sich dadurch einen positiven Effekt auf dem Arbeitsmarkt. Hingegen haben sich die Aufwendungen der Krankenkassen zur Erstattung von Leistungen an die Versicherten, insgesamt betrachtet, in den letzten Jahren kaum verändert. Die Reform versucht aber einen großen Teil der Einsparungseffekte durch Einschränkungen der Leistungen zu erzielen.

Quelle: Jacob Hoesl, Virawoche: Gesetzliche Krankenversicherung; http://www.virawoche.de/patienteninfos/ratgeber/ratgeber/versorgung/gesetzlich/; abgerufen am 02.02.2009

a) Erstellen Sie für jeden Absatz eine eigene Überschrift.
b) Der Autor des Textes mischt Sachdarstellung und persönliche Meinung.
   Prüfen Sie für jeden Absatz, ob es sich um eine Sachdarstellung bzw. um die Wiedergabe eine Meinung des Autors handelt.
   Begründen Sie Ihre jeweilige Antwort durch entsprechende Textstellen.
c) Welchen Effekt haben hohe Lohnnebenkosten?
   Welche Maßnahmen wurden ihrer Meinung nach im Rahmen der Gesundheitsreform ergriffen, um die Krankenkassenbeiträge stabil zu halten bzw. zu senken.

Wahltarife in der neuen Gesundheitsversicherung

Mit dem bereits erwähnten GKV-Wettbewerbsstärkungsgesetz erhalten die gesetzlichen Krankenkassen umfangreiche Möglichkeiten, ihren Mitgliedern Wahltarife anzubieten, um so stärker auf den Wettberwerb untereinander reagieren zu können. Verschiedene Arten von Wahltarifen sind gemäß dem SGB V gesetzlich vorgegeben. Ein Großteil davon kann bereits seit dem 1. April 2007 in Anspruch genommen werden. Darüber hinaus werden diese Wahltarife ab 2009 noch weiter ausgebaut.

Wahltarife seit 1. April 2007:
Kassen müssen z. B. Tarife für besondere Versorgungsformen anbieten:

- integrierte Versorgung,
- besondere ambulante Versorgung,
- strukturierte Behandlungsprogramme bei chronischen Krankheiten,
- hausarztzentrierte Versorgung.

Beispiel: *Der chronisch kranke Rentner nimmt an einem strukturierten Behandlungsprogram für Diabetes teil. Seine Kasse bietet ihm einen Wahltarif an, der eine Prämienzahlung von 200,00 EUR vorsieht.*

Die Kasse kann in diesen Wahltarifen festlegen, dass die Mitarbeiter entweder eine Prämienzahlung oder Zuzahlungsermäßigung erhalten.

Kassen können z. B. anbieten:

- Selbstbehalttarife,
- Tarife für Nichtinanspruchnahme von Leistungen,
- Variable Kostenerstattungstarife,
- Tarife, die die Übernahme der Kosten für von der Regelversorgung ausgeschlossene Arzneimittel der besonderen Therapieeinrichtung beinhalten.

Beispiele:

- *ZMF S. Meier wählt einen Selbstbehalttarif, bei dem sie im Krankheitsfall die ersten 1 000,00 EUR selbst bezahlen muss. Bei geringen Gesamtkosten zahlt sich dieser Tarif aus.*
- *Ein Patient erhält ein aus der Homöopathie verordnetes Medikament, das er bisher selbst bezahlen musste für die angemessene Zusatzprämie.*

Für Tarife, die die Kasse freiwillig anbieten kann, gilt grundsätzlich eine Bindungsfrist von drei Jahren. Ein Wechsel der Krankenkasse vor Ablauf dieser Zeit kann nur in Härtefällen erlaubt werden. Die an die Mitglieder gezahlten Prämien dürfen 20 % des jeweiligen Jahresmitgliedsbeitrages, höchstens 600,00 EUR nicht übersteigen.

Wie bereits erwähnt, gibt es für die meisten Versicherten zurzeit keine spürbaren Änderungen. Folgende Leistungen wurden z. B. ausgeweitet: Impfungen, Eltern-Kind-Kuren, Reha-Behandlungen für alte Menschen, Betreuung Schwerkranker und Sterbender in den eigenen vier Wänden. Zudem werden in Kliniken ambulante Behandlungen durchgeführt. Wer allerdings Vorsorgeuntersuchungen versäumt und später schwer erkrankt, muss mehr zuzahlen. Folgebehandlungen nach Piercings werden grundsätzlich nicht mehr bezahlt.

Für die Ärzte kommt im Jahr 2011 eine neue Vergütung mit festen Preisen. Ärzte in Gebieten mit weniger Patienten bekommen zudem Zuschläge.

Auch bei den **privaten Krankenkassen** führte die Reform des Gesundheitswesen 2007 zu **großen Veränderungen**. Früher konnte ein Versicherter schon nach wenigen Jahren nicht mehr unter zumutbaren Bedingungen in eine andere private Krankenkasse wechseln, da seine angesparten **Altersrückstellungen** sonst verloren gingen. Dies hat sich inzwischen geändert. Heute können alle Mitglieder einer Privatkasse ihre Altersrückstellung bei einem Wechsel der Privatkasse im Umfang des Basistarifs **mitnehmen**, d. h., jeder Privatversicherte hat das Recht, von einer anderen Kasse aufgenommen zu werden.

Die PKV ist seit dem 1. Januar 2009 verpflichtet, einen **Basistarif** zu bezahlbaren Preisen anzubieten, dessen Leistungsumfang dem der GKV vergleichbar ist. Es dürfen dabei keine Risikozuschläge erhoben werden. Grundsätzlich kann jeder, der PKV-versichert ist oder dort versichert sein kann, z. B. ein freiwilliges Mitglied der GKV, den Basistarif wählen.

Die Sicherstellung der (zahn)ärztlichen Vorsorge erfolgt über die kassen(zahn)ärztlichen Vereinigungen. Für die Vergütung der (zahn)ärztlichen Leistungen werden bestimmte Höchstsätze der Ärztlichen Gebührenordnung (GOÄ) und der Gebührenordnung der Zahnärzte (GOZ) vorgegeben. Durch vertragliche Vereinbarungen zwischen kassen(zahn)ärztlichen Vereinigungen und dem Verband der privaten Krankenversicherung kann von diesen Vorgaben ganz oder teilweise abgewichen werden. Seit dem 1. Juli 2007 wird zudem allen Nichtversicherten die Aufnahme über einen Standardtarif, der Risikozuschläge ausschließt, ermöglicht.

Aufgaben

1. Neben der gesetzlichen Krankenversicherung gibt es noch andere Kostenträger. Erläutern Sie, welche Personen im Falle von Krankheit über sonstige Kostenträger versichert sind.

Aufgaben

2. Katrins Vater liegt mit seinem Bruttoeinkommen über der Versicherungspflichtgrenze. Warum ist er wohl als freiwilliges Mitglied in der gesetzlichen Krankenversicherung geblieben?
3. Welchen Anteil am Beitrag zur gesetzlichen Krankenversicherung hat der Arbeitnehmer, welchen Beitrag der Arbeitgeber zu tragen?
4. Erläutern Sie kurz die wichtigsten Leistungen der GKV nach den Gesichtspunkten
   - Förderung der Gesundheit/Verhütung von Krankheiten,
   - Früherkennung von Krankheiten,
   - Behandlung von Krankheiten,
   - Schwangerschaft und Mutterschaft.
5. Geben Sie einige Beispiele, wie sich die Leistungseinschränkungen zur Kostendämpfung bei den Versicherten in der GKV bemerkbar machen.
6. Lesen Sie den folgenden Text zur gesetzlichen Krankenversicherung:

Hauptsache gesund

(...) Die Stärkeren stützen die Schwächeren

Die gesetzliche Krankenversicherung (GKV) wird ganz besonders vom Solidaritätsgedanken getragen. Das heißt: Ihre Sachleistungen (Versorgung, die direkt von den Kassen bezahlt wird) bekommen alle im gleichen, jeweils erforderlichen Umfang ohne Rücksicht darauf, wie hoch die Beitragsleistung des Einzelnen ist. Arbeitnehmer mit höheren Löhnen oder Gehältern zahlen mehr Beiträge, Arbeitnehmer mit kleinerem Einkommen weniger. Ehepartner ohne eigenes Einkommen und Kinder sind mitversichert und müssen keine Beiträge zahlen.
Das ist in der privaten Krankenversicherung (PKV) anders: Hier muss jeder Versicherte eine Prämie zahlen, die nach Krankheitsrisiko (Gesundheitsprüfung), Alter und Geschlecht unterschiedlich hoch ist. Alte und kranke Menschen zahlen in der PKV daher höhere Prämien als junge und gesunde Versicherte (Äquivalenzprinzip in der PKV im Gegensatz zum Solidarprinzip in der GKV). In der GKV werden lediglich die Geldleistungen – also in erster Linie das Krankengeld – nach der individuellen Einkommenssituation des einzelnen Arbeitnehmers bemessen. (...)

Quelle: Sozialpolitik – Ein Heft für die Schule: Hauptsache gesund. Vom ersten Tag an krankenversichert; http://www.sozialpolitik.com/webcom/show_article.php?wc_c=14&wc_id=1; abgerufen am 02.02.2009, S. 1

   - Erläutern Sie anhand des Textes das Solidaritäts- und Äquivalenzprinzip.

7. Susanne hat vor ihrer Schwangerschaft sorgfältig die von der gesetzlichen Krankenversicherung gebotenen Leistungen zur Früherkennung von Krankheiten wahrgenommen. Im letzten Jahr hat sie einmal in erheblichem Umfang Leistungen der Krankenkassen beansprucht. Aufgrund von Rückenbeschwerden ist sie zunächst umfassend ambulant behandelt worden. Wegen eines Bandscheibenvorfalls lag sie dann drei Wochen im Krankenhaus und anschließend war sie noch fünf Wochen arbeitsunfähig. Nun ist sie wegen ihrer Schwangerschaft laufend bei ihrem Gynäkologen in Behandlung.
   a) Schildern Sie, welche Leistungen die gesetzliche Krankenversicherung in jedem der geschilderten Fälle bei Susanne zu erbringen hatte.
   b) Welche Zahlungen musste Susanne in diesem Zusammenhang selbst leisten?
   c) Aufgrund einer Erkältung erhält Susanne ein Medikament verordnet. Gleichzeitig verschreibt ihr der Arzt ein Mittel zur Linderung von Schwangerschaftsbeschwerden. Welche Zuzahlungen sind in diesem Fall zu leisten?

13.4 Gesetzliche Pflegeversicherung

Situation

Nezires Opa ist, seitdem er einen Schlaganfall hatte, auf häusliche Pflege angewiesen. „Welch ein Glück, dass es die Pflegeversicherung gibt“, meint Nezires Mutter. „So können wir wenigstens einen großen Teil der Pflege vom Pflegedienst durchführen lassen und Opa muss nicht in ein Pflegeheim.“

Aufgabe der Pflegeversicherung

Die Pflegeversicherung wurde eingeführt, um eine soziale Absicherung im Falle der Pflegebedürftigkeit sicherzustellen. Die Leistungen dienen zur Zahlung der anfallenden Pflegekosten. In vielen Fällen ist so eine Pflege im eigenen Haushalt möglich. Somit können die Pflegebedürftigen länger ein selbstständiges und selbstbestimmtes Leben führen.

Versicherte

Man unterscheidet

- **Pflichtversicherte,**
- **Familienversicherte,**
- **Weiterversicherte.**

Pflichtversicherte: Die Versicherungspflicht in der Pflegeversicherung ist an die Versicherungspflicht in der gesetzlichen Krankenversicherung (GKV) gekoppelt. Freiwillige Mitglieder der GKV sind in der Pflegeversicherung pflichtversichert und können sich innerhalb bestimmter Fristen hiervon befreien lassen und eine private Pflegeversicherung wählen.
Mitglieder der privaten Krankenversicherung müssen eine private Pflegeversicherung abschließen, deren Leistungen denen der sozialen Pflegeversicherung entsprechen.
Familienversicherte: Für Ehegatten und Kinder der Versicherten besteht eine Familienversicherung wie in der GKV. Für die Kinder gelten Altersgrenzen, außer bei Behinderten, die außerstande sind, sich selbst zu unterhalten.
Weiterversicherte: Wer versicherungsfrei wird, kann sich auf Antrag in der sozialen Pflegeversicherung weiterversichern.

Versicherte in der Pflegeversicherung

Pflichtversicherte	Familienversicherte	Weiterversicherte
– versicherungspflichtige Mitglieder in der gesetzlichen Krankenversicherung – freiwillig Versicherte **Ausnahme: Nachweis einer privaten Pflichtversicherung**	– Ehegatten, Kinder von Pflichtversicherten	– aus der Versicherungspflicht Ausgeschiedene ohne private Pflegeversicherung – Personen, deren Familienversicherung erloschen ist

Träger

Träger der sozialen Pflegeversicherung sind die gesetzlichen Krankenversicherungen. Da neben den Pflicht-, Familien- und Weiterversicherten alle Personen gegen das Risiko der Pflegebedürftigkeit versichert sein müssen, übernehmen neben den GKVen die privaten Krankenversicherungen die Kosten für die Pflege.

Finanzierung

Die Beiträge zur Pflegeversicherung werden je zur Hälfte von Arbeitnehmern und Arbeitgebern aufgebracht. Der Beitragssatz zur Pflegeversicherung beträgt 1,95 %. Es gilt die Beitragsbemessungsgrenze der gesetzlichen Krankenversicherung, d. h., Einkommen über dieser Grenze bleiben bei der Berechnung der Beiträge beitragsfrei.

Für **kinderlose Arbeitnehmer** erhöht sich der Anteil des Beitragssatzes zur Pflegeversicherung um 0,25 % (2009: 0,98 % + 0,25 % = 1,23 %). Diese im Kinder-Berücksichtigungsgesetz verabschiedete Neuregelung setzt ein Urteil des Bundesverfassungsgerichts um. Danach müssen Eltern bei den Beiträgen zur Pflegeversicherung bessergestellt werden. Der Arbeitgeber zahlt weiterhin die Hälfte des jeweiligen Beitragssatzes (2009: 1,95 % : 2 = 0,98 %). Den Zuschlag müssen alle kinderlosen Arbeitnehmer zahlen, die das 23. Lebensjahr vollendet haben. Keinen Zuschlag zahlen Arbeitnehmer, die vor dem 01.01. des laufenden Jahres das 65. Lebensjahr vollendet haben, Wehr- und Zivildienstleistende und Bezieher von Arbeitslosengeld II.

In der **privaten Pflegeversicherung** sind die Beiträge nach dem Lebensalter gestaffelt. Allerdings ist als Obergrenze der Höchstbeitrag in der sozialen Pflegeversicherung festgelegt. Kinder sind wie in der sozialen Pflegeversicherung beitragsfrei mitversichert. Beamte, die im Pflegefall Anspruch auf Leistungen der Beihilfe haben, zahlen nicht mehr als die Hälfte des Höchstbeitrages.

Die Pflegeversicherung

Seit dem 1.4.1995 gibt es Leistungen aus der Pflegeversicherung für die häusliche Pflege und seit dem 1.7.1996 für Pflegebedürftige in Heimen.

Was sie leistet:

Häusliche Pflege

	Übernahme der Kosten für ambulante Pflegedienste (Sachleistungen) monatlich	Zuschuss für pflegende Angehörige, Nachbarn oder Freunde (Geldleistungen) monatlich
Pflegestufe I (erheblich Pflegebedürftige; mind. 1,5 Std./Tag)	420 Euro	215 Euro
Pflegestufe II (schwer Pflegebedürftige; mind. 3 Std./Tag)	980 Euro	420 Euro
Pflegestufe III (Schwerstpflegebedürftige; mind. 5 Std./Tag)	1 470 Euro (Härtefälle 1 918 Euro)	675 Euro

Sach- und Geldleistungen können auch kombiniert in Anspruch genommen werden. Daneben gibt es ergänzende Leistungen bei Ausfall der Pflegepersonen, bei Tages- und Nachtpflege sowie Kurzzeitpflege.

Stationäre Pflege in Heimen	monatlich
Pflegestufe I (erheblich Pflegebedürftige; mind. 1,5 Std./Tag)	1 023 Euro
Pflegestufe II (schwer Pflegebedürftige; mind. 3 Std./Tag)	1 279 Euro
Pflegestufe III (Schwerstpflegebedürftige; mind. 5 Std./Tag)	1 470 Euro (Härtefälle 1 750 Euro)

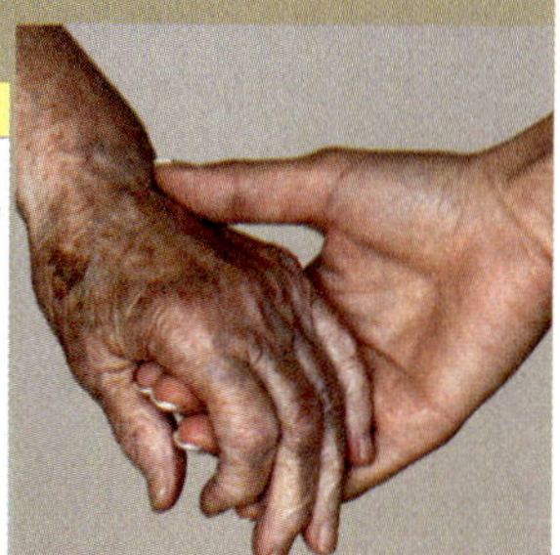

Was sie kostet:

Die Pflegeversicherung ist Pflicht für alle krankenversicherten Bürger.

- Beitragsbemessungsgrenze: **3 675 Euro**
  Versicherungspflichtgrenze: **4 050 Euro**
- Beitragssatz:
  1,95 % vom Arbeitsentgelt,
  davon tragen **Arbeitnehmer** und **Arbeitgeber** jeweils die Hälfte, also **0,975 %**
- Beitragszuschlag für Kinderlose:
  0,25 %, trägt allein **der Arbeitnehmer**

Vom Zuschlag ausgenommen:
- Rentner, geboren vor dem 1.1.1940
- Jugendliche bis 23 Jahre
- Wehr- u. Zivildienstleistende
- Empfänger von Arbeitslosengeld II

Stand Januar 2009

Quelle: BMG © Globus 2628

Leistungen

Pflegeleistungen werden in Abhängigkeit von der Pflegebedürftigkeit gewährt. Die Feststellung der Pflegebedürftigkeit erstreckt sich auf folgende Bereiche:

- Körperpflege z. B. Waschen, Duschen, Baden;
- Mobilität z. B. Aufstehen, An- und Auskleiden, Gehen, Zubettgehen;
- Ernährung z. B. Zubereitung und Verabreichung von Mahlzeiten;
- hauswirtschaftliche Versorgung z. B. Einkaufen, Kochen, Reinigen.

Je nach Stufe der Pflegebedürftigkeit sind folgende Leistungen zu gewähren:

Pflegestufe	Hilfebedarf bei Verrichtungen in den Bereichen Körperpflege, Ernährung und Mobilität	+ Hilfebeadrf bei der hauswirtschaftlichen Versorgung
I erheblich Pflegebedürftige	für wenigstens zwei Verrichtungen aus einem oder mehreren Bereichen	mehrfach in der Woche
II Schwerpflegebedürftige	mindestens einmal täglich mindestens dreimal täglich zu verschiedenen Tageszeiten	mehrfach in der Woche
III Schwerstpflegebedürftige	täglich rund um die Uhr, auch nachts	mehrfach in der Woche

Ob und in welchem Umfang jemand pflegebedürftig ist, wird im Rahmen eines Gutachtens durch den medizinischen Dienst der Krankenversicherung festgestellt.

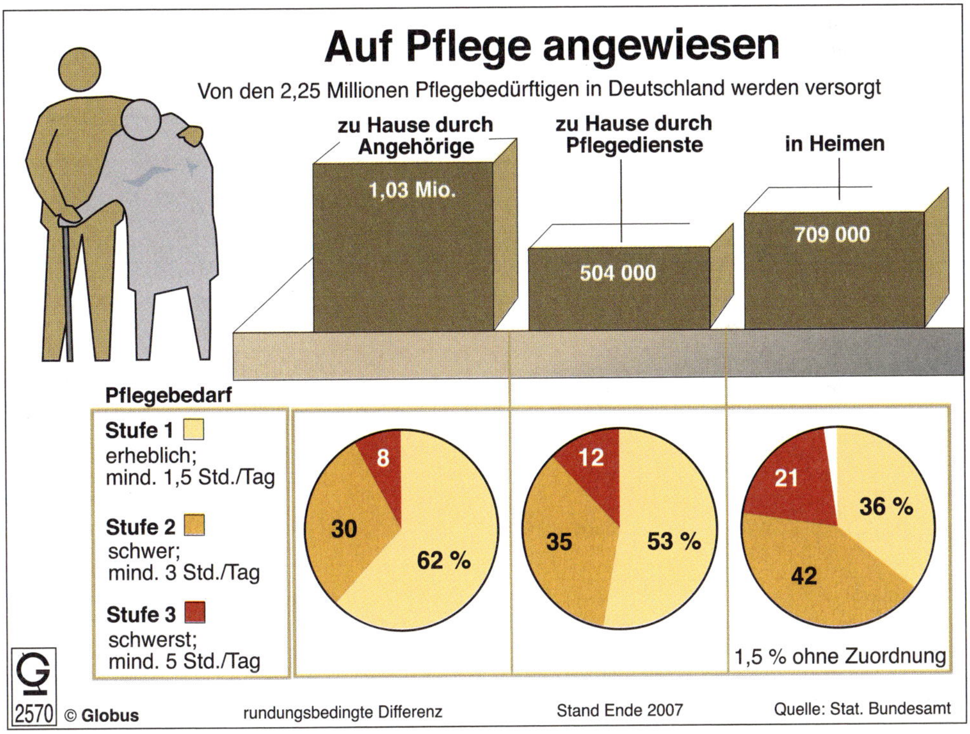

Die Leistungen richten sich nach der Pflegestufe und danach, ob jemand ambulant oder stationär gepflegt werden muss. Dabei gelten folgende beiden Grundsätze:

- **Vorsorge** und **Rehabilitation** vor Pflege (alle Maßnahmen, die helfen, Pflegebedürftigkeit zu verhindern, zu überwinden und zu mindern);
- **ambulante Pflege vor stationärer Pflege.**

Ambulante Pflege (häusliche Pflege)

Die ambulanten Sachleistungsbeträge werden bis 2012 stufenweise angehoben.

Den Pflegebedürftigen stehen u. a. folgende Leistungen zu:

- Sachleistungen (Pflegeeinsätze, z. B. durch eine Sozialstation),
- Geldleistungen (für eine selbst beschaffte Pflegekraft, z. B. Pflege durch Angehörige); auch eine Kombination von Sach- und Geldleistungen ist möglich,
- Pflegevertretung (Ersatzpflege): Wird ein Pflegebedürftiger häuslich gepflegt und verreist die ihn pflegende Person oder ist sie aus anderen Gründen verhindert, so besteht ein Anspruch auf eine Urlaubsvertretung. Für die Dauer von bis zu vier Wochen mit einem Gesamtwert von bis zu 1 510,00 EUR kann der Pflegebedürftige diesen Anspruch geltend machen.
  Allerdings muss er bereits mindestens ein Jahr häuslich gepflegt worden sein.
- Teilstationäre Pflege: Ist die häusliche Pflege nicht in ausreichendem Umfang sichergestellt, kann der Pflegebedürftige teilstationär in Einrichtungen der Tages- und Nachtpflege betreut werden. Bei Einrichtungen der Tages- und Nachtpflege werden je nach Pflegestufe 440,00 EUR, 1 040,00 EUR bzw. 1 510,00 EUR übernommen. Eine Kombination von Geld- und Sachleistungen ist auch möglich. Jedoch erhält man nicht beide Leistungen zu vollen Anteilen.
- Kurzzeitpflege in vollstationären Einrichtungen: Reicht die Maßnahme der teilstationären Pflege nicht aus, ist eine Pflege in einer Kurzzeit-Pflegeeinrichtung mit vollstationärer Pflege möglich. Für die Pflege in Kurzzeiteinrichtungen werden bis zu 1 510,00 EUR übernommen.
- Versorgung mit Pflegehilfsmitteln (bis zu 31,00 EUR pro Monat für Einmalhandschuhe, Betteinlagen o. Ä.) und technischen Hilfen im Haushalt (z. B. Pflegebetten)
- Individuelle Pflegeberatung durch Pflegestützpunkte (Fallmanagement)

Leistungen im Überblick Jahr 2010		**Pflegestufe I** Erheblich Pflegebedürftige	**Pflegestufe II** Schwerpflegebedürftige	**Pflegestufe III** Schwerstpflegebedürftige (in besonderen Härtefällen)
Häusliche Pflege	Pflegesachleistung (ambulant) bis EUR monatlich	440,00	1 040,00	1 510,00 (1 918,00)
	Pflegegeld EUR monatlich	225,00	430,00	685,00
Urlaubsvertretung (Verhinderungspflege)	Pflegeaufwendungen für bis zu vier Wochen im Kalenderjahr bis EUR	1 510,00	1 510,00	1 510,00
Kurzzeitpflege	Pflegeaufwendungen bis EUR im Jahr	1 510,00	1 510,00	1 510,00
Teilstationäre Tages- und Nachtpflege	Pflegeaufwendungen bis EUR monatlich	440,00	1 040,00	1 510,00 (1 918,00)
Vollstationäre Pflege	Pflegeaufwendungen pauschal EUR monatlich	1 023,00	1 279,00	1 510,00 (1 825,00)
Pflege in vollstationären Einrichtungen der Behindertenhilfe	Pflegeaufwendungen in Höhe von	10 % des Heimentgelts, höchstens 256,00 EUR monatlich		

Quelle: Vgl. Bundesministerium für Gesundheit: Zukünftige Leistungen der Pflegeversicherung im Überblick (Stand 14. März 2008)

Wer einen Menschen häuslich pflegt und deshalb nicht oder nur bis zu 30 Stunden erwerbstätig sein kann, ist in der gesetzlichen Rentenversicherung versicherungspflichtig. Voraussetzung ist ein Pflegeaufwand von mindestens 14 Stunden wöchentlich. Die Beiträge bezahlt die Pflegeversicherung. Sie richten sich nach dem Grad der Pflegebedürftigkeit und danach, wie viel Zeit die Pflegeperson deshalb für die notwendige Betreuung aufwenden muss. Außerdem sind Pflegepersonen während ihrer Tätigkeit in der gesetzlichen Unfallversicherung versichert. Auf diese Weise wird die große Belastung, die eine Pflegeperson, meistens ein Angehöriger, auf sich nimmt, sozial abgesichert.

Stationäre Pflege

Ist eine vollstationäre Pflege in Pflegeheimen notwendig, zahlt die Pflegeversicherung bis zu 1 510,00 EUR monatlich für pflegebedingte Aufwendungen. Um Härtefälle zu vermeiden, erhalten Schwerstpflegebedürftige ausnahmsweise bis zu 1 825,00 EUR monatlich. Kosten für die Unterkunft und Verpflegung sind wie bei der häuslichen Pflege auch von den Pflegebedürftigen selbst zu tragen. Übersteigen trotz Pflegeversicherung die Kosten der Heimunterbringung die Einkünfte des Pflegebedürftigen, übernimmt die Sozialhilfe die restlichen monatlichen Kosten.

Pflegereform

Eine Weiterentwicklung der Pflegeversicherung war aus Sicht des Gesetzgebers notwendig. Aufgrund dessen wurde ein Gesetz zur strukturellen Weiterentwicklung der Pflegeversicherung erlassen, um die vorhandenen Strukturen besser an die Bedürfnisse der Menschen anzupassen.
Ziel der Pflegereform ist es, die Qualität der Pflege zu verbessern und es für die Bürgerinnen und Bürger leichter erkennbar zu machen, welche Pflegeeinrichtungen gut und welche weniger geeignet sind. Die wichtigsten Verbesserungen beinhalten u. a. folgende Punkte:

- Die meisten Leistungen werden schrittweise erhöht,
- der Betreuungsbetrag für Menschen mit erheblich eingeschränkter Alltagskompetenz (wie etwa demenziell oder psychisch erkrankte Menschen) steigt,
- ein Rechtsanspruch auf individuelle und umfassende Pflegeberatung (Fallmanagement) wird eingeführt,
- Pflege- und Krankenkassen richten Pflegestützpunkte ein,
- pflegende Angehörige bekommen Anspruch auf eine Pflegezeit,
- ambulante und stationäre Pflegeeinrichtungen werden jährlich und unangemeldet kontrolliert und die entsprechenden Qualitätsberichte in verständlicher Form veröffentlicht.

Aufgaben

1. Welche Personenkreise sind über die GKV pflegeversichert?
2. Wie müssen sich die Personen versichern, die nicht über die GKV pflegeversichert sind?
3. Wie hoch sind die Beiträge zur Pflegeversicherung?
4. Nezires Großvater ist in der Pflegestufe II eingestuft.
   a) Wer übernimmt die Feststellung der Pflegestufe? Wovon ist diese abhängig?
   b) Welche Leistungen kann Nezires Großvater aus der Pflegeversicherung erhalten?
5. Lesen Sie den folgenden Text zur gesetzlichen Krankenversicherung.

Zehn Jahre stationäre Leistungen der Pflegeversicherung

Am 1. Juli 1996 konnten pflegebedürftige Menschen in Pflegeheimen erstmals Leistungen der gesetzlichen Pflegeversicherung in Anspruch nehmen, nachdem bereits ab 1. April 1995 Leistungen bei häuslicher Pflege erbracht wurden. Inzwischen erhalten rund 0,68 Millionen im stationären Bereich pflegebedürftige Menschen verlässlich ihre Versicherungsleistungen.
Dazu erklärt Bundesgesundheitsministerin Ulla Schmidt: „Die Entwicklung

der Pflegeversicherung in den letzten 10 Jahren zeigt, dass die Entscheidung für die Pflegeversicherung richtig war. Die Pflegeversicherung hat geholfen, die hilfebedürftigen Menschen vom Rand der Gesellschaft zurückzuholen und ein Bewusstsein für eine menschenwürdige Pflege zu schaffen.
Dennoch können und wollen wir uns mit dem Erreichten nicht zufrieden geben. Gerade im Bereich der Pflegeheime muss beständig an der Verbesserung der Versorgung und Betreuung gearbeitet werden. In der anstehenden Pflegereform werden wir daher die Versorgungsqualität in den Heimen mithilfe entsprechender gesetzgeberischer Maßnahmen verbessern. Dabei muss die solidarische Absicherung des Risikos der Pflegebedürftigkeit mit dem Leitbild einer menschlichen Pflege auch in Zukunft gewährleistet sein. Wir werden Vorschläge vorlegen, wie die Pflegeversicherung in einer Gesellschaft des längeren Lebens weiterentwickelt werden soll."
Die Pflege-Infrastruktur hat sich seit Einführung der Pflegeversicherung erheblich verbessert. Neben den etwa 10600 ambulanten Pflegediensten stehen für die teilstationäre und vollstationäre Pflege rund 9700 Einrichtungen zur Verfügung, davon rund 8800 für die vollstationäre Dauerpflege.
Ein Hauptziel der Pflegeversicherung, die pflegebedingte Sozialhilfeabhängigkeit zu verringern, ist erreicht worden. Im Jahr 2004 wurden von den Sozialhilfeträgern rund 6 Mrd. Euro weniger für Hilfe zur Pflege ausgegeben als 1994, dem letzten Jahr vor In-Kraft-Treten der Pflegeversicherung. Derzeit benötigen nur noch rund 5 Prozent der pflegebedürftigen Menschen in häuslicher Pflege und rund 25 Prozent der stationär versorgten pflegebedürftigen Menschen, die Pflegeversicherungsleistungen erhalten, zusätzlich Sozialhilfe.
Der Arbeitsmarkt hat von der Pflegeversicherung profitiert. Von den gut 250000 neuen Arbeitsplätzen in der Pflege entfallen viele auf den stationären Bereich, in dem über 500000 Menschen Beschäftigung finden.

Quelle: Bundesministerium für Gesundheit: Pflege – Pressemitteilung vom 29.06.2006; http://www.bmg.bund.de/cln_117/nn_1168258/SharedDocs/Pressemitteilungen/DE/2006/pm-29-6-06.html?__nnn=true; abgerufen am 02.02.2009

- Erläutern Sie anhand des Textes die Gründe für die Einführung der Pflegeversicherung.
- Begründen Sie die Zunahme der Pflegebedürftigkeit in den letzten Jahren.
- Wie sieht die Entwicklung in diesem Bereich in den nächsten Jahrzehnten aus?

6. Lesen Sie den folgenden Text zur Pflegereform.

Die kleine Schwester der Krankenversicherung wird reformiert

Die wichtigsten Eckpunkte der anstehenden Pflegereform im Überblick.

Die Koalitionsparteien SPD und Union haben sich auf ein Konzept zur Pflegereform geeinigt. Dies wird Grundlage des Gesetzesentwurfs, der nach der Sommerpause verabschiedet werden soll. Fest steht: Pflegebedürftige erhalten nächstes Jahr mehr Leistungen, Angehörige mehr Unterstützung, das System wird besser organisiert. Bezahlt wird das Plus an Leistungen mit einer Anhebung des Pflegebeitrags zum 1. Juli 2008 um 0,25 % auf 1,95 %.
Die wichtigsten Eckpunkte im Überblick:

1. Pflegestützpunkte

Der Pflegestützpunkt im Stadtviertel soll künftig für die Menschen alles zum Thema Pflege aus einer Hand bieten, angefangen von der Beratung, über die Vermittlung von Essen auf Rädern, ehrenamtlichen Hilfspersonen, häuslicher Krankenpflege bis hin zum Nachweis von Pflegediensten oder auch Einzelpflegekräften. Geplant ist ein Stützpunkt je 20000 Einwohner – um die Ecke also. Träger der Stützpunkte können zum Beispiel Pflegekassen, Kommunen oder Sozialdienste sein.

Veränderte Pflegesätze in Euro

ambulant	2007	2008	2010	2012
Stufe I	384,00	420,00	440,00	450,00
Stufe II	921,00	980,00	1040,00	1100,00
Stufe III	1432,00	1470,00	1510,00	1550,00
Härtefall	1918,00	keine Veränderung		
stationär				
Stufe I	1023,00	keine Veränderung		
Stufe II	1279,00	keine Veränderung		
Stufe III	1432,00	1470,00	1510,00	1550,00
Härtefall	1688,00	1750,00	1825,00	1918,00
Pflegegeld				
Stufe I	205,00	215,00	225,00	235,00
Stufe II	410,00	420,00	430,00	440,00
Stufe III	665,00	675,00	685,00	700,00

2. Fallmanagement

Die Pflegekassen werden verpflichtet, für ihre pflegebedürftigen Versicherten einen sogenannten Fallmanager anzubieten – etwa im Rahmen der Pflegestützpunkte. Der Fallmanager kümmert sich um alle Belange von Pflegebedürftigen und ihren Angehörigen. Ein Fallmanager soll Ansprechpartner für etwa 100 Pflegebedürftige sein.

3. Förderung betreuter Wohnformen/ Wohngemeinschaften

Neue Wohnformen werden im Pflegeversicherungsgesetz besser berücksichtigt. So sollen Pflegebedürftige in ambulant betreuten Wohneinrichtungen die dort erbrachten Betreuungsleistungen flexibler als bisher in Anspruch nehmen und diese Leistungen allein oder mit anderen Pflegebedürftigen gemeinsam abrufen („poolen") können. Das bedeutet etwa: Eine Senioren-WG legt ihr Geld zusammen und teilt sich eine Pflegekraft.

4. Individuelle Pflege

Pflegekassen sollen künftig leichter Verträge mit Einzelpflegekräften unterschiedlicher Qualifikation schließen können. Damit kann ambulante Pflege künftig individueller und bedarfsgerechter erbracht werden. Daneben soll bürgerschaftliches Engagement gestärkt werden: Aufwendungen, die zum Beispiel für die vorbereitende und begleitende Schulung der bürgerschaftlich engagierten Helfer oder für die Organisation und Planung dieser Einsätze entstehen, können in den Vergütungsverträgen angemessen berücksichtigt werden.

5. Abbau von Schwarzarbeit

Die Versorgung und Betreuung pflegebedürftiger Menschen muss bezahlbar sein und darf keinen Anreiz für Schwarzarbeit bieten. Die Förderung sozialversicherungspflichtiger Betreuungsangebote im Haushalt kann hier Abhilfe schaffen. Für diese Angebote müssen auch passgenaue Qualifizierungsmaßnahmen angeboten werden.

6. Anhebung und Dynamisierung der Leistungsbeträge

Die Leistungen sowohl im ambulanten als auch im stationären Bereich werden ab 2008 stufenweise angehoben (siehe Tabelle). Nach Abschluss der Anhebungsphase werden sie ab 2015 alle drei Jahre angepasst. Darüber hinaus wird die Tagespflege gestärkt. Denn bisher werden die Möglichkeiten der Tagespflege in der Praxis noch wenig genutzt. Deshalb wird der Anspruch auf Tagespflege ergänzt um einen hälftigen Anspruch auf Pflegesachleistung oder Pflegegeld.

7. Demenzkranke

Der Geldbetrag für Menschen mit erheblich eingeschränkter Alltagskompetenz wird von bisher 460,00 EUR auf bis zu 2400,00 EUR jährlich angehoben und auch an Menschen gezahlt, deren körperliche Einschränkungen noch nicht so ausgeprägt sind, dass sie der Pflegestufe I zugeordnet werden.

Aufgaben

Konzept „Pflegestützpunkt"

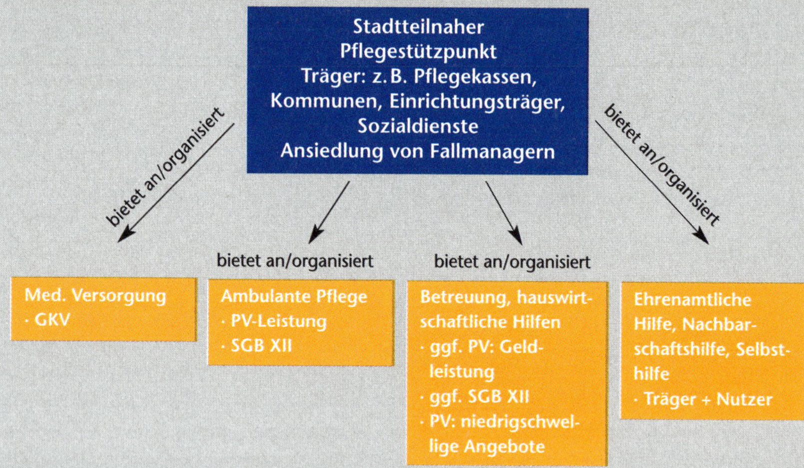

PV: Pflegeversicherung, GKV: Gesetzliche Krankenversicherung, SGB XII: Sozialgesetzbuch Zwölftes Buch Sozialhilfe

8. Pflegezeit

Bei der Pflege durch Angehörige wird für die Dauer eines halben Jahres ein Anspruch auf unbezahlte Freistellung von der Arbeit mit Rückkehrmöglichkeit eingeführt. Kleinbetriebe mit bis zu zehn Beschäftigten werden ausgenommen. Die Pflegezeit kann von verschiedenen Angehörigen nacheinander wahrgenommen werden. Die Pflegepersonen bleiben während dieser Zeit sozial abgesichert. Weitere kurzfristige Freistellungsmöglichkeiten bei plötzlich auftretendem Pflegebedarf werden geprüft.

9. Qualitätssicherung und Transparenz

Die Prüfberichte des Medizinischen Dienstes der Krankenversicherung werden in verständlicher Sprache aufbereitet und veröffentlicht. Damit wird für Bürgerinnen und Bürger auf einen Blick klar, wie es um die Qualität einer Pflegeeinrichtung steht. Standards für die Qualität in der Pflege sind von den Verbänden der Einrichtungsträger und Kostenträger verbindlich zu vereinbaren.

10. Prävention und Rehabilitation in der Pflege

Mit finanziellen Anreizen werden Anstrengungen von Einrichtungen gefördert, mit aktivierender Pflege und Rehabilitation qualitativ gute Pflege zu bieten und – soweit möglich – Verbesserungen des Gesundheitszustands der Pflegebedürftigen zu erzielen beziehungsweise Verschlechterungen zu vermeiden. Pflegeheime, denen es durch verstärkte Bemühungen gelingt, Pflegebedürftige in eine niedrigere Pflegestufe einzustufen, erhalten einen einmaligen Geldbetrag in Höhe von einheitlich 1 536,00 EUR.

Quelle: Bundesministerium für Gesundheit (Hrsg.): Die kleine Schwester der Krankenversicherung wird reformiert. In: Die gesunde Zeitung, 1. Jg., Juli 2007, S. 5

Auch die Pflegeversicherung soll umfassend reformiert werden. Dies zeigt die Tabelle auf S. 95.

- Lesen Sie den Text und markieren Sie die wichtigsten Aussagen.
- Fassen Sie die Texte unter den aufgeführten Überschriften zu Thesen zusammen.

13.5 Gesetzliche Unfallversicherung

Situation

Lara arbeitet das erste Mal im Labor. An der Wand hängt eine Tafel mit den Unfallverhütungsvorschriften. Daneben hängt ein großes Plakat mit Hinweisen und Abbildungen zu Vorsichtsmaßnahmen bei Laborarbeiten.
Ingeborg Sterzik, die sieht, wie Lara die Abbildungen betrachtet, bemerkt: „Man kann nie vorsichtig genug sein. Ein Unfall ist schnell passiert. Bisher hatten wir am Arbeitsplatz glücklicherweise noch nie einen Unfall. Nur ich bin im letzten Herbst auf dem Weg zur Praxis ausgerutscht. Dabei habe ich mir einen bösen Bluterguss im linken Knie zugezogen und den rechten Arm gebrochen. Da habe ich erst einmal die Vorteile der Unfallversicherung schätzen gelernt. Unsere Berufsgenossenschaft hat alle Behandlungskosten, die Kosten für die Medikamente und den Krankengymnasten übernommen."

Aufgabe

Eine wichtige Aufgabe der Unfallversicherung ist die **Verhütung von Arbeitsunfällen**. Bei Arbeits- und Wegeunfällen sowie bei Berufskrankheiten erbringt die Unfallversicherung **Leistungen, um die Folgen eines Unfalls oder einer berufsbedingten Erkrankung zu mindern** oder zu beseitigen.

Versicherte Personen

Arbeiter, Angestellte und Auszubildende sind gesetzlich unfallversichert – unabhängig davon, wie hoch ihr Arbeitsentgelt ist. Außerdem sind Fahrgemeinschaften versichert, die auf dem Weg von oder zur Arbeit sind. Die gesetzliche Unfallversicherung schützt zudem:

- Landwirte,
- Kinder, die Kindergärten und Kindertagesstätten besuchen,
- Schüler,
- Studenten,
- Helfer bei Unglücksfällen,
- Zivil- und Katastrophenschutzhelfer,
- Blut- und Organspender.

Unternehmer, Selbstständige und Freiberufler können, wenn sie nicht bereits gesetzlich versichert sind, sich und ihren mitarbeitenden Ehepartner freiwillig versichern. Beamte unterliegen der Unfallfürsorge durch ihre Behörde.

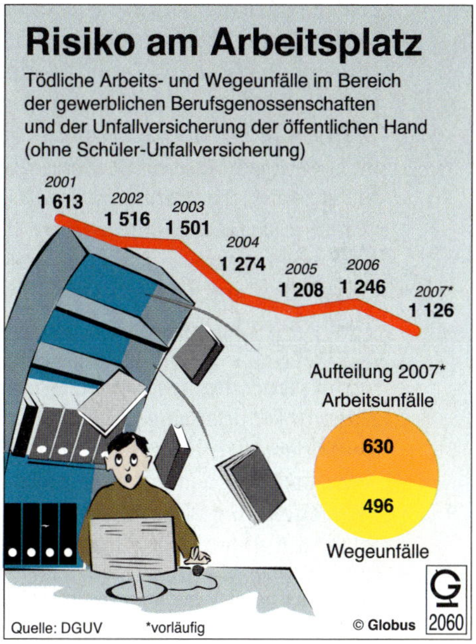

Finanzierung

Die Beiträge zur gesetzlichen Unfallversicherung zahlen allein die Unternehmen. Die Höhe der Beiträge richtet sich nach der Höhe der jährlichen Lohnzahlungen und nach dem Grad der Unfallgefahr.

Träger

Die Berufsgenossenschaften sind Träger der Unfallversicherung. Ferner können Bund, Länder, Gemeinden und Gemeindeunfallversicherungsverbände sowie die Bundesagentur für Arbeit Träger sein.

Träger der Unfallversicherung

Gewerbliche Berufsgenossenschaften	Landwirtschaftliche Berufsgenossenschaften	Unfallversicherungsträger der öffentlichen Hand
Zuständig für Gesundheitsberufe: Berufsgenossenschaft für Gesundheitsdienst und Wohlfahrtspflege		hierzu gehören die Gemeindeunfallversicherungsverbände, die zuständig sind für Schüler

Leistungen

Die gesetzliche Unfallversicherung schützt vor den Folgen von Arbeits- oder Wegeunfällen, Berufskrankheiten und arbeitsbedingten Gesundheitsgefahren. Die Leistungen der gesetzlichen Unfallversicherung werden unabhängig davon erbracht, wer an einem Arbeitsunfall schuld ist. Mit ihnen werden folgende Ziele verfolgt:

- Wiederherstellung der Erwerbsfähigkeit,
- Arbeits- und Berufsförderung,
- Erleichterung von Verletzungsfolgen.

Die gesetzliche Unfallversicherung umfasst folgende Leistungen:

- **Heilbehandlung:** Dies sind Kosten für ärztliche Behandlung, für die erforderlichen Arznei-, Verband- und Heilmittel sowie für Aufenthalte im Krankenhaus. Die Dauer der Leistungsinanspruchnahme ist dabei nicht von Bedeutung.
- **Verletztengeld:** Dieses beträgt 80 % des entgangenen Bruttoentgelts bis maximal zur Höhe des Nettolohns. Es wird gezahlt, sobald die Lohnfortzahlung nach sechs Wochen entfällt. Die maximale Leistungsdauer beträgt 78 Wochen.
- **Berufshilfe:** Wenn nach einem Unfall oder wegen einer Berufskrankheit eine Arbeit im bisherigen Beruf nicht mehr möglich ist, besteht ein Anspruch auf berufsfördernde Maßnahmen zur Rehabilitation (Umschulung, Ausbildung in einem anderen Beruf). Während der Ausbildungs- bzw. Umschulungszeit besteht Anspruch auf Übergangsgeld, wenn kein Arbeitsentgelt erzielt wird.
- **Leistungen zur sozialen Rehabilitation:** Insbesondere zählen zu diesen Leistungen Kraftfahrzeug-, Wohnungs-, Haushaltshilfe, psychosoziale Betreuung und Rehabilitationssport.
- **Verletztenrente:** Eine Verletztenrente wird gewährt, wenn die Erwerbsfähigkeit durch einen Unfall oder eine Berufskrankheit um 20 % oder mehr für mindestens 26 Wochen gemindert wird. Die Höhe der Verletztenrente richtet sich danach, wie sehr die Erwerbsfähigkeit gemindert ist, und nach dem Verdienst vor dem Arbeitsunfall.
- **Pflegegeld:** Bei Pflegebedürftigkeit besteht neben der Unfallrente auch Anspruch auf Pflegeleistungen oder Pflegegeld.
- **Sterbegeld:** Bei Unfalltod erhalten die Hinterbliebenen ein Sterbegeld.
- **Hinterbliebenenrente:** Stirbt der Ehepartner durch einen Arbeitsunfall oder eine Berufskrankheit, zahlt die Unfallversicherung eine Hinterbliebenenrente. Die Höhe der Rente richtet sich nach folgenden Faktoren:
  - Alter,
  - Erwerbs- bzw. Berufsfähigkeit,
  - Zahl der Kinder.
- **Waisenrente:** Hinterlässt der Versicherte im Todesfall Kinder unter 18 Jahren, so erhalten sie eine Waisenrente.
- **Rentenabfindung:** Unter bestimmten Umständen kann sich ein Versicherter auf Antrag statt der Verletztenrente eine Rentenabfindung auszahlen lassen. Eine Rente an hinterbliebene Ehepartner kann bei einer Wiederverheiratung abgefunden werden.

Aufgaben

1. Die Ausgangssituation auf Seite 97 zeigt, dass Arbeitnehmer bei der Arbeit und auf dem Weg zur Arbeit unfallversichert sind. Welche Personen sind noch in der Unfallversicherung pflichtversichert? Wer kann sich freiwillig versichern lassen?
2. Wer zahlt die Beiträge zur Berufsgenossenschaft?
3. Welche Anstrengungen unternehmen die Berufsgenossenschaften, damit es erst gar nicht zu Arbeitsunfällen kommt?
4. Erläutern Sie die Leistungen der Unfallversicherung im Falle eines Arbeitsunfalls.
5. In Katrins Berufsschulklasse berichtet eine Auszubildende, dass in ihrer Praxis eine Angestellte den Beruf aufgeben musste. Erhebliche Hautprobleme waren in den letzten Jahren zunehmend aufgetreten. Ein Allergietest hatte dann ergeben, dass eine allergische Reaktion bei verschiedenen in der Arztpraxis verwendeten Stoffen auftrat. Ermitteln Sie, welche Leistungen die Berufsgenossenschaft im Einzelnen für diese Medizinische Fachangestellte erbringt, um einen neuen Start in einem anderen Beruf zu ermöglichen. Besuchen Sie zu diesem Zweck auch die Internetseiten der Berufsgenossenschaft für Gesundheitsdienst und Wohlfahrtspflege (bgw-online.de).

13.6 Gesetzliche Rentenversicherung

Situation

„Kann Opa denn mit seiner Rente und den Leistungen der Pflegeversicherung all seine Kosten bezahlen?“ Diese bange Frage stellt Katrin ihrer Mutter.
„Ja, kann er. Opa war immerhin leitender Angestellter im Bergbau. Er hat immer gut verdient, sodass er auch eine gute Knappschaftsrente bekommt, während ich hingegen später nur eine kleine eigene Rente beziehen werde, da ich nur bis zu deiner Geburt gearbeitet habe.“
„Schon die Abzüge für die Rentenversicherung sind mittlerweile enorm hoch, und dann weiß man nicht genau, ob wir überhaupt einmal eine Rente beziehen“, bemerkt Katrin.
„Sicher wirst du einmal Rente erhalten, aber nun finanzierst du erst einmal mit deinen Abzügen die Rente der jetzigen Rentner. Ob in Zukunft jedoch noch Steigerungen bei der Rente möglich sind, weiß ich auch nicht. Wir haben uns jedenfalls noch zusätzlich abgesichert“, antwortet Katrins Mutter.

Versicherte Personen

Versicherungspflicht in der gesetzlichen Rentenversicherung besteht grundsätzlich für alle **Arbeiter und Angestellten**, jeweils ohne Rücksicht auf die Höhe ihres Einkommens.
Weiterhin sind pflichtversichert:

- alle Auszubildenden,
- Empfänger von Lohnersatzleistungen (z. B. Arbeitslosengeld, Arbeitslosenhilfe, Krankengeld),
- Behinderte in anerkannten Werkstätten,
- Wehrdienst- und Zivildienstleistende,
- Personen, die ein freiwilliges soziales oder ökologisches Jahr ableisten,
- Personen, die Kinder erziehen,
- ehrenamtliche Pflegepersonen, diese jedoch nur auf Antrag.

Neben dem bereits genannten Personenkreis sind ebenfalls pflichtversichert: Hausgehilfinnen, Hausgewerbetreibende, Heimarbeiter sowie bestimmte Selbstständige. Es gibt wenige Ausnahmen von der generellen Versicherungspflicht. Eine dieser Ausnahmen ist unter gewissen Bedingungen die geringfügige Beschäftigung (Minijobs bis zu einem Einkommen von 400,00 EUR).

Träger der Rentenversicherung und deren Finanzierung

Träger der Rentenversicherung für alle Medizinischen Fachangestellten ist der **Deutsche Rentenversicherung Bund**.
Finanziert werden die Renten überwiegend durch die Beiträge, die von den Versicherungspflichtigen erhoben werden. Arbeiter und Angestellte, die alle pflichtversichert sind, haben ihren Beitrag zur Rentenversicherung nicht allein zu tragen. Arbeitgeber und Arbeitnehmer tragen den Beitrag je zur Hälfte. Dem Arbeitnehmer wird sein Beitragsanteil sofort vom Gehalt abgezogen, der Arbeitgeber legt seinen Anteil dazu. Beide Anteile zusammen ergeben den Pflichtbeitrag, den der Arbeitgeber abführt.
Die Höhe des Beitrages richtet sich nach dem Arbeitsverdienst. Der Beitragssatz beträgt seit dem 1. Januar 2007 19,9% (9,95% Arbeitnehmeranteil, 9,95% Arbeitgeberanteil), allerdings nur bis zur Beitragsbemessungsgrenze. Darüber hinaus wird kein Rentenversicherungsbeitrag erhoben, da über die Rentenversicherung die Altersversorgung von Normalverdienern geregelt wird. Die Beitragsbemessungsgrenze beträgt 2009 5400,00 EUR (West) und 4550,00 EUR (Ost) monatlich.

Die Rentenversicherung finanziert sich im **Umlageverfahren**, d.h., die von Arbeitnehmern und Arbeitgebern gezahlten Beiträge werden nicht zur Deckung der späteren Renten angesammelt, sondern an die heutigen Rentner ausgezahlt. So wie diese in ihrem Berufsleben für die Altersversorgung ihrer Eltern aufgekommen sind, werden ihre Renten von den heute Erwerbstätigen finanziert, die dafür wiederum einen Anspruch auf ihre spätere Rente erhalten. Jung und Alt sind somit in einem **Generationenvertrag** verbunden. Dies funktioniert nur, wenn genügend Beitragszahler nachrücken. Ansonsten bekommt die Rentenversicherung Probleme, weil eine wachsende Zahl von Rentnern von immer weniger Erwerbstätigen versorgt werden muss. Die Finanzierung wird umso schwieriger, je ungünstiger das zahlenmäßige Verhältnis zwischen Beitragszahlern und Rentenempfängern ist. Eine steigende Arbeitslosigkeit, kürzere Lebensarbeitszeiten und eine höhere Lebenserwartung wirken sich ungünstig auf dieses Verhältnis aus.

Generationenvertrag

Leistungen

Neben der Zahlung von Renten hat die Rentenversicherung noch weitere gesetzlich vorgeschriebene Leistungen zu erbringen. Die wichtigsten Leistungen zeigt die folgende Übersicht:

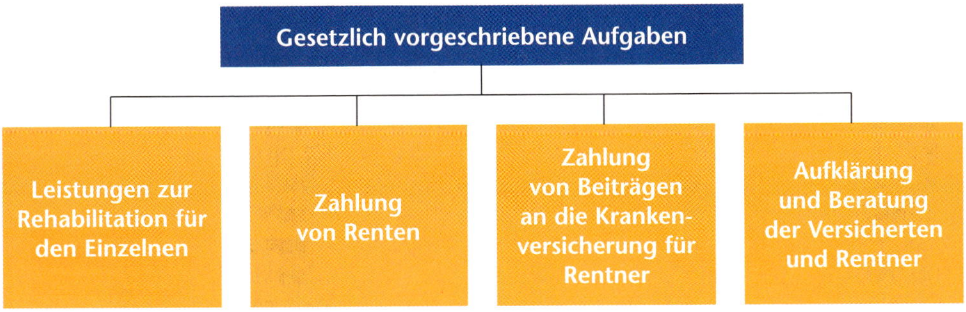

Renten werden gezahlt, wenn
- **der Rentenfall eingetreten** und
- **die Wartezeit** erfüllt ist.

Rente mit 67

Der fortschreitende Wandel der Altersstruktur der Bevölkerung erfordert bedeutende Veränderungen in der gesetzlichen Rentenversicherung. Eine zu niedrige Geburtenrate und die steigende Lebenserwartung verändern das zahlenmäßige Verhältnis von Beitragszahlern zu Rentenempfängern erheblich. Folgende Veränderungen sind daher vorgesehen:

Die allgemeine Regelaltersgrenze wird ab 2012 nach und nach auf 67 Jahre angehoben. Erst für Versicherte ab dem Geburtsjahrgang 1964 gilt dann die Regelaltersgrenze von 67 Jahren. Eine wichtige Ausnahme gibt es nur für Versicherte mit besonders langjähriger Berufstätigkeit. Wer 45 Jahre Pflichtbeiträge nachweist, kann wie bisher mit 65 Jahren abschlagsfrei in Rente gehen. Davon dürften alle die profitieren, die meist schon in jungen Jahren ihre Berufsausbildung begonnen haben.

Wer erwerbsgemindert ist, kann nach 35 Pflichtbeitragsjahren abschlagsfrei mit 63 Jahren in Rente gehen. Aber auch hier steigt zukünftig die Anzahl der Pflichtbeitragsjahre.

Wer eine vorgezogene Altersrente anstrebt, die ab 63 Jahren möglich ist, muss einen Rentenabschlag von 0,3 % pro Monat in Kauf nehmen (maximal 14,4 % für 4 Jahre).

Auch die Altersgrenze für eine abschlagsfreie Altersrente für schwer behinderte Menschen wird stufenweise von heute 63 auf 65 Jahre angehoben.

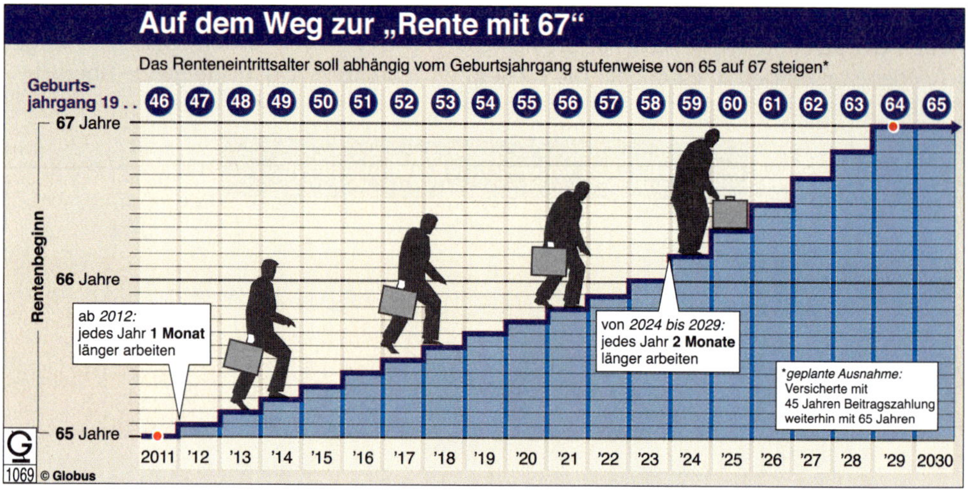

Die Rentenversicherung unterscheidet folgende drei **Rentenarten**:

- Rente wegen teilweiser und wegen voller Minderung der Erwerbsfähigkeit,
- Altersrente,
- Hinterbliebenenrente.

Eine teilweise **Erwerbsminderung** liegt dann vor, wenn der Versicherte aus gesundheitlichen Gründen auf nicht absehbare Zeit nur noch weniger als sechs Stunden pro Tag arbeiten kann. In diesem Fall wird eine halbe Erwerbsminderungsrente gezahlt. Ein Versicherter ist voll erwerbsgemindert, wenn er aus gesundheitlichen Gründen auf nicht absehbare Zeit nur noch weniger als drei Stunden täglich arbeiten kann. In diesem Fall besteht Anspruch auf die volle Erwerbsminderungsrente. Eine Prüfung der Erwerbsunfähigkeit erfolgt durch den medizinischen Dienst des Versicherungsträgers. Wer nicht mehr fähig ist, seinen bisherigen Beruf auszuüben, kann auf andere Tätigkeiten verwiesen werden, selbst wenn die Arbeit eine deutlich geringere Qualifikation als im vorher ausgeübten Beruf voraussetzt. Eine Berufsunfähigkeitsrente gibt es nicht mehr. Eine Absicherung bei Berufsunfähigkeit ist nur privat durch eine Berufsunfähigkeitsversicherung möglich.

Für die Zahlung von **Altersruhegeld** muss die Altersgrenze erreicht und die Wartezeit erfüllt sein (bestimmte Versicherungszeiten müssen vorliegen). Um sich den Übergang in das Rentendasein zu erleichtern, können ältere Mitarbeiter auch in vermindertem Umfang weiterarbeiten und ihre Altersrente als Teilrente beziehen. Sie dürfen umso mehr hinzuverdienen, je größer ihr Verzicht auf Teile der Altersrente ist.

Hinterbliebenenrente erhalten Ehegatten und Waisen, wenn dem verstorbenen Versicherten zum Zeitpunkt seines Todes eine Rente zustand. Witwen bzw. Witwer erhalten normalerweise 60 % der Rente des Verstorbenen, wobei eigenes Einkommen bei der Berechnung der Hinterbliebenenrente in gewissem Umfang angerechnet wird.

Private Altersvorsorge

Die Renten in der gesetzlichen Rentenversicherung werden in Zukunft niedriger ausfallen als heute. Damit im Alter eine angemessene Lebensführung gesichert bleibt, sollten die Versicherten zusätzlich für ihre Altersversorgung sparen.

Entwicklung der angestrebten Versorgung

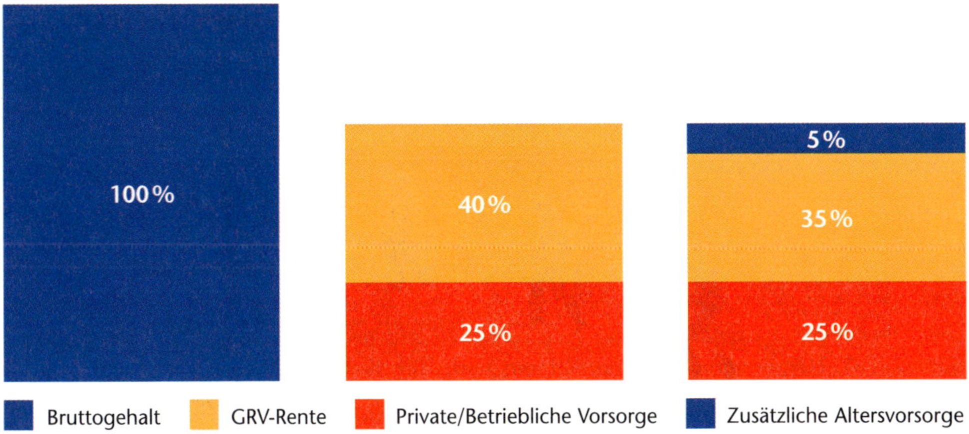

Der Staat fördert die betriebliche und die private Altersvorsorge von Pflichtmitgliedern der gesetzlichen Rentenversicherung durch Steuererleichterungen und Zulagen.

Drei Säulen der Alterssicherung

Quelle: Arbeitsgemeinschaft Jugend und Bildung e. V. in Zusammenarbeit mit dem Bundesministerium für Arbeit und Soziales (Hrsg.): Sozialpolitik – Ein Heft für die Schule, Ausgabe 2003/2004

Bei der betrieblichen Altersversorgung kann durch Einzahlung in einen Pensionsfonds, eine Pensionskasse oder eine Direktversicherung die Vorsorge für eine zusätzliche Rente im Alter getroffen werden. Da diese Leistungen des Betriebes freiwillig sind, hat der Arbeitnehmer ein Recht auf **Entgeltumwandlung**. Er kann verlangen, dass Teile seines Gehaltes für eine betriebliche Altersversorgung angelegt werden. In diesem Fall zahlt er von seinem Gehalt die Beiträge. Bei der privaten Altersvorsorge werden Beiträge unabhängig vom Gehalt in die oben dargestellten Anlagemöglichkeiten investiert.
Grundsätzlich werden Anlageformen gefördert, die im Alter durch lebenslange Zahlungen die staatliche Rente ergänzen. Entsprechende Angebote werden von Banken, Investmentgesellschaften und Versicherungen bereitgestellt. Voraussetzung für die staatliche Förderung ist, dass diese Angebote über eine Zertifizierung verfügen. Von Amts wegen wird dabei festgestellt, ob eine Anlageform über die formellen Voraussetzungen für die Altersversorgung verfügt. Dies be-

sagt jedoch nichts über ihre Qualität, insbesondere hinsichtlich der Verzinsung dieser Anlage. Jeder Pflichtversicherte entscheidet selbst über die Form der zusätzlichen Altersvorsorge. Empfohlen wird eine Eigenvorsorge von 4 % des sozialversicherungspflichtigen Jahreseinkommens, die nicht allein vom Versicherten durch Eigenbeiträge aufzubringen sind. Zu berücksichtigen ist eine entsprechende Zulage des Staates (Beitrag für die private Altersvorsorge = Eigenbeitrag + Zulage). Ist die Zulage höher als der eigene Aufwand, muss ein bestimmter Mindesteigenbeitrag geleistet werden.

Beispiel: *Eine Auszubildende mit einer Ausbildungsvergütung von 5 000,00 EUR pro Jahr spart 4 % für die Altersvorsorge. Dies entspricht einer Jahressparleistung von 200,00 EUR. Hierfür erhält sie eine Grundzulage von 153,00 EUR vom Staat, sodass sich ein Eigenbeitrag von 47,00 EUR ergibt. Hier greift die Regelung des Mindesteigenbeitrages. Als Steuerpflichtige ohne Kinder muss sie selbst 90,00 EUR aufwenden, um die volle Zulage zu erhalten. Die gesamte Sparleistung beträgt dann 243,00 EUR, wovon fast zwei Drittel vom Staat übernommen werden.*

Die Förderung der privaten Altersvorsorge gibt es seit dem Jahre 2002. Bei der Wahl der Anlageform sind folgende Bedingungen für den Versicherten zu beachten:

- Welcher Vorsorgebedarf besteht bei Renteneintritt?
- Welcher Ansparzeitraum ist zu berücksichtigen?
- Welche Risiken der Anlageform sind noch akzeptabel? (Anlagen mit hohen Erträgen haben meist ein höheres Risiko.)

Wichtig ist bei der Wahl der Anlage eine unabhängige Beratung, z. B. durch die Verbraucherzentralen, Stiftung Warentest oder Verbraucherverbände.

Aufgaben

1. Welcher Personenkreis wird über die gesetzliche Rentenversicherung für den Rentenfall abgesichert?
2. Wie hoch ist der Beitrag zur Rentenversicherung? Welchen Anteil haben Arbeitnehmer und Arbeitgeber zu übernehmen?
3. Erläutern Sie die Bedeutung der Beitragsbemessungsgrenze bei der Berechnung der Beiträge zur Rentenversicherung.
4. Welche grundsätzlichen Rentenarten lassen sich unterscheiden?
5. Lesen Sie den folgenden Text zur Rentenversicherung:

Die gesetzliche Rentenversicherung – Ein Vertrag zwischen den Generationen

In unserem Drei-Säulen-System – gesetzliche Rentenversicherung, betriebliche Altersversorgung, private Altersvorsorge – ist die Rentenversicherung ganz besonders wichtig: Sie deckt zwei Drittel aller Altersvorsorgeausgaben in Deutschland ab – und das zu Konditionen, die kein privates Versorgungssystem bieten kann:

- Frauen und Männer zahlen gleiche Beiträge.
- Die Beiträge sind nicht nach Alter oder Zahl der erzogenen Kinder gestaffelt.
- Der Rentenversicherungsschutz besteht grundsätzlich auch bei Krankheit, Arbeitslosigkeit, Kindererziehung und Pflege von Angehörigen.
- Man erhält Leistungen zur Teilhabe am Arbeitsleben (das heißt: Wer aus gesundheitlichen Gründen seinen Beruf nicht mehr ausüben kann, wird dabei unterstützt, seine Erwerbsfähigkeit zu erhalten, zu verbessern oder wieder zu erreichen).
- Dynamische Rente bei Erwerbsminderung, im Alter und für die Hinterbliebenen
- Zuschuss zum Beitrag zur Krankenversicherung der Rentner

(...) Die gesetzliche Rentenversicherung ist nach wie vor die Hauptsäule der Alterssicherung. Sie sorgt seit vielen Jahrzehnten dafür, dass der Großteil der Rentner im Alter finanziell abgesichert ist und sie ihren Lebensabend ohne finanzielle Probleme genießen können. Dennoch wird sie für die zukünftigen Rentner alleine nicht mehr ausreichen. Vielmehr müssen die heutigen Arbeitnehmer verstärkt in die anderen beiden Säulen investieren – doch der Staat lässt sie nicht alleine, sondern unterstützt sie dabei!

Quelle: Arbeitsgemeinschaft Jugend und Bildung e. V. in Zusammenarbeit mit dem Bundesministerium für Arbeit und Soziales (Hrsg.): Sozialpolitik – Ein Heft für die Schule; http://www.sozialpolitik.com/rentenversicherung; abgerufen am 11.02.2009

Aufgaben

- Ermitteln Sie anhand des Textes, welche erheblichen Vorteile die gesetzliche Rentenversicherung bietet.
- Was versteht man unter einer „dynamischen Rente"?
- Warum ist eine zusätzliche Altersversorgung notwendig? Wo finden sich im Text Hinweise für die Notwendigkeit dieser Vorsorge?

6. Suchen Sie im Internet zu verschiedenen Möglichkeiten der privaten Altersvorsorge Angebote heraus und stellen Sie diese in einer Übersicht zusammen.
7. Welche Probleme ergeben sich in Zukunft für den sogenannten „Generationenvertrag"?

13.7 Arbeitsförderung – Arbeitslosenversicherung

Situation

Katrin und Michaela, die alten Schulfreundinnen, sind verabredet. Michaela besucht die Höhere Handelsschule und berichtet: „Heute war ein Berufsberater der Agentur für Arbeit da. Er hat uns einen Überblick über die für uns infrage kommenden Ausbildungsberufe gegeben. Dann hat er mit einigen schon einen Termin für ein Beratungsgespräch ausgemacht."

„Ach ja", entgegnet Katrin, „ich glaube, die wären froh, wenn die nur so dankbare Aufgaben wie die einer Berufsberatung wahrnehmen müssten. Bei meinem Vater in der Firma wird mittlerweile kurzgearbeitet. Gut, dass es das Kurzarbeitergeld gibt."

„Ja, im Augenblick ist die Lage wirklich nicht rosig", sagt Michaela. „Mein Freund ist mittlerweile seit drei Monaten arbeitslos, obwohl er eine ausgezeichnete Prüfung als Elektriker abgelegt hat."

Aufgabe

Die Bundesagentur für Arbeit hat u. a. die Aufgabe, einen größtmöglichen Beschäftigungsstand zu sichern und bei Arbeitslosigkeit soziale Hilfe zu leisten. Insofern trägt sie zur Arbeitsförderung bei, übernimmt Leistungen zur Sicherung von Arbeitsplätzen und bietet die Arbeitslosenversicherung.

Versicherte

In der Arbeitslosenversicherung sind alle Arbeiter und Angestellten pflichtversichert.

Finanzierung

Die Bundesagentur für Arbeit finanziert sich überwiegend aus Beiträgen der Arbeitnehmer und Arbeitgeber. Arbeitnehmer und Arbeitgeber tragen den Beitrag je zur Hälfte. Er beläuft sich seit dem 1. Januar 2009 auf 2,8 % des beitragspflichtigen Bruttoentgelts. Die Höhe des Beitrages wird durch die Beitragsbemessungsgrenze nach oben hin begrenzt. Reichen Beiträge und sonstige Einnahmen zur Finanzierung der Aufgaben nicht aus, gibt der Bund Zuschüsse oder Darlehen.

Träger

Träger der Arbeitsförderung und der Arbeitslosenversicherung ist die Bundesagentur für Arbeit.

Leistungen

Die Bundesagentur für Arbeit erbringt bei der Aufgabe der Arbeitsförderung, der Sicherung von Arbeitsplätzen und bei der Arbeitslosenversicherung im Wesentlichen folgende Leistungen:

- Arbeitsmarkt- und Berufsforschung, Arbeitsmarktbeobachtung und -berichterstattung,
- Arbeits- und Berufsberatung,
- Vermittlung von Arbeits- und Ausbildungsplätzen,
- Förderung der beruflichen Bildung,
- Förderung der Arbeitsaufnahme,
- berufliche Rehabilitation,
- finanzielle Aufwendungen überwiegend an Arbeitnehmer zur Sicherung von Arbeitsplätzen,
- soziale Hilfe bei Arbeitslosigkeit.

Arbeitsförderung

Die **Arbeitsmarkt- und Berufsforschung** versucht abzuschätzen, wie sich zukünftig der Arbeitsmarkt und die Berufe entwickeln. Für die Berufswahl ist es beispielsweise wichtig, ob der gewählte Beruf auch eine Zukunft hat.
Im Rahmen der **Berufsberatung** wird versucht, für die angehenden Auszubildenden einen der persönlichen Eignung entsprechenden Beruf zu finden. Auf der Grundlage der Beratung erfolgt bei Bedarf auch die Vermittlung eines Ausbildungsplatzes.
Die **Förderung der beruflichen Bildung** beinhaltet die Förderung von Ausbildung, Fortbildung und Umschulung. So erhalten beispielsweise Auszubildende, die in der näheren Umgebung keinen Ausbildungsplatz finden, Unterstützung bei einer Ausbildung fern des bisherigen Wohnortes. Damit sie die Kosten einer eigenen Wohnung am Ausbildungsort tragen können, wird unter bestimmten Voraussetzungen Berufsausbildungsbeihilfe gezahlt. Das gleiche Ziel, Arbeitslosigkeit zu vermeiden, wird mit der **Förderung der Arbeitsaufnahme** verfolgt. So zahlt die Arbeitsagentur unter bestimmten Bedingungen Zuschüsse zu den Bewerbungskosten und zu den Reise- oder Umzugskosten, sofern die neue Stelle auswärts liegt.
Die **berufliche Rehabilitation** dient der Arbeits- und Berufsförderung von Menschen mit körperlicher, geistiger oder psychischer Benachteiligung.

Sicherung der Arbeitsplätze

Mit einer Vielzahl von Maßnahmen wird versucht, gefährdete Arbeitsplätze zu sichern. Ein Beispiel ist das Kurzarbeitergeld, das gezahlt wird, wenn ein Betrieb aufgrund der Auftragslage Kurzarbeit angemeldet hat.
Um Arbeitsplätze zu schaffen, stellt die Bundesagentur für Arbeit im Rahmen der **Maßnahmen zur Arbeitsbeschaffung** (ABM) finanzielle Mittel zur Verfügung. Gefördert werden u. a.:

- Zuschüsse oder Darlehen an Betriebe für die Einrichtung von Dauerarbeitsplätzen zur Beschäftigung von langjährigen Arbeitslosen;
- Zuschüsse an Betriebe zu den Lohnkosten älterer Arbeitsloser, die zusätzlich eingestellt werden;
- Hilfen (Überbrückungsgeld) an Arbeitslose bei der Gründung einer selbstständigen Existenz.

Arbeitslosenversicherung

Arbeitslosigkeit bedeutet für den betroffenen Arbeitnehmer den Verlust des Einkommens. Durch die Zahlung von **Arbeitslosengeld I** wird daher für die finanzielle Sicherstellung des Arbeitslosen und seiner Familie gesorgt. Finanzielle Unterstützung erhält aber auch der Arbeitnehmer, der aufgrund des Konkurses seines Betriebs keinen Lohn mehr erhält.
Wie lange Arbeitslosengeld I gezahlt wird, hängt von der Dauer der Beschäftigung vor der Arbeitslosigkeit ab. Es wird mindestens sechs Monate gezahlt. Für ältere Arbeitnehmer verlängert sich dieser Zeitraum bis auf 24 Monate, je nach Alter und Dauer der beitragspflichtigen Beschäftigung. Das Arbeitslosengeld I beträgt zurzeit 67 % des letzten Nettoarbeitsverdienstes bei Arbeitslosen mit mindestens einem Kind. Arbeitslose ohne Kinder erhalten 60 %.

Arbeitslosengeld

Anspruchsberechtigung ist gegeben, wenn der Versicherte

- arbeitslos ist,
- der Arbeitsvermittlung zur Verfügung steht,
- die Anwartschaftszeit erfüllt hat,
- sich bei der Agentur für Arbeit arbeitslos gemeldet hat,
- das Arbeitslosengeld beantragt hat.

Da das Arbeitslosengeld I nur für einen begrenzten Zeitraum gezahlt wird, bezogen Arbeitslose bisher anschließend die sogenannte Arbeitslosenhilfe. Die Arbeitslosenhilfe wurde 2005 mit der Sozialhilfe unter der Bezeichnung **Arbeitslosengeld II** zusammengefasst.
Mit dem neuen Gesetz ist der Grundsatz „Fördern" und „Fordern" verbunden. Den Arbeitslosen werden Fördermöglichkeiten angeboten, die ihre beruflichen Kenntnisse und Fähigkeiten verbessern und so gleichzeitig ihre Chancen auf dem Arbeitsmarkt erhöhen.
Die Ansprüche auf finanzielle Leistungen entsprechend dem Arbeitslosengeld II hängen davon ab, ob eine der zahlreichen Fördermöglichkeiten angenommen wurde und ob der Arbeitslose sich aktiv um seine Integration in den Arbeitsmarkt bemüht hat. Ein Arbeitsloser erhält Arbeitslosengeld II unter folgenden Bedingungen:
Er muss

- mindestens 15 und noch nicht 65 Jahre alt sein,
- erwerbsfähig und
- hilfebedürftig sein sowie
- seinen gewöhnlichen Aufenthalt in der Bundesrepublik Deutschland haben.

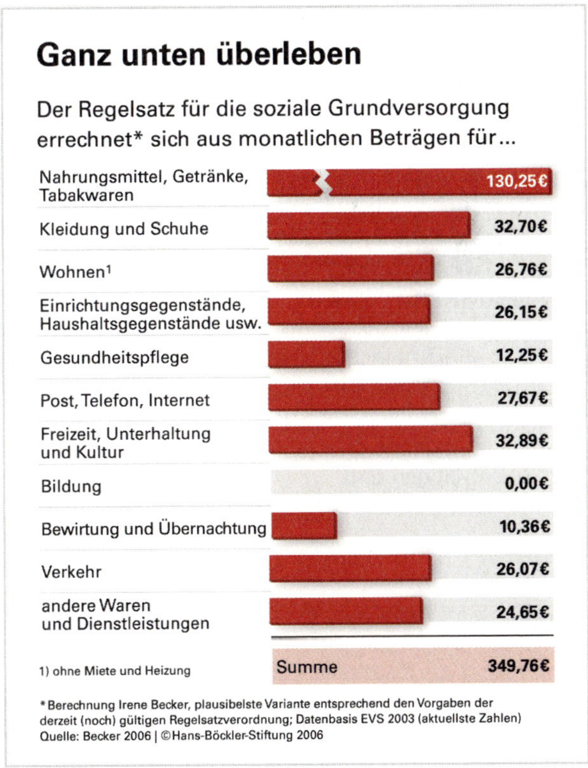

Quelle: Hans-Böckler-Stiftung, http://www.boeckler.de/32015_82086.html; abgerufen am 11.02.2009

Damit der berufliche Einstieg des Arbeitslosen gelingt, unterstützt ihn ein persönlicher Ansprechpartner (Fallmanager). Gemeinsam mit diesem vereinbart er Ziele, die in einer Eingliederungsvereinbarung festgehalten werden. Darin werden alle Schritte, die für die persönliche Eingliederung in den Arbeitsmarkt wichtig sind („fördern"), aber auch die persönlichen Aufgaben und Pflichten („fordern") festgelegt. Die vereinbarten Maßnahmen und die Eigenleistungen des Arbeitssuchenden werden alle sechs Monate überprüft und gegebenenfalls angepasst.

Durch die Teilnahme an Trainingsmaßnahmen, beispielsweise in einem Betrieb, die Förderung der beruflichen Weiterbildung, das Einstiegsgeld als Ergänzung zu einer geringfügig bezahlten sozialversicherungspflichtigen Beschäftigung und die Wahrnehmung von Minijobs (Verdienst bis 400,00 EUR monatlich) wird der berufliche Wiedereinstieg unterstützt.

Aufgaben

1. In der Ausgangssituation wird dargestellt, dass die Aufgaben der Bundesagentur sich nicht auf die Arbeitslosenversicherung begrenzen. Welche wichtigen Aufgaben nimmt sie neben der Arbeitslosenversicherung wahr?
2. Erläutern Sie, warum gerade die Arbeitsmarkt- und Berufsforschung eine wichtige Voraussetzung für eine vernünftige Berufsberatung ist.
3. Nennen Sie weitere Aufgaben der Arbeitsförderung.
4. In der Ausgangssituation wird eine Maßnahme zur Sicherung von Arbeitsplätzen genannt. Nennen Sie die vorhandenen Möglichkeiten der Bundesagentur für Arbeit zur Sicherung von Arbeitsplätzen und erläutern Sie den Sinn dieser Maßnahmen.
5. Die Arbeitslosenversicherung sorgt für die finanzielle Absicherung im Falle von Arbeitslosigkeit. Unter welchen Voraussetzungen erhält man Arbeitslosengeld I?
6. Wann erhält man Arbeitslosengeld II? Welche Voraussetzungen müssen dazu erfüllt sein?
7. Wie werden die Ausgaben der Bundesagentur für Arbeit überwiegend finanziert?
8. Besuchen Sie im Internet die Plattform für Rente und soziale Sicherung www.safety1st.de. Lassen Sie sich über die Suchfunktion im Lexikon die Aussagen zur „Gesetzlichen Arbeitslosenversicherung" anzeigen und drucken Sie sich die entsprechenden Seiten aus.
   a) Erstellen Sie auf der Grundlage dieser Seiten eine Übersicht, was sich ab dem Jahre 2005 hinsichtlich des Bezuges von Arbeitslosengeld geändert hat.
   b) Stellen Sie dar, wie gerade bei Langzeitarbeitslosen durch gezielte Maßnahmen die Arbeitsaufnahme gefördert werden soll.
9. Die folgende Übersicht zeigt, dass in der Sozialversicherung zurzeit einige Probleme zu bewältigen sind.
   Welche Reformansätze werden zurzeit entwickelt, um diese Probleme zu beheben?

Sozialversicherung in der Krise

	Renten-versicherung	Kranken-versicherung	Pflege-versicherung	Arbeitslosen-versicherung
Beitragssatz in % des Bruttoverdienstes	19,9 % je zur Hälfte Arbeitnehmer (AN) und Arbeitgeber (AG)	15,5 % (14,6 % zzgl. AN-Sonderbeitrag) je zur Hälfte AN/AG	1,95 % je zur Hälfte AN/AG (Ausnahme: Sachsen)	2,8 % je zur Hälfte AN/AG
Leistungen	Renten bei verminderter Erwerbsfähigkeit und im Alter, Finanzierung von Rehabilitationsmaßnahmen, Hinterbliebenenrenten	medizinische Hilfe, Maßnahmen zur Vermeidung und Früherkennung von Krankheiten, Krankengeld	Geld- und Sachleistungen je nach Grad der Pflegebedürftigkeit	Arbeitslosengeld, berufliche Aus- und Weiterbildung, Umschulung, Arbeitsvermittlung
Reformbedarf	weniger Jüngere, mehr Rentner = die Beiträge der Erwerbstätigen reichen nicht zur Finanzierung	ständig steigende Ausgaben durch die Bevölkerungsentwicklung und den medizinisch-technischen Fortschritt	ständig steigende Ausgaben durch die Bevölkerungsentwicklung und den medizinisch-technischen Fortschritt	u. a. Kostenexplosion durch hohe Arbeitslosigkeit
Reformansätze	?	?	?	?

13.8 Versorgungs- und Fürsorgeleistungen des Staates

Situation

Katrin und Michaela tauschen den neuesten Klatsch aus. „Hast du schon gehört, dass Manuela, obwohl sie ein Kind bekommen hat, weiter zur Schule geht", bemerkt Sarah. „Aber sie lebt doch allein und hat eine eigene Wohnung. Wie kann sie das alles finanzieren?" „Nun, Manuela hat mir erzählt, dass sie jetzt Sozialhilfe erhält. Sie muss sich, was ihre Ausgaben anbetrifft, auf das Notwendigste beschränken. Sie ist aber wenigstens in der Lage, trotz ihrer schwierigen Situation weiter zur Schule zu gehen."

Bei den **Versorgungsleistungen** entschädigt der Staat seine Bürger für Leistungen, Dienste und Opfer, die für die Allgemeinheit erbracht wurden. Hierzu gehören u. a.

- das Kindergeld,
- das Elterngeld,
- die Versorgung der Kriegs- und Wehrdienstopfer,
- die Entschädigung der Opfer von Gewalttaten,
- die Versorgung von Behinderten.

Sozialhilfe

Eine wichtige Fürsorgeleistung ist die Sozialhilfe. Sie ist kein Almosen für die betroffenen Menschen, sondern eine gesetzlich geregelte Unterstützung in Situationen, die sie nicht allein bewältigen können. Aufgabe der Sozialhilfe ist es, „den Leistungsberechtigten die Führung eines Lebens zu ermöglichen, das der Würde des Menschen entspricht" (§ 1 SGB XII). Gleichzeitig soll die Sozialhilfe aber auch dazu beitragen, dass der Empfänger in Zukunft wieder unabhängig von dieser Unterstützung leben kann. In jedem Einzelfall wird aufgrund eines Antrages beim Sozialamt entschieden, welche Hilfe erforderlich ist. Dabei werden die persönlichen und wirtschaftlichen Verhältnisse des Antragstellers berücksichtigt. Dazu zählen die familiäre Situation, eventuell bestehende Ansprüche auf Leistungen anderer Sozialleistungsträger, ggf. die Einbeziehung eines eigenen Einkommens, die Berücksichtigung noch vorhandenen Vermögens usw. Es gibt:

- Hilfe zum Lebensunterhalt (Ernährung, Unterkunft, Kleidung, Körperpflege, Hausrat, Heizung, persönliche Bedürfnisse des täglichen Lebens),
- Grundsicherung im Alter und bei Erwerbsminderung (für bedürftige Personen, die das 65. Lebensjahr vollendet haben bzw. das 18. Lebensjahr vollendet haben und voll erwerbsunfähig sind; hier wird gegenüber unterhaltsverpflichteten Kindern beziehungsweise Eltern mit einem Jahreseinkommen unterhalb von 100 000,00 EUR kein Unterhaltsrückgriff vorgenommen),
- Hilfen zur Gesundheit (grundsätzlich sind alle Sozialhilfeempfängerinnen und Sozialhilfeempfänger, die nicht selbst versichert oder in der gesetzlichen Krankenversicherung familienversichert sind, von den Krankenkassen wie gesetzlich Krankenversicherte einzustufen),
- Eingliederungshilfe für behinderte Menschen (eine drohende Behinderung soll verhütet, eine Behinderung oder deren Folgen beseitigt oder gemildert und behinderte Menschen in die Gesellschaft eingegliedert werden),
- Hilfe zur Pflege (Unterstützung pflegebedürftiger Personen durch Übernahme von Pflegekosten),
- Hilfe zur Überwindung besonderer sozialer Schwierigkeiten (Hilfe für Personen, bei denen besonders belastende Lebensverhältnisse vorliegen, z. B. für von Wohnungslosigkeit Betroffene),
- Hilfe in anderen Lebenslagen (diese umfasst verschiedene Leistungen, wie bspw. die Hilfe zur Weiterführung des Haushalts, die Altenhilfe, die Blindenhilfe, Bestattungskosten oder die Hilfe in sonstigen Lebenslagen).

Unter Umständen müssen Familienangehörige ersten Grades (Eltern/Kinder) für die Sozialhilfe der Betroffenen aufkommen, da hier eine Unterhaltspflicht besteht (Unterhaltsrückgriff). Sozialhilfe muss grundsätzlich nicht zurückgezahlt werden, außer wenn Sozialhilfezahlungen unberechtigterweise bezogen wurden.

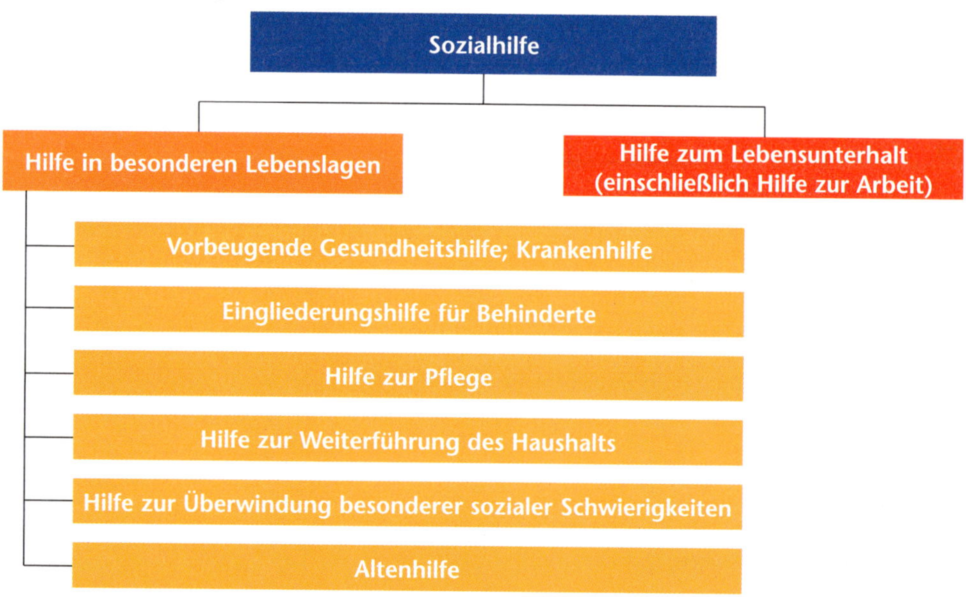

Wohngeld
Das Wohngeld ist ein Mietzuschuss zur Vermeidung sozialer Härten und zur wirtschaftlichen Sicherung eines Mindestmaßes an Wohnraum. Wohngeld wird aufgrund eines Antrages bei der örtlich zuständigen Verwaltungsbehörde (Wohnungsamt) gewährt. Dabei wird ebenfalls die familiäre und wirtschaftliche Situation berücksichtigt. Wohngeld muss nicht zurückgezahlt werden.

Aufgaben

Lesen Sie den folgenden Text zum Arbeitslosengeld.

> Arbeitslosengeld I und II
> Das Arbeitslosengeld I ist eine Leistung der Sozialversicherung. Auf schriftlichen Antrag erhält es nur, wer während der vergangenen zwei Jahre mindestens zwölf Monate beitragspflichtig beschäftigt war, also in die Arbeitslosenversicherung eingezahlt hat. Das Arbeitslosengeld errechnet sich aus dem Nettolohn. Kinderlose erhalten 60 Prozent, Arbeitslose mit Nachwuchs 67 Prozent. Wer unter 55 Jahren ist, bekommt maximal bis zu 15 Monate Arbeitslosengeld I (mindestens aber 6 Monate), über 55-Jährige erhalten die Bezüge für 18 Monate und über 58-Jährige für 24 Monate, sofern sie die erforderlichen Voraussetzungen erfüllen.
>
> Danach besteht Anspruch auf Arbeitslosengeld II. Arbeitslosengeld II wird aus Steuergeldern gezahlt und so lange geleistet, wie die Arbeitslosigkeit dauert. Es beträgt bundeseinheitlich 351,00 EUR an Regelleistungen für Alleinstehende. Verheiratete bekommen 90 Prozent dieser Regelleistung, Kinder und Jugendliche erhalten zwischen 60 und 80 Prozent. Davon müssen Arbeitssuchende die Ausgaben für das tägliche Leben, zum Beispiel für Lebensmittel, Kleidung, Telefon und Strom bestreiten. Kosten für Miete, Heizung und die Beiträge zur gesetzlichen Kranken- und Pflegeversicherung sowie für die Rentenversicherung werden übernommen.

a) Erläutern Sie anhand des Textes das Arbeitslosengeld I und II.
b) Geben Sie zusätzliche Beispiele für Ausgaben des täglichen Lebens an, die in die Regelleistung mit einbezogen sind.
c) Berechnen Sie die Regelleistung, die ein arbeitssuchender Bezieher von Arbeitslosengeld II, verheiratet mit einem Partner ohne Arbeit, monatlich erhält.

13.9 Möglichkeiten der privaten Absicherung

Situation

Katrin berichtet: „Gestern habe ich nach Beratung mit meinen Eltern eine Unfallversicherung und eine Lebensversicherung abgeschlossen. Meine ehemalige Klassenkameradin Alexandra ist letzten Sommer so schwer in den Bergen verunglückt, dass sie ein Leben lang behindert ist. Jetzt hat sie Schwierigkeiten, überhaupt eine Arbeit zu finden. Für die Folgen der nur noch beschränkten Arbeitsfähigkeit steht niemand gerade. Sie hatte leider keine Versicherung für solche Fälle abgeschlossen."
„Ja, in solchen Fällen ist es gut, wenn man versichert ist. Man schimpft zwar oft über die Höhe der Beiträge, aber wenn etwas passiert, ist man froh, wenn jemand für den Schaden aufkommt", antwortet Ingeborg. „Allerdings darf ich gar nicht daran denken, was wir alles an Versicherungsprämien zahlen: Prämien für Hausratversicherung, Rechtsschutzversicherung, Haftpflichtversicherung, Unfallversicherung und für eine Risiko-Lebensversicherung. Außerdem habe ich für den Fall einer stationären Behandlung noch eine private Zusatzversicherung abgeschlossen."

Die Sozialversicherung gibt vielen einen Schutz im Falle von Krankheit, Pflegebedürftigkeit, bei einem Arbeitsunfall, im Alter und bei Arbeitslosigkeit. Darüber hinaus kann der Einzelne Vorsorge treffen für Risiken, die nur privat abgesichert werden können, beispielsweise eine Versicherung gegen die Folgen bei Privatunfällen, bei Berufsunfähigkeit und bei der Haftung aufgrund selbstverschuldeter Unfälle abschließen. Ferner kann über Versicherungen der staatliche Schutz ergänzt werden, wenn dieser als unzureichend angesehen wird. Umfang und Möglichkeiten der privaten Vorsorge sind individuell. Aber Vorsicht, oft werden aufgrund mangelnder Information und den Verlockungen der Werbung schnell überflüssige und unnötig teure Versicherungen abgeschlossen.

GEWUSST WIE – Wo Versicherungen sinnvoll sind
1. Für fast alle Schadensfälle gibt es Versicherungen. Doch die meisten braucht man nicht. **Besonders wichtig** sind private Haftpflicht-, Berufsunfähigkeits- und Unfallversicherung sowie für junge Familien eine Risiko-Lebensversicherung und für Hausbesitzer eine Wohngebäudeversicherung.
2. Für weitere Policen gilt: Sinnvoll sind Versicherungen, wenn sie **große finanzielle Risiken abdecken,** die im Schadensfall die materielle Existenz bedrohen können; wenn sie vor Risiken schützen, die man trotz vorsichtigen Verhaltens selbst kaum reduzieren kann (Unfälle, Feuer im Haus); wenn sie nicht schon in anderen Versicherungen enthalten sind und wenn sie zum eigenen Verhalten passen. Wer kaum verreist, braucht keinen umfassenden Reiseschutz.
3. **Vorsicht vor Versicherungspaketen:** Sie enthalten neben passenden Policen auch viele unnütze Versicherungen.
4. Wer Verträge überflüssiger Versicherungen hat, kann normalerweise mit einer Frist von drei Monaten zum Ende der Versicherungsperiode **kündigen.** Dies geht auch bei Beitragserhöhungen und nach einem Schadensfall innerhalb von meist einem Monat.

Quelle: Frankfurter Allgemeine Sonntagszeitung, 24. September 2006

Bei den Privatversicherungen (Vertragsversicherungen) entsteht das Versicherungsverhältnis durch einen Vertrag zwischen einem Versicherungsunternehmen und dem Versicherungsnehmer. Der Versicherungsnehmer verpflichtet sich, die vereinbarte Prämie zu zahlen. Der Versicherer trägt dafür die Gefahr und zahlt im Versicherungsfall die vereinbarte Leistung. Die vertraglichen Vereinbarungen werden in einer Urkunde, dem Versicherungsschein (Police), festgehalten.

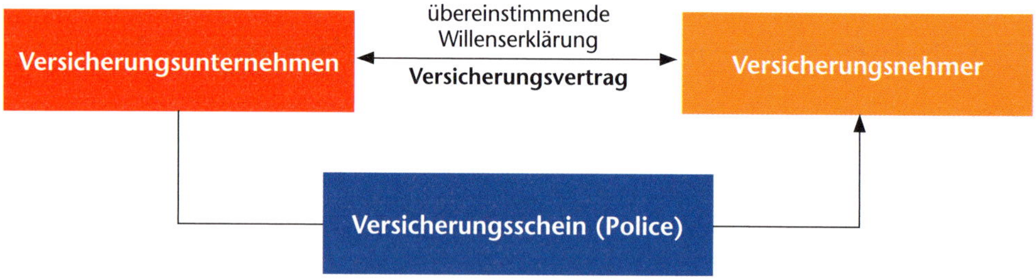

Bei der privaten Vorsorge werden folgende Versicherungsarten unterschieden:

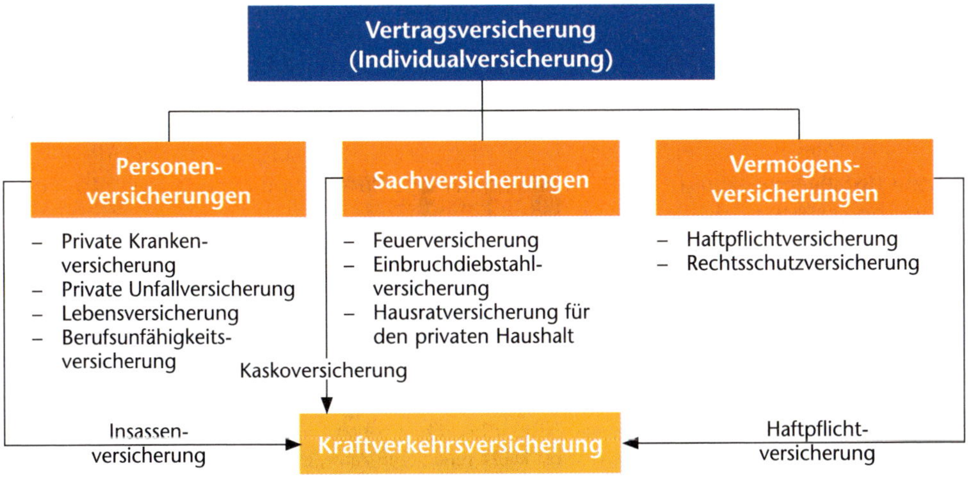

Bei Personenversicherungen werden Risiken abgesichert, die die Person des Versicherten betreffen. Sachversicherungen dienen dem Ersatz von Sachschäden, die durch einen Versicherungsfall entstanden sind. Vermögensversicherungen übernehmen die Regulierung von berechtigten Haftpflichtforderungen und bei Prozessen für den Versicherungsnehmer die Prozesskosten. Ohne diese Absicherung müsste man die entsprechenden Kosten aus dem eigenen Vermögen tragen.

Personenversicherungen

Private Krankenversicherung
Alle Personen, die nicht in der gesetzlichen Krankenversicherung versichert sind, beispielsweise Selbstständige, Beamte, Angestellte mit einem Verdienst über der Versicherungspflichtgrenze, müssen im Krankheitsfall eine private Vorsorge treffen. Diese erfolgt durch Abschluss eines entsprechenden Versicherungsvertrages bei einer privaten Krankenversicherung. Pflichtversicherte können bei einer privaten Krankenversicherung ihren Versicherungsschutz ergänzen, z. B. um bei stationärer Behandlung als Privatpatient behandelt zu werden.
Die **Höhe der Beiträge** richtet sich u. a. nach dem Risiko, beispielsweise spielen das Eintrittslebensalter und der Gesundheitszustand eine Rolle. Versicherte mit Vorerkrankungen müssen Risikozuschläge zahlen. Versicherungsnehmer, die über einen bestimmten Zeitraum keine Versicherungsleistungen in Anspruch genommen haben, erhalten häufig einen Teil der Beiträge zurück (**Beitragsrückerstattung**).
Die **Krankheitskosten-Vollversicherung** erstattet dem Versicherten je nach Tarif die Kosten bei Krankheit, Vorsorgeuntersuchungen, Mutterschaft, Zahnersatz, Heil- und Hilfsmitteln.
Krankheitskosten-Teilversicherungen dienen u. a. zur Deckung von Leistungen, die ein Pflichtversicherter in Anspruch nehmen will, die aber nicht von der gesetzlichen Krankenversicherung getragen werden. So finanziert die Krankheitskosten-Zusatzversicherung für den Fall eines Krankenhausaufenthaltes die Kosten für eine privatärztliche stationäre Behandlung.

Zur Abdeckung zusätzlicher Kosten im Falle eines Krankenhausaufenthaltes kann eine **Krankenhaus-Tagegeld-Versicherung** abgeschlossen werden. Überwiegend Selbstständige und beruflich Tätige ohne Gehaltsfortzahlung im Krankheitsfall schließen eine **Verdienstausfall-Versicherung** ab. Für jeden Tag der Arbeitsunfähigkeit wird dann ein vertraglich vereinbarter Betrag an den Versicherten gezahlt.

Bei einem Urlaub im Ausland bietet sich der Abschluss einer **Auslandsreisekrankenversicherung** an. Diese übernimmt alle Kosten infolge einer Erkrankung im Ausland, gegebenenfalls auch die Kosten für einen Rücktransport. Auch für Versicherte in der gesetzlichen Krankenversicherung ist dieses Angebot sinnvoll, da die Krankenkassen nur die Sätze erstatten, die bei einer Behandlung im Inland entstanden wären. Kosten für einen Rücktransport werden von ihnen generell nicht übernommen.

Private Unfallversicherung

Die private Unfallversicherung dient zur Absicherung der wirtschaftlichen Folgen bei einem privaten Unfall. Wenn beispielsweise aufgrund eines Sportunfalls der Versicherte nur noch beschränkt arbeitsfähig ist, können teilweise die Einkommenseinbußen über die Leistungen der Unfallversicherung aufgefangen werden. Die Kosten für ärztliche und stationäre Behandlung tragen hierbei noch die Krankenkassen. Bei einer privaten Vorsorge hätte in dem o. g. Beispiel die private Unfallversicherung eine bestimmte Summe oder eine entsprechende Rente gezahlt. Im Falle des Todes des Versicherten erhalten die Hinterbliebenen die in der Police vereinbarte Summe.

Teurer Sprung ins Krankenhaus

VON DETLEF POHL

Bei Sportunfällen ist die gesetzliche Unfallversicherung nicht zuständig. Noch zahlt die Krankenkasse. Aber das dürfte sich ändern. Sportler sollten privat vorsorgen.
So hatte sich die Schülerin eines Berliner Gymnasiums das Training nicht vorgestellt: Beim Sprung übers Pferd stürzte die 17-Jährige so schwer auf den Rücken, dass sie mit angebrochenen Wirbeln ins Krankenhaus musste. Diagnose nach drei Monaten Bettruhe: 15 % bleibende körperliche Beeinträchtigung. Schlimm genug für die Freizeitsportlerin, aber wenigstens ein Fall für die Unfallversicherung? Die Hoffnung war trügerisch, denn die gesetzliche Unfallversicherung kommt für den Freizeitbereich nicht auf, die private Unfallversicherung ihres Turnvereins würde erst ab 21-prozentiger Invalidität einspringen, und privat hatten die Eltern nicht vorgesorgt.
Gerade beim privaten Sport komme es auf die Vorsorge an, (...)

Quelle: Frankfurter Allgemeine Sonntagszeitung, 16. Februar 2003, Nr. 7

Lebensversicherung

Die Lebensversicherung dient der Versorgung der Hinterbliebenen oder der Altersversorgung des Versicherten. Sie wird oft ergänzt durch eine Berufsunfähigkeits-Zusatzversicherung. Es werden aber auch Verträge zur späteren Finanzierung eines bestimmten Zwecks, wie Aussteuer- und Ausbildungsversicherungen, abgeschlossen. Folgende Versicherungsformen sind typisch:

Risikolebensversicherung

Zum Schutz der Familie

Der eigene Tod ist zwar kein erfreuliches Thema, trotzdem sollte sich jeder Gedanken darüber machen, welche finanziellen Folgen der Todesfall für die Angehörigen hätte. Wer mit seinem Einkommen auch andere versorgt, etwa Ehepartner, Kinder oder Eltern, braucht eine Risikolebensversicherung. Diese zahlt beim Tod des Versicherten eine vorher vereinbarte Summe, unabhängig davon, wie viel bis dahin eingezahlt wurde. Stirbt der Versicherte während der Laufzeit nicht, erhält er allerdings – im Gegensatz zur Kapitallebensversicherung – auch kein Geld zurück.
Die gesetzliche Rentenversorgung der Hinterbliebenen ist gering, im Durchschnitt sind rund 550,00 EUR aus Witwen- und Waisenrente zu erwarten. (...) Besonders für junge Familien, die noch die Ausbildung ihrer Kinder finanzieren müssen, ist die Risikolebensversicherung daher beinahe Pflicht. Auch Paare die, etwa durch Bau oder Kauf einer Immobilie, hohen finanziellen Belastungen ausgesetzt sind, sollten unbedingt den Todesfall absichern. Überflüssig ist die Police nur für diejenigen, die keine Angehörigen versorgen, etwa Singles, Azubis und Studenten. (...)

Kapitallebensversicherung

Eine Kapitallebensversicherung besteht aus einer Todesfallversicherung und einem Sparvorgang für einen festgelegten Zeitraum. Ist dieser abgelaufen bzw. stirbt der Versicherte vor Ablauf, kommt es zur Auszahlung der vereinbarten Versicherungssumme zzgl. gewisser Überschussanteile, die die Versicherungsgesellschaft als Prognose beim Abschluss des Vertrages in Aussicht stellt. Allerdings ist der Abschluss der kombinierten Versicherung zu hinterfragen, da eine ausreichende Todesfallabsicherung über die Kapitallebensversicherung mit der benötigten Versicherungssumme unbezahlbar ist; eine reine Risikolebensversicherung kostet meist nur fünf Prozent des Beitrags für die Kapitallebensversicherung mit dem gleichen Todesfallschutz. Deshalb ist es ratsam, Versicherung und Geldanlage zu trennen. Der in der Kapitallebensversicherung enthaltene Sparanteil führt außerdem zu einer wenig attraktiven Rendite, u. a. weil der Versicherer relativ hohe Abschluss- und Verwaltungskosten vom gezahlten Beitrag abzieht und einen weiteren Teil für den Todesfall einbehält. Nur der sich so ergebene Differenzbetrag wird mit einer Garantieverzinsung angelegt. Die Kapitallebensversicherung kann jedoch dann interessant sein, wenn sie zur Tilgung eines Kredits steuerlich etwa für die Finanzierung einer Immobilie eingesetzt oder im Zusammenhang mit einer betrieblichen Rente abgeschlossen wird.

Fondsgebundene Lebensversicherung

Diese Art der Lebensversicherung stellt eine Fondsanleihe in Verbindung mit einer Lebens- bzw. einer Rentenversicherung dar, wobei bessere Renditen erzielt werden als bei der normalen Kapitallebensversicherung. Das liegt daran, dass klare Vermögensverhältnisse vorliegen und der Sparanteil des Beitrages in einen oder mehrere Investmentfonds investiert werden.

Berufsunfähigkeitsversicherung

Der Abschluss einer Berufsunfähigkeitsversicherung ist dringend zu empfehlen, da der Verlust der Arbeitskraft wegen Berufsunfähigkeit üblicherweise besondere finanzielle Folgen hat. Deshalb ist es ratsam, dass Berufstätige sich so früh wie möglich versichern lassen, denn schon kleine Vorerkrankungen können zur Ablehnung eines Versicherungsantrages bzw. zu sehr hohen Prämien führen, die nicht mehr akzeptabel sind.

Da die gesetzliche Altersrente erst mit dem 65. Lebensjahr beginnt, sollte die Versicherungsdauer möglichst bis zu diesem Zeitpunkt vereinbart werden. Tritt der Versicherungsfall ein, zahlt die private Berufsunfähigkeitsversicherung die im Versicherungsvertrag vereinbarte monatliche Rente bis zum Ablauf der Vertragslaufzeit, wenn der Versicherte durch Krankheit oder Unfall dauerhaft ab 50 % berufsunfähig wird, also seinen zuletzt ausgeübten Beruf nicht mehr ausüben kann.

Quelle: Vgl. forium GmbH, Berlin; http://www.forium.de/redaktion/risiko_Lebensversicherung/; aberufen am 18.11.2008, verändert

Sachversicherungen

Zu den Sachversicherungen gehören alle Versicherungen, die einen durch einen Schaden entstandenen Verlust an der Einrichtung bzw. der Wohnung oder des Hauses absichern. Wichtige Zweige sind Feuer-, Einbruchdiebstahl-, Leitungswasser-, Sturm- und Glasversicherungen sowie technische Versicherungszweige, über die Schäden an technischen Geräten abgesichert werden. Während in der ärztlichen Praxis die oben genannten Versicherungen alle einzeln abgeschlossen werden müssen, bieten die Versicherungsunternehmen für Privathaushalte die Hausratversicherung. Sie sichert gleichzeitig den gesamten Hausrat gegen verschiedene Gefahren, wie Brand, Blitzschlag, Explosion, Einbruchdiebstahl, Beraubung, Leitungswasser, Sturm und Glasbruch ab. Wichtig ist der Abschluss einer Neuwertversicherung, d. h., bei einem Schaden wird der Neuwert der beschädigten Sachen ersetzt.

Vermögensversicherungen

Wichtige Vermögensversicherungen sind die Haftpflicht- und die Rechtsschutzversicherung. Die **private Haftpflichtversicherung** ersetzt dem Versicherten die Aufwendungen, die er für andere Personen leisten muss, weil sie durch sein Verschulden oder durch ein Verschulden der Mitversicherten (z. B. Ehefrau oder Kinder) zu Schaden gekommen sind. Der Versicherungsschutz erstreckt sich auf Personenschäden wie Tod, Verletzungen oder Gesundheitsschädigungen und Sachschäden.

Die Rechtsschutzversicherung übernimmt für den Versicherten die erheblichen Kosten, die eine Rechtsberatung und eine Prozessführung nach sich ziehen können. Insbesondere sollten die Teilnehmer am Kraftverkehr über eine Rechtsschutzversicherung verfügen.

Kraftverkehrsversicherung

Die Kraftverkehrsversicherung ist eine kombinierte Versicherung, die gegen alle Risiken, die sich aus der Teilnahme am Kraftverkehr ergeben, absichert.

Kraftverkehrsversicherung

- **Kraftverkehrs-Haftpflicht-versicherung**: Leistungen bei begründeten Schadensersatzansprüchen gegen Halter und Fahrer
- **Kraftverkehrs-Unfall-versicherung**: Zahlung einer Entschädigung an den Versicherten bei Körperschäden durch Unfall mit Kraftfahrzeug
- **Kasko-versicherung**: Leistungen bei Beschädigung, Zerstörung, Verlust des eigenen Fahrzeugs
- **Kraftverkehrs-Gepäck-versicherung**: Leistungen bei Beschädigung, Verlust von Gegenständen, die im Fahrzeug mitgeführt wurden

Aufgaben

1. Was ist der Unterschied zwischen den hier aufgezählten Versorgungsleistungen und den Fürsorgeleistungen des Staates?
2. Welche Aufgabe hat die Sozialhilfe?
3. In welcher Form wird Sozialhilfe gewährt?
4. Zu welchem Zweck und unter welchen Bedingungen wird Wohngeld gewährt?
5. Welchen Sinn haben Privatversicherungen?
6. Wie kommt es zu einem Versicherungsverhältnis in einer Privatversicherung?
7. Welche Arten von Privatversicherungen lassen sich unterscheiden?
8. Erläutern Sie anhand von Beispielen, in welchen Fällen der Abschluss einer privaten Krankenversicherung notwendig ist.
9. Geben Sie Beispiele für Absicherungen in einer privaten Krankenversicherung, die Versicherte in der gesetzlichen Krankenversicherung wählen können.
10. Welcher Personenkreis sollte eine Krankenhaus-Tagegeld- und eine Verdienstausfall-Versicherung abschließen?
11. Welchen Sinn hat eine private Unfallversicherung?
12. Nennen Sie Leistungen dieser Versicherung.
13. Welche Arten von Lebensversicherungen lassen sich unterscheiden?
14. Warum wird der Abschluss einer Berufsunfähigkeitsversicherung immer wichtiger?
15. Über welche Sachversicherung sollte eine Medizinische Fachangestellte verfügen, die einen eigenen Haushalt führt?
16. Die Medizinische Fachangestellte Angelika hat einige Jahre nach der Geburt ihrer Kinder eine Haftpflichtversicherung abgeschlossen. Begründen Sie, warum Angelika gerade im Hinblick auf die Kinder eine solche Vorsorge getroffen hat.
17. Welche Versicherung ist zwingend vorgeschrieben, sobald man ein eigenes Auto fährt?
18. Welche weiteren Absicherungen sind in diesem Fall möglich?
19. Ermitteln Sie anhand von Unterlagen von Versicherungsunternehmen und mithilfe des Internets, welche Versicherungen Sie als Auszubildende unbedingt abschließen sollten. Führen Sie für diese Versicherungen einen Angebotsvergleich durch.
20. Erstellen Sie eine Übersicht, welche Angebote Versicherungsunternehmen zur Absicherung im Alter bereithalten. Versuchen Sie mithilfe des Internets die Vor- und Nachteile dieser Angebote zu ermitteln.

14 Gehaltsabrechnung

Situation

„Mein Ausbildungsgehalt ist mit 490,00 EUR im ersten Ausbildungsjahr nicht gerade üppig. Davon gehen dann ungefähr noch 100,00 EUR an Abzügen ab", klagt Katrin.
„Naja, die Absicherung, die wir alle über die Sozialversicherung haben, ist nun einmal nicht umsonst zu haben. Immerhin zahlst du nur den Arbeitnehmeranteil zur Sozialversicherung. Ich muss immerhin noch Lohnsteuer, Kirchensteuer und den Solidaritätszuschlag zahlen, sodass die Abzüge immerhin ungefähr ein Drittel des Gehaltes ausmachen", bemerkt Ingeborg.
„Trotzdem steht in meiner Abrechnung, dass ich die Steuerklasse I habe." „Ja, die Steuerklasse wird immer vermerkt. Du hast die Steuerklasse I, weil du nicht verheiratet bist. Ich habe dagegen die Steuerklasse IV."

Die Gehaltsabrechnungen, die monatlich für Katrin und Ingeborg erstellt werden, sehen folgendermaßen aus:

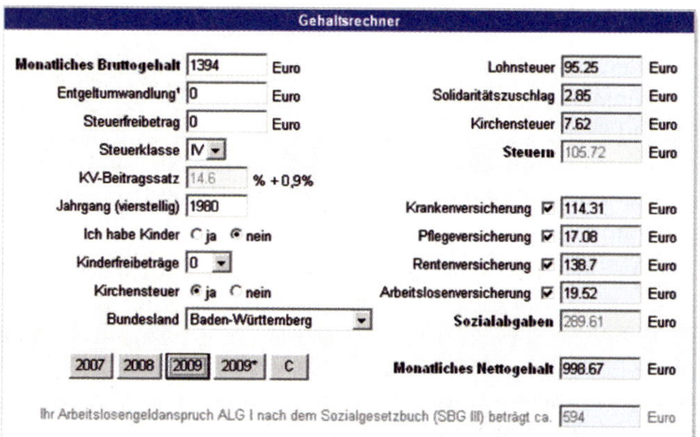

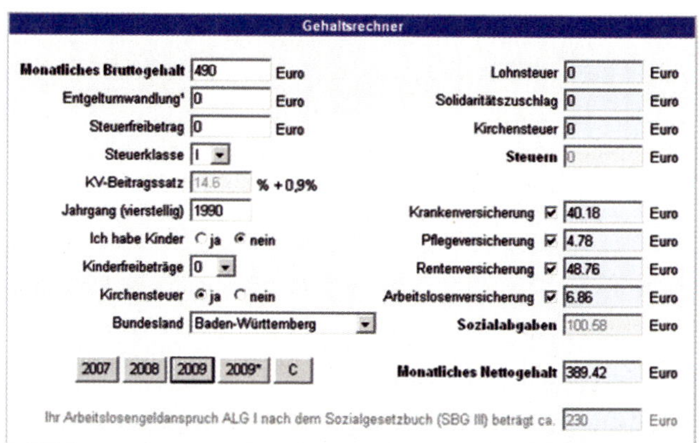

Quelle: Norbert Heydorn: Onlinerechner für private Finanzen; http://www.n-heydorn.de/gehaltsrechner.html; abgerufen am 13.03.2009

Vom monatlichen Bruttogehalt sind vom Arbeitgeber zunächst die Lohnsteuer, der Solidaritätszuschlag und die Kirchensteuer einzubehalten und an das Finanzamt abzuführen. Die **Höhe der Lohnsteuer** ist abhängig von der **Höhe des Bruttoverdienstes** und von der **Lohnsteuerklasse**. Diese berücksichtigt die vorgesehenen Vergünstigungen, die insbesondere Familien mit

Kindern gewährt werden. So zahlt beispielsweise ein verheirateter Arbeitnehmer bei gleichem Verdienst weniger Steuern als ein Lediger. Welche Steuerklasse für einen Arbeitnehmer infrage kommt, ist aus der folgenden Tabelle zu ersehen:

Steuerklasse	Arbeitnehmergruppe
I	Ledige, Geschiedene, Verwitwete (ab dem zweiten Jahr nach dem Tode des Ehegatten), Verheiratete (wenn der Ehegatte im Ausland lebt oder sie von ihrem Ehegatten dauernd getrennt leben)
II	gilt für die zu Steuerklasse I genannten Arbeitnehmer, in deren Wohnung mindestens ein Kind – gleichgültig, ob mit Haupt- oder Nebenwohnung – gemeldet ist, für das sie einen Kinderfreibetrag erhalten (Diese Regelung gilt nicht mehr für Kinder, die nach dem 31.12.2001 geboren wurden.)
III	verheiratete Arbeitnehmer, wenn a) nur ein Ehegatte Arbeitslohn bezieht oder b) beide Ehegatten Arbeitslohn beziehen, einer jedoch auf Antrag in die Steuerklasse V eingereiht ist
IV	verheiratete Arbeitnehmer, die beide Arbeitslohn beziehen
V	verheiratete Arbeitnehmer, die beide Arbeitslohn beziehen, wobei ein Ehegatte auf Antrag in die Steuerklasse III eingereiht ist
VI	wird auf der zweiten oder weiteren Lohnsteuerkarte für einen Arbeitnehmer eingetragen, der gleichzeitig Arbeitslohn von mehreren Arbeitgebern bezieht

Der Arbeitgeber erhält Informationen über die Steuerklasse durch die **Lohnsteuerkarte**, die der Arbeitnehmer ihm jährlich zur Verfügung stellt. Nach Ablauf eines Jahres erhält der Arbeitnehmer dann eine elektronische Lohnsteuerbescheinigung zurück. Auf dieser sind u. a. der Jahresbruttolohn, die einbehaltenen Steuern und die Sozialversicherungsbeiträge eingetragen. Der Arbeitnehmer benötigt diese Bescheinigung als Beleg für seine Steuererklärung. Eine Einkommensteuererklärung ist beispielsweise verpflichtend für Arbeitnehmer, die noch weitere Einkünfte, z. B. aus einer vermieteten Eigentumswohnung haben. Ein Arbeitnehmer sollte sie freiwillig durchführen, wenn zu erwarten ist, dass er einen Teil der einbehaltenen Steuern erstattet bekommt, z. B. wenn er nicht das ganze Jahr gearbeitet hat.
Auf der Lohnsteuerkarte wird die Anzahl der Kinder zur Berücksichtigung der **Kinderfreibeträge** vermerkt. Als Zähler kommen infrage 0,5 / 1,0 / 1,5 / 2,0 usw. Halbe Kinderfreibeträge werden beispielsweise bei geschiedenen und dauernd getrennt lebenden Eltern vermerkt, wenn der Kinderfreibetrag je zur Hälfte auf die beiden Elternteile aufgeteilt wird. Die Kinderfreibeträge haben auf die Höhe der Lohnsteuer keinen Einfluss, aber sie werden bei der Berechnung des Solidaritätszuschlages und der Kirchensteuer berücksichtigt und wirken sich hier steuermindernd aus.
In der Lohnabrechnung findet man auch die Eintragung „monatlicher Freibetrag". Arbeitnehmer, die besondere steuermindernde Belastungen zu tragen haben, z. B. durch Versorgung von Angehörigen, können sich auf Antrag einen Freibetrag vom Finanzamt in die Lohnsteuerkarte eintragen lassen. Dieser wird dann bei der Berechnung der Lohnsteuer berücksichtigt.
Neben der Lohnsteuer wird der **Solidaritätszuschlag** einbehalten. Er beträgt zurzeit 5,5 % der Lohnsteuer und dient in den neuen Bundesländern u. a. zur Stärkung der Infrastruktur, beispielsweise zum Bau und Ausbau von Straßen.
Kirchensteuer zahlen Arbeitnehmer, wenn sie Mitglied in einer Religionsgemeinschaft sind, die aufgrund gesetzlicher Bestimmungen befugt ist, entsprechende Beiträge zu erheben.
Weiterhin werden vom Lohn die **Beiträge** des Arbeitnehmers **zur Sozialversicherung** einbehalten. Die Höhe des Krankenkassenbeitrages ist abhängig von der jeweiligen Krankenkasse. Im Beispiel von Ingeborg beträgt der Gesamtbeitrag 15,5 % (14,6 % plus 0,9 % Zusatzbeitrag)

vom steuerpflichtigen Bruttolohn, die Arbeitnehmerin hat davon die Hälfte, somit 7,3 % (plus den zusätzlichen Arbeitnehmerbeitrag von 0,9 %) zu tragen.[1]
Derzeit beträgt der Anteil des Arbeitnehmers zur

- Pflegeversicherung 0,98 % (kinderlose Arbeitnehmer, die zwischen 23 und 64 Jahre alt sind, zahlen 1,23 %),
- Rentenversicherung 9,95 %,
- Arbeitslosenversicherung 1,4 %.

Aus der Gehaltsabrechnung von Ingeborg ist zu ersehen, dass die Finanzierung der staatlichen Aufgaben durch Steuern eine erhebliche Belastung für einen Arbeitnehmer darstellt. Auch die Vorsorgeaufwendungen für die Sozialversicherung belasten in hohem Maße. Ohne diese Abzüge wären aber weder die staatlichen Aufgaben, wie Schulen, Straßenbau usw., noch die Vorsorge im Falle von Krankheit, Pflegebedürftigkeit, Arbeitslosigkeit oder zur Absicherung einer Rente im Alter finanzierbar.

Aufgaben

1. Welche Abzüge vom Gehalt sind bei der Gehaltsabrechnung vom Arbeitgeber einzubehalten?
2. Welche Abzüge dienen der Finanzierung staatlicher Aufgaben?
3. Welche besonderen Aufgaben werden mit dem Solidaritätszuschlag finanziert?
4. Wovon hängt die Höhe der einbehaltenen Lohnsteuer ab?
5. Geben Sie Beispiele für kirchliche Gemeinschaften, die berechtigt sind, von ihren Mitgliedern Kirchensteuern einzuziehen.
6. Suchen Sie im Internet nach einem Gehaltsrechner. Überprüfen Sie mit diesem Rechner Ihre eigene Gehaltsabrechnung.
7. Ermitteln Sie, an wen und bis wann der Arbeitgeber die einbehaltene Lohnsteuer, Kirchensteuer, den Solidaritätszuschlag und die Sozialversicherungsbeiträge abzuführen hat.

15 Kommunikationstechnik

15.1 Kommunikationstechnik für den praxisinternen Informationsaustausch

Situation

Nezire: „Heute ist in der Praxis wieder einmal die Hölle los. Das Telefon steht überhaupt nicht still." Julia: „Ja, ich habe schon zwischenzeitlich am Empfang ausgeholfen, da ihr ja kaum Zeit hattet, die Patienten anzunehmen. Dann sollen noch Gutachten per E-Mail versandt werden und für Herrn Dr. Böcker soll ich noch eine Anfahrtsskizze und die Wegbeschreibung für den Kongress in Heidelberg aus dem Internet abrufen und ausdrucken."

In einer Arztpraxis sind vielfältige praxisinterne Informationen auszutauschen. Weiterhin muss die Praxis über das Telefonnetz für die Patienten erreichbar sein. In beiden Fällen werden entsprechende Geräte eingesetzt, die den Transport von Informationen über größere Entfernungen ermöglichen.

[1] *Ab 01. Juli 2009 erfolgt im Rahmen des Konjunkturpaketes II (vgl. S. 75) eine Absenkung des Krankenversicherungssatzes auf 14,9 % (AG: 7,0 %; AN: 7,0 % plus 0,9 % Zusatzbeitrag).*

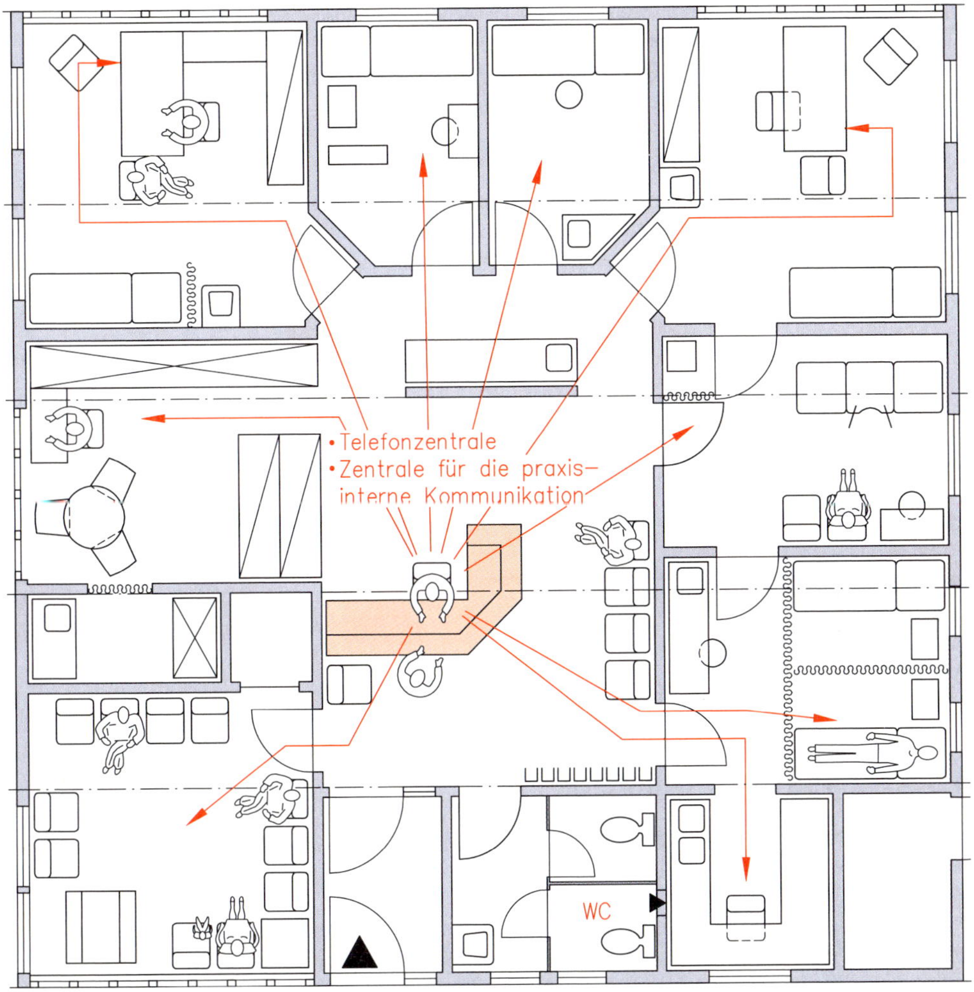

Praxisintern müssen die Patienten vom Wartezimmer in die entsprechenden Behandlungsbereiche der Praxis gerufen werden. Ferner muss ein schneller Informationsaustausch des Personals untereinander und mit dem Arzt möglich sein, ohne dass es notwendig ist, den anderen persönlich aufzusuchen. Für die **praxisinterne Kommunikation** können eingesetzt werden:

Lautsprecheranlagen

Lautsprecheranlagen ermöglichen beispielsweise Durchsagen vom Praxisempfang oder aus dem Behandlungsbereich in das Wartezimmer. Sie ermöglichen nur eine einseitige Kommunikation. Der Sprecher gibt eine Mitteilung weiter und erwartet, dass sie von dem Betroffenen gehört und verstanden wird. Über das System kann auch entspannende Musik übertragen werden, um die Wartezeit der Patienten zu überbrücken und zu erleichtern.

Wechsel- und Gegensprechanlagen

Für den Informationsaustausch des Personals untereinander bzw. mit dem Arzt können Wechsel- oder Gegensprechanlagen genutzt werden. Bei **Wechselsprechanlagen** kann, wenn der erste Teilnehmer spricht, der andere Teilnehmer die Nachricht nur empfangen. Will er auf die Nachricht antworten, muss die Wechselsprechanlage erst auf Senden umgeschaltet werden. Dieses bewusste Umschalten zwischen Senden und Empfangen hat für eine Praxis den Vorteil,

dass selbst bei versehentlich eingeschalteter Sprechanlage nicht Gespräche aus einem Raum in andere Bereiche der Praxis übertragen werden.
Diese Gefahr besteht bei **Gegensprechanlagen**. Bei eingeschalteter Gegensprechanlage können beide Teilnehmer gleichzeitig sprechen und hören.

Nebenstellenanlagen des Telefons

Für die praxisinterne Kommunikation können auch die Nebenstellen des Telefons genutzt werden. In diesem Fall ist die praxisinterne Nebenstellennummer eines Apparates in einem Raum der Praxis zu wählen. Für diese Telefonate fallen keine Gebühren an.

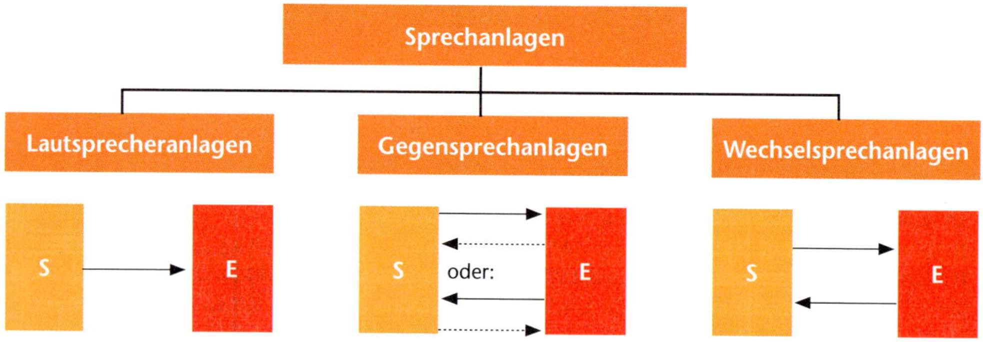

S = Sender, E = Empfänger

15.2 Telekommunikation

Die Arztpraxis muss für den Patienten während der Sprechstunden jederzeit telefonisch erreichbar sein. Außerhalb der Sprechstunde erfolgt eine Ansage der entsprechend verfügbaren Notdienste. Hierzu muss eine Telefonanlage vorhanden sein. Die gesamte Abwicklung und Steuerung der Telefondienstleistung übernimmt ein Unternehmen für Telekommunikation. Mittlerweile sind eine Vielzahl von privaten Anbietern in diesem Bereich tätig.
Die Telekommunikation ist inzwischen nicht mehr auf das Telefon begrenzt. Auch wenn der Austausch von Informationen über das Telefon immer noch einen großen Umfang in jeder Arztpraxis ausmacht, werden heutzutage zunehmend technische Einrichtungen genutzt, mit deren Hilfe man neben der Sprachübertagung Texte, Daten und Bilder übermitteln und empfangen kann.

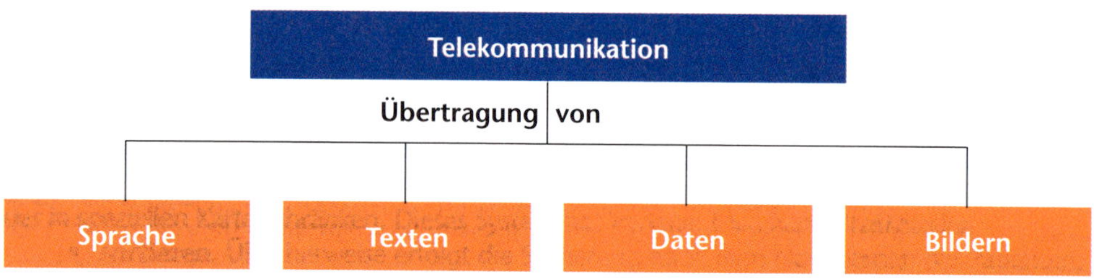

Hierzu bedarf es eines entsprechend leistungsfähigen Telefonanschlusses. Die meisten Arztpraxen verfügen daher über einen **ISDN-Anschluss**. Bei diesem, die verschiedenen Dienste integrierenden Digitalnetz ist gewährleistet, dass eine gleichzeitige Nutzung von z. B. Telefon, Fax und Internet möglich ist. Hierzu benötigt die Praxis Endgeräte, die vernetzt sind. In einer sehr modernen Praxis kann eine solche Vernetzung folgendermaßen aussehen:

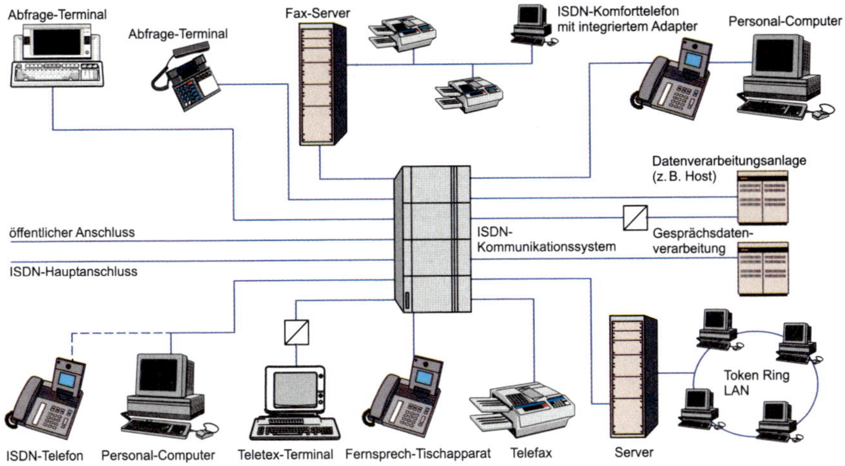

Über folgende Endgeräte muss eine Arztpraxis verfügen:

- **Telefon mit Nebenstellenanlagen**
  Der Praxisempfang ist die Kommunikationszentrale. Hier befindet sich daher auch die Hauptstellenanlage, bei der alle Telefongespräche eingehen. Entsprechend leistungsfähig muss das zentrale Telefongerät sein. Normalerweise verfügen die hier eingesetzten Apparate über
  - ein Display zur Anzeige vielfältiger Funktionen, beispielsweise Anzeige der Rufnummer des Anrufers und Gesprächskostenanzeige,
  - eine Freisprecheinrichtung,
  - ein Telefonbuch zur Aufnahme der wichtigsten Partner der Praxis mit der Möglichkeit einer Anwahl direkt aus dem Telefonbuch,
  - einen integrierten Anrufbeantworter zur Durchsage der Sprechstundenzeiten und der Notdienste,
  - eine Tastatursperre,
  - eine Wahlsperre (Sperren von Rufnummern),
  - die Möglichkeit zur Wahlwiederholung der letzten Rufnummern,
  - eine Anruf-Weiterleitung,
  - die Möglichkeit zur Speicherung der Rufnummern von Anrufern, die niemanden in der Praxis erreicht haben, mit Datum und Uhrzeit.
- **Fax**
  Ein Fax dient dazu, Kopien eines Dokuments über das Telekommunikationsnetz an ein anderes Fax zu übermitteln (Fernkopie).
- **Mobiltelefon (Handy)**
  Es kann notwendig sein, den Arzt außerhalb der Praxis in dringenden Fällen zu erreichen. In diesem Fall wird über das Mobiltelefon sichergestellt, dass der Arzt unverzüglich angerufen werden kann. Außerhalb der Sprechstundenzeiten können eingehende Gespräche auch auf das Handy des Arztes umgeleitet werden.
- **Computer mit Internet-Anschluss**
  Das Internet ist ein weltweites Computernetz, das Millionen von Computern miteinander verbindet. Je nach Bedarf können die unterschiedlichsten Internetdienste in Anspruch genommen werden. Besonders bekannt und oft genutzt ist das World Wide Web. Arztpraxen nutzen diesen Dienst, um eigene Homepages, d. h. Informationen über die eigene Praxis, für Interessierte ins Internet zu stellen. Ein weiterer oft genutzter Internet-Dienst ist die Möglichkeit zum Schreiben und Empfangen von E-Mails. Diese elektronische Post erlaubt die direkte schriftliche Übermittlung von Daten. Bequemer, kostengünstiger und schneller kann man Informationen kaum versenden. Mittlerweile ist es auch möglich, über das Internet zu telefonieren.

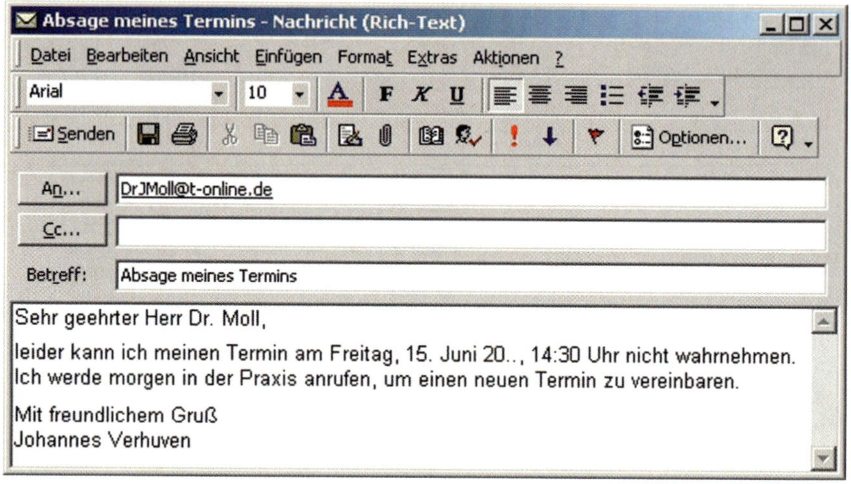

Beim Internet benötigt man neben der Verbindung des Computers mit dem Telefonanschluss und der damit verbundenen Telefondienstleistung durch ein Telekommunikationsunternehmen auch noch einen sogenannten **Provider**. Dieser stellt die Programme und Dienstleistungen zur Verfügung, damit das Internet genutzt werden kann. Für seine Dienste stellt er entsprechende Kosten in Rechnung. Bei der Internetnutzung fallen somit neben den Telefonkosten die Kosten für den Provider an. Darüber hinaus ist auch der Aufruf bestimmter Internetseiten mit Kosten verbunden. Hierauf muss der Anbieter zuvor aber hinweisen.

Besondere Vorsichtsmaßnahmen sind bei der Nutzung des Internets geboten. Viren und Würmer können bei Dateien und Programmen auf dem eigenen Computer erheblichen Schaden anrichten. Die Absicherung des Computers über eine sogenannte **Firewall** ist daher unbedingt erforderlich. Sie schützt den Computer vor unerwünschten Viren und Würmern.

Die Telekommunikation stellt für jede Praxis einen erheblichen **Kostenfaktor** dar. Insofern ist es unbedingt erforderlich, Kosten zu sparen. Wichtig ist ein Vergleich der Grund- und Verbindungsgebühren der verschiedenen Telekommunikationsanbieter. Hier kann ein Wechsel zur Senkung der Kosten beitragen. Die Kosten eines Telefongesprächs sind abhängig von Dauer, Entfernung, Tageszeit und vom Wochentag. Dies sollte bei der Gesprächsplanung ebenfalls berücksichtigt werden, auch wenn die Praxiszeiten hier die mögliche Flexibilität begrenzen. Weiterhin sollten Telefongespräche gut vorbereitet sein, d.h. alle benötigten Unterlagen bereitliegen und eventuell wichtige Gesprächspunkte vorab stichwortartig notiert sein.

Aufgaben

1. Erläutern Sie, wie mithilfe von technischen Hilfsmitteln die praxisinterne Kommunikation über größere Entfernungen erleichtert wird.
2. Zwischen welchen Arten von Telefonanschlüssen kann der Telefonkunde wählen?
3. Was versteht man unter „Telekommunikation"?
4. Erläutern Sie die wichtigsten Endgeräte, die eine Arztpraxis für die Wahrnehmung der Telekommunikationsdienste benötigt.
5. Wie lassen sich die Kosten der Telekommunikation senken?
6. Informieren Sie sich im Internet über die Grund- und Verbindungsgebühren verschiedener Anbieter für Telekommunikation.
   Erstellen Sie eine Tabelle, aus der die jeweils günstigsten Anbieter zu ersehen sind.
7. Rufen Sie die Internetseiten Ihrer Praxis und anderer Arztpraxen auf. Drucken Sie die Seiten mehrerer Praxen aus. Beurteilen Sie die Internetseiten hinsichtlich der medizinischen Informationen für den Patienten und hinsichtlich der Gestaltung.

8. Suchen Sie im Internet Seiten zum Thema „Telefonieren über das Internet" auf. Erstellen Sie eine Liste mit allen Voraussetzungen, die gegeben sein müssen, um das Telefonieren auf diese Weise zu ermöglichen.
9. Ermitteln Sie mithilfe des Internets die amtliche Buchstabiertafel und drucken Sie sich diese aus. Halten Sie diese für Telefongespräche bereit.
Inwiefern kann diese Tafel dazu beitragen, Telekommunikationskosten zu sparen?

16 Grundlagen der Kommunikation

Situation

Ein hektischer Mittwochvormittag, die Praxis ist nur noch bis 13:00 Uhr geöffnet. „Was bin ich froh, dass gleich Feierabend ist!" stöhnt Katrin. Da klingelt das Telefon, Katrin nimmt den Hörer ab. „Hier ist Nadja Wagner. Ich habe seit zwei Wochen starke Kopfschmerzen. Kann ich gleich vorbeikommen?" „Wir haben heute keine Termine mehr frei", erwidert Katrin entschlossen. „Auch nicht für Notfälle?", beharrt die Patientin. „Wenn Sie bereits seit Tagen unter Kopfschmerzen leiden und erst am Mittwochvormittag, kurz bevor die Praxis schließt, auf die Idee kommen, sich beim Arzt zu melden, dann kann man doch wohl nicht von einem Notfall sprechen!" antwortet Katrin ungehalten. Beleidigt legt die Patientin den Hörer auf. „Die hat ja wohl noch nie etwas von gelungener Kommunikation gehört", schimpft eine Patientin, die am Empfang steht und das Gespräch zufällig mitangehört hat.

Der Begriff „Kommunikation" wird heute immer häufiger verwendet und seine Bedeutung für ganze Berufsgruppen neu entdeckt – so auch für die Medizinische Fachangestellte. Woher kommt der Ausdruck „Kommunikation", und was bedeutet er?
Im Lateinischen gibt es das Wort „communicare", das so viel wie „teilen" heißt und womit wohl vor allem einmal das Teilen von Dingen gemeint war. Aus diesem Wort soll sich die Grundbedeutung unseres heutigen Begriffs „Kommunikation" ableiten: Das wechselseitige Übermitteln von Signalen mit festgelegten Bedeutungsinhalten – das Mitteilen von Intentionen, von Fakten, von Geschehnissen, von Erfahrungen, von Gedanken, Vermutungen, von Gefühlen – Nachrichten folglich, die auch Informationen aus dem eigenen Ich sein können.

16.1 Kommunikation und Verhalten

Immer wenn Menschen miteinander „umgehen", findet zwischenmenschliche (interpersonale) Kommunikation statt. **Zeichen** werden zwischen Menschen ausgetauscht. Auf der hörbaren, akustischen Ebene geschieht dies in Form der Wortsprache – Rede und Gegenrede (verbal). Auf der visuellen Ebene (körpersprachlich, nonverbal) zeigt es sich im Verhalten; **Signale** werden mithilfe des ganzen Körpers (Proxemik), der Gliedmaßen (Gestik) sowie der Gesichtsmuskulatur (Mimik) produziert.
Weitere **Signale** kommen hinzu: Geruch, Berührung, räumliche Nähe oder Distanz zum anderen (Raumverhalten). Über das Geruchsorgan nimmt der Mensch z. B. Lock oder Schreckstoffe auf. Er erfährt, ob er die von einem anderen ausgehenden Duftstoffe mag oder ob er ihn sprichwörtlich „nicht riechen kann". Berührungssignale transportieren wichtige soziale und emotionale Botschaften, etwa ein kurzes Berühren des Arms als ein mögliches Zeichen von Mitgefühl. Dabei werden unter **Signalen** Zeichen mit Bedeutungsinhalt verstanden. Werden diese Zeichen unter Einhaltung bestimmter Verknüpfungsregeln sinnvoll miteinander kombiniert, ergeben sie eine **Nachricht**. Ist diese Nachricht von Bedeutung für den Adressaten (Rezipient, Empfänger), handelt es sich um eine **Information**. Letztere definiert sich jedoch allein vom Empfänger der Nachricht her und nicht vom Sender.

Die Kommunikation des Menschen – verbal und nonverbal, gelernt wie die Sprache bzw. angeboren wie das Lächeln – ist Ausdruck und Teil seiner Selbst und seiner Beziehung zu anderen Menschen. Sie bedient sich zwar der Regeln des jeweiligen Kulturkreises, in dem ein Mensch geboren ist und lebt, ist und bleibt aber dennoch auch individuell.

Exkurs

Die nonverbale Kommunikation ist die Sprache des Körpers. In ihr drücken sich vor allem die Gefühle und Wünsche sowie die Haltung des Sprechers (Senders) aus. Die Sprache des Körpers ist „Ausdruck innerer Bewegung" – oder wie Samy Molchow auch formuliert: „Der Körper ist der Handschuh der Seele, ..." (Molchow, S.: Körpersprache, 1996, S. 26). Elemente der Körpersprache sind:

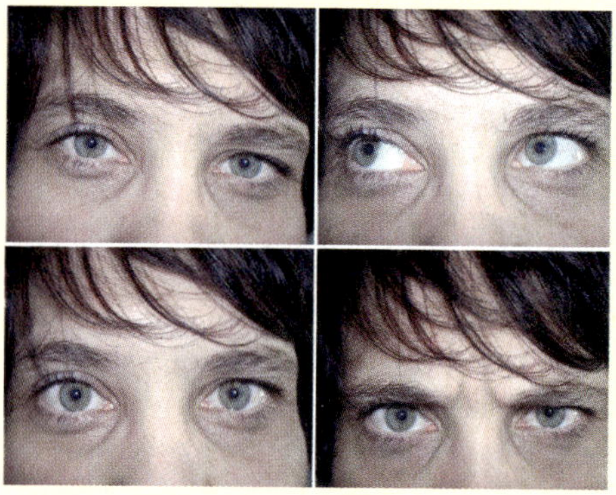

- **Blickkontakt** (zentrales nonverbales Element; vermittelt u. a. Interesse, Zuwendung, Selbstsicherheit, Ablehnung)

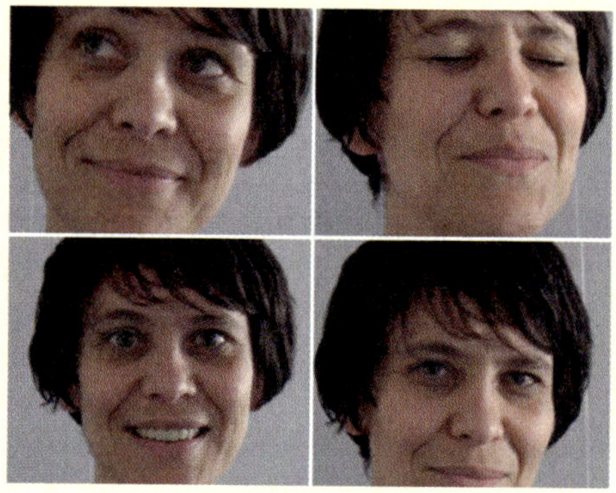

- **Gesichtsausdruck** (Mimik; spiegelt vor allem den Gefühlszustand)

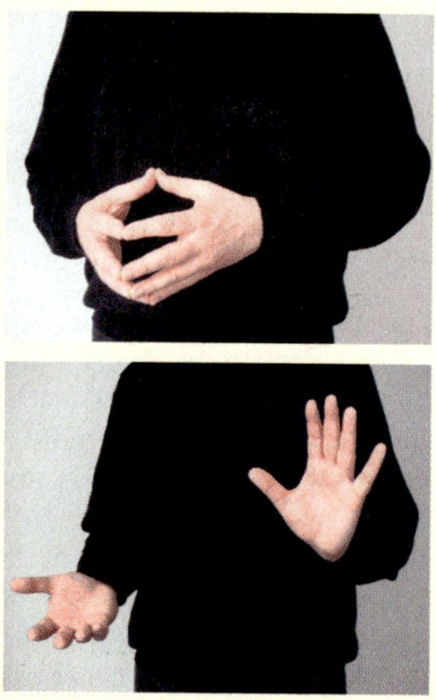

- **Sprache der Hände** (Gestik; unterstützt das gesprochene Wort und drückt die eigene innere Haltung bzw. Befindlichkeit aus, illustriert, betont und verdeutlicht die Beziehung zum Partner)

- **Körperhaltung und -bewegung** (drückt die eigene innere Haltung bzw. Befindlichkeit aus sowie die Beziehung zum Partner)

Hinzu kommen:
- Klingende nonverbale Zeichen (u. a.: Stimme – sie ist Ausdruck von Stimmung, Lautstärke; Sprechgeschwindigkeit; Sprechmelodie – Tonhöhenverlauf);
- Nähe/Distanz (soziale Entfernung zum Partner, aber auch das Nachdruckverleihen einer Nachricht durch das Verkürzen der Distanz);
- personenbezogene Äußerlichkeiten (u. a.: Kleidung, Schuhe, Symbole, Haare, Brille, Schmuck, Hygiene des Körpers und der Kleidung etc.);
- weitere Äußerlichkeiten (Gestaltung des Raums, in dem kommuniziert wird).

Kommunikation zwischen Menschen läuft nicht linear ab. Es handelt sich vielmehr um einen kreisförmigen Prozess mit wechselseitiger Rückkoppelung zwischen den an der Kommunikation beteiligten Personen:

- Spezifische Impulse aus dem Gehirn eines Menschen erreichen (ihm bewusst oder unbewusst) eines seiner Organe, die kommunikative Signale bilden (z. B. mimische Muskulatur, Kehlkopf).
- Ein Signal wird in einer Weise geformt und ausgesendet, die sicherstellt, dass der Empfänger es wahrnehmen und verarbeiten kann. Dazu muss es von konkurrierenden Signalen (z. B. Signale anderer Menschen, Geräusche oder Musik) getrennt werden.
- Der Empfänger nimmt das Signal bewusst oder unbewusst über das entsprechende Organ auf (z. B. Auge, Ohr) und verarbeitet es in dafür spezialisierten Regionen des Gehirns. Dort wird ihm seine eigentliche Bedeutung zugeschrieben, seine psychologisch relevante Bewertung (was in der Folge zur Entwicklung von Gefühlen, Emotionen führt) und wird mit Bewusstseinsinhalten und anderen kognitiven Leistungen des Gehirns verknüpft.
- Der Empfänger reagiert entweder ohne eine wahrnehmbare Verhaltensänderung (aber u. U. mit der Änderung von Einstellungen, Wissen) oder wahrnehmbar über einen seiner Kommunikationskanäle und damit für den Partner direkt hör- bzw. sichtbar. Seine Reaktion kann dabei evolutionsbiologisch festgelegten Programmen folgen (z. B. Antipathie auf unangenehmen Körpergeruch, spontanes Lächeln), ganz frei gestaltet oder eine Mischung aus beiden sein.

Von **erfolgreicher Kommunikation** kann dann gesprochen werden, wenn der Empfänger der Nachricht die ausgesandte Nachricht so interpretiert hat, wie der Sender es beabsichtigt hat.

Das menschliche Verhalten ist ein Teil der Kommunikation. Dies führt zu den Schlussfolgerungen des Psychotherapeuten und Kommunikationswissenschaftlers Paul Watzlawick. Er vertritt die Position, dass so gegensätzliche Aktionen wie Handeln oder Nichthandeln und Sprechen oder Schweigen alle Mitteilungscharakter hätten: Sie beeinflussten andere, und diese anderen könnten ihrerseits nicht nicht auf diese Kommunikation reagieren und würden damit anfangen, selbst zu kommunizieren.
Kurz gesagt: Man kann nicht einfach nicht kommunizieren. Kommunikation ist immer ein fortwährender dialogischer Prozesskreislauf (vgl. Watzlawick, P.: Menschliche Kommunikation, 1990, S. 47–53).

Hinzu kommt, dass Menschen normalerweise nur in der Lage sind, den kleineren Teil ihrer Kommunikation bewusst zu steuern. Insbesondere die nonverbalen Anteile der Kommunikation, die körpersprachlichen Signale, entziehen sich in der Regel dieser Steuerung durch das Bewusstsein. Nur in der Theorie kann zwischen der Ebene des Bewusstseins (kognitive Ebene; sie ist insbesondere sachorientiert, überlegt, rational) und der Ebene des Unterbewusstseins (affektive Ebene; sie ist vor allem die Ebene des Gefühls und auch der Beziehung) unterschieden werden. In der menschlichen Kommunikationspraxis hingegen sind beide Ebenen untrennbar miteinander verwoben. Menschen kommunizieren immer auf beiden Ebenen gleichzeitig. Dabei bestimmt die affektive Ebene die menschliche Kommunikation maßgeblich. Ableiten lässt sich daraus, dass in jeder Kommunikation zunächst die Beziehungsebene gestaltet werden muss – und zwar mindestens neutral, besser noch positiv. Dies ist eine der zentralen Voraussetzungen, um auf der kognitiven Ebene den Kommunikationspartner mit einer Nachricht inhaltlich erreichen zu können.

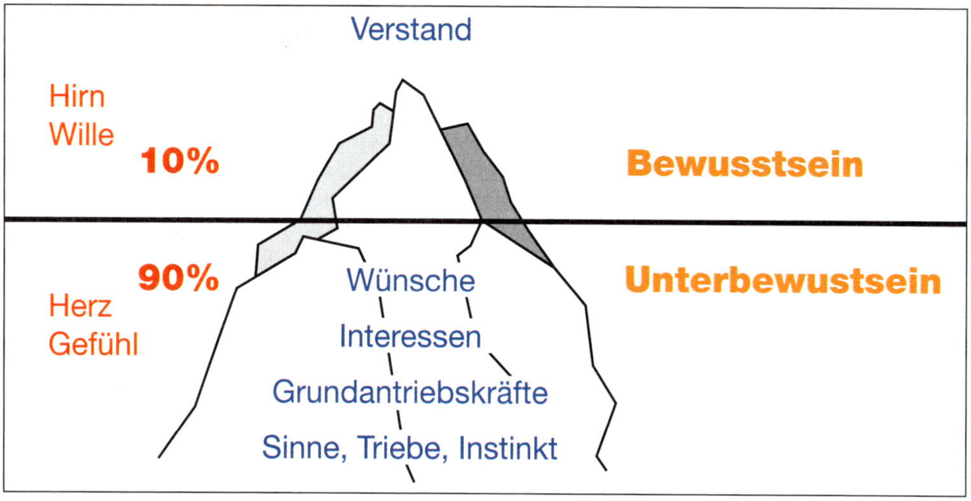

Eisberg der Kommunikationsebenen

Menschliche Kommunikation ist immer ganzheitlich und somit immer auch Ausdruck der individuellen Person und Persönlichkeit. Die Konsequenz: Um kommunikativ erfolgreich zu sein, reicht es nicht, zu wissen, was Kommunikation ist oder kommunikative Tricks einzustudieren. Vielmehr müssen zunächst die individuellen Voraussetzungen gegeben sein; z. B. Welche Einstellung habe ich zu meinem Beruf? Welche Einstellung habe ich zum Praxisteam und seinen einzelnen Mitgliedern? Welche Einstellung habe ich zu den Patienten? Welche Einstellung habe ich zu meiner Arbeit mit ihren Inhalten bzw. Aufgaben? Ein Kommunikationspartner (Empfänger, Rezipient) wird immer wahrnehmen, merken, spüren, ob in diesem Sinne Kommunikation (Sender, Kommunikator) glaubwürdig ist oder nicht. Diese Glaubwürdigkeit erwächst daraus, dass sich verbale und nonverbale Kommunikation entsprechen (Kongruenz). Verbale Freundlichkeit etwa führt nicht zum Erfolg, wenn der Empfänger gleichzeitig über die nonverbale Wahrnehmung der Körpersprache weniger freundliche Signale empfängt (Inkongruenz). Allein glaubwürdige, wahrhaftige Kommunikation aber hat die Kraft, zu überzeugen, Menschen anzuleiten, zu motivieren, sie zu führen.

16.2 Selbst- und Fremdbild

Jeder Mensch hat ein Bild von sich – wie sehe ich mich selbst (Selbstbild). Spricht man mit jemand anderem, so macht sich diese Person spontan und ganz unbewusst immer ein Bild von ihrem Gegenüber (Fremdbild). Selbstbild und Fremdbild entsprechen sich nicht oder nur in meist kleinen Bereichen. Der Grund: Menschen machen immer auch Mitteilungen über sich, ohne sich dessen bewusst zu sein. Teile der eigenen Kommunikation entziehen sich also der eigenen Wahrnehmung (vgl. Stangl, Werner: Selbst- und Fremdwahrnehmung, http://arbeitsblaetter.stangl-taller.at/KOMMUNIKATION/Joharifenster.shtml; abgerufen am 18.11.2008).
Bei einem Erstkontakt gibt es nicht einmal die Zeit auf der verbalen Ebene etwas inhaltlich Wichtiges zu vermitteln, schon ist das Gegenüber „abgescannt". Worauf es also zunächst ankommt, ist nicht, was man sagt, sondern wie. Der „Scan" dauert zwischen 150 Millisekunden und maximal 90 Sekunden. Und dieser erste Eindruck ist ein Phänomen, dem sich niemand entziehen kann und der – so zeigen Studien – nur in den seltensten Fällen täuscht (vgl. Zittlau, Jörg: Ein Blick genügt,

2005, S. 4). Dieses so entstandene Fremdbild beeinflusst in der Folge den zweiten Eindruck. Zum einen wird man freundlich auf einen anderen Menschen reagieren, wenn man den anderen im ersten Eindruck sympathisch fand. Zum anderen wirkt dieser erste „Scan" gewissermaßen als Filter im Kommunikationspartner, dem Empfänger. Man ist darauf aus, Bestätigungen für seine Scan-Eindrücke zu finden. Was zunächst vom Gegenüber wahrgenommen wurde und sich im Betrachter zum Fremdbild gefügt hat, sind optische Elemente. Zu diesen gehören z. B. Kleidung, Haare, Gesichtsform, Mimik, Körpergröße, Körperbau, Körperspannung und körpersprachlicher Ausdruck (u. a. das Gehen, das Stehen, die Körperhaltung, die Mimik, der Blick, die Gestik). Eben die äußere Erscheinung und die Art und Weise, wie sich jemand in der Situation darstellt und verhält, beeinflusst nachhaltig das Bild, das man sich vom anderen macht – das Fremdbild. Folgende Probleme können hinzutreten:

- Merkmale, die besonders herausstechen, können den Eindruck der restlichen wahrgenommenen Eigenschaften verzerren.
- Merkmale, die zuerst oder auch in der Reihenfolge zuletzt wahrgenommen werden, verankern sich im Gedächtnis besonders gut.

Hierbei besteht die Gefahr, dass bei der Wahrnehmung von Menschen von ihren äußeren Merkmalen und ihrem Verhalten auf ihre Eigenschaften geschlossen wird.

Das Selbstbild eines Menschen wird i. d. R. nicht davon beeinflusst, wie andere Menschen ihn wirklich sehen (Fremdbild), sondern davon, wie er meint, dass die anderen ihn sehen (vermutetes Fremdbild). Menschen stellen also Vermutungen darüber an, wie sie von ihren Gesprächspartnern wahrgenommen werden: Wie wirke ich wohl auf andere, wie sehen sie mich wahrscheinlich? Entsprechend werden sie ihre Kommunikation darauf abstimmen, ohne zu wissen wie sie wirklich wirken. Hinzu kommt, dass ihr Selbstbild keineswegs vollständig ist, da jeder einen sogenannten „toten Winkel" hat, und nicht in der Lage ist, alles zu jeder Zeit an sich wahrzunehmen. Wer sich und seine Kommunikation weiterentwickeln und daran arbeiten will, sollte sich daher bemühen,

- immer wieder auch Rückmeldungen (Feedback, z. B. aus dem Team) über sich einzuholen: „Wie nehmen mich die anderen wirklich wahr? Welches Bild haben sie von mir, und wodurch wird dieses Bild vor allem bestimmt?". Dies ist gerade dort wichtig, wo Menschen in einem Team und auch mit Patienten/Kunden zusammenarbeiten,
- über den Kommunikationspartner nicht vorschnell zu urteilen, sondern sich und seine Wahrnehmung bewusst (!) zu öffnen, um möglichst viele Seiten an seinem Gegenüber wahrzunehmen.

16.3 Wahrnehmung und Sinneskanäle

Menschliche Kommunikation ist ein Prozess. Sender und Empfänger tauschen zum Zweck der Verständigung Nachrichten aus. Hierzu verwenden sie u. a. Sprache, Mimik, Blickkontakt, Gestik und Körperhaltung. In jeder Kommunikation geht es dabei sowohl um die Sache als auch um die persönliche Bedürfnisbefriedigung der Beteiligten. Daher ist von erfolgreicher Kommunikation erst dann auszugehen, wenn Wahrnehmung und Interpretation beim Sender und beim Empfänger möglichst ähnlich verlaufen. Zu beachten ist: Die Interpretation des Wahrgenommenen ist immer ganz individuell. Jeder einzelne Mensch ist Erbauer seiner eigenen, subjektiven Umwelt. Wirklichkeit und Wahrheit entstehen also immer in jedem Einzelnen und bleiben daher subjektiv. Hinzu kommt, dass jeder Mensch unterschiedliche Sinneskanäle für seine Kommunikation bevorzugt. Was der eine für sich wahrnimmt, muss nicht für den anderen gelten – u. a. davon abhängig, durch welchen Filter jeweils vor allem wahrgenommen wird: sehen – hören – fühlen – riechen – schmecken.
Gut zu kommunizieren bedeutet daher auch, sich auf den Kommunikationspartner, den Empfänger, individuell einzustellen und z. B. Formulierungen zu verwenden, die sich auf dessen Sinneswahrnehmung beziehen,

- sehen
  - „Ich sehe das so ..."
  - „Mir scheint ..."
  - „Völlig klar!"
- hören
  - „Ich verstehe das so ..."
  - „Das klingt ..."
  - „Stimmt!"
- fühlen
  - „Ich nehme an, ..."
  - „Ich habe das Gefühl, ..."
  - „Voll akzeptiert ..."

Auf diese Weise wird es wahrscheinlicher, dass der Empfänger den Sender einer Nachricht besser versteht.

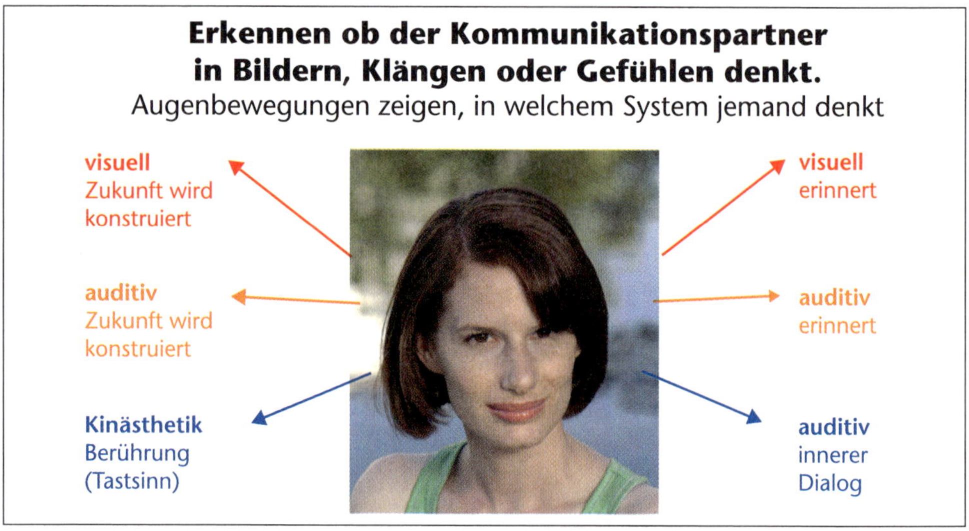

Augenbewegungen

16.4 Sender – Nachricht – Empfänger

Jede Nachricht hat mehr als nur die zwei Seiten – Inhalt und Beziehung. Den Grundvorgang einer jeden interpersonalen Kommunikation beschreibt der Kommunikationswissenschaftler Schulz v. Thun (vgl. Friedemann Schulz von Thun: Miteinander reden: Störungen und Klärungen, 1984, S. 26 ff.) daher wie folgt:
Ein Sender übermittelt dem Empfänger eine Nachricht und erhält über die Wirkung seiner Nachricht eine Rückmeldung (Feedback). An dieser Nachricht werden vier Aspekte unterschieden: Sachinhalt, Selbstoffenbarung, Beziehung und Appell. Diese vier psychologisch bedeutsamen Seiten der Nachricht sind immer im Spiel. Daraus ergibt sich für den Sender die Notwendigkeit, bewusst vierseitig zu senden und für den Empfänger, bewusst vierseitig zu empfangen:

- **Sachinhalt** (Darstellung eines Sachverhaltes; worüber informiere ich?)
  Die Ziele bei der Übermittlung von Sachinhalten sind Sachlichkeit und Verständlichkeit. Sachlichkeit wird erreicht, indem Beziehungsstörungen und persönliche Gefühle nicht überhand nehmen. Verständlichkeit wird erreicht, wenn der Kommunikator sich um Einfachheit, Struktur, Kürze/Prägnanz und Stimulans bemüht.
- **Selbstoffenbarung** (Was gebe ich gewollt oder ungewollt von mir preis?)
  Hier geht es nicht um Imponier- und Fassadentechniken, aus dem Streben nach positiver Selbstdarstellung oder der Angst, etwas preiszugeben, heraus. Vielmehr geht es um mehr unbefangene Offenheit, in einer größeren Übereinstimmung von innerem Erleben und äußerem Gebaren.
- **Beziehung** (Wie stehe ich zu meinem Kommunikationspartner? Was halte ich von meinem Kommunikationspartner?)
  Auf dieser Seite kommt zum Ausdruck, was der Sender vom Empfänger hält bzw. wie sich der Empfänger vom Sender behandelt fühlt. Auch auf dieser Seite treten viele Kommunikationsstörungen auf.
- **Appell** (Welchen Einfluss will ich auf meinen Kommunikationspartner nehmen? Welche Wirkung soll die Nachricht haben?)
  Der Sender kommuniziert, um Einfluss zu nehmen, z. B. um eine Situation über den Empfänger zu verändern oder ihre Veränderung zu verhindern. Diese Seite der Nachricht hat für den Empfänger daher immer auffordernden Charakter.

Vollwertige Kommunikation findet nach Schulz v. Thun erst dann statt, wenn der Sender aus der Rückantwort des Empfängers Anhaltspunkte darüber gewinnt, wie seine Nachricht angekommen ist – und dies bezogen auf alle vier Seiten. Damit ist auch klar, dass der Empfänger der Nachricht über vier Eingangskanäle, vier „Ohren" verfügt:

- Sachohr (Worum geht es, was ist der Sachinhalt?)
- Selbstdarstellungsohr (Wer ist das, wie ist er, was ist mit ihm?)
- Beziehungsohr (Wie steht er zu mir, was denkt er von mir?)
- Appellohr (Was will er, dass ich tue?)

Der Empfänger hat immer die freie Wahl, auf welchem Ohr er vorrangig hört, die Nachricht empfängt, und auch, wie er dann reagiert. So kommt es leicht zu Störungen in der Kommunikation, wenn etwa der Empfänger auf eine Seite Bezug nimmt (z. B. die Beziehungsseite), der Sender das Gewicht aber auf eine andere Seite gelegt hat (z. B. Appell). Permanente einseitige Gewichtung oder „einohriges Hören" erweisen sich natürlich als besonders problematisch (vgl. Schulz von Thun, F.: Miteinander reden: Störungen und Klärungen, 1984, S. 44 ff.).

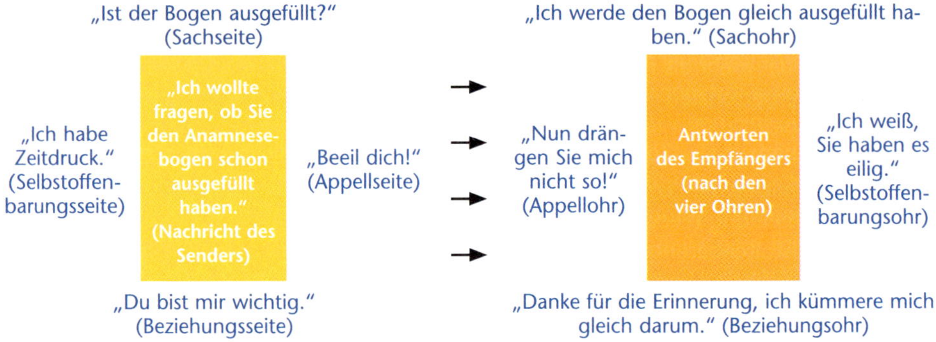

Beispiel:

Sender: „Der Anrufbeantworter muss noch abgestellt werden.“

- *Sachseite* *„Der Anrufbeantworter läuft noch.“*
- *Selbstoffenbarung* *„Ich bin aufmerksam, ich habe es bemerkt.“*
- *Beziehung* *„Ich vertraue Dir, dass Du sonst daran denkst.“*
- *Appell* *„Schalte den Anrufbeantworter jetzt aus.*

Empfänger: Was kann in welchem Ohr möglicherweise ankommen?

- *Sachohr* *„Der Anrufbeantworter läuft noch.“*
- *Selbstoffenbarungsohr* *„Ich kontrolliere dich.“*
- *Beziehungsohr* *„Du musst deine Arbeit besser machen.“*
- *Appellohr* *„Schalte den Anrufbeantworter aus.“*

Hinzu kommt, dass die menschliche Wahrnehmung u.a. von individuellen lebensgeschichtlichen Prägungen, von Wünschen und Interessen beeinflusst wird. Diese sind sehr unterschiedlich und i.d.R. ist der Mensch sich dieser Einflüsse nicht bewusst. Kurz gesagt: Der Mensch nimmt immer nur selektiv wahr; er sucht und nimmt vor allem diejenigen Informationen auf, die ihm zusagen, Informationen, die z.B. sein Weltbild stabilisieren, die zu seinem guten Gewissen oder zu seinem Selbstwertgefühl beitragen, die zu seinem Urteil oder Vorurteil passen. Informationen anderer Art werden herausgefiltert, oder sie werden als weniger wichtig eingestuft, möglicherweise sogar als ärgerlich erlebt.

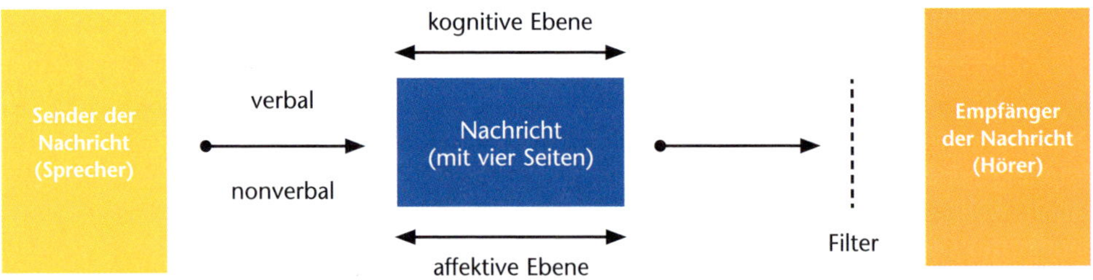

Treten Störungen zwischen Kommunikationspartnern auf, so sollte zuerst gefragt werden, auf welcher Ebene die Probleme liegen. Häufiger als erwartet, werden die Störungen im affektiven Bereich zu finden sein. Daraus ergibt sich: Das Wort reicht weiter als die Hand.

16.5 Elemente positiver Kommunikation

Für die Kommunikation einer Medizinischen Fachangestellten sind ihre individuelle Person und Persönlichkeit sowie ihre persönlichen Einstellungen von zentraler Bedeutung. Ihre Persönlichkeit und ihre Einstellungen drücken sich in ihrem Kommunikationsstil aus und prägen ihre Beziehungen innerhalb des Teams ebenso wie zu Patienten. Dabei sind neben Sachwissen vor allem Aufrichtigkeit, Glaubwürdigkeit und Zugewandtheit zentrale Pfeiler einer wirkungsvollen und partnerorientierten Kommunikation.

In der Praxis wird eine Medizinische Fachangestellte als besonders positiv und ansprechend erlebt werden, wenn sie

- fundiertes und aktuelles fachliches Wissen hat,
- Blickkontakt offen und direkt führt – nach Möglichkeit auf gleicher Höhe mit dem Kommunikationspartner,
- den Patienten mit Namen anspricht – dies hilft, die Beziehung vertrauensvoll zu entwickeln,
- sich auf den Gesprächspartner und dessen Situation konzentriert,
- glaubwürdig ist – verbale und nonverbale Kommunikation müssen hierfür übereinstimmen,
- gut zuhören kann,
- Wichtiges von Unwichtigem trennen kann,
- verständliche Worte wählt,
- kürzere und einfache Sätze bildet,
- konkrete, einfache und anschauliche Beispiele verwendet,
- lebendig spricht,
- Wichtiges betont,
- angemessen schnell bzw. langsam spricht,
- Fehler bzw. Unkenntnis eingesteht,
- Konflikte analytisch und offen angehen kann,
- natürlich und selbstbewusst auftritt,
- partnerbezogen und zugewandt ist (verbal und nonverbal).

Beispiele für Formulierungen:

negativ	positiv
„Wir haben für Sie keinen Termin frei."	„Am 16.10. kann ich Ihnen, Frau Möller, einen Termin anbieten. Möchten Sie lieber am Vormittag oder am Nachmittag kommen?"
„Das kann ich Ihnen nicht sagen."	„Das finde ich für Sie heraus und rufe Sie zurück."
„Sie müssen noch warten."	„Ihre Behandlung beginnt in etwa zehn Minuten."
„Ich werde Ihre Behandlung zwischen zwei andere Termine schieben, aber Sie müssen warten."	„Es ist möglich, einen Termin für Sie frei zu machen, bitte haben Sie etwas Geduld."

Aufgaben

- Welches sind die Elemente interpersonaler Kommunikation und in welcher Beziehung stehen diese zueinander?
- Was versteht man unter den kognitiven und den affektiven Kommunikationsebenen und in welcher Beziehung stehen sie zueinander?
- Was ist nonverbale Kommunikation und was vermitteln ihre Elemente u. a.?
- In welcher Beziehung stehen eigene Einstellung, Glaubwürdigkeit und Kongruenz?
- Was bedeutet „vierseitiges" Senden und Empfangen?
- Wann kann von erfolgreicher Kommunikation gesprochen werden?
- Was gehört alles dazu, damit eine Medizinische Fachangestellte positiv erlebt wird?

Lernfeld 2:
Patienten empfangen und begleiten

1 Gestaltung des Empfangs- und Wartebereichs

Situation

„Unser Patientenempfang gefällt mir ausgesprochen gut.", bemerkt Katrin. „Er passt gut zum Gesamtbild der Praxis und ich habe das Gefühl, dass die Patienten sich in diesem Umfeld wohlfühlen." „Ja, ich habe den Eindruck, dass der Empfang mit seiner Gestaltung und dem warmen Licht den Patienten gefällt. Aber auch das Wartezimmer wirkt ausgesprochen beruhigend auf die Patienten. Wir müssen im Empfang nur aufpassen, dass keine Namen laut genannt werden und dass die Patienten nie Einsicht in den Bildschirm nehmen können. Diskretion ist hier alles", bemerkt Melissa, die bereits im zweiten Ausbildungsjahr ist.

Der **Empfangsbereich** einer Arztpraxis ist **entscheidend für den ersten Eindruck**, den Patienten von der Praxis gewinnen. Er ist so zu gestalten, dass sich die Patienten willkommen, wohl und aufgehoben fühlen. Er trägt zu einer Bindung der Patienten zur Praxis bei. Entsprechend diesen Zielvorgaben sind Form, Licht und Farben besonders sorgfältig auszuwählen. Trotz seiner überragenden Bedeutung für den ersten Eindruck ist der Empfang nur ein Teil der Praxis. Mit allen anderen Teilbereichen der Praxis zusammen sollte sich ein harmonisches Gesamtbild ergeben, das zur Praxis und zum Praxiskonzept passt. Ein solches Gesamtbild wirkt nicht nur auf den Patienten, sondern motiviert auch das Praxisteam.

Bei allen Teilbereichen sind Funktion und Gestaltung aufeinander abzustimmen. So ist der **Wartebereich so zu gestalten**, dass der **Patient** die notwendige Wartezeit nicht als unangenehm empfindet. Er s**oll sich so weit wie möglich entspannen**. Im Gegensatz zum abgebildeten Praxisempfang, der sehr modern, funktional, aber trotzdem warm und ansprechend gestaltet ist, zeigt diese Abbildung einen Wartebereich mit einer eher

wohnlichen Gestaltung. Er würde zum Gesamtbild mit dem oben abgebildeten Praxisempfang nicht passen. Deutlich zeigt sich, dass sich die Gestaltung von Praxen erheblich voneinander unterscheidet. Die Einrichtung von Praxen erfordert ein schlüssiges Gesamtkonzept, das sich den Patienten vermittelt. Dieses Konzept wird immer erheblich mitbestimmt vom Praxisinhaber und muss daher zu seiner Persönlichkeit, aber auch zu seinen Patienten passen. Die eigenen Vorstellungen werden dabei mithilfe professioneller Beratung umgesetzt.
Vom **Empfangsbereich** aus, dies zeigt auch die Abbildung auf Seite 135, wird in wesentlichen Teilen der gesamte **Praxisablauf gesteuert**. Die Medizinischen Fachangestellten müssen jedes Kommen und Gehen von Patienten sehen können. Sie sind weiterhin dafür verantwortlich, dass die Patienten in die entsprechenden Praxisräume geleitet werden. Insgesamt sind hier unter anderem folgende Arbeiten zu leisten:

- Telefondienst,
- Terminplanung,
- Patientenannahme,
- Weiterleiten der Patienten in die einzelnen Praxisbereiche,
- Abwicklung aller Verwaltungsarbeiten,
- Steuerung der gesamten Abrechnung.

Entsprechend offen zugänglich ist in den Arztpraxen der Empfangsbereich gestaltet. Damit bei aller Offenheit trotzdem der **Datenschutz der Patienten** gewahrt bleibt, sollten in diesem Bereich folgende Punkte beachtet werden:

- Der Empfangsbereich sollte mit einer Diskretionszone ausgestattet sein, um die Patientenannahme ohne ungebetene Zuhörer abzuwickeln. Eventuell sind die Patientenangaben schriftlich einzuholen. Nicht mehr benötigte Zettel oder falsch ausgefüllte Formulare sind zu schreddern.
- Der Empfangstresen ist so zu gestalten, dass der Bildschirm nicht eingesehen werden kann. Auch Kalender oder Akten mit Patientendaten dürfen nicht einsehbar sein. Bei kurzfristiger Abwesenheit der Angestellten sollte auf dem Bildschirm ein Bildschirmschoner zugeschaltet werden. Die Rückkehr zur Bearbeitung von Daten mit dem Computer ist mit einem Passwort zu sichern.
- Die Anweisungen zu Weiterbehandlungen dürfen nicht laut und für alle Anwesenden vernehmbar an Mitarbeiter weitergegeben werden. Eventuell sind sie schriftlich auf einem Formblatt zu veranlassen.
- Das Telefon darf keine Quelle des Vertrauensbruchs sein. Namensnennungen dürfen andere Patienten nicht mitbekommen. Befunde sollten nur aus einem geschlossenen Raum durchgegeben werden.
- Der Wartebereich ist zumindest akustisch vom übrigen Praxisgeschehen abzuschirmen.
- Wartet ein Patient im Behandlungsraum auf den Beginn der Behandlung, dürfen nur seine Daten in diesem Raum offen zugänglich sein.
- Nach Dienstschluss gilt das Prinzip einer aufgeräumten Praxis. Nirgendwo dürfen dann noch Patientendaten offen zugänglich sein.

Diese Auflistung zeigt, dass gerade umfassende Kenntnisse im Verwaltungs- und Abrechnungsbereich für die Arbeit am Empfang wichtig sind. Dabei darf aber nicht außer Acht gelassen werden, dass das Verhalten der Angestellten in diesem Bereich für den Empfang des Patienten von entscheidender Bedeutung ist. Dies beginnt mit der Art des Auftretens, erfordert weiterhin eine höfliche und geduldige Aufmerksamkeit für die Belange des Patienten und verlangt Kenntnisse zur angstmindernden Gesprächsführung. Ein gelungener Empfang erhöht den Zuspruch durch Patienten und ist ein Baustein zum Erfolg einer Praxis.

Aufgaben

1. Welche Erwartungen haben Sie an die Gestaltung des Praxisempfangs in einer Arztpraxis?
2. Welche Bedeutung messen Sie ihm in der Einschätzung der Patienten bei?
3. Machen Sie eine Aufstellung, welche Aufgaben der Wartebereich einer Praxis hat. Prüfen Sie, ob in Ihrer Praxis diese Aufgaben so erfüllt werden.
4. Offenheit und Diskretion sind zwei widersprüchliche Anforderungen, die an den Praxisempfang gestellt werden. Erläutern Sie kurz die Maßnahmen, die in Ihrer Ausbildungspraxis ergriffen werden, damit der Datenschutz der Patienten gewährleistet ist.
5. Welche Anforderungen stellen Sie an sich beim Umgang mit Patienten, wenn Sie diese in der Arztpraxis empfangen?
6. Viele Arztpraxen informieren über sich und ihre Leistungen im Internet. Rufen Sie die Internetseiten einiger Praxen im Internet ab und drucken Sie Fotos/Abbildungen von möglichst verschiedenen Empfangs- und Wartebereichen aus. Äußern Sie zu deren Gestaltung Ihre Meinung.
7. Neben Licht, Form und Farbe ist für die tägliche Arbeit im Empfangsbereich der Praxis die ergonomische Gestaltung von Arbeitsplätzen von Bedeutung. Ermitteln Sie mithilfe des Internets wichtige ergonomische Gestaltungsprinzipien für Stühle, Schreibtische und Bildschirmarbeitsplätze.

2 Grundlagen des Vertragsrechts

Situation

Der zehnjährige Jan kommt mit Schmerzen in die Praxis von Dr. Frau Schmitz. Melissa, die im Patientenempfang Jans Krankenversichertenkarte entgegennimmt, fragt ihn: „Wissen deine Eltern, dass du mit Beschwerden unsere Praxis aufgesucht hast?" „Nein, ich hatte solche Schmerzen, dass ich mich in der Schule abgemeldet habe, um zum Arzt zu gehen." „Setz dich erst einmal ins Wartezimmer. Ich werde Frau Dr. Schmitz informieren, die dich sicher gleich drannimmt."

Rechtsgrundlagen des Vertragsrechts

Melissa hat einen Augenblick gezögert, da sie unsicher war, ob Jan ohne Einwilligung seiner Eltern behandelt werden darf. Dann war sie sich aber sicher, dass dies möglich sei.
Dieses Beispiel zeigt, dass in einer Arztpraxis im Zusammenhang mit dem Behandlungsvertrag viele Rechtsvorschriften zu beachten sind. Dies trifft in noch viel größerem Umfang auf unser alltägliches Leben zu. Täglich werden eine Vielzahl von Verträgen abgeschlossen. Solange alles gut geht, ist man sich der vielen Rechtsvorschriften, die dem zugrunde liegen, nicht bewusst. Erst, wenn etwas schief gelaufen ist, stellt sich die Frage nach der Rechtslage. Die Grundlagen des Vertragsrechts sind somit ein Teil des täglichen Lebens.
Ein geordnetes Zusammenleben der Menschen hat zu allen Zeiten und in allen Lebensbereichen Regeln erfordert. Zu einem Teil wird dieses Zusammenleben durch Sitten, Gewohnheit und **Bräuche** geregelt, die sich im Laufe der Zeit entwickelten und auch stets veränderten. Daneben sorgt der Staat durch die Festlegung von Rechtsvorschriften für eine weitere Grundlage des geordneten Zusammenlebens der Bürger.

Die Gesamtheit der in einem Staat gültigen Rechtsvorschriften bezeichnet man als Rechtsordnung

Geordnetes Zusammenleben

durch

- **Sitte, Gewohnheit, Brauch**
- **Rechtsordnung**
  - **öffentliches Recht**
    z. B.
    – Verkehrsrecht
    – Strafrecht
  - **privates Recht**
    z. B.
    – Bürgerliches Recht (BGB)
    – Handelsrecht (HGB)

Das öffentliche Recht regelt die Rechtsbeziehung des Staates zu seinen Bürgern. Verkehrsrecht und Strafrecht gehören zum Bereich des öffentlichen Rechts. In dieser Rechtsbeziehung ist der **Staat**, vertreten durch einen Beauftragten wie beispielsweise einen Polizeibeamten, dem **einzelnen Bürger übergeordnet**.

Beispiel: *Katrins Vater wird von einem Polizisten angehalten. Er erhält ein Verwarngeld über 25,00 EUR, weil er zu schnell gefahren ist.*

Das **private Recht** regelt die Rechtsbeziehungen zwischen den einzelnen Bürgern sowie die Rechtsverhältnisse der Unternehmen. So gehören beispielsweise alle Rechtsregeln zum Abschluss von Verträgen zum Privatrecht. Für diesen Teil des Rechts gilt, dass **alle Beteiligten gleichgeordnet** sind.

Beispiel: *Melissas Schwester kauft von ihrem ersparten Taschengeld eine Stereoanlage.*

Den größten Teil der gesetzlichen Regeln für den Abschluss von Verträgen enthalten das Bürgerliche Gesetzbuch (BGB) und das Handelsgesetzbuch (HGB). Überwiegend haben die hier enthaltenen Regelungen **Ersatzcharakter**, d. h., sie gelten nur, wenn von den Vertragsparteien nicht ausdrücklich etwas anderes vereinbart wurde.

Beispiel: *In einem Kaufvertrag ist bezüglich der Art und Güte der Ware keine Vereinbarung getroffen worden. In diesem Fall gelten die Vorschriften von HGB und BGB (§ 243 Abs. 1 BGB, § 360 HGB). Der Verkäufer muss eine Ware mittlerer Art und Güte liefern.*

Da es den Vertragsparteien überlassen ist, den Inhalt der Verträge weitgehend frei zu bestimmen, gilt der **Grundsatz der Vertragsfreiheit**.

Rechts- und Geschäftsfähigkeit

Ein rechtsgültiger Abschluss von Verträgen setzt voraus, dass die Vertragspartner rechts- und geschäftsfähig sind. **Rechtsfähigkeit** ist die Fähigkeit von natürlichen und juristischen Personen, Träger von Rechten und Pflichten zu sein. **Natürliche Personen** sind alle Menschen.

Die Rechtsfähigkeit von natürlichen Personen beginnt mit der Vollendung der Geburt und endet mit dem Tod des Menschen.

Bei juristischen Personen unterscheidet man:

- **Juristische Personen des Privatrechts** – z. B. Aktiengesellschaften, Gesellschaften mit beschränkter Haftung oder eingetragene Vereine. Sie erlangen die Rechtsfähigkeit durch Eintragung in einem öffentlichen Register, z. B. Handelsregister, Vereinsregister.
- **Juristische Personen des öffentlichen Rechts** – z. B. Staat, Länder, Gemeinden, aber auch die Ärztekammer. Sie werden rechtsfähig durch staatliche Verleihung und verlieren die Rechtsfähigkeit durch staatlichen Entzug.

Geschäftsfähigkeit ist die Fähigkeit, Rechtsgeschäfte selbstständig und vollgültig abzuschließen. Im Gesetz werden drei Stufen der Geschäftsfähigkeit unterschieden:

1. Geschäftsunfähigkeit – Kinder unter sieben Jahren sowie Personen im Zustand des verminderten Bewusstseins. Rechtsgeschäfte, die ein Geschäftsunfähiger abschließt, sind nichtig.

Ausnahme: Wird ein geschäftsunfähiges Kind zum Einkaufen geschickt, handelt es als Bote, d. h., es überbringt die Willenserklärung eines gesetzlichen Vertreters. Der abgeschlossene Kaufvertrag ist vollgültig.

2. Beschränkte Geschäftsfähigkeit – Minderjährige zwischen sieben und 18 Jahren.

Sie können Rechtsgeschäfte nur mit Zustimmung eines gesetzlichen Vertreters abschließen. Ohne Zustimmung ist ein Rechtsgeschäft schwebend unwirksam. Es wird gültig, wenn es nachträglich genehmigt, und wird nichtig, wenn die Zustimmung verweigert wird. Bei folgenden Ausnahmen benötigt ein beschränkt Geschäftsfähiger keine Zustimmung:

a) Geschäfte, die mit dem Taschengeld beglichen werden;
b) Geschäfte, die nur Vorteile bringen, Schenkungen ohne weitere Verpflichtungen (Geld, Schmuck ...);
c) Geschäfte, die ein von den Eltern erlaubtes Arbeitsverhältnis betreffen, z. B. Kauf von Berufsbekleidung, von Essensmarken, Auflösung des Arbeitsverhältnisses; Auflösung des Ausbildungsverhältnisses nur mit Zustimmung der Eltern;
d) Geschäfte aus dem selbstständigen Betrieb eines Erwerbsgeschäftes, das der Minderjährige mit Einwilligung der gesetzlichen Vertreter und der Genehmigung des Vormundschaftsgerichtes betreibt.

3. Volle Geschäftsfähigkeit – Alle Personen ab 18 Jahren.

Rechtsgeschäfte

Rechtsgeschäfte kommen durch die Abgabe von Willenserklärungen zustande. Diese Abgabe ist möglich

- durch eine ausdrückliche mündliche oder schriftliche Erklärung,
- durch schlüssiges (konkludentes) Handeln, z. B. ein Patient sucht die Arztpraxis auf und legt seine Versichertenkarte vor.

Gibt nur eine Person eine Willenserklärung ab, liegt ein **einseitiges Rechtsgeschäft** vor. Normalerweise ist eine einseitige Willenserklärung rechtswirksam, sie ist **nicht empfangsbedürftig**, z. B. ein Testament oder ein Angebot zur Anbahnung eines Kaufvertrages. Es gibt aber auch Willenserklärungen, die erst durch den Nachweis, dass der Empfänger sie erhalten hat, rechtswirksam werden. Hierbei handelt es sich dann um **empfangsbedürftige Willenserklärungen**.

Beispiel: *Eine Kündigung ist nur rechtswirksam, wenn der Gekündigte schriftlich fristgemäß von der Kündigung in Kenntnis gesetzt wird. Eine Kündigung sollte daher entweder persönlich ausgesprochen werden, wobei der Gekündigte den Empfang der Kündigung schriftlich bestätigen muss, oder per Einschreiben eigenhändig mit Rückschein versandt werden.*

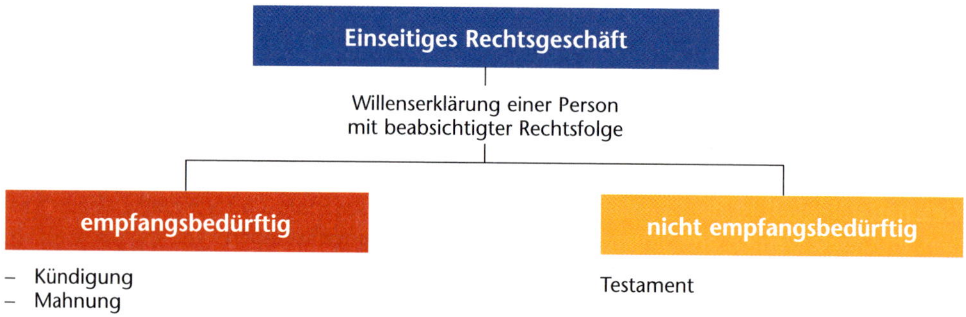

Zweiseitige Rechtsgeschäfte (Verträge) entstehen durch übereinstimmende Willenserklärungen von mindestens zwei Beteiligten. Die zuerst abgegebene Willenserklärung heißt Antrag, die Zustimmungserklärung bezeichnet man als Annahme. Verträge können einen der Beteiligten einseitig verpflichten, z. B. bei einer Schenkung, oder sie beinhalten Verpflichtungen für beide Vertragsparteien, z. B. beim Kaufvertrag.

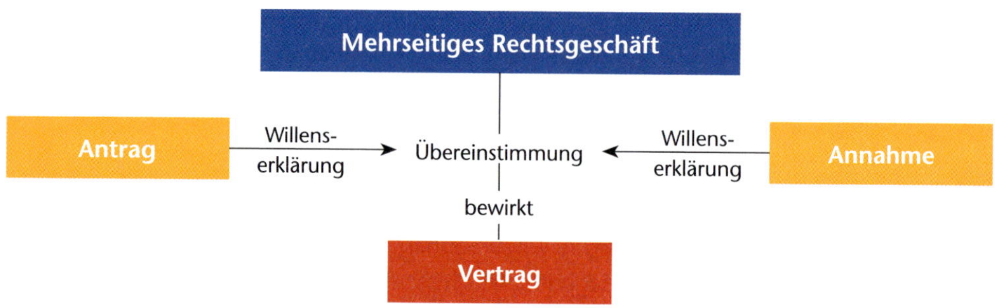

Form der Rechtsgeschäfte

Nach dem Grundsatz der Formfreiheit können Rechtsgeschäfte in beliebiger Form abgeschlossen werden. Für einige wichtige Rechtsgeschäfte schreibt das Gesetz eine bestimmte Form vor. Wird dieser Formzwang nicht eingehalten, ist das Rechtsgeschäft nichtig. Folgende Formvorschriften werden unterschieden:

- **Schriftliche Form** – ein schriftlich abzufassender Vertrag muss vorliegen, z. B. bei Ausbildungsverträgen, Ratenkäufen, Mietverträgen, die länger als ein Jahr gelten sollen, Kündigungen.
- **Notarielle Beglaubigung** – die Echtheit der Unterschrift ist durch einen Notar zu bestätigen, z. B. bei Anträgen auf Eintragung in das Grundbuch, Handelsregister oder Vereinsregister.
- **Öffentliche (notarielle) Beurkundung** – eine vom Notar protokollierte Aufnahme des Vertragstextes ist notwendig, z. B. bei Immobilienkauf, Eheverträgen, Schenkungsversprechen, Hypothekendarlehen.

Nichtige und anfechtbare Rechtsgeschäfte

Ein Vertragsabschluss kommt durch übereinstimmende Willenserklärungen zustande. Liegt eine **mangelnde Übereinstimmung** der beiden Willenserklärungen bei einem wesentlichen Bestandteil der Vereinbarung vor, so kommt der Vertrag gar nicht erst zustande, er ist **nichtig**.

Nichtige Rechtsgeschäfte	
Nichtig sind Geschäfte:	**Beispiele:**
▪ bei einem Verstoß gegen die gesetzlichen Formvorschriften,	▪ Kauf eines Grundstücks ohne notarielle Beurkundung des Vertrages
▪ von geschäftsunfähigen Personen,	▪ Ein sechsjähriger Junge kauft ein Spielzeugauto
▪ die gegen Gesetze und gute Sitten verstoßen,	▪ Rauschgifthandel
▪ bei denen die beiderseitigen Willenserklärungen nur zum Schein abgegeben wurden,	▪ Bei einem vereinbarten Kaufpreis von 300 000,00 EUR für ein Grundstück werden im Kaufvertrag nur 250 000,00 EUR angegeben. Die Kaufpreisdifferenz ist bar zu zahlen, sodass die auf den Kaufpreis bezogene Grunderwerbssteuer niedriger ist.
▪ bei denen eine Willenserklärung nur zum Scherz abgegeben wurde.	▪ Hausverkauf gegen regelmäßiges Rasenmähen

Ein **anfechtbares** Rechtsgeschäft ist zunächst vollgültig. Liegen bestimmte Gründe vor, kann es angefochten werden. Das Rechtsgeschäft wird dann rückwirkend unwirksam.

Anfechtbare Rechtsgeschäfte	
Anfechtungsgründe und Fristen:	**Beispiele:**
▪ Irrtum (unverzüglich nach Entdeckung)	▪ Bei der Bestellung des Praxisbedarfs wurden irrtümlich statt 250 Einmalspritzen 2 500 bestellt.
▪ arglistige Täuschung (innerhalb eines Jahres nach Kenntnisnahme)	▪ Beim Kauf eines Pkws wurde die Motorleistung mit 60 000 km bestätigt. Die tatsächliche Kilometerleistung betrug aber 160 000 km.
▪ widerrechtliche Drohung (innerhalb eines Jahres nach Beendigung)	▪ Zwang zur Unterschrift unter einen Vertrag.

Aufgaben

1. Julia hat ein Verwarngeld von 10,00 EUR bezahlen müssen, weil sie beim Abbiegen den Fahrtrichtungsanzeiger nicht betätigt hat.
   a) Welchem Teil des Rechts ist eine Verkehrsordnungswidrigkeit zuzuordnen?
   b) Wer ist bei dieser Rechtsbeziehung beteiligt und wie ist das Verhältnis der Beteiligten?
2. Jakob war beim Kauf eines gebrauchten Motorrollers 17 Jahre alt. Er hat sich das Geld für den Kauf zusammengespart.
   a) Zu welchem Teil des Rechts gehören Kaufverträge?
   b) Wer ist hier Vertragspartner und wie ist deren Stellung?
   c) Benötigt Jakob die Zustimmung der Eltern für den Kauf des Rollers, obwohl er diesen vom ersparten Geld kaufte? Erläutern Sie in diesem Zusammenhang die Begriffe „Rechts-" und „Geschäftsfähigkeit".
3. Einer Medizinischen Fachangestellten wurde von ihrem Arzt am Ende des Arbeitstages mitgeteilt, dass er ihr aus wirtschaftlichen Gründen zum Ende des Monats kündige.
   a) Um welche Art der Willenserklärung handelt es sich bei einer Kündigung?
   b) Ist die Kündigung in diesem Falle rechtswirksam?

Aufgaben

4. Ist beim Kauf eines Motorrollers eine bestimmte Form vorgeschrieben? Welche Form ist in diesem Fall zu empfehlen?
5. Britta hat eine neue Einbauküche gegen Ratenzahlung gekauft. In welcher Form ist in diesem Fall der Kaufvertrag abzuschließen?
6. Herr Dr. Bachmann hat seinem Sohn in Würzburg ein Appartement gekauft. Wie muss in diesem Fall der Kaufvertrag geschlossen werden?
7. Es stellt sich heraus, dass der Tacho von Julias Roller verstellt wurde. Der Roller ist nicht, wie angezeigt, 4000 km gelaufen, sondern bereits circa 9000 km. Was kann Julia in diesem Fall unternehmen?
8. Hakan, ein Junge von fünf Jahren, hat sich am Kiosk ein Comicheft gekauft. Leider hat er es mit Eis bekleckert.
   Wie können die Eltern in diesem Fall reagieren?
   Haben sie ein Recht auf Rückgabe des Hefts und Herausgabe des Kaufpreises, obwohl das Heft verunreinigt ist?
9. Leider können Personen mit einem verminderten Bewusstsein nicht selbst Rechtsgeschäfte schließen. In diesem Fall ist eine Betreuung notwendig.
   Ermitteln Sie mithilfe des Internets Antworten zu folgenden Fragen:
   - Was ist eine gesetzliche Betreuung?
   - Wann ist eine Betreuung notwendig?
   - Wer kann eine Betreuung beantragen?
   - Wer kann Betreuer sein?
   - Wie lange bleibt eine Betreuung bestehen?
10. Der Albtraum vieler Eltern: Der Sprössling hat hinter ihrem Rücken 200,00 EUR Schulden gemacht. Er hat allzu sorglos telefoniert. Entsprechend hoch fiel die Telefonrechnung aus. Nun stellt sich die Frage: Wer muss zahlen?
    - Versuchen Sie zu begründen, ob eine Pflicht der Eltern zur Zahlung der Rechnung besteht.
    - Wie kann man eine solche Situation vermeiden?
11. Mittlerweile werden eine Vielzahl von Geschäften bereits per Internet abgeschlossen. Welche Probleme sehen Sie im Zusammenhang mit dem Abschluss von Kaufverträgen im Internet?

3 Behandlungsvertrag

Situation

Der Internist Herr Dr. Hellinghaus führt ein ausführliches Gespräch mit Herrn Manfred Ritterbach. Bei Herrn Ritterbach war im Zuge einer Gesundheitsvorsorgeuntersuchung eine Zuckererkrankung festgestellt worden. Bei einem routinemäßigen Termin stellt Herr Dr. Hellinghaus fest, dass Herr Ritterbach offensichtlich seine Lebensführung seiner Erkrankung entsprechend noch nicht umgestellt hat.

„Sie haben mich aufgesucht und erwarten von mir, dass ich Ihnen helfe. Der Erfolg der Behandlung ist aber wesentlich davon abhängig, dass der Patient aktiv seine Lebensgewohnheiten umstellt und beispielsweise eine entsprechende Diät einhält“, stellt Herr Dr. Hellinghaus fest.

„Es tut mir leid, ich bin aber beruflich so eingespannt, dass ich nicht immer die notwendige Zeit habe für eine so umfangreiche und gründliche Umstellung meiner Ernährung“, antwortet Herr Ritterbach.

Situation

„Ich habe Sie aber ausführlich über die Gefahren dieser Erkrankung aufgeklärt. Weiterhin sind Sie umfassend informiert worden, welche Folgen eine Zuckererkrankung nach sich ziehen kann. Ich muss Sie bitten, in Zukunft trotz aller Belastungen mit mehr Sorgfalt auf Ihre Ess- und Trinkgewohnheiten zu achten."
„Ich werde mich bessern", verspricht Herr Ritterbach.

Zustandekommen des Behandlungsvertrages

Ein Behandlungsvertrag kommt zustande, wenn ein Patient

- einen Arzt in der Sprechstunde aufsucht und der Arzt die Behandlung übernimmt,
- einen Termin für eine Behandlung erhält (Bestellpraxis),
- einen Hausbesuch zugesagt bekommt.

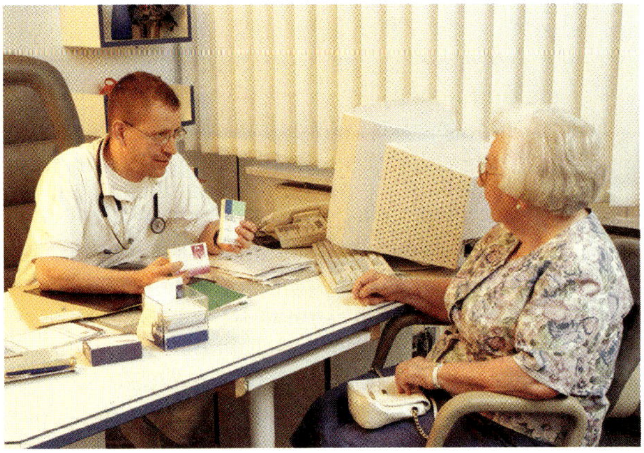

Bei geschäftsunfähigen Patienten erfolgt der Vertragsabschluss mit dem gesetzlichen Vertreter. Beschränkt geschäftsfähige Patienten bedürfen eigentlich der Zustimmung oder nachträglichen Genehmigung des Behandlungsvertrages durch den gesetzlichen Vertreter. Dies trifft in jedem Fall bei privat versicherten Patienten zu. Gesetzlich versicherte Patienten sind aufgrund eines Behandlungsvertrags nur berechtigt, eine ärztliche Behandlung in Anspruch zu nehmen, bei der die Kosten von der Krankenversicherung vollkommen getragen werden. Für sie entstehen keine weiteren finanziellen Verpflichtungen. Aus diesem Grunde kann auf die Zustimmung des gesetzlichen Vertreters verzichtet werden. Fallen Zuzahlungen oder sonstige Kosten für den Patienten an, ist die Genehmigung durch den gesetzlichen Vertreter unbedingt erforderlich.

Art des Vertrages

Mit der Übernahme der Behandlung wird ein Vertrag geschlossen, bei dem es sich um einen sogenannten **Dienstvertrag** handelt. Der Arzt schuldet nicht den Heilerfolg, sondern eine ordnungsgemäße medizinische Behandlung. Da üblicherweise keine ausdrückliche Vereinbarung zwischen dem Patienten und dem Arzt geschlossen wird, hat der Arzt bei der Behandlung die Schwere der Erkrankung und den mutmaßlichen Patientenwillen zu berücksichtigen. Diagnose, Beratung und Therapie müssen dem Stand der medizinischen Wissenschaft zum Zeitpunkt der Behandlung entsprechen.

Hauptpflichten aus dem Behandlungsvertrag	
für den Arzt	für den Patienten
Behandlung nach dem neuesten Stand der medizinischen Wissenschaft	Zahlung des Honorars ▪ Privatpatienten – direkt an den Arzt ▪ Kassenpatienten – über die gesetzliche Krankenversicherung

Pflichten des Patienten

Aus der Tabelle ist zu ersehen, dass der Patient mit Abschluss des Behandlungsvertrages ebenfalls Pflichten übernimmt. Hauptpflicht ist, das Honorar für die Behandlung zu zahlen. Privatpatienten zahlen die Liquidation, die nach der Gebührenordnung für Ärzte (GOÄ) erstellt wird, direkt an den Arzt und rechnen mit ihrer privaten Krankenversicherung ab. Bei den Kassenpatienten erfolgt die Honorarzahlung der gesetzlichen Krankenversicherung über die Kassenärztlichen Vereinigungen (KV). Darüber hinaus trifft den Patienten die Vertragspflicht, die ärztlichen Maßnahmen zu unterstützen und die gegebenen Hinweise zu befolgen (z. B. nach einer diagnostizierten Zuckererkrankung die gesamte Ernährung entsprechend umzustellen).

Behandlungspflicht

Beim Behandlungsvertrag gilt der Grundsatz der Abschlussfreiheit. Das bedeutet, dass der Arzt grundsätzlich nicht verpflichtet ist, einen Patienten zu behandeln, es sei denn, es handelt sich um einen Notfall. Hat der Arzt eine kassenärztliche Zulassung, so besteht bei Kassenpatienten wegen der Verpflichtung zur vertragsärztlichen Versorgung eine Behandlungspflicht. Diese darf nur in begründeten Fällen abgelehnt werden, beispielsweise

- bei einem gestörten Vertrauensverhältnis (z. B. der Patient befolgt nicht die ärztlichen Anordnungen),
- wenn die Praxis aufgrund des Patientenzuspruchs so ausgelastet ist, dass eine ausreichende Versorgung aller Patienten nicht mehr gewährleistet werden kann.

Die Ablehnung einer Behandlung darf einen Patienten aber nicht in eine Notsituation bringen, es muss gewährleistet sein, dass der Patient bei einem anderen Arzt eine entsprechende Behandlung erhält.
Für den Patienten gilt der Grundsatz der freien Arztwahl. Ein Kassenpatient sollte allerdings einen Arzt in einem Kalendervierteljahr nicht ohne triftigen Grund wechseln. Ein triftiger Grund wäre ein nachhaltig gestörtes Vertrauensverhältnis.
Der Behandlungsvertrag endet normalerweise mit dem Ende der Behandlung, da dann der Vertrag vonseiten des Arztes erfüllt ist. Der Patient kann mit den oben genannten Einschränkungen den Vertrag jederzeit kündigen.

Pflichten des Arztes und des Praxispersonals

Mit dem Abschluss des Behandlungsvertrages übernimmt der Arzt die Pflicht,

- eine sorgfältige und ordnungsgemäße, den anerkannten Regeln der ärztlichen Wissenschaft entsprechende Behandlung durchzuführen.
- den Patienten über den Verlauf und die Risiken der Behandlung sachgemäß aufzuklären und die Einwilligung des Patienten für die Behandlung einzuholen,
- eine ordnungsgemäße Dokumentation der gesamten Behandlung zu erstellen und über die Behandlung und den Inhalt der Dokumentation gegenüber allen unberechtigten Personen Stillschweigen zu bewahren.

Hieraus ergeben sich für den Arzt im Einzelnen die folgenden Pflichten:

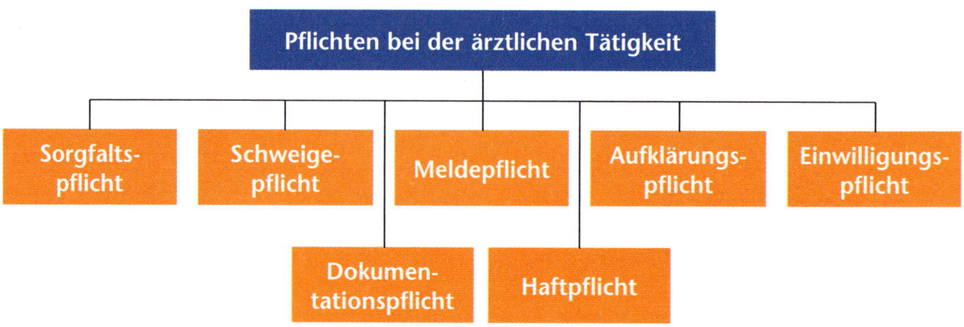

Im Rahmen der von der Medizinischen Fachangestellten übernommenen Aufgaben sind diese Pflichten auch für sie bindend.

Sorgfaltspflicht

Für die ärztliche Behandlung gilt der Grundsatz, dass sie den Sorgfaltsanforderungen entsprechen muss, die an ordnungsgemäßes ärztliches Handeln zu stellen sind. **Dabei muss der Patient darauf vertrauen können, dass der Arzt ihn mit der Sorgfalt behandelt, die von einem ordnungsgemäß arbeitenden Arzt erwartet wird.** Ein Verstoß gegen die Sorgfaltspflicht liegt vor, wenn der Arzt aufgrund mangelnder Kenntnisse neue und wirksame Behandlungsmethoden nicht anwendet. Ein Arzt ist zur ständigen **beruflichen Fortbildung** verpflichtet.
Zur ärztlichen Tätigkeit gehören auch alle vom Arzt angeordneten und von ihm überwachten Tätigkeiten der Medizinischen Fachangestellten. Voraussetzungen für die Delegation von Leistungen sind:

- Die Schwierigkeit und die mit der Leistung verbundene Gefahr für den Patienten setzt kein unmittelbares ärztliches Tätigwerden voraus.
- Die Medizinische Fachangestellte ist aufgrund ihrer Ausbildung und ihrer beruflichen Erfahrung in der Lage, diese Leistung zu übernehmen.
- Die Leistung muss vom Arzt angeordnet, überwacht und kontrolliert werden.

Der Arzt trägt für alle Leistungen, auch für die delegierbaren Leistungen, die Gesamtverantwortung.

Schweigepflicht

Das Vertrauensverhältnis zwischen Arzt und Patient setzt voraus, dass sich der Patient auf die Verschwiegenheit des Arztes und seiner Mitarbeiter verlassen kann. Die Schweigepflicht bezieht sich dabei auf alle Angelegenheiten des Patienten, auch auf familiäre, berufliche und wirtschaftliche Dinge. Selbst der Name des Patienten ist geschützt.
Rechtsgrundlagen der Schweigepflicht sind:

- **der Behandlungsvertrag,**
- **die ärztliche Berufsordnung,**
- **das Strafgesetzbuch.**

Im Strafgesetzbuch wird in § 203 ausdrücklich festgehalten, dass Verstöße gegen die Schweigepflicht ein Straftatbestand sind.
Eine berechtigte Weitergabe von Informationen über Patienten, die sogenannte **berechtigte Offenbarung**, ist kein Verstoß gegen die Schweigepflicht. Die folgende Übersicht zeigt alle Fälle einer berechtigten Weitergabe.

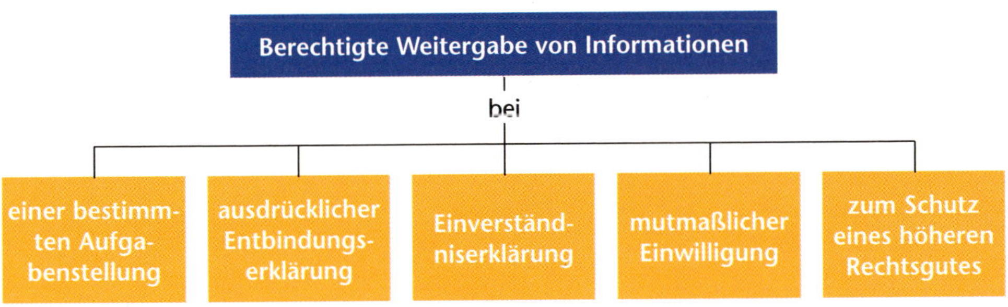

Mit **bestimmten Aufgabenstellungen** ist von vornherein eine Einschränkung der Schweigepflicht verbunden.

Beispiel: *Bei einem Patienten, der Pilot ist, hat der Arzt ein Gutachten zu erstellen, ob sein Gesundheitszustand die Wahrnehmung seines Berufes weiterhin zulässt.*

Der Arzt ist aber nur im Rahmen des erteilten Auftrags von der Schweigepflicht entbunden. Weitergehende Erkenntnisse, die er aufgrund der Untersuchung gewinnt, unterliegen der Schweigepflicht.
Der Arzt ist von der Schweigepflicht befreit, wenn der Patient durch eine **ausdrückliche Entbindungserklärung** in die Weitergabe von Informationen einwilligt.

Beispiel: *Ein Patient ist damit einverstanden, dass die vom Arzt gewonnenen Erkenntnisse für eine wissenschaftliche Untersuchung zur Verfügung gestellt werden.*

Jeder Kassenpatient willigt durch **schlüssiges Handeln** ein, dass die ärztlichen Leistungen im Rahmen der Abrechnung an die KV weitergegeben werden und dass Anspruchsberechtigung und Umfang der Leistungen bei Bedarf einer Wirtschaftlichkeitsüberprüfung durch die KV unterzogen werden.
Eine **mutmaßliche Einwilligung** in die Entbindung von der Schweigepflicht liegt vor, wenn der Patient nicht in der Lage ist, eine solche Entscheidung zu treffen, die Umstände aber dafür sprechen, dass diese Einwilligung seinen Interessen entspricht.

Beispiel: *Der Arzt gibt einem nahen Angehörigen eines bewusstlosen Unfallopfers Auskunft über dessen Gesundheitszustand.*

Ohne Einwilligung des Patienten darf der Arzt nach den Vorschriften der Berufsordnung Informationen über einen Patienten weitergeben, wenn dies zum **Schutz eines höheren Rechtsgutes geschieht**.

Beispiel: *Bei der Untersuchung eines Kindes stellt der Arzt fest, dass das Kind misshandelt wurde. Aufgrund seiner Kenntnisse des familiären Umfeldes sieht er die Gefahr, dass sich Misshandlungen wiederholen. Er informiert die entsprechenden Behörden.*

Aufgrund der verschiedenen Rechtsgrundlagen ergeben sich unterschiedliche **Folgen bei der Verletzung der Schweigepflicht** durch den Arzt:

strafrechtliche Folgen	Die unbefugte Weitergabe von Patienteninformationen wird mit Freiheitsstrafe oder Geldstrafe geahndet.
Folgen aus dem Behandlungsvertrag	Der Patient hat aufgrund des Behandlungsvertrages einen Anspruch auf Schadensersatz.
Folgen aus der ärztlichen Berufsordnung	Es kann ein berufsgerichtliches Verfahren eingeleitet werden.

Verletzt eine Medizinische Fachangestellte die Schweigepflicht, zieht das normalerweise **arbeitsrechtliche Konsequenzen** nach sich. In den meisten Fällen wird ihr fristlos gekündigt. Erhält der Patient einen Schadensersatz, wird der Arzt von der Medizinischen Fachangestellten die Übernahme des Schadensersatzes verlangen.

Meldepflicht

Durch das Gesetz ist die Schweigepflicht aufgehoben, wenn ein meldepflichtiger Fall vorliegt. Dies gilt für

- ansteckende Krankheiten nach dem Bundesseuchengesetz,
- Geschlechtskrankheiten,
- Berufskrankheiten,

- erkennbare Fehlbildungen bei der Geburt,
- Schwangerschaftsabbruch,
- geplante Straftaten.

Aufklärungspflicht

Jegliche ärztliche Untersuchung und Behandlung ist nur rechtmäßig, wenn der Patient über Verlauf und Risiken der Behandlung sachgemäß aufgeklärt wurde. Dies umfasst die

- Verlaufsaufklärung,
- Risikoaufklärung,
- therapeutische Aufklärung,
- Aufklärung über wirtschaftliche oder versicherungsrechtliche Umstände der Behandlung,
- Krankheits- und Befindlichkeitsaufklärung.

Jeder ärztliche Eingriff, der ohne sachgemäße Aufklärung und ohne die ausdrückliche Zustimmung des Patienten erfolgt, erfüllt den Tatbestand der Körperverletzung.

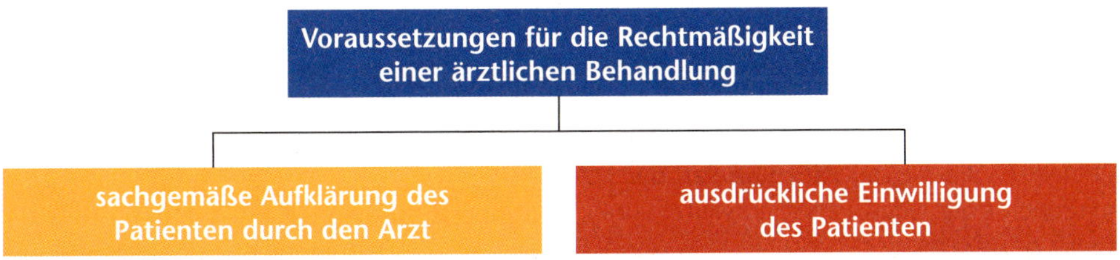

Gegen seinen erklärten Willen darf der Patient nicht behandelt werden, selbst wenn sich dadurch eine erhebliche Gefährdung für ihn ergibt.
Die Aufklärung darf nur in Form eines Aufklärungsgesprächs durch den Arzt erfolgen. Vordrucke zu bestimmten Erkrankungen, z. B. zur Zuckererkrankung, dienen nur zur Information des Patienten. Sie dürfen nicht die notwendige Aufklärung ersetzen. Der Arzt muss beweisen, dass er seiner Aufklärungspflicht nachgekommen ist. Daher ist diese sorgfältig zu dokumentieren. Bei Eingriffen und Behandlungen mit erhöhtem Risiko ist es üblich, eine schriftliche Bestätigung des Patienten einzuholen, dass er sachgemäß über die Bedeutung und Tragweite der ärztlichen Behandlung aufgeklärt wurde.
Der **Umfang der Aufklärung** ist abhängig von der

- **Verständigkeit des Patienten,**
- **Dringlichkeit des Eingriffs.**

Alle Umstände, die ein durchschnittlich vernünftiger Patient verstehen kann, müssen mitgeteilt werden. Allerdings sind dabei die individuellen Möglichkeiten des Patienten, einem Aufklärungsgespräch zu folgen, zu berücksichtigen.
Auch wenn Art und Schwere der Erkrankung schlimmste Konsequenzen erwarten lassen, ist der Patient aufzuklären. Es gibt keine generelle Anerkennung des sogenannten **therapeutischen Privilegs**, d. h., dass ein Arzt zur Schonung des Patienten schwerwiegende Mitteilungen über den Gesundheitszustand verschweigt. Eine **Unterlassung der Aufklärungspflicht** ist nur dann **nicht rechtswidrig**, wenn durch die Aufklärung ein ernster, nicht behebbarer gesundheitlicher Schaden beim Patienten bewirkt wird oder der Patient einer nicht tragbaren psychischen Belastung ausgesetzt wird. Eine Aufklärung kann unterbleiben, wenn der Patient ausdrücklich auf diese Aufklärung verzichtet. Ein solcher Verzicht sollte dokumentiert werden.

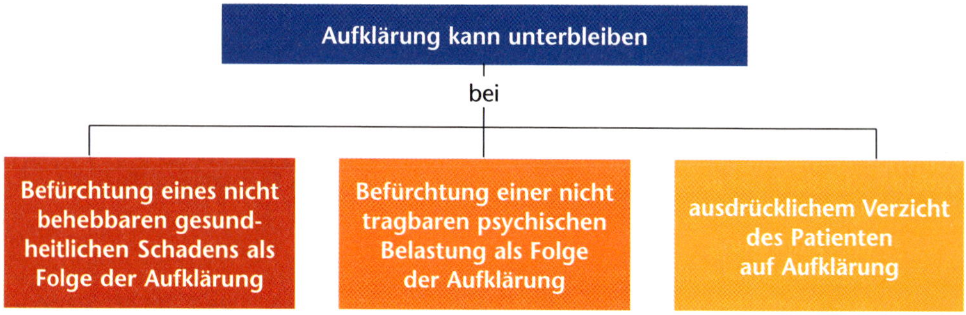

Einwilligungspflicht

Erst durch die Einwilligung des Patienten in die ärztliche Behandlung ist die Rechtsvoraussetzung für die Behandlung gegeben. Bei beschränkt geschäftsfähigen Patienten ist die Einwilligung von ihrer Einsichtsfähigkeit abhängig. **Auch Patienten unter 18 Jahren können rechtswirksam in eine ärztliche Behandlung einwilligen, wenn sie die Einsichtsfähigkeit in die Tragweite ihrer Entscheidung haben.** Im Zweifelsfall ist die Zustimmung des gesetzlichen Vertreters einzuholen.

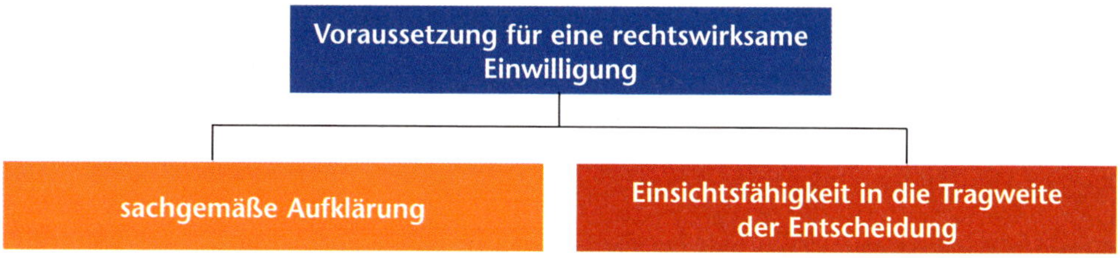

Die Einwilligung zu einer ärztlichen Behandlung kann vom Patienten jederzeit widerrufen werden. Der Arzt muss dem Wunsch des Patienten entsprechen.
Bei erzwingbaren Eingriffen, z. B. Behandlung von Krankheiten nach dem Bundesseuchengesetz, Behandlung von Geschlechtskrankheiten, Entnahme einer Blutprobe, ist für die Rechtmäßigkeit einer ärztlichen Behandlung keine Einwilligung des Patienten notwendig. Die hier durchgeführte Zwangsbehandlung beruht auf gesetzlichen Regelungen und Vorschriften.

Dokumentationspflicht

Die Pflicht einer ausreichenden und sorgfältigen Dokumentation ist:

Berufspflicht	Die ärztliche Berufsordnung schreibt eine Dokumentation zwingend vor.
Vertragspflicht	Die Dokumentation gehört zur ordnungsgemäßen Erfüllung eines Behandlungsvertrages.
Pflicht im Zusammenhang mit der Abrechnung	Die Aufzeichnungen dienen u. a. auch zum Nachweis einer ordnungsgemäßen Abrechnung der erbrachten ärztlichen Leistungen.
Voraussetzung für die Rechtssicherheit	Die Dokumentation dient als Beweismittel bei Rechtsstreitigkeiten.

Bei einer Vielzahl von Untersuchungen ist die Dokumentation durch Gesetze, Verordnungen oder durch entsprechende Rahmenvereinbarungen vorgeschrieben.

Beispiel: *Röntgenuntersuchung* ⟶ *Röntgenverordnung*

Die Dokumentation muss alle wesentlichen Ergebnisse der ärztlichen Behandlung wie Untersuchungsergebnisse und Diagnosen, Therapiemaßnahmen und Medikamentenverordnungen enthalten.
Die Dokumentation und Durchschriften aller im Rahmen der ärztlichen Behandlung ausgefüllten Formulare sind sorgfältig und unter Beachtung der Aufbewahrungsfristen aufzubewahren.
Folgende Aufbewahrungsfristen sind zu beachten:

FRISTEN FÜR DIE AUFBEWAHRUNG ÄRZTLICHER UNTERLAGEN

Gemäß § 10 Abs. 3 der Berufsordnung der Ärztekammer Schleswig-Holstein, §§ 57 Abs. 2 BMV, 13 Abs. 7 Arzt/Ersatzkassenvertrag, ist der Arzt verpflichtet, seine Unterlagen 10 Jahre nach Abschluss der Behandlung aufzubewahren, falls keine andere gesetzliche Aufbewahrungspflicht besteht.

Dokumente	**Frist**
- § 28 Abs. 3 Röntgen-Verordnung (Einzelheiten siehe unten)	30 Jahre/ 10 Jahre
- § 43 Abs. 3 Strahlenschutz-Verordnung	30 Jahre
- Berufsgenossenschaftliche Verletzungsverfahren	20 Jahre
- Durchgangsarztverfahren	15 Jahre
- Krebsfrüherkennungs- und Gesundheitsuntersuchungen Richtlinien zur Jugendgesundheitsuntersuchung; Krebsfrüherkennungs-Richtlinien	5 Jahre
- § 8 Abs. 5 Betäubungsmittel-Verschreibungs-Verordnung	3 Jahre
- Anlage 2 zum BMV, Erläuterungen zur Vordruckvereinbarung Nr. 1 Arbeitsunfähigkeitsbescheinigungen	1 Jahr

Nicht ärztliche Dokumente:	
§ 147 Abgabenordnung für Buchhaltungsbelege	10 Jahre

Der Vertragsarzt wird viele seiner Aufzeichnungen elektronisch abspeichern. Um deren Vernichtung, unbefugte Veränderung oder Verwendung zu verhindern, bedarf es besonderer Maßnahmen. Die Datenbänder haben eine Lebensdauer von 10 bis 20 Jahren, damit ist der allgemeinen Aufbewahrungspflicht von 10 Jahren Genüge getan. Die Speicherung auf CD-ROM ist eine Möglichkeit, die Daten dauerhaft zu archivieren.

Dokumente	**Frist**
Arbeitsunfähigkeitsbescheinigung	1 Jahr
Abrechnungsunterlagen (z. B. EDV-Abrechnung der KV – aus Steuergründen, nicht Kassenarztrecht)	6 Jahre
Arztakten	10 Jahre
Arztbriefe, eigene und fremde	10 Jahre
Berichtsvordrucke für Gesundheitsfrüherkennung und Krebsfrüherkennung	5 Jahre
Betäubungsmittelabgabe (Kopie des Rezepts)	3 Jahre
Betäubungsmittelverbleib und -bestand	3 Jahre
Bilanzen	10 Jahre
Buchungsunterlagen	10 Jahre
EEG-Streifen	10 Jahre
EKG-Streifen; auch Langzeit-EKG	10 Jahre
Gutachten über Patienten	10 Jahre
Krankenhausberichte	10 Jahre
Karteikarten und sonstige ärztliche Aufzeichnungen, incl. gesonderten Untersuchungsbefunden	10 Jahre
Laborbuch, Laborbefunde	10 Jahre
Röntgenbehandlung (Aufzeichnungen, Berechnungen)	30 Jahre
Röntgenuntersuchungen (Aufnahmen) nach der letzten Untersuchung	
- von Patienten unter 18 Jahren bis zur Vollendung des 28. Lebensjahres	10 Jahre
Sonographische Untersuchungen	10 Jahre
Zytologische Befunde und Präparate	10 Jahre

Quelle: KVSH, Kassenärztliche Vereinigung Schleswig-Holstein, Bad Segeberg: Fristen für die Aufbewahrung ärztlicher Unterlagen; http://www.kvsh.de/files/arzt_service/Beratungsordner/10_aufbewahrungsfristen.pdf; abgerufen am 03.02.2009

Der Patient hat einen **Anspruch auf Einsichtnahme oder Herausgabe** der Aufzeichnungen einschließlich der Röntgenaufnahmen und Laborbefunde. Hat der Arzt subjektive Wertungen zur besseren Beurteilung von Erkrankungen vermerkt, beispielsweise ob eine Erkrankung in den Lebensumständen des Patienten ihre Ursache hat, so braucht er diese nicht dem Patienten zur Einsicht zu überlassen.

Haftpflicht

Verstößt ein Arzt gegen die anerkannten Regeln der ärztlichen Wissenschaft oder führt er eine Behandlung nicht mit der notwendigen Sorgfalt durch, sodass der Patient gesundheitliche Schäden erleidet oder sogar stirbt, liegt ein **Behandlungsfehler** vor. Folgende Arten von Behandlungsfehlern lassen sich unterscheiden:

- Diagnosefehler,
- Therapiefehler,
- Verletzung der anerkannten Regeln der ärztlichen Wissenschaft,
- Verletzung der Sorgfaltspflicht,
- Überschreiten der Grenzen der ärztlichen Behandlungsfreiheit (z. B. unerprobte Heilmethoden).

Überträgt der Arzt Leistungen an die Medizinische Fachangestellte, verbleibt die Gesamtverantwortung beim Arzt. Bei **Behandlungsfehlern durch die Mitarbeiter haftet der Arzt** für seine Mitarbeiter wie für eigenes Verschulden.
Bei einem Behandlungsfehler ist der Arzt aufgrund des Behandlungsvertrages zum Ersatz der unmittelbaren Schadensfolgen verpflichtet, z. B. Übernahme aller Behandlungskosten. Ein weitergehender **Entschädigungsanspruch**, z. B. auf Schmerzensgeld, besteht aufgrund des Behandlungsvertrages nicht. Die gesundheitliche Schädigung oder der Tod eines Patienten durch einen Behandlungsfehler ist aber auch eine unerlaubte Handlung (Körperverletzung).

§ 823 – Schadensersatzpflicht

(1) Wer vorsätzlich oder fahrlässig das Leben, den Körper, die Gesundheit, die Freiheit, das Eigentum oder ein sonstiges Recht eines anderen widerrechtlich verletzt, ist dem anderen zum Ersatz des daraus entstandenen Schadens verpflichtet.

Der Arzt kann somit nicht nur aufgrund des Behandlungsvertrages, sondern auch nach dem Bürgerlichen Gesetzbuch wegen Körperverletzung haftbar gemacht werden. Dies bezeichnet man als **deliktische Haftung**. Bei der deliktischen Haftung ist der **Schadensersatzanspruch** wesentlich weiter gefasst als bei den Ansprüchen aus dem Behandlungsvertrag. Der Patient hat Anspruch auf die Erstattung aller sich aus dem Behandlungsfehler ergebenden Nachteile, z. B. auch auf Schmerzensgeld.
Begeht eine Medizinische Fachangestellte einen **Behandlungsfehler** aufgrund von **Fahrlässigkeit**, haftet ebenfalls der Arzt. Weist der Arzt jedoch nach, dass er die größte Sorgfalt hat walten lassen bei

- der Auswahl der Angestellten,
- der Bereitstellung von Vorrichtungen und Geräten,
- der Leitung und Überwachung der Medizinischen Fachangestellten,

und dass der Schaden trotz Anwendung dieser Sorgfalt nicht zu vermeiden war, haftet die Fachangestellte. Allerdings ist die Haftung der Medizinischen Fachangestellten üblicherweise über die Haftpflichtversicherung des Arztes mit abgedeckt. Die Ansprüche eines Patienten **verjähren** bei der Haftung aus dem Behandlungsvertrag erst nach 30 Jahren, Ansprüche aufgrund der deliktischen Haftung bereits nach drei Jahren. Allerdings setzt die dreijährige Verjährungsfrist erst in dem Augenblick ein, in dem der Patient Kenntnis von dem Behandlungsfehler erhält, d. h., wenn gutachterlich nachgewiesen wird, dass ein Behandlungsfehler vorliegt.

Klärung von Arzthaftungsfragen

Ein Behandlungsfehler wird normalerweise durch ein ärztliches Gutachten festgestellt. Da es für den Patienten oft sehr schwer ist, einen entsprechenden Gutachter zu finden, und da dies auch mit erheblichen Kosten verbunden ist, gibt es **Gutachter- und Schlichtungsstellen bei allen Ärztekammern**. Aufgabe der Gutachterstellen ist es, zu prüfen, ob ein Behandlungsfehler vorliegt. Die Schlichtungsstellen schlagen bei einem Behandlungsfehler eine außergerichtliche Regulierung des Schadens vor. Für die Beteiligten entstehen keinerlei Kosten.
Die außergerichtliche Einigung hat den Vorteil, dass die Schadensregulierung relativ schnell und ohne langwierige und teure Prozesse erfolgt. Scheitert die außergerichtliche Einigung, muss der Patient zur Durchsetzung seiner Ansprüche klagen. In dem folgenden Gerichtsverfahren muss der Patient nachweisen, dass

- ein Behandlungsfehler vorliegt,
- dieser Behandlungsfehler zu einem Schaden geführt hat,
- der Arzt den Behandlungsfehler mindestens fahrlässig verschuldet hat.

Eine außergerichtliche Klärung bei Behandlungsfehlern bietet der Medizinische Dienst der Krankenkassen an. **Die Beweislast im Arzthaftungsprozess liegt somit beim Patienten.** Die Beweislast kehrt sich allerdings um, wenn dem Arzt

- grobe Behandlungsfehler,
- ein grober Verstoß gegen die Sorgfaltspflicht,
- eine mangelhafte oder pflichtwidrige Dokumentation

nachgewiesen werden können. Bei der **Beweislastumkehr** muss nun der Arzt beweisen, dass er keinen Behandlungsfehler begangen hat.

Aufgaben

1. Im Gespräch von Herrn Dr. Hellinghaus mit Herrn Ritterbach (vgl. S. 142 f.) wird der Behandlungsvertrag, der zwischen Arzt und Patient besteht, angesprochen.
   Wie kommt ein solcher Behandlungsvertrag zustande?
2. Im Beispiel wird angesprochen, dass auch ein Patient Pflichten aus dem Behandlungsvertrag zu beachten habe. Welche Pflichten muss der Patient beachten?
3. Herr Dr. Hellinghaus beendigt die Behandlung eines Patienten, der wiederholt seinen Termin versäumt hat.
   a) Kann Dr. Hellinghaus aufgrund dieses Sachverhalts den Behandlungsvertrag beenden? Begründen Sie Ihre Antwort.
   b) Welche Voraussetzungen müssen erfüllt sein, damit ein Arzt einen Behandlungsvertrag kündigen kann?
   c) Welche Voraussetzungen sind zu beachten, wenn ein Patient den Behandlungsvertrag kündigen will?
4. Ein Arzt übernimmt aufgrund eines Behandlungsvertrages eine Vielzahl von Pflichten. Erläutern Sie, was man unter der Sorgfaltspflicht des Arztes versteht.
5. Unter welchen Voraussetzungen dürfen Leistungen an eine Medizinische Fachangestellte delegiert werden?
6. Auf welchen Rechtsgrundlagen beruht die Schweigepflicht?
7. In welchen Fällen dürfen Informationen, die der ärztlichen Schweigepflicht unterliegen, weitergegeben werden?
8. Welche Folgen hat der Bruch der Schweigepflicht für eine Medizinische Fachangestellte?

Aufgaben

9. Was versteht man unter „Meldepflicht" im Zusammenhang mit einem Behandlungsvertrag?
10. „Aber ich habe Sie doch ausführlich über die Gefahren dieser Erkrankung und über die notwendige Änderung Ihrer Lebensführung aufgeklärt", heißt es in dem Gespräch zwischen Herrn Dr. Hellinghaus und Herrn Ritterbach.
    a) Ist ein Arzt zu dieser Aufklärung verpflichtet? Begründen Sie Ihre Antwort.
    b) In welchem Umfang ist der Patient über seine Erkrankung aufzuklären?
11. Warum bedarf jedes ärztliche Handeln der Einwilligung durch den Patienten?
12. Der Arzt ist zu einer ausreichenden und sorgfältigen Dokumentation verpflichtet.
    a) Nennen Sie die Rechtsgrundlagen der Dokumentationspflicht.
    b) Unter welchen Voraussetzungen darf ein Patient Einsicht nehmen in die Dokumentation des Arztes?
13. Einer Medizinischen Fachangestellten unterläuft bei einer intramuskulären Injektion ein Behandlungsfehler. Wer übernimmt in diesem Fall die Haftung?
14. Wann verjähren Schadensersatzansprüche des Patienten aus dem Behandlungsvertrag?
15. Wer trägt in einem Arzthaftungsprozess die Beweislast, dass ein Behandlungsfehler vorliegt?
16. In welchen Fällen kommt es zu einer Beweislastumkehr?
17. Bei der Behandlung Minderjähriger ist es immer umstritten, inwieweit der gesetzliche Vertreter eingebunden werden muss. Hierzu findet man im Internet einige Beiträge.
    a) Lassen Sie sich diese Beiträge unter dem Suchbegriff „Rechtsfragen bei der Behandlung Minderjähriger" anzeigen.
    b) Stellen Sie anhand der vorliegenden Beiträge thesenartig Aussagen zu den Problemen Behandlung Minderjähriger und Schweigepflicht bzw. Einwilligung in die Behandlung durch die gesetzlichen Vertreter zusammen.
18. Bei Nichteinhaltung eines Arzttermins durch einen Patienten ergibt sich das Problem, inwieweit dem Arzt ein Ausfallhonorar oder Schadensersatzanspruch zusteht. Ermitteln Sie durch Recherche im Internet, ob berechtigterweise ein solcher Anspruch besteht und in welchem Umfang Schadensersatz geltend gemacht werden kann.
19. Suchen Sie im Internet Beiträge zum Thema „Ärztliche Behandlungsfehler". Erstellen Sie eine Übersicht über dort vorgestellte Behandlungsfehler.

4 Karteiführung

Situation

„Nun haben wir an jedem Behandlungsplatz einen Bildschirm, auf den wir die Patientendaten übertragen. Wir können beispielsweise die Abrechnungsdaten direkt dort eingeben. Trotzdem haben wir immer auch noch Karteikarten. Könnten wir nicht eigentlich auf die Dokumentation der Patientendaten in Karteikarten verzichten?" Katrin ist stolz auf ihren Vorschlag. „Nun, wir fahren wie viele Praxen noch zweigleisig, insbesondere die Befundablage erfolgt immer noch in der Kartei. Als letztens der Computer ausfiel, waren wir übrigens froh, dass wir auf die Karteikarten zwischenzeitlich zurückgreifen konnten", bemerkt Maria Müller.

Wie wichtig eine umfassende Dokumentation aller Daten eines Patienten ist, wurde beim Behandlungsvertrag dargestellt. Grundlage für die Dokumentation ist die Karteikarte. Wird, wie im Eingangsbeispiel, noch zweigleisig dokumentiert, werden die Daten zum einen auf der konventionellen Karteikarte erfasst und zum anderen mithilfe eines Datenverarbeitungssystems auf einer elektronischen Karteikarte. Da in beiden Fällen die gleichen Daten erfasst werden, kann das Prinzip der Karteiführung anhand des konventionellen Systems dargestellt werden. Es besteht aber die Tendenz, die Karteikarte in Papierform und somit die gesamte konventionelle Patientenkartei zu ersetzen durch die elektronische Karteikarte, sodass die Praxis nur noch über eine im Computersystem gespeicherte Patientendatei verfügt.

Üblicherweise werden in den Arztpraxen Karteitaschen bzw. -mappen verwendet, da

- umfassend Platz für die Eintragung von Daten zur Verfügung steht;
- Befundberichte, Laborberichte, Röntgenbilder und andere Behandlungsdokumente in den Taschen abgelegt werden können.

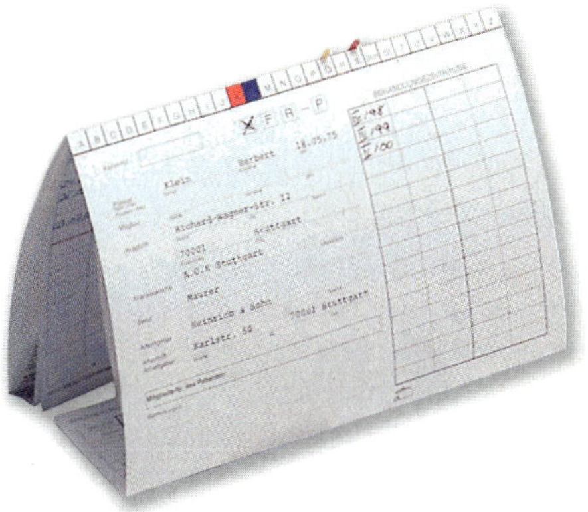

Um die Dokumentation möglichst übersichtlich zu gestalten, ist die Karteikarte folgendermaßen unterteilt:

Die **Kartenleiste** enthält die Buchstaben des Alphabets. Durch farbiges Kennzeichnen des Buchstabens, mit dem der Nachname des Patienten beginnt, wird so das Einsortieren der Karte erleichtert. Teilweise werden hier auch Kästchen mit den Buchstaben M – F – R – P aufgenommen. Durch Ankreuzen wird der Status des Patienten in der gesetzlichen Krankenversicherung (M = Mitglied, F = Familienangehöriger, R = Rentner) bzw. sein Status als Privatpatient (P) gekennzeichnet. Im **Kartenkopf** werden die Stammdaten des Patienten, wie

- Name und Vorname,
- Anschrift,
- Telefonnummer,
- Geburtsdatum,
- Kassenzugehörigkeit,
- Arbeitgeber,
- Dauerdiagnosen,
- Allergien und Risikofaktoren

eingetragen. Da sich diese Daten nie oder selten ändern, bezeichnet man sie als „Stammdaten".

Im **Kartenrumpf** werden alle Behandlungsdaten, z. B.

- Behandlungsdatum,
- vorgenommene Behandlungen evtl. mit Bemerkungen,
- Diagnose,
- Abrechnungsdaten,

dokumentiert. Da bei jeder Behandlung unterschiedliche Daten vorliegen, spricht man in diesem Zusammenhang von „Bewegungsdaten".

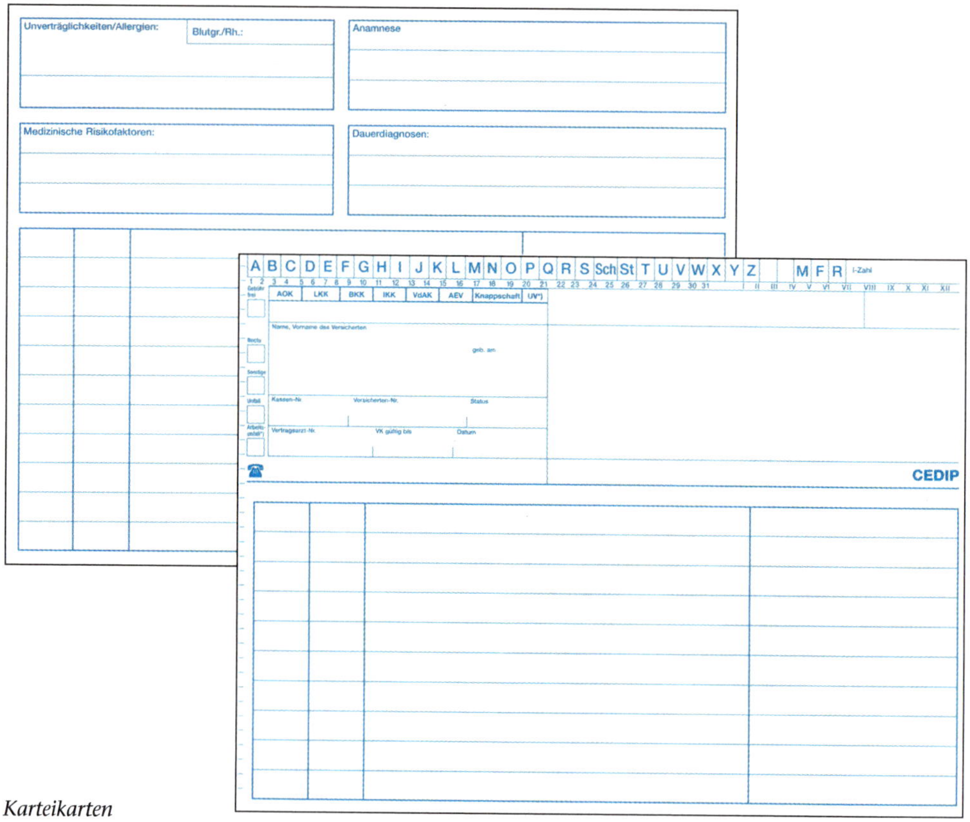

Karteikarten

Der **Kartenfuß** enthält Informationen zum Anbieter dieser Karteikarte und deren Bestellnummer, sodass man bei einer Nachbestellung identische Karten erhält.
Insgesamt muss eine Karteikarte folgende Anforderungen unterstützen, die sich aus der Dokumentationspflicht ergeben:

- **Vollständigkeit:** Alle Stamm- und Bewegungsdaten eines Patienten müssen über einen längeren Zeitraum erfasst werden können.
- **Übersichtlichkeit:** Die Karteikarte muss so aufgebaut sein, dass alle wichtigen Informationen schnell erkennbar sind.
- **Schnelligkeit:** Die Karteikarte muss schnell entnommen und wieder einsortiert werden können.
- **Aktuell:** Die Behandlungsdaten müssen jederzeit dem aktuellen Stand entsprechen. Entsprechende Eintragungen muss die Karteikarte problemlos ermöglichen.

Die Karteikarten aller Patienten einer Arztpraxis bilden zusammen ein Karteisystem. Üblicherweise wird dies als Steilkartei geführt, d. h., die Karten stehen aufrecht und sortiert hintereinander in speziellen Karteischränken. Dieses System hat Vorteile. Man kann Steilkarteien

- **sortieren.** Üblicherweise erfolgt die Sortierung nach dem Nachnamen der Patienten.
- **gruppieren.** Beispielsweise kann man zwecks größerer Übersichtlichkeit Gruppen bilden, z. B. eine Unterteilung nach Primärkassen, Ersatzkassen und Privatpatienten.
- **schalten.** Eine Karteikarte kann problemlos entnommen und wieder abgelegt werden.
- **dehnen.** Die Karteikarten von neuen Patienten lassen sich problemlos in das Karteisystem einfügen.
- **verjüngen.** Umgekehrt können nicht mehr benötigte Karteikarten problemlos aus dem Karteisystem entfernt werden.

Um das Karteisystem überschaubar zu halten, wird im jeweiligen Quartal mit der **laufenden Kartei** gearbeitet, d. h., in der Kartei befinden sich die Karteikarten der Patienten, die in diesem Quartal bereits behandelt wurden. Üblicherweise werden in dieser Kartei wenigstens die Karteikarten der gesetzlich Versicherten und der Privatversicherten wegen der unterschiedlichen Abrechnungssysteme und Abrechnungszeiträume getrennt. Weitere Gruppierungen sind je nach Bedarf der Praxis möglich. Die Karteikarten der in den letzten Jahren behandelten Patienten, befinden sich in der **ruhenden Kartei**. Üblicherweise wird dabei ein Zeitraum zwischen drei und fünf Jahren gewählt. Nach der Abrechnung wird die laufende Kartei in die ruhende Datei sortiert. In der sogenannten **Rückgriffkartei** befinden sich die Karteikarten aller Patienten, die in dem Zeitraum, der für die ruhende Datei festgelegt wurde, nicht mehr zur Behandlung in der Praxis waren. Karteikarten müssen mindestens zehn Jahre aufbewahrt werden. Danach können sie aus der Rückgriffkartei entfernt werden.

Aufgaben

1. Bringen Sie eine leere Karteikarte aus Ihrer Praxis mit. Füllen Sie diese Karteikarte mit selbst erdachten Stamm- und Bewegungsdaten eines Patienten aus. Erläutern Sie anhand dieser Beispielkarte folgende Begriffe:
   a) Kartenleiste, Kartenkopf, Kartenrumpf, Kartenfuß
   b) Stamm- und Bewegungsdaten
2. Welche Anforderungen sind aufgrund der Dokumentationspflicht an eine Karteikarte zu stellen?
3. Welche Vorteile bietet die Steilkartei im Einzelnen?
4. Wie ist in Ihrer Praxis die laufende Kartei sortiert?
5. In welcher Form werden bei Ihnen die Karteikarten der Patienten aufbewahrt, die sich nicht aktuell in Behandlung befinden?
6. An die Aufbewahrung von Karteikarten werden in der Praxis bestimmte Anforderungen gestellt. Prüfen Sie mithilfe des Internets, welchen Anforderungen ein Karteischrank genügen muss, und ermitteln Sie einige Beispielprodukte, die im Internet vorgestellt werden.

5 EDV für den Arzt – auf dem Weg zur digitalen Praxis

Situation

Maria Müller erzählt der Auszubildenden Katrin, wie früher die Abrechnung mit den Krankenkassen vonstatten ging: „Für zwei Tage die Praxis schließen. Sich Tag und Nacht durch Behandlungsscheine wühlen, Befunde und erbrachte Leistungen übertragen, die Scheine nummerieren und mit Banderolen versehen: Diese aufregenden Abrechnungszeiten hast du nicht mehr kennengelernt. Heute erfolgt die Abrechnung mithilfe des Computers und als Ergebnis haben wir eine CD, die an die KV geschickt wird." „Noch aufregender finde ich unser digitales Röntgengerät. Die Bilder sind direkt auf dem Bildschirm zu sehen und die Beratung der Patienten ist erheblich vereinfacht", bemerkt Katrin. „Ja, der Computer ist aus unserer Praxis nicht mehr wegzudenken. Es ist unglaublich, wie die Entwicklung in den letzten Jahren verlaufen ist."

Jedem Arzt ist an einer intensiven Betreuung seiner Patienten gelegen, möglichst ohne Zeitdruck. Auch die Medizinischen Fachangestellten möchten ihre Aufgaben ohne den ständigen Druck zahlreicher Verwaltungsarbeiten erledigen. Jede medizinische Behandlung löst einen umfangreichen Verwaltungsakt aus. Vom zunehmenden Einsatz des Computers erhofft man sich hier Erleichterung. Die **Einsatzbereiche für die Praxis-EDV** sind breit gefächert. Zu den Standards gehört heute

- Kassenabrechnung,
- Erstellung und Abwicklung der Privatliquidationen,
- Abwicklung der gesamten Praxiskorrespondenz,
- Terminplanung,
- Online-Datentransfer mit dem Internet.

Abrechnungsprogramme sollten offen sein für Erweiterungen. Dann können Zusatzmodule, z. B. für die Praxisbuchhaltung oder Patientenberatung, eingebunden werden. Je nach dem Umfang der EDV-Leistungen sind ein geeignetes Praxiscomputerprogramm und die passende Ausstattung auszuwählen. Zunehmend werden Komplettlösungen gewählt, die in einer vernetzten Praxis den EDV-Einsatz an jedem Arbeitsplatz ermöglichen. Durch Vernetzung kann eine Produktivitätssteigerung und Qualitätssicherung im medizinischen Alltag gewährleistet werden.

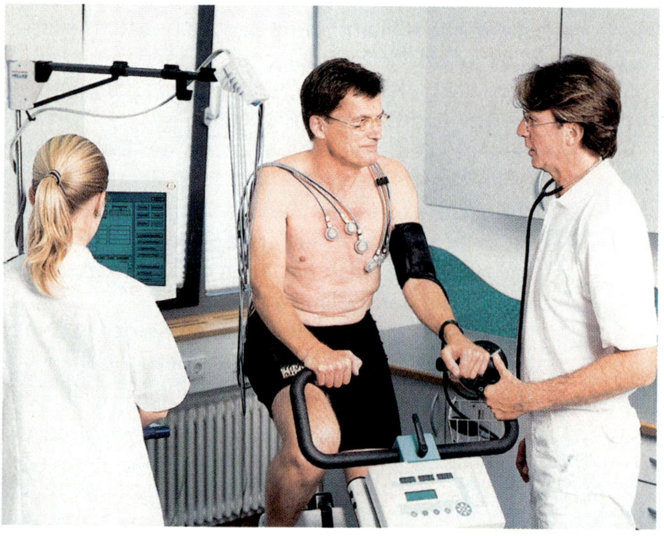

Quelle: PREVENT Der Gesundheits-Check-up, Dienstleistung der IAS, Institut für Arbeit und Sozialhygiene Stiftung.

Voraussetzung hierzu ist ein Mehrplatzsystem. Bei Mehrplatzsystemen mit nur einem Zentralcomputer erfolgen die Informationsabfrage und die Dateneingabe an reinen Terminals ohne eigene Rechnerleistung. Ein Zentralcomputer müsste in einer Arztpraxis über ein großes Leistungsvermögen verfügen. Davon zu unterscheiden sind Mehrplatzsysteme, die mehrere Computer in ein lokales **Netzwerk** einbinden. Dies ermöglicht den Benutzern, an verschiedenen Rechnern Informationen und Rechnerkapazitäten gleichzeitig zu verwenden und miteinander zu kommunizieren, wobei die Arbeitslast auf mehrere Computer verteilt wird. Das gesamte Netzwerk wird über einen **Server** gesteuert.

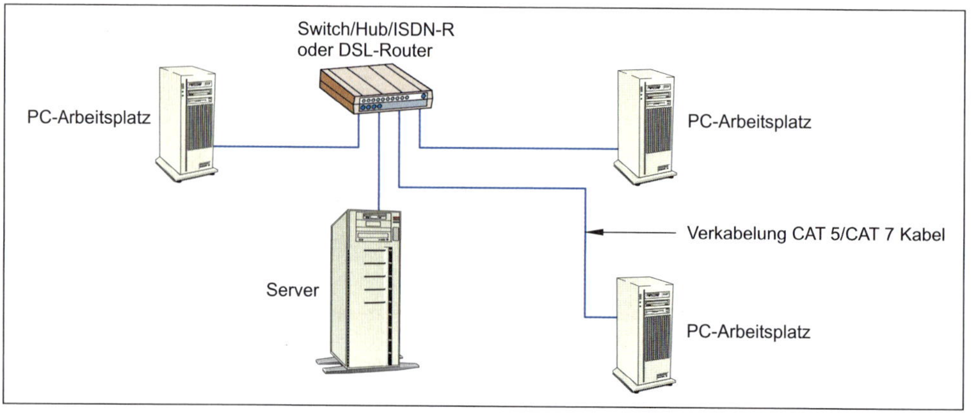

Mehrplatzsystem mit Server

Die folgende Abbildung zeigt die typische Ausstattung des Praxisempfangs mit einem PC-System:

Praxisempfang mit PC-System

Sichtbar sind die Geräte, die man als „Hardware" bezeichnet. Folgende Geräte werden in einer Arztpraxis eingesetzt:

Die Hardware

Der PC beinhaltet in seinem Gehäuse eine Vielzahl von Hardwarekomponenten. Das Herz des PCs ist der **Prozessor**. Er steuert alle Verarbeitungsvorgänge und die Zusammenarbeit aller Geräte. Seine Leistungsfähigkeit kommt zum Ausdruck durch die Taktfrequenz. Je höher die Taktfrequenz, umso höher ist die Leistung des Prozessors.

Zwischenergebnisse im Prozess der Datenverarbeitung werden im **Arbeitsspeicher** kurzzeitig abgelegt. Je komplexer die zu verarbeitenden Daten sind, z. B. bei Bild- und Grafikbearbeitungen, umso mehr Arbeitsspeicher wird benötigt. Die Kapazität des Arbeitsspeichers wird in Byte angegeben, wobei ein Byte einem Zeichen entspricht. Zur Vereinfachung werden 1024 Byte als ein Kilobyte (KB), 1024 Kilobyte als 1 Megabyte (MB) und 1024 Megabyte als 1 Gigabyte (GB) bezeichnet. Arbeitsspeicher ab 512 MB aufwärts sind in einer Arztpraxis notwendig.

Rechner

Die fertigen Arbeitsergebnisse werden auf der **Festplatte** gespeichert. Diese muss eine große Speicherkapazität haben, da auf ihr neben den Daten noch das Betriebssystem und alle installierten Programme gespeichert werden. In einer Arztpraxis sind Festplatten ab 160 GB aufwärts notwendig. Neben der Festplattengröße ist die Festplattengeschwindigkeit ein Maßstab für deren Leistungsfähigkeit. Sie wird in Umdrehungen pro Minute angegeben, z. B. 7200 U/min.

Bei allen modernen Computern kann von einer sehr guten Grafikverarbeitung ausgegangen werden. Setzt der Arzt eine **intraorale Kamera** ein und röntgt er digital, sollte er sich hinsichtlich der Anforderungen der Bildbearbeitung beraten lassen.

Standard ist mittlerweile auch die Ausstattung mit einem **DVD/CD-Laufwerk** und einem **DVD/CD-Brenner**. Programme werden überwiegend auf CD bzw. DVD geliefert und können be-

quem über das DVD/CD-Laufwerk installiert werden. Die Datensicherung erfolgt in vielen Fällen durch Brennen der Daten auf CDs. Insofern handelt es sich hierbei um einen weiteren externen Speicher. Die Leistungsfähigkeit dieser Laufwerke wird bestimmt durch die Lesegeschwindigkeit bzw. durch die Schreibgeschwindigkeit beim Brennen.
In vielen Praxiscomputern ist noch ein **Diskettenlaufwerk** vorhanden. Mit ihrer Speicherkapazität von lediglich 1,44 MB ist die Diskette aber ein Speichermedium, das in der modernen Datenverarbeitung mit dem Bedarf an großen Massenspeichern keine Zukunft mehr hat. Die Ergebnisse der Abrechnung werden in verdichteter Form teilweise noch als Diskette an die KV geschickt, oft bereits auf CD.
Notwendigerweise sind an den Computer eine Vielzahl von externen Geräten anzuschließen, z. B. Tastatur, Maus, Bildschirm, Drucker und Kartenlesegerät. Dies erfolgt über Schnittstellen. Für den Bildschirm und die Tastatur sind spezielle Schnittstellen reserviert. Alle anderen externen Geräte können über Standardschnittstellen an den Computer angeschlossen werden. Diese Standardschnittstellen sind mittlerweile die **USB-Schnittstellen**. Je mehr Schnittstellen vorhanden sind, umso mehr Geräte können mit dem Computer verbunden werden.
Will man das **Internet** nutzen, muss der Computer mit einer entsprechenden Karte ausgestattet sein. Über einen ISDN- bzw. DSL-Anschluss bzw. mit einem DSL-Zugang können dann mithilfe eines Programms und dem dazugehörigen **Provider**, z. B. T-Online, AOL, MSN-Network, alle Möglichkeiten des Internets genutzt werden. In Arztpraxen ist aber besondere Vorsicht geboten, da über den Internetanschluss auch ein unerlaubter Zugriff beispielsweise auf Patientendaten möglich ist. Hier sind große Sicherheitsvorkehrungen zu treffen. Viele Praxen haben einen speziellen Internetrechner, der nicht in das Praxisverwaltungsnetz eingebunden ist.
Der Prozess der Datenverarbeitung wird mit dem **EVA-Prinzip** beschrieben, wobei E für Eingabe, V für Verarbeitung und A für Ausgabe steht. Diesem Prinzip werden die Gerätekomponenten zugeordnet. Die bisher beschriebenen Geräte sind der Verarbeitung zuzurechnen. Um Daten in den Computer zu übertragen, bedarf es entsprechender Eingabegeräte. Das Standardgerät für die Eingabe ist die **Tastatur**. Die Abbildung zeigt eine Tastatur, die ergonomischen Ansprüchen genügt. Bei dieser Form soll ein besonders ermüdungsfreies Schreiben ermöglicht werden. Alle modernen Programme sind mittlerweile dialogorientiert, d. h., man kann Aktionen auslösen, indem man auf dem Bildschirm bestimmte Symbole anklickt. Hierzu bedarf es der **Maus**, die darüber hinaus, je nach Programm, noch vielfältige andere Funktionen übernimmt.

Tastatur

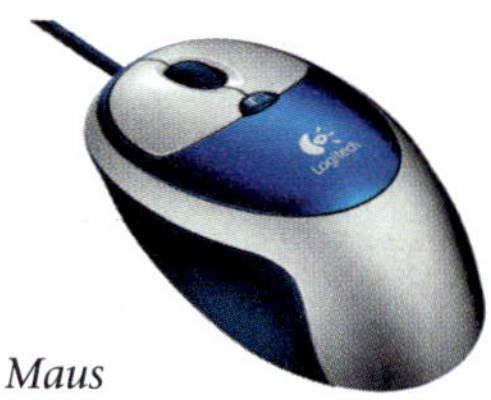

Maus

Seit der Einführung der Krankenversichertenkarte benötigen alle Arztpraxen ein **Kartenlesegerät**. Mithilfe dieses Gerätes werden Stammdaten des Patienten aus dem Chip der Versichertenkarte ausgelesen und automatisch in den Computer übertragen. Für neue Patienten wird durch die Arztsoftware ein neuer Patientendatensatz angelegt. Bei allen anderen Patienten wird registriert, dass sie in diesem Quartal die Praxis aufgesucht und ihre Krankenversichertenkarte vorgelegt haben. Kommt in Zukunft die elektronische Gesundheitskarte, die in einem Chip neben den Patientenstammdaten wichtige Behandlungsdaten speichert, z. B. Befunde und Röntgenbilder, dann werden wiederum alle Arztpraxen ihr EDV-System in erheblichem Umfang aufrüsten müssen.

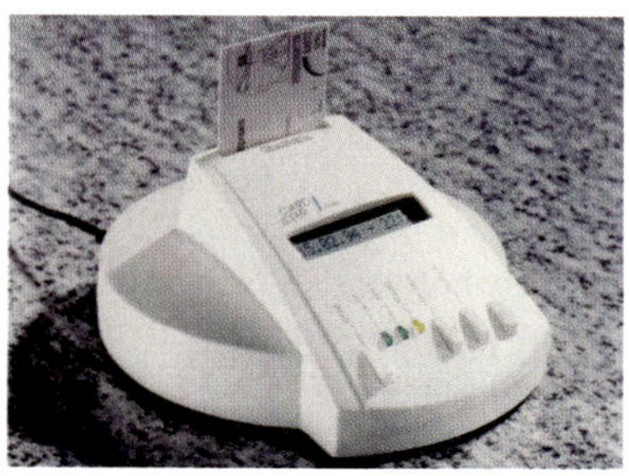

Scanner

Mithilfe von **Scannern** ist es möglich, Dokumente zu scannen, z.B. Berichte, Bilder usw. Der Scanner legt ein Dokument im Computer als Grafik ab, d.h., Bildpunkt für Bildpunkt des abgelichteten Dokuments wird zwischengespeichert. Handelt es sich dabei um ein Textdokument, kann durch Einsatz eines Texterkennungsprogramms die Umwandlung in ein Textdokument veranlasst werden. Dies gelingt mittlerweile ausgezeichnet bei den gängigen Schriften. Ansonsten muss nachgebessert werden, d.h., fehlerhafte Textstellen sind vom Nutzer zu korrigieren.

Die Ausgabe aller Daten erfolgt unmittelbar über den **Bildschirm**. Wegen des scharfen und flimmerfreien Bildes werden in Arztpraxen überwiegend Flachbildschirme eingesetzt, deren Bildschirmdiagonale eine Größe von mindestens 17 Zoll hat.

Flachbildschirm

In vielen Fällen ist in einer Arztpraxis das Ergebnis der Datenverarbeitung als Dokument zu drucken, beispielsweise Rezepte, Arbeitsunfähigkeitsbescheinigungen, Berichte usw. Je nach Umfang der zu druckenden Dokumente werden mehrere **Drucker** und verschiedene Druckertypen in das System eingebunden.

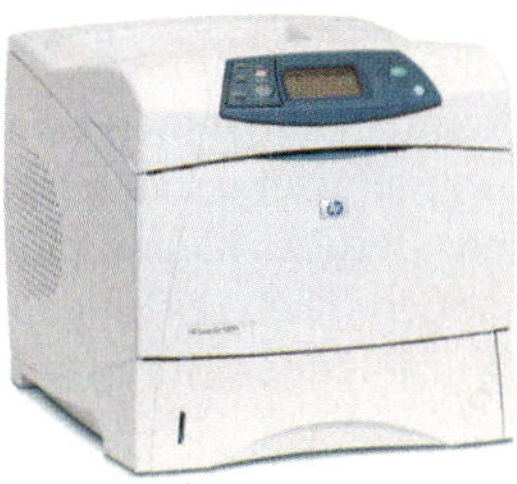

Laserdrucker

Die Abbildung zeigt einen Laserdrucker, der insbesondere bei hohem Druckaufkommen genutzt wird. Im privaten Bereich werden oft Tintenstrahldrucker verwendet, da diese in der Anschaffung sehr günstig sind. Allerdings können die nachzukaufenden Tintenpatronen erhebliche Kosten verursachen.

Viele Praxen verfügen noch über einen Nadeldrucker, vor allem für Dokumente mit Durchschriften. Diese Drucker wird es in absehbarer Zeit aber nicht mehr am Markt geben.

Computersystem in der Arztpraxis → mit Internetanschluss

Eingabe	Verarbeitung	Ausgabe
– Tastatur – Maus – Kartenlesegerät	– Prozessor – Speicherung der Zwischenergebnisse im Arbeitsspeicher externe Speicher – Festplatte – DVD/CD – Diskette – USB-Speicherstick – externe Festplatte	– Bildschirm – Drucker (Tintenstrahl-, Laserdrucker)

Die Software

Damit alle Geräte des Computers im Zusammenspiel mit dem Prozessor problemlos betrieben werden können, bedarf es entsprechender Software, dem **Betriebssystem**. Das bekannteste und führende Betriebssystem ist **Windows**. Es dürfte auch in den meisten Arztpraxen eingesetzt sein. Weniger bekannt und daher bisher kaum im Arztbereich eingesetzt ist **Linux**. Es hat die Besonderheit, dass es seit etwa 20 Jahren von ungezählten Programmentwicklern im Netz weiterentwickelt und kostenfrei zur Verfügung gestellt wird.

Aufbauend auf dem Betriebssystem muss der Arzt eine **Branchensoftware**, ein **Arztprogramm** erwerben. Je nach Umfang und möglichen Erweiterungen ist diese Auswahl sehr sorgfältig zu treffen. Für die Abrechnung mit einem Praxisprogramm bedarf das Programm einer Zulassung der Kassenärztlichen Bundesvereinigung (KBV-Zulassung). Alle marktführenden Programme haben eine entsprechende Zulassung.

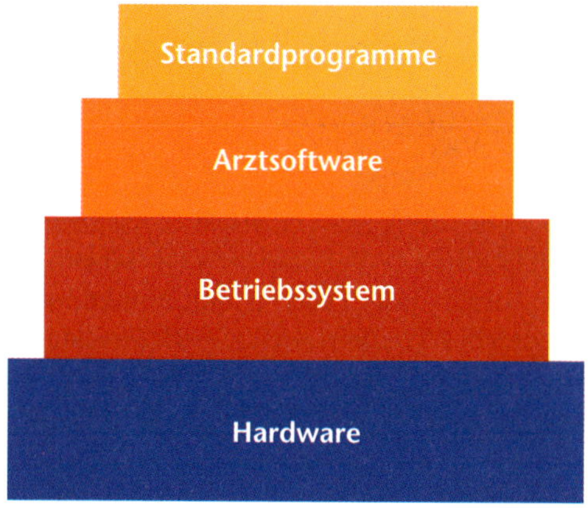

Zusätzlich wird in vielen Praxen noch **Standardsoftware** verwendet. Die bekannteste und meistgenutzte Standardsoftware ist das Textverarbeitungsprogramm Word. Daneben gibt es noch Standardsoftware für Tabellenkalkulation, Bild- und Grafikbearbeitung, Dateiverwaltung, Kommunikationssoftware usw.

Konsequente Digitalisierung

Bei einer konsequenten Digitalisierung der Praxis wird die konventionelle Karteikarte ersetzt durch die elektronische Karteikarte, mit der sich alle Befunde und Patientendaten auf dem Monitor präsentieren lassen (siehe auch ALBIS-DVD). Sind alle Unterlagen zu dem Patienten digital gespeichert, entfällt das oft mühsame Suchen beispielsweise nach Röntgenaufnahmen oder Befunden. Ein Kernbereich ist und bleibt dabei die elektronische Leistungserfassung, die schon während der Behandlung nach den Angaben des Arztes erfolgen kann. Darüber hinaus kann der Patient beispielsweise bei der Wahl individueller Gesundheitsleistungen (IGeL-Leistungen) über alle Aspekte der Abrechnung, insbesondere die notwendigen Zuzahlungen, informiert werden.

Ausgehend von dem eingangs dargestellten Problem des Termindrucks stellt sich die Frage, ob die EDV dem Arzt auch eine Erleichterung hinsichtlich der Beratung und der folgenden Behandlung des Patienten bietet. Die Patienten von heute messen dem gesundheitlichen Wohlbefinden und der körperlichen Fitness eine große Bedeutung zu. Zunehmend wird daher eine medizinische Versorgung nachgefragt, bei der der Gesichtspunkt einer gesunden Lebensweise im Mittelpunkt steht. Diese wird erleichtert, wenn der Arzt über entsprechende praktische Informationsmittel verfügt. Die EDV, vernetzt mit Diagnosegeräten, bietet die Möglichkeit, umfassende Diagnoseprogramme zur Messung und Kontrolle des Gesundheitszustandes und der körperlichen Leistungsfähigkeit zu erstellen.

Auch der Datenaustausch mit dem Labor erfolgt heute normalerweise schon per **Internet**. Allerdings ist in besonderer Weise auf die **Übertragungssicherheit** der Daten und deren Schutz vor dem Zugriff Unberechtigter zu achten.

An die Sicherheit einer digitalisierten Arztpraxis sind nicht nur bei der Kommunikation über das Internet besondere Anforderungen zu stellen. Durch eine **Zugangs- und Zugriffskontrolle** muss gewährleistet sein, dass alle Daten vor dem unbefugten Zugriff Dritter geschützt werden **(Datenschutz)**. Arztprogramme sehen Passwörter für den Zugang vor. Außerdem kann der Umfang des Zugangs über unterschiedliche Zugriffsrechte festgelegt werden.
Um die Daten einer Praxis vor Verlust zu schützen, ist es notwendig, täglich den aktuellen Datenbestand auf externe Datenträger zu kopieren (Datensicherung). Nur so kann im Fall eines Computerausfalls der Datenbestand wiederhergestellt werden.
Bei der Umsetzung all dieser Aspekte kann die EDV sowohl im Verwaltungs- und Abrechnungsals auch im Beratungs- und Therapiebereich eine erhebliche Erleichterung bieten. Sie setzt aber bei allen Beteiligten eine ständige Bereitschaft zur Fortbildung voraus.

Aufgaben

1. Erstellen Sie eine Übersicht, welche Verwaltungs- und Beratungsaufgaben mithilfe der EDV gelöst werden.
2. Zeichnen Sie in den Grundriss Ihrer Praxis ein, wo überall Computer installiert sind.
3. In welcher Form sind in Ihrer Ausbildungspraxis die Computer miteinander vernetzt?
4. Ordnen Sie entsprechend dem EVA-Prinzip den Bereichen Eingabe, Verarbeitung und Ausgabe die Gerätekomponenten der EDV Ihrer Ausbildungspraxis zu.
5. Welches Betriebssystem wird in Ihrer Ausbildungspraxis eingesetzt?
6. Welche Aufgaben hat ein Betriebssystem?
7. Was versteht man unter einer Standardsoftware? Geben Sie einige Beispiele für typische Anwendungen der Standardsoftware.
8. Welche technischen Möglichkeiten bietet die EDV dem Arzt zur Erleichterung der Beratungs- und Behandlungsmöglichkeiten?
9. Welche Gefahren bestehen für eine Arztpraxis, deren Computer einen Internetzugang haben?
10. Wie kann man sich vor dem unberechtigten Zugriff auf die eigenen Daten im Internet schützen?
11. Erläutern Sie Maßnahmen, die eine Zugangs- und Zugriffskontrolle auf Patientendaten in der Arztpraxis sicherstellen.
12. Erläutern Sie Form und Notwendigkeit der täglichen Datensicherung in der Praxis.
13. Suchen Sie unter dem Stichwort „digitale Arztpraxis" Beiträge im Internet.
    a) Drucken Sie sich zwei Ihrer Meinung nach aussagekräftige Beiträge aus.
    b) Erstellen Sie ein Plakat mit Aussagen darüber, welche neuen Möglichkeiten diese Form der Praxis bietet.
14. Erkundigen Sie sich nach Inhalt und Sinn der elektronischen Gesundheitskarte.
    a) Stellen Sie dar, welche Hardwarekomponenten hierfür in der EDV vorhanden sein müssen.
    b) Prüfen Sie, ob im Zusammenhang mit der elektronischen Gesundheitskarte eine Einbindung der EDV in das Internet zwingend notwendig ist.

6 Terminvergabe – die Kunst eines effizienten Terminmanagements unter Einbeziehung der EDV

Situation

Zum wiederholten Male beschwert sich der Patient Bernd Langen bei Lara über eine Wartezeit von 45 Minuten – trotz eines zugesagten Termins. Er will wissen, wie lange er noch warten muss, und verweist dabei auf einen dringenden geschäftlichen Termin. Nach Rücksprache mit der Orthopädin Frau Dr. Gropp erklärt Lara dem Patienten, dass diese Verspätung aufgrund eines Notfalls zustande gekommen sei. Herr Langen könne schon im Behandlungszimmer 2 Platz nehmen. Frau Dr. Gropp werde in den nächsten fünf Minuten mit der Behandlung beginnen.

Eine sehr wichtige, aber schwierige Aufgabe ist das **Terminmanagement** in der Arztpraxis und damit verbunden die Terminvergabe an die Patienten als Teil eines gut organisierten Bestellsystems. Für die Bindung der Patienten an die Praxis ist dies unerlässlich. In Zeiten, in denen fast jeder ein eigenes Terminmanagement betreibt, um die vielen beruflichen und privaten Termine

zu organisieren, wird eine gut funktionierende Terminvergabe als ein wesentliches Qualitätsmerkmal einer Arztpraxis gesehen.
Ein erfolgreiches Bestellsystem muss die **grundlegenden Bedingungen** der jeweiligen Arztpraxis berücksichtigen. Hierzu gehören zunächst die **räumlichen und personellen Gegebenheiten**.

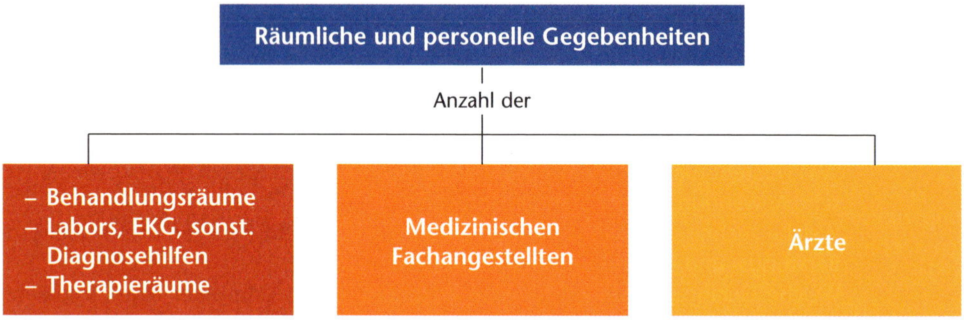

Diese Gegebenheiten liegen für einen längeren Zeitraum fest. Beim Personal sind Urlaub, Fortbildung u. Ä. längerfristig einzuplanen. Schwierig wird es bei kurzfristigen Erkrankungen. Günstig ist es, wenn dann eine Praxis über eine Personalreserve für Notfälle verfügt, z. B. eine ehemalige Medizinische Fachangestellte, die bei Bedarf kurzfristig einspringen kann.
Im Rahmen eines Bestellsystems ist in der Arztpraxis ein **Zeitgerüst** zu erarbeiten, d. h., für bestimmte Behandlungsstandards werden Zeitvorgaben erarbeitet, z. B.:

- Erstbehandlung (neuer Patient): 30 Minuten,
- Erstbehandlung (neue Erkrankung eines Patienten): 20 Minuten,
- Folgetermine: 10 Minuten,
- Vorsorgeuntersuchungen: 30 Minuten,
- Physikalische Therapie: 15 Minuten.

Das Problem bei der Festlegung des Zeitgerüstes ist, dass bei Beschränkung auf wenige Standards die Zeitplanung zu ungenau wird. Legt man hingegen entsprechend der möglichen Behandlungsvielfalt sehr viele Zeitvorgaben fest, wird die Zeitplanung sicherlich exakter, aber das Gesamtsystem eventuell sehr unübersichtlich. Hier den richtigen Weg für eine Praxis zu finden, setzt sehr viel Erfahrung voraus.
Neben dem Zeitgerüst ist ein sogenanntes **Mengengerüst** zu berücksichtigen: Wie viele Behandlungen können unter Berücksichtigung der Vorgaben in der Sprechstundenzeit untergebracht werden? Dabei sind Pufferzonen für Notfälle und unvorhersehbare Verzögerungen einzuplanen.
Zur längerfristigen Planung und zur Aufrechterhaltung eines stetigen Patientenzulaufs ist es sinnvoll, bei Behandlungen, die ein mehrmaliges Aufsuchen der Praxis erfordern, einen **Behandlungsplan** mit entsprechenden Terminen aufzustellen. Dem Patienten müssen die Wichtigkeit des Termins, die Notwendigkeit seines pünktlichen Erscheinens und die Folgen der Nichtwahrnehmung ohne frühzeitige Information der Praxis unbedingt deutlich gemacht werden. Der Patient selbst erhält einen Terminzettel mit Datum und Uhrzeit der Behandlungstermine, der außerdem noch das Logo und die Telefonnummer der Praxis enthält. Bei umfassenden Behandlungen wird oft am Tage vorher der Patient noch einmal an den Termin erinnert. Denn für eine Praxis ist das Nichterscheinen eines Patienten oft eine nicht zu schließende Lücke und somit Leerlauf, der mit erheblichen Kosten verbunden ist.
Patienten, die die Vorsorge sehr ernst nehmen, sollten mit ihrem Einverständnis in ein sogenanntes **Recall-System** eingebunden werden, d. h., sie erhalten direkt nach einer routinemäßigen Vorsorgeuntersuchung ihren nächsten Termin. Kurz vor diesem Termin wird der Patient dann telefonisch erinnert. In ganz modernen Systemen, gestützt durch ein Computersystem, ist diese Erinnerung schon automatisiert. Routinemäßig wird eine SMS oder eine Benachrichtigung per E-Mail an den Patienten übermittelt.

Insgesamt ist bei einem erfolgreichen Bestellsystem zu beachten:

- Der Patient muss umfassend informiert sein.
- Ein Behandlungsplan muss mit dem Arzt abgesprochen sein. Er muss für den Patienten nachvollziehbar sein.
- Die Behandlungsreihenfolge ist mit dem Arzt abzustimmen, da besondere Gegebenheiten zu berücksichtigen sind, z. B. keine zwei Erstuntersuchungen hintereinander.
- Der Patient ist über die jeweils zu erwartende Behandlungsdauer zu informieren.
- Für kurzfristig frei werdende Termine sollte eine Patientenwarteliste angelegt werden.
- Die Terminplanung ist so zu führen, dass jeder Praxismitarbeiter sich informieren kann.
- Die Termine des Patienten sind ggf. mit in die Patientendokumentation aufzunehmen.

Ein übersichtliches **Terminbuch** ist das Herzstück einer Bestellpraxis. Es muss für alle Behandlungszimmer, eventuell auch für die Bereiche Labor, Therapie usw., die Terminplanung zulassen. Optimal ist es, wenn Termine über mehrere Wochen oder sogar Monate hinweg durchgeplant sind. Das Terminbuch ist dabei so zu gestalten, dass die freien Termine auf einen Blick sichtbar sind. Aufwendige Behandlungen, die eine längere Behandlungszeit beanspruchen, sollten farblich gekennzeichnet sein, damit der Patient noch einmal an den Termin erinnert wird.

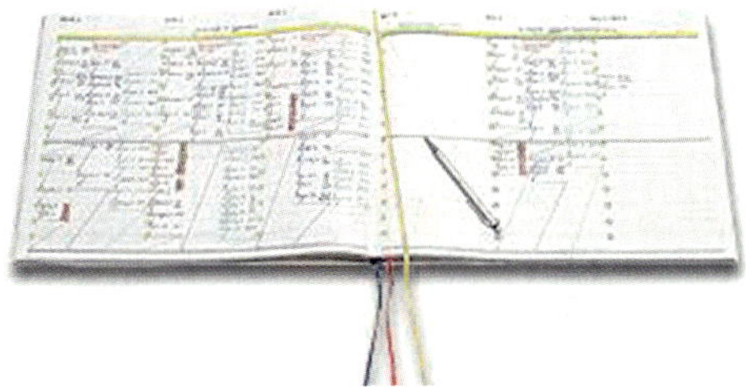

Terminbuch

Um bei schwierigen und aufwendigen Behandlungen einen kontinuierlichen Zeitablauf im Behandlungsplan zu erreichen, wird oft eine Einteilung der Behandlungsfälle nach Dringlichkeit vorgenommen. Die dringenderen Fälle erhalten dann eher einen Termin als weniger dringende Fälle. Es gilt aber, dass die Terminplanung für den Patienten nachvollziehbar sein muss. Kein Patient darf das Gefühl haben, benachteiligt zu sein. In den umfassenden Praxisprogrammen für Ärzte ist üblicherweise ein Modul für die Terminplanung enthalten. Die Bildschirmausgabe orientiert sich dabei am Aufbau konventioneller Terminplaner. Solche Programme haben allerdings den Nachteil, dass auf dem Bildschirm immer nur ein Ausschnitt sichtbar ist. Vorteilhaft ist, dass bei Beginn der Sprechstunde schon ein Einsatzplan mit Namen und Zeitpunkt je Patient für jeden Behandlungsraum ausgedruckt werden kann.

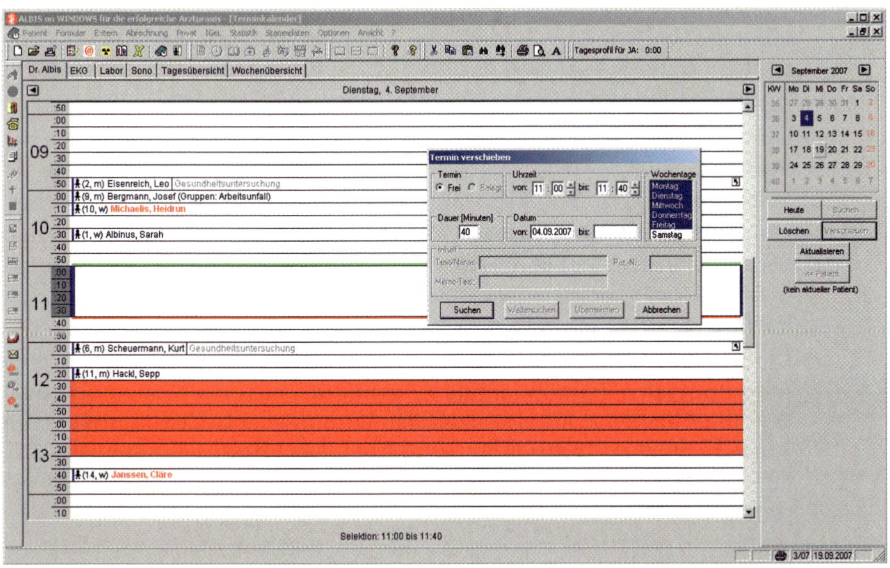

Terminplanung mithilfe der EDV, Quelle: ALBIS Ärzteservice Product GmbH & Co KG, Koblenz

Zusammenfassend ist festzuhalten, dass ein gutes Terminmanagement ein sehr wichtiger Faktor für eine effektive Praxisführung ist. Es ist wichtig für die Patientenbindung.

Vor- und Nachteile des Bestellsystems	
Vorteile für die Praxis ▪ Die Auslastung der Praxis ist gleichmäßiger. ▪ Es steigert die Zufriedenheit der Angestellten. ▪ Es entlastet den Arzt. ▪ Es sichert einen möglichst reibungslosen Praxisablauf.	**Nachteile für die Praxis** ▪ Es können Ausfallzeiten entstehen, wenn Patienten nicht oder unpünktlich erscheinen. ▪ Müssen mehr Schmerz- oder Notfallpatienten versorgt werden, als durch Pufferzeiten vorgesehen sind, entsteht ein erheblicher Zeitdruck.
Vorteile für die Patienten ▪ Die Wartezeiten sind erheblich verkürzt. ▪ Es steigert die Zufriedenheit der Patienten.	**Nachteile für die Patienten** ▪ Probleme bei kurzfristiger Terminvergabe sind möglich. ▪ Eventuell muss der Patient auch auf einen Ersttermin lange warten.

Aufgaben

1. Welche grundlegenden Bedingungen sind bei der Einrichtung eines Praxisinformationssystems unbedingt zu beachten?
2. Welche Probleme gibt es im Zusammenhang mit der Festlegung eines Zeitgerüstes?
3. Was versteht man unter einem Behandlungsplan und einem Recall-System?
4. Wie binden Sie die Patienten in ein gut funktionierendes Bestellsystem ein?
5. Was ist bei der Führung eines Terminbuches zu beachten?
6. Erläutern Sie Vor- und Nachteile des Zeitmanagements mithilfe des Computers.
7. Erläutern Sie anhand des Bestellsystems Ihrer Ausbildungspraxis, wie hier im Einzelnen die Terminplanung durchgeführt wird. Nehmen Sie Stellung dazu, wie zufrieden die Patienten mit dieser Handhabung sind und wie störungsfrei dieses System in Ihrem Fall ist. Prüfen Sie anhand der im folgenden Text dargestellten Anforderungen an eine Terminplanung mithilfe der EDV, wie gut das Terminbuch funktioniert.

Plichtenheft für EDV-Terminplaner

- **Mehrere Spalten/unterschiedliche Kalender für verschiedene Praxisbereiche/ Ärzte:** Je Arzt und je gesondert zu planender Abteilung muss ein eigener Planer, eine eigene Planungsspalte geführt werden können.
- **Beachtung korrespondierender Termine:** Sollte es zu zeitlichen oder sachlichen Kollisionen zwischen Abteilungen/Ärzten kommen, muss das System automatisiert darauf aufmerksam machen.
- **Plausibilitätsprüfung Urlaub, Feiertag und andere:** Ebenfalls automatisiert muss das System beispielsweise eingetragene oder feste Feiertage und Urlaubszeiten verschiedener Ärzte berücksichtigen und gegebenenfalls bei Engpässen darauf hinweisen.
- **Abfrage/Verwaltung Termindauer, Zeitbedarf:** Um den Erfordernissen einer optimalen Terminplanung zu genügen, muss das System bei einem Termineintrag eine Abfrage nach der Termindauer beziehungsweise dem voraussichtlichen Zeitbedarf durchführen. Die Erfassung sollte per Kürzel erfolgen. Wird nichts vorgegeben, sollte das System einen Mittelwert einplanen.

- **Freie Gestaltung Zeiteinheiten, Urlaub usw.**: Die Zeiteinheiten dürfen nicht fest vorgegeben sein. Es muss der Praxis überlassen sein, ob sie im 10-Minuten,- 21/2- oder 173/4-Minuten-Rhythmus die Patienten bestellen will. Je Arzt/Spalte müssen unterschiedliche Aufteilungen ebenso möglich sein wie abweichende Sprechstundenzeiten und Urlaubstage.
- **Feste Vorgaben für Pufferzeiten:** Es sollte möglich sein, Pufferzeiten vorzugeben, die erst gar nicht als belegbarer Termin erscheinen. Dabei sollten Abstufungen generierbar sein. So könnten sich längerfristige Pufferzeiten in belegbare Termine auflösen, wenn eine bestimmte zeitliche Nähe erreicht ist. Dadurch werden bestimmte Termine für kurzfristige Fälle erst kurzfristig frei und die Praxis plant sich nicht auf Wochen komplett zu.
- **Zugang zum Eintrag von allen Seiten:** Einträge sollten von allen denkbaren Seiten möglich sein: aus der Terminplanung heraus, aus dem Patientenblatt, aus der Terminübersicht. Der Zugang zum Termin sollte über die Eingabe des Patienten, des Datums, des Arztes, der Abteilung, der Leistung oder anderer sinnvoller Ausgangspositionen möglich sein.
- **Suchfunktion innerhalb der Kalender nach freien Terminen:** Sofern ein Termin für eine bestimmte Untersuchung bei einem bestimmten Arzt gesucht wird, sollte das System in der Lage sein, nach Eingabe der Parameter die nächsten beiden, oder auf Wunsch mehr, möglichen Termine automatisch vorzuschlagen.
- **Langzeit-Terminierung mehrerer Termine je Patient:** Benötigt ein Patient mehrere Termine, gilt das Gleiche für die weiteren Daten. Bei dieser und der vorhergehenden Funktion sollten auch patientenbezogene Eingrenzungen möglich sein.
- **Kombitermine:** Es sollte möglich sein, verschiedene Untersuchungen und Behandlungen bei der Terminvergabe bei einem Patienten zusammenzufassen und vom System adäquate Vorschläge dafür zu bekommen. Wichtig ist das vor allem bei logischerweise zusammengehörenden Aktivitäten (zum Beispiel Röntgen und anschließende Besprechung).
- **Einträge per Kürzel:** Sämtliche Termine sollten mit möglichst wenig Aufwand eingetragen werden können. Die Einträge sollten deshalb möglichst per – frei wählbarem – Kürzel abrufbar sein. Kürzel sollten vor allem für die Ärzte/Abteilungen, für Zeitkategorien, Zusätze und anderes vergeben werden können.
- **Texte als Termin eintragbar:** Auch Texte (KV-Sitzung, Geburtstagsfeier) sollten als Termine einzutragen sein, damit es nicht zu Kollisionen kommt, wenn dazu ein eigener Planer verwendet werden muss.
- **Tagesübersicht:** Die Software sollte die Planung in verschiedenen Stufen darstellen können. Eine Tagesübersicht gibt per Grafik die Belegung des Tages per Zeitkästchen auf einer Uhrzeitleiste an. Dieser Tagesplan und auch die Langzeitübersichten sollten je Arzt/Abteilung/Spalte und für die gesamte Praxis möglich sein.
- **Stunden-/Feinübersicht:** Wird eine weitergehende Information für einen bestimmten Bereich gewünscht beziehungsweise soll ein Patient eingetragen werden, wird dieser Bereich ausgewählt (zum Beispiel per Mausklick). Daraufhin sollte der Planungszeitraum (zum Beispiel eine Stunde vor, eine Stunde nach dem angewählten Termin) aufgeblättert werden. Hier werden dann die Namen der bereits terminierten Patienten, Zeitkategorien und eventuelle weitere terminrelevante Informationen zum Patienten sichtbar.

- **Wochenübersicht/Monatsübersicht:** In die andere Auflösungsrichtung wird per grafischem Überblick jeweils die Belegung der aktuellen Woche, der nächsten Woche, des aktuellen Monats und des nächsten Monats ersichtlich.
- **Freier Wechsel zwischen den Auflösungen und Bereichen:** Zwischen den zeitlichen Auflösungen, den diversen Spalten, Ärzten, Arbeitsbereichen, Kabinen und anderem, sollte per Knopfdruck/Funktionstaste oder Mausklick frei gewechselt werden können.
- **Anzeige des Inhalts bei Ansteuerung eines Termins:** Bei Windows-Systemen lässt sich der Inhalt eines Termins (wie Name, Besuchsgrund) in einem kleinen Fenster einblenden, wenn mit dem Mauszeiger ein Terminkästchen auf dem Bildschirm angesteuert wird.
- **Anzeige sämtlicher Termine eines Patienten:** Alle Termine eines Patienten sollten personenbezogen angezeigt werden können.
- **Automatische Übergabe an Wartezimmerliste:** Erscheint der Patient in der Praxis, sollte er im Terminplaner lediglich angeklickt werden müssen. Danach werden die erforderlichen Aktionen automatisch vom Computer eingeleitet. Sofern notwendig, druckt das System zum Beispiel einen Laufzettel und setzt den Patienten mit den vorhandenen, relevanten Informationen auf die richtige Wartezimmerliste. Nach Abschluss der Behandlung im Sprechzimmer setzt der Computer den Patienten entweder in das nächste virtuelle Wartezimmer (Röntgen, Anmeldung usw.) oder, sofern er für den Tag fertig ist, auf die Tageskontrollliste.

Quelle: Werner M. Lamers: Praxisorganisation – EDV und Terminplanung. In: Deutsches Ärzteblatt, PraxisComputer, 1/2003; http://www.aerzteblatt.de/v4/archiv/artikel.asp?src=suche&id=36039; abgerufen am 19.11.2008, S. 8 f.

7 Vertragsärztliche Versorgung

7.1 Gesetzliche und vertragliche Bestimmungen

7.1.1 Umfang der vertragsärztlichen Versorgung

Situation

Katrin Funk hat ihre Ausbildung in der allgemeinmedizinischen Praxis von Frau Dr. Andrea Schmitz gerade erst begonnen. Während sie ihre Kollegin Maria Müller beobachtet, denkt sie sich: „Das ist ja einfach! Patienten begrüßen, nach ihrer Krankenversichertenkarte fragen, diese in das Lesegerät stecken, und alle Daten des Patienten sind im Computer." Währenddessen wendet sich Maria Müller den nächsten Patienten zu. Von Frau Maier verlangt Maria 2,33 Euro, obwohl die Patientin ihre Versichertenkarte abgegeben hat. Dann schickt sie Herrn Koch ins Wartezimmer, ohne vorher die Krankenversicherungskarte zu fordern. Mit einer notdürftig verbundenen, blutenden Wunde kommt Herr Caglar in die Praxis. Er erzählt, dass er sich die Hand an der neuen Schneidemaschine in der Tischlerei, in der er arbeitet, aufgeschnitten habe. Katrin führt Herrn Caglar sofort ins Behandlungszimmer, wo er von Frau Dr. Schmitz versorgt wird und wendet sich anschließend an Maria: „Herrn Caglars Krankenversichertenkarte habe ich noch nicht verlangt. Aber nach der Behandlung werde ich ihn daran erinnern." „Die Versichertenkarte brauche ich nicht", erwidert Maria, woraufhin Katrin etwas verunsichert ist. Sollte ihre erfahrene Kollegin einen Fehler gemacht haben?

Die **vertragsärztliche Versorgung** umfasst eine Vielzahl von ärztlichen Behandlungen, Maßnahmen und Verordnungen. Hier sollen nur einige aufgezählt werden: die ärztliche Heilbehandlung, die ärztliche Betreuung bei Schwangerschaft und Mutterschaft, ärztliche Maßnahmen zur Früherkennung von Krankheiten sowie zur Empfängnisregelung, zur Sterilisation und zum Schwangerschaftsabbruch, soweit die Leistungspflicht nicht durch gesetzliche Regelungen ausgeschlossen ist, die Verordnung von Arznei-, Verband-, Heil- und Hilfsmitteln, Krankentransporten, Krankenhausbehandlungen und die Beurteilung der Arbeitsunfähigkeit.
Leistungen, für die die gesetzlichen Krankenversicherungen nicht leistungspflichtig sind, können nur im Rahmen einer **Privatbehandlung** erbracht werden. Dies gilt u. a. für ärztliche Untersuchungen und/oder Bescheinigungen für Privatversicherungen (z. B. Lebensversicherungen) sowie Eignungs- und Tauglichkeitsuntersuchungen (z. B. zur Sporttauglichkeit). **I**ndividuelle **Ge**sundheits**l**eistungen (IGeL), d. h. vom Patienten gewünschte sowie ärztlich vertretbare und empfohlene freie Gesundheitsleistungen, zählen ebenfalls zu den Nichtkassenleistungen.
Leistungen, für die der Träger der gesetzlichen Unfall- und Rentenversicherung zuständig ist, zählen auch nicht zur vertragsärztlichen Versorgung (z. B. Heilverfahren im Rahmen eines Arbeitsunfalls, Gutachten bzw. Kuranträge zulasten der Rentenversicherungsträger).

Aufgaben

1. Unterscheiden Sie zwischen vertragsärztlichen Leistungen, Privatbehandlungen und Leistungen der gesetzlichen Unfall- und Rentenversicherung, indem Sie für jeden Bereich Beispiele angeben.
2. Erklären Sie der Auszubildenden Katrin, warum sich ihre Kollegin Maria in allen drei Fällen korrekt verhalten hat.
3. Definieren Sie den Begriff „vertragsärztliche Versorgung".

7.1.2 Beteiligte der vertragsärztlichen Versorgung

Situation

Montagmorgen. Frau Dr. Schmitz tritt mit einer Liste in der Hand an den Patientenempfang: „Hier ist eine Liste mit Patientennamen. Diese Patienten müssen wir alle anrufen, um sie an die Vorlage der Krankenversichertenkarte zu erinnern!" „Muss ich die wirklich alle anrufen?", denkt sich Katrin im Stillen. Doch bevor sie Melissa fragen kann, wozu die Vorlage der KVK so unbedingt nötig sei, muss die Kollegin ans Telefon.

Anspruchsberechtigte der vertragsärztlichen Versorgung

Versicherte weisen durch Vorlage der **K**ranken**v**ersicherten**k**arte (KVK) oder eines anderen gültigen Behandlungsausweises nach, dass sie Anspruch auf vertragsärztliche Versorgung haben. Die Versicherten sind verpflichtet, die KVK bei jeder Inanspruchnahme eines Vertragsarztes mit sich zu führen. Versicherte, die sich nicht mit einer KVK oder einem anderen gültigen Behandlungsausweis ausweisen, sind Privatpatienten. Der Vertragsarzt darf von einem Versicherten eine Bezahlung der erbrachten (vertragsärztlichen) Leistungen nur fordern, wenn die KVK bzw. ein anderer gültiger Behandlungsausweis bei der ersten Inanspruchnahme nicht vorliegt und nicht innerhalb einer Frist von zehn Tagen nachgereicht wird. Die Vergütung wäre zurückzuzahlen, wenn der Versicherte dem Vertragsarzt bis zum Ende des Kalendervierteljahres (Quartals) eine gültige KVK bzw. einen gültigen Behandlungsausweis vorlegt.
Leistungen, die nicht zum Leistungskatalog der vertragsärztlichen Versorgung zählen (IGeL), müssen selbstverständlich auch vom Kassenpatienten bzw. Versicherten anderer Kostenträger, z. B. Zivildienstleistenden, privat bezahlt werden. Voraussetzung für die private Vergütung ist,

dass die Versicherten vorher auf die Übernahme der Kosten hingewiesen wurden und sie ihre Zustimmung schriftlich erklärt haben.

Aufgaben

1. Erklären Sie, warum es notwendig ist, dass die Patienten ihre KVK vorlegen.
2. Welche Möglichkeiten haben Sie, wenn ein Patient seiner Verpflichtung, die KVK innerhalb von zehn Tagen vorzulegen, nicht nachkommt?
3. Kennen Sie Praxen, die von diesem Recht Gebrauch machen? Nennen Sie mögliche Gründe, warum Praxen auf dieses Recht verzichten.
4. Nennen Sie andere Möglichkeiten, die Zahl der arbeitsintensiven KVK-Mahnungen im Vorfeld zu vermeiden.
5. Erklären Sie, warum auch manchmal Kassenpatienten, die ihre KVK vorgelegt haben, ärztliche Maßnahmen privat bezahlen müssen.
6. Worauf müssen Sie achten, wenn Kassenpatienten sogenannte „Individuelle Gesundheitsleistungen" erhalten?
7. Die Patientin Nina Scheppke, geb. am 12.04.1980, war am 2.08. d. J. in Ihrer Praxis in Behandlung. Bis heute (1.09. d. J.) hat sie ihre KVK nicht vorgelegt. Schreiben Sie in wörtlicher Rede ein Telefonat mit der Patientin, in dem Sie die Vorlage des Versicherungsnachweises anmahnen. Beachten Sie dabei die Grundsätze beim richtigen Umgang mit dem Telefon und die Schweigepflicht. Mögliche Antworten der Patientin ergänzen Sie bitte.
   Eine Frauenstimme meldet sich:
   „Scheppke!"
   „..."

Teilnahme an der vertragsärztlichen Versorgung

Der größte Umfang der vertragsärztlichen Versorgung wird von den zugelassenen Ärzten (Vertragsärzten) erbracht. Der Vertragsarzt ist ein Arzt, der nach Eintragung in das Arztregister bei einer **K**assenärztlichen **V**ereinigung (KV) und durch Beschluss des Zulassungsausschusses zur vertragsärztlichen Versorgung zugelassen wurde. Mit der Zulassung, die an bestimmte Voraussetzungen gebunden ist, darf der Vertragsarzt die vertragsärztlichen Leistungen der Versicherten der **g**esetzlichen **K**ranken**v**ersicherung (GKV) über die zuständige KV abrechnen. Der Vertragsarzt kann sowohl in der hausärztlichen als auch in der fachärztlichen Versorgung tätig sein. Eine Sonderstellung nimmt hier der Belegarzt ein. Der Belegarzt ist ein Vertragsarzt, der berechtigt ist, seine Patienten (Belegpatienten) auch im Krankenhaus stationär zu behandeln. Er erhält dafür keine Vergütung vom Krankenhaus, sondern rechnet selbst über die zuständige KV ab. Der Belegarzt hat demnach neben seiner vertragsärztlichen Praxis eine bestimmte Anzahl von (Beleg-)Betten in einem Krankenhaus angemietet und ist somit sowohl ambulant als auch stationär tätig.

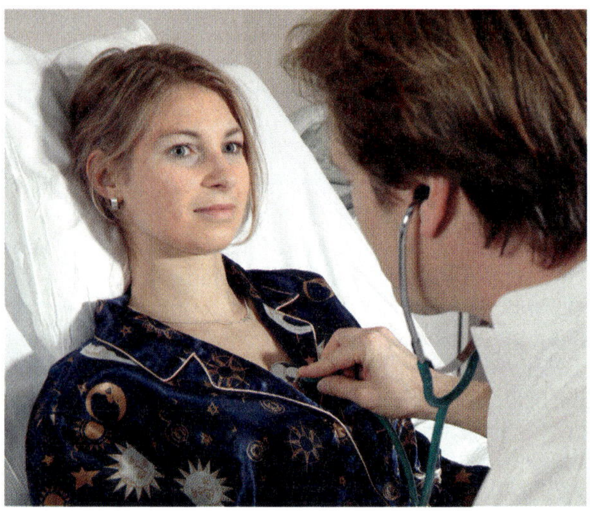

Im Gegensatz zum Vertragsarzt kann der Privatarzt, der nach der

Approbation in seiner eigenen Praxis freiberuflich tätig ist, ausschließlich Privatpatienten behandeln. Er ist nicht berechtigt, Kassenpatienten über die KV abzurechnen. Kann die vertragsärztliche Versorgung z.B. nicht allein durch die Vertragsärzte sichergestellt werden, können Zulassungsausschüsse geeignete Ärzte zur Erbringung genau definierter Leistungen ermächtigen. Diese ermächtigten Ärzte nehmen in begrenztem Umfang an der vertragsärztlichen Versorgung teil, d.h. sie sind berechtigt, ausschließlich bestimmte Leistungen bei Versicherten der GKV über die zuständige KV abzurechnen.

Aufgaben

1. Erklären Sie die Begriffe „Vertragsarzt", „Belegarzt", „ermächtigter Arzt" und „Privatarzt".
2. Erklären Sie die Begriffe „Approbation", „Promotion" und „Dissertation". Aktivieren Sie für diese Aufgabe Ihr Vorwissen oder verwenden Sie entsprechende Literatur.
3. Erklären Sie, warum jeder Vertragsarzt auch ein Privatarzt ist, aber nicht jeder Privatarzt auch ein Vertragsarzt ist.

7.1.3 Die Verträge und Gebührenordnungen in der Praxis

Im Bereich der vertragsärztlichen Versorgung stehen sich Patient, Arzt und Krankenkasse mit unterschiedlichen Interessen gegenüber. Auf der einen Seite wird wirtschaftliches (sparsames) Arbeiten gefordert, auf der anderen Seite eine optimale ärztliche Versorgung unter Ausschöpfung aller medizinisch-technischen Möglichkeiten. Um die unterschiedlichen Interessen aufeinander abzustimmen, existieren bestimmte Verträge. Diese regeln zum einen die ärztliche Versorgung durch den zugelassenen Arzt. Weiterhin beschreiben sie Rechte und Pflichten von Arzt, Patient, Krankenkasse und Kassenärztlicher Vereinigung. Wichtige Verträge sind der Bundesmantelvertrag Ärzte (BMV-Ä) und der Arzt-Ersatzkassenvertrag (EKV) [= Bundesmantelvertrag Ärzte-Ersatzkassen – BMV-Ärzte/Ersatzkassen]. Der BMV-Ä wird zwischen der Kassenärztlichen Bundesvereinigung (KBV) und den Bundesverbänden der Primärkassen ausgehandelt. Nur für die Bundesknappschaft besteht ein eigener Vertrag. Analog zum BMV-Ä wird der EKV (BMV-Ärzte/Ersatzkassen) zwischen der KBV und den Ersatzkassenverbänden abgeschlossen. Er enthält im Wesentlichen die gleichen Bestimmungen wie der BMV-Ä. Diese beiden Verträge beinhalten u.a. die Vordruckvereinbarungen, d.h. hier ist z.B. festgeschrieben, wie die Vordrucke ausgefüllt werden müssen und welche Leistungen zur vertragsärztlichen Versorgung gehören (Inhalt und Umfang der vertragsärztlichen Versorgung).

Diese auf Bundesebene abgeschlossenen Verträge werden durch Gesamtverträge auf Landesebene ergänzt. Die Wahrung der vertragsärztlichen Rechte gegenüber den Krankenkassen erfolgt hauptsächlich durch Abschluss der Gesamtverträge und hier insbesondere durch die Vereinbarung einer Gesamtvergütung für die vertragsärztliche Versorgung. Die Gesamtverträge zwischen der KV und den Landesverbänden der Krankenkassen regeln also in der Hauptsache das Vergütungssystem und die Vergütungshöhe.

Während der Arzt früher mit jedem Patienten ein unterschiedliches Honorar vereinbaren konnte, existieren heute Gebührenordnungen, die alle Leistungen enthalten, die der Arzt abrechnen darf (rechtliche Abrechnungsgrundlage). Ähnlich wie bei den Verträgen existieren für die Primär- und Ersatzkassen wiederum zwei verschiedene Gebührenordnungen: die Ersatzkassengebührenordnung (E-GO) und der Bewertungsmaßstab für Ärzte (BMÄ). Um die Abrechnung einheitlicher zu gestalten, wurde 1978 der Einheitliche Bewertungsmaßstab (EBM) eingeführt. Dieser bildet die Grundlage für die Vergütung der vertragsärztlichen Leistungen und beinhaltet den BMÄ und die E-GO. Für die privaten Krankenkassen gibt es eine dritte Gebührenordnung. Sie heißt Gebührenordnung für Ärzte (GOÄ). Die gesetzliche Grundlage für Verträge und Gebührenordnungen bildet das vom Staat beschlossene Sozialgesetzbuch.

Aufgaben

1. Welche Verträge werden im Text genannt? Welche Parteien waren an der Aushandlung der Verträge beteiligt? Was wird durch die Verträge geregelt?
2. Welche Gebührenordnungen gibt es in der Praxis und für welche Krankenkassen sind sie die Abrechnungsgrundlage?

Verträge und Gebührenordnungen in der Praxis

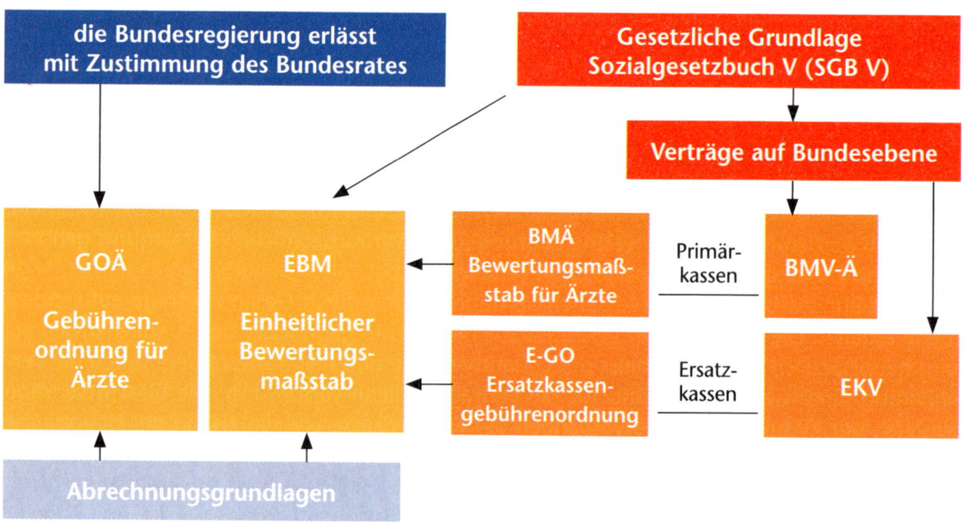

7.2 Kostenträger der Krankenversicherung

Zu unterscheiden sind folgende Kostenträger der Krankenversicherung:

- Primärkassen
- Ersatzkassen
- Sonstige Kostenträger
- private Krankenversicherungen

(Primärkassen und Ersatzkassen →) gesetzliche Krankenkassen (= Träger der GKV)

7.2.1 Gesetzliche Krankenkassen

Träger der gesetzlichen Krankenversicherung sind die Primär- und Ersatzkassen (= gesetzliche Krankenkassen).
Um bei der Abrechnung der vertragsärztlichen Leistungen die zahlungspflichtige Krankenkasse eindeutig identifizieren zu können, hat die Kassenärztliche Bundesvereinigung (KBV) eine fünfstellige Krankenkassennummer (VKNR) festgelegt. Die VKNR erscheint beim Ausdruck von Vordrucken nach dem Einlesen der gültigen KVK in der Kopfzeile des Personalienfeldes hinter der Krankenkasse. Außerdem steht sie auf den Fallzahlenlisten, die im Rahmen der (manuellen) Quartalsabrechnung ausgefüllt werden. Die ersten beiden Ziffern der VKNR bezeichnen die regional zuständige Abrechnungsstelle und die dritte bis fünfte Ziffer kennzeichnen die zahlungspflichtige Krankenkasse.
Seit 1996 besteht für die Versicherten der gesetzlichen Krankenversicherung Kassenwahlfreiheit. Versicherte einer gesetzlichen Krankenkasse können mit einer Frist von drei Monaten zum Jahresende das bestehende Versicherungsverhältnis kündigen und sich in einer anderen gesetzlichen Krankenkasse ihrer Wahl versichern. Die meisten Mitglieder erlangen somit die Mitgliedschaft in einer gesetzlichen Krankenkasse durch Ausübung des Wahlrechts und stellen einen Antrag auf Mitgliedschaft.
Die Kassenart spielt für die Versicherten seit der Kassenwahlfreiheit nur noch eine untergeordnete Rolle, da sie zwischen (fast) allen geöffneten Krankenkassen frei wählen können. Eine Unterscheidung zwischen den gesetzlichen Krankenkassen ist in der Regel nur für den Vertragsarzt von Bedeutung, da die Krankenkassen die erbrachten Leistungen zum Teil unterschiedlich honorieren (z. B. Impfungen). D. h., es ergeben sich für den Vertragsarzt unterschiedlich hohe Honorare für die(selben) vertragsärztlichen Leistungen.
Die Höhe des Versicherungsbeitrages errechnet sich nach dem Einkommen des Versicherten (bestimmter Beitragssatz vom Bruttogehalt). Die Versicherungsleistungen richten sich in der Regel danach, was der Versicherte benötigt (gesetzlich geregelt). Man spricht hier vom Solidaritätsprinzip, d. h., wer mehr verdient, zahlt höhere Beiträge, die Versicherungsleistungen sind unabhängig von den Beitragszahlungen aber gleich. Für mitversicherte Familienangehörige werden keine Beiträge erhoben.

Primärkassen

Zu den Primärkassen zählen die Allgemeine Ortskrankenkasse (AOK), die Landwirtschaftliche Krankenkasse (LKK), die Innungskrankenkasse (IKK), die Betriebskrankenkasse (BKK), die Knappschaft (KBS) und die See-Krankenkasse (See-KK). Während die AOK grundsätzlich für (fast) alle Versicherten offen ist, kann für größere Betriebe eine Betriebskrankenkasse und für einzelne oder mehrere Handwerksinnungen eine IKK bestehen. Soweit die Satzungen der o. g. Primärkassen dies zulassen, können auch andere Personen bei diesen Krankenkassen versichert sein, d. h., ein Versicherter einer BKK muss nicht zwingend auch Mitarbeiter des entsprechenden Betriebes sein.
In der Landwirtschaftlichen Krankenkasse sind selbstständige Landwirte und mitwirkende Familienangehörige pflichtversichert. Die Bundesknappschaft ist sowohl der Kranken- als auch Rentenversicherungsträger für Beschäftigte im Bergbau. In der See-Krankenkasse sind die Seeleute deutscher Seeschiffe versichert. Die LKK, die Bundesknappschaft und die See-KK unterliegen

zurzeit der Wahlbeschränkung, d.h. hier entscheidet der Berufsstand über die Zugehörigkeit. Ein Beitritt Berufsfremder ist nicht möglich.
Die Primärkassen gehören zu den gesetzlichen Krankenkassen, die für die Versicherten wegen regionaler, berufsständischer oder branchenspezifischer Zugehörigkeit in erster Linie (= primär) zuständig sind.

Ersatzkassen

In einer Ersatzkasse können sich seit Einführung der Kassenwahlfreiheit alle Personen versichern, die das Recht haben, statt einer Primärkasse eine Ersatzkasse auszuwählen (Ausnahmen: s.o.).
Ersatzkassen haben bis auf wenige Ausnahmen eine bundesweite Zuständigkeit. Deshalb weist – im Gegensatz zu den Primärkassen – die Abkürzung des Krankenkassennamens allein eindeutig auf die zuständige Ersatzkasse.
Bei den Ersatzkassen unterscheidet man zwischen den Angestellten-Ersatzkassen und den Arbeiter-Ersatzkassen. Die Angestellten-Ersatzkassen sind im **V**erband **d**er **A**ngestellten-**K**rankenkassen (VdAK) und die Arbeiter-Ersatzkassen im **A**rbeiter-**E**rsatzkassen-**V**erband (AEV) zusammengeschlossen. Diese Abkürzungen finden sich z.T. in der Kopfzeile des Personalienfeldes wieder und müssen entsprechend angekreuzt werden.
Zu den Angestellten-Ersatzkassen zählen u.a.: die Barmer Ersatzkasse (BEK), die Deutsche Angestellten Krankenkasse (DAK), die Kaufmännische Krankenkasse (KKH), die Hamburg-Münchner Krankenkasse (HaMü), die Techniker Krankenkasse (TK) und die Hanseatische Krankenkasse (HEK).
Die Gmünder Ersatzkasse (GEK), die Buchdrucker-Krankenkasse (BK) und die Gärtner Krankenkasse (GKK) sind Beispiele für Arbeiter-Ersatzkassen.

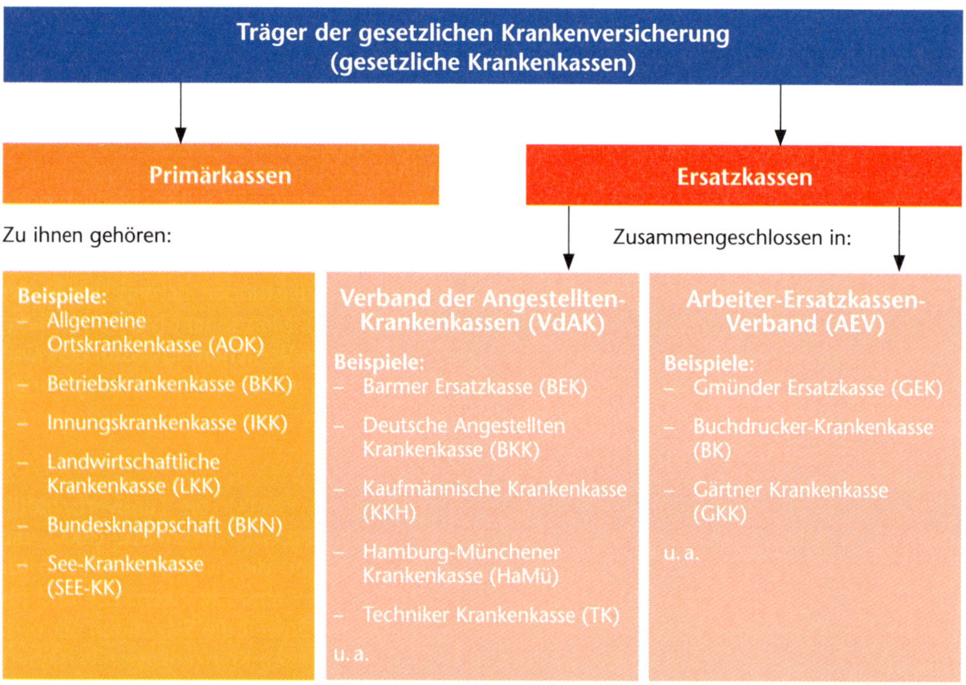

7.2.2 Private Krankenversicherungen

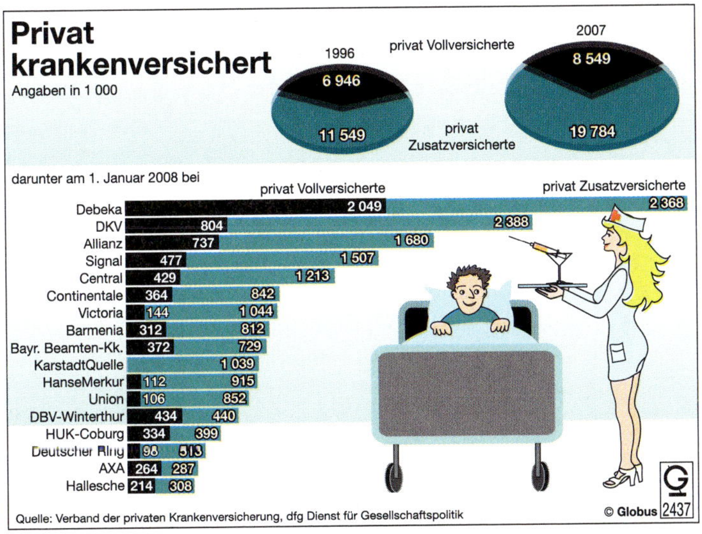

Die privaten Krankenversicherungen übernehmen Behandlungskosten von Personen, die nicht krankenversicherungspflichtig sind. In den privaten Krankenversicherungen können sich u.a. Arbeitnehmer mit einem Arbeitsentgelt über der Versicherungspflichtgrenze versichern. Träger der Privatversicherungen sind Unternehmungen, die einen Gewinn erzielen wollen. Die Beitragshöhe richtet sich deshalb, anders als bei den gesetzlichen Krankenversicherungen, nicht nach dem Einkommen des Versicherten, sondern nach dem Versicherungsrisiko (z.B. Vorerkrankungen, Alter und Geschlecht) des Versicherten sowie dem Leistungsumfang. Private Krankenversicherungsunternehmen haben im Gegensatz zu den Trägern der gesetzlichen Krankenversicherung das Recht, die Versicherung einer Person gegen Krankheit abzulehnen oder erhöhte Beiträge zu verlangen, wenn ihnen das Risiko zu groß erscheint. In der privaten Krankenversicherung spricht man vom sogenannten „Äquivalenzprinzip", d.h. einem Gleichgewicht zwischen Leistung und Gegenleistung. Anders formuliert: Je höher die Leistung, desto höher der Beitrag.

Außerdem können bei der privaten Krankenversicherung Leistungen versichert werden, die von der gesetzlichen Krankenversicherung nicht gedeckt werden, z.B. alternative Heilmethoden. Selbstverständlich bedeutet ein großer, umfassender Leistungskatalog, dass ein höherer Versicherungsbeitrag gezahlt werden muss (s. Äquivalenzprinzip).

Aufgaben

1. Die private Krankenversicherung folgt dem Äquivalenzprinzip. Erklären Sie, was darunter zu verstehen ist.
2. Unterscheiden Sie die Private Krankenversicherung (PKV) hinsichtlich der Berechnung der Beitragshöhe und der Abrechnung von der GKV.

7.2.3 Sonstige Kostenträger

Neben den gesetzlichen Krankenkassen erbringen noch andere Kostenträger für bestimmte Personengruppen Leistungen im Krankheitsfall (Sonstige Kostenträger). Die folgende Tabelle gibt hierzu eine erste Übersicht.

Übersicht über die „sonstigen" Kostenträger

Berechtigter Personenkreis	Sozialhilfeempfänger	Kriegs-, Wehrdienst-, Zivildienst-, Impfgeschädigte	Bundesbahnbeamte der Beitragsklassen I, II, III	Postbeamte Gruppe A (untere Einkommensgruppen)	Polizeibeamte der Bundespolizei	Bundeswehrsoldaten	Zivildienstleistende	ausländische Bürger, die sich nicht dauernd hier aufhalten (z. B. Touristen)	Jugendliche, die eine Beschäftigung aufnehmen wollen
Gesetzliche Grundlagen	Bundessozialhilfegesetz (BSHG)	Bundesversorgungsgesetz (BVG)	Krankenversorgung Bundesbahnbeamte (Vertrag mit KVB)	Postbeamtenkrankenkasse (PbeaKK) (Vertrag mit KBV)	Bundespolizei (Vertrag mit KBV)	Bundeswehr (BW) (Vertrag mit KVB)	Zivildienst (ZD)	Auslandsabkommen (Vertrag mit dem jeweiligen Staat)	Jugendarbeitsschutzgesetz (JArbSchG)
Leistungen	alle Leistungen der GKV	1. bei Beschädigten (MdE < 50 %) nur für anerkanntes Versorgungsleiden 2. bei Schwerbeschädigten (MdE > 50 %) alle Leistungen	(fast) wie GKV	(fast) wie GKV	Leistungen, die durch den grenzschutzärztlichen Dienst selbst nicht erbracht werden können	Leistungen, die durch den truppenärztlichen Dienst selbst nicht erbracht werden können	alle Leistungen der GKV	ärztliche Behandlung, die sofort erforderlich ist	Erstuntersuchung, ggf. erste Nachuntersuchung und weitere Untersuchung
Behandlungsausweis, Vordrucke	Krankenbehandlungsschein, KVK, sonstige Kassenvordrucke	1. roter Bundesbehandlungsschein 2. Versichertenkarte, Kassenvordrucke	eigene Mitgliedskarte, keine Kassenformulare	Versichertenkarte der PBeaKK, sonst Kassenformulare	spezieller Überweisungsschein, KVK ausschließlich für Zahnarztbehandlungen	spezieller Überweisungsschein der BW	eigener Krankenschein in Verbindung mit Dienstausweis, eigene AU, sonst. Kassenformular	besonders gekennzeichneter deutscher Krankenschein	Untersuchungsberechtigungsschein
Behandlungsausweis erhältlich bei	Sozialamt Krankenkasse	betreuender Krankenkasse	KVB	PBeaKK	Bundespolizeiärztlichem Dienst	Truppenarzt	Bundesamt für den Zivildienst in Köln	i. d. R. AOK	Einwohnermeldeamt
Abrechnungsverfahren	über KV oder direkt über Sozialamt (nach Vereinbarung)	über KV	direkt mit Versichertem	über KV	über KV	über KV	über KV	über KV	über KV oder direkt über Gewerbeaufsichtsamt
Anzuwendende Gebührenordnung	BMÄ, regional auch GOÄ	BMÄ oder E-GO je nach betreuender Kasse	GOÄ	E-GO	E-GO	E-GO	E-GO	BMÄ oder E-GO je nach Krankenkasse	GOÄ
Kostenträger	Städte und Gemeinden	Versorgungsämter	KVB	PBeaKK	Bund	Bund	Bund	ausländische Krankenkasse	Gewerbeaufsichtsamt

7.3 Beziehungen in der vertragsärztlichen Versorgung

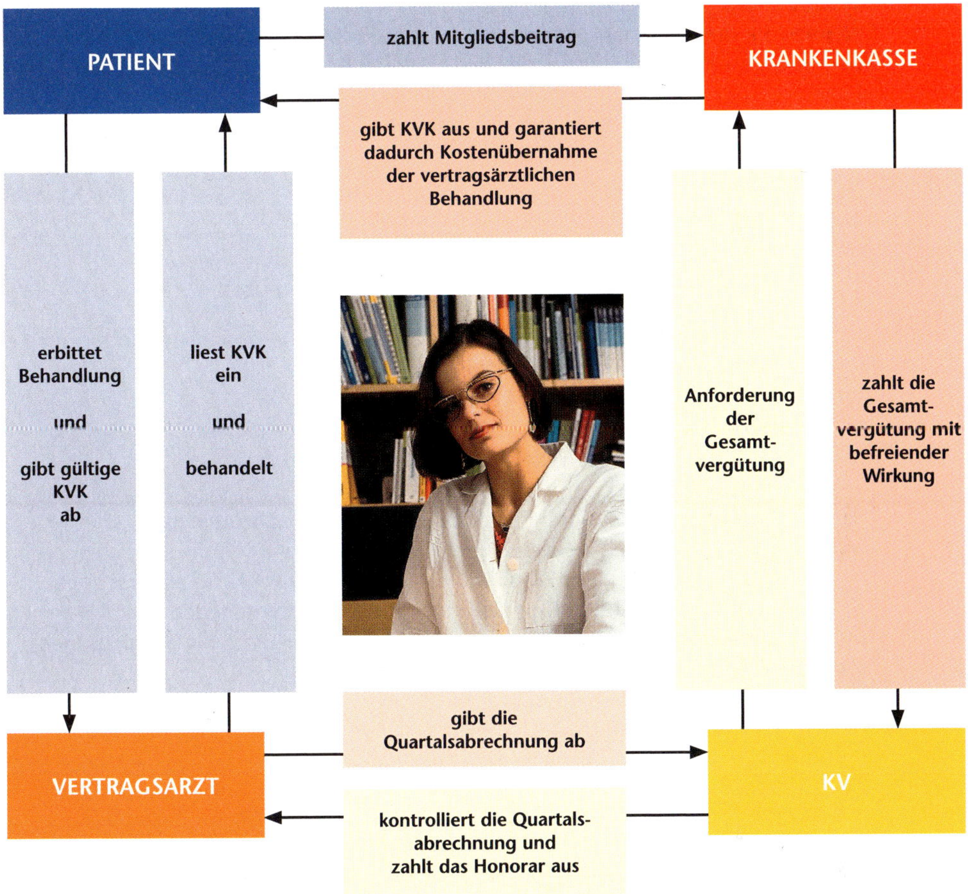

Aufgaben

1. Wozu dient die Beitragsbemessungsgrenze in der GKV? Wozu dient die Versicherungspflichtgrenze in der GKV?
2. Zu den Trägern der gesetzlichen Krankenversicherung gehören:
   a) die Barmer Ersatzkasse
   b) die Landwirtschaftliche Krankenkasse
   c) das Bundesministerium für Gesundheit
   d) die Ärztekammer
   e) die Bundesknappschaft
   f) die Gemeindeunfallversicherung
   g) die Kassenärztliche Bundesvereinigung
3. Welche Beziehungen bestehen zwischen dem Vertragsarzt und der KV in Bezug auf die Abrechnung?
4. Ergänzen Sie folgende Aussage. Die Rechtsgrundlage der GKV ist das …
5. Formulieren Sie die folgenden Abkürzungen aus: BMV-Ä, EKV.
6. Nennen Sie zwei wesentliche Inhalte sowohl des BMV-Ä und des EKV.

Aufgaben

7. Welche beiden Personengruppen sind als Familienversicherte in der GKV versichert?
8. Nennen Sie drei Personengruppen, die in der GKV pflichtversichert sind.
9. Nennen Sie eine Personengruppe, die sich freiwillig in der GKV versichern lassen kann.
10. Welche Verträge bilden die Rechtsgrundlage für die Arbeit des Vertragsarztes?
    a) Arbeitsverträge
    b) Bundesmantelverträge
    c) Gesamtverträge
    d) Kassenverträge
    e) Manteltarifverträge
    f) Tarifverträge
11. Nennen Sie die Gebührenordnung für Primärkassen, für Ersatzkassen und für private Krankenversicherungen (keine Abkürzungen).
12. Nennen Sie zwei vertragsärztliche Leistungen.
13. Welche Aussagen sind richtig?
    Patienten der GKV, die ihre KVK nicht vorlegen können, …
    a) sind Privatpatienten.
    b) sind verpflichtet, die KVK innerhalb von zehn Tagen nachzureichen.
    c) dürfen nicht behandelt werden.
    d) werden ohne Vorlage der KVK über die genannte Krankenkasse abgerechnet.
    e) müssen einen bestimmten Geldbetrag als Vorleistung hinterlegen.
14. Nennen Sie die Krankenkassen, die man zu den Primärkassen zählt (Abkürzungen).
15. Formulieren Sie folgende Abkürzungen aus: VdAK/AEV
16. Ergänzen Sie folgende Aussage. Die DAK ist eine …
17. Welche Aussage ist richtig?
    a) IGeL sind Leistungen, die nicht zum Leistungskatalog der vertragsärztlichen Versorgung gehören.
    b) IGeL sind Leistungen, die zum Leistungskatalog der vertragsärztlichen Versorgung gehören.
    c) IGeL sind Leistungen, die ausschließlich über die gesetzliche Unfallversicherung abgerechnet werden müssen.
    d) Keine der o. g. Antworten ist richtig.
18. Erklären Sie, was man bei der privaten Krankenversicherung unter dem Äquivalenzprinzip versteht.
19. Für Familienmitglieder der GKV muss monatlich ein Betrag von … gezahlt werden.
    a) 00,00 EUR monatlich für alle Familienangehörigen
    b) 00,00 EUR monatlich nur für Kinder
    c) 50,00 EUR monatlich für jeden Familienangehörigen
    d) 50,00 EUR monatlich nur für Kinder
20. Wie wird man Mitglied in einer Ersatzkasse?

8 Vordruckvereinbarungen und Vordrucke

8.1 Allgemeine Bestimmungen der Vordruckvereinbarungen

Situation

Frau Edith Klein betritt die Praxis. Sie war in diesem Quartal schon einmal in Behandlung bei Frau Dr. Schmitz, hat aber bei ihrem letzten Besuch vergessen, sich ein Wiederholungsrezept über ihr Blutdruckmedikament ausstellen zu lassen. Melissa notiert das Anliegen der Patientin und bittet sie, sich noch einen Moment ins Wartezimmer zu setzen. Dann greift sie zielsicher nach dem Rezeptvordruck und legt ihn mit der Karteikarte der Patientin an die Anmeldung. Wenige Minuten später kommt Frau Dr. Schmitz an die Anmeldung und unterschreibt das Rezept. „Wäre es nicht zeitsparender, wenn Frau Dr. Schmitz die Formulare schon vor dem Ausfüllen unterschreiben würde? Dann müssten die Patienten nicht so lange warten." Katrin denkt laut, aber niemand hört ihr zu, denn montags geht es in der Praxis immer besonders hektisch zu. „ob ich die ganzen Vordrucke jemals richtig ausfüllen werde?", fragt sich Katrin, „na ja, ich fülle einfach nur all das aus, was ich wirklich weiß. Die fehlenden Angaben werden dann schon von dem nachgetragen, der den Vordruck erhält. Besser etwas nicht eintragen, als einen Fehler machen!" Frau Dr. Schmitz reißt Katrin aus ihren Gedanken. Herr Alois Bauer, ein Privatpatient, benötigt eine Überweisung zu Dr. Bachmann, dem Radiologen. Melissa nimmt einen Überweisungsvordruck (Muster 6) und beginnt diesen auszufüllen ...

Vordrucke – Bezug und Kosten

Fast alle Praxisformulare werden über einen Formularbestellschein vierteljährlich von der Bezirksstelle der KV mit den Unterlagen zur Quartalsabrechnung bezogen. Nur wenige Vordrucke werden von den Praxen selbstständig bei bestimmten Fachverlagen bezogen. Zu diesen Vordrucken zählt das Arzneiverordnungsblatt (Muster 16). Die Kosten für dieses Formular – wie auch die Kosten der anderen Praxisformulare – tragen die gesetzlichen Krankenkassen. Daraus ergibt sich, dass die Vordrucke ausschließlich für die vertragsärztliche Versorgung zu verwenden sind. Der Vertragsarzt kann den Aufdruck des Vertragsarztstempels auf das Arzneiverordnungsblatt (Muster 16) durch den Fachverlag vornehmen lassen. Die Kosten für den Aufdruck des Vertragsarztstempels sind dann vom Vertragsarzt zu tragen. Da mittlerweile sehr viele Arztpraxen über EDV verfügen, wird i. d. R. der Vertragsarztstempel direkt durch die EDV aufgedruckt, was auch das manuelle Stempeln der Formulare überflüssig macht. Das Betäubungsmittelrezept (BtM-Rezept) muss von dem Vertragsarzt beim Bundesinstitut für Arzneimittel und Medizinprodukte, Bundesopiumstelle, in Bonn schriftlich (Brief oder Fax) bestellt werden, da über das BtM-Rezept Arzneimittel bezogen werden, die ein hohes Abhängigkeits- und Missbrauchspotenzial haben.

Auszug aus den Erläuterungen zur Vordruckvereinbarung[1]

1. Die Vordrucke für die vertragsärztliche Versorgung gelten inhaltlich und auch in der Gestaltung einheitlich im gesamten Bundesgebiet. Der Vertragsarzt darf nur solche Vordrucke verwenden, die ihm von seiner Kassenärztlichen Vereinigung oder von sonst autorisierten Stellen zur Verfügung gestellt worden sind.
2. Ganz besonders wird darauf hingewiesen, dass alle Vordrucke erst nach ihrer Ausfüllung – nicht blanko – unterschrieben werden dürfen.

---

[1] *Quelle: Kassenärztliche Bundesvereinigung (Hrsg.): Verträge der Kassenärztlichen Bundesvereinigung mit Sozialversicherungs- und anderen Kostenträgern sowie Richtlinien des Bundesausschusses der Ärzte und Krankenkassen, Deutscher Ärzte-Verlag GmbH, Oktober 2001, Köln, S. 87 f.*

3. Die Weitergabe von Vordrucken an Nichtvertragsärzte und andere Personen sowie die Verwendung in der Privatpraxis sind unstatthaft.
4. Die zur Durchführung der vertragsärztlichen Versorgung erforderlichen Vordrucke sind so sorgfältig aufzubewahren, dass eine missbräuchliche Verwendung ausgeschlossen ist. Der Vertragsarzt haftet für schuldhafte Verletzung seiner Sorgfaltspflicht.
5. Die Vordrucke sind vollständig, sorgfältig und leserlich auszufüllen, vom Vertragsarzt mit dem Vertragsarztstempel zu versehen und persönlich zu unterzeichnen. Die persönliche Unterschrift des abrechnenden Arztes auf den Abrechnungsscheinen kann entfallen, wenn an ihrer Stelle eine (…) Sammelerklärung abgegeben wird. Bei der Ausstellung der Vordrucke kann auf die Verwendung des Vertragsarztstempels verzichtet werden, wenn dessen Inhalt (…) bereits eingedruckt ist. Bei der Abrechnung vertragsärztlicher Leistungen kann auf den (…) Vordrucken, wenn die Erstellung (…) mittels EDV erfolgt, der Inhalt des Vertragsarztstempels (…) eingedruckt werden. Im Personalienfeld der Vordrucke muss die Betriebsstätten- und lebenslange Arztnummer[1] numerisch linksbündig ausgedruckt werden. Eine Verwendung anderer Zeichen, wie z. B. „-“, „/“ oder „blank“ (= Leerzeichen) ist wegen der maschinellen Lesung nicht statthaft. Auch bei Ausfüllung der Vordrucke mittels EDV hat die Beschriftung zeilen- und spaltengerecht zu erfolgen, wobei geringfügige Abweichungen hinsichtlich der Zeilengenauigkeit toleriert werden.
6. Wird die Krankenversichertenkarte vorgelegt, überträgt der Arzt die Daten maschinell auf die Vordrucke für die vertragsärztliche Versorgung unter Verwendung eines Lesegerätes und Druckers oder in Verbindung mit seiner Praxis-EDV. (…)
7. Bei Arbeitsunfällen, Berufskrankheiten und Schülerunfällen können nur die Muster 1 (Arbeitsunfähigkeitsbescheinigung), 4 (Verordnung einer Krankenbeförderung) und 16 (Arzneiverordnungsblatt) verwendet werden. Das Ankreuzfeld „Unfall/Unfallfolgen“ ist nicht bei Arbeitsunfällen, Berufskrankheiten usw. zu verwenden, sondern nur bei sonstigen Unfällen (z. B. Haus-, Sport-, Verkehrsunfällen).
8. Die Vordrucke sind jeweils unten rechts nummeriert, wobei zusätzlich der Monat und das Jahr ihrer Einführung bzw. ihrer letzten Änderung angegeben sind.
9. Auskünfte, Bescheinigungen, Zeugnisse, Berichte und Gutachten auf besonderes Verlangen der Krankenkassen bzw. des Medizinischen Dienstes sind – sofern keine gesonderten Regelungen bestehen – nur nach den Leistungspositionen (…), die auf den vereinbarten Vordrucken angegeben sind, [berechnungsfähig].

Aufgaben

1. Nehmen Sie Stellung zu Katrins Gedanken und Ideen. Was ist daran falsch?
2. Lesen Sie den Informationstext zu den allgemeinen Bestimmungen der Vordruckvereinbarungen und beantworten Sie folgende Fragen: Über wen werden wann und wie im Regelfall die Praxisformulare bezogen? Welche Ausnahmen sind zu beachten? Wer trägt die Herstellungskosten für die Praxisformulare?
3. Erklären Sie, warum die Vordrucke der vertragsärztlichen Versorgung nicht für Privatpatienten verwendet werden dürfen.
4. Lesen Sie den Auszug aus den Erläuterungen zur Vordruckvereinbarung und erstellen Sie eine Checkliste für den korrekten Umgang mit den Vordrucken.
5. Nennen Sie Vordrucke, die besonders sorgfältig aufzubewahren sind, da hier eine missbräuchliche Verwendung besonders folgenschwer wäre.

[1] *Die Betriebsstättennumer (BSNR) gibt an, **wo** die abgerechneten Leistungen und vorgenommenen Verordnungen erbracht wurden. Die lebenslange Arztnummer (LANR) gibt an, **wer** die Leistungen und Verordnungen erbracht hat.*

8.2 Krankenversichertenkarte und Behandlungsausweis

Situation

Die Auszubildende Lara Dickmann sitzt an der Anmeldung. Es geht hektisch zu. Frau Hermine Neubauer betritt die Praxis, während das Telefon klingelt. Frau Neubauer ist eine neue Patientin, die in wenigen Minuten einen Termin bei Herrn Dr. Meierhoff hat. Nachdem Lara das Telefonat erledigt hat, wendet sie sich Frau Neubauer zu und bittet sie um ihre Krankenversicherungskarte. Sie liest die Karte mit dem Lesegerät ein und druckt einen Anmeldebogen für die Patientin aus. Lara bittet Frau Neubauer, den Anmeldebogen im Wartezimmer auszufüllen. Als die Patientin das Formular in Empfang nimmt, stellt sie fest, dass ihr Geburtsdatum nicht richtig angegeben ist. Sie weist Lara auf ihren Fehler hin.

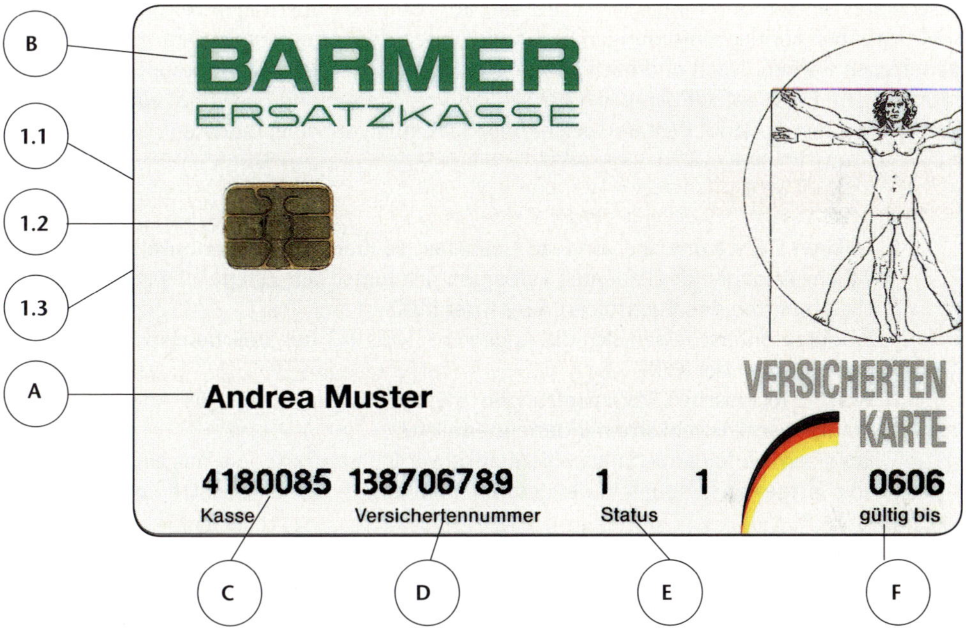

Nr.	Daten der Krankenversichertenkarte
1.1	Geburtsdatum des Versicherten
1.2	Anschrift des Versicherten
1.3	fünfstellige KV-Krankenkassennummer
A	Name und Vorname des Versicherten
B	Name der Krankenkasse
C	Siebenstelliges Institutionskennzeichen der Krankenkasse [Austausch zwischen Sozialversicherungsträgern]
D	Maximal zwölfstellige Versichertennummer

Nr.	Daten der Krankenversichertenkarte
E	Fünfstelliger Versichertenstatus
F	Ende der Gültigkeit der Versichertenkarte
1	Im Chip enthaltene, auf der Karte nicht lesbare Daten (Ausnahme: Geburtsdatum des Versicherten)
A–F	Im Chip enthaltene, auf der Karte lesbare Daten

Alle Daten sind auf dem Speicherchip enthalten und können in der Arztpraxis mittels eines Lesegerätes gelesen und mittels eines Druckers auf Formulare übertragen werden. Aus Datenschutzgründen können Eintragungen und Änderungen der Karten nur von Krankenkassen vorgenommen werden. Nach und nach soll die KVK durch die elektronische Gesundheitskarte ersetzt werden. Diese enthält dann ein Lichtbild des Versicherten und berechtigt zur Behandlung im europäischen Ausland. Weitere Speichermöglichkeiten von Patientendaten sind geplant.

Aufgaben

1. Erklären Sie, warum Lara von Frau Neubauer die Krankenversichertenkarte verlangt.
2. Welche Angaben des Patienten verbergen sich hinter den Ziffern 1.1 bis 1.3 des Speicherchips und den Buchstaben A bis F der KVK?
3. Wodurch unterscheiden sich die Angaben 1.1 bis 1.3 des Speicherchips von den Angaben A bis F der KVK?
4. Welche technischen Voraussetzungen müssen Arztpraxen für die Anwendung der Krankenversichertenkarte mindestens erfüllen?
   Ergänzen Sie folgenden Satz. Die Krankenversichertenkarte, die mit einem Speicherchip ausgestattet ist, gilt in der gesamten Bundesrepublik Deutschland als ...

Das folgende Bild zeigt, wie der Druck im normierten Personalienfeld der Vordrucke aussieht:

Krankenkasse bzw. Kostenträger AOK NIEDERSACHSEN		17101
Name, Vorname des Versicherten STAHLBERG ALEXANDER MUSTERALLEE 6 09090 Musterstädtchen		geb. am 20.10.50
Kassen-Nr. 2114189	Versicherten-Nr. 0500503019	Status 1 1
Betriebsstätten-Nr. 011234500	Arzt-Nr. 123456980	Datum 01.08.09

Der Ausdruck der Arztnummern und des Tagesdatums wird nicht durch die Versichertenkarte bewirkt, sondern durch den Drucker der Arztpraxis oder den Praxiscomputer hinzugefügt.
Gültigkeit erlangt die Krankenversichertenkarte durch die Unterschrift des Versicherten auf der Rückseite, bei Versicherten unter 15 Jahren unterschreibt der gesetzliche Vertreter.
Neben der **Ausweisfunktion**, d.h. dem Nachweis der Berechtigung zur Inanspruchnahme von Leistungen der vertragsärztlichen Versorgung, dient die KVK der **Datenübertragung**. Die Versicherungsdaten können mithilfe des Lesegerätes und des Druckers auf die Vordrucke übertragen werden. Arbeitet die vertragsärztliche Praxis mit EDV, so werden die Versicherungsdaten auch auf den Computer übertragen. Über diesen Vorgang wird zusätzlich eine maschinelle Bearbeitung der Vordrucke (s. Maschinenlesbarkeit) erreicht. Damit dient die KVK nicht nur der Datenübertragung, sondern auch der **wirtschaftlichen Verwaltung** von Versichertendaten.

Aufgaben

1. Das Geburtsdatum der Patientin ist falsch dokumentiert worden. Hat Lara einen Fehler gemacht? Begründen Sie Ihre Antwort.
2. Welche Konsequenzen hat diese falsche Angabe?
3. Was könnte Lara der Patientin sagen? Notieren Sie ihre Antwort.
4. Worauf muss eine Medizinische Fachangestellte achten, wenn sie von Patienten die KVK in Empfang nimmt? Begründen Sie Ihre Antwort.
5. Die KVK dient nicht nur als Behandlungsausweis, sondern ermöglicht auch eine wirtschaftliche Verwaltung. Erklären Sie, was darunter zu verstehen ist.
6. Frau Neubauer möchte wissen, was die Zahlen „1 1" über dem Status auf ihrer KVK bedeuten. Erklären Sie der Patientin, was diese Zahlen aussagen.
7. Welche anderen Zahlen können anstelle der „1" dort stehen? Erklären Sie auch, was diese Zahlen bedeuten.

8.3 Ersatzverfahren zur Erstellung von Vordrucken

Situation

Der Patient Alfons Bauer erscheint erstmalig zur Untersuchung in der Praxis von Herrn Dr. Hellinghaus. „Wie dumm, ich habe meine Krankenversicherungskarte vergessen", ruft er aus. Nach ihm betritt Else Müller den Raum. Sie ist von ihrer Hausärztin, Frau Dr. Schmitz, zur Sonographie des Oberbauchs bei Herrn Dr. Hellinghaus angemeldet worden und legt eine gültige Überweisung der Hausärztin vor. „Aber meine Versichertenkarte habe ich nicht dabei", bedauert sie.
Herr Dr. Hellinghaus kommt von einem Hausbesuch zurück. Das mobile Lesegerät habe einen Defekt, sodass er die KVK des Patienten nicht habe einlesen können. Er gibt Lars Peters das Lesegerät und bittet ihn, dieses zu überprüfen.

Seit Einführung der Krankenversichertenkarten werden die Versichertendaten der Patienten von der KVK in das Personalienfeld der Vordrucke übertragen. Das handschriftliche Ausfüllen des Personalienfeldes entfällt. Es gibt allerdings in der Praxis verschiedene Situationen, in denen diese Datenübertragung und automatische Beschriftung nicht erfolgen kann. Müssen die Versichertendaten des Patienten handschriftlich in das Personalienfeld eingetragen werden, so muss dies aufgrund der maschinellen Lesbarkeit in großen Druckbuchstaben erfolgen. Das Ersatzverfahren zur Erstellung von Vordrucken berücksichtigt die Ausnahmesituationen.
In folgenden Fällen kann die KVK nicht direkt eingelesen werden und muss nachträglich auch nicht eingelesen werden.

Das Ersatzverfahren findet Anwendung, wenn[1]

... ein Patient nur mit einem gültigen Überweisungsschein (Muster 6), aber ohne Krankenversichertenkarte in die Praxis kommt bzw. der Patient aus Bereichen kommt, in denen die Krankenversichertenkarte nicht eingeführt ist, er aber einen Behandlungsausweis (Krankenschein) vorlegt.

... die Krankenversichertenkarte nicht verwendet werden kann, weil z. B. die Karte bzw. das Lesegerät und/oder der Drucker defekt ist, weil für Hausbesuche kein mobiles Lesegerät zur Verfügung steht, weil der Versicherte darauf hinweist, dass sich die zuständige Krankenkasse oder der Versichertenstatus geändert hat, die Karte dies aber noch nicht berücksichtigt (beachte hier den Versicherungsnachweis).

... es sich um eine Notfallbehandlung handelt, die mit einem Abrechnungsschein nach Vordruck Muster 19 (Notfall-/Vertreterschein) abgerechnet wird, und die Krankenversichertenkarte nicht vorgelegt werden kann.

... kein direkter Arzt-Patienten-Kontakt stattgefunden hat, z. B. bei alleinigen telefonischen Leistungen.

Im Ersatzverfahren wird das Personalienfeld der notwendigen Vordrucke manuell oder maschinell nach den Angaben des Versicherten bzw. den Unterlagen in der Patientendatei beschriftet. Die Verwendung von Aufklebern ist nicht zulässig bei Arzneiverordnungen und Abrechnungsformularen (Muster 5, Muster 6, Muster 19).

Es ist die Krankenkasse, der Name und das Geburtsdatum des Versicherten, der Versichertenstatus und – falls möglich – auch die Krankenversichertennummer einzutragen (vgl. § 10 Abs. 4 der Vereinbarung).

Legt der Versicherte im Laufe des Quartals die Krankenversichertenkarte vor, ist damit ein Abrechnungsschein (Muster 5) auszustellen. Der im Ersatzverfahren bereits ausgefertigte Abrechnungsschein kann diesem beigelegt werden.

Hat der Patient seine Krankenversichertenkarte vergessen, werden die notwendigen Vordrucke ebenfalls manuell bzw. maschinell ausgefüllt, allerdings ist der Patient verpflichtet, die Krankenversichertenkarte innerhalb von zehn Tagen nachzureichen. Sollte er dies nicht tun, kann der Arzt nach Ablauf dieser Frist eine Privatvergütung für die Behandlung verlangen, die jedoch zurückzuzahlen ist, wenn dem Arzt bis zum Ende des Quartals eine gültige Krankenversichertenkarte vorgelegt wird bzw. die zuständige Krankenkasse einen Abrechnungsschein zusendet (vgl. § 10 Abs. 2 der Vereinbarung i. V. m. § 18 Abs. 5 und 6 BMV-Ä sowie § 12 Abs. 4 und 6 EKV).

Um sich vor Regressen (Kostenübernahme) und/oder Honorarrückforderungen zu schützen, müssen Arznei-, Verband-, Heil- und Hilfsmittel ohne Angabe der Kassenzugehörigkeit mit dem Vermerk „ohne Versicherungsnachweis" privat verordnet werden. Die Ausstellung einer Überweisung ist ohne Vorlage einer gültigen Krankenversichertenkarte unzulässig.

Aufgaben

1. In allen auf S. 181 beschriebenen Fällen kann die KVK der Patienten nicht eingelesen werden. Entscheiden Sie, wie jetzt weiter vorgegangen werden muss. Begründen Sie Ihre Entscheidungen.
2. Lesen Sie den Text „Ersatzverfahren zur Erstellung von Vordrucken" und nennen Sie die Situationen, in denen die KVK nicht zwingend nachgereicht werden muss.
3. In Ihrer Praxis steht Ihnen für das Ausfüllen des Personalienfeldes keine KVK zur Verfügung. Sie müssen das Personalienfeld handschriftlich ausfüllen. Wie müssen Sie das Personalienfeld ausfüllen? Begründen Sie Ihre Entscheidung.
4. Nennen Sie die Mindestangaben, die beim Ersatzverfahren manuell in das Personalienfeld eingetragen werden müssen.

---

[1] *Vgl. Anlage 6 der Vereinbarung zur Gestaltung und bundesweiten Einführung der Krankenversichertenkarte*

Aufgaben

5. Ein neuer Patient, Herr Hans Schneider, kommt zu Ihnen in die Praxis. Seine KVK hat er vergessen. Da es schon nach 18:00 Uhr ist, können Sie seine Versicherungsdaten nicht bei der angegebenen Krankenkasse überprüfen. Wie sollten Sie vorgehen, wenn dieser Patient eine Arzneiverordnung benötigt? Begründen Sie Ihre Entscheidung.
6. Hans Schneider kommt zu Ihnen an die Anmeldung und bittet Sie um die Ausstellung einer Überweisung zum Orthopäden. Er gibt an, dort in vier Tagen einen Vorstellungstermin zu haben. Was sagen Sie Herrn Schneider? Antworten Sie in wörtlicher Rede.

8.4 Praxisgebühr

8.4.1 Grundsätze

Seit dem 1. Januar 2004 müssen Kassenpatienten unter bestimmten Umständen eine Praxisgebühr in Höhe von 10,00 EUR entrichten (§ 28 Abs. 4 SGB V).
Allgemein kann gesagt werden, dass alle Patienten ab dem 18. Geburtstag pro Quartal bei der ersten Inanspruchnahme des Vertragsarztes (und auch des Zahnarztes sowie des Psychotherapeuten) 10,00 EUR Praxisgebühr zu zahlen haben, wenn sie keine gültige Überweisung (Muster 6) oder einen gültigen Befreiungsausweis ihrer Krankenkasse vorlegen. Ausgenommen von dieser Zuzahlungsregelung sind die Präventionsleistungen (Schutzimpfungen, Früherkennungsuntersuchungen und Vorsorgeuntersuchungen).
Bei den Präventionsleistungen ist anzumerken, dass die Untersuchung zur Feststellung der Impftauglichkeit der Impfung zugerechnet wird und keine kurative Leistung darstellt. Stellt der Arzt allerdings bei dieser Untersuchung fest, dass der Versicherte aufgrund einer Erkrankung nicht geimpft werden kann und behandelt ihn in diesem Zusammenhang (kurative Leistung), so wird die Praxisgebühr fällig. Dies gilt selbstverständlich auch, wenn im direkten Zusammenhang mit einer Früherkennungs- und/oder anderen Vorsorgeuntersuchung kurative Leistungen erbracht werden.
Die Zahlung der Praxisgebühr wird dem Patienten mit einer Quittung bestätigt. Diese Quittung muss den Vermerk „Praxisgebühr entrichtet", das Datum der ersten Inanspruchnahme, eine Unterschrift und den Arztstempel enthalten. Die Patienten sollten darauf hingewiesen werden, dass sie diese Quittung gut aufbewahren müssen, da die Vorlage des Zahlungsbeleges ggf. (s. o.) die erneute Zahlung der Praxisgebühr hinfällig macht. Sie dient dem Versicherten ebenfalls als Nachweis der geleisteten Zuzahlungen, wenn er einen Befreiungsausweis bei seiner Krankenkasse beantragen möchte.

Aufgaben

1. Wann muss die Praxisgebühr von den zahlungspflichtigen Patienten entrichtet werden?
2. In welchen Fällen muss ein Patient keine Praxisgebühr zahlen?
3. Die 18-jährige Schülerin eines Gymnasiums kommt erstmalig in die Praxis und legt die KVK vor. Muss sie zusätzlich auch die Praxisgebühr in Höhe von 10,00 EUR zahlen, wenn sie über ihren Vater familienversichert ist? Begründen Sie Ihre Entscheidung.
4. Frau Hilde Paulsen kommt erstmalig in die Praxis, sie möchte ihre Impfung gegen Tetanus und Diphtherie auffrischen lassen. Nach der Untersuchung stellt der Arzt fest, dass Frau Paulsen aufgrund eines leichten Infektes nicht geimpft werden kann. Er führt eine klinische Untersuchung zur weiteren Abklärung des Infektes durch und bespricht mit ihr die Medikation. Erklären Sie Frau Paulsen, warum sie nachträglich die Praxisgebühr entrichten muss. Formulieren Sie Ihre Antwort in wörtlicher Rede.

Aufgaben

5. Welche Mindestangaben muss die Quittung über die Bezahlung der Praxisgebühr enthalten und warum sollte der Patient darauf achten, dass er die Quittung nicht verliert?

8.4.2 Sonstige Kostenträger

Sozialhilfeempfänger sind von der Zahlung der Praxisgebühr nicht befreit, wenn sie keinen Befreiungsausweis vorlegen. Dies gilt auch für Asylbewerber, die eine KVK vorlegen. Asylbewerber, die einen Berechtigungsschein vorlegen, und damit nur einen eingeschränkten Leistungsanspruch haben, sind allerdings von der Praxisgebühr befreit. Die Versicherten nach **S**ozialversicherungs**a**bkommen (SVA) müssen die Praxisgebühr entrichten.
Soldaten der Bundeswehr, Zivildienstleistende, Polizeivollzugsbeamte der Bundespolizei (BPol), niedersächsische Polizeivollzugsbeamte und Feuerwehrbeamte, Postbeamte der Gruppe A, Bundesbahnbeamte der Beitragsklassen I-III, Patienten im Rahmen einer Heilbehandlung zulasten der gesetzlichen Unfallversicherung sind von der Zahlung der Praxisgebühr befreit.

Aufgabe

Nennen Sie drei Beispiele für Versicherte der Sonstigen Kostenträger, welche die Praxisgebühr zahlen müssen.

8.4.3 Praxisgemeinschaft und Gemeinschaftspraxis

Hat der Versicherte die Praxisgebühr bei der ersten Inanspruchnahme des Vertragsarztes gezahlt und wird in demselben Quartal von dem Partner des Vertragsarztes behandelt, muss nur dann erneut die Praxisgebühr gezahlt werden, wenn es sich um eine Praxisgemeinschaft handelt. Die erneute Zahlung entfällt, wenn es sich um eine Gemeinschaftspraxis handelt, und zwar unabhängig davon, ob es sich um eine fachgruppengleiche oder fachgruppenübergreifende Gemeinschaftspraxis handelt.

Aufgabe

Warum wird bei der Behandlung durch den Partner einer Praxisgemeinschaft die Praxisgebühr für den Versicherten erneut fällig, aber in einer Gemeinschaftspraxis nicht?

8.4.4 Organisierter Notfalldienst und Vertretung

Im organisierten Notfalldienst ist die Praxisgebühr zu zahlen, wenn der Versicherte in diesem Quartal die Zahlung der Praxisgebühr über eine Notfallquittung nicht nachweisen kann, auch wenn er bei seinem Hausarzt die Praxisgebühr schon gezahlt hat (s. u.). Sucht der Patient in demselben Quartal erneut den organisierten Notfalldienst auf, so muss die Praxisgebühr nicht erneut gezahlt werden, wenn der Patient die Zahlung der Praxisgebühr mit der Notfallquittung belegen kann. Wird der Patient im organisierten Notfalldienst von seinem eigenen Arzt behandelt und hat er dort im Rahmen der regulären Sprechstunde bereits die Praxisgebühr entrichtet, entfällt die Zahlung der Praxisgebühr im organisierten Notfalldienst. Dies gilt auch im umgekehrten Fall.
Bei Vorlage der Quittung entfällt die erneute Zahlung der Praxisgebühr, wenn der Versicherte wegen Urlaub oder Krankheit seines eigenen Arztes von dessen Vertreter behandelt wird. Dies gilt auch im umgekehrten Fall. Hier ist allerdings die ganztägige Vertretung des eigenen Arztes

Vorraussetzung für die Befreiung von der Praxisgebühr. Sucht der Patient einen Vertreter auf, weil er seinen eigenen Arzt z. B. am Freitagnachmittag nicht erreichen kann, wird die Praxisgebühr (erneut) fällig. Die vertretende Praxis entwertet in den oben genannten Fällen die Quittung über die Zahlung der Praxisgbühr.

Aufgaben

1. Entscheiden Sie, ob in den folgenden Fällen die Praxisgebühr erneut zu zahlen ist. Begründen Sie Ihre Entscheidung.
   a) Ein AOK-Patient kommt am Sonntag erstmalig zu Dr. Heiner in den organisierten Notfalldienst, er hat in diesem Quartal allerdings bei Frau Dr. Schmitz, seiner Hausärztin, die Praxisgebühr gezahlt und belegt dies durch Vorlage einer Quittung
   b) Eine IKK-Patientin kommt am Samstag erstmalig zu Dr. Heiner in den organisierten Notfalldienst und zahlt die Praxisgebühr, am Sonntag erscheint sie erneut bei Dr. Heiner, da die Beschwerden sich verschlimmert haben.
   c) Eine LKK-Patientin kommt am Montag erstmalig in diesem Quartal in die Praxis von Frau Dr. Schmitz. Sie war am Sonntag bei Dr. Heiner im organisierten Notfalldienst und belegt die Zahlung der Praxisgebühr dort mit einer Notfallquittung.
   d) Die oben genannte LKK-Patientin kommt in demselben Quartal in den organisierten Notfalldienst zu Frau Dr. Schmitz.
   e) Ein BKK-Patient kommt am Sonntag erstmalig in diesem Quartal zu Frau Dr. Schmitz in den organisierten Notfalldienst und bezahlt die Praxisgebühr. Am nächsten Tag erscheint der Patient zur Kontrolle in der regulären Sprechstunde von Frau Dr. Schmitz.
   f) Ein LKK-Patient kommt zu Dr. Kura in die Sprechstunde. Frau Dr. Schmitz, seine Hausärztin, hat die Praxis wegen Urlaubs geschlossen. Die Zahlung der Praxisgebühr bei Frau Dr. Schmitz belegt der Patient durch Vorlage der Quittung.
   g) Ein IKK-Patient kommt am Samstag, den 10.03., zu Frau Dr. Schmitz in den organisierten Notfalldienst. Die Praxisgebühr hat er nachweislich sowohl bei seinem Hausarzt, Dr. Heiner, als auch bei Dr. Kura für eine Behandlung im organisierten Notfalldienst im Januar gezahlt.
   h) Eine AOK-Patientin kommt zur Urlaubsvertretung zu Frau Dr. Schmitz in die Sprechstunde, die Praxisgebühr habe sie schon bei ihrem Hausarzt, für den Frau Dr. Schmitz Vertretung hat, bezahlt. Eine Quittung kann sie nicht vorlegen.

8.5 Abrechnungsschein (Muster 5)

Situation

„Ich kann mir eine Anmeldung ohne Computer gar nicht mehr vorstellen. Stell dir vor, wir würden nicht über die EDV abrechnen, was hätten wir bei Frau Neubauer noch zusätzlich alles tun müssen!" Während der Frühstückspause erzählt Melissa Lara, wie einfach die Verwaltung der Patientendaten heute ist. Aber Lara versteht sie nicht: „Wieso, was hätte ich denn bei Frau Neubauer für Mehrarbeit gehabt?"

Der Abrechnungsschein (Muster 5) wird für die manuelle Abrechnung der vertragsärztlichen Leistungen verwendet. Neben dem Abrechnungsschein nach Muster 5 können die Vertragsärzte noch über den Überweisungs-/Abrechnungsschein (Muster 6) und den Notfall-/Vertreterschein (Muster 19a) manuell abrechnen. Der Überweisungs-/Abrechnungsschein für Laboratoriumsuntersuchungen als Auftragsleistung (Muster 10(A)) dient zur Abrechnung von Laborleistungen.

Im Regelfall wird dieser Vordruck von Ärzten für Laboratoriumsmedizin zur manuellen Abrechnung benötigt. Alle Vordrucke, die der manuellen Abrechnung mit der KV dienen, werden maschinell ausgewertet und unterliegen strengen Ausfüllkriterien. Sollten diese Kriterien nicht eingehalten werden, werden die Vordrucke zur Korrektur an die Praxis zurückgegeben und können dann frühestens mit der nächsten Quartalsabrechnung abgerechnet werden. Deshalb ist auf das absolut korrekte Ausfüllen dieser Vordrucke zu achten.

Der Abrechnungsschein (Muster 5) darf nicht verwendet werden, wenn der Kostenträger die gesetzliche Unfallversicherung ist (Arbeitsunfall, Berufskrankheit, Schülerunfall).

Angaben

Nr.	Feld	Erläuterung
1	Personalienfeld	Angabe der Versichertendaten
2	ambulante Behandlung	Dieses Feld wird angekreuzt, wenn der Patient in der Praxis behandelt wird.
3	belegärztliche Behandlung	Dieses Feld wird angekreuzt, wenn der Patient stationär durch den Belegarzt behandelt wird.
4	Unfall/Unfallfolgen	Dieses Feld wird angekreuzt, wenn der Patient im Rahmen eines **privaten** Unfalls, z. B. Sport- oder Verkehrsunfall, behandelt wird.
5	Quartal	Hier erfolgt die Angabe des Behandlungsquartals in arabischen Zahlen.
6	Geschlecht	Angabe des Geschlechtes der Versicherten durch „W" oder „M"
7	Diagnose/ggf. Abrechnungsbegründungen	Hier werden die Abrechnungsbegründungen und Diagnosen (ICD-10-GM-2004-Verschlüsselung) angegeben.
8	mutmaßlicher Tag der Entbindung	Findet die Behandlung der Patientin im Rahmen der Mutterschaftsvorsorge statt, wird hier der mutmaßliche Tag der Entbindung eingetragen.
9	stationäre belegärztliche Behandlung von ... bis ...	Wird der Patient belegärztlich behandelt, wird hier der Zeitraum der belegärztlich-stationären Behandlung eingetragen.
10	Datum und Unterschrift	Hier bestätigt der Versicherte neben dem Ausstellungsdatum die Kostenübernahme durch die angegebene Krankenkasse.

Nr.	Feld	Erläuterung
11	Stempel des Vertagsarztes	Hier wird der Vertragsarztstempel des abrechnenden Vertragsarztes aufgebracht.
12	Tag und Monat	Hier erfolgt die Angabe der Behandlungsdaten.
13	Leistungserfassung	In diesen Spalten erfolgt die Dokumentation der Gebührenordnungsziffern.

Wird ein Patient in einem Quartal sowohl ambulant als auch belegärztlich (stationär) behandelt, müssen zwei Abrechnungsscheine ausgestellt werden. Das Ankreuzen der Felder 2 und 3 in Kombination ist immer falsch.
Muss das Feld 3 angekreuzt werden, so muss auch immer das Feld 9 ausgefüllt sein. Daraus ergibt sich logisch, dass die Kombination der Felder 2 und 9 falsch sein muss.

Das Feld 4 „Unfall/Unfallfolgen" befindet sich auf allen Vordrucken. Die Kennzeichnung ist wichtig, da die Krankenkassen bei einem nichtverschuldeten Unfall die Behandlungskosten ihres Versicherten der privaten Haftpflichtversicherung des Unfallverursachers in Rechnung stellen können. Für die Abrechnung in der Praxis ändert sich nichts. Selbstverständlich wird dieses Feld nicht bei einem Arbeitsunfall oder Schülerunfall angekreuzt (s. o.).

Personalienfeld und Unterschrift des Versicherten

Durch das Einlesen der gültigen KVK werden die Versichertendaten in das Personalienfeld übertragen. Anschließend bestätigt der Versicherte neben dem Ausstellungsdatum mit seiner Unterschrift die Kostenübernahme der angegebenen Krankenkasse. Die Unterschrift des Versicherten ist nicht erforderlich, wenn der Versicherte nicht in der Lage ist zu unterschreiben oder keine unmittelbaren (direktpersönliche) ärztlichen Leistungen, z. B. nur telefonische Leistungen erbracht wurden. Sollte der Versicherte unter 15 Jahre alt sein, unterschreibt sein gesetzlicher Vertreter.

Ausfüllkriterien

Aufgrund der maschinellen Auswertung ergibt sich, dass keinerlei Aufkleber auf die o. g. Vordrucke zu kleben sind.

Eine Heftung mehrerer Vordrucke (Folgescheine) entfällt aus diesem Grund ebenfalls. Sollten Folgescheine vorhanden sein, werden diese bei der Quartalsabrechnung lose hintereinander sortiert.

Die vorgegebenen Felder dürfen nicht überschrieben werden, was das manuelle Ausfüllen z. T. sehr zeitaufwendig macht.

Falsche Eintragungen müssen ausschließlich durch einen waagerechten Strich korrigiert werden. Die Verwendung von Korrekturstreifen, z. B. Tipp-Ex, ist nicht zulässig.

Die Eintragungen sind mit einem dokumentenechten blauen oder schwarzen Stift vorzunehmen. Bei der waagerechten Stempelung ist auf eine ausreichende Farbintensität des Vertragsarztstempels zu achten.

Die Unterschrift des Vertragsarztes auf dem Abrechnungsschein (Muster 5) entfällt, da der Vertragsarzt mit der Quartalsabrechnung eine Sammelerklärung unterschreibt.

Die Abrechnungsdiagnosen müssen nach ICD-10-GM verschlüsselt angegeben werden. Der Code ist drei- oder fünfstellig und führt an der vierten Stelle einen Punkt. Für jeden Buchstaben, jede Ziffer und jeden Punkt wird jeweils ein eigenes Kästchen verwendet. Die einzelnen Diagnosen sind entweder durch ein freies Feld oder durch einen Doppelpunkt zu trennen. Es sollte allerdings einheitlich verfahren werden, d. h. entweder mit Leerfeldern oder Doppelpunkten. Müssen bei einem Versicherten mehrere Diagnosen eingetragen werden, die über die erste Zeile hinausreichen, so ist in oben beschriebener Weise fortzufahren, ohne auf das Zeilenende zu achten. Da der Scanner den Zeilensprung nicht als solchen erkennt, schreibt man z. B. die ersten zwei Stellen des ICD-10-GM-Codes noch in die erste Zeile und die folgenden Angaben in die zweite Zeile.

Die Tages- und Monatsangaben erfolgen immer zweistellig ohne Punktsetzung. Bei der Angabe der Behandlungsdaten müssen die Tages- und Monatsangaben erneut aufgeführt werden, wenn es sich um einen neuen Behandlungstag handelt.

Der Bereich für die Leistungserfassung besteht aus zwei Spalten mit jeweils führender Tages- und Monatsangabe. Jede Spalte hat wiederum zwei Spalten Sechserfelder, in welche die Abrechnungsziffern für den jeweiligen Behandlungstag eingetragen werden. In ein Sechserfeld wird immer nur eine Gebührenordnungsnummer eingetragen. Es stehen niemals zwei Abrechnungsziffern in einem Sechserfeld. Die Eintragung erfolgt linksbündig und unter Einhaltung der Feldbegrenzungen (s. o.). Sind am ersten Behandlungstag z. B. fünf Abrechnungsziffern einzubringen, so beginnt man mit der Dokumentation nach Angabe der Behandlungsdaten im ersten Sechserfeld der ersten Spalte, die zweite Ziffer wird in das zweite Sechserfeld rechts daneben eingetragen. Die dritte Ziffer wird in der zweiten Zeile der ersten Spalte notiert, die vierte rechts daneben und die fünfte Ziffer kommt in die dritte Zeile. Die vierte Zeile beginnt dann mit einer neuen Tages- und Monatsangabe. Bei der Dokumentation der Abrechnungsziffern ist die Reihenfolge beliebig. Bei der Angabe von Abrechnungsbegründungen, z. B. Uhrzeitangaben, muss aber darauf geachtet werden, dass die Reihenfolge „Ziffer – Begründung" eingehalten wird. Die geforderte Uhrzeitangabe erfolgt immer im Anschluss an die Ziffer in einem eigenen Sechserfeld, zweistellig, ohne Angabe von Punkten und mit führendem „T", z. B. T0830 für 08:30 Uhr. Wird eine Leistungsposition mehrfach erbracht, so wird diese nicht etwa mehrfach notiert, sondern im Anschluss an die Ziffer wird – in einem eigenen Sechserfeld – die Anzahl der erbrachten Leistung mit führendem „x" eingetragen, z. B. x 14 für 14-mal die vorhergehende Ziffer.

Ist die erste Spalte des Leistungserfassungsbereiches vollständig ausgefüllt, wird in der zweiten Spalte wie beschrieben fortgefahren.

Aufgaben

1. Erklären Sie, was Lara bei der manuellen Abrechnung zusätzlich hätte tun müssen und begründen Sie die Mehrarbeit.
2. Erläutern Sie mithilfe des Textes, warum es wichtig ist, sich an die strengen Ausfüllanweisungen zu halten.
3. Welche Konsequenz kann es haben, wenn Sie den Abrechnungsschein (Muster 5) nicht exakt ausfüllen?

Aufgaben

4. In welchen Fällen muss der Abrechnungsschein (Muster 5) vom Versicherten nicht unterschrieben werden und wann muss der gesetzliche Vertreter des Versicherten unterschreiben?

5. Ordnen Sie die in der Tabelle angegebenen Nummern den Bereichen auf dem Abrechnungsschein (Muster 5, S. 186 f.) zu.

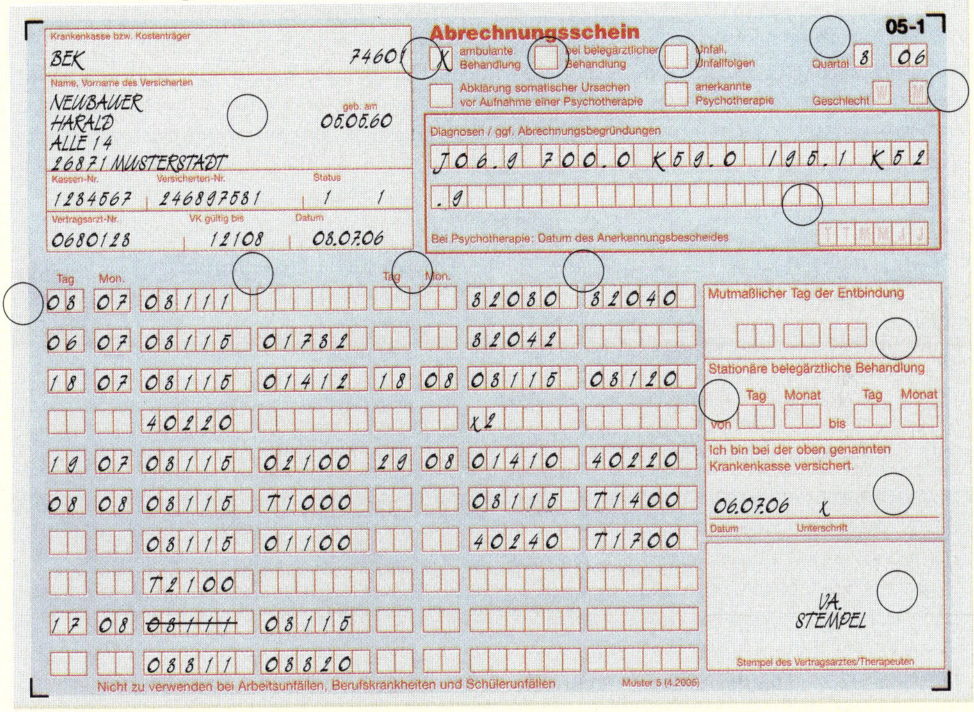

Abrechnungsschein 05-1

Krankenkasse bzw. Kostenträger: BEK 74601

ambulante Behandlung: X | bei belegärztlicher Behandlung | Unfall, Unfallfolgen | Quartal 3 06

Abklärung somatischer Ursachen vor Aufnahme einer Psychotherapie | anerkannte Psychotherapie | Geschlecht W M

Name, Vorname des Versicherten: NEUBAUER HARALD ALLE 14 26871 MUSTERSTADT — geb. am 05.05.60

Kassen-Nr. 1284567 | Versicherten-Nr. 246897581 | Status 1 1

Vertragsarzt-Nr. 0680128 | VK gültig bis 12/08 | Datum 08.07.06

Diagnosen / ggf. Abrechnungsbegründungen: J06.9 Z00.0 K59.0 I95.1 K52.9

Bei Psychotherapie: Datum des Anerkennungsbescheides T T M M J J

Tag	Mon.			Tag	Mon.		
08	07	03111				32030	32040
06	07	03115	01732			32042	
18	07	03115	01412	18	08	03115	03120
		40220				x2	
19	07	03115	02100	29	08	01410	40220
08	08	03115	T1000			03115	T1400
		03115	01100			40240	T1700
		T2100					
17	08	~~03111~~	03115				
		03311	03320				

Mutmaßlicher Tag der Entbindung

Stationäre belegärztliche Behandlung von Tag Monat bis Tag Monat

Ich bin bei der oben genannten Krankenkasse versichert. 06.07.06 X — Datum, Unterschrift

VA. STEMPEL — Stempel des Vertragsarztes/Therapeuten

Nicht zu verwenden bei Arbeitsunfällen, Berufskrankheiten und Schülerunfällen — Muster 5 (4.2006)

6. Warum entfällt die Unterschrift des Vertragsarztes auf dem Abrechnungsschein (Muster 5)?

8.6 Überweisungs-/Abrechnungsschein (Muster 6)

Situation

Frau Dr. Schmitz kommt mit dem Patienten Hugo Wilms aus dem Behandlungszimmer. Herr Wilms klagt seit längerer Zeit über Rückenbeschwerden, die nicht besser werden. Da Frau Dr. Schmitz dem Patienten nicht weiterhelfen kann, veranlasst sie die Behandlung durch einen Orthopäden und bittet Katrin die Überweisung vorzubereiten.

Der Überweisungs-/Abrechnungsschein (Muster 6) darf nicht verwendet werden, wenn der Kostenträger die gesetzliche Unfallversicherung ist (Arbeitsunfall, Berufskrankheit, Schülerunfall).

Wünscht der behandelnde Vertragsarzt diagnostische und/oder therapeutische Maßnahmen durch einen anderen Vertragsarzt, so überweist er den Patienten mit dem Überweisungs-/Abrechnungsschein an einen anderen Vertragsarzt. Hierbei ist zu beachten, dass Überweisungen für die Durchführungen von Laboratoriumsuntersuchungen nicht mit dem Vordruck Muster 6 erfolgen, sondern über den Überweisungs-/Abrechnungsschein für Laboratoriumsuntersuchungen als Auftragsleistung (Muster 10).

Eine Überweisung ist im Regelfall nur an einen Vertragsarzt einer anderen Arztgruppe möglich. Nur in Ausnahmefällen kann eine Überweisung zu einem Vertragsarzt derselben Gebietsbezeichnung erfolgen. Müssen z. B. besondere Untersuchungen und Behandlungen durchgeführt werden, die der behandelnde Arzt nicht erbringen kann, ist dies erlaubt. Muss, z. B. durch Wohnortwechsel des Patienten, die Behandlung durch einen anderen Arzt fortgesetzt werden oder wird eine abgebrochene Behandlung fortgesetzt, kann ebenfalls eine Ausnahme gemacht werden.

Eine Überweisung wird nur ausgestellt, wenn von dem Versicherten eine gültige KVK vorliegt. Um sich vor Regressen zu schützen, sollte von diesem Grundsatz nur in begründeten Ausnahmefällen abgewichen werden. Hier sollte dann auf dem Vordruck anstelle der Krankenkasse „ohne Versicherungsnachweis" vermerkt werden.

Der gelb unterlegte Bereich des Überweisungsvordrucks wird vom überweisenden Arzt ausgestellt. Die Arztunterschrift muss mit der lebenslangen Arztnummer (LANR) übereinstimmen.

Feld	Erläuterung
Kurativ	Dieses Feld wird angekreuzt, wenn diagnostische und therapeutische Maßnahmen zur Wiederherstellung der Gesundheit durchgeführt werden sollen (kurativ = heilend).
Präventiv	Dieses Feld wird angekreuzt, wenn Maßnahmen zur Vorbeugung und Verhütung von Krankheiten durchgeführt werden sollen (die Prävention [lat.]: Vorbeugung, Verhütung).
AU bis ...	Hier wird das Ende der Arbeitsunfähigkeit notiert, falls der überweisende Arzt eine AU bescheinigt hat. Diese Angabe erfolgt nur, wenn der überweisende Arzt die Behandlung des Patienten an den zugezogenen Arzt abgibt.
Überweisung an ...	Hier wird die Gebietsbezeichnung des zugezogenen Arztes eingetragen. Im Regelfall ist eine namentliche Nennung des zugezogenen Arztes aufgrund der freien Arztwahl des Patienten nicht zulässig (Ausnahme: ermächtigte Ärzte).
Ausführung von Auftragsleistungen	Durch Ankreuzen dieses Feldes wird der zugezogene Arzt mit einer konkret festgelegten Leistung, z. B. unter Angabe der Abrechnungsziffer oder einer exakten Leistungsbeschreibung, beauftragt. Der zugezogene Arzt ist an diesen Auftrag gebunden. Er kann den Leistungsbereich nicht eigenmächtig erweitern.
Konsiliaruntersuchung	Durch Ankreuzen dieses Feldes werden ausschließlich diagnostische Leistungen veranlasst, deren Art und Umfang der zugezogene Arzt entscheidet. Der zugezogene Arzt ist bei der Wahl der diagnostischen Maßnahmen ungebunden. Therapeutische Maßnahmen können durch den zugezogenen Arzt nicht abgerechnet werden.

Feld	Erläuterung
Mit-/Weiterbehandlung	Bei der Mitbehandlung übernimmt der zugezogene Arzt mit dem überweisenden Arzt die Behandlung des Patienten. Bei der Weiterbehandlung gibt der überweisende Arzt die Behandlung des Patienten an den zugezogenen Arzt ab.
Auftrag/Diagnose/Verdacht	Hier erfolgt z. B. die exakte Leistungsbeschreibung im Rahmen der Auftragsleistungen und die Angabe der Klartext-Diagnose als Information für den zugezogenen Arzt. Der ICD-10-GM-Code kann zusätzlich angegeben werden.

Der rot umrandete Bereich wird von dem zugezogenen Arzt ausgefüllt. Die Diagnose muss mit dem ICD-10-GM-Code angegeben werden, da es sich hier um eine Abrechnungsdiagnose handelt. Im Leistungsfeld notiert der zugezogene Arzt die Abrechnungsziffern der erbrachten Leistungen, wenn er manuell abrechnet. Rechnet der zugezogene Arzt über EDV ab, verbleiben die Überweisungsscheine für vier Quartale in seiner Praxis. Die Aufbewahrung der Vordrucke ist erforderlich, damit er im Rahmen einer Überprüfung durch die KV nachweisen kann, dass er sich bei der Erbringung der Leistungen an die Überweisung gehalten hat.

Aufgaben

1. Welchen Zweck erfüllt die Überweisung zum Orthopäden bei dem Patienten Wilms?
2. Der Überweisungs-/Abrechnungsschein (Muster 6) lässt sich in zwei große Bereiche gliedern. Wie unterscheiden sich diese beiden Bereiche und wer macht dort Angaben?
3. Stellen Sie für Herrn Wilms (s. Fallbeispiel) anhand der folgenden Angaben die Überweisung an den Orthopäden aus: Wilms, Hugo, geb. am 05.10.1970, wohnhaft Blumenstraße 14 in 26871 Musterstadt. Der Patient ist selbst versichert bei der AOK Niedersachsen [17101], Versicherten-Nr.: 4598712, Diagnose: LWS-Syndrom [M54.1]
4. In welchen Fällen ist die Überweisung innerhalb derselben Gebietsbezeichnung zulässig?
5. Geben Sie für die folgenden Beispiele an, welchen Leistungsbereich (kurativ, präventiv) und welchen Auftrag (Auftrag, Konsil, Mit-/Weiterbehandlung) Sie auf der Überweisung ankreuzen müssen.
   a) Die Patientin Hilde Klein erhält eine Überweisung zum Gynäkologen ausschließlich zur fälligen Krebsfrüherkennungsuntersuchung.
   b) Der Patient Udo Boll erhält eine Überweisung zum Radiologen zum Röntgen des knöchernen Thorax beim Verdacht auf Rippenfraktur.
   c) Der Patient Siegfried Schuster erhält eine Überweisung zum Arzt für Innere Medizin zur Abklärung seiner unklaren Oberbauchbeschwerden.
   d) Die Patientin Ursel Schmitt erhält eine Überweisung zum Nephrologen zur Behandlung der Niereninsuffizienz. Der überweisende Arzt behandelt parallel dazu den Diabetes mellitus.
   e) Die Patientin Linda Burg erhält eine Überweisung zum Arzt für Allgemeinmedizin zur Behandlung ihrer Hypertonie. Sie setzt dort die abgebrochene Behandlung fort.
6. Füllen Sie eine Überweisung zur augenärztlichen Behandlung für die Patientin Julia Knaus anhand folgender Angaben aus: Knaus, Julia, geb. am 14.12.1960, wohnhaft Kanalstraße 4 in 88131 Lindau. Die Patientin ist über ihren Ehemann Hubert Knaus, geb. am 16.10.1959, familienversichert bei der Deutschen Angestellten Krankenkasse [74602], Versicherten-Nr.: 7842165, Diagnose: Glaukom [H40.9]

Aufgaben

7. Füllen Sie eine Überweisung zum Radiologen für den Patienten Jochen Schnell anhand folgender Angaben aus: Schnell, Jochen, geb. am 10.02.1980, wohnhaft Bahnhofstraße 2 in 88131 Lindau. Der Patient ist selbstversichert bei der Schwäbisch-Gmünder-Ersatzkasse [74611], Versicherten-Nr.: 5739512. Der Patient gibt an, auf dem Weg zu seinem Sportverein von einem Fahrradfahrer angefahren worden zu sein. Frau Dr. Schmitz diagnostiziert eine Fraktur der Großzehe, links und bittet um eine Röntgenaufnahme des linken Fußes in zwei Ebenen.

8.7 Arbeitsunfähigkeitsbescheinigung (Muster 1 a–c)

Situation

Katrin ist empört: „Melissa, stell dir vor, gerade war ein neuer Patient hier, der eine Krankschreibung wollte. Ich habe ihm gesagt, dass Frau Dr. Schmitz ihre Hausbesuche macht und ihm einen Termin für heute Nachmittag um 16:00 Uhr angeboten. Der Patient wollte aber nicht noch einmal wiederkommen. Er hat mir angeboten, die KVK jetzt einzulesen und Frau Dr. Schmitz zu bitten, den ‚gelben Schein' zuzuschicken. Das Porto wollte er mir auch gleich bezahlen. Hast du so etwas schon mal gehört?"

Funktion

Patienten mit Anspruch nach dem Lohnfortzahlungsgesetz haben i. d. R. im Krankheitsfall sechs Wochen Anspruch auf Lohnfortzahlung, wenn sie dem Arbeitgeber eine Arbeitsunfähigkeitsbescheinigung nach Muster 1 vorlegen. Kann der Arbeitnehmer keine ärztliche Bescheinigung der Arbeitsunfähigkeit vorlegen, hat er keinen Anspruch auf Lohnfortzahlung. Die Beurteilung der Arbeitsfähigkeit muss aufgrund ihrer großen arbeits- und sozialversicherungsrechtlichen Bedeutung sehr sorgfältig geschehen. Daraus ergibt sich auch der folgende Grundsatz:

Die Arbeitsunfähigkeit soll nicht rückwirkend bescheinigt werden. Nach strenger Prüfung und maximal für einen Zeitraum von zwei Tagen ist dies in seltenen Ausnahmefällen möglich.

Aufbau

Der Vordruck besteht aus drei Teilen. Alle Teile haben unter der Bezeichnung „Arbeitsunfähigkeitsbescheinigung" einen Vermerk, wer welchen Teil des Vordrucks erhält. Der Teil c verbleibt für 12 Monate in der Praxis des ausstellenden Arztes. Die Teile a und b erhält der Patient. Dieser ist im eigenen Interesse angehalten, den Teil a umgehend seiner Krankenkasse und Teil b dem Arbeitgeber zukommen zu lassen. Je nach Regelung ist der arbeitsunfähige Arbeitnehmer verpflichtet, spätestens am vierten Tag der Arbeitsunfähigkeit die ärztliche Bescheinigung vorzulegen. Teil b des Vordrucks enthält aus Datenschutzgründen keine Angaben zur Diagnose.

Inhalt

Bei der Bescheinigung der Arbeitsunfähigkeit muss zwischen der erstmaligen und fortgesetzten Krankschreibung unterschieden werden. Die Differenzierung bezieht sich auf dieselbe Erkran-

kung. Wird der Patient z. B. aufgrund einer akuten Gastritis erstmalig für drei Tage arbeitsunfähig geschrieben, muss das Feld „Erstbescheinigung" angekreuzt werden. Ist der Patient am vierten Tag allerdings noch nicht wieder arbeitsfähig und die Krankschreibung muss z. B. für weitere zwei Tage erfolgen, muss das Feld „Folgebescheinigung" angekreuzt werden. Bei der Erstbescheinigung und der ersten Folgebescheinigung ist also dieselbe Diagnose anzugeben.
Ist der Patient nach diesen drei Tagen wieder arbeitsfähig, erkrankt aber wenige Tage später an einer akuten Bronchitis, die zu einer erneuten Krankschreibung führt, muss wieder das Feld „Erstbescheinigung" angekreuzt werden.
Wird der Patient erstmalig krank geschrieben, muss in dem Feld „Arbeitsunfähig seit" der erste Tag der Arbeitsunfähigkeit und im Feld „Voraussichtlich arbeitsunfähig bis einschließlich" das wahrscheinliche Ende der Arbeitsunfähigkeit vermerkt werden. Das Feststellungsdatum („Festgestellt am") ist dann – bei Einhaltung des o. g. Grundsatzes – mit dem Tagesdatum im Personalienfeld und dem ersten Tag der Arbeitsunfähigkeit identisch.
Handelt es sich um eine Folgebescheinigung, ergibt sich eine Änderung. Das Feld „Arbeitsunfähig seit" wird nicht, bzw. mit 00 00 00 ausgefüllt. Das Feststellungsdatum bezieht sich auf die Feststellung der fortdauernden Arbeitsunfähigkeit und ist auch hier im Regelfall mit dem Tagesdatum des Personalienfeldes identisch.
Selbstverständlich steht auf der Erst- und der Folgebescheinigung dieselbe Diagnose. Die Angabe der Diagnose erfolgt ausschließlich verschlüsselt nach ICD-10-GM.
Wird der Patient stationär in ein Krankenhaus aufgenommen, stellt der einweisende Vertragsarzt mit der Einweisung die Bescheinigung der Arbeitsunfähigkeit aus. Das Tagesdatum im Feld „Arbeitsunfähig seit" ergibt sich daraus, ob es sich um eine Erst- oder Folgebescheinigung handelt (s. o.). In das Feld „Voraussichtlich arbeitsunfähig bis einschließlich" wird anstelle eines Datums der Vermerk „stationäre Krankenhausbehandlung" eingetragen. Dies ergibt sich aus der Richtlinie, dass die Arbeitsunfähigkeitsbescheinigung ausschließlich von Vertragsärzten auszustellen ist und nicht von Krankenhausärzten. Die Arbeitsunfähigkeit dieses Patienten ergibt sich zwangsläufig aus der Tatsache, dass er sich in stationärer Behandlung befindet. Nach der Krankenhausentlassung stellt sich der Patient umgehend wieder bei seinem Arzt vor. Dieser entscheidet dann darüber, ob der Patient weiter arbeitsunfähig geschrieben wird oder nicht. Sollte eine weitere Krankschreibung notwendig sein, wird eine Folgebescheinigung (s. o.) ausgestellt.
Die Folge der Arbeitsunfähigkeit aufgrund eines Arbeitsunfalls oder aufgrund einer Berufskrankheit muss durch das Ankreuzen des Feldes „Arbeitsunfall, Arbeitsunfallfolgen, Berufskrankheit" kenntlich gemacht werden. In diesem Zusammenhang kann die Vorstellung beim Durchgangsarzt notwendig sein, sodass dann auch das Feld „Dem Durchgangsarzt zugewiesen" anzukreuzen ist. In diesen Fällen ist als Kostenträger nicht die Krankenkasse des Patienten einzutragen, sondern der Unfallversicherungsträger des Patienten.
Ist der Anspruchsberechtigte länger als sechs Wochen aufgrund derselben Erkrankung arbeitsunfähig, erhält er Krankengeld von seiner Krankenkasse. Für den Bezug von Krankengeld muss der Vertragsarzt dem arbeitsunfähigen Patienten die „Bescheinigung zum Zwecke der Erlangung von Krankengeld" ausstellen. Diesen Vordruck erhält der Patient von seiner Krankenkasse und bringt ihn zur Ausstellung mit in die Praxis.

Aufgaben

1. Warum ist Katrin über das Anliegen des Patienten so empört? Nehmen Sie Stellung zum Wunsch des Patienten.
2. Lesen Sie den Abschnitt „Funktion" des Informationstextes durch und erklären Sie, wie lange für Anspruchsberechtigte der Lohn im Krankheitsfall gezahlt wird.
3. Welche Funktion hat die Bescheinigung der Arbeitsunfähigkeit nach Muster 1 a–c?

Aufgaben

4. Beschreiben Sie den Aufbau des Vordrucks und geben Sie an, wer welchen Teil der Bescheinigung erhält.
5. Wodurch unterscheiden sich die Teile a und c von dem Teil b? Begründen Sie Ihre Entscheidung.
6. Besorgen Sie sich eine Arbeitsunfähigkeitsbescheinigung. Füllen Sie dann anhand der Angaben den Vordruck aus: Müller, Georg, geb. am 06.08.1970, wohnhaft Hauptstraße 78 in 88131 Lindau. Herr Müller ist selbstversichert bei der BKK Karstadt AG [31411], Versicherten-Nr.: 4622831. Der Patient erscheint heute (10.09. d.J.) in der Praxis. Nach einer klinischen Untersuchung diagnostiziert Frau Dr. Schmitz einen grippalen Infekt [J06.9] und schreibt den Patienten ab heute erstmalig für drei Tage arbeitsunfähig.
7. Vergleichen Sie die Tagesdaten auf Ihrer Arbeitsunfähigkeitsbescheinigung. Welche Tagesdaten stimmen überein?
8. Ergänzen Sie auf der Grundlage Ihrer Übereinstimmungen in Ihrem Heft den folgenden Merksatz:

   Bei der Erstbescheinigung einer Arbeitsunfähigkeit stimmen im Regelfall überein:
   ...

9. Wann kommt es zur Abweichung vom Regelfall und welche zeitliche Abweichung kann sich maximal ergeben?
10. Geben Sie die Tagesdaten auf der Arbeitsunfähigkeitsbescheinigung an: Herr Georg Müller kommt am 13.09. d.J. erneut in die Praxis, da sich sein Zustand nicht wesentlich verbessert hat. Herr Müller wird für weitere zwei Tage arbeitsunfähig geschrieben.
11. Formulieren Sie auf der Grundlage Ihrer Übereinstimmungen bei den Tagesangaben einen Merksatz.
12. Welche Diagnose steht auf Ihren Arbeitsunfähigkeitsbescheinigungen? Kontrollieren Sie die Richtigkeit Ihrer Angabe ggf. mithilfe des Informationstextes. Notieren Sie, wie die Diagnosen auf der Arbeitsunfähigkeitsbescheinigung angegeben werden.
13. Die Patientin Nina Reich, geb. am 15.12.1951, wohnhaft Gartenstraße 4 in 88131 Lindau, ist seit längerer Zeit bei Frau Dr. Schmitz aufgrund ihrer Herzrhythmusstörungen [I49.9] in Behandlung. Vom 15.09. d.J. bis zum 20.09. d.J. ist sie erstmalig krankgeschrieben worden. Heute, am 21.09. d.J., ist sie wieder bei Frau Dr. Schmitz, da sich ihre Beschwerden erheblich verschlimmert haben. Sie wird von Frau Dr. Schmitz stationär ins Krankenhaus eingewiesen. Der Aufnahmetermin ist am 22.09. d.J. um 09:30 Uhr. Füllen Sie anhand der Angaben die notwendigen Arbeitsunfähigkeitsbescheinigungen für die Patientin aus. Die Patientin ist selbstversichert bei der IKK Weser-Ems [12302], Versicherten-Nr.: 8755691.
14. Ein Patient ist aufgrund eines Herzinfarktes jetzt die siebte Woche arbeitsunfähig geschrieben. Auf welchem Formular wird dem Patienten die weitere Krankschreibung attestiert?
15. Sie nehmen am 12.09. d.J. in der Praxis das folgende Telefonat entgegen. Formulieren Sie in wörtlicher Rede, was Sie dem Arbeitgeber antworten.
    „Guten Tag. Hier spricht Herr Gieselmann. Ich bin der Arbeitgeber von Herrn Georg Müller. Er müsste bei Ihnen Patient sein. Jedenfalls liegt mir eine „AU" Ihrer Praxis vor. Das Ende der Arbeitsunfähigkeit ist nicht lesbar aufgedruckt. Deshalb rufe ich jetzt an. Ich würde gerne wissen, warum Herr Müller krankgeschrieben ist und wann er wieder zur Arbeit kommen wird."
16. Welche Angaben dürften Sie machen, wenn ein Sachbearbeiter der Krankenkasse am Telefon wäre? Begründen Sie Ihre Antwort.

8.8 Betäubungsmittelrezept

Situation

Die Schmerzpatientin Gerda Burgdorf benötigt eine Verordnung über Temgesic sublingual 0,216 mg Tabletten. Die Auszubildende Katrin greift zum Arzneiverordnungsblatt und will ihre neu erworbenen Kenntnisse gleich in die Tat umsetzen. Ihre erfahrene Kollegin Maria Müller hält sie auf: „Nein, Katrin, das ist das falsche Formular. Die Tabletten müssen auf einem besonderen Verordnungsblatt rezeptiert werden." „Aber warum denn, Tabletten sind doch Arzneimittel, das hast du mir doch gerade erklärt?" Katrin ist irritiert. Hat sie etwas falsch verstanden?

Definition

Arzneimittel, die ein Abhängigkeits- und Missbrauchspotenzial haben, bezeichnet man aus historischen Gründen als „Betäubungsmittel (BtM)". Der Umgang mit den Betäubungsmitteln ist im Betäubungsmittelgesetz (BtMG) geregelt. Verschreibungsfähige BtM dürfen laut § 13 BtMG verschrieben werden, wenn ihre Anwendung am oder im menschlichen Körper begründet ist und der beabsichtigte Zweck auf andere Weise nicht erreicht werden kann. Wegen ihres hohen Abhängigkeits- und Missbrauchspotenzials gelten für diese Arzneimittel besondere Vorschriften. Die BtM-Verordnung regelt die Verschreibung und Verabreichung der BtM.

Werden in der Praxis BtM als Praxisbedarf aufbewahrt, so ist jeder Arzt verpflichtet, die „Richtlinien über Maßnahmen zur Sicherung von Betäubungsmittelvorräten" einzuhalten. BtM sind demnach gesondert aufzubewahren und gegen unbefugte Entnahme zu sichern.

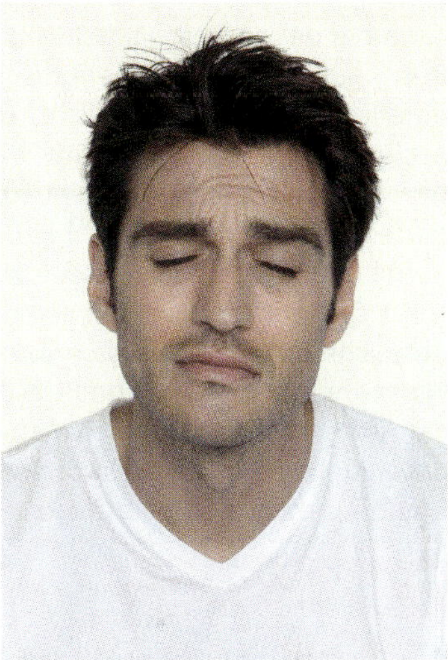

Aufgaben

1. Welche besonderen Arzneimittel dürfen nicht auf dem Arzneiverordnungsblatt (Muster 16) verordnet werden?
2. Warum dürfen Betäubungsmittel nicht auf dem Arzneiverordnungsblatt rezeptiert werden?
3. Welches Gesetz regelt den Umgang mit BtM?
4. Das Betäubungsmittelgesetz (BtMG) bildet die gesetzliche Grundlage für den Umgang mit BtM.

Vordruck

Die Verschreibung der BtM erfolgt auf dem Betäubungsmittelrezept, das beim Bundesinstitut für Arzneimittel und Medizinprodukte – Bundesopiumstelle in Bonn schriftlich mit einer Anforderungskarte bestellt werden muss. Die Anforderung ist selbstverständlich vom Arzt selbst zu unterschreiben. Eine telefonische Bestellung der BtM-Rezeptformulare ist nicht möglich. Das BtM-Rezept unterscheidet sich auf den ersten Blick vom Arzneimittelverordnungsblatt durch seine gelbe Farbe und dadurch, dass es aus drei Teilen besteht. Das erste Blatt (Teil II) und das dritte Blatt (Teil I) des BtM-Rezeptes erhält der Apotheker. Während er das erste Blatt zur Abrechnung an den zuständigen Kostenträger weitergibt, verbleibt Teil I des BtM-Rezeptes zur Dokumentation in der Apotheke. Das zweite Blatt (Teil III) wird für drei Jahre in der Praxis aufbewahrt.

Aufgaben

1. Über wen können BtM-Rezepte bezogen werden?
2. Wie müssen Sie die BtM-Rezepte anfordern? Begründen Sie Ihr Vorgehen.
3. Wodurch unterscheidet sich das BtM-Rezept auf den ersten Blick vom Arzneiverordnungsblatt?
4. Wer erhält welches Blatt (welchen Teil) des BtM-Rezeptes und was macht er damit?

Dokumentation

Die Praxis ist zum einen verpflichtet, für den Praxisbedarf jede zugegangene oder abgegangene BtM-Menge und den sich daraus ergebenen BtM-Bestand zu dokumentieren. Zum andern muss jede vorgenommene BtM-Verschreibung schriftlich festgehalten werden. Wird z. B. einem Patienten ein BtM verordnet, muss der Patientenname, das verordnete BtM und die Nummer des ausgestellten BtM-Rezeptes notiert werden. Die Aufzeichnungen können im BtM-Buch, auf einer BtM-Kartei oder im Computer mit Ausdruckmöglichkeit erfolgen. Die Praxis unterliegt der Nachweispflicht, d. h., anhand der Dokumentation muss einerseits lückenlos nachgewiesen werden können, wer, wann, welches BtM aus dem Praxisbestand erhalten hat bzw. auf welchem BtM-Rezept eine Verordnung erfolgt ist und welche BtM für den Praxisbedarf wann, mit welchem BtM-Rezept bezogen wurden. Zu diesem Zweck sind die BtM-Rezepte nummeriert. Fehlerhaft ausgefüllte BtM-Rezepte müssen ebenfalls dokumentiert werden, da sonst eine Lücke in der fortlaufenden Nummerierung der BtM-Rezepte entstehen würde. Die Aufzeichnungspflicht wird ergänzt durch die Vorgabe, Teil III des BtM-Rezeptes in der Praxis zu verwahren. Der Verlust von BtM-Rezepten ist dem zuständigen Gesundheitsamt unter Angabe der Rezeptnummer, dem Namen des Arztes und dem Ort, an dem der Arzt beruflich tätig ist, unverzüglich zu melden. In dringenden Fällen ist direkt das Bundesinstitut für Arzneimittel und Medizinprodukte zu informieren.

Aufgaben

1. Warum muss sowohl die Herausgabe eines BtM aus dem Praxisbestand als auch die Verschreibung eines BtM exakt und lückenlos dokumentiert werden?
2. Warum dürfen Sie fehlerhaft ausgestellte BtM-Rezepte nicht über den Aktenvernichter beseitigen?
3. Was müssen Sie tun, wenn Sie den Verlust eines BtM-Reptes feststellen? Begründen Sie Ihre Entscheidung.

Der korrekte Umgang mit dem BtM-Rezept

Verordnung

Der Verordnungsteil des BtM-Rezeptes muss nicht mehr handschriftlich durch den Arzt ausgefüllt werden. Dieser kann auch von der Medizinischen Fachangestellten vorbereitet werden oder über die EDV mit einem Nadeldrucker ausgedruckt werden. Auf das Ausfüllen des BtM-Rezeptes muss große Sorgfalt verwendet werden, da fehlerhaft ausgefüllte BtM-Rezepte nicht korrigiert werden können. Sollte ein BtM-Rezept falsch ausgefüllt worden sein, darf es auf keinen Fall vernichtet werden. Es muss entsprechend der Nachweispflicht aufbewahrt werden (s. Dokumentation).

Der Verordnungsteil enthält folgende Angaben:
1. die Betäubungsmittelbezeichnung,
2. die Gewichtsmenge des enthaltenen BtM,
3. die Darreichungsform,

4. die Packungsgröße (N1, N2, N3),
5. die Gebrauchsanweisung mit Einzel- und Tagesangaben,
6. den Arztstempel und die vollständige Unterschrift,
7. die Leerräume sind zu entwerten.

Angaben unter 2 und 3 entfallen, wenn sie in der Arzneimittelbezeichnung enthalten sind.

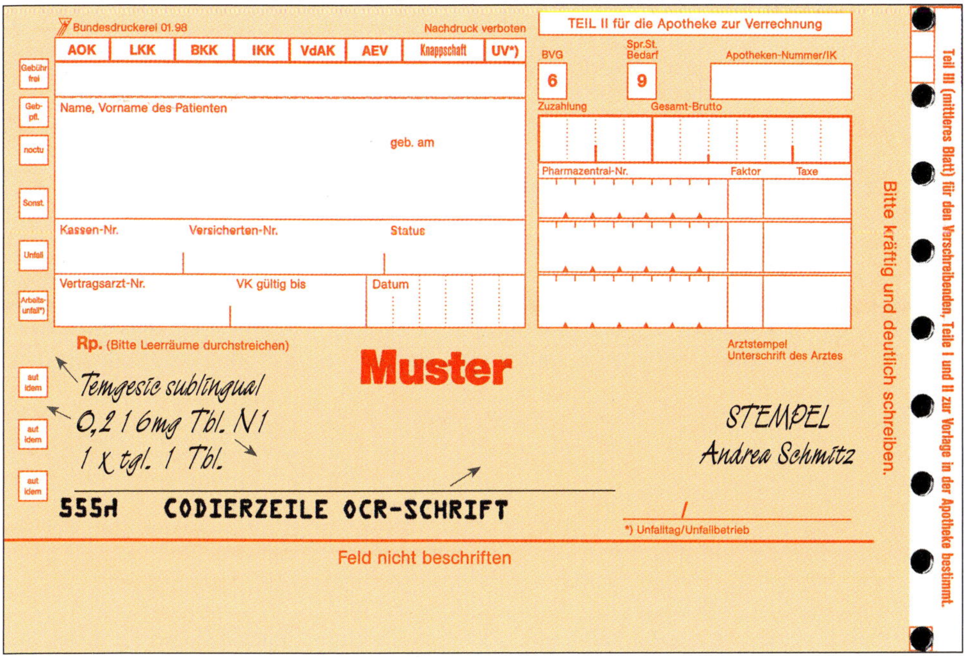
Bundesdruckerei 01.98
Nachdruck verboten
AOK | LKK | BKK | IKK | VdAK | AEV | Knappschaft | UV*)
Gebühr frei
Geb.-pfl.
noctu
Sonst.
Unfall
Arbeits-unfall*)
Name, Vorname des Patienten
geb. am
Kassen-Nr.
Versicherten-Nr.
Status
Vertragsarzt-Nr.
VK gültig bis
Datum
TEIL II für die Apotheke zur Verrechnung
BVG
Spr.St. Bedarf
Apotheken-Nummer/IK
6
9
Zuzahlung
Gesamt-Brutto
Pharmazentral-Nr.
Faktor
Taxe
Rp. (Bitte Leerräume durchstreichen)
Muster
aut idem
aut idem
aut idem
Temgesic sublingual
0,216mg Tbl. N1
1 x tgl. 1 Tbl.
Arztstempel
Unterschrift des Arztes
STEMPEL
Andrea Schmitz
555d CODIERZEILE OCR-SCHRIFT
*) Unfalltag/Unfallbetrieb
Feld nicht beschriften
Bitte kräftig und deutlich schreiben.
Teil III (mittleres Blatt) für den Verschreibenden, Teile I und II zur Vorlage in der Apotheke bestimmt.

Aufgaben

1. Wer darf den Verordnungsteil wie beschriften?
2. Welche Angaben muss der Verordnungsteil enthalten? Ordnen Sie die aufgelisteten Angaben dem o.g. Beispiel zu, indem Sie die Vorgabe und die Angabe im Beispiel jeweils mit derselben Farbe markieren.
3. Welches Gesetz regelt den Umgang mit BtM?

Höchstmenge

Innerhalb von 30 Tagen können auf einem oder mehreren BtM-Rezept(en) bis zu zwei Betäubungsmittel einer bestimmten Arzneimittelgruppe und ggf. ein weiteres BtM aus einer anderen Arzneimittelgruppe verordnet werden. Muss die Höchstmenge im Einzelfall überschritten werden, muss dies auf dem Rezept deutlich mit „A" (Ausnahme) gekennzeichnet werden.

Gültigkeit

Das BtM-Rezept muss vom Ausstellungsdatum an gerechnet innerhalb von sieben Tagen in der Apotheke eingelöst werden.

Anwendungsbereich

Mit diesem Vordruck erhalten nicht nur die Versicherten der GKV, sondern auch alle sonstigen Kostenträger und Privatpatienten die BtM. Auch zulasten der gesetzlichen Unfallversicherung verschriebene BtM müssen über dieses Formular rezeptiert werden.

Aufgaben

1. Die Patientin Gerda Burgdorf erhält am 10.10. d.J. ein BtM-Rezept. Wann muss die Patientin das Rezept spätestens eingelöst haben? Geben Sie auch ein Datum an.
2. Im Gegensatz zu den anderen Vordrucken wird das BtM-Rezept nicht nur für Versicherte der GKV benutzt. Formulieren Sie einen Merksatz, für wen das BtM-Rezept verwendet werden muss.

8.9 Verordnung von Krankenhausbehandlung (Muster 2 a–c)

Situation

Der Patient Joachim Hahn betritt die Arztpraxis. Er klagt über Herzbeschwerden. Da es dem Patienten sehr schlecht geht, wird er von Maria Müller sofort in das Behandlungszimmer geleitet.

Frau Dr. Schmitz untersucht den Patienten sofort und diagnostiziert einen Herzinfarkt (J 21.9). Der Patient soll auf Anweisung von Frau Dr. Schmitz heute notfallmäßig in ein Krankenhaus eingewiesen werden. Maria meldet den Patienten an und zeigt Katrin, was jetzt getan werden muss.

Maßnahmen vor der Verordnung von Krankenhauspflege

Bevor ein Patient zur stationären Aufnahme in ein Krankenhaus eingewiesen wird, müssen alle notwendigen Maßnahmen getroffen oder veranlasst worden sein, die nach den Regeln der ärztlichen Kunst angezeigt und wirtschaftlich sind, um die stationäre Aufnahme überflüssig zu machen. Ist das Behandlungsziel durch häusliche Krankenpflege unter Fortsetzung der ambulanten ärztlichen Betreuung oder durch Maßnahmen in einer Kur- oder Spezialeinrichtung zu erreichen, ist die Verordnung von Krankenhausbehandlung ausgeschlossen.

Verordnung von Krankenhausbehandlung

Voraussetzung für die Verordnung von Krankenhausbehandlung ist, dass sich der Arzt vom Zustand des Kranken überzeugt hat. Die medizinische Notwendigkeit der Krankenhausbehandlung ist in der Verordnung nach Muster 2 a–c durch die Angabe der Diagnose, des Krankheitsbefundes und der Krankheitssymptome zu begründen. Sollte die Diagnose oder der Krankheitsbefund im Regelfall schon eine Krankenhausbehandlung erfordern, genügt deren Angabe. Alle wesentlichen Dokumentationen zur Anamnese, Diagnostik und ambulanten Therapie sollten dem Patienten mitgegeben werden.

So lassen sich Doppeluntersuchungen vermeiden, die Verweildauer im Krankenhaus kann reduziert und die stationäre Diagnostik und Therapie kann sinnvoll unterstützt werden. Auf der Verordnung von Krankenhausbehandlung muss i. d. R. die Krankenkasse vor der stationären Aufnahme die Kostenübernahme auf der Vordruckseite bestätigen (Genehmigungspflicht).

Keinen Anspruch auf Krankenhausbehandlung ...

zulasten der Krankenkasse hat ein Patient, wenn keine medizinische Notwendigkeit für den stationären Aufenthalt vorliegt.

Für einen Pflegefall, bei dem der chronische Krankheitszustand auch mit den stationären Mitteln nicht mehr beeinflusst werden kann, kann die Krankenhausbehandlung nicht verordnet werden. Soziale Gründe, z. B. die fehlenden Pflege- und Betreuungsmöglichkeiten zu Hause, rechtfertigen ebenfalls nicht die Verordnung von Krankenhauspflege.

Aufgaben

1. Lesen Sie den oben stehenden Text aufmerksam durch.
2. Notieren Sie zu den Angaben 1–4 stichwortartig eine Erklärung.
   Der Patient Joachim Hahn, geb. am 10.08.1960, wohnhaft Mittelweg 7 in 88131 Lindau, ist bei der Gärtner Krankenkasse [KVNR 74612] unter der Mitgliedsnummer 12123456 krankenversichert. Er kommt direkt von seiner Arbeit in die Praxis und klagt über Herzbeschwerden. Der Patient wird mit dem Rettungswagen ins Krankenhaus gefahren.

Die Verordnung von Krankenhausbehandlungen (Muster 2 a–c)

1. Voraussetzug

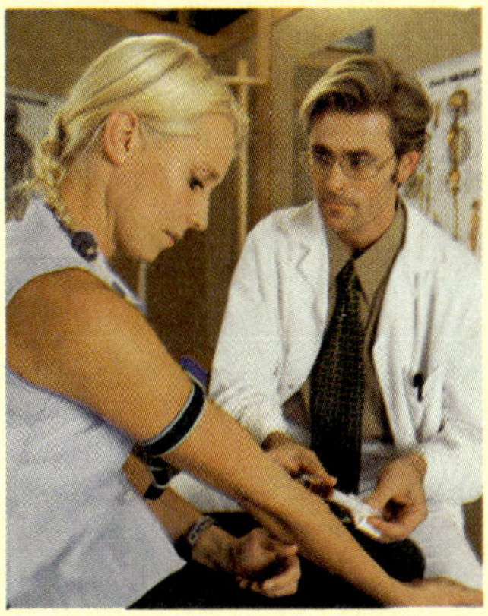

3. Vordrucke

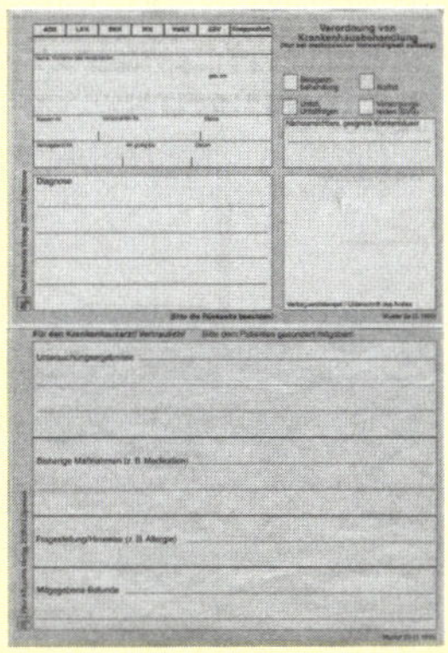

2. Medizinische Notwendigkeit

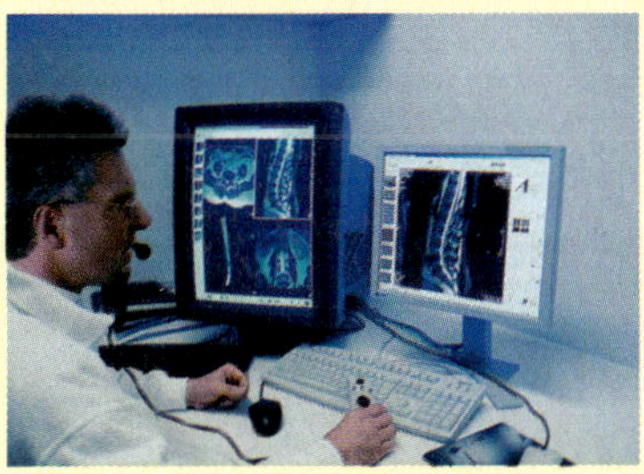

4. Medizinische Notwendigkeit

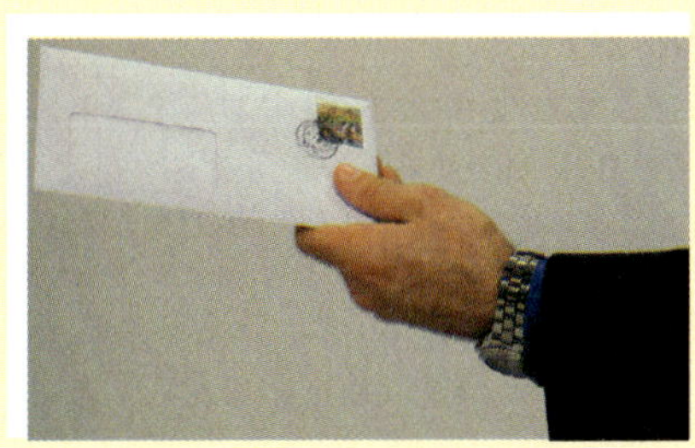

Aufgaben

3. Kleben Sie eine Krankenhauseinweisung auf ein Blatt und füllen Sie für den Patienten Wenke, Jochen, geb. am 10.08.1960, die Verordnung von Krankenhausbehandlung aus.
4. Herr Hahn wird als Notfallpatient direkt von der Praxis mit dem Rettungswagen ins Krankenhaus gebracht. Welche Telefonnummer müssen Sie in **Ihrer** Praxis wählen, um einen Rettungswagen anzufordern?
5. Fordern Sie für den Patienten Hahn, Joachim, geb. am 10.08.1960, einen Rettungswagen an. Formulieren Sie Ihr Telefonat in wörtlicher Rede. Notwendige Erwiderungen der Rettungsleitstelle können Sie frei ergänzen.
   „Rettungsleitstelle ...
6. Herr Hahn benötigt neben der Verordnung von Krankenhausbehandlung noch zwei andere Vordrucke. Welche beiden Vordrucke müssen Sie für den Patienten noch ausstellen?
7. Stellen Sie die Vordrucke für Herrn Hahn aus. Sollten Sie mit dem neuen Vordruck Schwierigkeiten haben, fragen Sie eine Mitschülerin um Rat.
8. Herr Hahn ist ärztlich erstversorgt worden und befindet sich jetzt im Behandlungszimmer. Sie sollen den ängstlichen Patienten bis zum Eintreffen des Rettungswagens betreuen. Wie können Sie den Patienten beruhigen? Nennen Sie zwei Möglichkeiten, beruhigend auf den Patienten einzuwirken.
9. Wenn ein Patient zu einer geplanten Operation in ein Krankenhaus eingewiesen werden muss, müssen Sie ihn auf die Genehmigungspflicht hinweisen. Was ist damit gemeint und was könnte passieren, wenn Sie dem Patienten diesen Hinweis nicht geben?
10. Die Tochter der Patientin Anita Jung kommt in die Praxis. Sie plane eine Wochenendreise und könne in dieser Zeit nicht ihre pflegebedürftige Mutter betreuen. Frau König hält Sie an, bei Frau Dr. Schmitz für ihre Mutter für diese drei Tage eine Krankenhausbehandlung im Marienhospital in Musterstadt zu erbitten. Was sagen Sie der Tochter von Frau Alt? Formulieren Sie Ihre Antwort in wörtlicher Rede.

8.10 Verordnung von Krankenbeförderung (Muster 4)

Situation

Für den Patienten Hahn, Joachim, geb. am 10.08.1960, ist die Verordnung von Krankenbeförderung mit dem Rettungswagen ausgestellt worden.

Aufgaben

1. Kontrollieren Sie, ob Sie das richtige Transportmittel angekreuzt haben. Lesen Sie dazu die Angaben in der folgenden Tabelle.

   Beförderungsmittel
   Eine Begründung für das gewählte Beförderungsmittel (ggf. Angabe ICD-10) ist nicht zwingend erforderlich.

Aufgaben

Transportmittel	Erklärung
Taxi/Mietwagen	Transport von Nicht-Notfall-Patienten, die keine medizinisch-fachliche Betreuung im Rahmen einer Krankenfahrt benötigen. Zu den Mietwagen werden auch Wagen gerechnet, die über eine behindertengerechte Einrichtung zur Beförderung von Rollstuhlfahren verfügen.
Krankentransportwagen (KTW)	Transport von Nicht-Notfall-Patienten, die während der Fahrt fachliche Betreuung oder besondere Einrichtungen des Krankentransportwagens (KTW) benötigen. Die fachliche Betreuung wird durch qualifiziertes nicht-ärztliches Personal sichergestellt. Die medizinisch-technische Ausstattung des KTW ist auf die Beförderung von Nicht-Notfall-Patienten ausgelegt. Der KTW wird z. B. ausgewählt, wenn Patienten liegend befördert werden müssen oder wenn die Übertragung schwerer, ansteckender Krankheiten ausgeschlossen werden muss.
Rettungswagen (RTW)	Erstversorgung und Transport von Notfall-Patienten, die vor und während des Transportes neben den Erste-Hilfe-Maßnahmen weitere Maßnahmen brauchen, um die Vitalfunktionen aufrechtzuerhalten oder wiederherzustellen.
Notarztwagen (NAW)	Erstversorgung und Transport von Notfall-Patienten, bei denen vor oder während des Transportes lebensrettende Sofortmaßnahmen durchzuführen oder zu erwarten sind, für die ein Notarzt erforderlich ist.

2. Neben den o.g. Transportmitteln können noch „andere" notwendig sein. Nennen Sie ein anderes Transportmittel.

3. Für Herrn Hahn haben Sie sicherlich einen Transportweg angekreuzt? Kontrollieren Sie, ob Sie alles richtig gemacht haben, indem Sie die nachfolgenden Angaben lesen.

Vor der Verordnung einer Krankenbeförderung (Muster 4) ist der Vertragsarzt verpflichtet, die Notwendigkeit der Beförderung zu überprüfen und unter der Rubrik **1. Hauptleistung** anzugeben. Eine Beförderung zulasten der gesetzlichen Krankenversicherung darf nur dann verordnet werden, wenn die Fahrt im Zusammenhang mit einer Leistung der Krankenkasse zwingend medizinisch notwendig ist.

Verordnung einer Krankenbeförderung (Muster 4)[1]

Aufgaben des Vertragsarztes

Notwendigkeit der Beförderung prüfen	Erforderliches Transportmittel auswählen
1. Hauptleistung	**2. Beförderungsmittel**
Die Fahrt muss im Zusammenhang mit einer Leistung der Krankenkasse zwingend medizinisch notwendig sein.	Kriterien sind der aktuelle Gesundheitszustand und die Gehfähigkeit des Versicherten unter der Berücksichtigung des Wirtschaftlichkeitsgebotes.

[1] *Beschluss des Gemeinsamen Bundesausschusses vom 22.01.2004. Richtlinien des Gemeinsamen Bundesausschusses über die Verordnung von Krankenfahrten, Krankentransportleistungen und Rettungsfahrten*

Mitteilung von Krankheitsursachen und drittverursachten Gesundheitsschäden gemäß § 294a SGB V		
1	Unfall/Unfallfolgen	nicht selbstverschuldeter privater Unfall
2	Arbeitsunfall/Berufskrankheit	gesicherter Arbeitsunfall bzw. gesicherte Berufskrankheit, d. h., Kostenträger ist der Träger der gesetzlichen Unfallversicherung
3	Versorgungsleiden (BVG)	nach Bundesversorgungsgesetz anerkanntes Versorgungsleiden (s. „Sonstige Kostenträger")
4	sonstiger Schaden	z. B. Gewaltanwendung
1. Hauptleistung **A) im Krankenhaus**		
5	Krankenhausbehandlung voll- oder teilstationär	Bei der vollstationären Behandlung verbleibt der Patient mindestens für eine Nacht im Krankenhaus. Bei der teilstationären Behandlung kommt der Patient z. B. morgens zur Krankenhausbehandlung und wird abends wieder entlassen.
6	Krankenhausbehandlung vor- oder nachstationär, Behandlungsdaten	Die vor- und nachstationäre Krankenhausbehandlung steht immer im direkten Zusammenhang mit einer zukünftigen bzw. zurückliegenden vollstationären Krankenhausbehandlung, z. B. OP-Behandlungsdaten
B) ambulante Operation		
7	ambulante Operation gemäß § 115b SGB V, Datum	ambulante Operation mit Angaben des OP-Datums in der vertragsärztlichen Praxis oder im Krankenhaus
8	Vor- oder Nachbehandlung bei ambulanter Operation, Behandlungsdaten	Im Zusammenhang mit einer ambulanten Operation notwendige Vor- oder Nachbehandlungen in der vertragsärztlichen Praxis oder im Krankenhaus unter Angabe der OP- und Vor-/Nachbehandlungsdaten
C) ambulante Behandlung		
9	beim Vertragsarzt, im Krankenhaus, sonstige	Angabe des Behandlungsortes
10	hochfrequente Behandlung	Kennzeichnung eines Ausnahmefalls für die Verordnung von Krankenbeförderung zur ambulanten Behandlung
11	dauerhafte Mobilitätseinschränkung	Kennzeichnung eines Ausnahmefalles für die Verordnung von Krankenbeförderung zur ambulanten Behandlung
12	Behandlungsfrequenz, -dauer, Serienverordnung	besondere Angaben zum Behandlungsverlauf
2. Beförderungsmittel		
13	Beförderungsmittel	Auswahl des geeigneten Transportmittels
14	Begründung des Beförderungsmittels (ggf. Angabe ICD-10)	Hier kann der Vertragsarzt die Wahl des Transportmittels im Regelfall über die Angaben der Diagnose mithilfe des ICD-10-Codes begründen
15	medizinisch-technische Ausstattung erforderlich	Hier gibt der Vertragsarzt an, ob bei Krankenfahrten bestimmte Maßnahmen erforderlich sind
16	Von/nach	Angabe des Ausgangs- und Zielortes

17	Hinfahrt/Rückfahrt	Durch Ankreuzen eines der beiden Felder wird neben dem Transportweg auch die Art der Fahrt festgelegt. Im Regelfall können nur Fahrten auf dem direkten Weg zwischen dem jeweiligen Aufenthaltsort des Patienten und der nächsterreichbaren geeigneten Behandlungsmöglichkeit verordnet werden. Die Notwendigkeit der Krankenbeförderung ist für den Hin- und Rückweg getrennt zu überprüfen. Das Ankreuzen beider Felder ist demnach i. d. R. nicht zulässig.
18	Wartezeit (Dauer)	Ist es bei Krankenfahrten oder Krankentransporten wirtschaftlich, das Transportmittel während der Behandlung des Patienten warten zu lassen, muss dies über das Ankreuzen des Feldes und die Angabe der Wartezeit kenntlich gemacht werden.
19	Gemeinschaftsfahrt (Anzahl der Mitfahrer)	Wenn mehrere Patienten zeitgleich zum selben Ziel gefahren werden müssen und medizinische Gründe nicht dagegen sprechen, muss der Vertragsarzt für jeden Patienten eine Sammelfahrt unter Angabe der Patientenzahl verordnen.
20	medizinisch-fachliche Betreuung notwendig	Hier wird ggf. die erforderliche Betreuungsleistung angegeben, z. B. „notärztlich", „fachlich", „Trageleistung".

Aufgaben

4. Neben den drei aufgeführten Abfahrts- bzw. Zielangaben gibt es noch „andere Transportwege". Nennen Sie einen anderen Transportweg.
5. Sie haben neben dem Transportweg weitere Angaben zum Beförderungsmittel gemacht.
   a) Welche Felder haben Sie zusätzlich angekreuzt?
   b) Warum müssen Sie die erforderliche medizinisch-technische Ausstattung nicht näher angeben?
   c) Wartezeit, d. h., hat der Rettungswagen auf Herrn Hahn während der Behandlung gewartet?
   d) Geben Sie einen Grund an, warum z. B. ein Taxi/Mietwagen oder ein Krankentransportwagen während der Behandlung auf den Patienten warten würde.
   e) Sammeltransport, d. h., sind mehrere Patienten mit dem Rettungswagen gefahren, z. B. weil sie dasselbe Fahrtziel hatten.
   f) Befreiungsbescheid lag vor, d. h., hat Herr Hahn eine gültige Zuzahlungsbefreiung in der Praxis vorgelegt?
6. Was müsste der Fahrer des Transportmittels auf der Rückseite des Vordrucks quittieren, wenn Herr Hahn einen Befreiungsausweis vorgelegt hätte?
7. Was muss Herr Hahn, der ansprechbar ist, auf der Rückseite der Verordnung quittieren?
8. Welche Hauptleistungen haben Sie für den Patienten Hahn angekreuzt?
9. Wann darf ausschließlich die Verordnung von Krankenbeförderung ausgestellt werden? Vervollständigen Sie den unten stehenden Satz.

> Die Verordnung von Krankenbeförderung darf nur ausgestellt werden, wenn ...

Aufgaben

10. Die Patientin Verena Nolte erscheint zu ihrem Kontrolltermin in der Praxis. Sie legt ihre Versichertenkarte und einen gültigen Befreiungsausweis vor. Dann bittet Sie Katrin darum, ihr für die Rückfahrt einen „Taxischein" auszustellen, da sie um 16:00 Uhr, einen Kaffeebesuch von ihrer Nichte erwartet. Mit dem Bus würde sie nicht pünktlich zu Hause eintreffen, um alles vorzubereiten. Katrin ist verunsichert und schaut sich Hilfe suchend nach ihrer Kollegin Maria um. Aber von Maria ist nichts zu sehen. Helfen Sie Katrin, indem Sie in wörtlicher Rede der Patientin den Sachverhalt erklären.

8.11 Verordnung von häuslicher Krankenpflege (Muster 12 a–d)

Ziele der häuslichen Krankenpflege

Die Verordnung von häuslicher Krankenpflege zielt einerseits darauf ab, eine Krankenhausbehandlung zu vermeiden oder zu verkürzen (Krankenhausvermeidungspflege). Zum anderen kann die häusliche Krankenpflege zur Durchführung der ambulanten ärztlichen Behandlung notwendig sein (Sicherungspflege).
Voraussetzung für die Verordnung ist in beiden Fällen, dass die Verordnung aufgrund einer Krankheit notwendig ist und der kranke Patient weder durch eine in seinem Haushalt lebende Person noch von sich selbst entsprechend versorgt werden kann.

Die Verordnung von Krankenhauspflege ist nur zulässig, wenn sie wegen Krankheit erfolgt. Eine Verordnung im Rahmen einer Pflegebedürftigkeit ist nicht zulässig

Aufgaben

1. Beschreiben Sie den Aufbau der Verordnung häuslicher Krankenpflege und geben Sie an, wer welchen Teil des Vordrucks wofür erhält.
2. Worauf müssen Sie einen Patienten, der eine Verordnung von häuslicher Krankenpflege erhält, hinweisen?
3. In welchen Fällen kann die Verordnung häuslicher Krankenpflege (Muster 12) erfolgen?
4. An welche Voraussetzungen ist die Verordnung häuslicher Krankenpflege gebunden?
5. Der Patient Walter Mauer, geb. am 10.02.1940, erleidet einen Schlaganfall. Nach der stationären Behandlung soll er zu Hause gepflegt werden. Herr Mauer ist seit dem Schlaganfall halbseitig gelähmt und benötigt fremde Hilfe, da seine Ehefrau die vollständige Versorgung aufgrund ihres eigenen Gesundheitszustandes nicht übernehmen kann. Eine wesentliche Besserung seines Zustandes ist leider auch nicht zu erwarten. Hat Herr Mauer Anspruch auf eine Verordnung häuslicher Krankenpflege? Begründen Sie Ihre Entscheidung.

Umfang der häuslichen Krankenpflege

Die häusliche Krankenpflege umfasst die drei Bereiche Behandlungspflege, Grundpflege und hauswirtschaftliche Versorgung.
Zur Behandlungspflege zählen alle Maßnahmen, die dazu dienen, die Krankheit zu heilen, eine Verschlimmerung zu vermeiden oder Krankheitsbeschwerden zu lindern. Diese Maßnahmen

können an Pflegekräfte delegiert werden. Die Blutzuckermessung, die Dekubitusbehandlung, die Medikamentengabe und das Anlegen und/oder Wechseln von Verbänden zählen neben anderen Maßnahmen unter bestimmten Voraussetzungen zur Behandlungspflege.

Die Anleitung zur Behandlungspflege zielt darauf ab, dass der Patient selbst oder eine im Haushalt lebende Person nach entsprechender Anleitung und Kontrolle bestimmte Maßnahmen, z. B. die Blutzuckerkontrolle, (weitgehend) selbstständig durchführen kann. Zur Grundpflege gehören die Grundverrichtungen des täglichen Lebens.

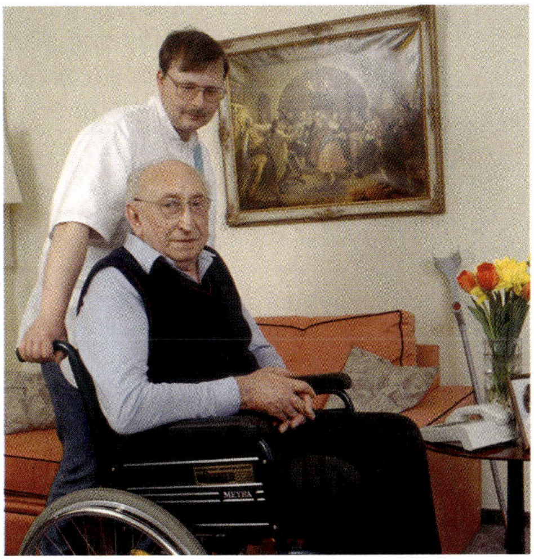

Hilfe bei der Verwendung von Inkontinenzartikeln oder das Reinigen und Versorgen des Anuspraeter werden z. B. über das Feld „Ausscheidungen (Hilfe, Kontrolle und Training)" verordnet.

Benötigt der Patient Hilfe bei der Nahrungs- und Flüssigkeitsaufnahme oder muss dem Patienten z. B. Sondennahrung verabreicht werden, wird dies über das Feld „Ernährung" verfügt.

Die Körperpflege beinhaltet das Duschen, Baden bzw. Waschen des Patienten, die Zahn-, Haut-, Haar- und Nagelpflege sowie ggf. die Rasur des Patienten. Maßnahmen der Schönheitspflege sind hier allerdings nicht gemeint. Auch hier kann mit der oben genannten Zielsetzung die Anleitung zur Grundpflege verordnet werden.

Zur hauswirtschaftlichen Versorgung zählen Tätigkeiten, die nicht zu den Pflegeleistungen gehören, aber für die Versorgung des kranken Patienten notwendig sind. Hierzu zählen u. a. die Besorgung von Arzneimitteln, das Wechseln der Bettwäsche, das Spülen des Geschirrs und die Zubereitung von Mahlzeiten. Selbstverständlich sind diese Tätigkeiten auf das notwendige Maß beschränkt.

Der behandelnde Arzt koordiniert die Zusammenarbeit zwischen ambulantem Pflegedienst, der Krankenkasse und der Praxis.

Aufgaben

1. Welche Bereiche umfasst die Verordnung von häuslicher Pflege?
2. Erklären Sie, was unter diesen Bereichen zu verstehen ist und nennen Sie Beispiele für Maßnahmen, die verordnet werden können.
3. Erhält ein Patient im Rahmen der Behandlungspflege Injektionen, so können nur i.m. und s.c. Injektionen verordnet werden. Die i.v. Injektion fehlt auf dem Verordnungsblatt Muster 12. Begründen Sie, warum die i.v. Injektion hier nicht vermerkt ist.

Besonderheit

Bei der Sicherungspflege kann nur Behandlungspflege verordnet werden. Grundpflege und hauswirtschaftliche Versorgung können nur im Zusammenhang mit der Behandlungspflege verordnet werden, wenn der Patient keine Leistungen von der Pflegeversicherung bezieht.

Bei der Krankenhausvermeidungspflege können Behandlungs- und Grundpflege sowie hauswirtschaftliche Versorgung gesondert verordnet werden.

Ein Patient hat im Regelfall bis zu vier Wochen Anspruch auf häusliche Krankenpflege im Rahmen der Krankenhausvermeidungspflege. Über einen längeren Zeitraum kann die häusliche Krankenpflege nur in begründeten Ausnahmefällen verordnet werden.

Aufgaben

1. Ein alleinstehender Patient wird z. B. vorzeitig aus dem Krankenhaus entlassen. Die ambulante ärztliche Betreuung erfolgt im Rahmen von Hausbesuchen. Aufgrund der Erkrankung ist der Patient aber für kurze Zeit auf Hilfe bei der Körperpflege und Haushaltsführung angewiesen. Notieren Sie, welche Voraussetzung für die Verordnung nach Muster 12 vorliegt und welche Pflegebereiche verordnet werden.
2. Heften Sie eine Verordnung häuslicher Krankenpflege (Muster 12 a–d) in Ihren Unterlagen ab und nummerieren Sie die Felder auf dem Vordruck, indem Sie die in der Tabelle angegebenen Nummern den Feldern zuordnen.

Nr.	Feld	Erklärungen
1	Die Beurteilung, ob eine im Haushalt lebende Person die verordnete(n) Maßnahme(n) übernehmen kann, ist nicht möglich.	Der Arzt muss dieses Feldes nur ankreuzen, wenn er nicht beurteilen kann, ob eine im Haushalt lebende Person die zu erbringenden Maßnahmen übernehmen kann. Wird dieses Feld angekreuzt, erfolgt eine Prüfung durch die Krankenkasse.
2	Erstverordnung	Wird erstmalig häusliche Krankenpflege verordnet, muss das Feld angekreuzt werden. Eine Erstverordnung soll einen Zeitraum von 14 Tagen nicht überschreiten. Rückwirkende Verordnungen sind grundsätzlich nicht zulässig.
3	Folgeverordnung	Muss weiterhin häusliche Krankenpflege verordnet werden, muss das Feld angekreuzt werden.
4	vom ... bis ...	Datumsangaben von wann bis wann die häusliche Krankenpflege verordnet wird (keine Quartalsbindung).
5	Unfall/Unfallfolgen	Dieses Feld wird angekreuzt, wenn der Patient im Rahmen eines privaten Unfalls, z. B. Sport- oder Verkehrsunfall, behandelt wird.
6	Begründung bei Verordnungsdauer über 14 Tagen	Die Folgeverordnung kann auch über einen längeren Zeitraum ausgestellt werden, wenn der Vertragsarzt die Notwendigkeit begründet. Die Folgeverordnung soll in den letzten drei Werktagen vor Ablauf des zuvor verordneten Zeitraumes ausgestellt werden.
7	Verordnungsrelevante Diagnose(n) Besonderheiten lt. Verzeichnis	Die verordnungsrelevante Diagnose begründet die häusliche Krankenpflege. Einige Maßnahmen dürfen nur unter besonderen Bedingungen verordnet werden. Diese sind dann hier anzugeben. Soziale Umstände, z. B. alleinstehend, reichen für eine Verordnung nicht aus.
8	Statt Krankenhausbehandlung	Eine Voraussetzung für die Verordnung häuslicher Krankenpflege, s. Aufzeichnungen
9	Zur Sicherung der ambulanten ärztlichen Behandlung	Eine Voraussetzung für die Verordnung häuslicher Krankenpflege, s. Aufzeichnungen
10	Folgende Maßnahmen sind notwendig:	Angabe der zu erbringenden Leistungen der einzelnen Verordnungsbereiche durch Ankreuzen oder schriftliche Ausführungen unter Angabe von Häufigkeit, Beginn und Dauer. Das Verzeichnis verordnungsfähiger Maßnahmen der häuslichen Krankenpflege legt für einige Leistungen ihre Dauer und Häufigkeit fest (vgl. HKP-Richtlinien).
11	Vertragsarztstempel und Unterschrift	Hier wird der Vertragsarztstempel aufgebracht und hier unterschreibt der verordnende Arzt

Vordruckvereinbarungen und Vordrucke

8.12 Notfall-/Vertretungsschein (Muster 19 a–c)

Situation

Die Auszubildende Katrin sitzt heute an der Anmeldung und nimmt die Patienten in Empfang. Herr Manfred Huber betritt die Praxis. Katrin kennt ihn schon, da Herr Huber in dieser Woche schon zweimal in der Praxis zur Behandlung war. Sie sucht seine Unterlagen heraus und bittet den Patienten, im Wartezimmer Platz zu nehmen. Dann kommt eine unbekannte Patientin in die Praxis. Die Patientin ist normalerweise bei Dr. Lohrberg in Behandlung. Sie klagt über Kopf- und Gliederschmerzen. Fieber habe sie auch, gibt sie an. Da die Praxis von Frau Dr. Schmitz an diesem Wochenende zum organisierten Notdienst eingeteilt ist, kommt die Patientin in die Praxis. Katrin nimmt die Krankenversichertenkarte von Frau Karla Oltmann in Empfang und schickt sie ins Wartezimmer. Bevor Katrin für die Patientin eine Karteikarte anlegen kann, kommt ihre Kollegin Maria an die Anmeldung. „Nein, Katrin, eine Karteikarte musst du für diese Patientin nicht anlegen." Bevor Maria Katrin erklären kann, warum für die Patientin keine Karteikarte angelegt werden muss, klingelt das Telefon und Maria ist erst mal beschäftigt.

Aufgaben

1. Erklären Sie Katrin, warum sie für die Patientin keine Karteikarte anlegen muss und was sie stattdessen tun muss.
2. Katrin ist jetzt verunsichert. Hat sie bei Herrn Huber alles richtig gemacht? Helfen Sie Katrin, indem Sie ihr die korrekte Vorgehensweise bei dem Patienten Manfred Huber erklären.
3. Nennen Sie mithilfe eines Notfall-/Vertretungsscheines die drei Einsatzbereiche dieses Vordrucks.
4. Erklären Sie mithilfe Ihrer medizinischen Kenntnisse, was ein „Notfall" ist. Unterscheiden Sie zwischen einem Notfall und dem organisierten Notfalldienst.
5. Beschreiben Sie den Aufbau des Notfall-/Vertretungsscheines und geben Sie an, wer welchen Teil wofür erhält.
6. Begründen Sie, warum Sie bei fremden Patienten einen Notfall-/Vertretungsschein ausstellen müssen, und dies unabhängig davon, ob Sie in Ihrer Praxis manuell oder über EDV abrechnen.
7. Füllen Sie für die Patientin Oltmann, Karla, geb. am 05.04.1970, wohnhaft Ringstraße 7 in 88131 Lindau, versichert bei der Techniker Krankenkasse [74605], Versicherten-Nr. 5692345, diesen Notfall-/Vertretungsschein und die Arbeitsunfähigkeitsbescheinigung aus. Frau Dr. Schmitz hat bei der Patientin eine akute Bronchitis [J20.9] festgestellt. Die Patientin erhält ein Päckchen Bronchopront Retardkapseln 20 St. N1. Frau Oltmann wird angehalten, mit der Einnahme des Medikamente noch heute (Sonntag) zu beginnen. Sie wird ab morgen für zwei Tage arbeitsunfähig geschrieben. Ihr weiterbehandelnder Arzt ist Dr. med. B. Lohrberg in Lindau.
8. Auf dem Muster 19 a sind zwei Felder geschwärzt. Sie müssen aber Angaben zur Therapie und Arbeitsunfähigkeit bei der Patientin Oltmann, Karla, geb. am 05.04.1970, machen. Wie gehen Sie vor?
9. In welchen Fällen darf der Notfall-/Vertretungsschein auf keinen Fall ausgestellt werden?

Aufgaben

10. Der Notfall-/Vertretungsschein gilt für die Dauer des organisierten Notfalldienstes oder die Dauer der Urlaubs- bzw. Krankheitsvertretung, maximal jedoch ein Quartal. Ihre Praxis ist unglücklicherweise Silvester und Neujahr zum organisierten Notfalldienst eingeteilt. Ein fremder Patient erscheint sowohl Silvester als auch Neujahr zur Behandlung im organisierten Notfalldienst. Welches Problem ergibt sich hier durch den Jahreswechsel und welche Konsequenz hat dies für Ihre Abrechnung?

8.13 Berichte und Anfragen der Krankenkassen

Berichte und Anfragen der Krankenkasse sind i. d. R. nicht in der Praxis vorrätig, sondern werden vom Patienten mitgebracht. In seltenen Fällen werden die Anfragen direkt in die Praxis geschickt. Eine Versendung der Anfragen per Telefax ist zulässig.
In solchen Fällen handelt es sich z. B. um eine *Bescheinigung zur Feststellung des Erreichens der Belastungsgrenze*, eine Anfrage des Medizinischen Dienstes der Krankenkasse oder über die *Ärztliche Bescheinigung zur Erlangung von Krankengeld.*
Das Ausfüllen dieses Vordrucks ergibt sich sofort bei der Betrachtung des Formulars. Die Angabe der Krankenkasse ist vielfach nicht erforderlich, da die Anfragen i. d. R. von der entsprechenden Krankenkasse ausgestellt werden. Kann für das Ausfüllen eines solchen Vordrucks eine Leistungsziffer abgerechnet werden, so findet sich in der Fußzeile des Formulars ein entsprechender Hinweis.
Die *Bescheinigung zur Erlangung von Krankengeld* wird ausgestellt, wenn der Patient länger als sechs Wochen aufgrund derselben Diagnose arbeitsunfähig geschrieben werden muss. In diesem Fall erhält der Patient Krankengeld von seiner Krankenkasse. Die benötigt wiederum für die Auszahlung des Krankengeldes die o. g. Bescheinigung.
Im Gegensatz zur Arbeitsunfähigkeitsbescheinigung wird hier i. d. R. für einen maximal sieben Tage zurückliegenden und für einen maximal zwei Tage im Voraus liegenden Zeitraum die Arbeitsunfähigkeit bescheinigt.

Aufgabe

Erklären Sie den Unterschied zwischen den Kassenformularen (Berichte und Anfragen der Krankenkasse) und den Praxisformularen, z. B. dem Überweisungsschein (Muster 6) oder der Arbeitsunfähigkeitsbescheinigung (Muster 1).

9 Sonstige Kostenträger

9.1 Soldaten der Bundeswehr und Beamte der Bundespolizei

Situation

Montagmorgen. Ingeborg und Katrin treffen sich in der Straßenbahn: „Katrin, wie war denn dein Wochenende? Ihr hattet doch diese große Familienfeier, oder?" „Ja, die Feier war sehr schön. Aber stell dir vor, was mein Cousin Jochen mir erzählt hat! Jochen ist bei der Bundeswehr und hatte furchtbare Blasen an seinen Füßen. Ich habe ihm gesagt, er soll doch heute mal bei uns vorbeikommen, damit Frau Dr. Schmitz sich das angucken kann. Aber Jochen hat gesagt, er dürfe nicht zu uns kommen, er müsse sich vom Sanitätsoffizier der Bundeswehr behandeln lassen. Hast du so etwas schon mal gehört? Wir haben doch freie Arztwahl!?"

Vertragliche Grundlagen

Die Einschränkung der freien Arztwahl betrifft neben den Bundeswehrsoldaten auch die **B**eamten der Bundes**pol**izei (**BPol**). Während die Bundeswehrsoldaten Anspruch auf unentgeltliche Versorgung durch den Truppenarzt haben, steht den BPol eine kostenfreie Versorgung durch den Polizeiarzt der BPol zu. Die ärztliche Versorgung dieser Personengruppen durch zivile Ärzte beschränkt sich deshalb auf ärztliche Leistungen, die durch die Bundeswehr bzw. die Bundespolizei nicht selbst übernommen werden können.

Die ärztliche Versorgung von Bundeswehrsoldaten durch Vertragsärzte ist in dem Vertrag zwischen der Bundesrepublik Deutschland – vertreten durch den Bundesminister der Verteidigung – und der KBV geregelt. Der Vertrag zwischen der Bundesrepublik Deutschland – vertreten durch das Bundesinnenministerium – und der KBV klärt die ärztliche Versorgung von Beamten der BPol durch Vertragsärzte.

Vertragliche Vereinbarungen

Für beide Personengruppen gilt, dass sie nur dann Anspruch auf eine vertragsärztliche Versorgung haben, wenn sie eine Überweisung der Bundeswehr bzw. der Bundespolizei vorlegen. Der Überweisungsschein ist vom Ausstellungsdatum an gerechnet i. d. R. für ein Quartal gültig. Ist die Gültigkeit eingeschränkt, hat der ausstellende Sanitätsoffizier oder Arzt der Bundespolizei dies auf der Überweisung vermerkt. Wenn die ärztliche Behandlung nach Ablauf der Gültigkeitsdauer des Überweisungsscheines noch andauert, muss der Bundeswehrsoldat oder Beamte der BPol einen neuen Überweisungsschein vorlegen. Selbstverständlich ist der behandelnde (zivile) Arzt an den Überweisungsauftrag gebunden. Eine eigenmächtige Ausweitung der Diagnostik oder Behandlung ist nicht zulässig. Erscheint es dem zugezogenen Arzt sinnvoll, seine Diagnostik oder Behandlung zu erweitern, muss er dies dem überweisenden Arzt vorher formlos mitteilen. Der Sanitätsoffizier bzw. Arzt der BPol kann dann eine neue Überweisung mit entsprechendem Auftrag ausstellen.

Hält der zugezogene Arzt eine Weiterüberweisung an einen anderen Arzt für erforderlich, so muss der Sanitätsoffizier der Bundeswehr bzw. der Arzt der BPol dieser ebenfalls vorher zustimmen. Auch in diesem Fall würde der behandelnde Arzt formlos eine Weiterüberweisung empfehlen und der Sanitätsoffizier oder Arzt der BPol kann dann eine neue Überweisung auf der Grundlage der Empfehlung ausstellen. Auch eine Einweisung zur stationären Krankenhausbehandlung ist nur durch einen Arzt der Bundeswehr bzw. der BPol zulässig.

Die Verordnung von Arznei-, Verband-, Heil- und Hilfsmitteln erfolgt grundsätzlich nur über den Arzt der Bundeswehr bzw. der BPol. Benötigt der Bundeswehrsoldat oder Beamte der BPol Materialien des Sprechstundenbedarfs, so werden diese dem Sprechstundenbestand der vertragsärztlichen Versorgung entnommen.

Nach Abschluss der Behandlung sendet der zugezogene Arzt den zweiten Teil des Überweisungsscheines an den überweisenden Arzt der Bundeswehr zurück.

Die Abrechnung der ärztlichen Behandlung erfolgt in beiden Fällen mit der Quartalsabrechnung über die zuständige KV und auf der Grundlage der Ersatzkassengebührenordnung (E-GO). Bei der manuellen Abrechnung werden die Leistungsziffern auf der Rückseite des Überweisungsscheines eingetragen. Bei der EDV-gestützten Abrechnung muss der Überweisungsschein mit den anderen Abrechnungsunterlagen an die KV gegeben werden. Die Diagnosen auf den Abrechnungsscheinen und auf den Arbeitsunfähigkeitsbescheinigungen werden nach ICD-10-GM verschlüsselt.

Der zugezogene zivile Arzt kann allerdings weder bei dem Bundeswehrsoldaten noch bei dem Beamten der BPol eine Dienstunfähigkeit bescheinigen. Die Arbeitsunfähigkeit (Muster 1) wird nur in Ausnahmefällen für diese Personen ausgestellt. Nähere Angaben dazu finden Sie auf S. 211.

Aufgaben

1. Was vermuten Sie: Hat Jochen als Bundeswehrsoldat freie Arztwahl?
2. Unter welcher Voraussetzung hätte sich Jochen von Frau Dr. Schmitz behandeln lassen können?
3. Herr Neubauer, ein Beamter der Bundespolizei, wird in der Praxis auf Grundlage eines Überweisungsscheines behandelt. Im Anschluss an die Behandlung erbittet er von Ihnen die Ausstellung eines Überweisungsscheines zu einem Orthopäden. Er habe Rückenbeschwerden und möchte sich untersuchen lassen. Was sagen Sie dem Patienten? Formulieren Sie Ihre Antwort in wörtlicher Rede.
4. Auf einer privaten Feier treffen Sie Herrn Manfred Wicher. Herr Wicher ist seit zwei Monaten bei der Bundeswehr und war vorher bei Frau Dr. Schmitz in Behandlung. Er erzählt Ihnen, dass er seit einer Woche wieder Probleme mit seiner Wirbelsäule habe. Frau Dr. Schmitz habe ihm damals Krankengymnastik verordnet, die ihm sehr geholfen habe. Er fragt sie, ob es möglich sei, eine neue Verordnung zu bekommen. Was sagen Sie Herrn Wicher? Formulieren Sie Ihre Antwort in wörtlicher Rede.
5. Frau Dr. Schmitz hält die Verordnung eines blutdrucksenkenden Arzneimittels bei einem Bundeswehrsoldaten für notwendig. Katrin greift zum Arzneiverordnungsblatt (Muster 16) und beginnt dieses auszufüllen. Was sagen Sie Katrin?
6. Erklären Sie, wie die ärztlichen Leistungen bei Bundeswehrsoldaten und Beamten der BPol abgerechnet werden, indem Sie angeben, welche Gebührenordnung zugrunde gelegt wird und über welche Institution zu welchem Zeitpunkt abgerechnet wird.
7. Sie rechnen in Ihrer Praxis über EDV ab. Erklären Sie, was Sie zur Quartalsabrechnung mit den Überweisungsscheinen der Bundeswehrsoldaten und Beamten der BPol machen müssen.
8. Wie müssen Sie die Diagnosen auf dem Abrechnungsschein bzw. der Arbeitsunfähigkeitsbescheinigung notieren?

Notfallbehandlungen

Ausgenommen von dieser Vorgabe sind selbstverständlich Notfälle. Sollte für einen Bundeswehrsoldat oder Beamten der BPol aufgrund der Schwere seiner Erkrankung ein Überweisungsschein nicht vorzeitig ausgestellt werden können, ist er verpflichtet, diesen innerhalb von vier Wochen nachzureichen. Wenn der Überweisungsschein nicht innerhalb dieser Frist vorgelegt wird, kann der behandelnde Arzt eine Privatliquidation ausstellen. Bei Notfallbehandlungen muss sich der Arzt auf die ärztlichen Maßnahmen der Akutversorgung beschränken.

Ist im Rahmen einer Behandlung die sofortige Überweisung zu einem anderen Arzt notwendig, stellt der behandelnde Arzt einen Überweisungsschein (Muster 6) aus. Über Muster 6 rechnet dann der zugezogene Arzt seine Behandlung mit der Quartalsabrechnung über die KV ab.
Bei Bundeswehrsoldaten muss der überweisende Arzt neben dem Namen und Vornamen des Patienten zusätzlich noch den Dienstgrad, die Personenkennziffer, den Truppenteil und den Standort des Soldaten auf der Überweisung vermerken. Bei den Beamten der BPol ist neben dem Namen, Vornamen und Geburtsdatum zusätzlich die Behörde bzw. Dienststelle des Beamten aufzuführen.

Ist die sofortige Versorgung mit Arznei- oder Verbandmitteln erforderlich, wird ein Arzneiverordnungsblatt (Muster 16) unter Angabe der o. g. Daten ausgestellt. Wichtig ist der Vermerk „Notfall" auf dem Arzneiverordnungsblatt. Fehlt dieser Vermerk, muss der verordnende Arzt auf Verlangen die Kosten erstatten. Bei einem Beamten der BPol muss – im Gegensatz zum Bundeswehrsoldaten – das Feld „Gebührenpflichtig" angekreuzt werden. Da Bundeswehrsoldaten und die Beamten der BPol zu den Sonstigen Kostenträgern zählen, muss natürlich das Feld „Sonstige" angekreuzt werden.

Benötigen diese Personen eine Bescheinigung über die Art und Schwere ihrer Erkrankung, die z. B. eine Reiseunfähigkeit bewirkt, sodass sie ihren Dienst nicht antreten können, wird bei PVB des BGS eine Arbeitsunfähigkeitsbescheinigung (Muster 1) ausgestellt. Der Bundeswehrsoldat ist im Regelfall im Besitz eines Vordruckes der Bundeswehr, auf der dann die Art und Schwere der Erkrankung bzw. die Reiseunfähigkeit bescheinigt wird. Kann der Bundeswehrsoldat diesen Vordruck nicht vorlegen, wird auch für ihn eine Arbeitsunfähigkeitsbescheinigung (Muster 1) ausgestellt. Die Diagnose ist nach ICD-10-GM zu verschlüsseln. Hervorzuheben ist, dass es sich hier nicht um eine Dienstunfähigkeitsbescheinigung handelt, sondern nur um eine Bescheinigung der Art und Schwere der Erkrankung.

Aufgaben

1. Der Bundeswehrsoldat Jürgen Holler kommt mit einer akuten Erkrankung in die Praxis von Dr. Hellinghaus. Einen Überweisungsschein der Bundeswehr kann er nicht vorlegen. Worauf müssen Sie den Patienten im Rahmen der Notfallbehandlung hinweisen?
2. Dr. Hellinghaus hält bei dem Patienten die sofortige Einnahme eines Antibiotikums für erforderlich und bittet Sie, die Verordnung vorzubereiten. Welchen Vordruck nehmen Sie, welche Angaben zu den persönlichen Daten des Patienten müssen Sie machen und wie müssen Sie die Verordnung in jedem Fall kennzeichnen?
3. Worauf müsste der Patient Jürgen Holler hingewiesen werden, wenn er zusätzlich zur Akutversorgung noch um eine ärztliche Behandlung aufgrund seiner LWS-Beschwerden bitten würde?

9.2 Zivildienstleistende

Situation

Katrin hat gerade ein Telefonat entgegengenommen. Sie wirkt verunsichert und bittet den Patienten, einen Moment am Telefon zu warten. „Melissa, Guido Möller ist am Telefon. Er möchte einen Termin bei Frau Dr. Schmitz. Ich weiß aber nicht, ob ich ihm einfach einen Termin geben kann. Guido macht doch seit zwei Monaten Zivildienst – und Bundeswehrsoldaten dürfen wir ja auch nicht ohne Weiteres behandeln. Kann ich einen Termin vergeben?"

Vertragliche Grundlagen

Im Gegensatz zu den Bundeswehrsoldaten und Beamten der BPol nehmen Zivildienstleistende weiterhin an der vertragsärztlichen Versorgung teil. Das Bundesministerium für Jugend, Familie, Frauen und Gesundheit (BMJFFG) verfügt nicht über ein eigenständiges ärztliches Versorgungssystem für Zivildienstleistende.

In welchem Umfang die Zivildienstleistenden Anspruch auf ärztliche Versorgung haben, in welcher Weise sie ihren Anspruch auf diese Leistungen nachweisen müssen und wie diese Leistungen abgerechnet werden, ist im Vertrag zwischen der Bundesrepublik Deutschland – vertreten durch das BMJFFG – und der KBV geregelt.

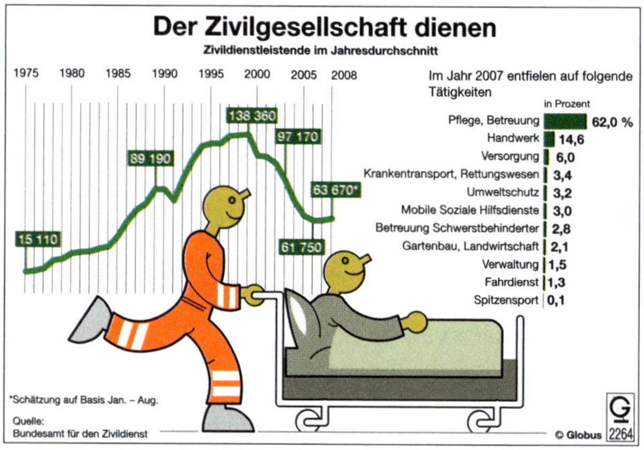

Vertragliche Vereinbarungen

Beim Umfang der ärztlichen Versorgung von Zivildienstleistenden gibt es keine wesentlichen Unterschiede zur vertragsärztlichen Versorgung. Muss der Zivildienstleistende z. B. mit Materialien des Sprechstundenbedarfs versorgt werden, werden diese Materialien dem Sprechstundenbedarf der vertragsärztlichen Versorgung entnommen. Im Gegensatz zu einem Bundeswehrsoldaten kann der Zivildienstleistende immer an weiterbehandelnde Ärzte überwiesen werden. Der Überweisungsschein (Muster 6) belegt dann bei dem zugezogenen Arzt die Kostenübernahme durch das Bundesamt für Zivildienst. Verordnungen erhält der Zivildienstleistende über die vertragsärztlichen Vordrucke. Im Unterschied zu den Anspruchsberechtigten der GKV muss im Personalienfeld zusätzlich die Personenkennziffer und die Dienststelle des Zivildienstleistenden vermerkt werden. Zivildienstleistende sind ebenso wie die Bundeswehrsoldaten von den Zuzahlungen befreit. Da Zivildienstleistende zu den „Sonstigen Kostenträgern" zählen, muss natürlich das Feld „Sonstige" angekreuzt werden.

Selbstverständlich gilt auch hier der Grundsatz, dass eine Überweisung und/oder Verordnung nur ausgestellt wird, wenn die Kostenübernahme durch das Bundesamt für Zivildienst zweifelsfrei bewiesen ist. Da Zivildienstleistende keine KVK haben, weisen sie ihren Anspruch auf Kostenübernahme durch Vorlage eines Krankenscheines des Bundesamtes für Zivildienst in Köln aus. Gültigkeit erlangt dieser Behandlungsausweis allerdings erst in Verbindung mit dem Dienstausweis des Zivildienstleistenden. Der Krankenschein ist jeweils für ein Quartal gültig. Die Gültigkeitsdauer kann beschränkt sein, wenn der Zivildienst vor Ablauf des Quartals endet. Legt der Zivildienstleistende nicht innerhalb von vier Wochen nach Behandlungsbeginn seinen Krankenschein und seinen Dienstausweis vor, hat der Arzt das Recht, eine Privatrechnung auszustellen.

Besondere Beachtung muss der Bescheinigung der Dienstunfähigkeit eines Zivildienstleistenden geschenkt werden. Ist der Zivildienstleistende aufgrund einer Erkrankung nicht dienstfähig, so muss dies auf einem speziellen Vordruck, den der Zivildienstleistende vom Bundesamt für Zivildienst erhält und in die Praxis mitbringen sollte, bescheinigt werden. Auf dieser Dienstunfähigkeitsbescheinigung hat der Arzt zu vermerken, ob der Zivildienstleistende allgemein dienstunfähig ist oder ob er ersatzweise für andere Tätigkeiten eingesetzt werden kann.
Die Abrechnungs- oder Dienstunfähigkeitsdiagnosen sind auch hier nach ICD-10-GM zu verschlüsseln. Die ärztlichen Leistungen werden quartalsweise über die zuständige KV abgerechnet. Die Abrechnungsgrundlage ist die E-GO. Bei der EDV-gestützten Abrechnung wird der Behandlungsausweis der Zivildienstleistenden mit den anderen Abrechnungsunterlagen der KV übergeben. Bei der manuellen Abrechnung werden die Leistungspositionen auf dem Behandlungsausweis notiert.

Aufgaben

1. Kann Guido Möller während seines Zivildienstes weiter bei Frau Dr. Schmitz in Behandlung bleiben?
2. Guido Möller erscheint heute zum vereinbarten Zeitpunkt in der Praxis von Frau Dr. Schmitz. Wie belegt er die Kostenübernahme der ärztlichen Behandlung durch das Bundesamt für Zivildienst?
3. Innerhalb welcher Frist muss Guido Möller spätestens den Anspruch auf Kostenübernahme belegen, wenn er diesen heute nicht nachweisen kann?
4. Herr Guido Möller erhält heute eine Arzneimittelverordnung und soll für zwei Tage dienstunfähig geschrieben werden.
   a) Welche Angaben müssen Sie auf dem Personalienfeld des Arzneiverordnungsblattes zusätzlich zu den üblichen Daten machen?
   b) Muss Guido Möller die üblichen Rezeptgebühren zahlen, wenn er keinen Befreiungsausweis vorlegt?
   c) Welches Feld müssen Sie auf dem Arzneiverordnungsblatt ebenfalls ankreuzen?
   d) Mit welchem Vordruck wird der Patient dienstunfähig geschrieben und welche Besonderheit hat dieser Vordruck?
5. Erklären Sie, wie die ärztlichen Leistungen bei Zivildienstleistenden abgerechnet werden, indem Sie angeben, welche Gebührenordnung zugrunde gelegt wird und über welche Institution zu welchem Zeitpunkt abgerechnet wird.
6. Sie rechnen in Ihrer Praxis über EDV ab. Erklären Sie, was Sie zur Quartalsabrechnung mit den Krankenscheinen der Zivildienstleistenden machen müssen.
7. Wie müssen Sie die Diagnosen auf dem Abrechnungsschein bzw. der Arbeitsunfähigkeitsbescheinigung notieren?

9.3 Polizeibeamte im Polizeivollzugsdienst

Obwohl die Polizeibeamten im Polizeivollzugsdienst bundesweit Anspruch auf freie Heilfürsorge haben, gibt es regional zum Teil sehr unterschiedliche Regelungen.

In Nordrhein-Westfalen und Niedersachsen unterscheidet sich z. B. die ärztliche Versorgung der Verkehrs- und Bereitschaftspolizei nicht von der vertragsärztlichen Versorgung. Die Arztwahl ist frei, die Vordrucke der vertragsärztlichen Versorgung werden verwendet und der Umfang der ärztlichen Versorgung entspricht den vertragsärztlichen Leistungen. Die Abrechnung erfolgt – auf der Grundlage der E-GO – quartalsweise über die zuständige KV. Die Polizeibeamten weisen ihren Anspruch auf Kostenübernahme über einen Behandlungsausweis nach. Die KVK ist nicht flächendeckend eingeführt.

Für die Polizeibeamten im Polizeivollzugsdienst in Bayern gelten allerdings vergleichbare Einschränkungen wie bei den Beamten der BPol. Aufgrund dieser regionalen Unterschiede muss auf die vertraglichen Bestimmungen verwiesen werden.

9.4 Anspruchsberechtigte nach Bundessozialhilfegesetz

Leistungen, die zum Katalog der gesetzlichen Krankenkassen gehören, finden auch bei den Sozialhilfeempfängern und Asylbewerbern Anwendung. Im Regelfall sind die Sozialhilfeempfänger über eine Krankenkasse versichert. Sie belegen dies durch die Vorlage der KVK. In bestimmten Fällen weisen sie ihren Anspruch auf ärztliche Leistungen durch Vorlage eines Berechtigungsscheines nach. Unabhängig davon, ob die Sozialhilfeempfänger eine KVK oder einen Berechtigungsschein vorlegen, müssen sie die Praxisgebühr zahlen, wenn sie keinen Befreiungsausweis vorlegen.
Gleiches gilt für die Asylbewerber. Sie belegen ihren Anspruch auf ärztliche Leistungen durch die KVK, wenn sie über die Krankenkasse versichert sind und zahlen die Praxisgebühr. Legen die Asylbewerber einen Berechtigungsschein vor, ist darauf zu achten, ob der Leistungsbereich durch den Kostenträger eingeschränkt ist. Kostenträger für diese Leistungen bei Anspruchsberechtigten, die nicht bei einer gesetzlichen Krankenkasse krankenversichert sind, sind die Städte, Kreise und Gemeinden. In diesen Fällen muss keine Praxisgebühr gezahlt werden.
Neben der Unterscheidung zwischen Sozialhilfeempfängern und Asylbewerbern gibt es weitere regionale Abweichungen.
Zum Teil werden die ärztlichen Leistungen der Anspruchsberechtigten nach dem Bundessozialhilfegesetz über die private Gebührenordnung GOÄ (einfacher Satz) direkt mit dem Kostenträger abgerechnet. Einige Kostenträger geben für ihre Sozialhilfeempfänger eigene Überweisungsscheine, Arzneiverordnungsblätter und Verordnungen über Krankenhausbehandlung aus. Andere Kostenträger erstatten die ärztlichen Leistungen nach BMÄ, die quartalsweise über die zuständige KV abgerechnet werden.

Unabhängig davon, welche Gebührenordnung die Abrechnungsgrundlage bietet, müssen die Patienten durch einen Behandlungsausweis ihres Kostenträgers die Anspruchsberechtigung nachweisen.

Dieser Behandlungsausweis wird von den Kostenträgern quartalsweise an den Anspruchsberechtigten ausgegeben. Unter Berücksichtigung der medizinischen Notwendigkeit sollte die Vorlage des Behandlungsausweises streng gehandhabt werden, da die Kostenträger nur in seltenen Ausnahmefällen einen zweiten Kranken-Behandlungsschein im Quartal ausstellen.

Überweisungen dürfen für diese Versicherte nur innerhalb des Zuständigkeitsbereiches des jeweiligen Sozialamtes erfolgen.

Aufgrund der regionalen Unterschiede soll hier ebenfalls auf die vertraglichen Bestimmungen verwiesen werden, da allgemeingültige Regelungen nicht vorliegen.

10 Gebührenordnungen

10.1 Gliederung der Gebührenordnungen

Situation

Die Auszubildende Katrin arbeitet nun seit einiger Zeit in der allgemeinmedizinischen Praxis von Frau Dr. Schmitz. Heute soll sie ihrer erfahrenen Kollegin Maria bei der Leistungsabrechnung helfen. Katrin beobachtet, wie ihre Kollegin Maria am PC Nummern in die Patientendatei eintippt. „Was bedeuten denn diese Zahlen, die du gerade in den Computer eingibst?" Bevor Maria antworten kann, ruft Frau Dr. Schmitz die Kollegin in das Behandlungszimmer.

Aufgaben

1. Erklären Sie Katrin, welche „Zahlen" Maria in die Patientendatei einträgt.
2. Im Gegensatz zu Maria hat Katrin die Gebührenordnungsnummern nicht im Kopf. Wo kann Katrin die Ziffern nachschlagen?
3. Katrin erinnert sich an die Bücher im Schrank hinter der Anmeldung und macht sich auf den Weg, die für die Leistungsabrechnung aller Patienten notwendigen Gebührenordnungen zu holen. Welche Gebührenordnungen muss sie mitbringen?

10.2 Zuordnung zu den Kostenträgern

Situation

Katrin findet die Gebührenordnung und ist verwirrt: „Jetzt sag mir doch bitte jemand, wofür ich so viele verschiedene Gebührenordnungen brauche."

Aufgabe

Welche Gebührenordnung entspricht welchem Kostenträger bzw. welcher Leistung? Allgemeine Ortskrankenkasse, Barmer Ersatzkasse, Bundesamt für Zivildienst, Innungskrankenkasse, Bundesknappschaft, KVB I bis III, DAK, Postbeamte Gruppe B, private Krankenversicherungen, IGeL, Postbeamte Gruppe A, Untersuchung nach JArbSchG, Betriebskrankenkasse, TK, Behandlung im Rahmen eines Arbeitsunfalls.

10.3 Gemeinsame Merkmale

Situation

Katrin ist zuversichtlich. Sie kann jetzt die verschiedenen Gebührenordnungen unterscheiden und den jeweiligen Kostenträgern zuordnen: „Dann ist die Gebührenordnung so etwas wie ein Nachschlagewerk für Menschen mit einem schlechten Gedächtnis?" Melissa möchte ihr antworten, aber bevor sie dazu kommt, tritt eine aufgeregte Patientin an die Rezeption.

Die Gebührenordnungen sind mehr als Handbücher für die Gebührenordnungsnummern. Sie bilden die rechtliche Abrechnungsgrundlage, d. h., sie legen unter anderem fest, welche Leistungen der Arzt überhaupt in Rechnung stellen darf.

SGB V § 87 Bundesmantelvertrag, einheitlicher Bewertungsmaßstab (EBM)
(2) Der einheitliche Bewertungsmaßstab bestimmt den Inhalt der abrechnungsfähigen Leistungen und ihr wertmäßiges, in Punkten ausgedrücktes Verhältnis zueinander; soweit möglich, (...).

GOÄ-Gebührenordnung für Ärzte § 1 Anwendungsbereich
(1) Die Vergütungen für die beruflichen Leistungen der Ärzte bestimmen sich nach dieser Verordnung, (...).

Beispiel EBM:

Ziffer	*Leistungsinhalt*	*EUR-Betrag*
03324	*Langzeit-Blutdruckmessung* *obligater Leistungsinhalt* ▪ *Automatisierte Aufzeichnung von mindestens 20 Stunden Dauer* ▪ *[...]*	*7,70*

Beispiel GOÄ:

Ziffer	*Leistungsinhalt*	*Punktzahl*	*1fach*	*2,3fach*	*3,5fach*
654	*Langzeit-Blutdruckmessung von mindestens 18 Stunden Dauer – einschließlich Aufzeichnung und Auswertung*	*150*	*8,74*	*15,73*	*21,86*

Die Ziffer ist die Gebührenordnungsnummer, die zur Abrechnung der entsprechenden Leistung in den (elektronischen) Abrechnungsschein des Patienten eingetragen wird. Der Leistungsinhalt beschreibt die Leistung/en, die erbracht werden muss/müssen, damit die Ziffer abgerechnet werden kann. Der EUR-Betrag gibt an, wie die Leistung honoriert wird. Die Punktzahl gibt an, wie viele Punkte der Arzt für diese Leistung erhält. An der Punktzahl kann man also erkennen, ob eine Leistung hoch oder niedrig bewertet ist. Je höher die Punktzahl, desto höher fällt das Honorar für eine Leistung aus. Um das Honorar ermitteln zu können, muss man einen weiteren Wert kennen, den **Punktwert**. Der Punktwert gibt an, wie viel Cent ein einzelner Punkt „wert ist". In der GOÄ beträgt der Punktwert 5,8 Cent.

Honorarberechnung: Punktzahl · Punktwert · Steigerungsfaktor = Honorar

In der privatärztlichen Abrechnung kann das Honorar mit einem Steigerungsfaktor zwischen dem einfachen und 3,5-fachen Satz variiert werden, vgl. GOÄ-Abrechnung.

Aufgaben

1. Erklären Sie, warum die Gebührenordnungen mehr sind als bloße Nachschlagewerke, indem Sie angeben, welche Bedeutung die Gebührenordnungen haben und welche Inhalte sie regeln.
2. Was versteht man unter der „Ziffer", dem „Leistungsinhalt", der „Punktzahl" und dem „Punktwert"?

11 EBM

11.1 Aufbau

Allgemeine Bestimmungen

1 Berechnungsfähige Leistungen, Gliederung und Struktur {vgl. Seite *13 bis 14 f. EBM*}

G.-Nr.	Inhalt der Gliederungsnummer
1.2	Auflistung der drei Bereiche der abrechnungsfähigen Leistungen
1.2.1	Hinweis auf die Unterteilung der arztgruppenspezifischen Leistungen in den hausärztlichen und fachärztlichen Versorgungsbereich
1.2.2	Hinweis, dass in den arztgruppenspezifischen Kapiteln alle abrechnungsfähigen Leistungen aufgelistet sind bzw. in dem Vorwort des Kapitels die für die Arztgruppe abrechnungsfähigen Leistungen aufgeführt sind. Daraus ergibt sich, dass Leistungspositionen, die dort nicht aufgeführt sind, auch nicht von der entsprechenden Arztgruppe berechnet werden dürfen
1.5	Hinweis, dass ausschließlich die Vertragsärzte bzw. deren angestellte Ärzte die arztgruppenspezifischen Leistungen berechnen dürfen, die auch im Vorwort zu dem entsprechenden Kapitel aufgeführt sind

Aufgaben

1. Nennen Sie die Vertragsärzte, die in der Präambel des hausärztlichen Versorgungsbereiches in Kapitel III „Arztgruppenspezifische Leistungen" genannt werden.
2. Darf die Abrechnungsziffer 13251 (Belastungs-EKG) von den oben genannten Vertragsärzten abgerechnet werden? Begründen Sie Ihre Entscheidung.
3. Die Zahlen der fünfstelligen Gebührenordnungen orientieren sich an den Kapiteln und Arztgruppen. Die Gebührenordnungsnummern des hausärztlichen Bereiches – Kapitel 3 – beginnen mit den beiden Zahlen 03. Ordnen Sie die leistungsberechtigten Arztgruppen den ersten beiden Zahlen der folgenden Gebührenordnungsnummern zu. G.-Nr. 05..., 06..., 07..., 08..., 09..., 10..., 11..., 12..., 13..., 14..., 15..., 16..., 18..., 26...
   Nutzen Sie dazu Ihren EBM.

G.-Nr.	Inhalt der Gliederungsnummer
03...	Fachärzte für Allgemeinmedizin, die praktischen Ärzte, die Ärzte ohne Gebietsbezeichnung und die Fachärzte für innere Medizin ohne Schwerpunktbezeichnung, die sich für die hausärztliche Versorgung entschieden haben, und Kinder- und Jugendmedizin
04...	

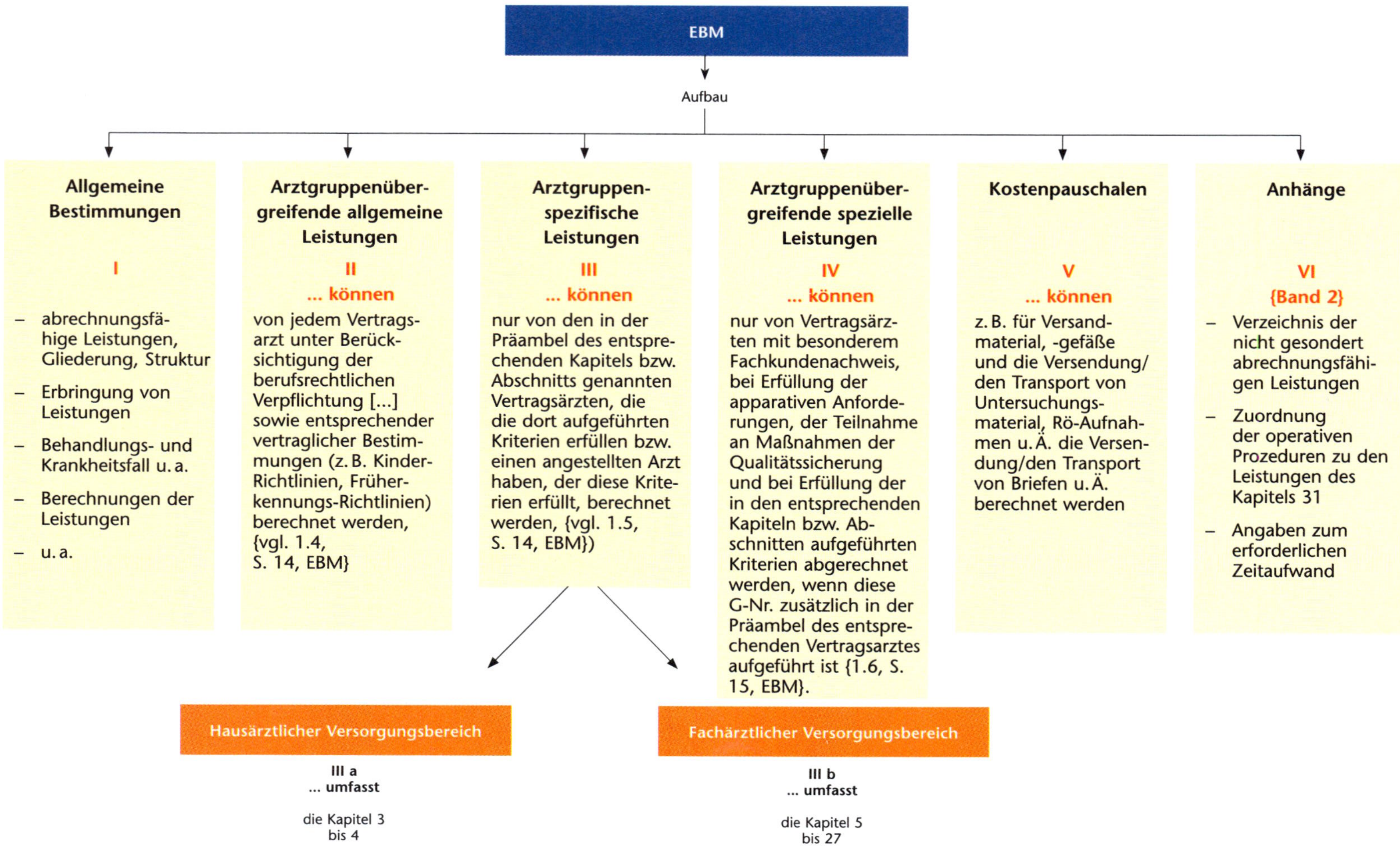
EBM
Aufbau
Allgemeine Bestimmungen
I
– abrechnungsfähige Leistungen, Gliederung, Struktur
– Erbringung von Leistungen
– Behandlungs- und Krankheitsfall u. a.
– Berechnungen der Leistungen
– u. a.
Arztgruppenübergreifende allgemeine Leistungen
II
... können
von jedem Vertragsarzt unter Berücksichtigung der berufsrechtlichen Verpflichtung [...] sowie entsprechender vertraglicher Bestimmungen (z. B. Kinder-Richtlinien, Früherkennungs-Richtlinien) berechnet werden, {vgl. 1.4, S. 14, EBM}
Arztgruppenspezifische Leistungen
III
... können
nur von den in der Präambel des entsprechenden Kapitels bzw. Abschnitts genannten Vertragsärzten, die die dort aufgeführten Kriterien erfüllen bzw. einen angestellten Arzt haben, der diese Kriterien erfüllt, berechnet werden, {vgl. 1.5, S. 14, EBM})
Hausärztlicher Versorgungsbereich
III a
... umfasst
die Kapitel 3 bis 4
Fachärztlicher Versorgungsbereich
III b
... umfasst
die Kapitel 5 bis 27
Arztgruppenübergreifende spezielle Leistungen
IV
... können
nur von Vertragsärzten mit besonderem Fachkundenachweis, bei Erfüllung der apparativen Anforderungen, der Teilnahme an Maßnahmen der Qualitätssicherung und bei Erfüllung der in den entsprechenden Kapiteln bzw. Abschnitten aufgeführten Kriterien abgerechnet werden, wenn diese G-Nr. zusätzlich in der Präambel des entsprechenden Vertragsarztes aufgeführt ist {1.6, S. 15, EBM}.
Kostenpauschalen
V
... können
z. B. für Versandmaterial, -gefäße und die Versendung/den Transport von Untersuchungsmaterial, Rö-Aufnahmen u. Ä. die Versendung/den Transport von Briefen u. Ä. berechnet werden
Anhänge
VI
{Band 2}
– Verzeichnis der nicht gesondert abrechnungsfähigen Leistungen
– Zuordnung der operativen Prozeduren zu den Leistungen des Kapitels 31
– Angaben zum erforderlichen Zeitaufwand

Aufgaben

4. Welches Fachgebiet verbirgt sich jeweils hinter den folgenden Gebührenordnungsnummern? 06210, 07210, 10210, 13210, 18210
5. Um welche Leistungsposition handelt es sich bei den oben genannten Gebührenordnungsnummern?
6. Suchen Sie die Abrechnungsziffern für die vergleichbaren Leistungen im hausärztlichen Versorgungsbereich heraus.
7. Leiten Sie aus dieser Erkenntnis einen Merksatz ab, indem Sie auf einem gesonderten Blatt den folgenden Satz vervollständigen.

Die beiden ... der Gebührenordnungsnummer weisen auf das Kapitel und das ... hin, die letzten ... Zahlen stimmen überein, wenn es sich um dieselbe fachärztliche oder hausärztliche ... handelt.

Plausibilitäts- und Wirtschaftlichkeitsprüfung

1.7 EBM

Die im Anhang 3 aufgeführten Kalkulationszeiten werden als Basis gemäß § 46 Bundesmantelvertrag-Ärzte (BMV-Ä) bzw. § 42 Arzt-Ersatzkassen-Vertrag (EKV) für die Plausibilitätsprüfung vertragsärztlicher Leistungen verwendet.

Die Paragrafen 106 und 106a des SGB V legen fest, dass die Kassenärztlichen Vereinigungen und die Krankenkassen die Wirtschaftlichkeit und Plausibilität der vertragsärztlichen Leistungen überwachen, indem sie Plausibilitäts- und Wirtschaftlichkeitsprüfungen durchführen.

Eine Aufgabe der KV ist es, die rechnerische und sachliche Richtigkeit der vertragsärztlichen Abrechnung festzustellen. Diese Aufgabe schließt die Prüfung der Plausibilität ein. Eine Abrechnung ist plausibel, wenn sie so beschaffen ist, dass sie einleuchtend und begreiflich ist. Einleuchtend ist eine Abrechnung, wenn der Umfang der abgerechneten Leistungen pro Tag/Quartal mit dem damit verbundenen Zeitaufwand des Vertragsarztes pro Tag/Quartal übereinstimmt. Dies setzt voraus, dass von den abgerechneten Leistungen des Vertragsarztes auf die aufgebrachte Behandlungszeit geschlossen werden kann. Welche Leistung von der KV mit welcher Zeit hinterlegt ist, geht aus dem Anhang 3 des EBM hervor. Die KV legt bei ihrer Prüfung die Prüfzeit zugrunde, die i. d. R. etwas kleiner ist als die Kalkulationszeit, die vom Bewertungsausschuss festgelegt wurde.

Die KV erstellt regelmäßig Tages- und Quartalsprofile aus den abgerechneten Leistungen des Vertragsarztes. Ergeben die Überprüfungen, dass der Vertragsarzt an mehr als drei Tagen mehr als zwölf Stunden bzw. im Quartal mehr als 780 Stunden gearbeitet hat, führt die KV ergänzende Abrechnungsprüfungen durch. Nicht in die Berechnung fallen Leistungen im organisierten Notdienst (Muster 19), Leistungen im Rahmen der unvorhergesehenen Inanspruchnahme des Vertragsarztes außerhalb der Sprechstundenzeiten, Leistungen die nach Verlassen der Praxis mit Unterbrechung der Sprechstunde erbracht wurden (Hausbesuche) und Visiten der Belegärzte.

Die sachliche Richtigkeit der Abrechnung schließt zudem eine plausible Abstimmung zwischen abgerechneten Leistungen und Abrechnungsdiagnosen ein. So ist z. B. die Abrechnung eines Belastungs-EKGs mit der Abrechnungsdiagnose „Fußpilz" nicht plausibel und würde mindestens eine Rückfrage der KV zur Folge haben.

Die Unplausibilität zwischen Abrechnungsleistung und Abrechnungsdiagnose führt, wenn sie regelmäßig nachgewiesen wird, ebenso wie die Unplausibilität von Abrechnungsleistungen und Behandlungszeit zu weiteren Abrechnungsprüfungen und mündet in Honorarkürzungen.

Beantworten Sie mithilfe des oben stehenden Textes die folgenden Fragen.

Aufgaben

1. Welche Prüfungen führen die KV und die Krankenkassen durch?
2. Wann ist eine Abrechnung plausibel?
3. Wann ist eine Abrechnung nicht plausibel?
4. Welche Leistungen werden bei der Erstellung der Profile nicht berücksichtigt?
5. Welche Folgen haben unplausible Quartalsabrechnungen für den Vertragsarzt?

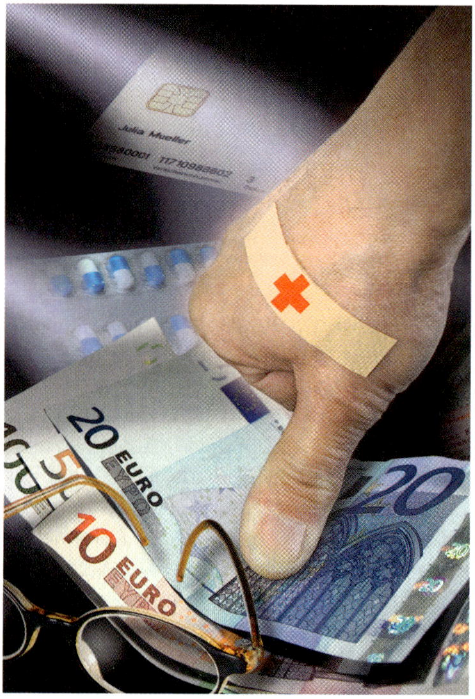

Bei den Wirtschaftlichkeitsprüfungen wird kontrolliert, ob die abgerechneten Leistungen ausreichend und zweckmäßig waren. Da der Arzt dem Wirtschaftlichkeitsgebot (§ 12 SGB V) unterliegt, ist er verpflichtet, die Leistungen auf das medizinisch Notwendige zu beschränken. Der Arzt muss das Therapieziel demnach immer mit den kostengünstigsten Leistungen erreichen. Daraus ergibt sich, dass Leistungen, die medizinisch nicht notwendig und unwirtschaftlich sind, nicht berechnet werden dürfen. Verlangt der Patient eine solche Leistung, darf diese dem Patienten ausschließlich selbst in Rechnung gestellt werden. Die KV und Krankenkassen überprüfen im Rahmen der Wirtschaftlichkeitsprüfung also vor allem die medizinische Notwendigkeit der abgerechneten Leistung (= Indikation). Weiterhin muss das Verhältnis zwischen Leistung und verursachten Kosten angemessen sein, und selbstverständlich muss die Leistung sich zum Erreichen des Therapieziels bestmöglich eignen, um der Wirtschaftlichkeitsprüfung standzuhalten.

Wie oben erwähnt kann einerseits die Unplausibilität zur Wirtschaftlichkeitsprüfung führen. Überschreitet der Vertragsarzt mit seiner Quartalsabrechnung die Durchschnittswerte (Richtgrößenvolumina) seiner Arztgruppe, kann es ebenfalls zur Überprüfung der wirtschaftlichen Behandlungs- und Verordnungsweise kommen (Auffälligkeitsprüfung). Eine weitere Form der Wirtschaftlichkeitsprüfung ist die sogenannte „Zufälligkeitsprüfung". Hierbei handelt es sich um eine arztbezogene Prüfung der ärztlichen Leistungen (und der ärztlich verordneten Leistungen) auf der Basis von Stichproben. Die unwirtschaftliche Behandlungsweise führt – wie auch die Unplausibilität – zu Honorarkürzungen. Einer unwirtschaftlichen Verordnungsweise folgt der Regress, d. h. die Honorarrückforderung.

Beantworten Sie mithilfe des oben stehenden Textes die folgenden Fragen.

Aufgaben

1. Wann ist eine Abrechnung wirtschaftlich?
2. Welche Kriterien muss eine wirtschaftliche Abrechnung erfüllen?
3. Welche beiden Formen der Wirtschaftlichkeitsprüfung werden unterschieden?
4. Was versteht man unter einer „Auffälligkeitsprüfung"?
5. Welche Konsequenzen hat die nachgewiesene Unwirtschaftlichkeit?

11.2 Allgemeine Bestimmungen

11.2.1 Erbringung der Leistungen

Situation

Manchmal hat Katrin Zweifel, ob sie mit der Abrechnung jemals klarkommen wird. Als habe Maria diese Selbstzweifel gehört, bittet sie Katrin folgende Aufgaben zu erledigen.

Aufgaben

1. Suchen Sie aus dem EBM die richtigen hausärztlichen Abrechnungsziffern heraus. Notieren Sie diese und die Punktzahlen der Gebührenordnungsnummern (G.-Nrn.).

   Legende
   a) Aufzeichnung eines Langzeit-EKGs von mindestens 18 Stunden Dauer [...]
   b) Langzeit-Blutdruckmessung
   Obligater Leistungsinhalt
   - automatisierte Aufzeichnung von mindestens 20 Stunden Dauer,
   - computergestützte Auswertung,
   - Aufzeichnung der Blutdruckwerte mindestens alle 15 Minuten [...]

   c) Elektrokardiographische Untersuchung (Belastungs-EKG)
   Obligater Leistungsinhalt
   - Untersuchung in Ruhe und nach Belastung mit mindestens 12 Ableitungen sowie während physikalisch definierter und reproduzierter Belastung mit mindestens 3 Ableitungen und fortlaufender Kontrolle des Kurvenverlaufes,
   - wiederholte Blutdruckmessung [...]

2. Beantworten Sie die folgenden Fragen zur Leistungserbringung. Lesen Sie dazu auch das Kapitel 2.1 „Vollständigkeit der Leistungserbringung" in Ihrem EBM.
   a) Dr. Hellinghaus berechnet für seinen LKK-Patienten, bei dem er ein Langzeit-EKG über 15 Stunden abgeleitet hat, die G.-Nr. 03322. Handelt Dr. Hellinghaus korrekt? Begründen Sie Ihre Meinung.
   b) Dr. Hellinghaus berechnet für die AOK-Patientin, bei der eine Langzeit-Blutdruckmessung über 20 Stunden durchgeführt wurde, die G.-Nr. 03324, obwohl das Gerät einen Defekt hatte, sodass die Messung nicht erfolgreich war. Handelt Dr. Hellinghaus korrekt? Begründen Sie Ihre Antwort.
   c) Frau Dr. Schmitz veranlasst bei der IKK-Patientin ein Ruhe- und Belastungs-EKG. Katrin leitet beide elektrokardiographischen Untersuchungen ab. Eine wiederholte Blutdruckmessung wird nicht durchgeführt. Können Sie dann die Ziffer für das Belastungs-EKG abrechnen? Begründen Sie Ihre Meinung.
   d) Im oben angeführten Beispiel wird sowohl ein Ruhe- als auch ein Belastungs-EKG abgeleitet. Gehen wir davon aus, dass bei der IKK-Patientin auch der Blutdruck wiederholt gemessen worden ist. Können Sie dann die G.-Nrn. 27320 und 03321 abrechnen? Begründen Sie Ihre Entscheidung.
3. Erklären Sie die Begriffe „obligater" Leistungsinhalt und „fakultativer" Leistungsinhalt.

Die unter 2.1.4 aufgeführten Leistungen sind erst dann vollständig erbracht, wenn mindestens ein Brief [G.-Nr. 01601) bzw. ein Bericht (G.-Nr. 01600) an den Hausarzt des Patienten geschickt worden ist.

EBM

Erbringt ein Facharzt auf Überweisung eines anderen Facharztes bestimmte G.-Nrn. aus Kapitel 2.1.4, z.B. die G.-Nr. 30110, muss der zugezogene Facharzt entweder einen Bericht bzw. Brief an den Hausarzt schicken oder aber dem überweisenden Facharzt einen Bericht bzw. Brief sowie dem Hausarzt eine Kopie nach G.-Nr. 01602 schicken, um z.B. die G.-Nr. 30110 abrechnen zu dürfen.

Andere G.-Nrn. des Kapitels 2.1.4, z.B. die G.-Nr. 30500, setzen voraus, dass der behandelnde Facharzt dem Hausarzt mindestens eine Befundkopie zuschickt. Erst dann ist die Leistung z.B. nach der G.-Nr. 30500 vollständig erbracht und darf abgerechnet werden.

Diese Abrechnungsbeschränkung schließt selbstverständlich ein, dass der Patient dem Facharzt einen Hausarzt genannt hat und schriftlich seine Genehmigung zur Weitergabe der ärztlichen Daten erklärt hat.

Wenn der Hausarzt die aufgelisteten Leistungen erbringt, muss er natürlich keinen Bericht bzw. Brief schreiben, es sei denn, dieser hausärztlich tätige Arzt wird im Rahmen einer Auftragsleistung nach Muster 6 für einen anderen Hausarzt tätig. Dann muss auch der hausärztlich tätige Arzt einen Bericht bzw. Brief an den Hausarzt des Patienten schicken, um die Leistung berechnen zu dürfen.

Die oben genannte Berichtspflicht fordert einen schriftlichen Bericht, daraus ergibt sich, dass die Mitteilung nicht mündlich, z.B. telefonisch, erfolgen darf.

SGB V – Gesetzliche Krankenversicherung [...][1]

§ 73 Kassenärztliche Versorgung

(1) Die vertragsärztliche Versorgung gliedert sich in die hausärztliche und die fachärztliche Versorgung. Die hausärztliche Versorgung beinhaltet insbesondere

1. die allgemeine und fortgesetzte ärztliche Behandlung eines Patienten in Diagnostik, Therapie bei Kenntnis seines häuslichen und familiären Umfeldes; Behandlungsmethoden, Arznei- und Heilmittel der besonderen Therapieeinrichtungen sind nicht ausgeschlossen,
2. die Koordination diagnostischer, therapeutischer und pflegerischer Maßnahmen,
3. die Dokumentation, insbesondere Zusammenführung, Bewertung und Aufbewahrung der wesentlichen Behandlungsdaten, Befunde und Berichte aus der ambulanten und stationären Versorgung,
4. die Einleitung oder Durchführung präventiver und rehabilitativer Maßnahmen sowie die Integration nichtärztlicher Hilfen und flankierender Dienste in die Behandlungsmaßnahmen. [...]

(1b) Ein Hausarzt darf mit schriftlicher Genehmigung des Versicherten, die widerrufen werden kann, bei Leistungsempfängern, die einen seiner Patienten behandeln, die den Versicherten betreffenden Patientendaten und Befunde zum Zwecke der Dokumentation und der weiteren Behandlung erheben.

Die einen Versicherten behandelnden Leistungserbringer sind verpflichtet, den Versicherten nach dem von ihm gewählten Hausarzt zu fragen und diesem mit schriftlicher Einwilligung des Versicherten, die widerrufen werden kann, die in Satz 1 genannten Daten zum Zwecke der bei diesem durchzuführenden Dokumentation und der weiteren Behandlung zu übermitteln; die behandelnden Leistungserbringer sind berechtigt, mit schriftlicher Einwilligung des Versicherten, die widerrufen werden kann, die für die Behandlung erforderlichen Behandlungsdaten und Befunde bei dem Hausarzt und anderen Leistungserbringern zu erheben und für die Zwecke der von ihnen zu erbringenden Leistungen zu verarbeiten und nutzen.

---

[1] *SGB V – Gesetzliche Krankenversicherung, viertes Kapitel, „Beziehungen der Krankenkassen zu den Leistungserbringern", zweiter Abschnitt „Beziehungen zu Ärzten, Zahnärzten und Psychotherapeuten", erster Titel: „Sicherstellung der vertragsärztlichen und vertragszahnärztlichen Versorgung", Stand 28.05.2008*

Der Hausarzt darf die ihm nach den Sätzen 1 und 2 übermittelten Daten nur zu dem Zweck verarbeiten und nutzen, zu dem sie ihm übermittelt worden sind; er ist berechtigt und verpflichtet, die für die Behandlung erforderlichen Daten und Befunde an die den Versicherten auch behandelnden Leistungserbringer mit dessen schriftlicher Einwilligung, die widerrufen werden kann, zu übermitteln. [...]

Bei einem Hausarztwechsel ist der bisherige Hausarzt des Versicherten verpflichtet, dem neuen Hausarzt die bei ihm über den Versicherten gespeicherten Unterlagen mit dessen Einverständnis vollständig zu übermitteln; der neue Hausarzt darf die in diesen Unterlagen enthaltenen personenbezogenen Daten erheben.

11.2.2 Behandlungs- und Krankheitsfall u. a.

Der § 21 BMV-Ä und der § 25 EKV definieren den Behandlungs- und Krankheitsfall folgendermaßen:

Die gesamte von derselben Arztpraxis [...] innerhalb desselben Kalendervierteljahres an demselben Versicherten ambulant zulasten derselben Krankenkasse vorgenommene Behandlung gilt jeweils als Behandlungsfall. Ein einheitlicher Behandlungsfall liegt auch dann vor, wenn sich aus der zuerst behandelten Krankheit eine andere Krankheit entwickelt oder während der Behandlung hinzutritt oder wenn der Versicherte, nachdem er eine Zeitlang einer Behandlung nicht bedurfte, innerhalb desselben Kalendervierteljahres wegen derselben oder einer anderen Krankheit von demselben Vertragsarzt behandelt wird. Ein einheitlicher Behandlungsfall liegt auch dann vor, wenn sich der Versichertenstatus während des Quartals ändert. Es wird der Versichertenstatus bei der Abrechnung zugrunde gelegt, der bei Quartalsbeginn besteht. Stationäre belegärztliche Behandlung ist ein eigenständiger Behandlungsfall auch dann, wenn in demselben Quartal ambulante Behandlung durch denselben Belegarzt erfolgt. Unterliegt die Häufigkeit der Abrechnung bestimmter Leistungen besonderen Begrenzungen durch entsprechende Regelungen im EBM, die auf den Behandlungsfall bezogen sind, können sie nur in diesem Umfang abgerechnet werden, auch wenn sie durch denselben Arzt in demselben Kalendervierteljahr bei demselben Versicherten sowohl im ambulanten als auch stationären Behandlungsfall durchgeführt werden. Alle Leistungen, die [...] bei einem Versicherten pro Quartal erbracht werden, gelten als ein Behandlungsfall. [...]

Ein Krankheitsfall umfasst das aktuelle sowie die nachfolgenden drei Kalendervierteljahre, die der Berechnung der krankheitsfallbezogenen Leistungsposition folgen.

Quelle: Bundesmantelvertrag – Ärzte. In Kraft getreten am 01.01.1995, in der Fassung vom 01.10.2008, zwischen der Kassenärztlichen Bundesvereinigung und den Bundesverbänden der Primärkassen, S. 32 f.

Aufgaben

1. Welche Faktoren müssen übereinstimmen, damit man von einem Behandlungsfall sprechen kann?
2. Löst die stationäre belegärztliche Behandlung einen neuen Behandlungsfall aus?
3. Ein GEK-Patient war am 20.07. d. J. erstmalig in der Praxis von Frau Dr. Schmitz. Zu dieser Zeit war er als Mitglied versichert. Am 05.09. d. J. erscheint der Patient erneut in der Praxis und verkündet stolz, dass er seit dem 01.09. d. J. im „wohlverdienten Ruhestand" sei. Die neue KVK mit dem Versichertenstatus 5 hat er dabei. Löst der Wechsel des Versicherungsstatus einen neuen Behandlungsfall aus? Beschreiben Sie auch das weitere Vorgehen.

Aufgaben

4. Unterstreichen Sie im Text die Definition des Krankheitsfalls.
5. Geben Sie für die folgenden Beispiele an, wie viele Behandlungsfälle vorliegen, und wann der Krankheitsfall endet.
   a) Eine BEK-Patientin wird am 03.01., 18.01., 02.02., 25.02., 03.03., 17.03. und 31.03. d. J. unter anderem aufgrund ihres Diabetes von Frau Dr. Schmitz behandelt. Die krankheitsfallbezogene G.-Nr. wurde am 03.01. berechnet.
   b) Ein DAK-Patient wird am 12.04., 27.04., 08.05., 29.05., 12.06., 21.06. d. J. unter anderem aufgrund seines Asthma bronchiale von Frau Dr. Schmitz behandelt. Die krankheitsfallbezogene G.-Nr. wurde am 08.05. berechnet.
   c) Ein AOK-Patient wird am 10.08., 25.08., 10.09., 02.10., 20.10. und 03.11. d. J. unter anderem aufgrund seiner Hypertonie von Frau Dr. Schmitz behandelt. Die krankheitsfallbezogene G.-Nr. wurde am 25.08. berechnet.
   d) Eine IKK-Patientin wird am 30.12. d. J. erstmalig aufgrund ihrer Fettstoffwechselstörung von Frau Dr. Schmitz behandelt. Die krankheitsfallbezogene G.-Nr. wurde ebenfalls am 30.12. berechnet.

Betriebsstättenfall/Arztfall

§ 21 BMV-Ä

(1a) Die gesamten innerhalb desselben Kalendervierteljahres in derselben Betriebsstätte oder Nebenbetriebsstätte bei demselben Versicherten zulasten derselben Krankenkasse vorgenommenen Behandlungsleistungen gelten jeweils als Betriebsstättenfall. Ein Betriebsstättenfall liegt auch vor, wenn die ärztlichen Leistungen bei demselben Versicherten von einem angestellten Arzt des Vertragsarztes oder einem angestellten Arzt des Medizinischen Versorgungszentrums in einer Betriebsstätte oder Nebenbetriebsstätte erbracht werden und von diesem nicht selbst, sondern dem Träger der Betriebsstätte abgerechnet werden. Werden von demselben Arzt bei demselben Versicherten ärztliche Leistungen an unterschiedlichen Betriebsstätten erbracht, in welchen der Arzt in einem jeweils unterschiedlichen vertragsarztrechtlichen Status tätig ist (Vertragsarzt, angestellter Arzt, Arzt im Medizinischen Versorgungszentrum, ermächtigter Arzt, Arzt in genehmigter Berufsausübungsgemeinschaft), liegt jeweils ein gesonderter Betriebsstättenfall vor. Betriebsstättenfälle sind nach Maßgabe der dazu bestehenden besonderen Vorschriften, insbesondere bei der Abrechnung, zu kennzeichnen.

(1b) Als Arztfall werden alle Leistungen bei einem Versicherten bezeichnet, welche durch denselben Arzt unabhängig vom vertragsarztrechtlichen Status in der vertragsärztlichen Versorgung in demselben Kalendervierteljahr und unabhängig von der Betriebsstätte/Nebenbetriebsstätte zulasten derselben Krankenkasse erbracht werden. [...]

Quelle: Bundesmantelvertrag — Ärzte. In Kraft getreten am 01.01.1995, in der Fassung vom 01.10.2008, zwischen der Kassenärztlichen Bundesvereinigung und den Bundesverbänden der Primärkassen, S. 33

11.2.3 Berechnung von Leistungen

Situation

Katrin hat die Unterlagen der Patientin Ursel Paulsen vor sich und möchte die Leistungen abrechnen. Frau Paulsen ist Diabetikerin (Typ I). Heute haben Frau Dr. Schmitz und Frau Paulsen telefoniert. Katrin rechnet heute die hausärztliche Betreuungsleistung nach G.-Nr. 03210 ab. Ihre Kollegin Maria weist Katrin darauf hin, dass sie einen Fehler gemacht habe, weil die Leistung nur an einem Tag berechnet werden dürfe, an dem ein persönlicher Arzt-Patienten-Kontakt stattgefunden habe {vgl. S. 17, 4.5 EBM}. „Aber warum ist das falsch, Maria? Heute hatten die beiden doch persönlich Kontakt."

Der EBM legt im Kapitel I 4 „Berechnung der Gebührenordnungspositionen" Folgendes fest:

Arzt-Patienten-Kontakt

Ein persönlicher Arzt-Patienten-Kontakt setzt die räumliche und zeitgleiche Anwesenheit von Arzt und Patient und die direkte Interaktion derselben voraus.
Andere Arzt-Patienten-Kontakte setzen mindestens einen telefonischen und/oder mittelbaren Kontakt voraus, soweit dies berufsrechtlich zulässig ist. Ein mittelbarer anderer Arzt-Patienten-Kontakt setzt nicht die unmittelbare Anwesenheit von Arzt und Patient an demselben Ort voraus.
Telefonische oder andere mittelbare Arzt-Patienten-Kontakte sind Inhalt der Pauschalen und nicht gesondert berechnungsfähig. Finden im Behandlungsfall ausschließlich telefonische oder andere mittelbare Arzt-Patienten-Kontakte statt, sind diese nach der Gebührenordnungsposition 01435 berechnungsfähig. Bei mehr als einer Inanspruchnahme derselben Betriebsstätte an demselben Tag sind die Uhrzeitangaben erforderlich, sofern berechnungsfähige Leistungen erbracht werden.
Bei Neugeborenen, Säuglingen und Kleinkindern gemäß 4.3.5 sowie bei krankheitsbedingt erheblich kommunikationsgestörten Kranken (z. B. Taubheit, Sprachverlust) ist ein persönlicher Arzt-Patienten-Kontakt auch dann gegeben, wenn die Interaktion des Vertragsarztes indirekt über die Bezugsperson(en) erfolgt, wobei sich Arzt, Patient und Bezugsperson(en) gleichzeitig an demselben Ort befinden müssen.

Quelle: Kassenärztliche Bundesvereinigung (Hrsg.): Einheitlicher Bewertungsmaßstab (EBM), in der Fassung vom 01.01.2009, Kap. I, 4.3.1

Aufgaben

1. Lesen Sie den oben stehenden Text. Was sind die Kriterien für einen persönlichen Arzt-Patienten-Kontakt?
2. Erklären Sie, warum ein Telefongespräch zwischen Arzt und Patient kein persönlicher Arzt-Patienten-Kontakt ist.
3. Entscheiden Sie, ob es sich bei den folgenden Beispielen um persönliche (unmittelbare), um mittelbare (z. B. telefonische) Arzt-Patienten-Kontakte handelt, bzw. ob gar kein Arzt-Patienten-Kontakt nach EBM zustande gekommen ist. Begründen Sie Ihre Entscheidung.
   a) Eine GKK-Patientin bespricht mit Frau Dr. Schmitz im Sprechzimmer ihre Untersuchungsergebnisse.
   b) Ein BKN-Patient steht an der Anmeldung, als Frau Dr. Schmitz aus dem Behandlungszimmer an die Rezeption tritt.

Aufgaben

c) Die Mutter des fünf Monate alten Andreas bespricht mit Frau Dr. Schmitz die Arzneimitteltherapie ihres Sohnes. Andreas wird in dieser Zeit von der Großmutter zu Hause versorgt.

d) Frau Dr. Schmitz erläutert der Ehefrau eines taubstummen BEK-Patienten die notwendige Untersuchung. Die Ehefrau übersetzt die Erklärungen des Arztes für ihren Ehemann in die Gebärdensprache.

4. Der EBM legt unter Punkt 4.1.2 fest, wie die Begriffe „Neugeborenes", „Säugling", „Kleinkind", „Kind", „Jugendlicher" und „Erwachsener" definiert sind. Geben Sie für die Patienten jeweils den gültigen Begriff an.
   a) 50-jährige AOK-Patientin
   b) 13-jähriger BEK-Patient
   c) zweijähriger TK-Patient
   d) dreijährige DAK-Patientin
   e) vier Tage alter IKK-Patient
   f) 29 Tage alter LKK-Patient
5. Ein vierjähriger BKK-Patient kommt am 17.09. d. J. erstmalig mit seiner Mutter in die Praxis. Am 20.09. d. J. hat der Patient Geburtstag. Welches Alter gilt „abrechnungstechnisch" für diesen Patienten? Begründen Sie Ihre Entscheidung.

11.3 Arztgruppenspezifische Leistungen

11.3.1 Hausärztlicher Versorgungsbereich

Leistungen der allgemeinen hausärztlichen Versorgung

Situation

Herr Horst Bacher, 45 Jahre, ist heute das erste Mal in der Praxis von Frau Dr. Schmitz. Katrin nimmt die KVK des Patienten entgegen und liest die Daten des Patienten ein. Um 10:00 Uhr wird Herr Bacher zu Frau Dr. Schmitz in das Sprechzimmer geführt. Frau Dr. Schmitz erhebt die Anamnese des Patienten, führt eine symptombezogene Untersuchung durch, misst Puls und Blutdruck des Patienten. Sie diagnostiziert einen Erkältungsschnupfen [J31.0]. Mit der Bitte, sich in zwei Tagen wieder vorzustellen, wird der Patient entlassen. Katrin gibt Herrn Bacher einen Kontrolltermin für übermorgen.

Versichertenpauschale (VP), z. B. für Allgemeinmediziner

- **03110** = für Versicherte bis zum fünften Geburtstag
- **03111** = für Versicherte ab dem fünften Geburtstag und bis zum 59. Geburtstag
- **03112** = für Versicherte ab dem 59. Geburtstag

Die Berechnung der VP ist nur bei einem persönlichen kurativ-ambulanten/kurativ-stationären Arzt-Patienten-Kontakt und nur einmal im Behandlungsfall möglich. In der VP sind alle im Anhang 1 in der Spalte VP aufgeführten Leistungen enthalten.

Aufgaben

1. Legen Sie für den Patienten Bacher, Horst, geb. am 02.07.1960, wohnhaft in der Hafenstraße 7 in 88131 Lindau einen Abrechnungsschein (Muster 5) an. Der Patient ist selbstversichert bei der AOK Niedersachsen [17101].
2. Der Patient Horst Bacher war heute Vormittag um 10:00 Uhr in der Praxis. Um 11:30 Uhr ruft Herr Bacher in der Praxis an und klärt mit Frau Dr. Schmitz am Telefon eine Frage zur Medikamenteneinnahme.
   Können Sie für dieses Telefonat eine Ziffer berechnen? Begründen Sie Ihre Entscheidung.
3. Suchen Sie aus dem Fallbeispiel alle ärztlichen Leistungen heraus, die Frau Dr. Schmitz erbracht hat und suchen Sie anschließend die entsprechende G.-Nr. aus dem EBM heraus. Notieren Sie diese auf dem Abrechnungsschein (Muster 5).
4. Lesen Sie den Punkt 4.1 „Versicherten-, Grund- oder Konsiliarpauschale" des Kapitels 4 EBM und beantworten Sie folgende Fragen:
   a) Wann wird die VP berechnet?
   b) Wie oft darf ein Vertragsarzt die VP abrechnen, der seinen Patienten sowohl kurativ-ambulant als auch belegärztlich behandelt hat? Begründen Sie Ihre Entscheidung.
   c) Dürfen die Notfallpauschale im organisierten Notfalldienst (G.-Nr. 01210) und z. B. die hausärztliche VP in demselben Behandlungsfall nebeneinander berechnet werden? Begründen Sie Ihre Entscheidung.
5. Geben Sie für die Beispiele an, welche G.-Nrn. abgerechnet werden müssen. Begründen Sie Ihre Entscheidung durch stichwortartige Angaben.
   a) Eine 20-jährige LKK-Patientin erscheint heute erstmalig bei Frau Dr. Schmitz. Es folgt eine klinische Untersuchung der Atmungsorgane, der Blutdruck wird gemessen, und die Patientin erhält eine Arbeitsunfähigkeitsbescheinigung (AU) für drei Tage.
   b) Ein zweijähriger BKK-Patient kommt mit seiner Mutter zum erstem Mal in diesem Quartal in die Praxis. Im Anschluss an eine symptombezogene Untersuchung erklärt Frau Dr. Schmitz der Mutter die weitere Behandlung.
   c) Eine 60-jährige DAK-Patientin telefonierte gestern (10.09.) mit Frau Dr. Schmitz. Heute erscheint die Patientin persönlich in der Praxis. Nach einer klinischen Untersuchung der Brust- und Bauchorgane, der Puls- und Blutdruckmessung erhält die Patientin noch eine i.m. Injektion.

Aufgaben

d) Am Sonntag, 05.09. d. J., um 10:00 Uhr erschien ein Vater mit seiner dreijährigen Tochter in der Praxis von Frau Dr. Schmitz, die an diesem Wochenende zum organisierten Notfalldienst eingeteilt war. Die Untersuchung ergab einen grippalen Infekt. Am nächsten Tag erscheint die Mutter um 11:00 Uhr mit der Dreijährigen zur Kontrolluntersuchung bei Frau Dr. Schmitz. Die Beschwerden haben sich etwas gebessert. Um 15:00 Uhr klärt die Mutter mit Frau Dr. Schmitz telefonisch einige Fragen zur Medikamenteneinnahme.

e) Eine 50-jährige TK-Patientin ist in diesem Quartal erstmalig zur Untersuchung bei Frau Dr. Schmitz. Nach einer symptombezogenen Untersuchung der Brustorgane und einer ärztlichen Beratung erhält die Patientin eine neue Verordnung ihrer Dauermedikation.

Versicherungspauschale (VP), z. B. für Allgemeinmediziner

- **03120** {17,50 EUR} = für Versicherte bis zum fünften Geburtstag
- **03121** {15,75 EUR} = für Versicherte ab dem fünften Geburtstag und bis zum 59. Geburtstag
- **03122** {18,73 EUR} = für Versicherte ab dem 59. Geburtstag

Die VP 50 % wird ebenfalls berechnet, wenn ein Patient im Vertretungsfall oder bei Überweisung zur Mit-, Weiterbehandlung oder Konsiliaruntersuchung durch dieselbe Arztgruppe behandelt wird.

Aufgaben

1. In welchen Fällen darf die VP nach den G.-Nrn. 03110 bis 03112 nicht berechnet werden?
2. Geben Sie für die Beispiele an, welche der beiden o. g. Versichertenpauschalen abgerechnet werden muss. Begründen Sie Ihre Entscheidung durch Markierungen im Text oder zusätzliche stichwortartige Angaben. Geben Sie ebenfalls an, über welchen Vordruck die VP abgerechnet wird.
   a) Der eigene 3-jährige AOK-Patient kommt heute erstmalig in diesem Quartal zur Behandlung in die Sprechstunde von Frau Dr. Schmitz {symptombezogene Untersuchung, Beratung der Mutter}.
   b) Die 45-jährige DAK-Patientin kommt heute erstmalig zur Behandlung in die Sprechstunde von Frau Dr. Schmitz, die die Urlaubsvertretung von Dr. Wohlers, dem Hausarzt der Patientin, übernommen hat {klinische Untersuchung, Beratung, Blutdruckmessung}.
   c) Ein 67-jähriger TK-Patient kommt heute erstmalig zur Behandlung in die Sprechstunde von Frau Dr. Schmitz. Er legt eine Überweisung seines ehemaligen Hausarztes vor, der den Patienten nicht mehr betreuen kann, da der Patient umgezogen ist {vollständige Untersuchung mehrerer Organsysteme, Beratung, Rezept}.

Chroniker-Zuschlag

Situation

Die 77-jährige DAK-Patientin Thea Fuchs kommt in die Praxis von Frau Dr. Schmitz. Frau Fuchs kommt mehrmals im Quartal zu Frau Dr. Schmitz, da sie an Diabetes mellitus leidet. Heute war sie zum zweiten Mal in diesem Quartal zur Behandlung. Katrin will gerade die Unterlagen von Frau Fuchs wegsortieren, als Maria kommt. „Katrin, wir dürfen heute bei Frau Fuchs nicht vergessen, die Chroniker-Ziffer abzurechnen", erklärt Maria ihrer Kollegin. „Chroniker-Ziffer? Was ist denn das?", fragt Katrin. Aber Maria ist schon zu Frau Dr. Schmitz in das Sprechzimmer geeilt.

03212 = Zuschlag zu den Versichertenpauschalen nach den G.-Nrn. 03110 bis 03112 für die Behandlung eines Versicherten mit einer oder mehreren chronischen Erkrankung(en).

Abrechnungsbeschränkungen

=> Mindestens zwei Arzt-Patienten-Kontakte
=> Einmal im Behandlungsfall

Aufgaben

1. Lesen Sie den folgenden Informationstext und unterstreichen Sie die Kennzeichen einer schwerwiegend chronischen Erkrankung.

   Der Gemeinsame Bundesausschuss definiert eine Erkrankung in seiner Chroniker-Richtlinie[1] als schwerwiegend chronisch, wenn der Versicherte wenigstens ein Jahr lang, mindestens einmal pro Quartal ärztlich behandelt wurde (Dauerbehandlung) und eines der folgenden Merkmale vorhanden ist:
   - Pflegebedürftigkeit der Pflegestufe 2 oder 3,
   - ein Grad der Behinderung (GdB) von mindestens 60 % oder eine Minderung der Erwerbsfähigkeit (MdE) von mindestens 60 % vorliegt oder
   - eine kontinuierliche medizinische Versorgung erforderlich ist, ohne die nach ärztlicher Einschätzung eine lebensbedrohliche Verschlimmerung, eine Verminderung der Lebenserwartung oder eine dauerhafte Beeinträchtigung der Lebensqualität zu erwarten ist.

   Bei Neugeborenen, Säuglingen und Kleinkindern bis zur Vollendung des zweiten Lebensjahres kann die Chroniker-Ziffer auch dann berechnet werden, wenn diese sich noch nicht in einer Dauerbehandlung befunden haben.[2]

2. Begründen Sie, warum das Kennzeichen der Dauerbehandlung bei schwerwiegend chronisch kranken Neugeborenen, Säuglingen und Kleinkindern bis zur Vollendung des zweiten Lebensjahres nicht gegeben sein muss, um die G.-Nr. 03212 berechnen zu dürfen.
3. Da Katrin fast vergessen hätte die Chroniker-Ziffer bei Frau Fuchs abzurechnen, macht sie sich folgende Notiz, die sie sich als Merkzettel auf ihre Abrechnungsunterlagen klebt: Bei Chronikern neben der VP immer die 03212 abrechnen! Nehmen Sie begründet Stellung zu dieser Notiz.

---

[1] *Vgl. Richtlinie des Gemeinsamen Bundesausschusses zur Umsetzung der Regelungen in § 62 für schwerwiegend chronisch Kranke (Chroniker-Richtlinie), i. d. Fassung vom 22.01.2004, veröffentlicht im Bundesanzeiger 2004; Nr. 18: S. 1 343, zuletzt geändert am 19.06.2008, veröffentlicht im Bundesanzeiger, Nr. 124, S. 3017, in Kraft getreten am 20.08.2008, S. 2*

[2] *Vgl. Deutsches Ärzteblatt, Jg. 105, Heft 7, 15.02.2008, A 360*

Aufgaben

4. Geben Sie für die Beispiele an, welche G.-Nrn. abgerechnet werden müssen. Begründen Sie Ihre Entscheidung durch Markierungen im Text oder zusätzliche stichwortartige Angaben.
   a) Der langjährige 76-jährige BEK-Patient kommt am 01.04. und 12.04.d.J. zur Behandlung in die Praxis von Frau Dr. Schmitz. Aufgrund seiner Hypertonie wird er untersucht, beraten und erhält ein Rezept.
   b) Die Stammpatientin {35 Jahre, versichert bei der LKK} wird am 09.04.d.J. im Rahmen des ersten persönlichen APK im Quartal behandelt. Am 25.04.d.J. bespricht die Patientin mit Frau Dr. Schmitz am Telefon die Medikation aufgrund ihres Asthma bronchiale.
   c) Aufgrund seiner Herzinsuffizienz wird der 56-jährige AOK-Patient seit zwei Jahren von Frau Dr. Schmitz behandelt. Am Sonntag, den 20.04.d.J. kommt er erstmalig in diesem Quartal zu Frau Dr. Schmitz, die an diesem Sonntag Notfalldienst hat. Am Dienstag, den 22.04., kommt der Patient in die Sprechstunde und wird beraten.
   d) Der neun Monate alte TK-Patient wird aufgrund seiner Neurodermitis von Frau Dr. Schmitz am 01.07. und am 08.07.d.J. behandelt.

11.3.2 Hausärztlicher Versorgungsbereich – Abrechnungsfälle

Aufgaben

1. Rechnen Sie mithilfe Ihres EBM die beiden Abrechnungfälle für die hausärztliche Praxis Frau Dr. Schmitz ab, indem Sie die G.-Nrn. in den Abrechnungsschein (Muster 5) eintragen und die notwendigen Formulare ausfüllen.

1. Fall	Meyer, Charlotte, geb. am 15.12.1950, wohnhaft Gartenstraße 14 in 88131 Lindau. Die Patientin ist selbstversichert bei der DAK [74602], Versicherten-Nr. 123456.
02.01.d.J.	Um 10:30 Uhr ruft die Patientin in der Praxis an und bittet um einen Vorstellungstermin für heute. Um 11:45 Uhr erscheint die Patientin in der Praxis. Während der Anamnese erklärt Frau Meyer, sie habe starke Kopfschmerzen, der Hals tue ihr weh und sie fühle sich sehr schlapp. Frau Dr. Schmitz führt eine symptombezogene Untersuchung der Brust- und Bauchorgane durch, misst Puls und Blutdruck und berät Frau Meyer. Eine Krankschreibung lehnt die Patientin ab. Frau Dr. Schmitz diagnostiziert eine akute Rhinitis {J31.0}. Sie bittet die Patientin sich bei Verschlechterung der Beschwerden erneut in der Praxis vorzustellen.

12.01.d.J.	Frau Meyer erscheint ohne Termin um 08:30 Uhr in der Praxis von Frau Dr. Schmitz. Sie klagt über Bauchschmerzen und Übelkeit. Die Ärztin führt eine Untersuchung lt. Ganzkörperstatus durch, misst Puls und Blutdruck und verabreicht der Patientin eine i.m. Injektion. Aufgrund ihres schlechten Allgemeinzustandes wird die Patientin bis einschließlich morgen krankgeschrieben. Frau Dr. Schmitz diagnostiziert eine Gastritis {K29.7}. Um 17:45 Uhr ruft die Patientin in der Praxis an, da sich ihre Beschwerden nicht wesentlich gebessert haben. Eine ärztliche Vorstellung lehnt die Patientin aber ab. Frau Dr. Schmitz berät Frau Meyer zum weiteren Vorgehen.
07.02.d.J.	Die Patientin erscheint um 10:00 Uhr in der Praxis. Im Gespräch mit Frau Dr. Schmitz klagt Frau Meyer über Schwindelanfälle und Ohrensausen. Frau Dr. Schmitz führt eine symptombezogene Untersuchung durch, misst Puls und Blutdruck und veranlasst bei der MFA ein Ruhe-EKG mit 12 Ableitungen. Da der Blutdruck von Frau Meyer wiederholt sehr hoch ist, bespricht Frau Dr. Schmitz die Notwendigkeit einer Langzeit-Blutdruckmessung. Die Patientin vermutet, dass die Aufregung über ihren bevorstehenden Umzug den Blutdruck „in die Höhe treibe". Frau Meyer wird trotzdem gebeten, morgen um 08:00 Uhr in der Praxis zum Anlegen des Gerätes zu erscheinen.
08.02.d.J.	Frau Meyer erhält von der MFA das Blutdruckmessgerät angelegt. Frau Meyer verspricht, morgen um 08:00 Uhr zur Abnahme des Gerätes zu erscheinen. Bevor sie die Praxis verlässt, teilt Frau Dr. Schmitz Frau Meyer mit, dass das Ruhe-EKG keinen auffälligen Befund ergeben habe.
09.02.d.J.	Die MFA befreit Frau Meyer vom Blutdruckmessgerät. Die Patientin ist erleichtert. Sie erklärt, dass sie sich anfangs doch an dem ständigen Aufpumpen des Gerätes gestört habe, die Nacht habe sie allerdings gut geschlafen. Die MFA vereinbart mit Frau Meyer einen Vorstellungstermin für Montag.
13.02.d.J.	Die Patientin erscheint wie vereinbart zur Besprechung ihrer Blutdruckbefunde. Frau Dr. Schmitz ist etwas besorgt. Frau Meyer leidet an einer Hypertonie {I10.9}. Frau Dr. Schmitz verordnet Frau Meyer Adalat EINS 30mg N1 – oder ein vergleichbares Medikament – für die nächste Zeit.
2. Fall	Herr Umland, Kurt, geb. 01.05.1970, wohnhaft in der Bahnhofstr. 4 in 88131 Lindau. Der Patient ist selbstversichert bei der IKK Weser-Ems [12302], Versicherten-Nr. 895623.
03.04.d.J.	Der Patient erscheint unangemeldet in der Praxis. Er klagt über starke Rückenbeschwerden. Nach einer symptombezogenen Untersuchung und Beratung diagnostiziert Frau Dr. Schmitz nicht näher bestimmbare Wirbelsäulenbeschwerden im Lumbalbereich {M53.8-6}. Herr Umland erhält eine i.m. Injektion gegen die akuten Beschwerden.
04.04.d.J.	Herr Umland kommt erneut in die Praxis. Die Beschwerden haben sich etwas gebessert. Er erhält wieder eine i.m. Injektion. Frau Dr. Schmitz bespricht mit dem Patienten die Notwendigkeit, sich sportlich mehr zu betätigen, wenn es die Beschwerden zulassen.

Aufgaben

26.04. d. J.	Der Patient kommt in die Praxis. Er klagt über Kreislaufbeschwerden. Frau Dr. Schmitz führt eine Untersuchung lt. Ganzkörperstatus durch, veranlasst ein Ruhe-EKG mit 12 Ableitungen. Da dieses keinen pathologischen Befund aufzeigt, wird ein Belastungs-EKG abgeleitet. Die MFA führt die Ergometrie mit drei Ableitungen nach vorgeschriebener Belastung durch und misst wiederholt den Blutdruck. Anschließend wird Herr Umland gebeten, sich morgen zur Befundbesprechung in der Praxis zu melden.
27.04. d. J.	Frau Dr. Schmitz diagnostiziert aufgrund des Ergometrie-Befundes eine orthostatische Hypotonie {I95.1}. Sie bespricht mit Herrn Umland verschiedene Therapiemöglichkeiten.
03.05. d. J.	Herr Umland ruft in der Praxis an und erbittet von der MFA eine Überweisung zum Orthopäden, da seine Rückenbeschwerden wieder aufgetreten seien. Die MFA trägt das Anliegen des Patienten Frau Dr. Schmitz vor, die eine Überweisung ausstellt. Am späten Vormittag holt Herr Umland die Überweisung bei der MFA ab.
3. Fall	Frau Else Umland, geb. am 12.06.1950, wohnhaft im Zeisigweg 5 in 88131 Lindau. Die Patientin ist familienversichert über Umland, Horst, geb. 05.08.1948 bei der AOK Bremen [03101], Versicherten-Nr. 456321.
07.06. d. J.	Frau Umland leidet seit Längerem an einer Linksherzinsuffizienz mit leichten Beschwerden unter Belastung {I50.13}. Aufgrund dieser Beschwerde wird sie seit 18 Monaten von Frau Doktor Schmitz betreut. Sie erscheint heute um 08:30 Uhr in ihrer hausärztlichen Praxis und klagt über „Herzstolpern" und Atemlosigkeit. In einem neunminütigen Gespräch erfragt Frau Dr. Schmitz ihre exakten Beschwerden und überprüft die bisherigen Therapiemaßnahmen. Anschließend veranlasst Frau Dr. Schmitz ein Ruhe-EKG (12 Ableitungen) sowie eine Blutdruck- und Pulsmessung.
08.06. d. J.	Die Patientin kommt zur Kontrolle in die Praxis. Ihre Beschwerden haben sich deutlich verbessert, gibt sie in einem Gespräch mit Frau Dr. Schmitz an. Nach wenigen Minuten verlässt Frau Umland erleichtert die Praxis.
14.06. d. J.	Bei der Patientin wird die fällige Spirometrie aufgrund ihrer internistischen Grunderkrankung durchgeführt. In einem abschließenden, fünfminütigen Gespräch mit Frau Dr. Schmitz erklärt Frau Umland, sie fühle sich mit den neuen Medikamenten sehr gut.
26.06. d. J.	Die Patientin ruft in der Praxis an und bittet die MFA um Ausstellung eines Wiederholungsrezeptes für ihre Herzmedikamente.

11.4 Arztgruppenübergreifende allgemeine Leistungen

11.4.1 Verwaltungskomplex

Aufgaben

1. Lesen Sie die Leistungslegende zur G.-Nr. 01430 (Verwaltungskomplex) und begründen Sie, warum weder bei dem Patienten Umland, Kurt, geb. am 01.05.1970, noch bei der Patientin Umland, Else, geb. am 12.06.1950, der Verwaltungskomplex berechnet werden kann.
2. Der 56-jährige AOK-Patient war im März dieses Jahres bei Frau Dr. Schmitz in Behandlung. Am 1. April d.J. ruft er um 11:00 Uhr in der Praxis an und möchte ein Wiederholungsrezept. Katrin verspricht dem Patienten, dass er das Rezept um 15:00 Uhr abholen kann. Der Patient kommt um 15:00 Uhr wie verabredet in die Praxis. Bevor er sich das Rezept geben lässt, bittet er Katrin, ihm eine Überweisung zum Augenarzt zur jährlichen Kontrolle seines Glaukoms {H40.8} auszustellen. Eine Vorstellung bei Frau Dr. Schmitz lehnt der Patient ab, da er zu einem dringenden Termin muss und nicht warten kann.
   a) Was muss Katrin tun, bevor sie dem Patienten das Rezept aushändigt?
   b) Kontrollieren Sie die Abrechnung von Katrin, indem Sie ggf. falsche Einträge streichen und Ihre Korrektur begründen.

Datum	Ziffer
01.04	01430
	01430 T1500

3. Am 25.04.d.J. kommt der o.g. 56-jährige AOK-Patient wieder in die Praxis. Er klagt über leichte Magenbeschwerden und Übelkeit. Frau Dr. Schmitz führt eine symptombezogene klinische Untersuchung durch und berät den Patienten. Rechnen Sie die durchgeführten Leistungen ab, indem Sie die Tabelle unter Aufgabe 2 b) vervollständigen.

11.4.2 Haus-/Fachärztliche Bereitschaftspauschale

Situation

Am 1. April dieses Jahres ruft Katrin auf Anweisung von Frau Dr. Schmitz die 37-jährige, von der Zuzahlung befreite TK-Patientin an. Katrin teilt der Patientin mit, dass ihre Laborwerte ohne Befund seien. Frau Dr. Schmitz halte eine erneute Vorstellung für notwendig, wenn sich die Beschwerden nicht besserten. Nach dem Telefonat trägt Katrin die G.-Nr. 01435 in die Abrechnungsunterlagen der Patientin ein.

Aufgaben

1. Nehmen Sie begründet Stellung zur Abrechnung von Katrin. Lesen Sie dazu die Leistungslegende der G.-Nr. 01435.
2. Welche Leistungsziffer muss im o.g. Fall abgerechnet werden? Begründen Sie Ihre Entscheidung.
3. Geben Sie für die folgenden Fälle an, ob die Abrechnung korrekt durchgeführt worden ist. Begründen Sie Ihre Angaben.

Aufgaben

	Datum	Leistungen	Ziffer
a)	01.04	Ausstellung eines Wiederholungsrezeptes	01430
	10.04.	Anruf des DAK-Patienten, telefonische Beratung	01435
b)	01.07.	Anruf des AOK-Patienten, telefonische Beratung, im Anschluss Ausstellung einer Überweisung	01435
c)	01.07.	Um 10:00 Uhr Anruf des 76-jährigen BEK-Patienten, telefonische Beratung, um 15:00 Uhr klinische Untersuchung und Beratung des Patienten	01435 03112 T1500
d)	01.10.	Anruf des 45-jährigen LKK-Patienten, telefonische Beratung	03111 *01435*

Situation

Der 48-jährige AOK-Patient Udo Baut kommt erstmalig in die Praxis von Frau Dr. Schmitz. Katrin nimmt den neuen Patienten an der Anmeldung entgegen. Anstelle einer KVK gibt Herr Baut eine gültige Überweisung seines Orthopäden zur Weiterbehandlung ab.

Im Zusammenhang mit Überweisungen muss in einigen Fällen die Konsultationspauschale nach G.-Nr. 01436 anstelle der VP berechnet werden.

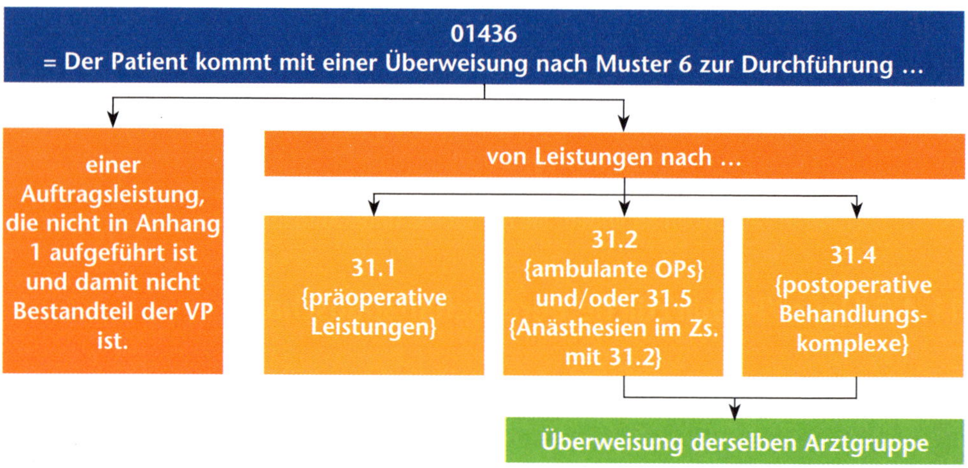

Aufgaben

1. Muss der AOK-Patient Udo Baut seine KVK nachreichen und die Praxisgebühr zahlen? Begründen Sie Ihre Entscheidungen.
2. Woran muss Katrin unbedingt denken, wenn sie den neuen AOK-Patienten aufnimmt?
3. Nach der Inanspruchnahme durch Frau Dr. Schmitz rechnet Katrin für die Beratung und Untersuchung mehrerer Organsysteme die G.-Nr. 03111 bei Herrn Baut ab. Ist die Abrechnung korrekt? Begründen Sie Ihre Entscheidung.

Aufgaben

4. Geben Sie für folgende Beispiele an, ob Sie neben den erbrachten Leistungen die VP oder die G.-Nr. 01436 abrechnen müssen und begründen Sie Ihre Entscheidung.

a) Der fremde 30-jährige AOK-Patient kommt mit einer Überweisung zur Durchführung einer Akupunkturbehandlung in die Praxis zu Frau Dr. Schmitz.

b) Die 55-jährige BKK-Patientin kommt mit einer Überweisung ihres Gynäkologen zur hausärztlichen Behandlung in die Praxis von Frau Dr. Schmitz.

c) Der 45-jährige BEK-Patient kommt mit einer Überweisung seines HNO-Arztes zur Durchführung einer OP-Vorbereitung in die Praxis von Frau Dr. Schmitz.

d) Der o.g. BEK-Patient kommt im Folgequartal mit einer Überweisung seines HNO-Arztes zur postoperativen Behandlung in die Praxis von Frau Dr. Schmitz.

e) Der 40-jährige TK-Patient kommt heute mit einer Überweisung ausschließlich zur Durchführung eines Ruhe-EKGs in die Praxis von Frau Dr. Schmitz.

5. Die VP nach den G.-Nrn. 03110 bis 03112 und den G.-Nrn. 03120 bis 03122 darf nicht neben der Konsultationspauschale nach der G.-Nr. 01436 berechnet werden. Erklären Sie, was mit der Abrechnungsbeschränkung „...nicht neben...“ gemeint ist.

Die folgende Übersicht verdeutlicht den Unterschied der o.g. Gebührenordnungsnummern.

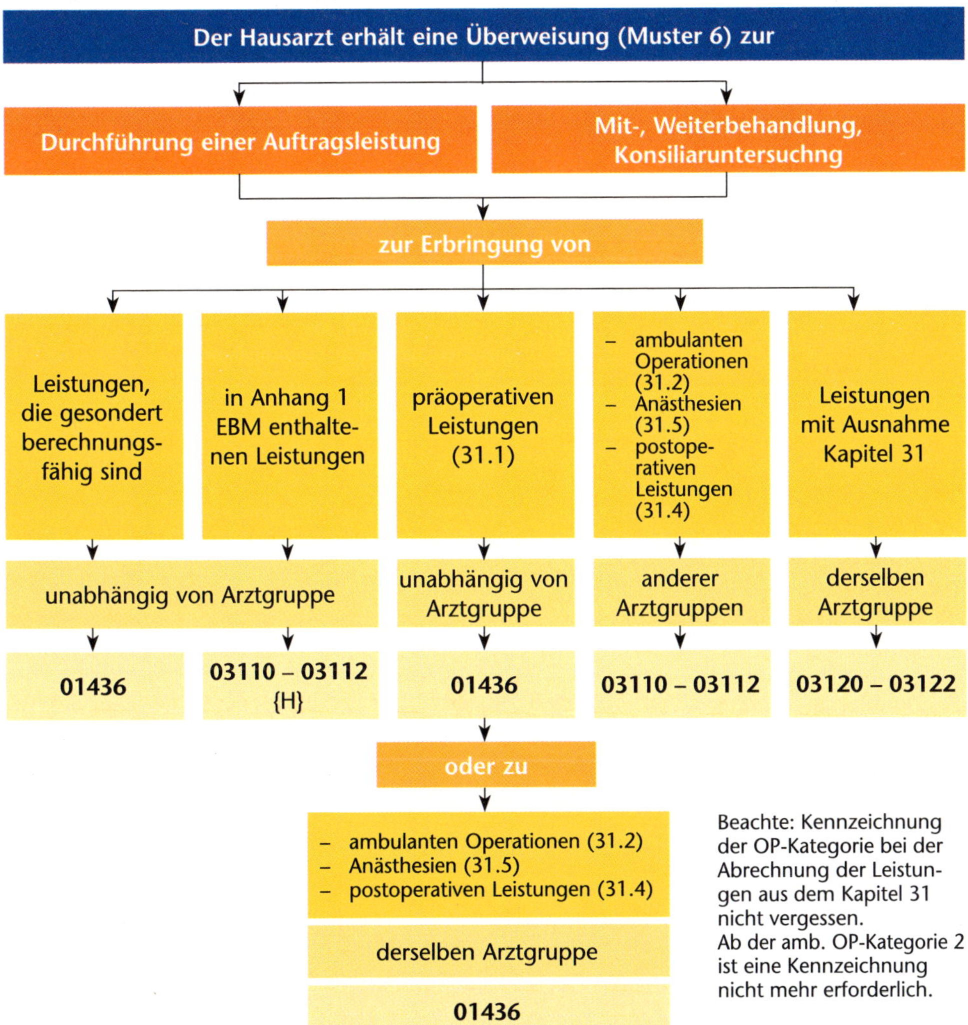

Beachte: Kennzeichnung der OP-Kategorie bei der Abrechnung der Leistungen aus dem Kapitel 31 nicht vergessen.
Ab der amb. OP-Kategorie 2 ist eine Kennzeichnung nicht mehr erforderlich.

11.4.3 Besondere Inanspruchnahme des Vertragsarztes

Situation

Frau Dr. Schmitz kommt an diesem Morgen in die Praxis und bittet Katrin, ihr die Krankenunterlagen von Paul Renz, geb. am 14.10.1963, herauszusuchen. Der Patient habe gestern Abend um 22:30 Uhr bei ihr angerufen, um sich einen Rat zu seiner Medikamenteneinnahme einzuholen. Frau Dr. Schmitz dokumentiert die telefonische Beratung in den Patientenunterlagen und gibt diese an Katrin zurück. „Vergessen Sie nicht die Unzeiten-Berechnung, Katrin", sagt Frau Dr. Schmitz und verschwindet in ihrem Sprechzimmer.

Bei den oben genannten G.-Nrn. handelt es sich um Entschädigungen für die Inanspruchnahme ärztlicher Leistungen zu ungünstigen Zeiten. Die ärztlichen Leistungen sind mit diesen G.-Nrn. nicht abgegolten.

Die G.-Nrn. 01100 bis 01102 werden bei (unvorhergesehenen) Inanspruchnahmen des Arztes zu Unzeiten abgerechnet.

Besondere Inanspruchnahme des Vertragsarztes durch einen Patienten

G.-Nr. 01100 unvorhergesehene Inanspruchnahme			G.-Nr. 01100 unvorhergesehene Inanspruchnahme			G.-Nr. 01102 Inanspruchnahme
Mo. bis Fr. und abends {19:00–22:00}	Sa. und tagsüber {07:00–19:00} **nicht** 07:00–14:00 bei Sprechstunde	So. + Fe.[1] und tagsüber {07:00–19:00}	Mo. bis Fr. und nachts {22:00–07:00}	Sa. und abends+nachts {19:00–07:00}	So. + Fe. und abends+nachts {19:00–07:00}	Samstag z. B. Sprechstunde/ telefonische Beratung und (vor)mittags {07:00–14:00}

Die G.-Nrn. 01100 und 01101 dürfen nicht ...

- im organisierten Notfalldienst (vgl. G.-Nrn. 01210, 01214, 01216, 01218) berechnet werden.
- in Kombination zu Besuchen (vgl. G.-Nrn. 01410 bis 01413 und 01415) berechnet werden.
- neben **substitutions**gestützter Behandlung (vgl. G.-Nrn. 01950, 01951) berechnet werden.
- im Zusammenhang mit präventiven Leistungen berechnet werden.
- berechnet werden, wenn in der oben genannten Zeit Sprechstunde abgehalten wird bzw. Patienten zu dieser Zeit einbestellt werden.

[1] *Der 24. und 31.12. werden hier zu den Feiertagen gezählt und nicht extra aufgeführt*

- berechnet werden, wenn die Inanspruchnahme während der sprechstundenfreien Zeit, **außerhalb** der **oben genannten** Zeit erfolgt.

Unzeiten-VP, z. B. für Allgemeinmediziner 03130

↓

Unvorhergesehene Inanspruchnahme bei persönlichem APK ...

- **zwischen 19:00 und 07:00 Uhr**
- **an Samstagen, Sonntagen, gesetzlichen Feiertagen, am 24.12. und 31.12.**

Die Unzeiten-VP wird berechnet, wenn Leistungen entsprechend den G.-Nrn. 01100 und 01101 (unvorhergesehene Inanspruchnahmen) oder den G.-Nrn. 01411, 01412 oder 01415 (Besuche) erbracht werden.

Die Unzeiten-VP enthält alle in Anhang 1 in der Spalte VP enthaltenen Leistungen und kann maximal zweimal im Behandlungsfall berechnet werden.

Die Unzeiten-VP ist im Behandlungsfall nicht neben den G.-Nrn. 03110 bis 03112 und 03120 bis 03122 sowie 01600 und 01601 (ärztlicher Bericht, ärztlicher Brief) berechnungsfähig.

Aufgaben

1. Welche Gebührenordnungsnummern meint Frau Dr. Schmitz, und wo stehen diese Ziffern im EBM?
2. Zurück zum bereits bekannten Patienten Renz, Paul, geb. am 14.10.1963. Welche G.-Nr. wird für die telefonische Beratung gestern um 22:30 Uhr berechnet?
3. Notieren Sie für die folgenden Beispiele die G.-Nrn., und begründen Sie Ihre Abrechnungsentscheidung.
   a) Eine 35-jährige TK-Patientin erscheint am Montag um 10:30 Uhr erstmalig in diesem Quartal unangemeldet in der Sprechstunde von Frau Dr. Schmitz, symptombezogene klinische Untersuchung, Blutdruckmessung, i.m. Injektion.
   b) Die MFA möchte am Donnerstag um 19:30 Uhr, einige Zeit nach Sprechstundenende, die Praxis abschließen, als ein 40-jähriger IKK-Patient mit starkem Husten in die Praxis kommt. Es handelt sich um den ersten persönlichen Arzt-Patienten-Kontakt in diesem Quartal, symptombezogene klinische Untersuchung, AU-Bescheinigung, Termin zur Blutentnahme für den nächsten Tag.
   c) Am Sonntagabend um 21:45 Uhr ruft ein 73-jähriger AOK-Patient Frau Dr. Schmitz zu Hause an. Der Patient wird beraten und gebeten, sich am Montag noch einmal in der Praxis vorzustellen.
   d) Frau Dr. Schmitz ruft am Samstagmorgen um 10:30 Uhr – wie verabredet – bei der 81-jährigen BKK-Patientin an, telefonische Beratung.
   e) Frau Dr. Schmitz behandelt während ihrer Samstagssprechstunde einen vierjährigen DAK-Patienten erstmalig in diesem Quartal.
   f) Frau Dr. Schmitz behandelt einen 25-jährigen BEK-Patienten am Sonntag um 15:00 Uhr während des organisierten Notfalldienstes. Der fremde Patient erschien unangemeldet in der Praxis.
   g) Frau Dr. Schmitz wird am Donnerstag während der Mittagspause von einem 68-jährigen LKK-Patienten aufgesucht, klinische Untersuchung, Blutdruckmessung, Beratung (erster persönlicher Arzt-Patient-Kontakt).

11.4.4 Notfallleistungen und Leistungen im organisierten Notfalldienst

Situation

Die Praxis von Frau Dr. Schmitz ist an diesem Wochenende zum organisierten Notfalldienst eingeteilt. Katrin darf heute das erste Mal auch die Abrechnung für den Wochenenddienst mit ihrer erfahrenen Kollegin Maria machen. Diese gibt Katrin folgenden Hinweis: „Katrin, viele Leistungen, die heute abgerechnet werden, findest du nicht bei den hausärztlichen Leistungen des Kapitels „arztgruppenspezifische Leistungen", sondern in einem anderen Kapitel."

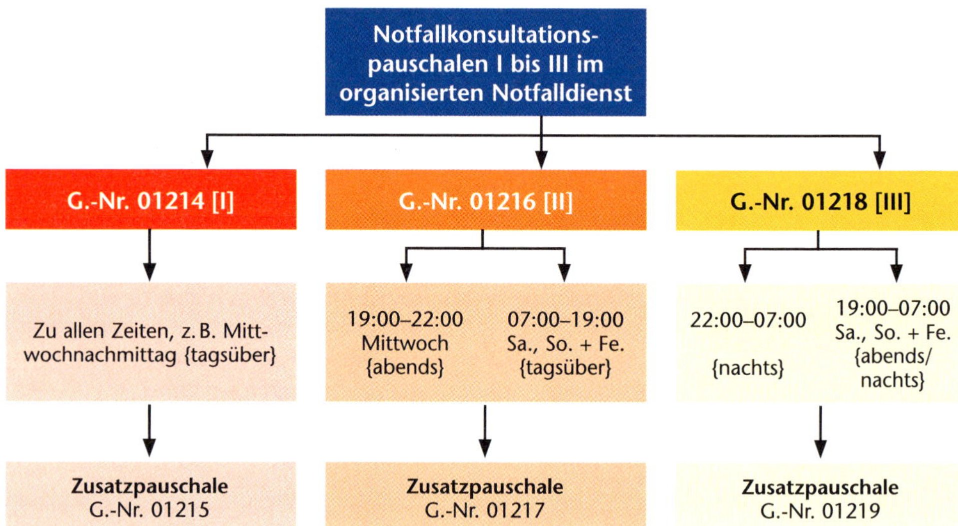

Die G.-Nrn. 01214 bis 01218 dürfen **nicht** ...

- neben den Leistungen der besonderen Inanspruchnahme (G.-Nrn. 01100 bis 01102) berechnet werden.
- für Notfallbehandlungen, die nicht während des organisierten Notfalldienstes erbracht werden, berechnet werden.
- neben substitutionsgestützter Behandlung (vgl. G.-Nrn. 01950, 01951) berechnet werden.
- neben der Visite (G.-Nr. 01414) und den Besuchen nach G.-Nrn. 01412 und 01415 berechnet werden.

Aufgaben

1. In welchem Kapitel muss Katrin nachschauen, wenn sie Leistungen, die während des organisierten Notfalldienstes erbracht werden, abrechnen möchte?
2. Welche G.-Nr. wird im organisierten Notfalldienst für die in Anhang 1, Spalte GP aufgeführten Leistungen beim ersten persönlichen Arzt-Patienten-Kontakt berechnet?
3. Wodurch unterscheidet sich die Notfallpauschale im organisierten Notfalldienst von der VP, z. B. im hausärztlichen Versorgungsbereich?
4. Notieren Sie für die folgenden Beispiele die G.-Nrn. und begründen Sie Ihre Abrechnungsentscheidung.

Aufgaben

a) Der eigene, 46-jährige GKK-Patient Altmann erscheint am Samstag um 11:00 Uhr unangemeldet im organisierten Notfalldienst. Es handelt sich um den ersten persönlichen Arzt-Patienten-Kontakt im Quartal {symptombezogene Untersuchung, Ruhe-EKG mit 12 Ableitungen, Blutdruck- und Pulsmessung, i.m. Injektion, Beratung}.
Der Patient Altmann erscheint am Sonntag um 11:30 Uhr zur Kontrolle {symptombezogene Untersuchung, Beratung, i.m. Injektion}
Herr Altmann kommt am Dienstag um 15:00 Uhr in die Praxis {klinische Untersuchung, Spirometrie, Beratung, allergologische Basisdiagnostik – hausärztlich}
Herr Altmann ruft am Donnerstag um 23:00 Uhr Frau Dr. Schmitz zu Hause an {Beratung}. Um 24:00 Uhr erneuter Anruf und Bestellung in der Praxis {symptombezogene Untersuchung, Beratung, i.v. Injektion, Ruhe-EKG mit 12 Ableitungen}

b) Die fremde, 56-jährige GEK-Patientin Berger erscheint im organisierten Notfalldienst am Samstag um 19:45 Uhr nach telefonischer Terminabsprache mit Frau Dr. Schmitz in der Praxis. Es handelt sich um den ersten persönlichen Arzt-Patienten-Kontakt im Quartal {symptombezogene klinische Untersuchung, Beratung}.
Frau Berger kommt am Sonntag um 16:30 Uhr in die Praxis, da sich ihre Beschwerden verschlechtert haben {Ganzkörperstatus, 15-minütige Beratung, Infusion}.

c) Die eigene, 67-jährige TK-Patientin Linda Cellus, erscheint im organisierten Notfalldienst am Samstag um 10:00 Uhr in der Praxis. Es handelt sich um den zweiten persönlichen Arzt-Patienten-Kontakt in diesem Quartal {Untersuchung, Beratung}.
Um 15:30 Uhr ruft die Patientin Frau Dr. Schmitz an {Beratung}. Um 21:00 Uhr erneute telefonische Beratung durch Frau Dr. Schmitz.
Am Sonntag um 09:30 Uhr kommt Frau Cellus in die Praxis {klinische Untersuchung, Beratung}.

11.4.5 Besuche, Visiten, Prüfen der häuslichen Krankenpflege, Verwaltungsgebühr, Verweilen

Besuche, Visiten […][1]

1. Ein Besuch/eine Visite ist eine ärztliche Inanspruchnahme, zu der der Arzt seine Praxis, Wohnung oder einen anderen Ort verlassen muss, um sich an eine andere Stelle zur Behandlung eines Erkrankten zu begeben. Ein Besuch liegt somit auch vor, wenn der Arzt zur Notversorgung eines Unfallverletzten auf der Straße gerufen wird. Sucht der Arzt seine eigene Praxis oder eine andere Betriebs- oder Nebenbetriebsstätte auf, an der er selbst vertragsärztlich oder angestellt tätig ist, ist kein Besuch berechnungsfähig.
2. Der Vertragsarzt erhält für jeden Besuch nach den Nrn. 01410, 01411, 01412 oder 01415 sowie für die erste Visite nach der Nr. 01414 einmal je Visitentag eine Wegepauschale entsprechend der vertraglichen Regelungen zu den Pauschalerstattungen. Bei Berechnung von mehr als einem Besuch und/oder mehr als einer Visite pro Tag bei demselben Patienten ist eine Begründung (Uhrzeitangabe) erforderlich. Dies gilt nicht für Visiten am Operationstag und/oder an dem auf die Operation folgenden Tag.

Bei den Besuchsziffern handelt es sich um Aufwands- und Zeitentschädigungen für den Vertragsarzt, d. h., mit der Abrechnung dieser Gebührenordnungspositionen ist die erbrachte ärzt-

[1] *Quelle: Kassenärztliche Bundesvereinigung (Hrsg.): Einheitlicher Bewertungsmaßstab (EBM), in der Fassung vom 01.01.2009, Kap. II, 1.4*

liche Leistung noch nicht abgegolten. Deshalb müssen neben dem Besuch zum einen noch die erbrachten ärztlichen Leistungen berechnet werden und zum anderen die Wegepauschale, d. h. die Entschädigung für die Wegstrecke, die der Vertragsarzt zurückgelegt hat. Die Wegepauschale kann selbstverständlich nicht mehrfach berechnet werden, wenn der Vertragsarzt mehrere Kranke im Rahmen eines Besuches (G.-Nr. 01413 als „Mitbesuch" wird immer ohne Wegegeld berechnet) behandelt. Besucht der Vertragsarzt mehrere Patienten verschiedener sozialer Gemeinschaften kann entsprechend der Anzahl der Besuche die Wegegeldpauschale berechnet werden. Verlässt der Vertragsarzt zur Behandlung eines Verletzten auf der Straße die Praxis, kann die Wegepauschale ebenfalls berechnet werden.

Die Entfernung für die Wegepauschale ergibt sich aus dem Radius zwischen Praxis und Besuchsort. Die tatsächlich gefahrene Wegstrecke ist nicht relevant.

Besuch

G.-Nr. 01410

Dringender Besuch

- zwischen 19:00 und 22:00 Uhr oder
- zwischen 07:00 und 19:00 Uhr an Sa., So. und Fe. und/oder
- Besuch im organisierten Notfalldienst

G.-Nr. 01411

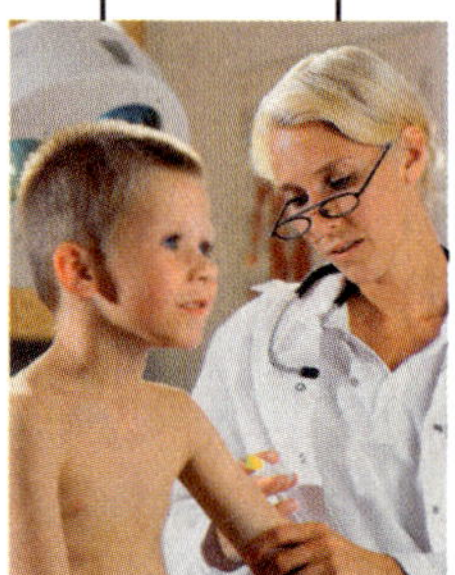

Besuch eines weiteren Kranken

in derselben sozialen Gemeinschaft, z. B. Familie {Mitbesuch}, Alten- oder Pflegeheim

G.-Nr. 01413

Dringender Besuch

- zwischen 22:00 und 07:00 Uhr oder
- zwischen 19:00 und 07:00 Uhr an Sa., So. und Fe. und/oder
- bei Unterbrechung der Sprechstunde mit Verlassen der Praxisräume

G.-Nr. 01412

Dringender Besuch

in Wohnheimen/Pflege- oder Altenheimen mit Pflegepersonal, am Tag der Bestellung ausgeführt

G.-Nr. 01415

Nicht im organisierten Notfalldienst berechnungsfähig

Aufgaben

1. Welche Kriterien muss ein Hausbesuch erfüllen?
2. Was müssen Sie neben der Besuchsziffer noch abrechnen?
3. Ermitteln Sie, z. B. über das Internet und die Homepage Ihrer KV, die KV-internen Wegegeldpauschalen.
4. Berechnen Sie für die Beispiele die Besuchsziffern und die entsprechende Wegepauschale. Begründen Sie jeweils Ihre Abrechnungsentscheidung. Die G.-Nrn. für die erbrachten ärztlichen Leistungen müssen nicht angegeben werden.
   a) Besuch am Montag während der Mittagspause bei Familie Albers, behandelt wird der achtjährige Anton {Entfernung 5,2 km}.

Aufgaben

b) Besuch am Donnerstag nach der Sprechstunde um 19:45 Uhr bestellt und aufgrund der Schwere der Erkrankung unverzüglich ausgeführt bei Berta Brammig {Entfernung 2,3 km}.
c) Besuch mit Unterbrechung der Sprechstunde am Freitag um 11:30 Uhr bestellt und aufgrund der Schwere der Erkrankung unverzüglich ausgeführt bei Ehepaar Cäsar, behandelt wird Herr Camillo {Entfernung 6,7 km}.
d) Besuch am Dienstag um 12:00 Uhr bestellt und um 13:30 Uhr in der Mittagspause ausgeführt bei Familie Dormann. Behandelt wird die zweijährige Tochter Dora. Beim Eintreffen von Frau Dr. Schmitz ist auch der fünfjährige Bruder Daniel erkrankt und wird behandelt {Entfernung 9,8 km}.
e) Besuch am Weihnachtsabend um 21:00 Uhr bestellt und aufgrund der Schwere der Erkrankung unverzüglich von der ärztlichen Privatwohnung ausgeführt im Erdgeschoss bei Ehepaar Amsig. Behandelt wird Frau Elli. Als Frau Dr. Schmitz die Wohnung verlassen will, wird sie zu Familie Feuerstein im ersten Stock gerufen, der vierjährige Ferdi hat sich die Finger am Adventskranz verbrannt und wird behandelt {Entfernung Praxis–Besuchsort: 4,3 km, Privatwohnung–Besuchsort: 1,3 km}.

Zur Unterscheidung der Besuche nach den G.-Nrn. 01410 bis 01412 und 01415 und dem Mitbesuch nach der G.-Nr. 01413 ist der Begriff der sozialen Gemeinschaft zu definieren. Von einer sozialen Gemeinschaft wird immer dann gesprochen, wenn die Menschen ein Gemeinschaftsleben pflegen, zu dem bspw. das gemeinsame Essen gehört, was nicht heißen muss, dass alle zusammen an einem Tisch sitzen müssen. Für ein Gemeinschaftsleben reicht es aus, wenn diese Menschen z. B. mit dem Essen aus einer Gemeinschaftsküche versorgt werden. Dies ist zweifelsohne in einer Familie gegeben, aber auch in Altenheimen oder beschützenden Wohnheimen, wenn die Bewohner nicht in eigenen Appartements mit eigener Küche leben. Das Klingelprinzip kann für die Unterscheidung nützlich sein. Muss z. B. der Arzt klingeln, um einen weiteren Patienten zu besuchen, handelt es sich um einen Besuch. Muss er anklopfen, weil er z. B. einen Patienten in einem anderen Zimmer der Pflegestation aufsucht, handelt es sich um einen Mitbesuch.

Aufgaben

1. Rechnen Sie die Gebührenordnungspositionen für die folgenden Beispiele ab. Geben Sie auch an, über welchen Vordruck Sie diese Leistungen berechnen.
   a) Frau Dr. Schmitz besucht die 84-jährige Frau Aller im Seniorenwohnheim {Entfernung 4,8 km}. Der Besuch findet wie immer am Mittwochnachmittag um 16:00 Uhr statt {2. APK, klinische Untersuchung, Beratung}.
   b) Routinebesuch {Entfernung 2 km} bei Frau Blum, Herrn Bernau und Frau Baltus im Pflegeheim, Station 3 C, am Dienstag, 01.07. d. J. in der Mittagspause {klinische Untersuchung, Beratung}. Alle Patienten sind über 75 Jahre alt.
   c) Dringender Besuch bei dem 81-jährigen Herrn Post im Pflegeheim {Entfernung 5,4 km}, am Montag um 10:00 Uhr angefordert. Um 10:20 Uhr aufgrund der Schwere der Erkrankung während der Sprechstundentätigkeit ausgeführt {1. APK, klinische Untersuchung, Beratung, i. v. Injektion}.

Aufgaben

d) Dringender Besuch bei der 98-jährigen Frau Baus im Altenheim {Entfernung 1,9 km} im organisierten Notfalldienst am Samstag um 09:30 Uhr {1. APK im Quartal, klinische Untersuchung, Beratung, Infusion – 20 Minuten}. Um 11:00 Uhr telefonische Besuchsanforderung des Altenheims aufgrund einer Krankheitsverschlechterung {Untersuchung, Notfall-EKG, Beratung}. Am Sonntag um 19:30 Uhr erneute Besuchsanforderung {Untersuchung und Beratung}.

e) Frau Dr. Schmitz besucht routinemäßig am Samstag um 10:00 Uhr den 78-jährigen Herrn Voss {2. APK, Untersuchung und Beratung} im Pflegeheim {Entfernung 2,3 km}. Nach dem Besuch erhält sie eine dringende Besuchsanforderung vom Pflegepersonal der 83-jährigen Frau Wert, die auf derselben Station liegt wie Herr Voss {symptombezogene Untersuchung, Beratung, i.m. Injektion}.

2. Was rechnen Sie ab, wenn Frau Dr. Schmitz zu einem Patienten fährt, den Hausbesuch aber nicht durchführen kann, weil der Patient schon verstorben ist?
3. Welche Abrechnungsziffer können Sie abrechnen, wenn der Vertragsarzt sich untätig bei einem Patienten aufhält, z.B. um die Wirkung therapeutischer Maßnahmen abzuwarten?
4. Wie lange muss der Vertragsarzt mindestens untätig neben dem Patienten verweilen?

Kostenpauschale, einschließlich Wegekosten – „MFA-Besuche"

Muss ein Patient, da er aus medizinischen Gründen nicht in der Lage ist, die Praxis aufzusuchen, von einer MFA zu Hause oder im Pflegeheim besucht werden, so können weder die Hausbesuchsziffern (G.-Nrn. 01410 bis 01413 und 01415) noch die Visite (G.-Nr. 01414) abgerechnet werden. Führt die MFA anstelle des Arztes den Hausbesuch durch, können die G.-Nr. 40240 und die G.-Nr. 40260 berechnet werden. Bei diesen Abrechnungsziffern handelt es sich um Kostenpauschalen einschließlich Wegekosten für die Aufwendungen des „MFA-Besuches". Wichtig ist, dass diese G.-Nrn. nicht neben den Abrechnungsziffern der Hausbesuche bzw. der Visite abgerechnet werden können. Wenn eine MFA den Vertragsarzt bei den Hausbesuchen begleitet, kann dies nicht gesondert berechnet werden. Neben den G.-Nrn. 40240 und 40260 können die Leistungen des EBM berechnet werden, die von der MFA in Abwesenheit des Arztes erbracht werden dürfen. Daraus ergibt sich sachlogisch, dass u.a. die Berechnung sowohl der VP als auch der Notfallpauschalen neben den G.-Nrn. der „MFA-Besuche" nicht berechnungsfähig ist. Dies gilt selbstverständlich auch dann, wenn die MFA (im Einzelfall) delegierfähige Leistungen durchführt, die in den Pauschalen enthalten sind. Dann kann neben der Kostenpauschale keine weitere Ziffer berechnet werden. Da eine alleinige Abrechnung der Kostenpauschale für die KV nicht plausibel ist, sollte dieser Umstand für eventuelle Nachfragen in den Patientenunterlagen vermerkt werden. Übernimmt eine MFA für einen alleinstehenden älteren Patienten Botengänge, können diese nicht über die oben genannte Ziffer berechnet werden, da Botengänge für Patienten keine vertragsärztlichen Leistungen darstellen.

Aufgaben

1. Lesen Sie die Leistungslegenden der G.-Nrn. 40240 und 40260 in Ihrem EBM und korrigieren Sie die folgenden Abrechnungsbeispiele durch Angabe der korrekten Abrechnungsziffern und Ihrer Begründungen.

	Beispiele	G.-Nr(n).
a)	Eigener 60-jähriger IKK-Patient, am Samstag um 10:30 Uhr zu Routinebesuch {zweiter persönlicher Arzt-Patienten-Kontakt} in seinem Appartement des Pflegeheims von Frau Dr. Schmitz und der MFA Maria besucht {Entfernung 1,7 km}.	01410 40240 40220
b)	Fremder 12-jähriger HaMü-Patient, am Sonntag um 19:30 Uhr im organisierten Notfalldienst dringend von Frau Dr. Schmitz besucht {Entfernung 4,5 km}.	03111 01412 40222
c)	Eigener 84-jähriger LKK-Patient wird am Dienstagnachmittag routinemäßig zum Verbandwechsel und zur Injektion von der MFA Maria besucht {Entfernung 2,4 km}.	40240 40222
d)	Eigene 67-jährige AOK-Patientin wird am Montagmittag um 13:30 Uhr routinemäßig zur Blutentnahme und zum Verbandwechsel von der MFA Maria besucht {Entfernung 2 km}, um 17:30 dringender Besuch von Frau Dr. Schmitz {zweiter persönlicher Arzt-Patienten-Kontakt} mit Unterbrechung der Sprechstunde.	40240 01412 40220
e)	Eigene 91-jährige BKK-Patientin am Donnerstag um 17:00 Uhr routinemäßig zum Verbandwechsel und zur Injektion von MFA Maria im Altenheim besucht. Direkt im Anschluss eigenen 84-jährigen IKK-Patienten zur Blutzuckerbestimmung in demselben Altenheim besucht.	40240 40240
f)	Ein eigener 70-jähriger DAK-Patient wird nach der Sprechstunde am Freitagnachmittag von der MFA Maria auf ihrem Heimweg von der Arbeit aufgesucht, um ihm die Medikamentenverordnung für die nächste Woche zu bringen {Entfernung 4,5 km}.	40260 40228
g)	Eine eigene 78-jährige Patientin wird routinemäßig zum Verbandwechsel und zur Blutentnahme von MFA Maria am Mittwoch um 15:00 Uhr besucht, die Auszubildende Katrin begleitet Maria.	40240

2. Rechnen Sie mithilfe Ihres EBM den folgenden Abrechnungsfall für die hausärztliche Praxis Frau Dr. Schmitz ab, indem Sie die G.-Nrn. in den Abrechnungsschein (Muster 5) eintragen und die notwendigen Formulare ausfüllen.

Abrechnungsfall	Herr Reich, Udo, geb. am 18.12.1956, wohnhaft Gasse 12 in 88131 Lindau. Der Patient ist selbstversichert bei der AOK Hamburg [02101], Versicherten-Nr. 789123.
09.01.d.J.	Der Patient erscheint heute erstmalig in diesem Quartal in der Praxis. Er klagt über Schluckbeschwerden, erhöhte Temperatur und Kraftlosigkeit. Frau Dr. Schmitz diagnostiziert im Anschluss an eine symptombezogene klinische Untersuchung eine akute Tonsillitis {J03.9}. Eine Krankschreibung lehnt der Patient ab.

Aufgaben

Fortsetzung

11.01.d.J.	Herr Reich erscheint um 17:30 Uhr in der Praxis zur Kontrolle seiner Beschwerden. Es gehe ihm sehr viel besser, erklärt er Frau Dr. Schmitz im Gespräch. Die symptombezogene Untersuchung bestätigt diese Angaben.
18.01.d.J.	Der Patient erbittet bei der MFA die Ausstellung einer Überweisung zum Augenarzt zur jährlichen Kontrolle seines primären Weitwinkelglaukoms {H40.1}.
07.02.d.J.	Herr Reich ruft um 12:00 Uhr in der Praxis an. Im Gespräch mit Frau Dr. Schmitz schildert er seine Rückenbeschwerden. Eine Vorstellung in der Praxis lehnt der Patient ab. Um 20:00 Uhr meldet sich Herr Reich erneut bei Frau Dr. Schmitz zu Hause. Die Beschwerden seien nicht schlimmer geworden, aber er habe vergessen, ob er zwei oder drei Tabletten nehmen solle. Frau Dr. Schmitz berät den Patienten und bittet ihn, sich am nächsten Tag in der Praxis vorzustellen.
08.02.d.J.	Der Patient erscheint wie vereinbart in der Praxis. Seine Beschwerden seien nur unwesentlich besser geworden. Frau Dr. Schmitz führt eine Untersuchung nach Ganzkörperstatus durch, berät den Patienten ca. acht Minuten und verabreicht eine i.m. Injektion.
17.02.d.J.	Herr Reich kommt nach telefonischer Rücksprache mit der MFA um 10:30 Uhr in den organisierten Notfalldienst. Er klagt über Atemnot und Schmerzen hinter dem Brustbein. Der Patient ist überaus ängstlich, weil er befürchtet, einen Herzinfarkt zu haben. Die symptombezogene klinische Untersuchung, das Ruhe-EKG mit 12 Ableitungen und die Blutdruck- und Pulsmessung bleiben ohne Befund. Frau Dr. Schmitz spricht ausführlich mit Herrn Reich und klärt ihn in dem 12-minütigen Gespräch über die orthostatische Kreislaufdysregulation infolge des hohen Arbeitspensums auf {I95.1}.
18.02.d.J.	Der Patient ruft um 06:45 Uhr bei Frau Dr. Schmitz im organisierten Notfalldienst an, da er erneut Kreislaufprobleme hat. Herr Reich wird beraten. Eine Vorstellung in der Praxis hält der Patient nicht für notwendig.
19.02.d.J.	Herr Reich ruft um 15:30 Uhr in der Praxis an und vereinbart mit der MFA einen Termin u.a. zur Ergometrie.
23.02.d.J.	Der Patient erscheint wie vereinbart zum Belastungs-EKG. Nach einem kurzen Gespräch mit Frau Dr. Schmitz leitet die MFA erst ein Ruhe-EKG ab. Nachdem Frau Dr. Schmitz dieses begutachtet und die Belastungsstufen festgelegt hat, beginnt die MFA mit der Ergometrie. Herr Reich erhält im Anschluss an die unproblematische Untersuchung einen Besprechungstermin bei Frau Dr. Schmitz.

Aufgaben

Fortsetzung

26.02. d. J.	In einem 14-minütigen Gespräch erklärt Frau Dr. Schmitz dem Patienten die Befunde und berät ihn. Eine medikamentöse Behandlung seiner Kreislaufbeschwerden ist nicht notwendig.
16.03. d. J.	Die Ehefrau des Patienten ruft um 11:00 Uhr in der Praxis an und verabredet mit der MFA für 14:30 Uhr einen Hausbesuch von Frau Dr. Schmitz {Entfernung 5 km}. Herr Reich hat starke Bauchschmerzen, Durchfall und erbricht. Aufgrund der symptombezogenen Untersuchung und der anamnestischen Daten diagnostiziert Frau Dr. Schmitz eine nichtinfektiöse Gastroenteritis {K52.9}.
17.03. d. J.	Die Ehefrau des Patienten meldet sich um 09:30 Uhr telefonisch in der Samstagssprechstunde von Frau Dr. Schmitz. In einem Gespräch mit Frau Dr. Schmitz gibt sie an, ihrem Mann gehe es schlecht. Frau Dr. Schmitz berät Frau Reich zum weiteren Vorgehen. Für 12:00 Uhr wird ein Hausbesuch von Frau Dr. Schmitz vereinbart, obwohl diese an diesem Wochenende keinen Dienst hat. Frau Dr. Schmitz verabreicht dem geschwächten Patienten nach der klinischen Untersuchung eine i.v. Injektion und erklärt ihm und Frau Reich die weitere Therapie.
18.03. d. J.	Herr Reich ruft um 11:30 Uhr zu Hause bei Frau Dr. Schmitz an. Ihm gehe es wesentlich besser. Er habe jetzt Appetit auf ein Käsebrot und eine Tasse schwarzen Tee, er möchte von Frau Dr. Schmitz wissen, ob er dies zu sich nehmen dürfe. Frau Dr. Schmitz berät den Patienten und bittet ihn, sich am Montag in der Praxis vorzustellen.
19.03. d. J.	Der Patient erscheint in der Praxis. Sein Gesundheitszustand hat sich verbessert. Im Anschluss an die klinische Untersuchung und Beratung erhält Herr Reich eine 15-minütige Infusion.

11.4.6 Schriftliche Mitteilungen, Gutachten

In der Praxis von Frau Dr. Schmitz sind einige Schreibarbeiten zu erledigen. Katrin hat die Aufgabe, die von ihrer Kollegin getippten und kopierten Berichte für den Postausgang vorzubereiten. „So viel Schreibarbeit, hoffentlich bekommt Frau Doktor Schmitz das alles bezahlt“, denkt Katrin.

Übersicht über die Abrechnungsziffern im Zusammenhang mit Arztbericht und Arztbriefen

G.-Nrn. für schriftliche Mitteilungen

- **01600** – ärztlicher Bericht
- **01601** – ärztlicher Brief
- **01602** – Berichts- oder Briefkopie an den Hausarzt {VA-Nummer} oder Name des Hausarztes angegeben

Bei Leistungen mit Berichtspflicht {s. Allgemeine Bestimmungen, EBM} muss lt. KV Niedersachsen die Pseudo-Nr. 99930 eingetragen werden, wenn der Patient keinen Hausarzt angibt bzw. seine Einwilligung verweigert, hier sind KV-interne Regelungen zu beachten.
Die Übersendung des ärztlichen Berichtes bzw. Briefes soll zeitnah zur Untersuchung erfolgen.

G.-Nrn. für Brief-Porto

- **40120** – Standardbrief {20 g} und Telefax
- **40122** – Kompaktbrief {50 g}
- **40124** – Großbrief {500 g}
- **40126** – Maxibrief {1000 g}

Die oben genannten G.-Nrn. können nicht für die Versendung von Paketen oder Päckchen berechnet werden. In diesen Fällen sind die real anfallenden Kosten zu berechnen. Die Versendung von E-Mails kann nicht über die oben genannten Ziffern berechnet werden.

G.-Nr. für Kopie u.Ä.

40144 je Seite

Kostenpauschale für fotokopierte oder EDV-technisch reproduzierte Befundmitteilungen, Berichte, Arztbriefe und andere patientenbezogene Unterlagen ausschließlich für den mit- oder weiterbehandelnden oder konsiliarisch tätigen Arzt oder den Arzt des Krankenhauses

Die G.-Nr. 40144 kann nicht berechnet werden, wenn die Kopien z. B. für den MDK, das Gesundheitsamt oder die Träger der Unfall- bzw. Rentenversicherung angefertigt werden. Wenn die anfordernde Stelle die Gebühren nicht übernimmt, muss der Patient diese selbst tragen (GOÄ). Dies gilt selbstverständlich auch für Kopien, die der Patient für seinen eigenen Gebrauch anfordert. Der Ausdruck eines per E-Mail erhaltenen Berichtes oder Briefes kann über die oben genannte Ziffer berechnet werden.

Aufgaben

1. Welche Leistungen können für das Anfertigen eines Arztbriefes abgerechnet werden? Nutzen Sie Ihren EBM zur Beantwortung dieser Frage.
2. Lesen Sie die Leistungslegenden zu den G.-Nrn. 01600 und 01601 und geben Sie an, wodurch sich diese beiden Abrechnungspositionen inhaltlich unterscheiden.
3. Erklären Sie, was unter einer „Epikrise" zu verstehen ist. Nutzen Sie dazu weitere Hilfsmittel, z. B. ein medizinisches Wörterbuch.
4. Geben Sie mithilfe Ihres EBM und der Übersicht auf Seite 246 die Abrechnungsziffern für die Beispiele an. Sie können davon ausgehen, dass alle geschriebenen Briefe bzw. Berichte nicht Bestandteil einer erbrachten anderen Leistung sind.
   a) ärztlicher Bericht an den Hausarzt, Standardbrief
   b) ärztlicher Brief und drei Kopien eines älteren Briefes an den Hausarzt, 29 g
   c) sechs Kopien für die stationäre Aufnahme, dem Patienten im verschlossenen Umschlag mitgegeben
   d) ärztlicher Bericht an überweisenden Internisten, Berichtskopie an den Hausarzt {VA-Nr.: 0680123}, Standardbriefe
   e) 12 Kopien und ärztlichen Brief an weiterbehandelnden Arzt nach Wohnortswechsel, 120 g
   f) ärztlichen Bericht (zwei Seiten) per Fax an Hausarzt
   g) Erhalt eines ärztlichen Briefes (vier Seiten) per E-Mail und von der Praxis ausgedruckt
   h) ärztlicher Bericht (zwei Seiten) über EDV erstellt, ausgedruckt und an Hausarzt versendet, Standardbrief

BMVÄ § 36 (1)[1]

(1) Der Vertragsarzt ist befugt und verpflichtet, die zur Durchführung der Aufgaben der Krankenkassen erforderlichen schriftlichen Informationen (Auskünfte, Bescheinigungen, Zeugnisse, Berichte und Gutachten) auf Verlangen an die Krankenkasse zu übermitteln. Wird kein vereinbarter Vordruck verwendet, gibt die Krankenkasse an, gemäß welcher Bestimmungen des Sozialgesetzbuches oder anderer Rechtsvorschriften die Übermittlung der Information zulässig ist.

Aufgaben

1. Lesen Sie die Rechtsgrundlagen zu den Arztbriefen. Beachten Sie auch den § 73 (1b) SGB V.
2. Geben Sie für folgende G.-Nrn. (...) an, welcher Vordruck bzw. welche Vordrucke mit dem Ausstellen der Bescheinigung bzw. Vorordnung verbunden sind.

G.-Nrn.	Leistung	Muster-Nr.
01610	Bescheinigung zur Feststellung der Belastungsgrenze	
01611	Verordnung von medizinischer Rehabilitation	
01612	Konsiliarbericht vor Psychotherapie	
01620	Bescheinigung oder Zeugnis	
		+ ggf. Porto

[1] *Quelle: Bundesmantelvertrag – Ärzte. In Kraft getreten am 01.01.1995, in der Fassung vom 01.10.2008, zwischen der Kassenärztlichen Bundesvereinigung und den Bundesverbänden der Primärkassen, S. 45*

Aufgaben

G.-Nrn.	Leistung	Muster-Nr.
01621	Krankheitsbericht	+ ggf. Porto
01622	Kurplan, Gutachten, Stellungnahme	+ ggf. Porto
01623	Kurvorschlag	+ ggf. Porto

Neben den Leistungen nach den G.-Nrn. 01620 bis 01622 kann zusätzlich die G.-Nr. 40142 {Schreibgebühr} je Seite abgerechnet werden, wenn auf Verlangen einer Krankenkasse oder eines anderen Kostenträgers eine der oben genannten Leistungen erbracht wurde und kein Vordruck verwendet werden konnte.

3. Welche Gebührenordnungsnummer können Sie abrechnen, wenn der Vertragsarzt einem Patienten die Arbeitsunfähigkeit auf Muster 1 a–c bescheinigt? Begründen Sie Ihre Entscheidung.

11.5 Diagnostische und therapeutische Leistungen

Aufgaben

1. Auch wenn noch nicht alle Gebührenordnungsnummern im Detail bearbeitet wurden, ist es möglich komplexe Abrechnungsfälle zu lösen. Unbekannte Leistungen können durch selbstständiges Heraussuchen aus dem EBM und exaktes Lesen der Inhalte i.d.R. gut erschlossen werden. Bearbeiten Sie den folgenden Abrechnungsfall, indem Sie die Abrechnungspositionen in die Abrechnungsscheine eintragen.

Abrechnungsfälle	Alt, Bruno, geb. am 04.10.1944, wohnhaft Kanal 23 in 88131 Lindau. Der Patient ist als Rentner versichert bei der BEK [74601], V.-Nr. 987654. Die Entfernung von der Praxis zur Wohnung des Patienten beträgt 3,6 km.
02.01.	Der 61-jährige Patient ruft um 10:30 Uhr in der Praxis an und bittet um einen Besuch des Arztes. Der Besuch wird um 12:45 Uhr in der Mittagspause durchgeführt. Es findet ein Beratungsgespräch und eine vollständige Untersuchung der Brustorgane statt. Der Patient wird gebeten, in den nächsten Tagen die Praxis aufzusuchen und die vorliegenden Medikamente wie besprochen einzunehmen. Frau Dr. Schmitz diagnostiziert einen grippalen Infekt {J06.9}. Aufgrund der Schwere der Erkrankung ist dringlich um 19:00 Uhr ein weiterer Hausbesuch erforderlich. Frau Dr. Schmitz fährt unverzüglich von ihrer Privatwohnung {Entfernung 1,2 km} zu Herrn Alt. Im Anschluss an eine symptombezogene Untersuchung erhält Herrn Alt eine i.m. Injektion und wird beraten.

03.01.	Es erfolgt eine telefonische Beratung des Patienten.
06.01.	Der Patient erscheint in der Praxis. Es erfolgt eine vollständige Untersuchung der Brustorgane und eine 7-minütige Beratung. Herr Alt wird aufgefordert, sich noch einige Tage zu schonen. Der Patient inhaliert in der Praxis (Ultraschallvernebelung).
13.02.	Herr Alt erscheint zu seiner Gesundheitsuntersuchung in der Praxis {Z00.0}.
17.02.	Der Patient erscheint um 06:45 Uhr in der Praxis von Frau Dr. Schmitz, die heute um 06:30 Uhr mit der Sprechstunde begonnen hat. Er klagt über Bauchschmerzen und Unwohlsein. Frau Dr. Schmitz führt eine Untersuchung nach Ganzkörperstatus durch und veranlasst eine venöse Blutentnahme. Die Sonographie des Abdomens ergibt keinen pathologischen Befund {Obstipation K59.0}.
04.03.	Herr Alt ruft um 08:15 Uhr bei Frau Dr. Schmitz privat an. Er fühle sich nicht wohl, leide an Appetitlosigkeit und einem allgemeinen Krankheitsgefühl. Frau Dr. Schmitz, die heute zum organisierten Notfalldienst eingeteilt ist, berät den Patienten. Da sich die Beschwerden des Patienten verschlechtern, kommt er um 15:00 Uhr unangemeldet in die Praxis. Aufgrund des Krankheitsbildes veranlasst Frau Dr. Schmitz ein Ruhe-EKG mit 12 Ableitungen, führt eine symptombezogene Untersuchung durch, verabreicht eine i.v. Injektion und berät sowohl Frau als auch Herrn Alt. Aufgrund der massiven Verspannung erhält der Patient eine Wärmetherapie (Mikrowelle). Die Blutdruckwerte sind etwas erhöht {I45.8}.
16.03.	Herr Alt erbittet für seinen privaten Gebrauch die Kopien der vorliegenden Arztberichte und -briefe.
19.03.	Der Patient erscheint in der Praxis. Er klagt über Ohrgeräusche und Schwindelgefühl. Es folgt eine symptombezogene Untersuchung und die Erhebung der anamnestischen Daten {peripherer Schwindel H81.3}. Herr Alt erhält eine Infusion {Dauer 15 Minuten}.
22.03.	Herr Alt kommt in die Praxis und klagt darüber, dass er nicht mehr richtig hören könne. Die klinische Untersuchung ergibt einen Zeruminalpfropf {H61.2}, der über eine Ohrspülung entfernt wird.
26.03.	Der Patient ruft um 08:15 Uhr in der Samstagssprechstunde an und bittet die MFA um die Ausstellung eines Wiederholungsrezeptes. Um 11:15 Uhr ruft er erneut an und möchte eine Auskunft zur Einnahme seiner Medikamente. Die MFA übermittelt ihm die Angaben der Ärztin.

12 Kommunikation in der Praxis

Situation

Lara, Melissa und Katrin genießen ihre Mittagspause in einem Cafe, das in der Nähe des Praxiszentrums liegt. „Ich finde, wir haben als Medizinische Fachangestellte ganz schön viele Aufgaben“, meint Melissa. „Und die sollen wir dann gleichzeitig erledigen, was manchmal gar nicht so einfach ist“, stellt Lara fest. „Da kommt ein Patient an den Empfang und du kannst sicher sein, dass zeitgleich das Telefon klingelt.“ „Ganz schlimm ist es, wenn der Terminplan nicht mehr eingehalten werden kann“, stöhnt Katrin, „gestern hatten wir einen Notfall. Ein zweijähriger Junge war vom Hochbett gefallen. Bis Frau Dr. Schmitz Erste Hilfe geleistet hatte und der Krankenwagen bestellt war, ist natürlich ziemlich viel Zeit vergangen. Aber glaubt mal nicht, alle Patienten hätten für ihre Terminverschiebungen Verständnis gehabt. Einige haben sich lautstark beschwert und sogar gedroht, die Praxis zu wechseln. Da bewundere ich immer Maria, die nie die Geduld verliert, immer freundlich ist und die Patienten super beruhigen kann.“ „Ich glaube, Maria hat mehrere Fortbildungen zum Thema ‚Praxiskommunikation‘ besucht“, überlegt Melissa, „vielleicht wäre das auch mal etwas für uns ...“

Der Empfang einer Arztpraxis ist die Zentrale jeder Praxis und damit das kommunikative Herzstück. Die Anforderungen an die hier Arbeitenden sind den zu leistenden Aufgaben entsprechend hoch: Wer hier arbeitet, muss die Abläufe in der Praxis kennen, gut organisieren und zügig arbeiten können, geduldig und einfühlsam sein, professionell telefonieren können, Stehvermögen haben, gut mit Menschen umgehen und die Praxis bestmöglichst repräsentieren können sowie eine positive Ausstrahlung haben. Fachliche wie auch persönliche und sozialkommunikative Kompetenzen sind gefordert.

Typische Aufgaben in der Praxiszentrale sind u. a.:

- Telefonieren – mit Patienten und Kooperationspartnern der Praxis,
- Begrüßen der Patienten,
- Administrieren der Patienten,
- Informieren, z. B. über das Leistungsspektrum der Praxis, inkl. IGeL (Individuelle Gesundheitsleistungen),
- Aushändigen von Unterlagen und ggf. Erläuterungen hierzu, z. B. Anamnesebogen,
- Patienten ins Wartezimmer bitten,
- Vereinbarung von Terminen,
- Beantworten von Patientenfragen,
- Entgegennahme und Behandlung von Beschwerden,
- Verabschiedung der Patienten,
- Sicherstellen des Informationsflusses zwischen „vorne“ (Praxiszentrale) und „hinten“ (Behandlungsräume, Labor etc.),
- Bearbeiten von Post sowie von Schreib- und Schriftverkehr.

In der Praxiszentrale werden den Patienten also sehr viele, wichtige und prägende Eindrücke über die Praxis vermittelt. Vor allem hier findet eine vielfältige Kommunikation mit dem Patienten statt. Hier werden die prägenden ersten Eindrücke der Praxis vermittelt und der letzte Eindruck geformt, mit dem der Patient die Praxis wieder verlässt. Das Bild, das im Patienten von der Praxis entsteht (Image), entwickelt sich u. a. durch:

- die Informationen und die Stimme auf dem Anrufbeantworter,
- die Stimme, die Kommunikation und das Gespräch am Telefon,
- den Empfang durch die Medizinische Fachangestellte; verbal, nonverbal,

- das Aussehen und die Ausstrahlung der Mitarbeiterin; Körperhaltung, Mimik, Gestik, Kleidung, Haare, Wortwahl, Satzbau, Aussprache, Modulation etc.,
- die Art und Weise, wie die Medizinische Fachangestellte ihre Aufgaben erledigt,
- die Form der Kommunikation mit anderen Patienten und innerhalb des Praxisteams,
- die räumliche Gestaltung, das Mobiliar, Farben, Formen, Gerüche, Geräusche.

12.1 Patienten empfangen

Die Mitarbeiterin am Empfang prägt mit ihren Kompetenzen, mit ihrer Person und Persönlichkeit, mit ihrem Kommunikationsstil und durch ihre Ausstrahlung wesentlich

- das Image der Praxis,
- die Atmosphäre in der Praxis und in Teilen auch
- die Patientenführung.

Für das Empfangen der Patienten gilt: Was für die Patienten wichtig ist, ist für die zuständige Medizinische Fachangestellte an diesem Arbeitsplatz ebenfalls von Bedeutung. Der Grundsatz der Gleichbehandlung von Patienten gilt dabei auch hier. Dem Patienten, der in die Praxis kommt, sollte die Medizinische Fachangestellte Signale der Aufmerksamkeit und der persönlichen Annahme geben, indem sie sich

- dem Patienten körperlich zuwendet,
- Blickkontakt aufnimmt,
- lächelt,
- den Patienten begrüßt und ihn möglichst frühzeitig mit Namen anspricht (der Blick auf die Versichertenkarte kann helfen) sowie
- freundliche, kurze und zielführende Sätze formuliert,
- patientenindividuell verständliche Worte wählt,
- deutlich artikuliert, nicht zu schnell und ausreichend laut spricht,
- Geduld hat und auch zeigt,
- den Patienten ernst nimmt.

Kommt der Patient das erste Mal in die Praxis, sollte die Medizinische Fachangestellte sich ihm namentlich kurz vorstellen. Wenn sie dem Patienten schließlich den Weg zum Wartezimmer zeigt und ihn bittet, dort Platz zu nehmen, sollte sie die Gelegenheit nutzen, ihn darauf aufmerksam zu machen, wo er Informationsmaterial findet (z. B. über die Praxis: Praxisteam, Leistungsspektrum der Praxis etc.), wo die Behandlungsräume und wo die Toilette zu finden sind.

12.2 Gespräche führen

Dialogische Kommunikation zwischen Menschen ist nicht berechenbar wie etwa eine mathematische Aufgabe. Jedes Gespräch bleibt immer ein Wagnis – Ergebnisse und Verlauf sind nicht programmierbar und eindeutig vorhersehbar. Trotzdem braucht niemand vor Gesprächen Angst zu haben, denn Gespräche gehören zum Praxisalltag, auch wenn sie fortwährend eine Herausforderung bleiben – gewissermaßen das Salz im Arbeitsalltag.

Gleichwohl lassen sich wichtige und nützliche Aspekte für das Führen von Gesprächen zusammenfassen: Gespräche sollten partnerschaftlich und partnerorientiert (Gegenteil: direktiv) geführt werden. Ausgehend von der jeweiligen inneren Einstellung und Haltung des Sprechers muss das Gespräch geprägt sein durch:

- Glaubwürdigkeit,
- Begeisterung/Überzeugung,
- Wertschätzung und Wärme sowie
- einfühlendes Verständnis.

Dieses Verhalten einer Medizinischen Fachangestellten führt beim Kommunikationspartner (Patienten, Teammitglied) dazu, dass

- er schneller Vertrauen zu ihr fasst,
- er Probleme und Fragen eher anspricht,
- er emotional entlastet wird,
- seine Bereitschaft zur aktiven Mitarbeit zunimmt und
- sein Selbstwertgefühl wächst.

In Gesprächen ist sowohl der motivationale als auch der kommunikative Aspekt zu berücksichtigen.

- **Motivationaler Aspekt**
  Stellt eine Medizinische Fachangestellte bei einem Patienten oder einem Teammitglied ein Durchführungsdefizit fest, so handelt es sich meistens um Motivationsprobleme. Hier ist im Sinne einer Motivationsanalyse zu fragen: Warum wird ein mögliches Verhalten nicht ausgeführt? Man kann versuchen die Gründe festzustellen und zu analysieren. Im nächsten Schritt werden dann gemeinsam mit dem Patienten oder dem Teammitglied Lösungsmöglichkeiten entwickelt. Dabei hilft es u. U., die Rahmenbedingungen zu ändern, in kleinen oder kleineren Schritten vorzugehen, Anreize zu bieten, Fortschritte herauszustellen und positive Verstärker (z. B. Lob) einzusetzen.
- **Kommunikativer Aspekt**
  Die Medizinische Fachangestellte sollte sich einfach und verständlich ausdrücken (Gegenteil: kompliziert), indem sie bekannte Wörter verwendet, einfache Sätze bildet und ihre Erklärungen dem Kommunikationspartner anpasst.
  Der Kommunikationsinhalt sollte gegliedert werden (Gegenteil: ungegliedert). Es ist sinnvoll, eine Übersicht über die zu erwartenden Inhalte zu geben und die Inhalte folgerichtig aufeinander aufzubauen. Zuvor wird das Kommunikationsziel bekannt gegeben, Wesentliches wird zusammengefasst, abschließend wird ein Ausblick geboten.
  Man sollte sich kurz und prägnant ausdrücken (Gegenteil: weitschweifig). Gesprächsbeiträge sollten auf das Wesentliche konzentriert werden, die verwendeten Beispiele sollten einfach sein. Es sind nur so viele Details- und Zusatzinformationen anzubieten wie notwendig.
  Empfehlenswert ist es, den Gesprächspartner zusätzlich zu stimulieren (Gegenteil: keine zusätzliche Stimulanz).
  Die Art der Informationsvermittlung muss den Gesprächspartner auf der sachlichen Ebene ansprechen. Hierfür ist es hilfreich, sowohl eine anschauliche wörtliche Darstellung zu geben, als auch – wenn möglich – Medien dem jeweiligen Inhalt entsprechend einzusetzen (Bildmaterial, Broschüren, Faltblätter etc.).

Gespräche sind **partnerorientiert** zu führen:

- Monologe sollten vermieden werden
- Dem Kommunikationspartner sollte eine Eigenbeteiligung ermöglicht werden.
- Die individuelle Situation des Partners ist zu berücksichtigen.
- Das Gegenüber muss ernst genommen werden.
- Zeigt der Kommunikationspartner positive Ansätze, so lassen sich sogenannte soziale Verstärker einsetzen. Dies können Aufmerksamkeitsreaktionen (Blickkontakt, Nicken), ein Lob, ein Lächeln etc. sein. Wichtig sind in diesem Zusammenhang wertschätzende und positive Formulierungen.

- Man sollte sich dem Gesprächspartner körpersprachlich zuwenden: die Körperhaltung öffnen, körperliche Zuwendung symbolisieren. Die Gestik kann als positiver Verstärker eingesetzt werden, durch die Mimik lässt sich Aufmerksamkeit ausdrücken.
- Es ist empfehlenswert, rhetorische Wirkungsmittel einzusetzen. Das Redetempo sollte variiert werden, wobei positive Formulierungen zu verwenden sind. Außerdem sollte man aktiv und effektiv zuhören, die Stimme modulieren (Wechselspiel von Höhen und Tiefen) und Wichtiges betonen.

Der Sprecher sollte sich davon überzeugen, ob sein Gesprächspartner ihn verstanden hat bzw. ob eine Einigung zustande gekommen ist. Hierfür ist eine Vorgehensweise in zwei Schritten zu empfehlen:

- Die Informationen des Partners werden in eigenen Worten wiederholt bzw. zusammengefasst.
- Dann vergewissert man sich, ob der Gesprächspartner mit der Wiedergabe einverstanden ist: Welche verbale bzw. nonverbale Nachricht sendet er als Reaktion? Dabei sollte man kein suggestives Element verwenden: „doch", „sicher", „etwa", „auch".

12.3 Fragen

Fragen sind wichtige Bestandteile der zwischenmenschlichen Kommunikation. Sie haben unterschiedliche Funktionen: Zum einen erschließen Fragen Informationen, zum anderen signalisieren sie Interesse am Kommunikationspartner; darüber hinaus beeinflussen Fragen die Atmosphäre eines Gesprächs. Fragen können u. a.:

- Interesse am Gesprächspartner signalisieren,
- vertrauensbildend wirken – aber u. U. auch kritische Distanz aufbauen,
- ein Gespräch lenken,
- Informationen einholen,
- das Verstehen von Sachverhalten verbessern.

„Wer fragt, der führt", wird deshalb auch gesagt. Daher sollte man Fragen gezielt einsetzen. Unterschieden werden Informationsfragen und taktische Fragen. Informationsfragen sind:

- **Offene Fragen**
  Offene Fragen beginnen mit einem „W" (wo, wie, wer, warum, weshalb, ...). Sie dienen dazu, Informationen zu gewinnen. Dabei ist der Kommunikationspartner in seiner Antwortmöglichkeit kaum eingeschränkt. Er wird vielmehr ermuntert, Informationen mitzuteilen und tut dies aufgrund der Offenheit in der Regel gern. Offene Fragen wirken stimulierend und fördern zugleich eine eher positive Gesprächsatmosphäre.
- **Geschlossene Fragen**
  Geschlossene Fragen lassen als Antwort nur „Ja" oder „Nein" zu. Auch sie dienen dem Beschaffen von Informationen. Im Gegensatz zu offenen Fragen stimulieren geschlossene Fragen jedoch den Kommunikationspartner nicht zu weitergehenden Informationen. Sie wirken sich auf das Gesprächsklima nicht positiv aus (Vorsicht: Verhörstil). Geschlossene Fragen eignen sich vor allem, wenn es z. B. darum geht, zusätzliche Informationen zu erhalten oder eine Entscheidung herbeizuführen.

Beispiel:
Offene Frage: *„Wie kommen Sie mit der Einnahme Ihrer Medikamente zurecht?"*
Antwort: *„Noch nicht so gut. Ich tue mich damit etwas schwer, welche Tablette ich wann einnehmen und was ich dabei beachten soll. Und manchmal vergesse ich auch, eine zu nehmen."*
Geschlossene Frage: *„Frau Schlade möchten Sie, dass ich Ihnen zur Erinnerung aufschreibe, wann Sie welche Tablette einnehmen sollen?"*
Antwort: *„Ja, danke."*

Taktische Fragen sind u. a.:

- **Alternativfragen**
  Diese Fragen bieten dem Kommunikationspartner nur zwei Alternativen zur Entscheidung an. Weitere werden von vornherein ausgeschlossen. Alternativfragen können den Kommunikationspartner daher zwar einengen, führen aber u. U. zu einer schnellen Entscheidung. Diese Frageform sollte nur gezielt eingesetzt werden.

  Beispiel:
  „Passt es Ihnen am 12.10. besser um 10:00 Uhr oder um 16:30 Uhr?"

- **Suggestivfragen**
  Mit einer Suggestivfrage wird versucht, den Kommunikationspartner auf den eigenen Standpunkt zu ziehen. Suggestivfragen sind eigentlich Behauptungen. Sie helfen nicht, Menschen zu überzeugen, stattdessen versuchen sie, vor allem unsichere Menschen zu manipulieren. Suggestivfragen sind an den Worten „doch", „sicher", „etwa", „auch" zu erkennen.

  Beispiel:
  „Sie sind doch sicherlich auch meiner Meinung, dass ..."

- **Gegenfrage**
  Mit einer Gegenfrage kann man seinen Kommunikationspartner zu weiteren Informationen veranlassen und einem Angriff möglicherweise schon etwas den Schwung nehmen.

  Beispiel:
  Frage: „Wie lange muss ich denn eigentlich noch warten?"
  Gegenfrage: „Wann sind Sie heute zu uns in die Praxis gekommen?"

12.4 Zuhören

„Richtiges" Zuhören ist eine zentrale Voraussetzung, um Kommunikationspartner umfassend wahrzunehmen. Gleichzeitig kann das Zuhören helfen, den Sprecher emotional zu entlasten und so den Aufbau einer Beziehung zwischen Sender und Empfänger zu erleichtern. Hierfür sollte man Blickkontakt zum Kommunikationspartner (Sender) halten. Unterschieden werden:

- Aktives Zuhören
  „Aktives Zuhören" bedeutet auf der einen Seite, dem Sender Annahme zu signalisieren und damit die Gesprächsatmosphäre positiv zu gestalten. Dies geschieht z. B. durch leichtes Nicken. Der Kommunikationspartner wird dadurch emotional entlastet.
  Auf der anderen Seite kann dem Sender geholfen werden, mehr Informationen zu geben, wenn vom Zuhörer kurze Äußerungen eingeschoben werden, z. B.: „Ich verstehe", „Das ist interessant", „Erklären Sie das bitte näher".

- Effektives Zuhören
  „Effektives Zuhören„ stellt vor allem den Inhalt dessen, was gesagt wird, in den Mittelpunkt der Aufmerksamkeit des Zuhörers (Empfänger). Hierfür ist wichtig, sich auf das zu konzentrieren, was der Sender wie sagt. Während der Kommunikationspartner noch spricht, sollte man es daher vermeiden, seine Antwort innerlich vorwegzunehmen. Auch sollte man währenddessen auf die nonverbalen Signale des Sprechers achten.

Checkliste: Tipps für eine gelungene Kommunikation

- Hören und sehen Sie bewusst zu.
- Hören und sehen Sie alles, was gesagt wird (verbal und nonverbal).
- Achten Sie auf alles, was nicht gesagt wird.
- Konzentrieren Sie sich auf den Kommunikationspartner, nicht auf das, was Sie selbst als Nächstes sagen wollen. Zu viele Informationen gehen sonst verloren.
- Ordnen Sie beim Zuhören die Informationen, die Sie bekommen.
- Achten Sie auf Schlüsselwörter und -aussagen.
- Halten Sie Blickkontakt.
- Nicken bzw. lächeln Sie.
- Zeigen Sie über Ihre Körpersprache, dass Sie zugewandt und offen für die Informationen des Senders sind.
- Lassen Sie den Sender ausreden.

12.5 Lösen von Konflikten

Konflikte können sowohl innerhalb des Teams entstehen, wie auch im Verhältnis mit Patienten. Konflikte gehören in der Zusammenarbeit mit Kolleginnen und Kollegen und mit Kunden bzw. Patienten immer auch dazu. Sie entstehen, weil z. B. das, was jemand sagt, vom Kommunikationspartner nicht verstanden wird oder für ihn nicht annehmbar ist, weil Erwartungen bzw. Interessen voneinander abweichen, weil Wahrnehmungen und Sichtweisen unterschiedlich sind oder auch die Betroffenheit eine andere ist. Konflikte haben immer ein hohes Maß an Emotionalität. Ausschlaggebend für das Lösen von Konflikten ist die jeweilige Einstellung Konflikten gegenüber und die Fähigkeit, Konflikte zur beiderseitigen Zufriedenheit zu lösen. Daher sollte man keine Angst vor einem Konflikt haben und in jedem Fall Konflikte immer als Lernmöglichkeit annehmen. Um Konflikte zu lösen, braucht es Klarheit in Bezug auf die unterschiedlichen Interessen und einen Entscheidungs- oder Konfliktlösungsprozess, der von beiden Seiten als fair akzeptiert wird. Ziel ist eine gemeinsame Sicht der Dinge und ein Ausgleich der Interessen. Zuerst sollte man immer sich selbst fragen, wer das Problem wirklich hat – man selbst oder der Kommunikationspartner – und was man persönlich zur Lösung beitragen könnte. (Eine Kollegin, die regelmäßig zu spät zur Arbeit erscheint, sieht darin für sich u. U. kein Problem. Ihre Teamkollegin aber ärgert sich über das Zuspätkommen, weil sie selbst pünktlich ist und eventuell Arbeiten für die Kollegin mit erledigen muss. Das Problem liegt demnach bei der pünktlichen und nicht bei der verspäteten Kollegin.)

12.5.1 Konflikte im Team

Konflikte im Team sind nach Möglichkeit kooperativ zu lösen. Die Schritte eines kooperativen Konfliktregelungsprozesses sind (vgl. Gordon, Thomas; Managerkonferenz, 1987, S. 179–218.).

Checkliste: Lösung von Konflikten im Team

- Definieren Sie das Problem.
  - Was ist das Problem?
  - Wer hat das Problem?
  - Grenzen Sie es zu anderen Problemen ab.

  Hierfür geben Sie einen kurzen Tatsachenbericht ohne Wertung, beschreiben kurz die negativen Auswirkungen und ggf. Ihre Gefühle und analysieren eventuell die Ursachen.

  Beispiel: *„Regelmäßig kommen einige von Ihnen zu spät zu unseren Teambesprechungen. Das regt mich auf und ärgert mich; wir verlieren zu viel Zeit, und ich befürchte, dass wir nicht alle Besprechungspunkte ausreichend bearbeiten können."*

- Klären Sie Ziele / Erwartungen ab.
  - Welche Ziele haben Sie?
  - Was erwarten Sie?

  Beispiel: *„Ich erwarte, dass Sie zu unseren Teambesprechungen so kommen, dass wir mit allen Teammitgliedern gemeinsam pünktlich anfangen können."*

- Suchen Sie Lösungsmöglichkeiten (wenn Zielübereinstimmung vorliegt).
  - Sammeln Sie zunächst mögliche Lösungen.
  - Bewerten Sie keine der Vorschläge.

- Bewerten Sie die Lösungsmöglichkeiten.
  - Wägen Sie die Lösungen kritisch ab.
  - Streichen Sie unannehmbare Lösungen.

- Fällen Sie die Entscheidung für die beste Lösung.

- Erarbeiten / besprechen Sie Wege zur Ausführung der Entscheidung.
  - Bestimmen Sie klare Handlungsgrenzen.
  - Legen Sie ggf. genau fest, wer was wie ab wann und bis wann wo machen soll.

- Setzen Sie die Lösung um.

- Untersuchen Sie später die Funktionsfähigkeit der Lösung.
  - Wurden die getroffenen Absprachen eingehalten?
  - Funktioniert die Lösung?
  - Nehmen Sie Korrekturen vor, wenn diese Fragen nicht positiv beantwortet werden können, weil z. B. Gegebenheiten, Abläufe oder Situationen falsch eingeschätzt worden sind bzw. das Ergebnis nicht dem Ziel entspricht. Hierzu durchlaufen Sie den Konfliktregelungsprozess in Teilen erneut.

12.5.2 Konflikte mit Patienten

Für das Lösen von Konflikten mit Patienten gilt der Grundsatz, dass die Patientenbindung durch professionelle Konfliktbehandlung vertieft werden kann. Dabei kann folgendermaßen vorgegangen werden:

Checkliste: Schriftfolge zum Lösen von Konflikten mit Patienten

- Geben Sie dem Patienten die Gelegenheit zum Ventilieren, solange er noch „Überdruck auf dem Kessel" hat. Dabei ist wichtig: Effektiv und aktiv zuhören, keine Unterbrechungen und Korrekturen oder Richtigstellungen.
- Versachlichen Sie die Situation. Geben Sie dazu ein Signal: Greifen Sie z. B. zum Stift und zum Schreibblock. Formulieren Sie dazu z. B.: *„Damit ich keine Einzelheit vergesse, erlauben Sie mir bitte, mitzuschreiben".*
- Zeigen Sie dem Patienten, dass Sie seinen Ärger ernst nehmen. Formulieren Sie z. B. wie folgt *„Ich kann mir vorstellen, wie enttäuscht Sie sind"* oder *„Es tut mir wirklich leid, dass Sie sich so geärgert haben".*
- Bedanken Sie sich für die Offenheit des Patienten. Formulieren Sie z. B.: *„Ich bin Ihnen dankbar, dass Sie das Problem so offen ansprechen".* Die Folge wird sein:
  - Der Patient beruhigt sich wieder.
  - Der Patient fühlt sich aufgewertet.
  - Eine positive Gesprächsatmosphäre wird aufgebaut.
- Beschäftigen Sie sich jetzt mit den sachlichen Fragen des Konflikts. Bitten Sie den Patienten um die Konkretisierung seines Unmuts. Damit trennt sich nun die „Spreu vom Weizen".
  - Es zeigt sich, dass der Patient die Situation selbst verursacht hat. Bieten Sie ihm z. B. an, ... (abhängig von den Möglichkeiten der Praxis).
  - Es zeigt sich, dass sein Unmut berechtigt ist. Zeigen Sie dem Patienten zumindest Ihr Bedauern. Schicken Sie dem Patienten ggf. einen Brief nach Hause oder zeigen Sie eine „Geste der Versöhnung".
- Sorgen Sie im Rahmen Ihrer Konfliktverhandlung dafür, dass für den Patienten eine tadellose Lösung gefunden wird.

Wichtig:
Der Patient muss im Mittelpunkt stehen. Die Medizinische Fachangestellte sollte sich „persönlich" um den Patienten und seine Sache kümmern und darauf achten, dass es nicht zu einer schleppenden Abwicklung kommt. Die Patienten sollten serviceorientiert, freundlich und individuell geführt werden. Die Bindung des Patienten an die Praxis kann mit einem guten Beschwerdemanagement gefestigt werden.

12.6 Kommunikation am Praxistelefon

Die Kommunikation am Praxistelefon kommt in ihrer Bedeutung einer Visitenkarte der Arztpraxis gleich. Der erste Eindruck von der Praxis wird dem Patienten in der Regel am Telefon vermittelt. Dieser erste Eindruck bestimmt die Bewertung, die der Patient über die Praxis entwickelt, und somit auch seine weitere Kommunikation mit der Praxis. Kommt der Patient später in die Praxis, so sucht sein Unterbewusstsein automatisch nach Bestätigungen für jene Eindrücke, die zuvor am Telefon gewonnen wurden. War demnach der erste Eindruck am Telefon schlecht, so kann dies spätere positive Eindrücke negativ beeinflussen. Freundlich – wertschätzend –

kompetent – professionell, dies sind die Eindrücke, die ein Patient von einer Arztpraxis am Telefon gewinnen sollte. Eine Medizinische Fachangestellte sollte daher ihre Kommunikation am Telefon mit besonderer Aufmerksamkeit, Sorgfalt und mit Einfühlungsvermögen führen. Dabei ist zu bedenken, dass beim Telefonieren wichtige kommunikative Ausdrucksmittel, die über den Blickkontakt vermittelt werden, fehlen; z. B. Mimik und Gestik sowie der Blickkontakt selbst. Zudem wird die Ebene des Unterbewusstseins, des Gefühls und der Beziehung (affektive Ebene), die in der Kommunikation von besonderer Bedeutung ist, konzentriert auf die verbalen und die akustischen Elemente, wie z. B. Tonfall, Sprechtempo, Betonungen, Höhen und Tiefen, Wortwahl. Die Gefahr, dass es beim Telefonieren zu Missverständnissen kommt, ist daher groß.

12.6.1 Regeln für eine gelungene Telefonkommunikation in der Arztpraxis

Checkliste: Telefonkommunikation

- Lassen Sie keine Routine aufkommen.
- Sprechen Sie möglichst frühzeitig den Anrufer mit dessen Namen an.
- Haben Sie den Namen der anrufenden Person nicht verstanden, fragen Sie freundlich nach.
- Hören Sie aktiv und effektiv zu.
- Achten Sie auf krankheitsspezifische Schlüsselworte bzw. entsprechende Beschreibungen „z. B. Schmerzen im Rücken und taubes Gefühl in den Zehen des linken Fußes" oder „Unwohlsein und leichte Schmerzen in der Brust".
- Erfassen Sie möglichst frühzeitig, was der Anrufer will.
- Wählen Sie Ihre Worte partnerorientiert.
- Gehen Sie sensibel auf den Gesprächspartner ein.
- Wählen Sie einen angemessenen Tonfall.
- Ihre Aussprache sollte klar und sauber sein.
- Setzen Sie notwendige, sinnstiftende Betonungen.
- Gliedern Sie das Gespräch inhaltlich.
- Finden Sie schnelle und flexible Lösungen, die nach Möglichkeit den Interessen des Anrufers und denen der Praxis entsprechen.
- Geben Sie am Telefon keine Auskunft über Befunde, außer es steht für Sie zweifelsfrei fest, dass die berechtigte Person am Telefon ist. Sind andere Patienten in Hörweite, sprechen Sie den Namen der vom Befund betroffenen Person nicht laut aus.
- Betritt ein Patient die Praxis, während Sie telefonieren, begrüßen Sie diesen Patienten mit den Augen und einem freundlichen Nicken. Machen Sie ggf. eine Gestik, die dem Patienten sagt, dass Sie sich gleich um ihn kümmern werden.
- Versichern Sie sich am Ende des Gesprächs über das Ergebnis, fassen Sie ggf. für beide Gesprächspartner das Gesprächsergebnis kurz zusammen

12.6.2 Regeln für das Entgegennehmen von Anrufen in der Arztpraxis

Checkliste: Entgegennahme von Anrufen in der Arztpraxis

- Lassen Sie das Telefon maximal dreimal klingeln.
- Melden Sie sich mit dem Praxisnamen sowie dem eigenen Namen, z. B. „Praxis Dr. Schmitz" oder „Gemeinschaftspraxis Dr. Müller, Dr. Grau; mein Name ist Funke; guten Tag" oder je nach Tageszeit auch „guten Morgen" oder „guten Abend". Die inzwischen oft gehörte Frage „Was kann ich für Sie tun?" wird zwar in vielen Telefonseminaren gelehrt, sie wirkt meistens jedoch sehr antrainiert und floskelhaft. Ihre Wirkung ist daher zweifelhaft. Sie können auf eine solche Formulierung verzichten – es sei denn, der Kommunikationspartner ergreift nach der gehörten Praxismeldung nicht gleich selbst das Wort. Dann kann eine solche Formulierung angeschlossen werden, um dem Anrufer einen Impuls zu geben.
- Klingelt das Telefon, während Sie mit einem Patienten in der Praxis im Gespräch sind, unterbrechen Sie diese direkte Kommunikation mit der Bitte, das Telefon bedienen zu können. In einem solchen Fall muss abgeschätzt werden, wie lange das Gespräch mit dem Patienten in der Praxis noch dauern würde. Davon abhängig wird der Gesprächspartner am Telefon um einen Moment Geduld gebeten, das Telefon stumm geschaltet und das Gespräch mit dem Patienten, der vor Ihnen steht, zügig zu Ende geführt – oder aber das Telefongespräch zu einem schnellen Ergebnis gebracht.

12.6.3 Welche Fragen sind vor einem Telefongespräch zu klären?

Ruft eine Medizinische Fachangestellte einen Patienten an, z. B. für einen Recall-Termin, sollten folgende Punkte zuvor geklärt sein:

- Wen will ich anrufen – wer ist das?
- Wann rufe ich am besten an?
- Was will ich erreichen?
- Welche Unterlagen benötige ich während des Gesprächs?
- Welche Unterlagen benötigt mein Gesprächspartner?
- Wie argumentiere ich am besten?
- Welche Einwände habe ich zu erwarten?
- Wie kann ich diesen Einwänden sinnvoll begegnen?

Diese Punkte sind auch zu klären, wenn eine Medizinische Fachangestellte mit einem Geschäftspartner der Praxis ein Telefongespräch führen möchte, z. B. mit einer Krankenkasse, der Abrechnungsstelle, einem Zulieferer.

12.6.4 Der Anrufbeantworter der Praxis

Der Anrufbeantworter der Arztpraxis erfüllt zwei Aufgaben:

1. Den Patienten werden notwendige Informationen für die Zeit zur Verfügung gestellt, in der die Praxis nicht besetzt bzw. geöffnet ist.
2. Das Bild der Praxis (Praxisimage) wird über die Ansage auf dem Anrufbeantworter mitbestimmt.

Checkliste: Nutzen des Anrufbeantworters

- Die Praxis muss festlegen, wer für den Anrufbeantworter verantwortlich ist und welche Aufgaben damit konkret verbunden sind. Dabei ist auch die notwendige Urlaubs- oder Krankheitsvertretung mitzubedenken.
- Zu verwenden ist ein modernes Gerät, das eine störungsfreie Ansage ebenso ermöglicht wie ein störungsfreies Abhören der gesprochenen Informationen – ohne dass die Stimme verzerrt wird, lästiges Rauschen oder Knacken zu hören sind.
- Im Praxisteam sind nachfolgende Fragen zu klären:
  - Welcher Eindruck von der Praxis soll mit der Ansage vermittelt werden?
  - Welche Informationen sind für die Patienten wann wichtig und müssen daher vermittelt werden?
- Daraus ergeben sich u.a.:
  - die Anzahl der benötigten Ansagen, z.B. für Wochenenden und Feiertage, Werktage, Urlaubszeiten, Notdienst.
  - die aus Sicht der Patienten erforderlichen Inhalte der einzelnen Ansagen in der für den Patienten notwendigen Reihenfolge. Für eine Ansage außerhalb der werktäglichen Arbeitszeiten kann dies z.B. bedeuten: Begrüßung – Praxisname – Anruf erfolgt außerhalb der Öffnungszeiten – wo kann der Patient anrufen, wenn ein Arzt benötigt wird – wo kann der Patient in einem Notfall anrufen – wie sind die Öffnungszeiten der Praxis – Schlussformel (z.B. „Am Montag sind wir ab 08:00 Uhr wieder für Sie da. Wir wünschen Ihnen gute Gesundheit. Ende der Bandansage.").
- Alle Ansagen, mit denen der Anrufbeantworter besprochen werden soll, werden schriftlich ausformuliert.
- Es wird ein Teammitglied ausgewählt, dessen Stimme über die eingesetzte Technik am besten zu verstehen ist und die das Image der Praxis gut vermittelt. Dies muss mit dem Anrufbeantworter ausgetestet werden.
- Der Anrufbeantworter wird besprochen. Wichtig sind hierbei folgende Punkte:
  - Alle möglichen Neben- bzw. Hintergrundgeräusche sollten abgestellt werden, z.B. summende Computer, klingelndes Telefon, Gespräche jeglicher Art.
  - Der Text sollte einige Male zur Übung gelesen werden. Dabei kann man sich einen Patienten vorstellen, der die Angaben hören, aufnehmen und ggf. notieren will.
  - Der festgelegte Text wird langsam, deutlich, aber lebendig gesprochen.
  - Jene Informationen, die wichtiger sind als andere, lassen sich durch leichtes Heben bzw. Senken der Stimme herausarbeiten.
  - Telefonnummern – etwa die des Notfalldienstes – werden in Gruppen von jeweils zwei Ziffern gesprochen; z.B. 5 87 94 32. Man sollte langsam sprechen und diese Zahlen wiederholen, der Patient muss die Nummer mitschreiben können. Man erspart dem Patienten auf diese Weise mehrfaches Abhören des Anrufbeantworters.
- Jede einzelne Ansage ist zu kontrollieren. Hierfür schaltet man den Anrufbeantworter an, greift zum Telefon und ruft in der Praxis an: Wie klingt die Stimme, werden alle notwendigen Informationen gegeben und sind diese gut zu verstehen, wie wird mit Telefonnummern umgegangen, wie werden die Informationen vermittelt, wie kommt die Schlussformel an, welcher Gesamteindruck wird vermittelt?

Abschließend ein letzter Hinweis:
Auch für den Anrufbeantworter gilt, dass ein Lächeln zu hören ist.

12.7 Grundsätze und Regeln der E-Mail-Kommunikation

Die Kommunikation per SMS (Short Message Service) ist heute ebenso selbstverständlich wie der elektronische Austausch von Nachrichten über das Internet – das E-Mailing. Auch Arztpraxen wickeln in zunehmendem Maß Teile ihrer Kommunikation mit Geschäftspartnern oder mit Patienten per E-Mail ab; z. B. die Erinnerung an den vereinbarten Recall-Termin, nachdem der Patient sich zuvor für diesen Kommunikationsweg entschieden hat. Private Gewohnheiten beim Schreiben von SMS sollten jedoch nicht auf das E-Mailing der Praxis übertragen werden. Jede Kommunikation funktioniert nur, wenn es Regeln gibt und diese eingehalten werden. Das gilt auch für das E-Mailing.

Grundsätze für E-Mailing

Der oberste Grundsatz für die E-Mail-Kommunikation lautet: Jede E-Mail ist eine persönliche Visitenkarte bzw. eine Visitenkarte der Praxis.

Schreiben von E-Mails

Für das E-Mailing gelten die gleichen Grundsätze wie für jede Form der schriftlichen Kommunikation:

- höflicher Kommunikationsstil („bitte", „danke"),
- E-Mails sollten sachlich sein und nicht aus einer Emotion heraus geschrieben werden,
- Vermeiden von unnötigen Fachbegriffen,
- korrekte Rechtschreibung und Grammatik,
- Toleranz gegenüber den Fehlern des Partners, zu denen keine Anmerkungen gemacht werden sollten.

Checkliste: E-Mailing

- Bedenken Sie: E-Mails eignen sich nur für schnelle Sachinformationen. Uneinigkeiten oder auch Konflikte werden auf anderen Kommunikationswegen zu Lösungen geführt – am besten im persönlichen Kontakt und direkt.
- Beachten Sie das E-Mail-Format, z. B. „nur Text", „HTML", „RTF". Das Programm des Empfängers ist mit Ihrem Programm evtl. nicht kompatibel bzw. nicht ebenso eingestellt. Konsequenz: Ihre Nachricht erscheint völlig anders oder ist ggf. unleserlich.
- Vergewissern Sie sich, dass die E-Mail-Adresse Ihres Kommunikationspartners aktuell ist.
- Beziehen Sie die Betreffzeile auf den inhaltlichen Kern der E-Mail. Der Betreff ist kurz und hat eine klare Aussage; z. B. „Recall-Termin 3. März, 15:30 Uhr".
- Schreiben Sie die E-Mail wie einen Geschäftsbrief. Formulieren Sie dabei kurz, prägnant und in angemessenem Ton. Stellen Sie sich vor, der Kommunikationspartner würde Ihnen gegenübersitzen.
- Benutzen Sie die Regeln der neuen deutschen Rechtschreibung, sie gelten auch für die E-Mail-Kommunikation.
- Bedenken Sie: WER IN GROSSBUCHSTABEN SCHREIBT, SCHREIT.
- Benutzen Sie Sonderzeichen oder Umlaute nur, wenn sicher ist, dass das E-Mail-Programm des Empfängers diese lesen kann.
- Vermeiden Sie Smileys bzw. gehen Sie damit äußerst sparsam um.
- Begrenzen Sie die Zeilenlänge auf ca. 75 Zeichen. Der Text wird nicht von allen E-Mail-Programmen automatisch umgebrochen.
- Beantworten Sie eine Nachricht, so zitieren Sie nur jene Stellen, auf die Sie sich beziehen. Das vollständige Wiederholen von Nachrichten gilt als unhöflich.

- Konzentrieren Sie Ihre Signatur auf das Wichtigste: Ihr Name, der Praxisname, E-Mail-Adresse, Telefon- und Faxnummern, Adresse der Homepage. Gestalten Sie diese Informationen auf maximal fünf Zeilen. Die Signatur muss für alle in Ihrer Praxis einheitlich sein – mit Ausnahme des persönlichen Namens.
- Kontrollieren Sie Ihre E-Mail vor dem Versenden: Adresse, Betreff, Inhalt, Rechtschreibung, Formulierungen, Signatur.

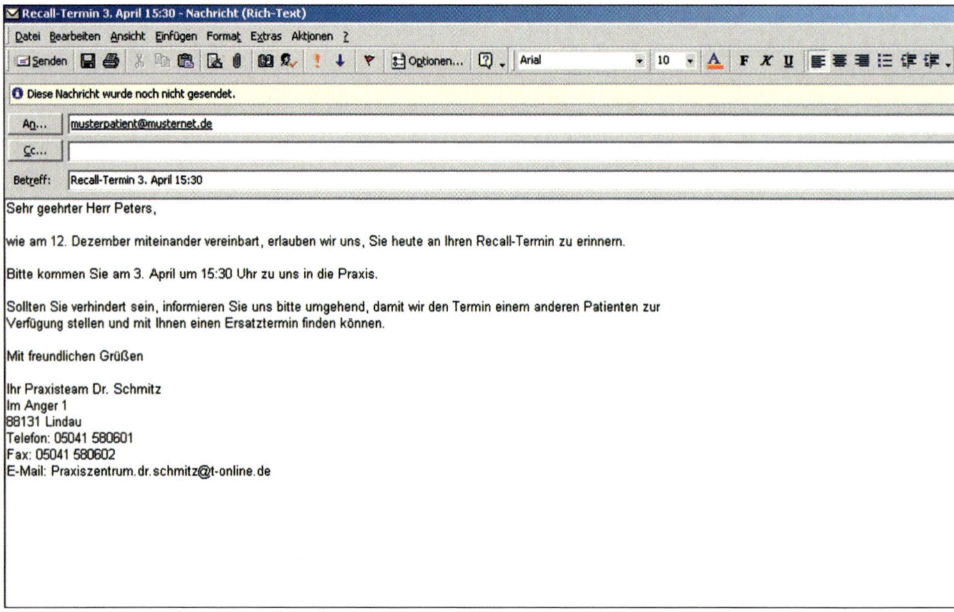
Recall-Termin 3. April 15:30 - Nachricht (Rich-Text)

Datei Bearbeiten Ansicht Einfügen Format Extras Aktionen ?

Senden Optionen... Arial 10

Diese Nachricht wurde noch nicht gesendet.

An... musterpatient@musternet.de

Cc...

Betreff: Recall-Termin 3. April 15:30

Sehr geehrter Herr Peters,

wie am 12. Dezember miteinander vereinbart, erlauben wir uns, Sie heute an Ihren Recall-Termin zu erinnern.

Bitte kommen Sie am 3. April um 15:30 Uhr zu uns in die Praxis.

Sollten Sie verhindert sein, informieren Sie uns bitte umgehend, damit wir den Termin einem anderen Patienten zur Verfügung stellen und mit Ihnen einen Ersatztermin finden können.

Mit freundlichen Grüßen

Ihr Praxisteam Dr. Schmitz
Im Anger 1
88131 Lindau
Telefon: 05041 580601
Fax: 05041 580602
E-Mail: Praxiszentrum.dr.schmitz@t-online.de

Berücksichtigen Sie beim Schreiben und Verschicken von E-Mail-Nachrichten immer Folgendes:

- Vertrauliche Informationen sollten nur verschlüsselt übertragen werden, um das Risiko zu reduzieren, dass von dritter Seite mitgelesen wird. Es ist besser, einen anderen Kommunikationsweg zu wählen.
- Falls notwendig, erhöhen Sie die Zuverlässigkeit dieses Kommunikationswegs, indem Sie die E-Mail ggf. per Telefon ankündigen und nach Erhalt der elektronischen Nachricht eine Bestätigung abfordern – ebenfalls per E-Mail oder auch telefonisch.
- Setzen Sie auf Ihrem E-Mail-Server bzw. Ihrem Rechner einen aktuellen Virenscanner ein, um auch ihre Kommunikationspartner vor Viren zu schützen.

12.8 Umgangsformen (Kurzknigge)

Gute Umgangsformen sind in der Praxis wichtig – sowohl innerhalb des Teams wie auch im Umgang mit Patienten. Sie erleichtern das Zusammenarbeiten und sind Teil des Bilds, welches sich andere von der Praxis machen. Zentrale Voraussetzungen für gute Umgangsformen sind eine entsprechende innere Haltung, daraus erwachsender Respekt für das Gegenüber, Toleranz, Rücksicht und die Übernahme der Verantwortung für das eigene Handeln.

Umgangsformen können heute aufgegliedert werden in Tischsitten, Kleidung, Korrespondenz und Kommunikation (verbal und nonverbal). Hinzu kommen z. B. Kunden-/Patientenbetreuung, Veranstaltungsknigge und internationale Umgangsformen.

Checkliste: Umgangsformen/Kurzknigge für die Praxis

- Auf dem Briefumschlag wird zuerst der Mann genannt: „Herrn Manfred und Frau Anna Muster".
- Im Anschreiben wird zuerst die Frau angeredet: „Sehr geehrte Frau Muster, sehr geehrter Herr Muster, ...".
- Bei akademischen Titeln lautet die Anschrift: „Prof. Dr. Manfred Muster".
- Im Anschreiben wird lediglich mit dem höchsten Titel angesprochen: „Sehr geehrter Herr Prof. Muster, ...".
- Wer einen anderen zuerst sieht, grüßt zuerst. Der Rang spielt keine Rolle.
- Sowohl bei Begrüßung, im Gespräch wie auch bei der Verabschiedung sieht man seinen Kommunikationspartner direkt an.
- Sprechen Sie, wenn möglich, Personen mit ihrem Namen an. Dies schafft Nähe und befriedigt das Bedürfnis nach Anerkennung.
- Für die Anrede von Personen mit akademischem Grad gilt: Der akademische Grad gehört zum Namen. Der höchste Grad ist der wichtigste und wird angesprochen: „Herr Professor Muster ...".
- Duzen Sie Ihre Patienten nicht. Patienten, die 16 Jahre und älter sind, werden mit „Sie" angesprochen. Ist man bezüglich des Alters der Patienten unsicher, wählt man die „Sie"-Ansprache.
- Als Neuling in der Praxis duzt man seine Teamkolleginnen und -kollegen nicht. Man wartet, bis Ältere oder „Ranghöhere" das „Du" anbieten.
- Sprechen Sie deutlich und laut genug.
- Drücken Sie sich kurz und prägnant aus.
- Vermeiden Sie negative Äußerungen.
- Lassen Sie den Kommunikationspartner aussprechen.
- Halten Sie unbedingt das, was Sie zugesagt haben! Falls sich abzeichnet, dass Sie dazu nicht in der Lage sein werden, teilen Sie dies umgehend mit und bieten nach Möglichkeit eine Alternativlösung an.
- Behandeln Sie Patienten gleich und gehen Sie freundlich auf alle zu. Wer seine Freundlichkeit dosiert – z. B. die Auszubildende oder den immer etwas schlecht gelaunten Patienten herablassend oder distanziert behandelt – disqualifiziert sich selbst und schadet der Praxis.
- Zeigen Sie Interesse – fragen Sie nach, belehren Sie nicht.
- Wahren Sie – wann immer möglich – die richtige räumliche Distanz. Der Mindestabstand von einer Armeslänge hat sich bewährt.
- Haben Sie einen Fehler gemacht, entschuldigen Sie sich sofort, ohne übertriebenes Getue.
- Fehlverhalten von Patienten ignorieren Sie – soweit möglich.
- Fehlverhalten von Kolleginnen/Kollegen besprechen Sie mit diesen nicht vor den Patienten.

Checkliste: Umgangsformen/Kurzknigge für die Praxis

- Wenn Sie Patienten in einen Raum führen, gehen Sie zuerst hinein und halten ihnen dann die Tür auf.
- Wahren Sie Diskretion und Intimsphäre.
- Körpergeruch ist ebenso zu vermeiden, wie stark riechendes Deodorant. In der Praxis sollte auf das Tragen von Parfum oder Eau de Toilette verzichtet werden.
- Da der Eindruck einer Arztpraxis seriös sein muss, kleiden Sie sich eher konservativ als topmodisch. Sie sollten nicht aufgrund Ihrer Kleidung auffallen. In jedem Fall sollte Ihre Kleidung sauber, gepflegt und ansprechend sein sowie den Absprachen des Praxisteams entsprechen.
- Vermeiden Sie auffälligen Schmuck oder auch Körperschmuck. Richten Sie sich professionell her und nicht wie für eine private Verabredung.

13 English: Working as a doctor's assistant

Situation

Katrin Funk spends her holidays in London. There she meets Tom, a young man from Canterbury. Sitting in a lunchroom they have the following conversation. "Do you go to college or have you got a job in Germany?" Tom asks the young woman. "A year ago I began vocational training as a doctor's assistant," Katrin answers. "And do you like your work?" "Well, it depends. My boss, Dr. Schmitz, is easy to work with and our surgery is very comfortable. But you must be able to work under pressure. Patients expect you to be cheerful and understanding all the time." "Really?" Tom's voice sounds a little bit astonished. "Yes, you always have to be open-minded and a good listener. And not only patients have their expectations. My colleagues want me to be responsible and well-organized." "Yes, certainly, nowadays you must be able to work in a team. In my job as a systems analyst it's the same." "And think about the new technologies. We have computerized records and communication skills are a must." "And I personally thought that a medical assistant just answers the phone, gives appointments and assists during treatments", Tom is surprised. "That's a pity," Katrin replies. "I think we have qualified jobs and we like our work. Oh, by the way, would you like to come to a party tonight? It's at the KISS disco." "Yes I'd love to. See you. Have a nice day." "You too. See you later, Tom."

Tasks

Individual Work:

Make a list of key qualifications which are mentioned in the talk and give the German equivalents.

13.1 Where do you work?

We all care for your health.

Fach- und Zusatzbezeichnungen in der Medizin.

Zahnarzt	dentist	**Augenarzt**	ophthalmologist
Frauenarzt	gynaecologist	**Allgemeinmediziner**	general practitioner
Kinderarzt	paediatrician	**Kardiologe**	cardiologist
Nervenarzt	neurologist	**Hämatologe**	haematologist
Urologe	urologist	**Gastroenterologe**	gastroenterologist
Chirurg	surgeon	**Hautarzt**	dermatologist
Tierarzt	veterinarian	**Radiologe**	radiologist
Orthopäde	orthopaedist	**Hals-Nasen-Ohren-Arzt**	ENT specialist (ear, nose and throat specialist)

Tasks

1. Do you know the German terms?

Hospitals
...

Doctors
...

Dentists
...

Veterinarians
...

Pharmacists
...

Opticians
...

Dental Technicians
...

Physical Therapists
...

2. Where do you work?
   I work for a ...
3. There are many different doctors. What are doctors called who ...?
   a) repair broken bones
   b) examine your blood
   c) take X-rays (pictures of what is inside you)
   d) do operations
   e) examine children
   f) examine your skin
   g) treat diseases of women
   h) treat your eyes, prescribe glasses and contact lenses
   i) examine the bladder and the kidneys
   j) treat your ear, your nose and your throat
   k) examine your stomach and your intestines
   l) are heart specialists
   m) are not specialized
   n) are specialized in the nervous system
   o) examine teeth
   p) treat animals

13.2 My job as a doctor's assistant

Tasks

1. The following signs show what kind of rooms could be in a surgery. Please relate the right term to the following definitions.

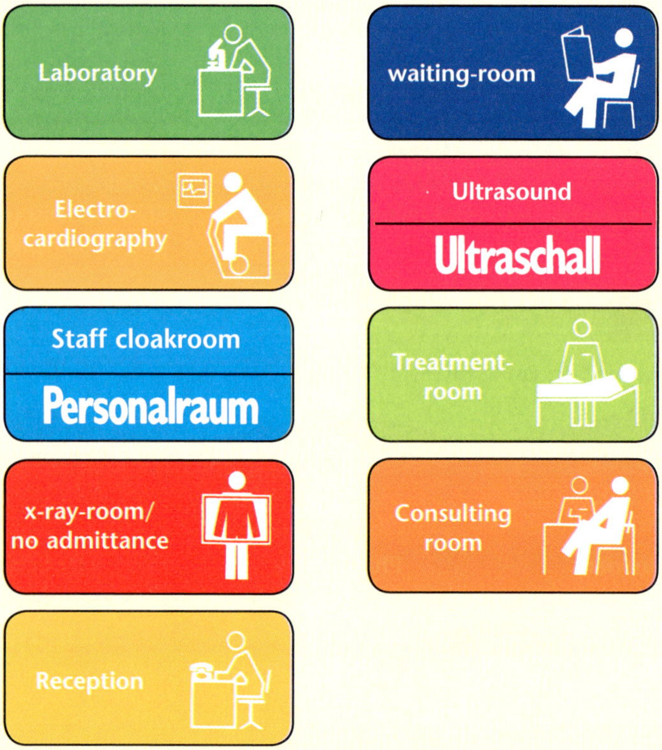

a) ...
Here you can find the telephone, the computer, file card boxes and the time schedule.

b) ...
In this room we check blood and urine.

c) ...
This room has personal lockers and facilities for hanging clothes (for example our white coats).

d) ...
Patients who have problems with their heart get a special examination in this room.

e) ...
In this room we put a lead apron on the patient and process X-rays.

f) ...
In this room the examination couch is located. Here the doctor measures blood pressure, weighs patients and does general examinations.

g) ...
In this room the doctor talks to patients and gives them prescriptions.

h) ...
In this room the patients can relax before the examination begins.

i) ...
In this room you find a machine which works with sound waves beyond the frequencies that human beings can hear. (Bats, for example, can hear them.)

Lara Dickmann
Lavesstr. 9
88131 Lindau
Germany
October 7, 2006

Dear Marcia,

Thank you for your letter and the nice photo of your family. I would really like to visit you and spend three weeks in San Francisco. Although you invited me to stay at your place, I'll have to save money for the flight. As you know, I started vocational training as a doctor's assistant two months ago. I work at a gynaecological surgery.

My boss and my colleagues are very friendly and explain everything very patiently. I usually arrive at 7.30 and clean the two treatment rooms. The washbasins have to be disinfected and the sterile instruments have to be sorted into the correct drawers. The first appointment is at 8.00. I take each patient to the treatment room and do office work. This means I have to give appointments to the patients who ring up and write letters. From time to time, I tidy up the waitingroom and talk to patients.

Yesterday, a young woman cried in my arms. She couldn't believe the diagnosis: breast cancer!

It was terrible. How could I help her? I couldn't sleep the whole night. Sometimes I think I'm too young for this responsibility, and that I can't stand all these problems.

What do you think about my job?

Please tell me what I shall do.

Yours,
Lara

Tasks

1. Individual work: please answer the questions in complete sentences.

a) Where does Marcia live?
b) When did Lara start the vocational training as a doctor's assistant?
c) Where does Lara work?
d) Does Lara like her boss and her colleagues?
e) What does Lara do with the treatment rooms?
f) What does she do with the washbasins?
g) What does she do with the sterile instruments?
h) What kind of office work does Lara do?
i) What was the event Lara was shocked by?
j) Have you ever experienced a similar event at your surgery?
k) Imagine you were Marcia. Write a letter to Lara and tell her what you would advise her to do.

Tasks

2. Individual work: please ask questions for the underlined parts.
   a) Lara works at a gynaecological surgery
   b) Her boss is very friendly.
   c) She disinfects the washbasins.
   d) A young woman cried, because she couldn't believe the diagnosis.
3. Individual work: please read the following sentences. If the sentence is false, write the correct sentence in your exercise book.
   a) Lara doesn't want to fly to San Francisco.
   b) Her colleagues have no time to explain everything.
   c) Lara must give appointments.
   d) She works at a dermatological surgery.
   e) She never tidies up the waitingroom.
   f) She usually arrives at eight.
4. Individual work: please complete the following sentences in your exercise book.
   a) A doctor's assistant takes ... to the treatment room.
   b) A doctor's assistant does ... work.
   c) A doctor's assistant sorts the ... instruments into the correct ... .
   d) A doctor's assistant gives ... to the patients who ring up.
5. Pairwork
   Try to sketch at least one typical part of your daily routine as a doctor's assistant by either
   - drawing a cartoon or
   - writing a poem or
   - producing a wallpicture or
   - ...

   and present your product to your classmates. They may ask questions – so be prepared to give some information about your creative work.

13.3 Giving appointments on the phone

Patient: *Hello. This is Mable Baker.*
Doctor's assistant: Hello. What can I do for you?
Patient: *I'm calling to make an appointment with Dr ...*
Doctor's assistant: Yes, sure. When would you like to come?
Patient: *What about Monday?*
Doctor's assistant: I'm sorry, but there are no appointments free on Monday.
Patient: *Oh, what a pity.*
Doctor's assistant: What about Tuesday?
Patient: *Tuesday will be fine. May I come at nine o'clock?*
Doctor's assistant: Yes, that's fine, Mrs Baker.
Patient: *Okay, then. See you on Tuesday. And thank you very much.*
Doctor's assistant: You're welcome. Thanks for calling.
Patient: *Bye-bye.*

Pairwork

Imagine you were in London and suddenly got a pain in your chest. You would have to call a doctor. What would you expect from a doctor's assistant on the phone? Write down four aspects on four cards; each of you should present two aspects to the class. Before answering the phone, you shouldn't forget that you don't have the help of your body language to get your message across.

So have a smile on your face when you are on the phone – your voice will sound a lot friendlier.

The phone is ringing. You pick it up.
Give surgery name and your name: ...

13.4 Telephone phrases

Task

Please translate the English expressions into German, write them in your exercise book and learn them by heart.

Hello, I'd like to speak to ..., please.
Hello, could I speak to ..., please?
Hello, could I talk to ..., please?

Hello, could you put me through to ..., please?

The reason I'm calling is ...

Who's calling, please?

Could I have your name, please?

One moment, please.
Just a second.

Hold the line, please.

I'll try to connect you.

I'll put you through.

I'm afraid that isn't possible.

Can I take your number?

Can we call you back later?

I'm sorry, I didn't catch that.

Sorry, could you repeat that, please?

Could you speak a bit more slowly, please?

Could you speak up a bit, please?

I'm sorry, the line is busy.
I'm sorry, the line is engaged.

Can I take a message?

Would you like to leave a message?

13.5 The "little helpers" when telephoning

When you spell a name in Germany on the phone, you often say *A wie Anton, B wie Berta, C wie Cäsar, D wie Dora, …*

In English you should say …

a for Alfred	h for Harry	o for Oliver	v for Victor
b for Benjamin	i for Isaac	p for Peter	w for William
c for Charlie	j for Jack	q for Queen	x for X-ray
d for David	k for King	r for Robert	y for Yellow
e for Edward	l for London	s for Samuel	z for Zebra
f for Frederick	m for Mary	t for Tommy	
g for George	n for Nellie	u for Uncle	

Tasks

1. Spelling Practice
   a) Spell your first name and your family name.
   b) Spell the name of one of your classmates.
   c) Spell the name of your boss and let your classmates write down his or her name on a piece of paper.
   d) Spell the name of the city and the street where your surgery/pharmacy is situated.
   e) Spell the names of the following patients: Miller, Robinson, Holmes, Lewis, Smith, Jones, Stewart.
2. Number Practice – Please write the following numbers in words. Use your exercise book.

1 = one	5 = …	9 = …	13 = …	17 = …	25 = …
2 = …	6 = …	10 = …	14 = …	18 = …	30 = …
3 = …	7 = …	11 = …	15 = …	19 = …	40 = …
4 = …	8 = …	12 = …	16 = …	20 = …	50 = …

Dates

You can say June 6 (th) = June the sixth
6 (th) June = the sixth of June

Tasks

3. Ordinal Numbers – Please write them in words. Use your exercise book.

1st = the first	3rd = …	5th = …	7th = …	9th = …
2nd = …	4th = …	6th = …	8th = …	10th = …

Time of the day

9:00 = nine o'clock
10:15 = ten fifteen / a quarter past ten
11:30 = eleven thirty / half past eleven
12:45 = twelve forty-five / a quarter to one
14:50 = fourteen-fifty / ten to three

Task

4. What's the time now?

Prepositions of time

At steht bei Uhrzeiten:	School starts **at** eight o'clock.
In steht bei längeren Zeiträumen:	Your appointment is **in** May.
bei Tageszeiten:	The blood sugar test is **in** the morning.
	The X-ray is **in** the afternoon.
On steht bei Tagen:	Please come **on** Monday.
	Your next appointment is **on** July 2nd.

Task

5. Please translate. Write your translation in your exercise book.

The months of the year				**The days of the week**	
Januar	= January	Juli	= ...	Montag	= ...
Februar	= ...	August	= ...	Dienstag	= ...
März	= ...	September	= ...	Mittwoch	= ...
April	= ...	Oktober	= ...	Donnerstag	= ...
Mai	= ...	November	= ...	Freitag	= ...
Juni	= ...	Dezember	= ...	Samstag	= ...
				Sonntag	= ...

13.6 What does your body language say about you?

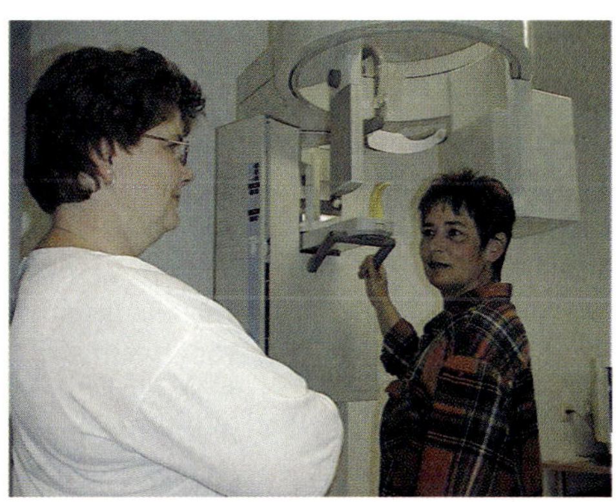

Patients may be depressed or frightened. So it is very important to chat to them. Usually, it makes them more relaxed. But it's not only what you say, it's also how you say it.
Assistants have a lot on their minds, and sometimes it's necessary to slow down and focus on how we are communicating.
Your body often shows what you think. Unconsciously, it telegraphs your thoughts as you fold your arms, cross your legs, stand, walk, move your eyes and mouth. What does your body language tell your patients about you? Keep arms, legs, and feet relaxed and uncrossed. Then patients think that you are open and honest. Move within six to eight feet of your patient. Lean slightly forward. Interested people always pay attention and lean forward.

Leaning backward demonstrates aloofness or rejection. Pay attention to your patient's breathing and the pace that she or he is talking at. Is it fast or slow, then mirror it.
Direct eye contact is a compliment to most people and builds trust in you. Your handshake should not be too hard or too soft.
The style you use when speaking is as important as the words you choose. If you speak hurriedly, the patient will come away with an impression that you were in a hurry, regardless of what you said. Most people are unconscious of their body language, but it speaks volumes about what they are **really** thinking.

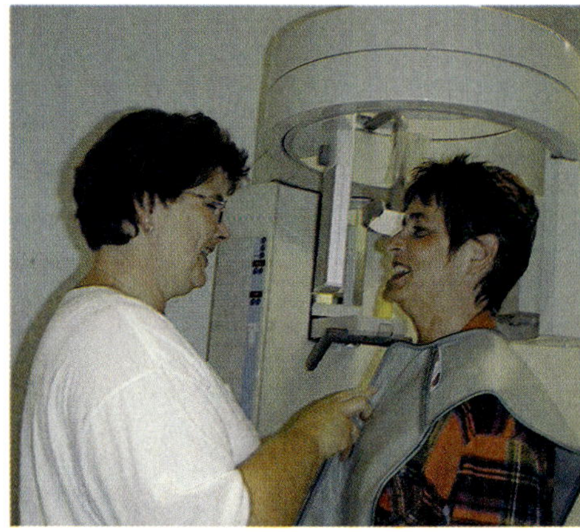

Body language guidelines:
Try to put on a pleasant smile. Try not to speak in a sarcastic or accusatory tone.
Keep eye contact with the patient during communication.

Task

What does the body language in each picture reveal? Point out the details.

13.7 Getting important information from the patient

Asking patients for their personal data

Maria Müller (Assistant):	Good morning. Have you ever been treated here?
Patient:	*No, I haven't.*
Maria Müller:	Please tell me your first name and your family name.
Patient:	*My name is Jane Curtis.*
Maria Müller:	Would you mind spelling your name?
Patient:	*C-U-R-T-I-S, J-A-N-E.*
Maria Müller:	When were you born?
Patient:	*I was born on February 20, 1984.*
Maria Müller:	Are you a tourist or do you live here?
Patient:	*I am on holiday. At the moment I'm staying at the Miramar Hotel, Glockenstraße 11 in Lindau.*
Maria Müller:	What is your nationality?
Patient:	*I am Canadian.*
Maria Müller:	I see. In Germany, health insurances pay the fee for a treatment. There is no agreement with your country for paying the fee for your treatment. You'll have to pay for it.
Patient:	*I expected this. Do you take one of the usual credit cards: Visa or American Express?*
Maria Müller:	(laughs) I'm afraid that isn't possible. You will have to sign a payment obligation. Could I see your passport, please?
Patient:	*Certainly, here you are.*
Maria Müller:	Thank you. Would you please sign this.
Patient:	*Of course. Do you already know what I'll have to pay?*

Maria Müller: I'm afraid I can't tell you in advance what the treatment will cost.
Patient: *That's okay.*
Maria Müller: Fine. Please take a seat in the waiting room. You'll have to wait for about half an hour.

Please label the file card

A file card (medical record) includes your medical history, results of physical examinations, reports of X-ray and laboratory tests, diagnosis and treatment plans. It shows your symptoms, what tests were ordered, and how you responded to the treatment. Today, computers replace the traditional paper record.

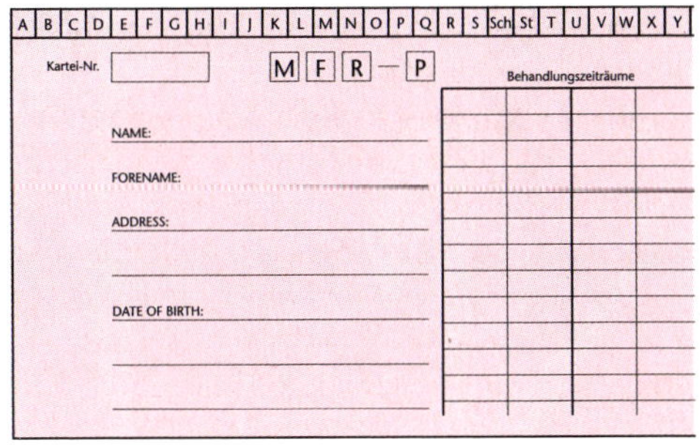

Task

1. Please translate:
   a) Patienten um ihre Personalien bitten
   b) Krankenversicherungen
   c) Gebühr für eine Behandlung bezahlen
   d) Zahlungsverpflichtung
   e) Karteikarte (2 Begriffe)

An emergency

An English student had an accident. You ask her for personal data. Tell her that she won't have to wait for a long time.

Task

2. Please complete the dialogue.
   Patient: *I had an accident.*
   Assistant: What happened?
   Patient: *I think I've broken my arm. It hurts terribly when I try to move it.*
   Assistant: ...
   Patient: ...

Changing personal data

An Irish friend of a family in Lindau comes into the surgery. You already know her. She was treated last summer in the surgery because of an insect bite. The patient married two months ago, and so you have to change her name on the file card. Her name isn't Julia Brendell any more, but O'Connor. The Augustin family moved from Biegelstraße to Bodenseestraße. As the invoice has to be sent to their address, you have to change the address of the Augustin family as well: Bodenseestraße 27, 88131 Lindau.

Task

3. Please play the roles of doctor's assistant and patient at the reception.

Task

4. What is Hagar's problem?

Sarah – A New Patient

Maria: *Guten Tag. Was kann ich für Sie tun?*
Sarah: Emmh ... do you speak English?
Maria: *A little, yes. How can I help you?*
Sarah: I would like to see the doctor, please.
Maria: *Do you have an appointment?*
Sarah: Well, ... no, I don't. You see, I've been suffering from a pain in my chest since this morning.
Maria: *Mmmh ... let's see ... we're very busy today. You'll have to wait.*
Sarah: That's no problem.
Maria: *Have you ever been here before?*
Sarah: No, I haven't.
Maria: *May I ask you to fill in the medical history form?*
Sarah: Yes, of course. What do you want to know?
Maria: *We need to know some facts about your previous health history.*
Sarah: I see.
Maria: *Do you have any history of heart trouble?*
Sarah: Yes, I have high blood pressure.
Maria: *Do you take drugs regularly?*
Sarah: Yes, I do. I take betablockers.
Maria: *And have you got any allergies?*
Sarah: No, I don't.
Maria: *Have you got an infectious disease like AIDS or hepatitis?*
Sarah: No, I don't.
Maria: *May I ask you whether you are pregnant?*
Sarah: Why do you want to know this?
Maria: *Maybe we'll have to take an X-ray. During pregnancy, no X-rays should be taken.*
Sarah: I see. No, I'm sure that I'm not pregnant.
Maria: *Thank you very much. Oh, by the way ... have you got a medical card from a German health insurance?*
Sarah: No, I haven't.
Maria: *Fine. So my colleague Melissa will ask you for some personal details for our records.*
Sarah: Sure.
Maria: *Would you like to take a seat in the waiting room? I'll call you when the doctor is ready to see you.*
Sarah: Thanks a lot.

Tasks

1. Imagine you were Melissa. Ask Sarah for her personal details. Prepare and act out a dialogue. (Pairwork).
2. Ask one of your classmates about her medical history. Prepare and act out a dialogue.
3. Individual work: please translate the phrases into German and write them in your exercise book.

Some useful questions to ask a patient:
a) What's wrong with you?
b) What's the trouble/problem?
c) What can I do for you?
d) Have you got a temperature?
e) Would you get undressed, please?
Will you please take off your clothes?

Patients may answer:
a) I'm not feeling well.
b) I feel awful.
c) I've got a bad cold.
d) I've got an upset stomach.
e) I've got heartburn.
f) I've got a headache.
g) I'm having trouble with my heart.
h) I've had a sore throat for the last two days.
i) I've been feeling feverish for one or two days.
j) I've got a mild pain.
k) I've got a severe pain.
l) I've got a sharp pain.

During the examination the doctor may say:
a) I'd like to examine you.
b) Stand up, please.
c) Please roll your sleeve up.
d) I'll just check your blood pressure/pulse.
e) Please lie down.
f) I'd like to listen to your chest.
g) Please take a deep breath.
h) Please hold your breath.
i) Can you show me where the pain is?

Can you show me where it hurts?
a) When did you first notice the pain?
b) Does it hurt when I move your leg?
c) Please turn around.
d) Would you open your mouth, please?
e) Put out your tongue, please.
f) Please say "Ah".
g) I'll arrange some tests for you.
h) We'll do a blood/urine test.
i) We'll do a blood count.
j) We'll do a cancer check-up.
k) I'll give you an injection.
l) Have you taken anything for it?

4. Individual work: please translate the phrases into German.

After the examination the patient may ask:
a) Is there anything seriously wrong, doctor?
b) Must I stay in bed?
c) Can I go to work tomorrow?
d) Could I get a sick note?
e) Do I need a prescription?
f) How often do I have to take the medicine?

The doctor may answer:
a) It's nothing serious.
b) You are suffering from high blood pressure.
c) You'll have to have an operation.
d) I'm going to send you to a hospital.
e) I'll have to refer you to a specialist for further treatment.
f) You don't have to stay in bed.
g) You'll have to stay in bed for a few days.
h) I'll prescribe you some pills.
i) I'll give you a prescription for a box of paracetamol.

Tasks

j) You can get them at the chemist's.
k) You should take the tablets three times a day: in the morning, at noon and in the evening.
l) Take two tablespoonfuls of the drops.
m) Take the medicine before / during / after the meal.
n) The pills should be taken for a week.
o) You'll have to keep a strict diet.
p) No coffee, alcohol, cigarettes, or physical exertion.
q) I'd recommend that you avoid stress.
r) I hope you'll soon be better.

5. Please prepare and act out dialogues.
   a) You are in Edinburgh and are suffering from a terrible cold and a sore throat. You have had a temperature for two days. You go to a doctor. The assistant asks you for your personal data and your medical history. The doctor examines you and tells you what to do. He prescribes some pills.
   b) A tourist from Australia has had an upset stomach for two days. You ask her to describe her symptoms. The doctor examines her and tells her what to do.
   c) An Irish pub owner in Berlin has got a sharp pain in his chest. You measure his blood pressure. Your boss prescribes him heart drops. They should be taken after the meals. The patient is told to avoid stress. He is referred to a specialist.

6. Please prepare and act out dialogues. Please find expressions, translate them into German and write them in your exercise book.

a) keep	filling	i) to tap	jaw
b) root canal	on a tooth	j) spit	an injection
c) wait	a probe	k) to use	for some minutes
d) to give	pain	l) composite	a tooth
e) upper	room	m)to remove	your mouth open
f) treatment	your mouth	n) rinse	treatment
g) to take	decay	o) to save	out
h) steady	an X-ray		

Vocabulary: Parts of the body and their functions

Adrenalin	adrenaline	**Blinddarm**	appendix
Arm	arm	**Blut**	blood
Arterie	artery	**Blutdruck**	blood pressure
atmen	to breathe	**Blutgefäße**	blood vessels
Atmung	respiration, breathing	**Brust**	breast, chest
Atmungssystem	respiratory system	**Brustbein**	breastbone
Auge	eye	**Brustkorb**	thorax
Augenlid	eyelid	**Cortison**	cortisone
Backenzahn	molar	**Darm**	intestine
Bakterien	bacteria	**Dünndarm**	small intestine
Bandscheibe	intervertebral disc	**Dickdarm**	large intestine
Bauchspeicheldrüse	pancreas	**Daumen**	thumb
Becken	pelvis	**Drüse**	gland
Bein	leg	**Eckzahn**	canine
Blase	bladder	**Eierstock**	ovary

Eileiter	fallopian tube
Ellenbogen	elbow
Ferse	heel
Finger	finger
Fuß	foot, plural: feet
Gallenblase	gall bladder
Gallensaft	bile
Gaumen	palate
Gebärmutter	uterus
Gehirn	brain
Gelenk	joint
Genick, Nacken	neck
Geschlechtsorgane	sex organs, reproductive system
Gesicht	face
Gewebe	tissue
Haare	hair
Hand	hand
Handgelenk	wrist
Harnapparat	urinary system
Harnleiter	ureter
Harnröhre	urethra
Haut	skin
Herz	heart
Hoden	testis, plural: testes
Hormon	hormone
Hormonsystem	endocrine system
Hüfte	hip
Immunsystem	immune system
Insulin	insulin
Kehle	throat
Kehlkopf	larynx
Kiefer	jaw
Kieferhöhle	maxillary sinus
Kinn	chin
Kleinstlebewesen	microorganism
Knie	knee
Knöchel	ankle
Knochen	bone
Knorpel	cartilage
Kopf	head
Körper	body
Kreislauf	circulation
Kreislaufsystem	circulation system
Kreuzbein	sacrum
Leber	liver
Lippe	lip
Luftröhre	windpipe
Lunge	lung
Lymphgefäße	lymph vessels
Magen	stomach
Mandeln	tonsils
Mastdarm	rectum
Milz	spleen
Mund	mouth
Muskel	muscle
Nährstoff	nutrient
Nagel	nail
Nase	nose
Nerven	nerves
Nervensystem	nervous system
Niere	kidney
Oberkiefer	upper jaw
Oberschenkel	thigh
Östrogen	estrogen
Ohr	ear
Organ	organ
Penis	penis
Pilze	fungi
Prämolar	premolar
reinigen	to purify
Rippe	rib
Rücken	back
Rückenmark	spinal cord
Sauerstoff	oxygen
Schädel	skull
Scheide	vagina
Schienbein	tibia
Schlackenstoffe	waste products
Schlüsselbein	collar bone, clavicle
Schneidezahn	incisor
Schulter	shoulder
Schulterblatt	shoulder-blade
Schwangerschaft	pregnancy
Sehne	tendon, sinew
Skelett	skeleton
Speiseröhre	gullet
Stirn	forehead
Stirnhöhle	frontal cavity
Stoffwechsel	metabolism
Stuhlgang	bowel movement
Trommelfell	ear-drum
Unterkiefer	lower jaw
Unterleib	abdomen
Urin	urine
Vene	vein
verdauen	to digest
Verdauung	digestion
Verdauungssystem	digestive system
Viren	viruses
Wade	calf
Wange	cheek
Weisheitszahn	wisdom tooth
Wirbelsäule	spine
Wurzelhaut	periodontal membrane
Wurzelzement	cement
Zahn	tooth, plural: teeth
Zahnbein	dentine
Zahnfleisch	gum
Zahnhals	neck

Zahnkrone	crown
Zahnmark	pulp
Zahnschmelz	enamel
Zahnwurzel	root
Zehe	toe
Zelle	cell
Zunge	tongue
Zwölffingerdarm	duodenum

1 Teilgebiete der Hygiene

Situation

„Also in einer Arztpraxis könnte ich nie arbeiten!", behauptet Charlotte Meier, eine Freundin von Melissa Hellberg. „Warum nicht?" Melissa Hellberg, die im zweiten Ausbildungsjahr zur Medizinischen Fachangestellten ist, wirkt erstaunt. „Na, du kommst doch in der Praxis ständig mit Infektionserregern in Berührung. Ungefährlich ist das nicht." „Das stimmt", antwortet Melissa Hellberg, „sowohl durch den Kontakt mit den Patienten selbst als auch bei der Untersuchung von Blut, Urin, Stuhl usw. können Krankheitserreger übertragen werden. Daher ist es für jede Medizinische Fachangestellte wichtig, Infektionskrankheiten, Infektionsquellen und Übertragungswege zu kennen, um das Risiko einer Ansteckung gering zu halten. Hygienische Maßnahmen sind in diesem Zusammenhang von zentraler Bedeutung."

Nachfolgend werden die wichtigsten Gebiete der Hygiene erläutert.

1.1 Individualhygiene

Die Individualhygiene befasst sich mit der Körperpflege. Sie ist ein wichtiger Faktor zur Erhaltung und Pflege der Gesundheit.
Die tägliche **Körperreinigung** mit Wasser und Seife ist eine Voraussetzung für die persönliche Hygiene. Grundsätzlich ist hierbei das Duschen dem Vollbad vorzuziehen. Dies hat mehrere Gründe:

- Im Vollbad sitzt die Person im Wasser, das den gelösten Schmutz enthält.
- Der **natürliche Säureschutz der Haut** (leicht saurer pH-Wert der Hautoberfläche) wird beim Baden mehr belastet.
- Duschen ist energie- und wassersparender.
- Ein heißes Bad wirkt sich ungünstig auf Kreislauf und Blutdruck aus.

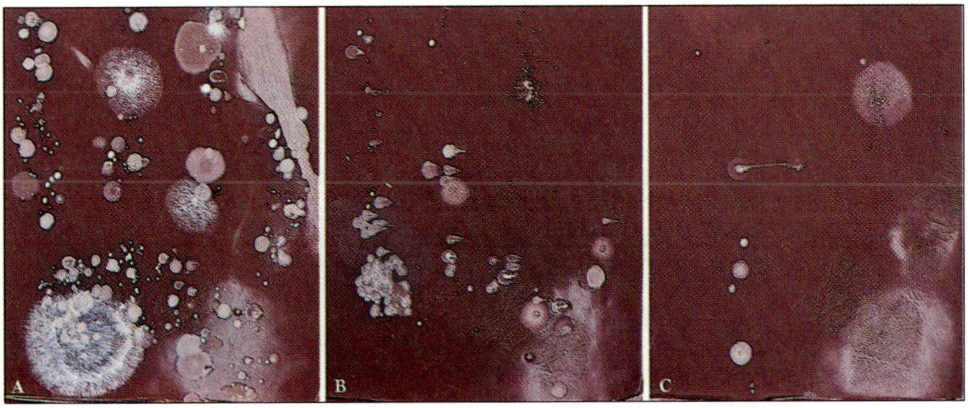

Handabdruck ungewaschen (A), gewaschen (B), desinfiziert (C)

Übermäßiger Gebrauch von Seife beeinträchtigt ebenfalls den Säureschutz der Haut. Der pH-Wert der Haut steigt dabei an und die Haut wird rau und anfällig gegen Erkrankungen. Es ist daher empfehlenswert, pH-Wert-regulierende Reinigungs- und Hautpflegemittel zu verwenden. Selbstverständlich müssen die Hände nach jeder Benutzung der Toilette und vor dem Essen gewaschen werden. Innerhalb einer Familie sollte dazu jeder eigene Waschlappen und Handtücher verwenden.

Desodorierende (geruchlos machende) Sprays oder Cremes enthalten Stoffe, die geruchsbildende Bakterien inaktivieren und so den damit verbundenen Körpergeruch reduzieren. Diese Mittel dürfen das Waschen nicht ersetzen und sind nur maßvoll einzusetzen, da der übermäßige Gebrauch zu Allergien führen kann.

Nagelpflege: Die Fingernägel sollten möglichst kurz gehalten werden, da sich Mikroorganismen besonders gut unter Nägeln vermehren und zu Infektionen führen können. Die Fußnägel sollten erst geschnitten werden, wenn sie vollständig aus dem Nagelbett gewachsen sind, da sie sonst in die Nagelhaut einwachsen können. Hierbei kann es zu Nagelbettentzündungen kommen. Nagelbürsten sollten nur weiche Borsten haben, damit Nagelfalzverletzungen vermieden werden, die Eintrittspforten für Krankheitserreger sein können.

Zahnpflege: Eine regelmäßige und richtige Zahnpflege – verbunden mit gesunder Ernährung – schützt vor **Karies** und **Zahnfleischerkrankungen**. Die Zähne sollten möglichst nach jeder Mahlzeit drei Minuten geputzt werden, da Speisereste in den Zahnzwischenräumen den Nährboden für Kariesbakterien bilden. Dabei spielt die richtige Zahnbürste eine wichtige Rolle. Sie sollte einen kurzen Bürstenkopf und möglichst viele Borsten haben. Die Borsten sollten büschelweise (multi-tufted) angeordnet und abgerundet sein. Kunststoffborsten sind hygienischer als Naturborsten. Eine Zahnbürste sollte nach ca. sechs Wochen gewechselt werden. Das Wichtigste bei der Zahnpflege ist die richtige **Putztechnik**. Die Zahnbürste darf nicht quer zum Zahn bewegt werden, sondern immer senkrecht vom Zahnfleisch zum Zahn. Es sollten nicht nur die Außenflächen der Zähne gereinigt werden, sondern auch die Zahnzwischenräume. Dies geschieht am besten mit **Zahnseide**, die zwischen den Zähnen durch Auf- und Abbewegen die Zahnzwischenräume reinigt.

Richtiges Zähneputzen erfolgt immer vom Zahnfleisch zum Zahn – von Rot nach Weiß!

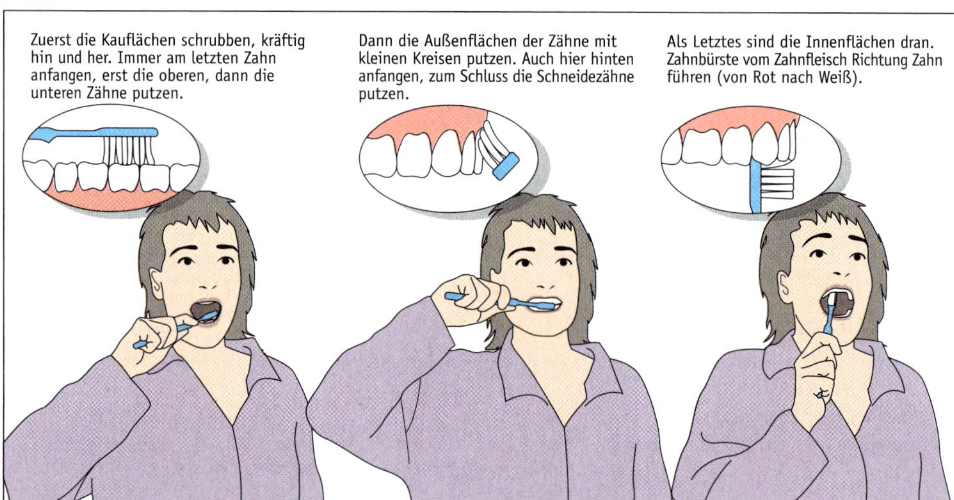

Zähneputzen mit System

Dekorative Kosmetik: Make-up, Wimperntusche, Lidschatten usw. sollten nur sparsam angewendet werden, da allergische Reaktionen nicht selten sind.

Bekleidung: Das persönliche Wohlbefinden hängt auch wesentlich von der Bekleidung ab. Sie sollte nicht nur nach modischen Gesichtspunkten ausgewählt werden, sondern auch gesundheitliche Bedingungen erfüllen. So soll sie z. B. einen ausreichenden Wärmeschutz bieten, gleichzeitig aber luft- und feuchtigkeitsdurchlässig sein. Diese Eigenschaften bieten vor allem Naturfasern wie Baumwolle, Seide und Wolle. Sie sind daher Kunstfasern vorzuziehen. Außerdem beschränkt zu enge Kleidung die Bewegungsfreiheit und behindert oft sogar die Atmung.

Für die **Berufsbekleidung** im Gesundheitswesen hat sich die Baumwolle aus folgenden Gründen als besonders geeignet erwiesen:

- gute Wasseraufnahmefähigkeit,
- Hitzebeständigkeit (sterilisierbar),
- gute Hautverträglichkeit.

1.2 Umwelthygiene

Die Umwelthygiene untersucht den Zusammenhang zwischen Gesundheit und äußeren Lebensbedingungen wie z. B. Luft, Boden, Wasser, Ernährung, Kleidung, Wohnung. Sie ist somit ein Teilgebiet des Umweltschutzes. Umwelthygiene befasst sich mit den gesundheitlichen Schäden, die z. B. durch Abgase, Lärm, schadstoffbelastetes Trinkwasser entstehen können. Außerdem geht es u. a. um die umweltschonende Beseitigung von Abfall und Abwasser und die Information über gesunde Ernährung. Die Bedeutung von Boden und Wasser für die Umwelthygiene wird im Folgenden beschrieben.

Boden

Viele **Gift- und Schadstoffe** gelangen immer noch in zu großen Mengen in den Boden und sickern mit dem Regenwasser ins Grundwasser und somit teilweise auch ins Trinkwasser. Gifte wie Insektizide oder Pestizide gelangen über pflanzliche oder tierische Nahrungsmittel zu uns zurück. Es ist daher sehr wichtig, die Schadstoffmengen, die in den Boden gelangen, so gering wie möglich zu halten, da dieser als Filterschicht für das Regenwasser und somit unserer Wasserversorgung dient.

Wasser

Wasser wirkt temperaturausgleichend. Gebiete mit viel Wasser (z. B. England) haben ein ausgeglichenes Klima, Gebiete mit wenig oder gar keinem Wasser (z. B. Wüsten) zeichnen sich durch extreme Temperaturschwankungen aus.

Wasser wird verwendet als:

- Trinkwasser für Mensch und Tier,
- Vegetationswasser für Pflanzen,
- Lösungsmittel,
- Pflegemittel (beim Waschen).

Häufige Schadstoffe im Wasser:

- Nitrate aus der Überdüngung des Bodens,
- Pestizide (Unkraut- und Insektenvernichtung),
- Phosphate aus Waschmitteln,
- Perchlorethen (PER) aus der Industrie.

All diese Schadstoffe müssen aus dem Abwasser wieder entfernt werden, um Trinkwassser zu erhalten. Es sollte daher jeder in seinem Lebensbereich dafür sorgen, dass so wenig Schadstoffe wie möglich ins Wasser gelangen und der Wasserverbrauch auf das Notwendige reduziert wird.

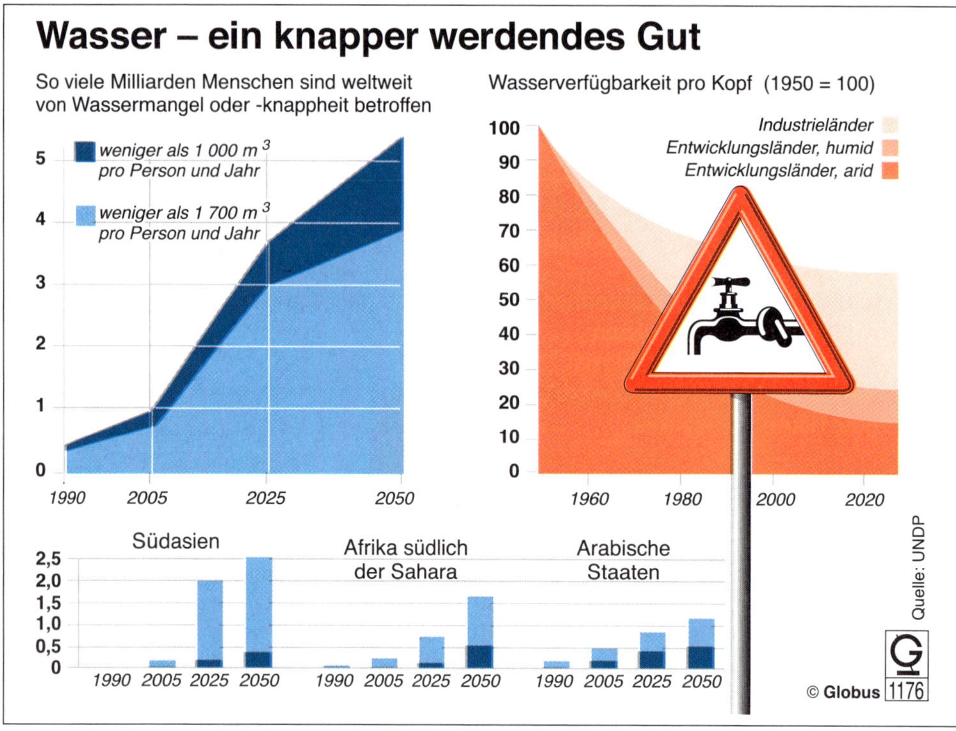

Kostbares Nass

Hier einige **Beispiele zur Umwelthygiene Wasser**:

- Duschen statt Baden (geringerer Wasserverbrauch),
- Wasch- und Spülmaschinen nur laufen lassen, wenn sie vollständig gefüllt sind,
- Wasch- und Putzmittel sparsam gebrauchen,
- Pestizide und Düngemittel im Garten möglichst vermeiden. Es gibt viele giftfreie Alternativen!
- Öle, Lösungsmittel, Säuren usw. nicht in die Toilette schütten, sondern zur Sondermülldeponie bringen.

Eine weitere Umweltbelastung entsteht durch **Müll**. Auch hier werden inzwischen große Anstrengungen unternommen, die Belastung für Boden und Wasser zu reduzieren. Ganz wichtig ist hierbei die **Abfallvermeidung** (z. B. Verpackung sparen) sowie die Trennung von Müll und die damit verbundene gesonderte Entsorgung:

- Kompostierung (Gartenabfälle, Nahrungsmittelabfälle),
- Recycling (Aussondern von Glas, Papier und Kunststoff). Hierbei können wertvolle Grundstoffe wieder verwendet werden.
- Sondermüll (z. B. giftige Industrieabfälle, Medikamente, Batterien, Altöl, Farben, Lacke). Hierzu zählen auch infektiöse Materialien und die Röntgenentwicklerlösung aus Krankenhäusern und Arztpraxen.

Werden all diese Möglichkeiten der Umwelthygiene wahrgenommen, wird die Zerstörung der Natur sicherlich nicht mehr so schnell fortschreiten.

1.3 Unerwünschte Begleiterscheinungen hygienischer Maßnahmen

All die bisher beschriebenen hygienischen Maßnahmen sind für die Gesundheit wichtig. Sie müssen aber auch mit Verstand durchgeführt werden. Übertriebene Hygiene kann unter Umständen das Gegenteil bewirken, d. h., sie kann die Gesundheit schädigen. Wer z. B. beruflich nicht mit viel Staub oder Schmutz in Berührung kommt und sich trotzdem täglich mehrmals von Kopf bis Fuß mit Seife wäscht, zerstört den Säureschutz der Haut. Somit können Keime aller Art, vor allem auch Pilze, leichter in die Haut eindringen und so zu Infektionen führen. Außerdem neigen Menschen mit schlechtem Hautschutz eher zu **Allergien**. Weiterhin ist bekannt, dass Personen, die unter extrem sterilen Bedingungen leben, eher ein geschwächtes Immunsystem haben.

Aufgaben

1. Nennen Sie zwei Bereiche, mit denen sich die Individualhygiene befasst.
2. Welcher Zusammenhang besteht zwischen Umwelt und Gesundheit? Geben Sie dazu zwei Beispiele.

Der natürliche Schutzmantel unserer Hände (Hornschicht) wird im medizinischen Bereich durch folgende Tätigkeiten stark angegriffen:

Ständige Feuchtarbeit:

- Händewaschen
- Patientenpflege
- Instrumentenreinigung

Umgang mit:

- Desinfektionsmitteln
- Laborreagenzien
- Medikamenten zur Lokaltherapie
- Naturlatex-Handschuhen

Degenerative Vorschäden bahnen einer oft lebenslänglichen Verletzung des natürlichen Schutzmantels den Weg.

2 Infektionsquellen in der Arztpraxis

Situation

Donnerstagmorgen. Katrin Funk ruft in der Praxis an: „Tut mir leid, aber ich bin schon wieder krank. Dieses Mal hat mich wohl ein fieberhafter grippaler Infekt erwischt, bis Montag bin ich jedenfalls krankgeschrieben." „Alles klar, dann wünsche ich dir gute Besserung, Katrin," erwidert Ingeborg Sterzik, die den Anruf entgegengenommen hat. „Erst sind die Patienten krank und dann wir", stellt Melissa Hellberg fest, „kein Wunder bei der Infektionswelle, mit der wir gerade konfrontiert werden. Überall Bakterien und Viren ..."

Jeder im medizinischen Bereich Tätige kommt täglich mit zahlreichen Infektionserregern in Berührung. Dies geschieht sowohl durch den Kontakt mit den Patienten selbst als auch bei der Untersuchung von Blut, Urin, Stuhl usw. Für diesen Personenkreis und damit auch für die Medizinische Fachangestellte ist es deshalb besonders wichtig, Infektionsquellen und Übertragungswege zu kennen, um das Risiko einer Infektion (= Eindringen von Krankheitserregern mit nachfolgender Erkrankung) auf ein Minimum zu reduzieren.

2.1 Unterscheidungsmerkmale von Mikroorganismen

Die **Mikrobiologie** (mikros = klein; bios = Leben) ist die Lehre von den Kleinlebewesen (**Mikroorganismen**). Diese werden eingeteilt in:

- Bakterien,
- Viren,
- Pilze,
- Protozoen (tierische Einzeller).

Die Mikroorganismen sind erst unter dem Mikroskop sichtbar, Viren sogar nur unter dem Elektronenmikroskop. In der Abbildung unten findet sich ein Überblick über die Größenverhältnisse der Mikroorganismen.

Bakterien

Bakterien sind einzellige Lebewesen, die einen eigenen Stoffwechsel haben und sich durch Teilung vermehren. Da ihr Erbmaterial nicht wie bei tierischen und pflanzlichen Zellen in einem Zellkern, sondern ohne Abgrenzung kettenförmig in der Zelle vorliegt, werden die Bakterien weder zum Tier- noch zum Pflanzenreich gezählt.
Die Einteilung der Bakterien erfolgt nach ihrer Form, ihrer Beweglichkeit mithilfe von Geißeln (fadenförmige an der Zellwand anhängende Organellen), ihren Stoffwechseleigenschaften, ihrem Färbeverhalten und dem Wachstum auf Nährböden.

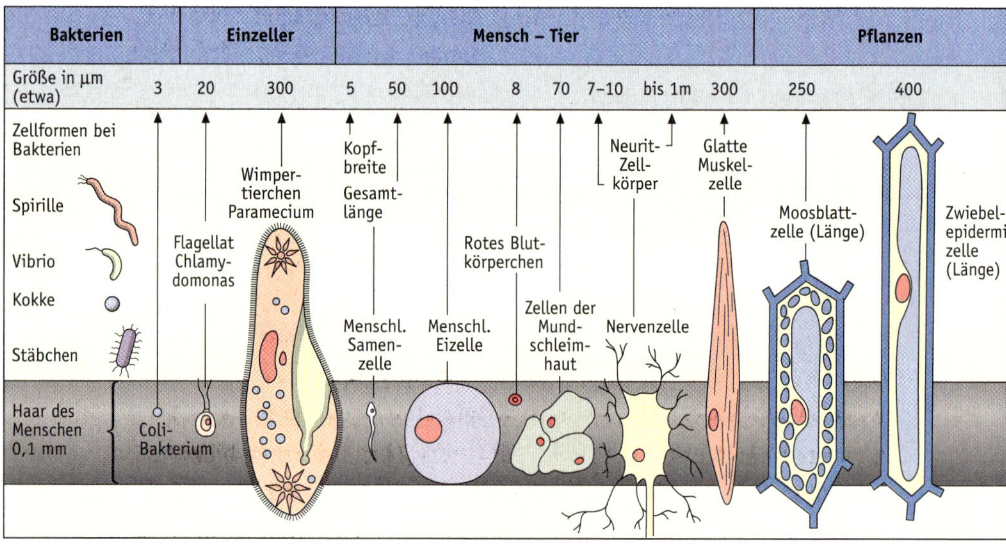

Größe von Bakterien und Einzellern

Form:

- Kugelbakterien **(Kokken),**
- Staphylokokken (Traubenkokken),
- Streptokokken (Kettenkokken),
- Diplokokken (Doppelkokken),
- stäbchenförmige Bakterien (z. B. **Bazillen**),
- spiralförmige Bakterien **(Spirochäten).**

Geißeln: Die Bakterien mit Geißeln werden nach Zahl und Anordnung der Geißeln eingeteilt, z. B. Monotricha (nur eine Geißel), Peritricha (die Geißeln umgeben den gesamten Zellleib).

Stoffwechseleigenschaften (Verhalten gegenüber Sauerstoff):

- **Aerobe** (aer = Luft) **Bakterien**: Sie benötigen Sauerstoff zum Leben, z. B. Pseudomonas (Vorkommen unter anderem im Boden und im Wasser).
- **Anaerobe** Bakterien: Sie wachsen in Abwesenheit von Sauerstoff, z. B. Veillonella (Vorkommen unter anderem im Mundbereich bei Mensch und Tier).

Färbeverhalten: Der Arzt H. Gram entwickelte Ende des 19. Jahrhunderts eine Färbemethode, mit der sich die Bakterien abhängig von ihrem Zellwandaufbau verschieden anfärben lassen. Die Anfärbung der Bakterien ermöglicht die Unterscheidung der verschiedenen Arten.

Grampositive Bakterien: Ihre Zellwände werden durch die Gram-Färbung blau. Die Farbe lässt sich durch Alkohol nicht wieder entfernen.

Gramnegative Bakterien: Ihre Zellwände lassen sich durch Alkohol wieder entfärben. Ihre Zellwände sind rot angefärbt.

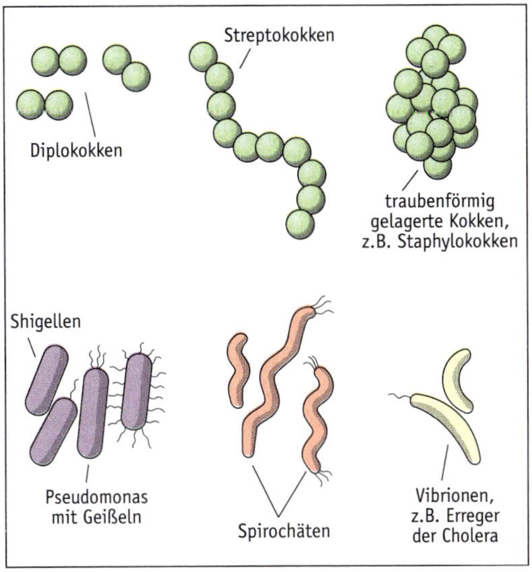

Bakterien

Eine Art von Bakterien, die **Bazillen**, sind grampositive Bakterien, die bei schlechten Lebensbedingungen (z. B. Kälte, Hitze, Trockenheit) sogenannte **Sporen** bilden. Das sind Dauerformen mit ruhendem Stoffwechsel und hoher Widerstandskraft gegenüber chemischen oder physikalischen Einwirkungen. In diesem Zustand können die Bakterien für sie zum Leben ungünstige Phasen überleben. Sobald sich die Lebensbedingungen wieder verbessern, werden aus den Sporen wieder Bakterien.

Die Gramfärbung ist eine Färbung, mit der man die verschiedenen Bakterienarten unterscheiden kann.

Wachstum auf Nährböden: Damit Mikroorganismen auf Nährböden wachsen können, müssen bestimmte Bedingungen erfüllt sein, wie z. B. Nährstoffe, pH-Wert, Temperatur. Durch die spezielle Zusammensetzung von Nährböden lassen sich die verschiedenen Bakterien unterscheiden.

Bakterien kommen in der Natur praktisch überall (= ubiquitär) vor. Auch beim Menschen sind sie nicht nur auf der äußeren Haut, sondern auch in den Schleimhäuten der Mundhöhle und des Darms vorhanden. Diese Bakterien sind **apathogen**, d. h., sie gehören zu den nicht krank machenden Mikroorganismen.

Die Darmbakterien sind z. B. für die Verdauung notwendig bzw. bilden das für die Blutgerinnung notwendige Vitamin K. Ohne diese Bakterien könnte der Mensch nicht überleben. Bakterien und Mensch brauchen einander. Ein solches Zusammenleben verschiedener Lebewesen wird **Symbiose** genannt.

Im Gegensatz zu den apathogenen Mikroorganismen gibt es die **pathogenen** (pathos = Leiden), also krank machenden, Mikroorganismen. Hierzu zählen die Erreger der bakteriellen Infektions- und Viruskrankheiten oder auch manche Pilzkrankheiten.

Fakultativ pathogen bedeutet, dass Mikroorganismen unter bestimmten ungünstigen Bedingungen pathogen sind. Dies betrifft unter anderem Personen, deren Immunsystem geschwächt ist, z. B. Aids-Infizierte oder Krebskranke nach der Chemotherapie.

Parasiten (Parasitos = Schmarotzer, Mitesser) dagegen sind Lebewesen, die auf Kosten eines anderen Organismus existieren und die den anderen Organismus schädigen. Sogenannte „Ektoparasiten" leben auf der Oberfläche, Endoparasiten dagegen in Körperhöhlen, im Gewebe und im Blut. Hierzu zählen außer manchen Mikroorganismen auch Gliederfüßer und Würmer.
Prionen (Englisch: proteinaceus infectious particles) können nicht als Krankheitserreger im herkömmlichen Sinn bezeichnet werden, da sie sich wesentlich von Viren und Bakterien unterscheiden. Sie sind z. B. resistent gegen Hitze von 100 °C, Chemikalien und viele Desinfektionsmittel. Außerdem können sie jahrelang im Boden überleben. Prionen sind Eiweiße, die vermutlich entweder durch Genmutation (PrPsc – scrapie-spezifisch) oder durch Infektion aus körpereigenen Eiweißen (PrPc – cellulär/körpereigen) entstehen. Welche Funktion die Prionen haben und wie der Mechanismus ihrer Infektiosität abläuft, ist noch weitgehend unbekannt.

Viren

Viren (virus = Gift) sind häufig Erreger von Infektionskrankheiten sowohl bei Menschen, Tieren, Pflanzen als auch bei Bakterien. Sie bestehen aus einem sogenannten „Proteinmantel" (Kapsid), der manchmal noch von einer weiteren Hülle umgeben ist. Im Innern der Viren befinden sich Nukleinsäuren (DNA oder RNA), die Erbinformationen enthalten. Das Kapsid bestimmt die Form der Viren. Da Viren keinen eigenen Stoffwechsel haben, können sie sich nur in lebenden Zellen vermehren, weshalb sie auch als „Zellparasiten" bezeichnet werden.

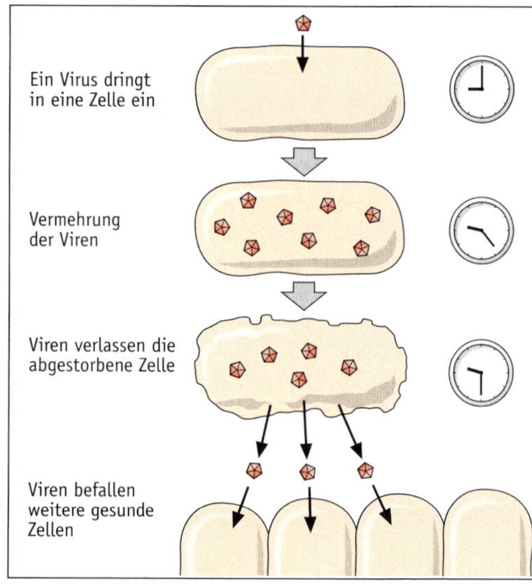

Vermehrung der Viren

Die von den Viren befallene, also infizierte Zelle wird „Wirtszelle" genannt. Beim Eindringen in die Wirtszelle setzt das Virus sein Erbmaterial frei. Dadurch wird der Stoffwechsel der Wirtszelle so verändert, dass die Zelle nur noch neue Viren bildet und die Zelle am Ende abstirbt. Die neu gebildeten Viren wiederum befallen weitere Zellen und die Infektion breitet sich aus. Das Aids-Virus z. B. infiziert bestimmte Arten von Leukozyten (weiße Blutkörperchen).
Viren, die Bakterien als Wirtszelle benutzen, werden **Bakteriophagen** genannt. Sie dringen in die Bakterienzelle ein und vermehren sich dort. Die Bakterienzelle platzt, die neu gebildeten Phagen werden frei und können sich an eine neue Bakterienzelle anheften (virulenter Zyklus).

Pilze

Zu den Mikroorganismen gehören auch einige Pilze, die ebenfalls Krankheiten, die sogenannten **Mykosen** (Pilzkrankheiten), hervorrufen können. Ihre Zellen enthalten einen Zellkern und haben Zellwände, die denen der Pflanzen sehr ähnlich sind. Da sie jedoch kein Chlorophyll (Blattgrün) enthalten und somit nicht zur Photosynthese (Aufbau von körpereigenen Substanzen mithilfe von Kohlenstoffdioxid und Sonnenlicht) fähig sind, werden sie nicht zu den Pflanzen gezählt.
Pilze kommen sowohl einzellig (Hefezellen) als auch vielzellig als fadenförmiges Geflecht (Schimmelpilze) vor. Sie vermehren sich entweder durch Zellteilung oder durch Sporenbildung.
Es existieren über 100 000 verschiedene Pilzarten, von denen jedoch nur etwa 100 Arten Krankheiten beim Menschen verursachen. Pilzinfektionen treten häufig bei Abwehrschwäche auf und befallen Haut und Schleimhäute.

Protozoen

Protozoen sind tierische Einzeller, die einen deutlich erkennbaren Zellkern enthalten. Zur Fortbewegung haben sie zum Teil Bewegungsorganellen wie Geißeln oder Wimpern.

Grampositive Kokken

Staphylokokken

- Staphylococcus aureus
  - Wundeiterungen, Furunkel (eitrige Entzündung des Haarbalgs und der Talgdrüse)
  - Panaritium (eitrige Fingerentzündung)

Streptokokken

(manche Streptokokken kommen als normale Besiedelung in Mundhöhle und Darm vor)

- Scharlach
- Tonsillitis (Mandelentzündung)

Grampositive Stäbchen

- Corynebacterium diphtheriae (Diphtherie)
- Clostridien (Fam. Bacillaceae)
  - Tetanus (Wundstarrkrampf)
  - Gasbrand
- Mykobakterien
  - Tuberkulose
  - Lepra

Gramnegative Kokken

Gonokokken

- Geschlechtskrankheit Gonorrhoe (Tripper)
- Meningokokken
- eitrige Meningitis (Hirnhautentzündung)

Gramnegative Kokkoide oder mehrgestaltige Zellparasiten

Chlamydien

- Chlamydia psittaci
  - Papageienkrankheit
- Chlamydia trachomatis
  - Entzündung der Harnröhrenschleimhaut
- Chlamydia trachantis
  - Augenbindehautentzündung

Gramnegative Schraubenbakterien

Spirochäten (spiralförmig)

- Borrelia
  - Erreger von Borreliosen
- Treponema pallidum
  - Erreger der Syphilis (Lues)

Therapieresistente Keime

- MRSA
  - Multi Methicillin resistenter Staphylococcus aureus
- VRE
  - Vancomycin resistenter Enterococcusfaecium/faecalis
  - ORSA
  - Oxacillin resistenter Staphylococcus aureus

Gramnegative Stäbchen

Escherichia coli

(normale Besiedlung im Dickdarm)

- häufiger Erreger von Harnweginfekten und Nierenbeckenentzündungen

Salmonellen

- Typhus, Paratyphus
- Esalmonellosen (Lebensmittelvergiftungen)

Shigellen

- Bakterienruhr

Bordetella pertussis

- Keuchhusten

Enterobacteriaceae

- Proteus
  - am häufigsten Harnweginfekte
- Klebsiella
  - häufig Harnweginfekte
- Serratia
  - z. B. Wundinfektionen
- Pseudomonas
  - z. B. Wundinfektionen

Helicobacter pylori

begünstigt die Entstehung von:

- Gastritis
  - Magenschleimhautentzündung
- Ulcus duodeni
  - Zwölffingerdarmgeschwür

Rickettsien

- Rickettsiosen (schwere Infektionskrankheiten) Unterteilung in:
  - Typhusgruppe
  - Zeckenbissfiebergruppe
  - Scrub-Typhusgruppe

Bakterien-Klassifikation

Beim Menschen werden hauptsächlich tropische Krankheiten wie die **Malaria**, die **Schlafkrankheit** oder die **Amöbenruhr** durch Protozoen verursacht.

Auch die **Toxoplasmose**, die während der Schwangerschaft zu Fehlgeburten oder Missbildungen führen kann, sowie die **Trichomonadeninfektion** (Infektion der Harnröhre oder Scheide) gehören zu den durch Protozoen verursachten Krankheiten.

Die Entwicklung der Protozoen erfolgt über einen Zwischenwirt, der selbst nicht erkrankt, aber dem Endwirt den Krankheitserreger weitergibt. Dieser weist dann deutliche Krankheitszeichen auf. Beispiel einer solchen Erkrankung ist die Malaria. Zwischenwirt ist die Stechmücke, die durch den Erreger nicht beeinträchtigt wird. Der Endwirt ist der Mensch, der schließlich an Malaria erkrankt.

Aufgaben

1. Es gibt verschiedene Formen von Bakterien. Nennen Sie die wichtigsten.
2. Was bedeutet der Begriff „apathogen"?
3. Was sind Parasiten? Nennen Sie verschiedene.
4. Was sind Mykosen und wo kommen sie beim Menschen vor?
5. Auf welchem Weg erkrankt der Mensch an Malaria?

2.2 Infektionsquellen

Ein Patient kommt in die Praxis und fängt an der Anmeldung kräftig zu husten an. Dabei hält er die Hand vor den Mund. Nach der Anmeldung begibt er sich ins Wartezimmer und blättert mehrere der ausliegenden Zeitschriften durch. Der Arzt holt ihn ins Sprechzimmer und gibt ihm zur Begrüßung die Hand. Während der Behandlung wird ein dringendes Telefongespräch ins Behandlungszimmer durchgestellt und vom Arzt entgegengenommen. Der Patient bekommt abschließend eine Spritze, die die Medizinische Fachangestellte entsorgt. So oder so ähnlich läuft oftmals der Praxisalltag ab. Die zahlreichen Infektionsquellen in der Arztpraxis sind in diesem Beispiel zumindest teilweise erkennbar.

Zunächst sind da die Personen, die sich in der Praxis aufhalten: die Patienten sowie der Arzt und sein Personal. Die Übertragung kann sowohl direkt von einer Person auf eine andere oder indirekt über die Praxiseinrichtung, z. B. Wände, Böden, Geräte, Instrumente usw., erfolgen. Ein häufiger Übertragungsweg ist die **Tröpfcheninfektion**. Bei ihr werden durch Husten oder Niesen einer infizierten Person erregerhaltige Tröpfchen auf eine weitere Person übertragen. Eine weitere nicht zu unterschätzende Infektionsquelle sind die menschlichen Untersuchungsmaterialien, z. B. Blut, Urin, Stuhl, Sputum, Abstriche, Gewebeproben. Der direkte Kontakt mit diesen Stoffen z. B. ohne Handschuhe ist unbedingt zu vermeiden! Die nachfolgende Aufzählung gibt einen Überblick über häufige Infektionsquellen und die gefährdeten Personen.

Infektionsquellen

- Praxisteam (Arzt, Medizinische Fachangestellte)
  - Hände, Kleidung, Atemluft
- Patienten
  - Hände, Atemluft, Untersuchungsmaterial der Patienten
- Geräte und Instrumente
  - kommen mit den Krankheitserregern direkt in Kontakt
- Fußböden, Wände, Einrichtungsgegenstände
  - hier sind besonders in den Ecken und Fugen, die sich schlecht reinigen lassen, Keime vorhanden
- Toiletten
  - Übertragung z. B. durch Handtücher oder direkten Kontakt mit den Sanitäreinrichtungen
- Abfälle
  - Behandlungsräume
  - Labor

Gefährdet sind dabei immer die Personen, die mit der Infektionsquelle in Berührung kommen, also das Praxisteam, die Patienten und das Reinigungspersonal der Praxis.

	Was	Wann	Womit (Konzentration/Einwirkzeit)	Wie
	Flächendesinfektion: Oberflächen, z. B. Arbeitsplatz, Liege[1], Geräte, Fußboden OP/Labor	nach jedem Patienten und am Ende des Arbeitstages	*Flächendesinfektionsmittel*	Scheuer-Wischdesinfektion[2], Wiederbenutzung nach Abtrocknen der Fläche
	Fußboden, Wände, Inventar	bei sichtbarer Kontamination		Kontamination mit Desinfektionsmittel- getränktem Tuch entfernen, anschließend Scheuer- Wischdesinfektion
	– sonst. Fußböden – WC	am Ende des Arbeitstages	*Haushaltsreiniger/ Sanitärreiniger*	Feuchtreinigung
	medizinischer Abfall (z. B. Tupfer, Verbände)	nach Gebrauch bzw. am Ende des Arbeitstages	Abfalleimer mit Müllbeutel	mit verschlossenem Müllbeutel in Hausmüll
	spitze, scharfe und zerbrechliche Gegenstände wie z. B. Kanülen, Skalpelle	nach Gebrauch bzw. am Ende des Arbeitstages	bruch- u. durchstichsicherer Behälter	mit verschlossenem Behälter in Hausmüll

Auszug aus einem Hygieneplan; vgl. Musterhygieneplan Arztpraxis 2006 – Allgemeine Grundlagen; http://www.kreis-pinneberg.de/pinneberg_media/Dokumente/Fachdienst+32/Musterhygieneplan+Arztpraxis.pdf; abgerufen am 02.02.2009

Aufgaben

1. Nennen Sie zwei Infektionsquellen innerhalb der Praxis.
2. Erklären Sie den Begriff „Tröpfcheninfektion".

2.3 Übertragungswege von Krankheitserregern

Krankheitserreger können auf verschiedenen Wegen in den menschlichen Organismus gelangen. Beispielsweise können die Krankheitserreger

- von Mensch zu Mensch,
- vom Tier zum Mensch,
- aus der Umwelt zum Mensch

gelangen.

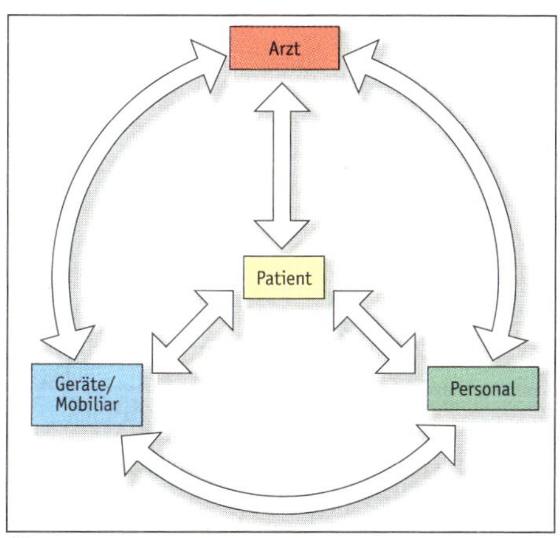

Übertragungswege von Krankheitserregern

[1] *Bei Verwendung von Papierauflagen Scheuer-Wischdesinfektion nur am Ende des Arbeitstages erforderlich, nach jedem Patienten neue Papierauflage verwenden.*

[2] *Fläche mit in gebrauchsfertiger Lösung getränktem Tuch abwischen; Desinfektionslösung täglich frisch unter Verwendung einer Dosierhilfe ansetzen (Wassertemperatur = Zimmertemperatur)*

Diese verschiedenen Infektionswege und die dafür jeweils typischen Krankheiten sind im folgenden Kapitel auf S. 291 aufgeführt.

3 Schutzimpfungen und Postexpositionsprophylaxe

3.1 Schutzimpfungen

Situation

„Gestern ist mein kleines Patenkind geimpft worden", erzählt Julia Koch ihren Kolleginnen beim Mittagessen. „Wogegen denn?" fragt Nezire interessiert. „Gegen Masern, Mumps und Röteln", erwidert Julia, „heute Morgen hatte der Kleine etwas Fieber und quengelig ist er auch." „Wie alt ist er denn?" will Katrin wissen. „Er ist gerade ein Jahr alt geworden", antwortet Julia. „Du meine Güte, muss man so kleine Kinder denn schon impfen?" Katrin sieht ihre Kolleginnen ratlos an, „Sind das nicht harmlose Kinderkrankheiten?" Bevor Julia antworten kann, fällt ihr Blick auf ihre Uhr: „Schnell zurück ins Praxiszentrum. Unsere Mittagspause ist zu Ende."

Jeder von uns ist sicher als Kind oder auch als Erwachsener schon einmal geimpft worden. Diese Impfungen sollen eine künstlich erzeugte Immunität (immunitas = das Freisein) bewirken, z. B. gegen Kinderlähmung (Polio) oder Röteln. Eine natürliche Immunität entsteht bei einer Erkrankung an bestimmten Infektionskrankheiten (z. B. Masern, Mumps, Röteln). Diese Krankheiten hinterlassen bei den Patienten nach der Genesung einen lang andauernden Schutz vor einer erneuten Infektion. Das bedeutet, der Patient ist immun gegenüber diesen Krankheitserregern. Durch die Impfung wird die Erkrankung entweder verhindert oder ihr Verlauf kann gemildert werden.

Immunität – Widerstandsfähigkeit des Körpers gegen Krankheitserreger oder deren Giftstoffe,
Schutzimpfung – künstliche Erzeugung einer Immunität

Durch die Möglichkeit der Impfungen sind einige Infektionskrankheiten fast vollständig ausgerottet. Schutzimpfungen werden bei Kindern von den ersten Lebenswochen an nach einem festen Impfplan durchgeführt. Aber auch Erwachsene sollten sich impfen lassen, z. B. Auffrischimpfungen (Tetanus, Polio, Röteln). Da Infektionskrankheiten aus tropischen Ländern in den letzten Jahren bei uns häufiger auftreten, ist es wichtig, Patienten mit solchen Reisezielen oder Patienten mit besonderen Gesundheitsrisiken auf die Möglichkeit oder Notwendigkeit solcher Impfungen hinzuweisen.
Ein weiterer Grund für Impfungen bei Erwachsenen ist der Schutz vor **Epidemien** (= gehäuftes Auftreten einer Infektionskrankheit in einem begrenzten Gebiet und Zeitraum), z. B. Grippe. Außerdem sollten alle Beschäftigten im Gesundheitsdienst gegen Hepatitis B geimpft sein, da die Übertragung des Hepatitis-B-Virus durch Blut erfolgt. Schutzimpfungen werden in aktive Impfung, passive Impfung und Simultanimpfung (simultan = gleichzeitig) unterteilt.

Infektionsart	Übertragungsweg	Krankheit
Tröpfcheninfektion	Beim Sprechen, Husten oder Niesen eines Infizierten geraten die Krankheitskeime als Tröpfchen in die Luft und können so vom Gesunden beim Einatmen aufgenommen werden. Schwebstoffe in der Luft mit einer Teilchengröße von ca. 1 µm bis 1 nm heißen Aerosole (aer = Luft, solutio = Lösung).	Grippe Windpocken Masern Tuberkulose Scharlach Diphtherie Keuchhusten Pocken
Schmierinfektion	Übertragung der Krankheitskeime durch Verschmieren von infektiösem Material, z. B. Blut, Eiter, Stuhl.	fäkal-orale Infektion, z. B. Hepatitis A und E, Polio
Wasser- und Nahrungsmittelinfektion	Aufnahme von Keimen durch Nahrung oder Wasser in den Verdauungstrakt.	Typhus Cholera Salmonellenenteritis
Perkutane Infektion (per = durch, cutis = Haut)	Übertragung durch Bisse und Stiche von Tieren sowie durch Injektionen durch die Haut.	Malariaübertragung durch Mückenstich, Hepatitis B, z. B. durch infizierte Injektionskanüle
Kontaktinfektion	Übertragung von Krankheitserregern durch Berührung eines infizierten Menschen oder Tiers.	s. Tröpfchen- bzw. Schmierinfektion
Perinatalinfektion (natalis = bei der Geburt)	Übertragung von Krankheitserregern von der Mutter auf das Kind vor oder während der Geburt.	z. B. Bakterien der Gattungen Streptokokken, Klebsiella
Ein weiterer Übertragungsweg ist der ungeschützte Geschlechtsverkehr, z. B. beim Aids-Virus, sowie die Übertragung von Blut eines Infizierten auf eine andere Person (Aids-Virus, Hepatitis-B-Virus).		

Infektionen und ihre Übertragungswege

Exkurs

Seit 1998 wird von der ständigen Impfkommission am Robert Koch-Institut (STIKO) ein Poliomyelitis-Impfstoff zur Injektion empfohlen. Dieser Impfstoff enthält nicht vermehrungsfähige (inaktivierte) Polioviren (**IPV**). Der zuvor verwendete Polio-Lebendimpfstoff enthält vermehrungsfähige abgeschwächte Polioviren, die als Schluckimpfung verabreicht wurden (orale Polio-Vakzine = **OPV**). Nach Impfung mit OPV kann es in seltenen Fällen zu paralytischen Poliomyelitiden kommen. Dieses Risiko besteht bei dem zu injizierenden Impfstoff nicht. Als Empfehlung zum Impfkalender für Säuglinge, Kinder und Jugendliche gilt: IPV wird als Kombinationsimpfstoff (Fünffachimpfung) empfohlen. Das bisherige Impfschema, das mit dem dritten Lebensmonat beginnt, bleibt unverändert. Mit Beginn des elften Lebensjahres wird für Jugendliche bis zum 18. Lebensjahr eine Wiederimpfung angeraten. Ungeimpfte Erwachsene sollten ebenfalls mit IPV geimpft werden. Eine routinemäßige Wiederimpfung ab dem vollendeten 18. Lebensjahr wird nicht empfohlen.

Aktive Impfung

Bei dieser Art der Impfung werden dem Patienten abgeschwächte oder abgetötete Krankheitserreger oder inaktivierte Gifte (Toxine), sogenannte **Toxoide** zugeführt.

Der Körper der geimpften Person bildet gegen diese Krankheitserreger bzw. Toxoide **Antikörper** (Abwehrstoffe). Die Antikörper führen zu einer Immunität gegen die Erkrankung, die durch diese Erreger oder Toxoide hervorgerufen wird. Bei der aktiven Schutzimpfung besteht ein Impfschutz erst einige Zeit nach der Impfung, da die Antikörper erst gebildet werden müssen. Ein ausreichender Schutz ist bei vielen dieser Impfungen erst nach mehrmaligen Gaben gewährleistet. Diese Gaben erfolgen nach einem festen Schema (Impfkalender) und werden als „Grundimmunisierung" bezeichnet. Diese sollte bei Kindern im zweiten Lebensjahr abgeschlossen sein. Kinder erhalten die Impfungen als Mehrfachimpfungen (gleichzeitiger Schutz vor mehreren Infektionskrankheiten). Wenn der Impfschutz nach einiger Zeit nachlässt, sind Auffrischimpfungen erforderlich, damit der Schutz dauerhaft bestehen bleibt.

Passive Impfung

Bei der passiven Impfung werden keine eigenen Antikörper gebildet, sondern fremde Antikörper verabreicht. Der Schutz besteht praktisch direkt nach der Impfung, hält jedoch nur ca. drei bis vier Wochen. Durch diese Art der Impfung kann der Verlauf einer Infektionskrankheit abgeschwächt werden.

Die Antikörper werden heute fast ausschließlich aus menschlichem **Blutserum** (= der flüssige Bestandteil des Blutes) gewonnen.

Simultanimpfung

Dies ist die gleichzeitige Durchführung von aktiver und passiver Impfung. Der Vorteil besteht im schnell eintretenden Schutz der Passivimpfung und dem Langzeitschutz durch die Aktivimpfung. Eine Simultanimpfung wird beispielsweise bei verletzten Personen zur Vorbeugung von Wundstarrkrampf (Tetanus) durchgeführt, wenn kein ausreichender Tetanusschutz besteht.

Malariaprophylaxe

Sehr wichtig für die Malariaprophylaxe ist der Schutz vor Mückenstichen und die Bekämpfung der Mücken.

Maßnahmen gegen Mücken

- stehendes Gewässer in der Nähe von Wohnhäusern meiden,
- im Wohnungsinneren das Eindringen von Mücken verhindern (Fenster- und Türgitter).

Maßnahmen gegen Mückenstiche

Bei Eintritt der Dunkelheit sollten langärmelige Kleider bzw. lange Hosen und Socken getragen werden. Die Kleidung ist mit einem insektenabstoßenden Mittel einzusprühen. Die unbedeckten Körperstellen sind mit insektenabstoßenden Mitteln einzureiben. Geschlafen werden sollte unter einem Moskitonetz.

Chemoprophylaxe

Die Chemoprophylaxe bzw. suppressive Therapie wird grundsätzlich für Aufenthalte in Malariagebieten empfohlen. Allerdings gewährt keine Chemoprophylaxe hundertprozentigen Schutz. Sie wird allerdings nicht empfohlen bei:

- Aufenthalten von nur wenigen Tagen,
- Aufenthalten mit sehr niedrigem Übertragungsrisiko,
- Aufenthalten außerhalb der Übertragungsperioden.

Die **Dauer der Einnahme** beginnt eine Woche vor Reiseantritt bzw. vor dem ersten Betreten eines Malariagebietes. Eine weitere Einnahme erfolgt während des Aufenthalts und bis zu vier Wochen nach der Rückreise bzw. nach Verlassen des Malariagebiets.

Notfallmedikament

Dies ist ein Medikament, das der Reisende für den Fall benötigt, dass die Vorsorgemaßnahmen gegen Malaria versagen sollten. Angewandt wird es bei jeder Art von Fieber. Wenn das nicht möglich ist, ist innerhalb von zwölf Stunden ein Arzt aufzusuchen. Im Falle einer schweren Malaria ist die Notfallbehandlung kaum wirksam.

Empfohlenes Impfalter*	Impfung gegen
ab Beginn 3. Lebensmonat	1. Impfung gegen Diphtherie, Pertussis (Keuchhusten), Tetanus (Wundstarrkrampf), Haemophilus influenzae Typ b (Hib), Poliomyelitis (Kinderlähmung), Hepatitis B. 1. Impfung gegen Pneumokokken für Kinder mit erhöhter gesundheitlicher Gefährdung
ab Beginn 4. Lebensmonat	2. Impfung gegen Diphtherie, Pertussis (Keuchhusten), Tetanus (Wundstarrkrampf) und Haemophilus influenzae Typ b (HIB), Poliomyelitis (Kinderlähmung)
ab Beginn 5. Lebensmonat	3. Impfung gegen Diphtherie, Pertussis (Keuchhusten), Tetanus (Wundstarrkrampf) und Haemophilus influenzae Typ b (HIB), Poliomyelitis (Kinderlähmung) 2. Impfung gegen Hepatitis B
ab Beginn 12. bis 15. Lebensmonat	4. Impfung gegen Diphtherie, Pertussis (Keuchhusten), Tetanus (Wundstarrkrampf) und Haemophilus influenzae Typ b (HIB), Poliomyelitis (Kinderlähmung) 3. Impfung gegen Hepatitis B 1. Impfung gegen Masern, Mumps und Röteln
ab Beginn 16. bis 24. Lebensmonat	2. Impfung gegen Masern, Mumps und Röteln
zwischen 5. und 6. Lebensjahr	1. Auffrischimpfung gegen Diphtherie und Tetanus
ab Beginn 10. Lebensjahr	1. Auffrischimpfung gegen Pertussis und Poliomyelitis 2. Auffrischimpfung gegen Diphtherie und Tetanus 2. Impfung gegen Masern, Mumps und Röteln (wenn noch nicht erfolgt) 3. Impfung gegen Hepatitis B (wenn noch nicht erfolgt)
* Abweichungen vom empfohlenen Impfalter sind möglich und unter Umständen notwendig. Die angegebenen Impftermine berücksichtigen die für den Aufbau eines Impfschutzes notwendigen Zeitabstände zwischen den Impfungen.	

Auszug aus dem Impfkalender für Kinder und Jugendliche, basierend auf den Empfehlungen der Ständigen Impfkommission (Juli 2008)

3.2 Postexpositionsprophylaxe

Die Postexpositionsprophylaxe (expositio = Aussetzung, Darstellung), abgekürzt **PEP**, findet bei verschiedenen Infektionskrankheiten Anwendung, um das Ausbrechen der Erkrankung oder deren Chronifizierung zu verhindern. Alle im medizinischen Bereich Tätigen haben trotz Einhaltung sämtlicher Vorsichtsmaßnahmen (Impfungen, UVV usw.) ein gewisses Infektionsrisiko

beim Umgang mit Blut oder anderen potenziell infektiösen Flüssigkeiten wie z. B. bei HIV, Hepatitis B und C. Dies gilt insbesondere für Stich- oder Schnittverletzungen, z. B. mit Kanülen, Nadeln, Skalpellen oder für die Benetzung von Wunden bzw. Schleimhäuten.
Bei einer erfolgten Kontamination sollten folgende **Sofortmaßnahmen** eingeleitet werden:

- Verletzung inspizieren, eventuell Blutaustritt fördern,
- sofortige Reinigung unter fließendem Wasser, danach desinfizieren mit virusinaktivierendem Desinfektionsmittel,
- Instrument, welches die Verletzung verursacht hat, inspizieren, ob mit Blut kontaminiert,
- Benachrichtigung des Arbeitgebers/Arztes,
- Dokumentation der Verletzung.

Des Weiteren klären, ob der Patient mit HIV, Hepatitis B oder C infiziert ist. Der Arzt entscheidet, ob außer der beschriebenen PEP eine medikamentöse PEP durchgeführt werden muss.

Aufgaben

1. Was versteht man unter der Abkürzung PEP?
2. Welche Sofortmaßnahmen sollten bei erfolgter Kontamination mit Blut eingeleitet werden?
3. Was bedeutet Immunität?
4. Was ist eine Simultanimpfung?
5. Wann ist eine Simultanimpfung empfehlenswert?
6. Wie lange besteht ein Impfschutz bei einer passiven Impfung?
7. Bis zu welchem Lebensalter sollte die Grundimmunisierung der Impfungen abgeschlossen sein?
8. Nach welchem Schema erfolgt die Grundimmunisierung?
9. Woraus werden die bei einer passiven Impfung verabreichten Antikörper meist gewonnen?

4 Hygienische Maßnahmen in der Arztpraxis

Situation

„Ich habe in einer Zeitschrift gelesen, dass früher viele Frauen im Wochenbett gestorben sind, weil sich Hebammen und Ärzte die Hände nicht ausreichend gereinigt haben", erzählt Katrin. Zufällig kommt Frau Dr. Schmitz um die Ecke. „Das stimmt", sagt sie, „und in unserem Praxisalltag spielen hygienische Maßnahmen eine große Rolle. Sie schützen Patienten, Ärzte und Medizinische Fachangestellte vor der Übertragung von Krankheitserregern. Mein Kollege, der Chirurg Herr Dr. Böcker, und ich möchten daher für alle unsere Mitarbeiterinnen schon bald eine Fortbildung zu diesem Thema anbieten."

Das wichtigste Ziel hygienischer Maßnahmen in der Arztpraxis ist es, die Übertragung von Krankheitserregern zu unterbrechen oder zu verhindern. Nur so ist ein effektiver Schutz von Patienten und Personal gewährleistet. Eine Medizinische Fachangestellte muss über alle Schutzmaßnahmen und deren Anwendung Bescheid wissen und diese auch anwenden können. Die Grundlagen der medizinischen Hygiene sind vor allem den Naturwissenschaftlern Semmelweis, Lister und Pasteur (19. Jahrhundert) zu verdanken. Ignaz Semmelweis entdeckte, dass das Wochenbettfieber durch eine Kontaktinfektion ausgelöst wurde. Er veranlasste die Reinigung der Hände und Instrumente mit Chlorkalk. Dadurch gingen die Todesfälle durch Wochenbettfieber erheblich zurück. Der Chemiker und Biologe Pasteur entdeckte, dass Keime überall in der Luft vorhanden sind und durch Hitze abgetötet werden können. Er schuf damit die Grundlage der

Sterilisation. Die Entdeckung Pasteurs nutzte der Chirurg Lister und begann das Operationsfeld (Instrumente, Chirurg, Wunde) mit Karbolsäure zu besprengen. Im folgenden Kapitel werden hygienische Maßnahmen sowie die entsprechenden Vorschriften behandelt.

4.1 Desinfektion

Um die bereits angesprochene Übertragung von Krankheitserregern möglichst zu verhindern, lassen sich verschiedene Verfahren zur **Desinfektion** anwenden. Desinfizieren heißt, einen Gegenstand so zu behandeln, dass er nicht mehr infizieren kann. Die pathogenen Keime werden abgetötet oder reduziert. Ein desinfizierter Gegenstand ist somit **nicht keimfrei**.

Durch Desinfektion werden pathogene Mikroorganismen abgetötet, reduziert oder inaktiviert, sodass sie nicht mehr infizieren können.

Die Desinfektion erfolgt meist mit chemischen Verfahren (flüssige Desinfektionslösungen), es finden jedoch auch physikalische Verfahren Anwendung. Die Wirksamkeit der Desinfektion hängt ab von:

- der Wahl der Methode,
- der Konzentration der chemischen Mittel,
- der Einwirkungszeit der chemischen Mittel und physikalischen Methoden,
- der Temperatur der physikalischen Methoden.

Je nach Wirkung auf die Keime werden folgende Begriffe verwendet:

- die Endung **-zid**, wenn Keime **abgetötet** werden
  - bakterizid: Abtötung von Bakterien,
  - viruzid: Abtötung von Viren,
  - fungizid: Abtötung von Pilzen.
- die Endung **-statisch**, wenn die Keime **inaktiviert**, d. h. in Funktion und Wachstum gehemmt werden
  - bakteriostatisch: Inaktivierung von Bakterien,
  - virostatisch: Inaktivierung von Viren,
  - fungistatisch: Inaktivierung von Pilzen.

Desinfektion mit chemischen Mitteln

Anorganische Desinfektionsmittel:

- **Halogene:** Chlor, Jod (z. B. Desinfektion kleinerer Wunden),
- **Oxidationsmittel:** Wasserstoffperoxid – H_2O_2 (auch zur Reinigung von Wunden, Ablösen von Verbänden), Kaliumpermanganat – $KMnO_4$ (z. B. Spülungen von Wunden und Schleimhäuten), Quecksilberverbindungen (Haut- und Wunddesinfektion).

Organische Desinfektionsmittel:

- **Alkohole:** z. B. Ethanol, n-Propanol, Isopropanol (z. B. zur Hautdesinfektion bei Injektionen),
- **Formaldehyd:** (z. B. Raumdesinfektion), die Dämpfe verursachen Reizungen der oberen Luftwege,
- **Phenole und Phenolderivate:** (z. B. Haut-, Wund-, Instrumenten- und Wäschedesinfektion),
- **oberflächenaktive Substanzen:** (Seifen).

Desinfektion mit physikalischen Mitteln

- **Strahlen:** UV-C-Licht – ultraviolettes Licht wird zur Desinfektion der Raumluft in Operationssälen und Laboratorien verwendet.
- **Thermisch** (Hitze): z. B. Wäsche- und Instrumentendesinfektion. Es gibt Verfahren mit trockener und feuchter Hitze.

Dosierung der Desinfektionsmittel

Desinfektionsmittel müssen zur Anwendung meistens selbst verdünnt werden. Die Hersteller geben die entsprechenden Dosierungen an und liefern dazu meist automatische Dosierflaschen oder Messbecher. Im Allgemeinen wird die Desinfektionslösung mit Leitungswasser angesetzt, in Ausnahmefällen mit Aqua dest. Die Konzentrationsangaben müssen eingehalten werden. Falsche Dosierungen vermindern die Desinfektionswirkung. Zudem schadet eine Überdosierung meist dem zu desinfizierenden Gegenstand und der Umwelt.

Grundregeln der Desinfektion

- Desinfektionsmittel müssen zugelassen und geprüft sein. Eine entsprechende Liste ist erhältlich beim Robert Koch-Institut, Nordufer 20, 13353 Berlin.
- Konzentration, Einwirkzeit und Anwendung nach Gebrauchsanweisung.
- Kein heißes Wasser verwenden, da wegen Verdunstung das Mittel dann eingeatmet wird.
- Hautkontakt bei Flächen-, Instrumenten- und Apparatedesinfektion vermeiden.
- Wirksame Flächendesinfektion durch die **„Zwei-Eimer-Methode"**. In einem Eimer ist die Desinfektionslösung, im anderen ist frisches Wasser. Die Desinfektionslösung wird auf der Fläche verteilt, wieder aufgenommen und in dem zweiten Eimer ausgepresst.
- Aushängen eines Hygieneplans in der Praxis. Er enthält die schriftliche Anleitung der Maßnahmen zur Desinfektion und Reinigung für die einzelnen Arbeitsbereiche (BGR/TRBA 250).

Haut- und Händedesinfektion

Vor jeder Injektion, Punktion, Infusion und chirurgischen Eingriffen muss die betreffende Hautpartie zuerst **gereinigt** und dann **desinfiziert** werden. Als Reinigungsmittel sind Wundbenzin oder Äther geeignet, zur Desinfektion wird Isopropanol (70 %) oder ein Hautdesinfektionsspray verwendet.
Es gibt zwei Arten der Händedesinfektion:

- die hygienische,
- die chirurgische.

Hygienische Händedesinfektion

Sie soll verhindern, dass der Arzt oder die Medizinische Fachangestellte Keime von einem Patienten auf den anderen übertragen oder sich selbst infizieren.
Die **trockenen** Hände werden mit 3 ml eines entsprechenden Desinfektionsmittels (DGHM Liste) eingerieben. Die Einreibedauer beträgt mindestens 30 Sekunden. Das Desinfektionsmittel soll aus einem Wandspender, der mit dem Ellbogen zu bedienen ist, entnommen werden. Eine Händedesinfektion ist z. B. notwendig vor und nach jeglichem Kontakt mit Wunden, vor Patientenkontakt, nach Kontakt mit Körperflüssigkeiten, nach Kontakt mit Patienten, von denen Infektionen ausgehen können, nach Ablegen von Schutzhandschuhen bei erfolgtem oder wahrscheinlichem Erregerkontakt oder massiver Verunreinigung.

Chirurgische Händedesinfektion

Sie erfolgt vor Operationen und soll so weit wie möglich Keimarmut auf Händen und Unterarmen gewährleisten. Keimfreiheit ist auf der Haut nicht möglich. Hierbei gilt: **Zuerst reinigen, dann desinfizieren!**
Die Hände, Fingernägel und Unterarme werden zunächst gründlich mit Wasser, Seife und Bürste gereinigt (mindestens drei Minuten). Anschließend werden sie mit einem Einmalhandtuch ge-

trocknet, woraufhin zweieinhalb Minuten Unterarme und Hände, danach zweieinhalb Minuten nur die Hände mit einem Desinfektionsmittel aus einem Wandspender eingerieben werden. Danach sofort sterile Handschuhe anziehen.

Wunddesinfektion

Es sollte möglichst eine Wischdesinfektion angewendet werden, es ist jedoch auch eine Sprühdesinfektion möglich.

Flächendesinfektion

Sie muss in Behandlungs- und Therapieräumen sowie in Labors durchgeführt werden. Außerdem an allen Flächen mit Gefahr der **Kontamination** (Verunreinigung) wie z. B. Liegen, Röntgen- und Labortische. Kleine oder schlecht zu erreichende Flächen können mit einer Sprühdose desinfiziert werden. Grundsätzlich ist jedoch die Wisch- und Scheuerdesinfektion vorzuziehen, da die Dämpfe beim Sprühen schädlich für die Atemwege sind.

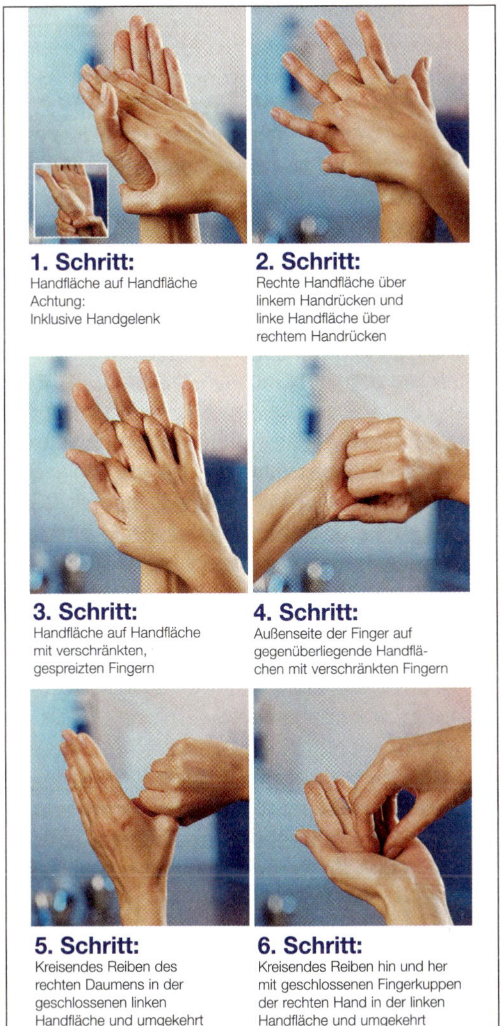

Händedesinfektion (Quelle: BODE Chemie GmbH & Co. KG)

Hygienische Händedesinfektion

Staphylococcus aureus	Auslöser von Wund- und Harnwegsinfekten, Pneumonien und Sepsen
Enterococcus faecalis	Auslöser von Harnwegsinfekten und Sepsen
Escherichia coli	Auslöser von Wundinfektionen und Harnwegsinfekten
Pseudomonas aeruginosa	Auslöser von Atemwegsinfektionen
Candida albicans	Auslöser von Harnweginfektionen, besonders auf Intensivstationen

Die häufigsten durch Hände übertragbaren Keime und ihre Risiken

Bei der Desinfektion von größeren Flächen und Fußböden ist die Zwei-Eimer-Methode am geeignetsten (siehe S. 296). Fußböden werden am besten mit Formalin- oder Phenolpräparaten desinfiziert. Die Flächendesinfektion ist Sache der Medizinischen Fachangestellten, die Raumpflegerin darf nur reinigen.

Raumdesinfektion

Eine Raumdesinfektion ist in Arztpraxen so gut wie nie notwendig. Sie erfolgt durch Formalinräucherung oder mit UV-C-Strahlen.

Wäschedesinfektion

Bei waschbaren Textilien erfolgt die Desinfektion durch Kochen oder Wasserdampf, durch chemische Desinfektion oder eine Kombination mit chemothermischer Desinfektion. Nicht waschbare Textilien werden durch Wasserdampf, Formaldehyd und Wasserdampf oder chemische Reinigung desinfiziert.

Desinfektion von Ausscheidungen

Ausscheidungen, bei denen eine Infektionsgefahr besteht, müssen vor der Entsorgung desinfiziert werden. Dies sind z. B. Kulturen von Krankheitskeimen, infizierte Körperflüssigkeiten und Sputum von Tuberkulosekranken.

Instrumentendesinfektion

Gebrauchte Instrumente können mit Keimen kontaminiert sein. Die Desinfektion soll sofort nach Gebrauch erfolgen. Hierbei gilt: **Zuerst desinfizieren, dann reinigen, dann sterilisieren!**
Folgendes ist bei der Instrumentendesinfektion zu beachten:

- Für den jeweiligen Anwendungsbereich ein entsprechendes Mittel auswählen.
- Die Instrumente sofort nach Gebrauch zerlegt in eine nach Anleitung vorbereitete Desinfektionslösung einlegen. Sie müssen vollständig mit Lösung bedeckt sein.
- Die Desinfektionszeit beginnt mit dem Einlegen des letzten Gegenstands und richtet sich nach der Anleitung.
- Zur anschließenden Reinigung werden die Instrumente mit Einmalhandschuhen aus dem Desinfektionsbad genommen und müssen in ihrer Funktion überprüft werden.
- Vor weiterem Gebrauch müssen die Instrumente sterilisiert werden.

Thermolabile (hitzeempfindliche) Instrumente, wie z. B. Endoskope, sind nicht sterilisierbar. Sie werden nach Herstellerangabe zerlegt und desinfiziert.

FALSCH

Mikroorganismen werden nicht abgetötet.

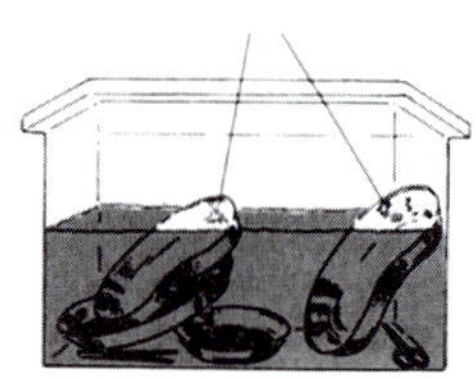

RICHTIG

Alle zu desinfizierenden Gegenstände werden benetzt, die Mikroorganismen werden abgetötet.

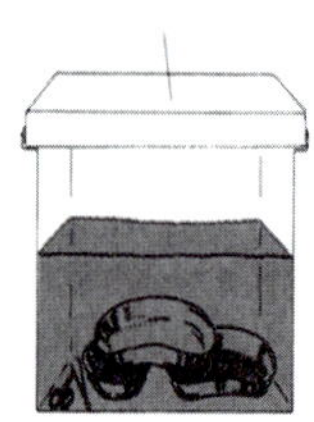

Desinfektion von Instrumenten

Aufgaben

1. Erklären Sie den Begriff „Desinfektion".
2. Nennen Sie den Fachausdruck für die Abtötung von Bakterien.
3. Geben Sie ein Beispiel für chemische Desinfektion.
4. Wann wird die „Zwei-Eimer-Methode" angewendet?
5. Sie sollen einen Liter einer 3%igen Desinfektionslösung herstellen. In welchem Verhältnis mischen Sie Lösung und Wasser?
6. Welche Reihenfolge der Arbeitsgänge muss bei der Instrumentendesinfektion eingehalten werden?
7. Mit welchen Strahlen wird die physikalische Desinfektion durchgeführt?

4.2 Sterilisation

Im Gegensatz zur Desinfektion, bei der nur die pathogenen Keime abgetötet werden, wird bei der Sterilisation die **Abtötung aller Mikroorganismen sowie deren Dauerformen** (Sporen) erreicht. Folgende Sterilisationsverfahren werden unterschieden:

- Dampfsterilisation,
- Heißluftsterilisation,
- Sterilisation mit radioaktiven Strahlen,
- Gassterilisation,
- Sterifiltration,
- Verbrennung.

	Was?	Womit?	Wie?	Wann?	Wer?
	Hygienische Händedesinfektion		In die trockenen Hände bis zur vollständigen Auftrocknung einreiben. – Erst desinfizieren dann waschen –	Vor bzw. nach der Behandlung. Nach Tätigkeiten mit Kontaminationsgefahr.	
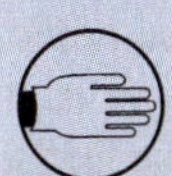	Schutzhandschuhe		Dünnwandige, flüssigkeitsdichte Handschuhe benutzen.	Bei möglichem Kontakt mit Blut, Ausscheidungen, Eiter, hautschädigenden Stoffen.	
	Hautdesinfektion		Hautareal vollständig benetzen.	Vor Injektionen, Punktionen und operativen Eingriffen.	
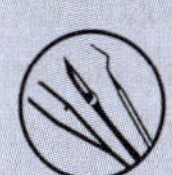	Thermostabile Instrumente		Direkt nach Gebrauch in Anwendungslösung einlegen, auf vollständige Benetzung achten. Nach Ablauf der Einwirkzeit Instrumente entnehmen, unter fließendem Wasser abspülen und trocknen. Thermostabile Instrumente ggf. der Sterilisation zuführen.	Unmittelbar nach Gebrauch.	
	Thermolabile Instrumentarien, z. B. Endoskope				
	Patientennahe Flächen, z. B. Behandlungsliegen, Ablagen		Flächen vollständig benetzen, Desinfektionsmittel antrocknen lassen.	Vor bzw. nach Patientenwechsel.	

Auszug aus dem Hygieneplan für die Praxis; vgl. Musterhygieneplan Arztpraxis 2006 – Allgemeine Grundlagen; http://www.kreis-pinneberg.de/pinneberg_media/Dokumente/Fachdienst+32/Musterhygieneplan+Arztpraxis.pdf; abgerufen am 02.02.2009

Antisepsis (anti = gegen, sepsis = Fäulnis) ist die Maßnahme zur Hemmung bzw. Vernichtung von pathogenen Keimen in Wunden durch chemische Mittel. Durch Antisepsis kann keine Keimfreiheit erreicht werden. Dies gelingt nur durch die **Asepsis**. Dabei wird durch Sterilisation Keimfreiheit aller Gegenstände erreicht, die mit Wunden in Berührung kommen.

Durch Sterilisation werden alle Mikroorganismen und ihre Dauerformen abgetötet oder entfernt, sodass völlige Keimfreiheit entsteht.

Dampfsterilisation (Autoklav)

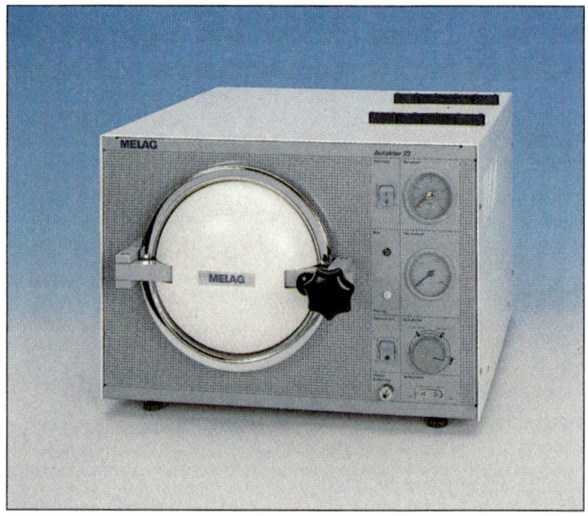

Autoklav

Bei normalem Luftdruck (1013 hPa = Hektopascal) siedet Wasser in einem offenen Gefäß bei 100 °C. Wird das Wasser jedoch in einem geschlossenen Gefäß zum Sieden gebracht, kann der entstehende Wasserdampf nicht entweichen. Er entwickelt Druck auf die Gefäßwände, es entsteht **gespannter Dampf**.
Mit dem steigenden Druck erhöht sich auch der Siedepunkt des Wassers. Bei doppeltem Luftdruck (2026 hPa) liegt er bei 121 °C, bei dreifachem Druck (3039 hPa) bei 134 °C. Diese physikalische Gesetzmäßigkeit wird bei der Dampfsterilisation ausgenutzt. Der unter Druck stehende wärmere Dampf hat eine wesentlich höhere keimabtötende Wirkung als Wasserdampf mit 100 °C.
Die Dampfsterilisation wird in einem verschließbaren Druckkessel durchgeführt. Das Gerät wird als **Autoklav** (autos = selbst, clavis = Riegel) bezeichnet. Um eine einwandfreie Sterilisation zu erreichen, muss der Druckkessel vollständig mit Dampf gefüllt sein **(gesättigter Dampf)**, d. h., es darf keine Restluft vorhanden sein. Außerdem muss darauf geachtet werden, dass genügend destilliertes Wasser im Vorratsbehälter vorhanden ist. Bei einer zu geringen Wassermenge entsteht ungesättigter Dampf, der eine geringere Sterilisierleistung hat als gesättigter Wasserdampf.

Praktische Durchführung

Vor Beginn des Sterilisationsvorganges wird die im Autoklav enthaltene Luft über ein Auslassventil durch den Dampf ausgetrieben oder mit einer Vakuumpumpe abgesaugt. Sobald Dampf am Auslassventil erscheint, kann es geschlossen werden, da die gesamte Luft entwichen ist. Die Betriebszeit eines Autoklaven setzt sich zusammen aus:

- **Anheizzeit:** Zeit vom Beginn der Erwärmung bis zum Erreichen der Siedetemperatur von 100 °C.
- **Entlüftungszeit:** Zeit, bis die Luft vollständig entwichen ist.
- **Steigzeit:** Zeit vom Ende der Entlüftung bis zum Erreichen der Betriebstemperatur (121 °C oder 134 °C).
- **Ausgleichszeit:** Zeit vom Erreichen der Betriebstemperatur bis zum Temperaturausgleich an allen Stellen des Sterilisierguts. Sie hängt vom Gerätetyp und vom Sterilisiergut ab. Bei Metallinstrumenten, die gute Wärmeleiter sind, ist die Ausgleichszeit relativ kurz, bei Textilien dagegen wesentlich länger.
- **Abtötungszeit:** Zeit, in der alle Keime abgetötet werden (eigentliche Sterilisierzeit). Sie beträgt einschließlich eines Sicherheitszuschlags **20 Minuten bei 121 °C und 5 Minuten bei 134 °C.**
- **Abkühlzeit:** Zeit vom Ende der Abtötungszeit bis zum Temperaturabfall auf 80 °C.

Moderne Autoklaven arbeiten vollautomatisch und bieten optimale Sicherheit. Bei älteren Autoklaven müssen folgende Punkte beachtet werden:

- Wird das Gerät nicht richtig verschlossen oder zu früh geöffnet, kann es zu Verletzungen durch austretenden Dampf kommen.
- Bei zu hohem Druck oder schlechten Ventilen besteht Explosionsgefahr.
- Überprüfungszeitraum: alle zwei Jahre.

Sterilisiergut: Im Autoklaven können neben Metallinstrumenten auch Glas, Porzellan, Textilien, Gummiwaren, Watte, Zellstoff und Flüssigkeiten sterilisiert werden. Die Instrumente und Materialien müssen vor der Sterilisation gereinigt bzw. desinfiziert werden, da Verschmutzung die Abtötung der Keime verhindern kann. Zur Überprüfung der Sterilisationswirkung gibt es Thermoindikatoren bzw. biologische Indikatoren.

Heißluftsterilisation

Bei diesem Sterilisationsverfahren wird mit trockener Hitze gearbeitet. Da viele Mikroorganismen in trockenem Zustand sehr hitzebeständig sind, muss mit Temperaturen zwischen 180 °C und 200 °C sterilisiert werden. Damit die erhitzte Luft gleichmäßig verteilt wird, enthalten die meisten Geräte eine Vorrichtung zur Luftumwälzung. Die Betriebszeit eines Heißluftsterilisators setzt sich zusammen aus:

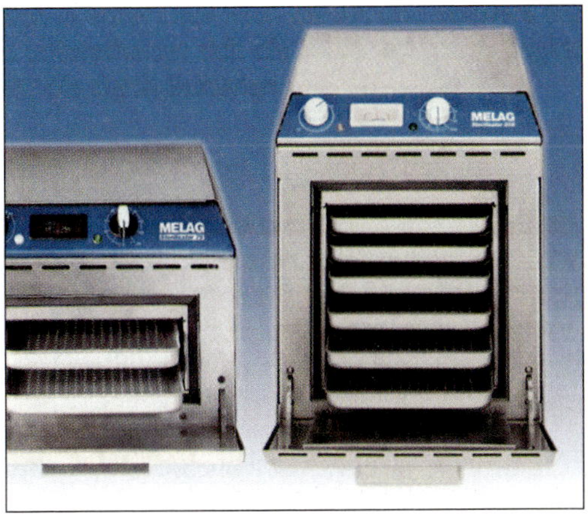

Heißluftsterilisator

- **Anheizzeit:** Zeit vom Beginn der Wärmezufuhr bis zum Erreichen der Betriebstemperatur (180 °C bzw. 200 °C).
- **Ausgleichszeit:** Zeit vom Erreichen der Betriebstemperatur bis zum Temperaturausgleich an allen Stellen des Sterilisierguts. Sie hängt vom Gerätetyp und vom Sterilisiergut ab. Wird das Sterilisiergut zu dicht gepackt, wird der Temperaturausgleich behindert.
- **Abtötungszeit:** Zeit, in der alle Keime abgetötet werden. Sie beträgt einschließlich eines Sicherheitszuschlags 30 Minuten bei 180 °C und 10 Minuten bei 200 °C.
- **Abkühlzeit:** Zeit vom Ende der Abtötungszeit bis zum Temperaturabfall auf 80 °C.

Moderne Heißluftsterilisatoren arbeiten automatisch, d. h., es müssen nur Temperatur und Zeit vorgegeben werden. Das Gerät schaltet sich nach der Betriebszeit selbstständig ab.
Sterilisiergut: Im Heißluftsterilisator können alle Instrumente aus Metall sterilisiert werden, Glas und Porzellan dagegen nur, wenn sie entsprechend hitzebeständig sind. Gummiwaren, Textilien, Kunststoffe und Papier sind ungeeignet, da nicht hitzebeständig. Außerdem muss darauf geachtet werden, dass das Sterilisiergut sauber und trocken ist, damit keine Verdunstungskälte entsteht.

	Heißluftsterilisation	Dampfsterilisation (Autoklav)
Wirkungsprinzip	trockene Hitze	gespannter und gesättigter Wasserdampf
Abtötungszeit	bei 180 °C => 30 Minuten bei 200 °C => 10 Minuten	bei 121 °C => 20 Minuten bei 134 °C => 5 Minuten
Wichtig	Sterilisiergut muss trocken sein	nur destilliertes Wasser verwenden

Vergleich Heißluft- und Dampfsterilisation

Strahlensterilisation

Diese Art der Sterilisation, z. B. mit Gammastrahlen, ist für eine Arztpraxis ungeeignet. Die Industrie wendet sie vor allem zur Sterilisation von hitzeempfindlichen Einmalartikeln wie Kunststoffspritzen, Kanülen, OP-Handschuhen usw. an.

Gassterilisation

Diese Methode wird mit Ethylenoxidgas durchgeführt. Es bildet mit Luft hochexplosive Gemische. Daher muss aus Sicherheitsgründen mit einem explosionshemmenden Zusatz von Kohlendioxid (CO_2) gearbeitet werden. Bei diesem Verfahren wird mit niedrigen Temperaturen von ca. 55 °C gearbeitet. Es wird daher auch als **Kaltsterilisation** bezeichnet.
Die Gassterilisation eignet sich daher besonders für hitzeempfindliche Materialien. Ethylenoxid führt bereits in geringen Mengen zu schweren Haut- und Schleimhautreizungen. Das Sterilisiergut muss daher nach der Sterilisation sorgfältig entgast werden. Die Entgasungszeit für Gummi beträgt beispielsweise 24 Stunden. Wegen der Gefährlichkeit dieser Methode wird sie in der Arztpraxis nicht angewendet.

Sterifiltration

Bei dieser Methode bleiben die Keime in Filtern zurück. Es gibt Filter mit unterschiedlichen Porengrößen, die je nach Größe Bakterien oder Viren abtrennen. Die Sterifiltration findet hauptsächlich in der pharmazeutischen Industrie zur Arzneimittelherstellung und bei Klimaanlagen in Krankenhäusern Anwendung.

Überprüfung der Sterilisationswirkung

- **Biologische Indikatoren:** Dies sind Erdsporenpäckchen, die z. B. bei bakteriologischen Labors angefordert werden können. Sie werden an verschiedenen Stellen innerhalb des Sterilisators eingelegt und mit sterilisiert. Danach werden sie an das Labor zurückgeschickt – und dort bebrütet. Wachsen dabei sporenbildende Bakterien, ist die Sterilisationswirkung des Gerätes ungenügend, findet dagegen kein Wachstum statt, arbeitet der Sterilisator einwandfrei. Das Prüfungsergebnis wird der Praxis schriftlich mitgeteilt und muss aufbewahrt werden. Die Anwendung soll vor Inbetriebnahme und sonst halbjährlich bzw. nach 400 Chargen erfolgen.
- **Thermoindikatoren:** Hierbei erfolgt ein Farbumschlag auf Spezialpapierstreifen. Sie zeigen nur an, ob das Sterilisationsgut sterilisiert wurde, nicht aber, ob Sterilität erreicht wurde.

BioStrip Biologischer Indikator
Bac. subtilis (niger)
für Heißluftsterilisator

BioStrip Biologischer Indikator
Bac. stearothermophilus
für Dampfsterilisator

Testdurchführung:

- Die Anordnung der Bio-Indikatoren sollte so gewählt werden, dass auch ungünstige Positionen berücksichtigt werden.
- Nur die Teststreifen (nicht den Kontrollstreifen) herausnehmen und mit ihren Hüllen zum Sterilisationsgut legen und wie üblich sterilisieren. Kontrollstreifen im verschlossenen Sporenpäckchen lassen und nicht sterilisieren!
- Nach dem Sterilisieren die Teststreifen in das Teststreifenfach (Test-Strips) des Sporenpäckchens zurücklegen und zukleben.
- Sterilisationsart (Dampf oder Heißluft), Sterilisationszeit, Sterilisationsgerät (Hersteller, Hersteller-Nummer, Typ) sowie Absender und Datum in den Vordruck auf dem Sporenpäckchen eintragen. Päckchen mit Kontroll- und Teststreifen an das Labor senden.

Überprüfung von Sterilisatoren mit biologischen Indikatoren

Aufgaben

1. Bei welchen Temperaturen wird im Autoklav sterilisiert?
2. Erklären Sie den Begriff „Anheizzeit".
3. Welches Sterilisiergut kann im Heißluftsterilisator sterilisiert werden?
4. Wodurch lässt sich die Funktionsfähigkeit eines Sterilisators überprüfen?
5. Welche Sterilisationsverfahren gibt es?
6. Sie sollen Instrumente im Autoklav sterilisieren. Was müssen Sie dabei beachten?
7. Wie setzt sich die Betriebszeit eines Heißluftsterilisators zusammen?
8. Sehen Sie in Ihrer Praxis nach, auf welche Weise sterilisiert wird. Notieren Sie die Temperatur und die Sterilisierzeit, die bei Ihrem Sterilisator angewendet werden. Welche Instrumente bzw. Materialien werden in Ihrer Praxis sterilisiert?

4.3 Abfallentsorgung

Sicherheitsboxen für gebrauchte Kanülen, Skalpelle, Blutproben, Glasbruch und Tupfer

Die Entsorgung von Abfall ist in erster Linie nach folgenden **gesetzlichen Grundlagen** durchzuführen:

- UVV–A1, BGR[1] 250 der BGW[2],
- Hygienerichtlinien des Robert Koch-Instituts,
- Kreislaufwirtschafts- und Abfallgesetz (KrW-/AbfG, siehe www.bmu.de),
- Richtlinie über die ordnungsgemäße Entsorgung von Abfällen aus Einrichtungen des Gesundheitsdienstes der Länderarbeitsgemeinschaft (LAGA-Richtlinie).

Besonders die Richtlinien erleichtern den Umgang mit Abfällen und ermöglichen eine einheitliche und ordnungsgemäße Entsorgung. Abfälle aus Einrichtungen des Gesundheitsdienstes, zu denen auch die Arztpraxen gehören, werden nach der Abfall-Verzeichnisverordnung (AVV) ab 1. Januar 2002 nach Abfallschlüsselnummern und -bezeichnungen eingeteilt, wodurch eine bundeseinheitliche Abfallartenhandhabung gefördert wird. Entsprechend dieser Zuordnung und Einteilung gibt die LAGA-Richtlinie **Hinweise und Maßnahmen** vor, nach denen jeweils die Abfälle z. B. zu sammeln, zu lagern, zu transportieren und zu entsorgen sind. Durch die gesetzlichen Vorgaben sollen die Gesundheit und der Lebensraum der Menschen und die öffentliche Sicherheit geschützt werden. Bei nicht sorgfältiger Ausführung der Abfallentsorgung können mit Krankheitserregern infizierte Abfälle auf eine Hausmülldeponie gelangen. Tiere (z. B. Vögel und Ratten) können Krankheitserreger verbreiten und Gift oder Mikroorganismen können ins Grundwasser gelangen.

In der Praxis entstehender Abfall muss vorschriftsmäßig getrennt, sicher aufbewahrt und ordnungsgemäß entsorgt werden. Hierbei stehen **Abfallvermeidung** und -verwertung im Vordergrund. Durch Abfallvermeidung soll die Abfallmenge gemindert werden, z. B. durch Mehrwegprodukte und Nachfüllpackungen. **Abfallverwertung** ist möglich durch Trennung und anschließendes Recycling, also durch die erneute Nutzung der Rohstoffe. **Abfälle, die nicht wiederverwertbar sind**, müssen entsprechend den gesetzlichen Auflagen beseitigt werden. So sind z. B. Entwickler- und Fixierlösungen, Röntgenfilme und Abfälle mit meldepflichtigen

---

[1] *Berufsgenossenschaftliche Regeln*

[2] *Berufsgenossenschaft für Gesundheitsdienst und Wohlfahrtspflege*

Erregern speziellen Entsorgungsunternehmen zu übergeben. Als Beweis muss z. B. bei Abfällen mit meldepflichtigen Erregern ein **Übernahmeschein** von der Entsorgungsfirma ausgestellt und in der Praxis aufbewahrt werden.

Infektiöser Abfall muss nach der UVV – A1, BGR 250 der BGW vor dem Abtransport desinfiziert oder sicher umschlossen werden. Daneben ist er deutlich zu kennzeichnen. **Spitze, scharfe und zerbrechliche Gegenstände** (z. B. Kanülen, Ampullen und Lanzetten, häufig auch als „Sharps" bezeichnet) dürfen nur in durchstich- und bruchsicheren Einmalbehältern entsorgt werden.

Zuordnung und Einteilung der für die Arztpraxis relevanten Abfälle (nach AVV)

(diesbezügliche Entsorgungsrichtlinien siehe LAGA-Richtlinie und BGR 250)

AVV Kapitel 09 **Abfälle aus der fotografischen Industrie**	**AVV Kapitel 15** **Verpackungsabfall, Aufsaugmassen, Wischtücher, Filtermaterialien und Schutzkleidung**	**AVV Kapitel 18** **Abfälle aus der humanmedizinischen oder tierärztlichen Versorgung und Forschung**	**AVV Kapitel 20** **Siedlungsabfälle (Haushaltsabfälle usw.)**
▪ AS 090107 – Filme und fotografische Papiere, die Silber oder Silberverbindungen enthalten ▪ AS 090108 – Filme und fotografische Papiere, die kein Silber und keine Silberverbindungen enthalten	▪ AS 150101 – Verpackungen aus Papier und Pappe ▪ AS 150102 – Verpackungen aus Kunststoff ▪ AS 150103 – Verpackungen aus Holz ▪ AS 150104 – Verpackungen aus Metall ▪ AS 150105 – Verbundverpackungen ▪ AS 150106 – gemischte Verpackungen ▪ AS 150107 – Verpackungen aus Glas ▪ AS 150110 – Verpackungen, die Rückstände gefährlicher Stoffe enthalten oder durch gefährliche Stoffe verunreinigt sind	▪ AVV 18 01: Abfälle aus der Geburtshilfe, Diagnose, Behandlung oder Vorbeugung von Krankheiten beim Menschen ▪ AS 180101 – Spitze oder scharfe Gegenstände ▪ AS 180102 – Körperteile und Organe, einschließlich Blutbeutel und Blutkonserven ▪ AS 180103 – Abfälle, an deren Sammlung und Entsorgung aus infektionspräventiver Sicht besondere Anforderungen gestellt werden ▪ AS 180104 – Abfälle, an deren Sammlung und Entsorgung aus infektionspräventiver Sicht keine besonderen Anforderungen gestellt werden (z.B. Wund- und Gipsverbände, Wäsche, Einwegkleidung, Windeln) ▪ AS 180106 – Chemikalien, die aus gefährlichen Stoffen bestehen oder solche enthalten ▪ AS 180107 – Chemikalien mit Ausnahme derjenigen, die unter 180106 fallen ▪ AS 180108 – Zytotoxische und zytostatische Arzneimittel ▪ AS 180109 – Arzneimittel mit Ausnahme derjenigen, die unter 180108 fallen ▪ AS 180110 – Amalgamabfälle aus der Zahnmedizin	▪ AS 200301 – Gemischte Siedungsabfälle. Hierzu gehören Abfallgemische, die nach Art und Zusammensetzung dem gemischten Siedungsabfall entsprechen

Vgl. Verordnung über das Europäische Abfallverzeichnis (Abfallverzeichnis-Verordnung – AVV), vom 10.12.2001

5 Infektionskrankheiten

Situation

Freitagnachmittag. Endlich ist es an der Rezeption etwas ruhiger ... Die Auszubildende Katrin Funk nutzt die Gelegenheit und unterhält sich mit ihrer Kollegin, der Medizinischen Fachangestellten Maria Müller: „Eigentlich haben die Infektionskrankheiten in der heutigen Zeit doch weitgehend ihren Schrecken verloren. Ich habe in der Berufsschule gelernt, dass die Industrienationen mithilfe entsprechender Medikamente manche dieser Erkrankungen fast vollständig ausrotten konnten." „Das ist so nicht ganz richtig", entgegnet Maria Müller. „Denn einige Infektionskrankheiten treten in neuen Formen auf und werden durch Rückkehrer von Fernreisen weltweit verbreitet. Ein weiteres Problem ist die zunehmende Resistenz der Menschen gegen Antibiotika, die in den letzten Jahrzehnten viel zu oft verschrieben worden sind. Der Kampf gegen die Infektionskrankheiten geht – trotz der von dir genannten Erfolge – weiter."

Viele Infektionskrankheiten (inficere = anstecken, hineintun) haben durch die Forschungserfolge von Ärzten den Schrecken für die Menschheit verloren. Die Industrienationen konnten durch entsprechende Medikamente manche dieser Erkrankungen fast vollständig ausrotten.
Einige dieser Krankheiten sowie neue Krankheitsformen werden jedoch durch die Reiselust der Menschen in immer exotischere Regionen weltweit verbreitet. Auch treten Infektionskrankheiten durch die Resistenz gegenüber Antibiotika, die in den letzten Jahrzehnten viel zu oft angewendet worden sind, wieder auf. Die bei uns am häufigsten auftretenden Infektionskrankheiten sowie die Übertragungswege werden im Folgenden beschrieben.

Exkurs

Bakterien können die Gesundheit des Menschen bedrohen
Von 1349 bis 1351 wurde in Europa ein Viertel der Bevölkerung, ca. 25 Millionen, von der Pest getötet. Damals gab es keine Möglichkeit, solche Infektionskrankheiten zu bekämpfen. Erst Ende des 19. Jahrhunderts gelang erstmals der Nachweis, dass Infektionskrankheiten durch Bakterien verursacht werden können. 1873 entdeckte der Landarzt Robert Koch den Milzbranderreger. Damit gelang es ihm zum ersten Mal, einen lebenden Mikroorganismus als Ursache einer Infektionskrankheit nachzuweisen. 1882 entdeckte er die Tuberkulose- und Cholerabakterien. Seinen Schülern gelang es später, die Erreger der Pest und des Wundstarrkrampfes zu finden. Die bahnbrechenden Entdeckungen von Robert Koch trugen ganz erheblich zur Beherrschung der großen Seuchen bei.

5.1 Infektionsentwicklung

Das Eindringen von Mikroorganismen (Viren, Bakterien, Pilze, Protozoen) in einen Makroorganismus (Mensch, Tier, Pflanze) und die Vermehrung im Organismus wird **Infektion** genannt.
Nicht jede Infektion führt gleichzeitig zu **Symptomen** (symptoma = Begleiterscheinung), d.h., sie verläuft z.B. für den Menschen unbemerkt. Die Entstehung und der Verlauf einer Infektionskrankheit hängen zum einen von den Eigenschaften des Mikroorganismus sowie von der Abwehrkraft und Immunität des Makroorganismus ab.
Eine Infektion wird begünstigt durch:

- Übertragbarkeit und pathogene Eigenschaften der Mikroorganismen,
- die Abwehrlage des Makroorganismus.

Pathogenität
Dies ist die Fähigkeit der Mikroorganismen, eine Krankheit auslösen zu können. Sie werden daher als **pathogene Mikroorganismen** bezeichnet.

Fakultativ pathogen
Es gibt Mikroorganismen, die nur unter bestimmten ungünstigen Bedingungen pathogen sind. Dies kommt bei Personen vor, deren Immunsystem geschwächt ist, z. B. Aids-Infizierte, Krebskranke nach Chemotherapie.

Virulenz
Die Virulenz (virulentus = voller Gift) gibt den Grad der krankheitserregenden Eigenschaften der Mikroorganismen an. Sie bestimmt somit die Schwere der Infektionskrankheit.

Reaktion des Makroorganismus
Wird ein Makroorganismus, z. B. der Mensch, mit pathogenen Mikroorganismen infiziert, kommt es nicht immer zu einer Erkrankung. Dies ist abhängig von:

- der **Resistenz** (resistere = widerstehen), dem **unspezifischen, angeborenen Schutz (natürliche Immunität)** des Menschen gegenüber Giften und Infektionen.
- der **Disposition** (dispositio = planmäßige Anordnung), der Empfänglichkeit des Menschen für Krankheiten. Sie wird im Wesentlichen beeinflusst durch Alter, Geschlecht, Ernährungszustand (z. B. Vitaminmangel) oder chronische Erkrankungen des Organismus (z. B. Diabetes mellitus = Zuckerkrankheit).
- der **Immunität,** Unempfänglichkeit des Organismus für eine Infektion durch pathogene Mikroorganismen. Die **unspezifische Immunität** ist genetisch bedingt. Die **spezifische, erworbene Immunität** gegenüber Infektionskrankheiten entsteht entweder durch eine vorangegangene Infektion mit den Krankheitserregern oder durch Impfung. Wie bereits beschrieben, bildet der Makroorganismus bei einer Aktivimpfung selbst Antikörper gegen die Krankheitserreger. Bei der Passivimpfung dagegen bekommt der Organismus diese Antikörper als Impfstoff zugeführt.

Ablauf einer Infektion
Jede Infektion verläuft in mehreren zeitlichen Abschnitten, die folgendermaßen eingeteilt werden:

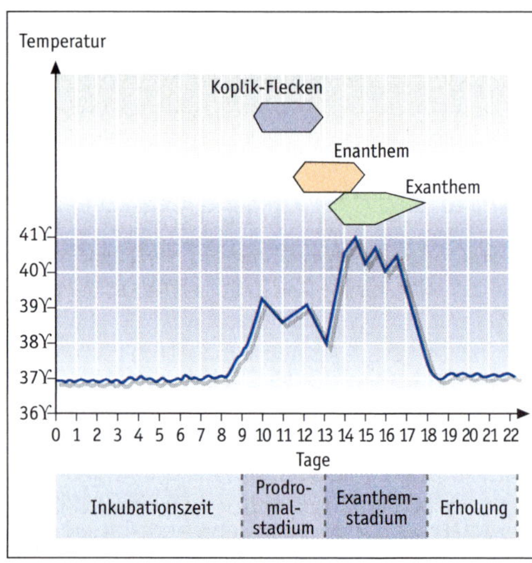

Verlauf einer Fieberkurve bei einer Infektionskrankheit

- **Inkubationszeit:** Die Inkubationszeit (incubare = brüten) ist die Zeit zwischen dem Eindringen der Erreger (Invasion) und dem Beginn der ersten Krankheitszeichen.
- **Prodromalstadium:** Am Ende der Inkubationszeit treten zumeist uncharakteristische Symptome (Krankheitszeichen) wie z. B. Erbrechen, Fieber, Kopfschmerzen auf, die Stunden oder Tage dauern können. Dies wird als Prodromalstadium (prodromus = Vorläufer) bezeichnet. Die Schwere der Erkrankung wird, wie bereits beschrieben, durch die Eigenschaften der Erreger und des Organismus beeinflusst. Verschiedene Krankheitserreger verursachen charakteristische Symptome, die bereits eine Diagnose der Krankheit ermöglichen.
- **Rekonvaleszenz:** die Genesungszeit nach überstandener Krankheit.

Infektionskrankheit	Inkubationszeit	Infektionskrankheit	Inkubationszeit
Amöbiasis (Amöbenruhr)	einige Tage bis mehrere Monate	Paratyphus	7 bis 14 Tage
Bakterienruhr	2 bis 7 Tage	Pfeiffer'sches Drüsenfieber	8 bis 21 Tage
Bakterielle Lebensmittelvergiftung (Gastroenteritis infectiosa)	1 bis 3 Tage	Pneumokokken-Pneumonie	1 bis 3 Tage
Diphtherie	2 bis 7 Tage	Pocken	8 bis 17 Tage
Gonorrhoe	meist 3 Tage	Poliomyelitis epidemica	3 bis 14 Tage
	3 bis 7 Tage	Ringelröteln	14 bis 21 Tage
Grippe (Influenza)	1 bis 3 Tage	Röteln (Rubeola)	12 bis 21 Tage
Hepatitis A	15 bis 50 Tage	Salmonellen-Infektion	1 bis 3 Wochen
Hepatitis B	40 bis 180 Tage	Scharlach	2 bis 5 Tage
Hepatitis C	5 bis 12 Wochen	Syphilis	21 Tage
Hepatitis D	12 bis 15 Wochen	Tetanus	4 bis 14 Tage, selten mehrere Monate
Hepatitis E	4 bis 8 Wochen	Tollwut	3 Wochen bis 3 Monate, max. 2 Jahre
Keuchhusten (Pertussis)	7 bis 14 Tage	Tuberkulose	mehrere Wochen
Malaria tropica	meist 8 bis 12 Tage	Typhus abdominalis	meist 10 Tage
Masern (Morbilli)	10 bis 14 Tage	Windpocken (Varizellen)	14 bis 21 Tage
Meningitis epidemica	1 bis 3 Tage		
Milzbrand	1 bis 7 Tage		
Mumps (Parotitis epidemica)	15 bis 20 Tage		

Inkubationszeit wichtiger Infektionskrankheiten

Aufgaben

1. Nennen Sie zwei krankheitserregende Wirkungen von Mikroorganismen.
2. Was bedeutet der Begriff „Virulenz"?
3. Wovon hängt der Verlauf einer Infektionskrankheit ab?
4. Was bedeutet der Begriff „Resistenz"?
5. Wann treten das erste Mal Beschwerden bei einer Infektion auf?

5.2 Immunsystem

5.2.1 Abwehrfunktion

Die Aufgabe des Immunsystems ist die **Abwehr gegen alles, was körperfremd ist**. In diesem Kapitel geht es um den Aufbau des Immunsystems und die verschiedenen Abwehrmethoden. Die Abbildung auf S. 308 oben zeigt die **Antigene**, das sind die Stoffe, die eine Abwehrreaktion auslösen.

Das Abwehrsystem besteht aus einem **unspezifischen** und einem **spezifischen Anteil**. Jeder Anteil arbeitet mit spezialisierten, immunkompetenten Zellen **(zelluläre Abwehr)** und nicht an Zellen gebundenen Abwehrstoffen, die sich in den Körperflüssigkeiten befinden

(humorale Abwehr). Ständig versuchen Mikroorganismen und Fremdstoffe, über die Haut und die Schleimhäute der Atmungs-, Verdauungs-, Harn- und Geschlechtsorgane in den Körper einzudringen und ihn zu schädigen.
Die Aufgabe der unspezifischen, schon bei der Geburt vorhandenen Abwehr ist es, diese Versuche zu verhindern. Da die unspezifische Abwehr nicht zielgerichtet ist, kann sie bei besonders ansteckenden (virulenten) Keimen versagen. Sie ist auch nicht in der Lage, eine bleibende Immunität (Unempfänglichkeit) gegen Infektionskrankheiten aufzubauen. Deshalb braucht das Immunsystem zusätzlich die spezifische, zielgerichtete Abwehr, die es aber erst „erlernen" muss.

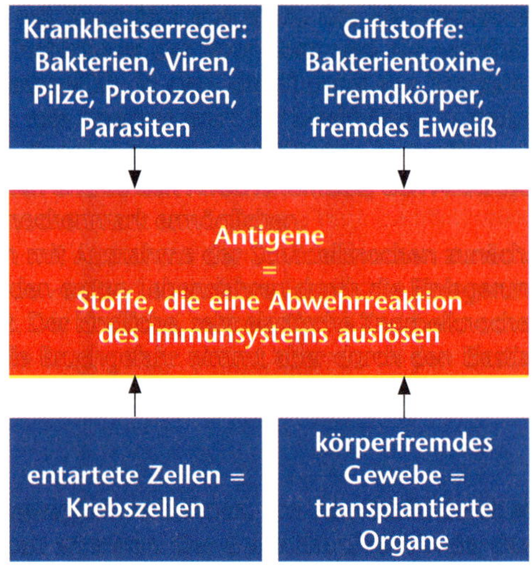

Antigene

Unspezifische Abwehr

Die unspezifische Abwehr ist **angeboren** und hat folgende Bestandteile:

- **Natürliche Abwehrmechanismen** wie die Verhornung der Epidermis (Oberhaut), das Flimmerepithel und die Schleimproduktion der Atemwege, die Tränenflüssigkeit, den Säureschutzmantel der Haut, den sauren pH-Wert des Magensafts und die Besiedelung von Haut und Mundhöhle, Dickdarm und Scheide mit apathogenen Bakterien.
- **Zellen:** Im Epithel und Bindegewebe von Haut und Schleimhäuten befinden sich ortsständige **Makrophagen** (große Fresszellen). Diese können eingedrungene Antigene umschließen, aufnehmen und durch Enzyme abbauen (Phagozytose). **Neutrophile Granulozyten** (kleine Fresszellen) und **Monozyten**, die angelockt durch chemische Botenstoffe die Blutgefäße verlassen haben, unterstützen sie dabei. Teilstücke der aufgefressenen Antigene werden dem spezifischen Immunsystem zur gezielten Bildung von **Antikörpern** (Abwehrstoffen) angeboten. **Natürliche Killerzellen**, das sind große, gekörnte Lymphozyten, können virusinfizierte Zellen und Krebszellen erkennen und abtöten.
- **Unspezifische humorale Abwehrstoffe:** Diese werden auf dem Flüssigkeitsweg, durch Blut oder Lymphe, übertragen (z. B. Interferon, Interleukin, Lysozym). Sie leiten die Entzündungsreaktion ein, versuchen gesunde Zellen zu schützen und vernichten eingedrungene Antigene. So wirkt Lysozym gegen Bakterien, und Interferon bekämpft Viren.

Spezifische Abwehr

Die spezifische Abwehr muss im Laufe des Lebens von unserem Immunsystem durch Kontakt mit Antigenen „erlernt" werden. Sie hilft dem Körper, sich gezielt und dauerhaft gegen Antigene zu wehren. Die Träger der spezifischen Abwehr sind die **Lymphozyten**. Die Abbildung auf S. 309 zeigt, dass die Lymphozyten im Knochenmark aus Stammzellen gebildet werden und sich dann zu **B**- oder den verschiedenen **T-Lymphozyten** weiterentwickeln. Die meisten Lymphozyten warten dann in den lymphatischen Geweben auf ihren Kampfeinsatz. Nur wenige befinden sich als Kundschafter auf der ständigen Suche nach körperfremden Stoffen in den Blutgefäßen.
B-Lymphozyten: Sie wandeln sich auf einen humoralen Reiz hin und mithilfe der T-Helferzellen in **Plasmazellen** um. Plasmazellen besitzen die Fähigkeit, **Antikörper** zu produzieren. Antikörper sind hoch spezialisierte Eiweiße, die sich mit ganz bestimmten, spezifischen Antigenen verbinden können. Antigene und Antikörper müssen wie Schlüssel und Schloss genau zueinander

passen. Durch die feste Bindung an den Antikörper **(Antigen-Antikörper-Komplex)** wird das Antigen blockiert und kann unschädlich gemacht werden. Damit es für jedes Antigen einen passenden **Antikörper** gibt, entwickeln die Lymphozyten durch zufällige DNA-Kombinationen auf Vorrat B-Lymphozyten mit allen denkbaren Antikörpern. B-Lymphozyten, die dabei Antikörper gegen körpereigene Bestandteile bilden, werden vernichtet.

T-Lymphozyten: Diese spielen eine entscheidende Rolle bei der **Regulation des Immunsystems**. Dazu können sie direkt mit den Abwehrzellen in Kontakt treten oder als eine Art Fernsteuerung **Zytokine** (humorale Botenstoffe der Abwehr) produzieren. Die im Knochenmark entstandenen Vorläufer der T-Lymphozyten wandern in den **Thymus** ein, lernen dort körpereigene und körperfremde Stoffe (Antigene) zu unterscheiden und werden zu drei verschiedenen T-Lymphozyten geprägt:

- **T-Helferzellen** erkennen die Antigene, die von den Makrophagen präsentiert werden, und aktivieren die passenden Plasmazellen zur Antikörperbildung.
- **T-Suppressorzellen** beenden und hemmen die Immunreaktion. Sie verhindern falsche Abwehrreaktionen, z. B. gegen körpereigene Zellen.
- **T-Killerzellen töten** wie auch die natürlichen Killerzellen virusinfizierte oder chemisch veränderte Zellen und Krebszellen direkt ab.

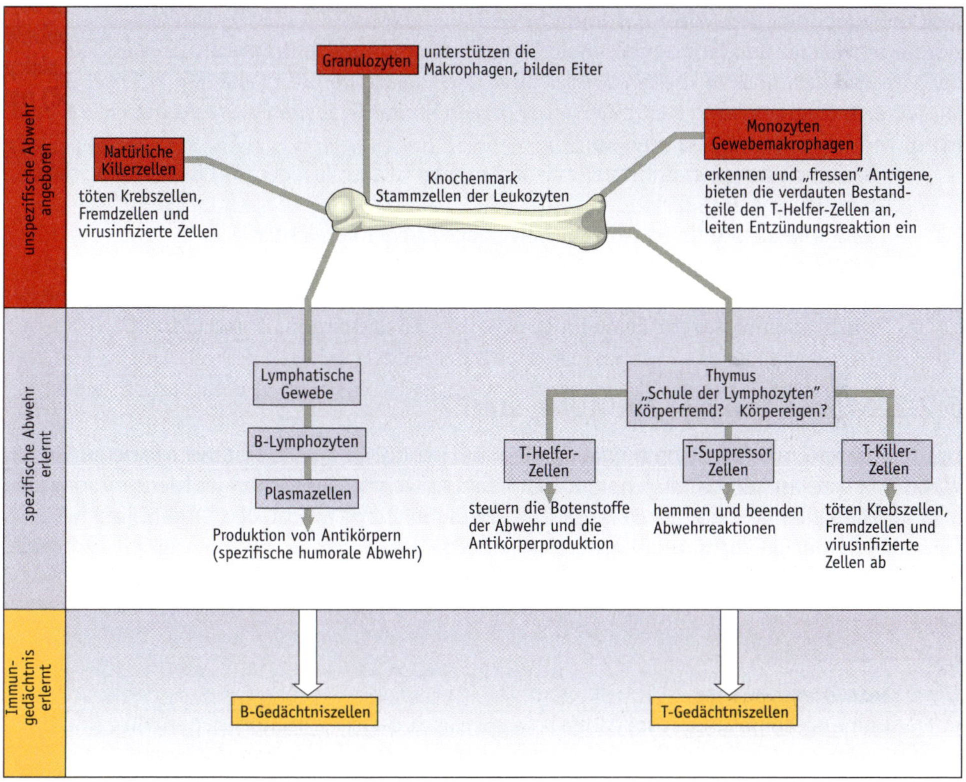

Aufbau des Immunsystems

Nachdem es dem Abwehrsystem gelungen ist, einen Krankheitserreger erfolgreich zu bekämpfen, wird diese Information in den **Immungedächtniszellen** (B-Gedächtniszellen und T-Gedächtniszellen) gespeichert. Wenn derselbe Krankheitserreger erneut in den Körper eindringt, stehen jetzt sofort die passenden Antikörper zur Verfügung und verhindern eine weitere Infektion. Da dieses Immungedächtnis zum Teil lebenslang erhalten bleibt, müssen viele Infektionskrankheiten nur einmal durchgemacht werden. Die Abbildung oben zeigt die Zellen und den Aufbau des Immunsystems.

Immunsystem im Lebensverlauf

Das **Neugeborene** hat die **IgG-Antikörper** seiner Mutter als „Nestschutz". Nach drei bis sechs Monaten verschwinden diese **Leihantikörper**. Bis dahin hat der Säugling durch Umweltkontakte aber begonnen, seine spezifische Immunabwehr selbst aufzubauen. Bis ins **Schulalter** leiden Kinder so häufig an Infektionskrankheiten, weil ihnen viele spezifische Antikörper noch fehlen. Ihr Immunsystem muss deren Bildung erst durch den Kontakt mit den verschiedenen Erregern oder Impfstoffen erlernen. Danach besteht bis ins Alter meist ein guter Infektionsschutz. Wenn **Erwachsene** aber plötzlich beruflich oder auf Auslandsreisen mit unbekannten Erregern in Berührung kommen, erhöht sich das Infektionsrisiko. Weil mit zunehmendem **Alter** das Immunsystem schwächer und langsamer reagiert und die Immungedächtniszellen „vergesslich" werden, treten Infektionskrankheiten wieder öfter und mit schwereren Verläufen auf und die Gefahr einer Krebserkrankung steigt. Ob jemand nach Kontakt mit Krankheitserregern krank wird, hängt von folgenden Umständen ab:

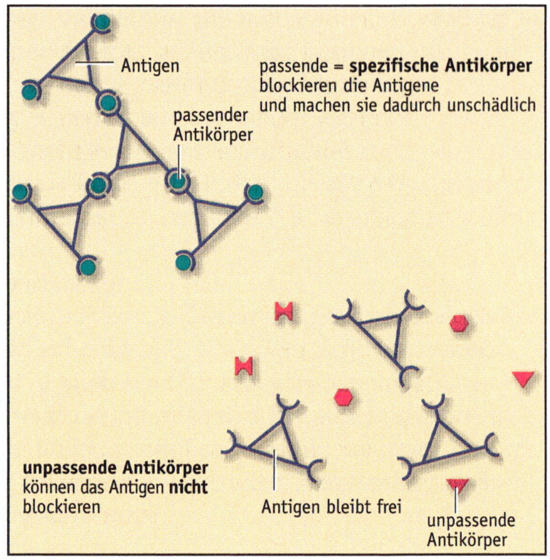

So wirken Antikörper

- Besitzt derjenige spezifische Antikörper gegen diesen Erreger und ist deshalb schon immun?
- Kann die unspezifische Abwehr bereits alle Erreger vernichten?
- Wie aggressiv (virulent) und zahlreich sind die Erreger?
- Ist das Immunsystem zurzeit geschwächt, z. B. durch eine andere Krankheit, Stress, Medikamente, falsche Ernährung, psychische Belastungen, Unterkühlung?

5.2.2 Störungen des Immunsystems

Das Immunsystem erfüllt seine Aufgaben nur dann richtig, wenn alle Bestandteile der unspezifischen und spezifischen, zellulären und humoralen Abwehr in ausreichender Menge vorhanden und funktionstüchtig sind. Ein Versagen des Immunsystems macht den Organismus wehrlos auch gegenüber nur gering pathogenen Mikroorganismen, die beim Immungesunden keine, beim immungeschwächten Patienten aber Infektionen mit tödlichem Verlauf auslösen.

Exkurs

Immunglobuline

Immunglobine sind Eiweißstoffe, die spezifisch gegen ein Antigen gerichtet sind. Sie kommen als freie Antikörper im Serum, in Gewebeflüssigkeit und Körpersekreten vor oder sind auf der Zellmembran von Immunzellen gebunden. Der Nachweis von spezifischen Antikörpern beweist, dass sich das Immunsystem mit dem Antigen bei einer Infektion oder Impfung erfolgreich auseinandergesetzt hat. Fünf Klassen von Immunglobulinen (Ig) werden unterschieden: IgM tritt nur beim Erstkontakt mit einem Erreger in der akuten Abwehrphase auf. Danach wird IgG für die bleibende Immunität gebildet. Es ermöglicht die sofortige Abwehr bei erneutem Erregerkontakt. IgA schützt die Schleimhautoberflächen, IgE wird bei Wurminfektionen und Allergien vermehrt produziert und IgD unterstützt die Lymphozyten.

Störungen im Immunsystem treten auf, wenn:

- aufgrund eines **genetischen Fehlers** Teile des Immunsystems, z. B. der Thymus, fehlen,
- **Medikamente**, z. B. Cortison, die Abwehrreaktionen bremsen oder Zytostatika bei der Krebstherapie sich schnell teilende Zellen zerstören und damit die Leukozyten an der Teilung hindern,
- ionisierende **Strahlen** oder hoch dosierte Röntgenstrahlen bei Krebsbestrahlungen oder Unfällen das Knochenmark zerstören,
- die Stammzellen der Leukozyten im Knochenmark zu Krebszellen entarten = **Leukämie**,
- **Viren** (z. B. HIV) in die Zellen des Immunsystems eindringen und sie zerstören = **Aids**, das Immunsystem zwischen körperfremd und -eigen nicht mehr unterscheiden kann, die Abwehr sich gegen die eigenen Gewebe richtet und sie zerstört = **Autoimmunkrankheiten**,
- das Immunsystem Abwehrreaktionen gegen Stoffe einleitet, die gar nicht abgewehrt werden müssen = **Allergien**.

Krankheitserreger

dringen über Schleimhäute oder die verletzte Haut in den Körper ein.

↓

Sie werden von den

Makrophagen, Granulozyten, Monozyten

als **Antigene** erkannt und zum Teil „aufgefressen".
Gleichzeitig wird die **unspezifische humorale Abwehr** aktiviert, sie setzt die **Entzündungsreaktion** in Gang.

↓

Die Makrophagen präsentieren den angelockten

T-Helferzellen

verdaute Erregerteile. Die T-Helferzellen suchen nach **Plasmazellen,** die einen gegen das Antigen gerichteten Antikörper produzieren können. Sie regen die Teilung dieser Plasmazellen an und leiten damit die massenhafte **Antikörperproduktion** ein.
Inzwischen vermehren sich die Erreger weiter **(Inkubationszeit).** Die immer heftigeren Entzündungssymptome und die Schädigung der befallenen Gewebe lassen die **Erkrankung ausbrechen.**

↓

Endlich sind

Antikörper

in ausreichender Zahl vorhanden, um **alle Krankheitserreger unschädlich zu machen.**
Die Entzündungsreaktion klingt ab, die Gewebe heilen, die Genesung beginnt.

↓

Immungedächtniszellen

speichern die Information über die passenden Antikörper. Sie reagieren bei einem erneuten Angriff dieses Erregers sofort und verhindern den Ausbruch der Erkrankung **(bleibende Immunität).**

Ablauf einer Infektionserkrankung

Aids = Acquired Immune Deficiency Syndrom = Erworbenes Immundefekt Syndrom

Die Ursache von Aids ist eine Infektion mit dem **HIV** = **H**umanem(menschlichem)-**I**mmunschwäche-**V**irus. Das Virus dringt in die T-Helferzellen und die Makrophagen ein und versteckt sich dadurch vor dem Immunsystem. Es baut seine Erbinformation in die Chromosomen der Wirtszelle so ein, dass bei einer Zellaktivierung, z. B. durch eine andere Infektion, die Virusproduktion gestartet wird. Die nicht infizierten Abwehrzellen bilden Antikörper gegen HIV. Diesen Antikörpern gelingt die endgültige Virusbeseitigung nicht mehr, denn ein Teil der Viren bleibt verborgen und die anderen entziehen sich durch Veränderungen der Virushülle immer wieder der Bekämpfung durch passende Antikörper. Weil über einen Zeitraum von ca. zehn Jahren bis auf Lymphknotenschwellungen Symptome fehlen, bemerkt der Infizierte seine Erkrankung nicht, kann aber andere infizieren. Erst wenn die T-Helferzellen so stark vermindert sind, dass die Abwehr zusammenbricht, tritt die Aids-Krankheit auf. Mikroorganismen, die weit verbreitet und für den Immungesunden apathogen sind, lösen jetzt schwere, lebensbedrohliche **Lungenentzündungen** und **Infektionen in Gehirn und Darm** aus. Auf der Haut, im Gehirn und den inneren Organen können **bösartige Tumoren** (Kaposi Sarkome) wachsen. Die Überlebenszeit beträgt ca. zwei Jahre. Durch die bisher eingesetzten Therapien ist eine Lebensverlängerung, aber noch **keine Heilung möglich**. Die Infektion kann ca. zwölf Wochen nach der Ansteckung durch den Nachweis von HIV-Antikörpern im Blut (positiver „Aids-Test") festgestellt werden. Bei HIV-Infizierten finden sich besonders hohe Viruskonzentrationen in Blut, Samenflüssigkeit und Scheidensekret. Für die Infektion einer anderen Person muss das HIV die T-Helferzellen oder Makrophagen erreichen. Dies ist möglich durch:

- **Blut-zu-Blut-Kontakt** (Stichverletzungen mit infizierten Kanülen und spitzen Gegenständen, infiziertes Blut auf verletzter Haut oder Schleimhaut, Übertragung von ungetesteten Blutprodukten),
- **ungeschützten Geschlechtsverkehr** (winzige Verletzungen im Oberflächenepithel von Scheide, Muttermund, Penis oder Darm),
- während der **Schwangerschaft**, unter der **Geburt** und beim **Stillen**.

Da eine HIV-Infektion nicht heilbar ist, sind Hygiene- und Schutzmaßnahmen besonders wichtig.

Exkurs

Schutz vor einer HIV-Infektion in der Praxis

- Jeder Patient könnte mit dem HI-Virus infiziert sein. Wenn Sie von einem Patienten wissen, dass er HIV-positiv ist, geraten Sie nicht in Panik, denn zu große Ängstlichkeit erhöht die Verletzungsgefahr.
- Beim Kontakt mit Blut, Samenflüssigkeit und Scheidensekret (urologische und gynäkologische Untersuchungen) müssen immer Einmalhandschuhe getragen werden. Auch in anderen Körperflüssigkeiten lässt sich HIV nachweisen, aber die Konzentration reicht nicht für eine Infektion.
- Handschuhe schützen nicht vor Stichverletzungen! Deshalb müssen Kanülen und spitze Einmalinstrumente in speziellen Kanülenauffangboxen entsorgt werden. Sie dürfen nicht in ihre Schutzkappen zurückgesteckt werden, weil dabei die Verletzungsgefahr am größten ist.
- Benutzte spitze Instrumente sollen sofort nach Gebrauch desinfiziert werden. Das Einhalten der allgemeingültigen Hygieneregeln ist auch für HIV ausreichend. HIV lässt sich durch alle üblichen Desinfektions- und Sterilisationsmaßnahmen inaktivieren.
- Durch Berührung der unverletzten Haut (Händeschütteln, Blutdruckmessung usw.), Anhusten, Patientenkleidung, Toilettenbenutzung oder Aufenthalt im Warte- und Sprechzimmer ist keine Ansteckung möglich.
- Erste Hilfe bei Stichverletzungen: Wunde ausbluten lassen, danach gründlich desinfizieren und den Arzt verständigen. Bei Infektionsverdacht sofort, nach drei und nach sechs Monaten einen HIV-Test durchführen lassen. Nur so kann ein Arbeitsunfall mit entsprechenden Versorgungsansprüchen nachgewiesen werden.

5.3 Bakterielle Infektionen

Nachfolgend werden Infektionskrankheiten, die durch das Eindringen von Bakterien in den Organismus entstehen, beschrieben.

Diphtherie

Erreger: Corynebacterium diphtheriae.
Bei der Diphtherie (diphthera = Haut, Membran) siedeln sich die Bakterien hauptsächlich auf den Schleimhäuten im Bereich von Nase, Rachen und Kehlkopf an. An diesen Stellen bildet sich ein dicker weißer Belag **(Pseudomembranen)**, der aus abgestorbenen Zellen, Leukozyten und Bakterien besteht.
Die **Übertragung** erfolgt meist durch Tröpfcheninfektion, die **Inkubationszeit** beträgt zwei bis sieben Tage. Durch die Toxinwirkung (Giftwirkung) der Diphtherie-Bakterien kann es zusätzlich zu einer Herzmuskelentzündung, zu Schädigungen der peripheren Nerven, der Nieren und Gefäße kommen.
Die Krankheit beginnt mit Fieber, Kopfschmerz, Schluckbeschwerden und Abgeschlagenheit. Zur **Prophylaxe** (Vorbeugung) wird die Impfung gegen Diphtherie empfohlen, die bereits im Alter von drei Monaten zum ersten Mal erfolgt. Durch die Impfung, die die meisten Säuglinge erhalten, ist die Krankheit in den letzten 40 Jahren praktisch ausgerottet. Die Impfung gegen Diphtherie erfolgt gemeinsam mit den Impfungen gegen Wundstarrkrampf (Tetanus) und Keuchhusten (Pertussis).

Exkurs

Diphtherie – Geschichtliches
Bereits 1826 wurde die Diphtherie durch den französischen Arzt Pierre Bretonneau von anderen Formen der Mandelentzündung abgegrenzt. Der Erreger wurde dann erst 58 Jahre später von dem Hygieniker Friedrich Löffler entdeckt. Vor der Einführung des Diphtherie-Heilserums durch Emil von Behring 1893 war die Diphtherie die Kinderkrankheit mit der höchsten Sterblichkeit. Sie erreichte aber nochmals vor dem Zweiten Weltkrieg von 1934–37 und während des Krieges von 1940–42 hohe Erkrankungs- und Todesziffern. Die Diphtherie trat vor allem in dicht besiedelten Gebieten oft epidemisch auf. Emil von Behring begründete die Behandlung der Diphtherie mit Blutserum und erhielt 1901 den Nobelpreis.

Keuchhusten (Pertussis)

Erreger: Bordetella pertussis.
Bei Pertussis (tussis = Husten) besiedeln die Bakterien die Schleimhäute der Atemwege. Es entstehen charakteristische Hustenanfälle, die im Säuglingsalter lebensgefährlich sein können. Die meisten Keuchhustenerkrankungen entfallen auf Säuglinge und Kinder im Vorschulalter. Die **Übertragung** erfolgt durch Tröpfcheninfektion, die **Inkubationszeit** beträgt sieben bis 14 Tage. Der Keuchhusten verläuft in drei Stadien:

- **Stadium catarrhale:** Nach der Inkubationszeit entwickelt sich zunächst ein uncharakteristischer Husten mit leichter Erhöhung der Körpertemperatur. Das Allgemeinbefinden ist kaum gestört. Der Husten geht allmählich in Krampfhusten über.
- **Stadium convulsivum:** Nach weiteren sieben bis 14 Tagen steht der typische Keuchhustenanfall (nachts häufiger als tagsüber) im Vordergrund. Die Hustenanfälle werden von mühsamer ziehender Atmung und zähflüssigem Schleim begleitet und erfolgen in kurzen Abständen.
- **Stadium decrementi:** Nach einigen Wochen nehmen die Krankheitserscheinungen langsam ab, der Husten lässt nach.

Stadieneinteilung	Dauer	Klinische Zeichen
Inkubationszeit	5 bis 10 (bis 20) Tage	keine
Stadium catarrhale	1 bis 2 Wochen	Rhinitis, Konjunktivitis, Husten, Fieber
Stadium convulsivum	3 bis 8 Wochen	typische Hustenanfälle, Erbrechen, Leukozytose und Lymphozytose
Stadium decrementi	5 bis 12 Wochen (und länger)	nachlassender Husten, evtl. Husten-Tic

Durchschnittlicher Keuchhustenverlauf

Die **Behandlung** erfolgt durch Gabe von Antibiotika und hustendämpfenden Medikamenten. Säuglinge benötigen besondere Pflege wegen Aspirationsgefahr (Eindringen von Schleim in die Atemwege).
Prophylaxe: Die aktive Schutzimpfung erfolgt ab dem dritten Lebensmonat.

Scharlach (Scarlatina)

Erreger: hämolysierende Streptokokken.
Scharlach ist eine akute Infektionskrankheit, die mit einer Angina (Gaumenmandelentzündung), Schluckbeschwerden und einem kleinfleckigen Hautausschlag (Exanthem) auftritt. Am häufigsten erkranken Kinder zwischen dem dritten und zehnten Lebensjahr. Die **Übertragung** erfolgt meistens durch Tröpfcheninfektion, die **Inkubationszeit** beträgt zwei bis fünf Tage.
Der Beginn dieser Erkrankung erfolgt plötzlich ohne Prodromalerscheinungen mit hohem Fieber (über 39 °C), Schüttelfrost, Halsschmerzen, häufigem Erbrechen und lokaler Lymphknotenschwellung. Zu Beginn ist die Zunge weißlich belegt. Der Belag wird jedoch im Verlauf der Erkrankung abgestoßen und die roten entzündeten Zungenpapillen (Zungenwärzchen) treten hervor (Himbeerzunge). Gleichzeitig beginnt am zweiten Krankheitstag der Hautausschlag an Hals und Brust. Er breitet sich dann weiter nach unten aus. Nach etwa vier Tagen sinkt das Fieber und der Hautausschlag verblasst. In der zweiten Woche schuppt sich die Haut am Rumpf und besonders an den Handinnenflächen und Fußsohlen.

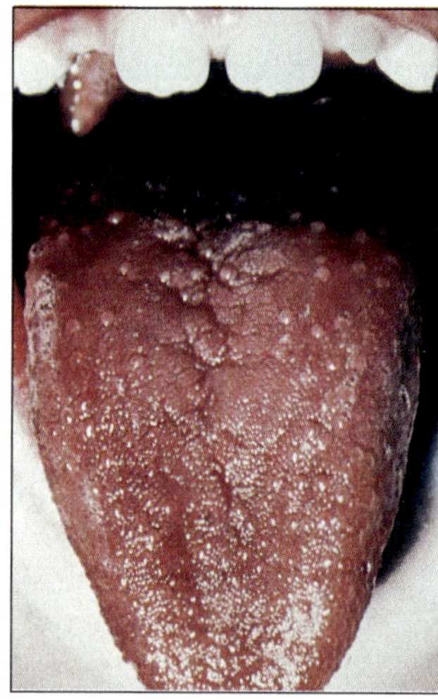

Scharlachzunge

Die **Behandlung** von Scharlach erfolgt mit Penicillin. Nach einer symptomfreien Zeit kann es zu Spätkomplikationen kommen. Dies sind meistens Mittelohr- und Nierenentzündungen sowie Entzündungen des Herzens (Myokarditis, Endokarditis).

Wundstarrkrampf (Tetanus)

Erreger: Clostridium tetani.
Tetanus (tetanos = Spannung, Krampf) ist eine akute schwere Infektionskrankheit, die durch das Toxin (Gift) der Tetanuserreger hervorgerufen wird und zu einer krampfhaften Starre der Muskulatur führt. Der Erreger gelangt meist durch verunreinigte Erde oder Staub durch offene Wunden in den Körper.
Die **Inkubationszeit** beträgt vier bis 14 Tage, in seltenen Fällen mehrere Monate. Die Erkrankung beginnt mit Krämpfen in der Kiefer- und Zungenmuskulatur sowie

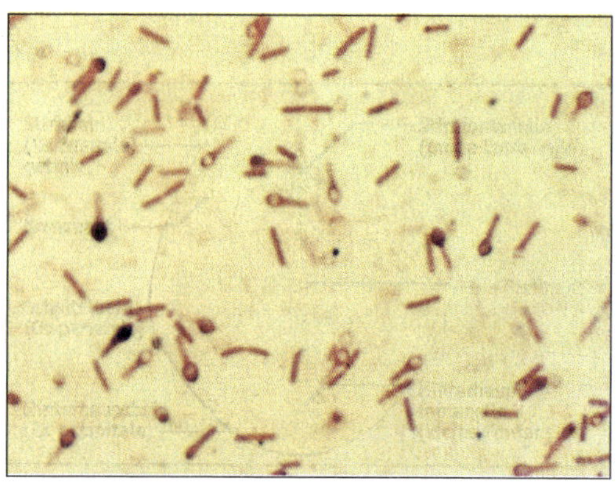

Tetanuserreger

oft auch mit Fieber. Anschließend ist auch die Muskulatur von Nacken, Rücken und Bauch betroffen. Zwischendurch können schmerzhafte Muskelkrämpfe, die auch die Atmung beeinträchtigen, auftreten. Die Erkrankung verläuft in mehr als 50 % der Fälle tödlich.
Die **Behandlung** erfolgt mit Serumtherapie und Medikamenten, die die Muskelkrämpfe lösen. Bei schweren Erkrankungen ist künstliche Beatmung erforderlich. Bei Sekundärinfektionen erfolgt die Gabe von Antibiotika.
Zur **Prophylaxe** wird die Impfung gegen Tetanus ab dem dritten Lebensmonat empfohlen. Der Immunschutz besteht fünf bis zehn Jahre. Danach sollte der Impfschutz regelmäßig aufgefrischt werden. Bei Verletzungen mit der Gefahr einer Tetanusinfektion sollte bei Patienten ohne ausreichenden Impfschutz eine Simultanimpfung durchgeführt werden.

Lyme-Borreliose

Erreger: Borrelia burgdorferi.
Die Erreger der Borreliose werden durch Läuse, häufiger jedoch über einen Zeckenstich auf den Menschen übertragen.
Die **Inkubationszeit** beträgt meist vier bis sieben Tage. Die Erkrankung beginnt im Allgemeinen an der Stichstelle mit einer starken Rötung mit ringförmiger Begrenzung (Erythema migrans). Der Hautausschlag kann lokalisiert bleiben oder sich auch auf andere Körperteile ausbreiten. Danach tritt schnell ein schweres Krankheitsbild mit Kopf-, Glieder- und Rückenschmerzen sowie Übelkeit und hohem Fieber (41 °C) auf. Oft kommen auch Leber- und Milzschwellungen dazu. Außerdem kann die Infektion z. B. zu Nierenschädigungen, Hirnnerven- und Augenentzündungen führen. In schweren Fällen kann es zu Lähmungen und chronischen Gelenkveränderungen kommen. Die Infektion wird mit Antibiotika behandelt. Es besteht keine bleibende Immunität, Reinfektionen sind daher möglich.
Die Häufigkeit der Borreliose hat in den letzten Jahren erheblich zugenommen. Sie kommt bis zu 100-mal häufiger vor als die FSME (Frühsommermeningoenzephalitis), die ebenfalls durch Zeckenstiche übertragen wird. Gegen diese Erkrankung gibt es im Gegensatz zur Borreliose seit 1976 eine wirksame Schutzimpfung. Sie wird besonders den Personen empfohlen, die in Gebieten mit erhöhtem Zeckenaufkommen leben oder sich dort in Wäldern und auf Wiesen aufhalten.

Salmonellen-Infektion

Erreger: Salmonella.
Die Erreger der Salmonellen gehören zur **Typhus-Paratyphus-Enteritis-Gruppe**, die früher auch als TPE-Gruppe bezeichnet wurde. Sie gehören zur Familie der **Enterobacteriaceae**.
Die **Übertragung** erfolgt meist durch Aufnahme der Erreger mit infizierten Nahrungsmitteln oder Wasser. Die **Inkubationszeit** beim **Typhus abdominalis** (Unterleibstyphus) beträgt durchschnittlich zehn Tage. Die Erkrankung beginnt mit Mattigkeit, Kopfschmerzen und langsam ansteigendem Fieber. Das Fieber bleibt ca. ein bis drei Wochen zwischen 40 und 41 °C. Dabei ist die Milz stark geschwollen und die Bauchhaut weist eine kleinfleckige Rötung auf. In dieser Zeit kommt es zu sogenannten „Erbsbreistühlen", die mit Verstopfung (Obstipation) wechseln. Nach komplikationslosem Verlauf erfolgt nach mehreren Wochen stufenweise Entfieberung und eine lang dauernde **Rekonvaleszenz** (Genesung).
Bei der **Behandlung** muss hauptsächlich für Ersatz des Flüssigkeits- und Elektrolytverlustes sowie für die Unterstützung von Herz- und Kreislauf gesorgt werden. In schweren Fällen werden z. B. Antibiotika und Cortisonpräparate verabreicht.
Als **Prophylaxe** sind hygienische Maßnahmen wie z. B. das Abkochen von Trinkwasser und Nahrungsmitteln vor allem in Endemiegebieten besonders wichtig. Außerdem gibt es die Möglichkeit einer Schutzimpfung.
Der Krankheitsverlauf und die Behandlung bei **Paratyphus** ist ähnlich wie bei Typhus. Die Krankheitssymptome sind jedoch meist milder. Die **Salmonellen-Enteritis** (Darmentzündung) ist eine durch Salmonellen ausgelöste Lebensmittelvergiftung.

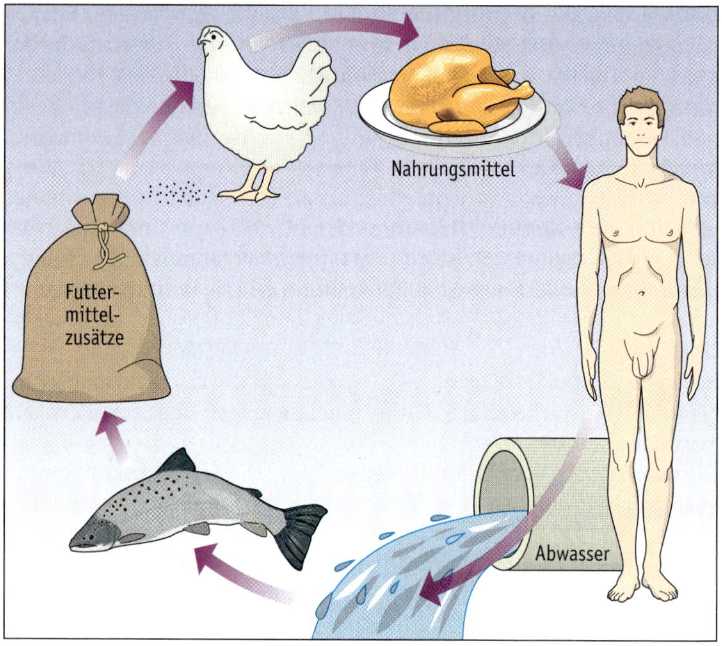

Infektionskette einer Salmonellenerkrankung

Die **Inkubationszeit** beträgt einige Stunden bis maximal 10 Tage nach Aufnahme der infizierten Nahrungsmittel. In seltenen Fällen infiziert ein Kranker eine andere Person. Die Erkrankung beginnt mit Durchfall und Fieber bis ca. 39 °C. Die Durchfälle sind oft reiswasserähnlich und können auch Schleim und Blut enthalten. Der hohe Wasser- und Elektrolytverlust kann zum Kreislaufkollaps führen.

Bei der **Behandlung** ist daher der Ausgleich des Wasser- und Elektrolytverlustes sowie Glucosezufuhr das Wichtigste.

Viele Salmonellenerkrankungen erfolgen durch den Genuss von infizierten Lebensmitteln wie z. B. Eiern (roh, z. B. in Mayonnaise, oder nur kurz gekocht), Eis, Geflügel und Fisch (nicht durchgebraten). Eine Salmonelleninfektion muss dem Gesundheitsamt gemeldet werden. Nach der Genesung müssen drei Stuhlproben des Patienten erregerfrei sein, erst dann ist die Infektion überstanden. Menschen, die mit offenen Lebensmitteln arbeiten, brauchen ein Gesundheitszeugnis, das die Hausärzte ausstellen. Es beinhaltet u. a. die negativen Ergebnisse einer Untersuchung von zwei Stuhlproben auf Salmonellen.

Tuberkulose (Tbc)

Erreger: Mycobacterium tuberculosis, Mycobacteria africanum, bovis, microti

Die Tuberkulose ist die häufigste tödliche Infektionskrankheit. Allerdings erkranken nur etwa fünf bis zehn Prozent der mit **Mycobacterium tuberculosis** Infizierten an Tuberkulose, weil die Erreger nach der Infektion meist schon in den Atemwegen abgewehrt werden. Ein Ausbruch der Krankheit betrifft besonders Menschen mit geschwächtem Immunsystem, schlechtem Ernährungszustand, schlechten hygienischen Lebensbedingungen.

Ungefähr ein Drittel der Weltbevölkerung ist mit Tuberkulose-Bakterien infiziert. Nach Angaben der WHO erkranken jährlich ca. neun Millionen Menschen und ca. 1,6 Millionen sterben an dieser Erkrankung, oft aufgrund unzureichender Behandlungsmöglichkeiten, weil die Therapie langwierig ist und teure Antibiotika erfordert.

In der Abbildung auf S. 317 ist erkennbar, dass meist arme Länder betroffen sind, in denen sowohl die Diagnose als auch die Therapie unzureichend erfolgen. Hier treten auch oft multiresistente Erregerstämme auf.

Die **Übertragung** erfolgt am häufigsten **aerogen** (Inhalation infektiöser Tröpfchen). Die Eintrittspforten sind meist die Lungenbläschen, es können aber auch offene Wunden, frische Tätowierungen und Schleimhäute sein. Grundsätzlich sind ebenso die folgenden Übertragungswege möglich, wenn auch selten:

- oral z. B. durch Milch, rohes Fleisch
- hämatogen über blut- und sekretkontaminierte Instrumente (Transfusion, Spritzen, Nadeln, usw.)
- transplantationsbedingt (Verpflanzung von infiziertem Gewebe, z. B. Nieren)
- sexuell (bei Tuberkulose der äußeren Geschlechtsorgane)
- durch Schmierinfektion durch nicht intakte Haut (z. B. Verletzungen, Ekzeme)
- intrauterin bei Infektion der Gebärmutter
- bei der Geburt infolge einer Urogenitaltuberkulose der Mutter

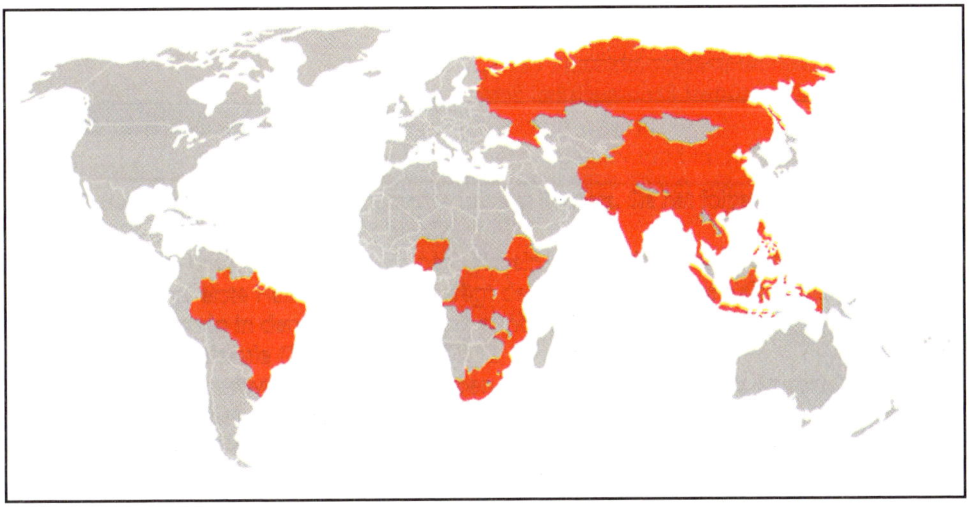

In den rot hervorgehobenen Ländern treten 80 % aller Tuberkulose-Erkrankungen weltweit auf. Quelle: Dieses Bild basiert auf dem Bild „Mapa tuberculose" aus der freien Mediendatenbank Wikimedia Commons und steht unter der GNU-Lizenz für freie Dokumentation. Urheber des Bildes ist die WHO; http://de.wikipedia.org/wiki/Tuberkulose; abgerufen am 19.03.2009

Da sich die Infektion meist in der Lunge abspielt, aber eben auch jedes andere Organ betreffen kann, wird zwischen **Lungentuberkulose** und **Organtuberkulose** unterschieden.
Der Erkrankungsverlauf der Tbc wird in verschiedene Stadien eingeteilt. Wenn sich Krankheitszeichen direkt nach der Infektion manifestieren, wird von **Primärtuberkulose** gesprochen. Die Bakterien können bei intakter Immunabwehr ohne Krankheitszeichen oder bei erfolgter Primärtuberkulose lebenslang im Körper „schlummern" und wieder aktiv werden. Nach der Ansteckung bilden sich innerhalb von drei bis sechs Wochen in der Lunge Entzündungen mit Beteiligung der Lymphknoten (**Primärkomplex**). Die Blutabwehrzellen schließen die Entzündungsherde ein und bilden kleine Knötchen, sogenannte **„Tuberkel"**. Die abgekapselten Tuberkel verursachen keine Beschwerden und haben das Bronchialsystem nicht erfasst. Diese Form der Erkrankung ist nicht ansteckend, da keine Krankheitserreger ausgeschieden werden. Sie wird daher **geschlossene Tuberkulose** genannt. Bricht die Krankheit nach einer Erstinfektion zu einem späteren Zeitpunkt erneut aus, wird dies **postprimäre Tuberkulose** oder **Sekundärtuberkulose** genannt. Dies ist bei ca. zehn Prozent der infizierten Menschen der Fall. Die **Symptome** können verschieden sein, z. B. wochenlang anhaltender Husten mit Abhusten von grünlich-gelblichem Schleim, Mattigkeit, leichtes Fieber am Abend. Der Husten verursacht oft Schmerzen in der Brust bis hin zu Atemnot. Bei blutigem Auswurf (Bluthusten) besteht der Verdacht auf Zerstörung von Bronchial- bzw. Lungengewebe, was durch die Tuberkulose-Bakterien verursacht werden kann. Wenn der Auswurf diese Bakterien enthält, leidet der Erkrankte an **offener Tuberkulose**.

Bluthusten (blutiges Sputum, Auswurf) darf nicht verwechselt werden mit Bluterbrechen. Die Ursachen können Tuberkulose oder z.B. ein Bronchialkarzinom sein.
Die **Diagnose** erfolgt über Infektionsanamnese, **Tuberkulin-Hauttestung**, Gewebsuntersuchungen, Röntgenbilder und einen nach Möglichkeit kulturellen Erregernachweis. Die Tbc gehört zu den meldepflichtigen Krankheiten (§ 6, IfSG). Namentlich zu melden sind die Erkrankung und der Tod bei einer behandlungsbedürftigen Tuberkulose, auch wenn ein kultureller Erregernachweis nicht vorliegt.
Beim **Tuberkulin-Hauttest** (Mendel-Mantoux-Test) wird eine bestimmte Menge gereinigter Antigene aus Mycobakterien in die Epidermis gespritzt. Dieser Test sollte gegenüber dem sogenannten Stempeltest bevorzugt werden. Hatte die getestete Person schon einmal Kontakt mit Tuberkulosebakterien, tritt innerhalb von drei Tagen an der entsprechenden Stelle eine Verdickung auf, die durch Einwanderung von Antikörpern entsteht, der Test ist positiv. Der Tuberkulin-Hauttest kann auch bei Schwangeren, stillenden Müttern und Kleinkindern durchgeführt werden, da er ungefährlich und gut verträglich ist.

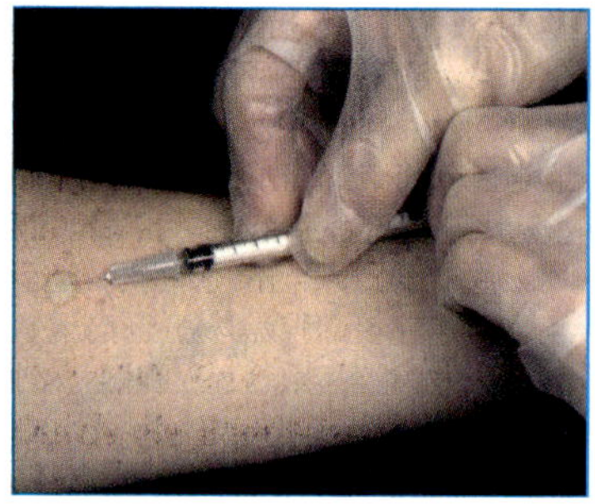

Durchführung des Tuberkulin-Hauttests nach Mendel-Mantoux

Quelle: Dieses Bild basiert auf dem Bild „Mantoux tuberculin skin test" aus der freien Mediendatenbank Wikimedia Commons und ist in der public domain verfügbar. Urheber des Bildes ist das United States Department of Health and Human Services/Centers for Disease Control and Prevention; http://de.wikipedia.org/wiki/Tuberkulose; abgerufen am 19.03.2009

Die **Behandlung** erfolgt durch eine Kombination verschiedener Antibiotika, die sich über mehrere Monate erstreckt. Bei Vorliegen von multiresistenten Keimen dauert die Behandlung annähernd zwei Jahre. Hierbei ist die Chance auf eine erfolgreiche Behandlung geringer als bei der Behandlung einer unkomplizierten Tuberkulose.
Prophylaxe: Es gibt zurzeit keinen wirksamen Impfschutz gegen Tuberkulose. Daher ist die wichtigste Prophylaxe die infizierten Personen möglichst früh zu entdecken und sowohl schnell als auch effektiv zu behandeln. Aktive Suche nach infizierten Personen sollte vor allem bei Personen aus Ländern mit hoher Tuberkuloserate, Obdachlosen, Drogenabhängigen, Gefängnisinsassen und auch HIV-Positiven erfolgen.

Aufgaben

1. In welchen Stadien verläuft der Keuchhusten?
2. Beschreiben Sie ein typisches Kennzeichen von Scharlach.
3. Welche Erkrankungen kann ein Zeckenstich auslösen?
4. Wie viel Prozent der Tetanusinfektionen verlaufen tödlich?
5. Wie erfolgt die Übertragung einer Salmonelleninfektion?
6. Welche Infektionen werden nicht durch Tröpfcheninfektion übertragen?
7. Welche Infektionskrankheit ist meldepflichtig?
8. Welche Infektionskrankheit ist fast ausgerottet?
9. Erstellen Sie eine Tabelle mit den vorgenannten bakteriellen Infektionskrankheiten.
   a) Geben Sie jeweils an: Erreger, Übertragungsart, Inkubationszeit, Symptome, Therapie, Prophylaxe.
   b) Welche bakteriellen Infektionen wurden in Ihrer Ausbildungspraxis im letzten halben Jahr besonders häufig behandelt?
10. Wie erfolgt meist die Übertragung von Tbc?
11. Was bedeutet der Bergriff „Primärtuberkulose"?

5.4 Viruskrankheiten

Infektionskrankheiten werden möglicherweise noch häufiger durch Viren als durch Bakterien ausgelöst. Im Folgenden werden vor allem Kinderkrankheiten und einige besondere Virusinfektionen beschrieben.

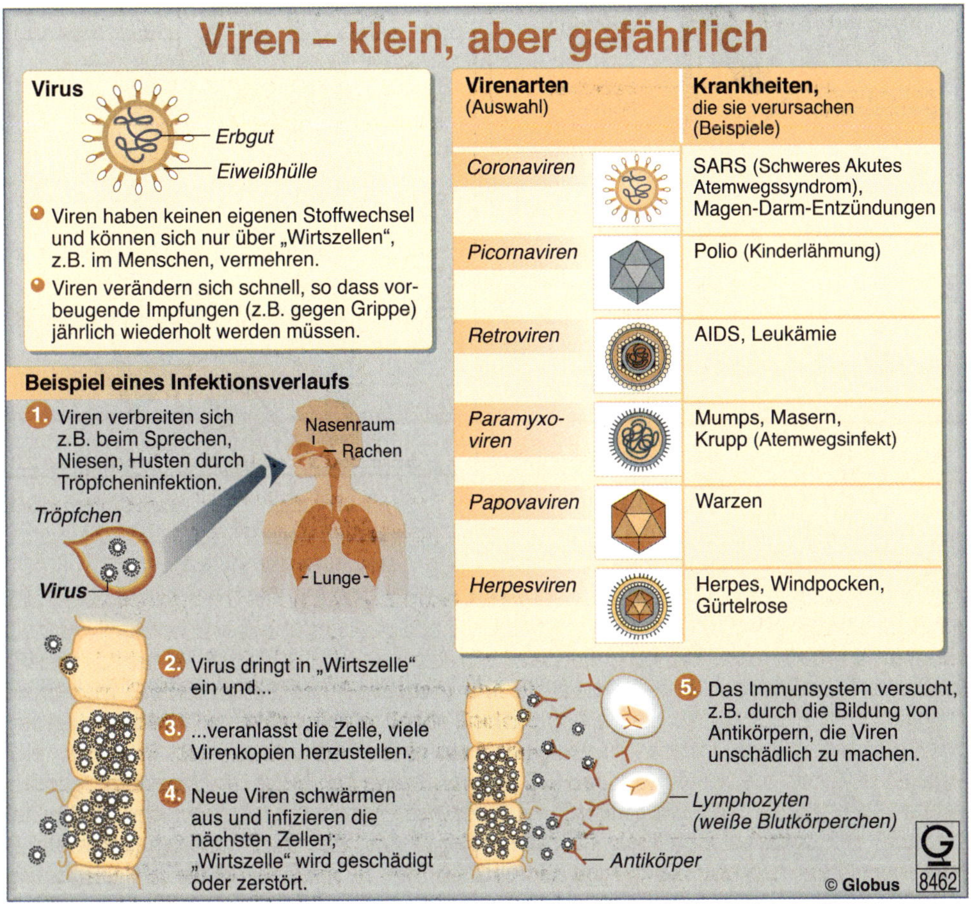

Röteln (Rubeola)

Erreger: Rötelnvirus (Familie der Togaviren).

An dieser meist leicht verlaufenden Virusinfektion erkranken vorwiegend Kinder und Jugendliche. Die **Übertragung** erfolgt durch Tröpfcheninfektion. Die **Inkubationszeit** beträgt 12 bis 21 Tage. Die Erkrankung beginnt mit Beschwerden der oberen Luftwege, schmerzloser Schwellung der Lymphknoten, besonders im Nackenbereich und hinter den Ohren, und einem Hautausschlag, der kleinfleckiger und blasser als bei Masern ist. Er beginnt im Gesicht und breitet sich über den ganzen Körper auf die Gliedmaßen aus. Nach zwei bis drei Tagen verblasst der Ausschlag bereits wieder. Fieber tritt nur bis ca. 38 °C auf und das Allgemeinbefinden ist kaum beeinträchtigt. Bei Kindern verläuft die Infektion meist komplikationslos. Anschließend erfolgt meist eine lebenslange Immunität.

Gefährlich sind die Röteln während der Schwangerschaft, da sie zu schweren Missbildungen des Embryos führen können. Es wird daher bei jeder Schwangeren getestet, ob Antikörper vorhanden sind. Wegen der Gefährlichkeit von Röteln während der Schwangerschaft wird seit 1981 geschlechtsunabhängig die aktive **Rötelnimpfung** zwischen dem 11. und 14. Lebensjahr empfohlen.

Masern (Morbilli)

Erreger: Masern-Virus (Paramyxoviren).

Diese sehr ansteckende Virusinfektion kann in jedem Alter auftreten. Meist erkranken jedoch Kinder. Die **Übertragung** erfolgt durch Tröpfcheninfektion auch über größere Entfernungen, z. B. von Zimmer zu Zimmer (fliegende Infektion). Die **Inkubationszeit** beträgt 10 bis 14 Tage. Der Krankheitsverlauf erfolgt in drei Stadien.

- **Prodromalstadium.** Es dauert drei bis fünf Tage und beginnt mit Schnupfen, Husten, Bindehautentzündung und Fieber bis 41 °C. Dadurch entsteht das typische verquollene Aussehen des Patienten. Häufig entwickeln sich an der Wangenschleimhaut kleine weiße Stippchen mit leicht gerötetem Hof **(Koplik-Flecken)**, die sich nach zwei bis drei Tagen zurückbilden.
- **Exanthemstadium.** Es dauert etwa drei Tage und es kommt zu einem erneuten Fieberanstieg auf 40 bis 41 °C. Das Exanthem (Hautausschlag) beginnt hinter den Ohren und breitet sich von Hals, Gesicht und Schultern über den ganzen Körper aus. Der Ausschlag besteht aus erhabenen rötlichen Flecken, die entweder voneinander getrennt sind oder ineinander fließen. Das Exanthem klingt nach drei bis vier Tagen ab und die Körpertemperatur normalisiert sich rasch.
- **Rekonvaleszenzstadium.** Der Allgemeinzustand des Patienten bessert sich allmählich. Nach Abklingen des Exanthems entsteht eine kleieförmige Schuppung der Haut (ohne Hände und Füße). Bei Masern können schwere Komplikationen wie z. B. Lungenentzündung (Pneumonie), Pseudokrupp, Mittelohrentzündung (Otitis media) oder Hirnentzündung (Enzephalitis) auftreten.

Masern beeinträchtigen das Immunsystem so stark, dass andere Erkrankungen folgen können. Eine spezifische **Behandlung** ist nicht möglich. Es können fiebersenkende oder hustenstillende Medikamente gegeben werden. Durch das Fieber entsteht ein erhöhter Flüssigkeitsverlust, der ausgeglichen werden muss.

Zur **Prophylaxe** wird die aktive Schutzimpfung empfohlen, die im zweiten Lebensjahr erfolgt. Die zweite Impfung wird im sechsten Lebensjahr wiederholt. Zur **Prophylaxe** besteht die Notwendigkeit der Impfung. Die Ständige Impfkommission **(STIKO)** empfiehlt die Impfung gegen Masern in Kombination mit Mumps und Röteln (MMR-Impfstoff) in der Regel zwischen dem vollendeten 11. bis 14. Lebensmonat, auf jeden Fall jedoch bis zum Ende des zweiten Lebensjahrs, um den frühestmöglichen Impfschutz zu erreichen. Seit 1991 empfiehlt die STIKO eine zweite MMR-Impfung, die bereits vier Wochen nach der Erstimpfung erfolgen kann, um Immunitätslücken zu schließen. Falls die Zweitimpfung nicht so frühzeitig durchgeführt wurde, muss sie zwischen dem vollendeten neunten und 18. Lebensjahr erfolgen.

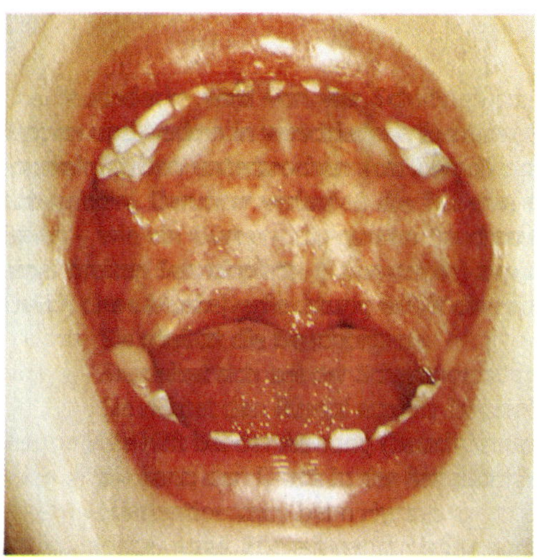

Masernexanthem am Gaumen

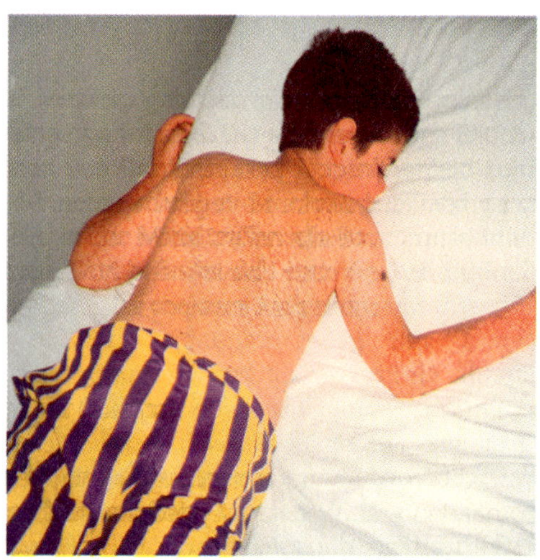

Masernexanthem

Pfeiffersches Drüsenfieber (Mononucleosis infectiosa)

Erreger: Eppstein-Barr-Virus (Herpesviren).

Das Pfeiffersche Drüsenfieber, auch „Monozytenangina" genannt, ist eine fieberhafte Virusinfektion. Sie befällt das Lymphsystem und ruft typische Blutbildveränderungen (meist Vermehrung der Leukozyten), im Blutausstrich typische Mononucleosezellen hervor.

Die **Übertragung** erfolgt durch Tröpfchen- oder Kontaktinfektion der Schleimhäute und betrifft oft Jugendliche. Die **Inkubationszeit** beträgt acht bis 21 Tage. Die Infektion tritt am häufigsten im Frühjahr und Herbst auf, wobei meist ältere Kinder und junge Erwachsene betroffen sind.

Die Erkrankung beginnt mit Fieber von 38 bis 39 °C, Kopf- und Gliederschmerzen sowie gleichzeitig auftretenden Lymphknotenschwellungen (erbs- oder kirschgroß, kaum schmerzhaft beweglich). Die Tonsillen (Gaumenmandeln) sind entzündet und haben einen schmutzig-grauen Belag. Ebenso können Milz und Leber vergrößert sein. Die Dauer der Erkrankung schwankt zwischen einigen Tagen und mehreren Wochen. Sie heilt meist ohne Komplikationen ab.

Die **Behandlung** erfolgt ohne Antibiotika nur symptomatisch. Die Rekonvaleszenz (Genesung) dauert mehrere Monate mit starker Leistungsminderung.

Poliomyelitis (Kinderlähmung)

Erreger: Poliomyelitis-Viren.

Diese meldepflichtige Virusinfektion befällt häufig Kleinkinder, wird aber auch bei Schulkindern und Erwachsenen beobachtet.

Die **Übertragung** erfolgt durch orale Schmierinfektion, seltener durch Tröpfcheninfektion. Die **Inkubationszeit** beträgt drei bis 14 Tage. Die meisten Poliomyelitisinfektionen verlaufen ohne Komplikationen mit nur leichten grippeähnlichen Symptomen. Die Genesung erfolgt nach wenigen Tagen. In nur ein bis zwei Prozent aller Infektionen kommt es zu mehr oder weniger schweren Schädigungen des ZNS (**Z**entral**n**ervens**s**ystem). Hierbei treten Lähmungen meist der unteren Extremitäten und des Rumpfes auf. Außerdem bekommt der Erkrankte eine Meningitis (Hirnhautentzündung). Eine Atemlähmung kommt beim schwersten Verlauf der Erkrankung dazu und kann innerhalb kürzester Zeit zum Tod führen.

Die **Behandlung** erfolgt nur symptomatisch, bei Atemlähmung ist künstliche Beatmung erforderlich. Zur **Prophylaxe** wird die Schutzimpfung empfohlen, die zum ersten Mal im Alter von zwei Monaten erfolgt und im vierten und 12. Lebensmonat wiederholt wird. Die Poliomyelitis ist seit Einführung der Schluckimpfung zu Beginn der sechziger Jahre in Deutschland praktisch ausgerottet. Seit Anfang 1998 ist die Schluckimpfung (Lebendimpfstoff) durch den Polio-Totimpfstoff IPV (inaktivierte Polio Vakzine) ersetzt worden. Dieser Impfstoff wird intramuskulär injiziert.

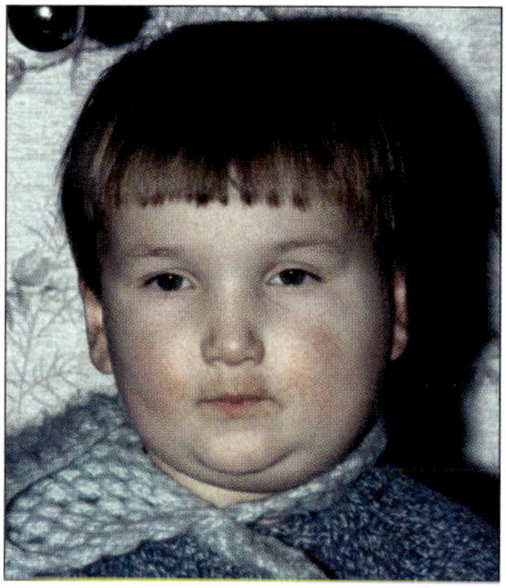

Mumps

Quelle: Dieses Bild basiert auf dem Bild „Mumps" aus der freien Mediendatenbank Wikimedia Commons und steht unter der GNU-Lizenz für freie Dokumentation. Urheber des Bildes ist Heinrich Weingaertner; http://de.wikipedia.org/wiki/Mumps; abgerufen am 19.03.2009

Mumps (Parotitis epidemica)

Erreger: Mumpsvirus (Paramyxoviren).

Mumps, auch „Ziegenpeter" genannt, ist eine akute Virusinfektion, die hauptsächlich die Ohrspeicheldrüse befällt.

Die **Übertragung** erfolgt durch Tröpfcheninfektion über die Mundschleimhaut, die **Inkubationszeit** beträgt meist 15 bis 20 Tage. Am häufigsten erkranken Kinder im Alter von drei bis acht Jahren.

Die Infektion beginnt mit leichtem Fieber sowie Kopf- und Gliederschmerzen. Anschließend kommt

es zu einer einseitigen schmerzhaften Anschwellung der Ohrspeicheldrüse. Meistens erfolgt nach ein bis zwei Tagen eine beidseitige Anschwellung, durch die die Ohrläppchen abstehen. Nach einigen Tagen geht die Schwellung zurück und das Fieber sinkt auf Normaltemperatur.
Die **Behandlung** beschränkt sich auf lokale Wärmeanwendung und die Gabe von Schmerz- und abschwellenden Mitteln.
Bei Mumps können als Komplikationen Bauchspeicheldrüsenentzündung (Pankreatitis) oder Hirnhautentzündung (Meningitis) mit der Gefahr einer Hörnerschädigung (Taubheit) auftreten. Bei Erkrankung nach der Pubertät kann bei Jungen eine Hodenentzündung (Orchitis) und bei Mädchen eine Eierstockentzündung auftreten. Beide Folgeerkrankungen können zur Sterilität führen. Deswegen wird die aktive **Schutzimpfung** gegen Mumps empfohlen. Sie erfolgt zusammen mit der Impfung gegen Masern und Röteln.

Grippe (Influenza)

Erreger: Influenza-Viren.
Die Grippe ist eine durch verschiedene Grippeviren hervorgerufene Infektionskrankheit der Atmungsorgane, die häufig als Epidemie auftritt. Sie wird oft mit einem **grippalen Infekt** verwechselt, eine fieberhafte Erkrankung der oberen Luftwege.
Die **Übertragung** erfolgt durch Tröpfcheninfektion, die **Inkubationszeit** beträgt meist zwischen ein und zwei Tagen. Sie beginnt mit plötzlich auftretendem hohem Fieber, Glieder-, Muskel- und Kreuzschmerzen sowie Rachenbeschwerden (Pharyngitis). Es folgen Heiserkeit und trockener Husten, oft auch Durchfall (Darmgrippe) und Erbrechen. Das Krankheitsbild verschlimmert sich, wenn zusätzlich bakterielle Infektionen hinzukommen, ein schwerer Krankheitsverlauf kann zum Kreislaufkollaps führen. Bei unkompliziertem Verlauf bilden sich die Beschwerden nach einigen Tagen zurück.
Die **Rekonvaleszenz** ist allerdings recht lange. Besonders gefährlich ist die Influenza für ältere oder durch andere Erkrankungen geschwächte Personen. Diesem Personenkreis wird daher die **Schutzimpfung** empfohlen. Durch ständig wechselnde Virusstämme ist die Entwicklung eines Standardimpfstoffs nicht möglich. Grippeepidemien treten in Abständen von Jahrzehnten auch weltweit auf (Pandemie). Die letzten pandemisch auftretenden Grippeinfektionen waren 1957/58 die „asiatische Grippe" und 1968/69 die „Hongkong-Grippe".

Windpocken (Varizellen)

Erreger: Varizellen-Zoster-Virus.
Dies ist eine **hochansteckende** Viruskrankheit mit einem vesikulärem (vesicula = Bläschen) juckendem Exanthem, die vor allem Kinder zwischen zwei und sechs Jahren betrifft.
Die **Übertragung** erfolgt durch Tröpfcheninfektion, die **Inkubationszeit** beträgt 14 bis 21 Tage. Die größte Ansteckungsgefahr besteht zwei Tage vor bis sechs Tage nach Ausbruch des Exanthems. Vor Ausbruch des Exanthems kann leichtes Fieber und Unwohlsein vorkommen. Die etwa linsengroßen Bläschen sind zunächst mit einer wasserklaren Flüssigkeit gefüllt, die sich später trübt. Sie trocknen aus und heilen unter Krustenbildung ab, meist narbenlos. Eingetrocknete Bläschen und Krusten sind nicht mehr ansteckend. Das Exanthem befällt am dichtesten den Rumpf und das Gesicht, anschließend die Extremitäten und die Kopfhaut, die Schleimhäute des Mundes und der Genitalien. Die Erkrankung erfolgt in drei bis vier Schüben, die innerhalb einer Woche abheilen. Wie in der oben stehenden Abbildung zu sehen ist, kommen dadurch die verschiedenen Stadien der Bläschen nebeneinander vor.
Nach der Erkrankung besteht lebenslange Immunität. Allerdings versteckt sich das Windpockenvirus nach der Erkrankung in den Nervensträngen, um u. U. viele Jahre später eine **Gürtelrose** hervorzurufen. Windpocken heilen meist komplikationslos ab. Die **Behandlung** erfolgt symptomatisch (Juckreizstillung).
Eine **Prophylaxe** erfolgt bei Schwangeren, die in der ersten Schwangerschaftshälfte Windpockenkontakt haben und selbst noch nicht erkrankt waren, sowie bei Neugeborenen und abwehrgeschwächten Personen durch Gabe von Immunglobulinen. Die Ständige Impfkommis-

sion (STIKO) empfiehlt seit Juli 2004 die Impfung gegen Varizellen als generelle Routineimpfung für alle Kinder im Alter von elf bis 14 Monaten.

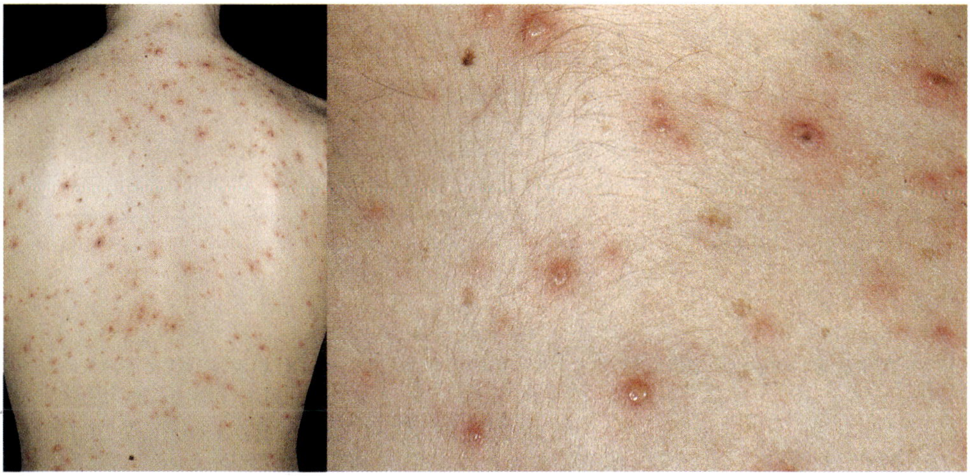

Varizellen – verschiedene Stadien

Gürtelrose (Zoster)

Erreger: Varizellen-Zoster-Virus.

Diese Viruserkrankung entsteht durch **Reinfektion** (Wiederinfektion), wenn z. B. die Immunität der Person gegenüber dem Virus abgenommen hat. Dies kann eine krankhafte Ursache haben oder auch ein altersbedingtes Nachlassen der allgemeinen Immunität sein. Bei der Gürtelrose entstehen bandartig verteilte Bläschen in einem Hautabschnitt. Oft betroffen sind der Thorax, aber auch die Halspartie und Teile des Gesichts. Die Erkrankung wird von heftigen neuralgischen Schmerzen begleitet. Sie können bereits vor Entstehung des Exanthems beginnen und lange Zeit andauern.

Die **Behandlung** erfolgt symptomatisch: Lokalbehandlung des Exanthems und Gabe von starken Schmerzmitteln (Analgetika). Die **Prophylaxe** wird wie bei den Windpocken durchgeführt.

Aids (erworbenes Immundefektsyndrom)

Erreger: HIV (**H**uman **I**mmunodeficiency **V**irus).

Aids (engl. **a**cquired **i**mmune **d**eficiency **s**yndrome) ist seit 1981 als eigenständiges Krankheitsbild bekannt (vgl. S. 312). Das Immunsystem ist dabei so geschwächt, dass z. B. eindringende Krankheitskeime, die bei Gesunden nur leichte Erkrankungen hervorrufen, bei Aids-Patienten schwerste Krankheitsbilder hervorrufen, die zum Tod führen können.

Die **Übertragung** erfolgt durch Eindringen infizierter Körperflüssigkeiten (Blut, Samenflüssigkeit, Scheidensekret) in Haut- oder Schleimhautverletzungen oder durch Gabe von Blut bzw. Blutprodukten. Die **Inkubationszeit** beträgt durchschnittlich sechs Monate bis acht Jahre. Die größte Infektionsgefahr besteht beim Geschlechtsverkehr und bei Drogensüchtigen durch die gemeinsame Benutzung von Kanülen. Als Risikogruppen gelten:

- homosexuelle Männer mit wechselnden Sexualpartnern,
- Frauen und Männer mit häufig wechselnden Sexualpartnern,
- Neugeborene von HIV-infizierten Müttern,
- Frauen mit bisexuellen Sexualpartnern,
- Drogensüchtige,
- Hämophiliepatienten (Bluter).

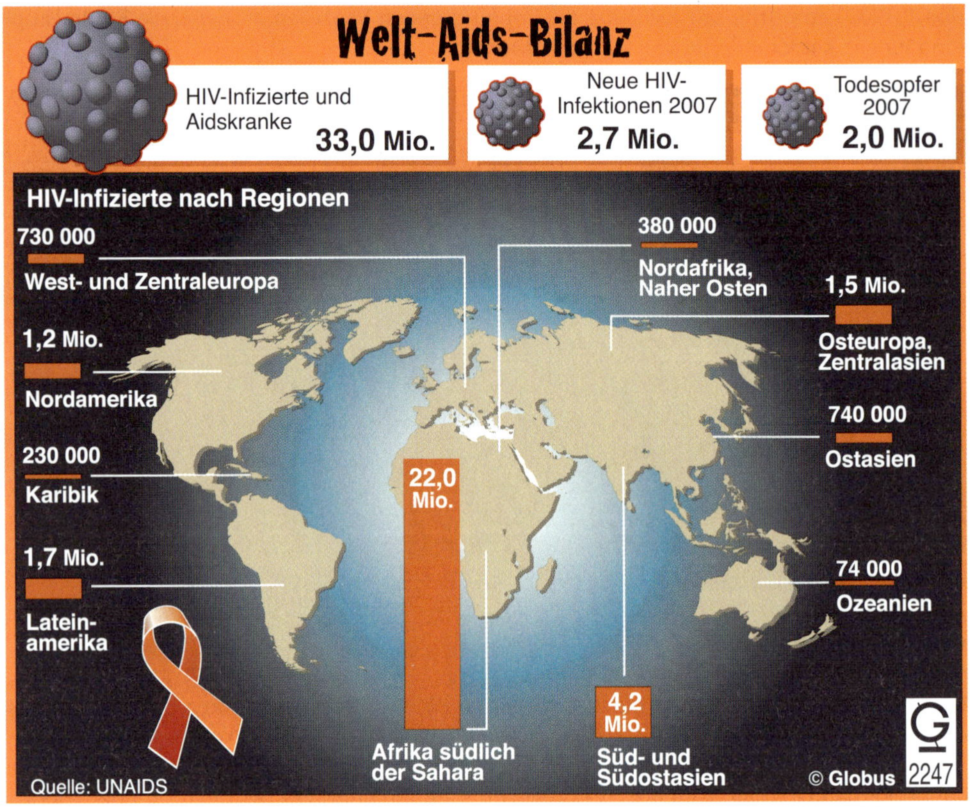

Aidsopfer

Das Immunsystem reagiert auf das Eindringen des Virus mit der Bildung von Antikörpern. Diese lassen sich im Blut einige Wochen nach der Infektion mit speziellen Labormethoden nachweisen.

Der Verlauf der Erkrankung wird in vier Stadien eingeteilt:

- Im ersten Stadium ähneln die **Symptome** denen der Mononukleose und dauern einige Tage bis mehrere Wochen.
- Das zweite Stadium ist **symptomfrei** und kann einige Monate bis zehn Jahre dauern.
- Im dritten Stadium entstehen Lymphknotenschwellungen in verschiedenen Körperbereichen.
- Die vierte Phase wird als Vollbild von Aids bezeichnet. Es kommt z. B. zu Fieberschüben, Gewichtsverlust und Durchfällen (ohne Nachweis von Erregern), Hautveränderungen, Juckreiz, Haarausfall.

Durch den weiteren Virusbefall verschiedener Blutzellen, hauptsächlich der T-Lymphozyten (eine Leukozytenart), wird das Immunsystem noch stärker geschwächt. Die Folge davon sind Infektionskrankheiten, die ein gesunder Organismus gefahrlos übersteht, die für einen Aids-Infizierten aber lebensbedrohend sein können. Weitere Komplikationen sind bösartige Tumore, z. B. das häufig genannte Kaposi-Sarkom (vom Bindegewebe ausgehender Tumor). Nach Ausbildung des Vollbilds überleben nur etwa zwei Drittel der Betroffenen das erste Jahr.

Eine spezifische **Therapie** ist noch nicht möglich. Die größten Erfolge werden erzielt, wenn die Erkrankung bereits vor dem Vollbild individuell behandelt wird. Da es noch keine Impfung gegen Aids gibt, ist als **Prophylaxe** nur der Schutz vor dem Eindringen des Erregers in die Blutbahn möglich.

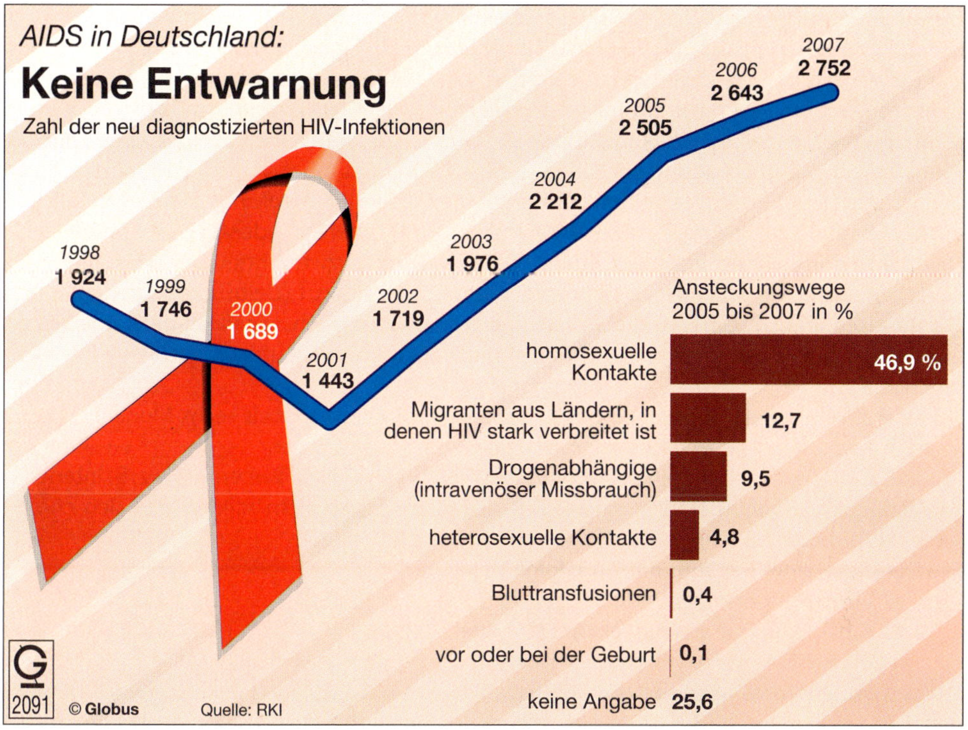

Hepatitis A

Erreger: Hepatitis-A-Virus

Die Hepatitis A ist eine Infektionskrankheit, deren Hauptsymptom eine akute Entzündung der Leber (Hepatitis) ist. Diese Form der Hepatitis verläuft nicht chronisch und heilt meist ohne schwere Komplikationen spontan aus. Der Hepatits-A-Virus kommt am häufigsten in Russland, Südostasien, Afrika, Mittel- und Südamerika sowie im Mittelmeerraum vor.

Die **Übertragung** der Viren erfolgt fäkal-oral durch eine Kontakt- oder Schmierinfektion. Ursachen sind häufig verunreinigtes Wasser oder ungenügend gegarte Nahrungsmittel. Ein erhöhtes Risiko tritt auch bei fäkaliengedüngtem Gemüse (z. B. Salat) oder bei Meeresfrüchten (z. B. Muscheln) auf.

Die **Inkubationszeit** beträgt 15 bis 50 Tage. Die Erkrankung kann über mehrere Wochen bis Monate verlaufen. Die höchste Ansteckungsgefahr besteht ca. ein bis zwei Wochen vor dem Ausbruch der Erkrankung. Typische **Symptome** sind Übelkeit und Erbrechen, Bauchschmerzen, Durchfall, Fieber, oft ohne **Ikterus** (Gelbsucht).

Den besten Schutz gegen eine Hepatitis A bietet die **Impfung**. Sie wird bei Reisen in die beschriebenen Risikogebiete empfohlen. Meist erfolgt eine aktive Immunisierung. Der Impfstoff wird zweimal intramuskulär gespritzt. Die zweite Injektion erfolgt nach sechs bis zwölf Monaten. Die Wirksamkeit beginnt ca. zwei Wochen nach der ersten Impfung. Der Impfschutz besteht mindestens 10 Jahre.

Die Impfung kann auch kombiniert mit einer Hepatitis B-Impfung erfolgen.

Hepatitis B

Erreger: Hepatitis-B-Virus

Die Hepatitis B verläuft in ca. 90 % aller Fälle akut, kann aber auch chronisch verlaufen. Sie gehört zu den weltweit häufigsten Virusinfektionen. Bei Millionen von Menschen sind nach einer überstandenen Infektion mit dem Hepatitis-B-Virus (HBV) Antikörper gegen HBV nachweisbar. Die Hepatitis B ist neben der Hepatitis C die wichtigste Ursache für eine chronische Lebererkrankung mit der möglichen Folge einer Leberzirrhose oder eines Leberzellkarzinoms.

Die **Übertragung** erfolgt parenteral (z. B. Injektion) und sexuell, d. h. durch Blut oder andere Körperflüssigkeiten (z. B. Urin, Speichel, Samenflüssigkeit) einer infizierten Person. Meist sind kleinste Verletzungen der Haut oder Schleimhaut die Eintrittspforten. Daher ist auch der ungeschützte Geschlechtsverkehr ein Risikofaktor. Eine wichtige Übertragungsmöglichkeit besteht auch bei Verletzungen mit Blutkontakt z. B. Drogenkonsum mittels Injektion, Piercing, Tätowierungen. Auch die Übertragung von HBV bei Transfusionen ist möglich, allerdings ist dies durch die Testung der Blutspender bei uns sehr selten geworden. Im medizinischen Bereich besteht die Übertragung auf medizinisches Personal hauptsächlich durch Nadelstichverletzungen.
Die **Inkubationszeit** beträgt meist 60 bis 90 Tage. Bei etwa zwei Drittel aller Infektionen verläuft die Erkrankung ohne die klassischen Symptome wie **Ikterus** (Gelbsucht), Gliederschmerzen, Übelkeit und Erbrechen, Durchfall, Schmerzen im Oberbauch. Die Patienten bemerken oft nur eine leichte Abgeschlagenheit. Ein solch unkomplizierter Verlauf heilt nach zwei bis sechs Wochen aus.
Bei einer **chronischen Hepatitis B** bestehen die Symptome länger als sechs Monate. Es kann zu Folgeschäden wie Leberzellkarzinom oder Leberzirrhose kommen.
Zur **Behandlung** der chronischen Hepatitis B stehen mehrere Medikamente wie z. B. Interferon zur Verfügung. Diese Therapien sind jedoch nicht kurativ, sondern mildern nur den chronischen Verlauf ab bzw. können das Risiko von Spätfolgen senken.
Die **Diagnose** einer Hepatitis B kann erfolgen durch:

- **Virus-Antigene** (das Virus selbst oder dessen Eiweiße),
- **Antikörper**, die das Abwehrsystem bildet,
- **Virus-DNA** (Desoxyribonukleinsäure), d. h. die Erbsubstanz des Virus.

Werden im Blut Virus-Antigene (HBs-Ag, HBe-Ag) gefunden, ist die Infektion nicht überstanden, d. h., es liegt meist eine akute oder chronische Hepatitis B mit Ansteckungsgefahr vor.
Die Antikörper (Anti-HBs) sind Zeichen einer Ausheilung der Erkrankung bzw. erfolgreicher Hepatitis-B-Impfung. Durch die Antikörper wird die Immunität gegen Hepatitis B angezeigt. Bei chronischem Verlauf zeigen die Antikörper eine Verbesserung und eine verminderte Ansteckungsgefahr an.
Die DNA-Messung wird heute zur Diagnose und Beobachtung der chronischen Hepatitis herangezogen. Befindet sich wenig Virus-DNA im Blut, spricht dies für eine „ruhende" Infektion, viel DNA spricht für eine „aktive" chronische Hepatitis.
Eine **Impfung** (aktive Immunisierung) wird bei allen Kindern und Jugendlichen empfohlen (Bestandteil der Empfehlungen der Ständigen Impfkommission STIKO), d. h., sie ist im Impfkalender enthalten. Personen in Heil- und Pflegeberufen sollten unbedingt geimpft sein. Auch z. B. Dialysepatienten, Drogenabhängige und Reisende in Risikogebiete sollten die Impfung wahrnehmen. Der Impfstoff wird dreimal intramuskulär gespritzt. Die zweite Impfung erfolgt nach vier Wochen, die dritte nach sechs Monaten. Die Wirksamkeit beginnt oft schon 14 Tage nach der zweiten Impfung. Impfschutz besteht meist länger als 10 Jahre.
Hepatitis B gehört zu den meldepflichtigen Krankheiten (§ 6 IfSG). Es muss namentliche Meldung beim Gesundheitsamt erfolgen bei Verdacht, Erkrankung oder Tod.

Hepatitis C

Erreger: Hepatitis-C-Virus
Die Hepatitis C verläuft in 50–85 % der Fälle chronisch. Sie kann im Verlauf zu schweren Leberschädigungen wie Leberzirrhose und Leberzellkarzinom führen.
Die **Übertragung** erfolgt parenteral durch Blut. Eine häufige Übertragungsmöglichkeit besteht auch bei Verletzungen mit Blutkontakt z. B. Drogenkonsum mittels Injektion, Piercing, Tätowierungen. Im medizinischen Bereich besteht die Übertragung auf medizinisches Personal hauptsächlich durch Nadelstichverletzungen. Die Übertragung von Hepatitis C durch Geschlechtsverkehr ist im Gegensatz zur Hepatitis B eher selten.

Die **Inkubationszeit** beträgt 20 bis 60 Tage und wird von ca. 75 % der Infizierten gar nicht oder wie ein grippaler Infekt wahrgenommen. Dadurch wird in dieser Phase die Hepatitis C häufig nicht diagnostiziert und diese akute Phase geht, wie oben bereits erwähnt, häufig in eine chronische Form über, die zu Leberzirrhose oder Leberzellkarzinom führen kann.
Die **Behandlung** besteht aus einer Kombination von Interferon und Virostatika über viele Wochen. Bei frühzeitigem Einsatz von diesen Medikamenten besteht eine gute Chance, das Virus zu eliminieren. Der Therapieerfolg hängt auch von Faktoren wie Alter, Dauer der Erkrankung, Körpergewicht, Geschlecht und dem Grad der Leberschädigung ab. Wird die Infektion innerhalb des ersten halben Jahres diagnostiziert und behandelt, können die meisten Patienten geheilt werden, bevor die Hepatitis einen chronischen Verlauf nimmt.
Ein wirksamer Impfstoff steht bis heute nicht zur Verfügung.
Hepatitis C gehört zu den meldepflichtigen Krankheiten (§ 6 IfSG). Es muss namentliche Meldung beim Gesundheitsamt erfolgen bei Verdacht, Erkrankung oder Tod.

Aufgaben

1. Nennen Sie zwei Viruserkrankungen, gegen die es eine Impfung gibt.
2. Wie wird Mumps übertragen?
3. Nennen Sie eine bekannte Grippeepidemie.
4. Wie heißt der Virus, der Windpocken auslöst?
5. Nennen Sie zwei Risikogruppen für eine Aids-Infektion.
6. Welche Personengruppen sind besonders gefährdet an Hepatitis B zu erkranken?
7. Gegen welche Hepatitiden gibt es Impfungen?
8. Welche Hepatitisform heilt meist ohne schwere Komplikationen aus?
9. Bei welchen Hepatitisformen besteht die Gefahr einer chronischen Form?

5.5 Pilzkrankheiten (Mykosen)

Mykosen sind Infektionskrankheiten, die durch Pilze hervorgerufen werden. Sie können Haut, Nägel, Haare, Schleimhäute, Lymphsystem sowie alle Organe – insbesondere von Personen mit geschwächtem Immunsystem – befallen.

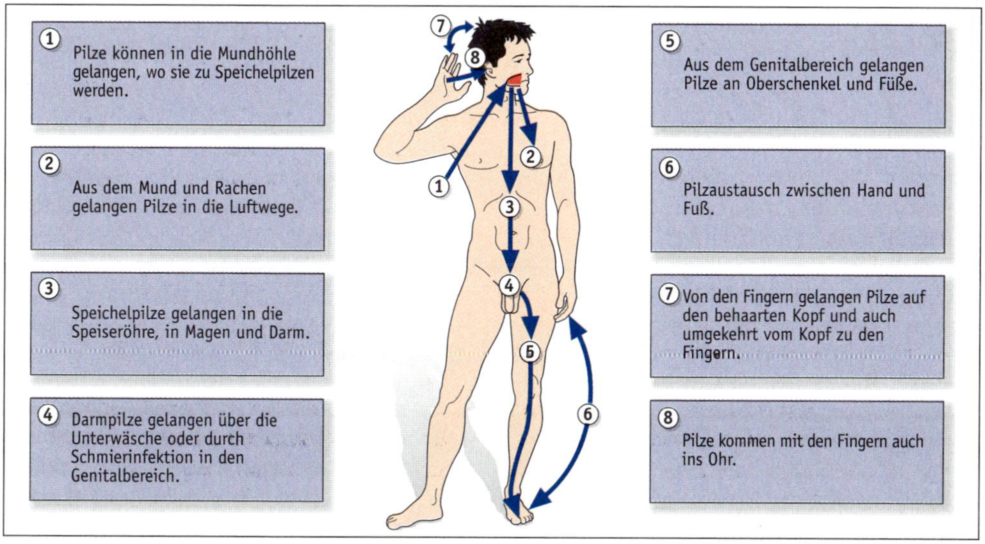

Wanderwege der Pilze

Eine Pilzinfektion der Organe kommt z. B. durch Einatmen von Pilzsporen (Vermehrungsform) zustande. Pilzinfektionen entstehen bevorzugt an feuchten und warmen Stellen der Haut **durch Kontakt** mit pilzinfizierten Flächen, z. B. in Sportanlagen, Schwimmbädern oder durch Kontakt von Mensch zu Mensch. Zur Diagnose einer Pilzinfektion werden die Erreger z. B. in **Nativpräparaten** (ungefärbtes, nicht fixiertes Präparat) von Schuppen, Haaren, Nagelspänen oder durch Anfertigen einer Pilzkultur auf Nährböden nachgewiesen. Die Pilzarten werden in das DHS-System nach Rieth (D = Dermatophyten, H = Hefepilze, S = Schimmelpilze) eingeteilt:

- **Dermatophyten.** Sammelbezeichnung für Pilze, die sich in den oberen Hautschichten, Haaren und Nägeln ansiedeln.
- **Hefepilze Gattung Candida.** Sie befallen Haut, Schleimhäute und Nägel, z. B. Soor- und Windeldermatitis.
- **Schimmelpilze, z. B. Aspergillus.** Sie können auch durch den Genuss von verschimmelten Nahrungsmitteln übertragen werden.

Die Behandlung dieser Infektionen erfolgt durch Antimykotika (Mittel, die das Wachstum von Pilzen beeinflussen). Sie werden meist **lokal** (örtlich) oder **peroral** (durch den Mund) angewendet.

5.6 Protozoenkrankheiten

Dies sind Infektionskrankheiten, die durch Protozoen (tierische Einzeller) verursacht werden.

Malaria

Die Malaria ist eine Infektionskrankheit, die durch Protozoen der Gattung **Plasmodium** hervorgerufen wird. Die **Erreger** werden durch eine Stechmücke **(Anopheles)** übertragen. Da es verschiedene Plasmodien gibt, werden auch verschiedene Malariaformen unterschieden. Die gefährlichste Form ist die **Malaria tropica**, die zu akuter Lebensgefahr führen kann. Die **Inkubationszeit** beträgt je nach Erregerart zwischen acht Tagen und sechs Wochen. Die Erkrankung beginnt mit Fieberanfällen bis 41 °C, Schüttelfrost und Kopfschmerzen. Nach einigen Stunden fällt das Fieber drastisch ab. Die Fieberintervalle sind unterschiedlich und wiederum vom Erreger abhängig. Die Plasmodien befallen die Erythrozyten (rote Blutkörperchen). Der Nachweis erfolgt im gefärbten Blutausstrich.

Die Malaria ist weltweit in den Tropen und zum Teil auch in den Subtropen verbreitet. Durch die zunehmenden Reisen in tropische Gebiete sind nicht nur die dort lebende Bevölkerung, sondern auch die Touristen gefährdet. Nach neuesten Statistiken erkranken an Malaria jährlich bis zu 500 Millionen Menschen, von denen etwa drei Millionen daran sterben.

Für Reisende in Malariagebiete ist eine medikamentöse **Vorbeugung** erforderlich (Malariaprophylaxe). Eine Schutzimpfung ist nicht möglich.

Trichomonas-Infektion

Erreger: Trichomonas vaginalis.

Trichomonaden (mehrgeißelige Einzeller) lösen eine **Urogenitalinfektion** aus. Die Übertragung erfolgt fast immer durch Geschlechtsverkehr, selten indirekt, z. B. in Bädern.

Die **Inkubationszeit** beträgt wenige Tage bis Wochen. Bei der Frau entsteht im akuten Stadium eine Kolpitis (Scheidenentzündung) mit weißlichem Ausfluss und Juckreiz. Beim Mann entsteht **Urethritis** (Harnröhrenentzündung) mit leicht eitrigem Ausfluss. Die Diagnose erfolgt z. B. durch mikroskopischen Erregernachweis im Vaginalabstrich oder Urethralabstrich.

Die Behandlung erfolgt immer zeitgleich bei beiden Partnern.

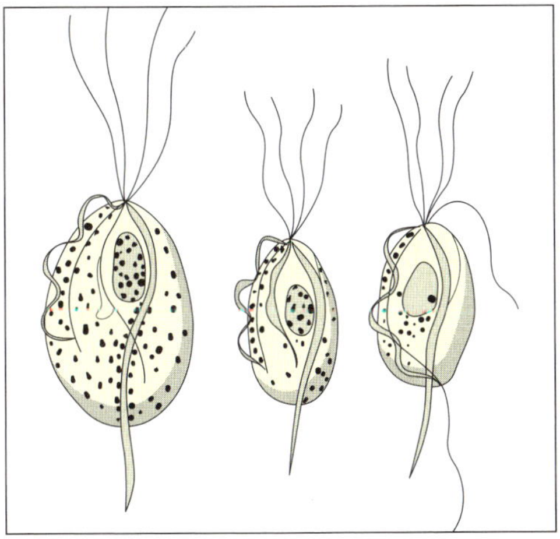

Trichomonaden

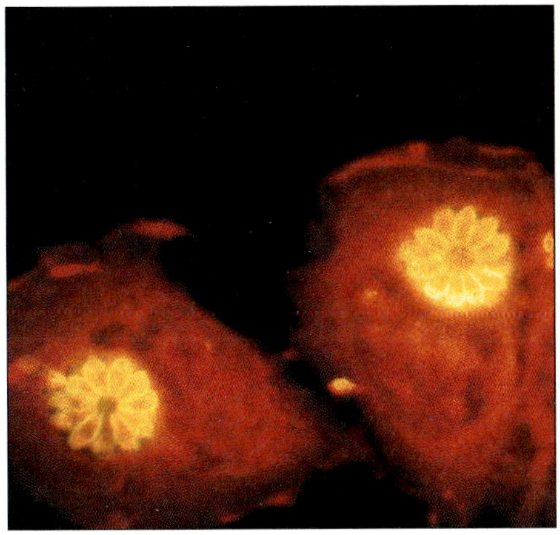

Toxoplasmose-Erreger

Toxoplasmose

Erreger: Toxoplasma gondii.

Der Hauptwirt des Erregers ist die Katze. Bei ihr findet die Entwicklung des Erregers im Darm statt. Die befruchteten Eizellen (Oozyten) von **Toxoplasma gondii** werden mit dem Katzenkot ausgeschieden. Diese Oozysten sind gegenüber Umwelteinflüssen äußerst resistent. Sie können z. B. bei ausreichender Feuchtigkeit und nicht zu hohen Temperaturen über ein Jahr im Boden infektiös bleiben.

Die **Infektion** erfolgt durch Kontakt mit Haustieren (Eintritt des Erregers durch Hautverletzungen oder durch die Schleimhäute). Weitere Infektionsquellen sind Gartenarbeit oder der Genuss von rohem bzw. ungenügend gegartem Fleisch.

Es kommt selten zu **krankheitsbedingten Symptomen** wie Abgeschlagenheit, Fieber, Kopf- und Gliederschmerzen und Lymphknotenschwellungen, besonders am Hals. Die Toxoplasmoseinfektion verläuft meist symptomfrei. Bei einer Infektion werden immer Antikörper gebildet.

Gefährlich ist allerdings eine Erstinfektion während der Schwangerschaft. Die Erreger können über die **Plazenta** (Mutterkuchen) und die Nabelschnur in den kindlichen Organismus gelangen. Dies kann zu schweren Schäden des Kindes oder zu einer Fehl- oder Totgeburt führen. Findet die Infektion zu Beginn einer Schwangerschaft statt, braucht der Erreger relativ lange, um in die Plazenta zu gelangen. Die sofort von der Mutter gebildeten Antikörper können häufig eine Infektion des Kindes verhindern. Je später in der Schwangerschaft die Infektion auftritt, desto größer ist die Gefährdung des Ungeborenen.

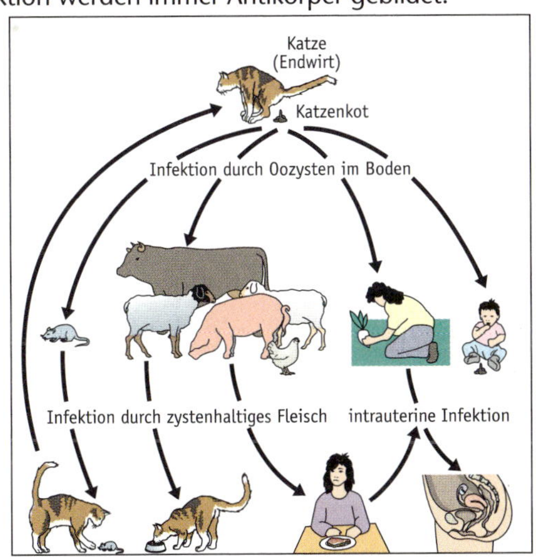

Infektionswege bei Toxoplasmose

Neugeborene mit einer Toxoplasmoseinfektion haben selten eindeutige Symptome. Die zunächst gesund erscheinenden Kinder zeigen oft erst spät im Kindesalter Auffälligkeiten wie z. B. epileptische Anfälle oder Taubheit. Allerdings ist dann eine Erkennung der eigentlichen Erkrankungsursache kaum mehr möglich.

Der **Antikörpernachweis** gehört noch nicht zur Schwangerschaftsvorsorge, daher ist die **Prophylaxe** besonders wichtig. Da die meisten Menschen nicht wissen, ob sie mit dem Erreger bereits infiziert sind, sollte sich eine Schwangere folgendermaßen verhalten: Kein rohes oder ungenügend gegartes Fleisch essen und rohes Obst oder Gemüse vor dem Essen gut abwaschen sowie bei der Gartenarbeit Handschuhe tragen. Außerdem sollte eine Schwangere darauf verzichten, eine Katzentoilette zu reinigen.

Aufgaben

1. Was sind Protozoen?
2. Wie kann eine Trichomonadeninfektion übertragen werden?
3. Welches ist die gefährlichste Form der Malaria?
4. Welche Blutzellen werden von Plasmodien befallen?
5. Beschreiben Sie den Krankheitsverlauf der Malaria.
6. Warum sollten Schwangere aufpassen, dass sie sich nicht mit Toxoplasmose infizieren? Wie sollten sie sich verhalten?
7. Warum erfolgt die Behandlung bei einer Trichomonadeninfektion immer zeitgleich bei beiden Partnern?
8. Welche Organe werden hauptsächlich von Wurmkrankheiten befallen?

5.7 Wurmkrankheiten

Diese Infektionskrankheiten werden durch Würmer hervorgerufen, die als Parasiten den Organismus schädigen. Besondere Bedeutung haben die **Saugwürmer** (z. B. Leberegel, Darmegel), **Fadenwürmer** (z. B. Madenwurm, Spulwurm, Trichinen) und **Bandwürmer** (z. B. Rinder-, Schweine-, Fisch- und Hundebandwurm).

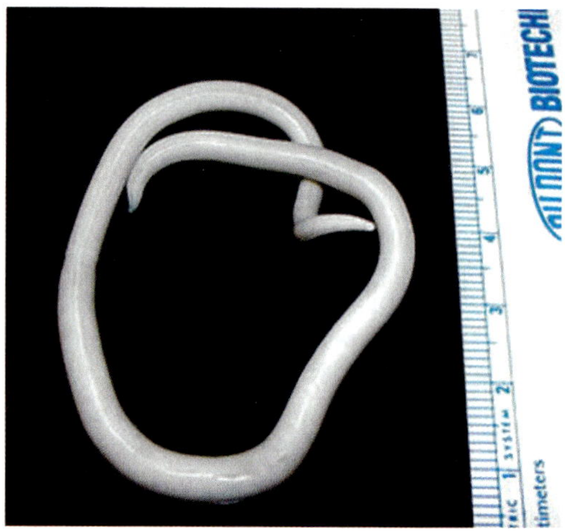

Spulwurm

Quelle: Dieses Bild basiert auf dem Bild „Ascaris lumbricoides" aus der freien Mediendatenbank Wikimedia Commons und ist in der public domain verfügbar. Urheber des Bildes ist das United States Department of Health and Human Services/Centers for Disease Control and Prevention; http://de.wikipedia.org/wiki/Spulwurm; abgerufen am 19.03.2009

Die Erreger gelangen beim Menschen meist **durch den Mund** in den Darm. Es können allerdings auch Erreger durch Nahrungsmittel übertragen werden, z. B. durch den Genuss von rohem oder nicht ausreichend gekochtem Fleisch oder Fisch. Diese Art der Infektionsübertragung erfolgt bei Trichinen und Bandwürmern. Je nach Art der Erreger werden weitere Organe wie die Leber, Lunge, Muskulatur oder das Zentralnervensystem befallen. Die Diagnose der Wurmkrankheiten ist für die Behandlung wichtig und erfolgt vor allem durch Stuhluntersuchungen. Hierbei wird in den Stuhlproben mit dem Mikroskop nach Wurmeiern gesucht oder es wird eine Kultur angelegt. Außerdem lassen sich auch bei bestimmten Wurmerkrankungen Antikörper im Blut nachweisen. Wurmerkrankungen sind bei Kindern häufiger als bei Erwachsenen. Sie werden häufig übertragen durch mangelnde Hygiene oder auch zu engen Kontakt mit Haustieren bzw. deren Ausscheidungen. Katzen und Hunde, die mit Kindern zusammenleben, sollten daher regelmäßig entwurmt werden.

6 Diagnostik von Infektionserkrankungen

Situation

Frau Dr. Schmitz kommt auf Katrin zu: „Frau Kremer soll eine Stuhlprobe abgeben. Bitte geben Sie ihr die entsprechenden Anweisungen."
„Was für Anweisungen", fragt sich Katrin und wendet sich hilfesuchend an Melissa. Diese gibt ihr die gewünschte Antwort und rät ihr dann: „Vielleicht solltest du dich mal über Diagnoseverfahren für Infektionskrankheiten informieren. Die sind für uns Medizinische Fachangestellte sehr wichtig!"

Die Diagnoseverfahren für Infektionskrankheiten sind in den letzten Jahren erheblich verbessert und erweitert worden.

Je nach Erregerart der Erkrankung richtet sich die Nachweismethode. Sie kann z. B. mikrobiologisch durch den direkten Erregernachweis, Antikörper- oder Antigennachweis oder PCR (Polymerase Chain Reaction = Polymerasekettenreaktion) erfolgen. Mit der PCR ist der empfindliche Nachweis von DNA (Desoxyribonukleinsäure) oder RNA (Ribonukleinsäure) möglich.

Bei diesen verschiedenen Nachweismethoden ist die Kenntnis der Gewinnung und der Versand des erforderlichen Untersuchungsmaterials für die Medizinische Fachangestellte sehr wichtig, um richtige Ergebnisse zu gewährleisten.

6.1 Gewinnung von Untersuchungsmaterial

Abstriche werden mit sterilen Abstrichtupfern an der entsprechenden Stelle, z. B. Auge, Nase, Rachen, Vagina, Wunde, entnommen und sofort in das Transportmedium zurückgesteckt. Auf dem Anforderungsschein muss der genaue Abnahmeort stehen, damit das Labor das entsprechende Nährmedium anlegen kann. Diese mikrobiologischen Untersuchungsmaterialien sollten innerhalb weniger Stunden ins Labor gesandt werden, die zwischenzeitliche Lagerung muss im Kühlschrank erfolgen. Die Art des Abstrichbestecks (großer oder kleiner Watteträger) richtet sich nach der Entnahmestelle. Bei Verwendung von Abstrichtupfern muss auf das **Verfallsdatum** geachtet werden, ansonsten übernehmen Labormediziner keine Gewähr für die Richtigkeit des Resultats.
Für **Sputum, Liquor und Punktate** werden sterile Röhrchen mit Transportgefäßen verwendet, denen meist auch eine Anleitung zur Probennahme beiliegt.
Wenn zur Diagnose **Blut** benötigt wird, handelt es sich meist um Serum oder EDTA-Blut, das jeweils durch Venenpunktion gewonnen wird. EDTA ist ein gerinnungshemmendes Mittel (Antikoagulans). Es verhindert die Gerinnung des Blutes, d. h., die Thrombozyten agglutinieren (verklumpen) nicht, das Blut bleibt flüssig.
Wird zur Untersuchung eine **Stuhlprobe** benötigt, bekommt der Patient ein steriles Stuhlröhrchen mit Löffel ausgehändigt. Hierbei sollte die Medizinische Fachangestellte den Patienten darüber aufklären, dass nur eine bohnengroße Menge Stuhl zur Diagnose erforderlich ist.

6.2 Nachweismethoden von Bakterien

Bakterien lassen sich mit unterschiedlichen Methoden nachweisen. Abstriche, Punktate, Sputum, Liquor, Urin, Stuhl werden häufig sowohl **mikroskopisch** als auch mittels einer Kultur untersucht. Für die Mikroskopie werden z. B. Grampräparate angefertigt (angefärbtes Probenmaterial auf Objektträger).
Die meisten Bakterien wachsen auf **Nährböden** (Agar). Für die Diagnose der Bakterienart gibt es verschiedene Nährböden, da nicht jeder Keim auf jedem Nährboden wächst. Zusätzlich zu dieser Keimzahlbestimmung wird ein sogenanntes „Antibiogramm" angefertigt. Dabei wird

untersucht, ob die nachgewiesenen Bakterien resistent gegenüber bestimmten Antibiotika sind.
Der Nachweis von Bakterien im Blut erfolgt meist über den **Antikörpernachweis**, d.h., die gegen den Erreger gebildeten Antikörper werden im Blut bestimmt.

6.3 Nachweismethoden von Viren

Viren wachsen nicht auf Nährböden, sondern lassen sich nur auf **lebenden Kulturen** anzüchten. Häufig werden hierfür Gewebe- oder Hühnereikulturen als Nährmedium verwendet.
Der Nachweis einer Virushepatitis, z.B. von **Hepatitis B**, erfolgt über das Hepatitis-B-Antigen. Soll bei einer Person überprüft werden, ob Immunität gegen eine Hepatitis besteht, geschieht dies über die Hepatitis-Antikörper. Antigen- oder Antikörperbestimmungen werden im Blutserum bestimmt.

Untersuchungs-material	Durchgeführte Untersuchungen
Rachenabstrich Mundabstrich	Grampräparat Fuchsinfärbung Untersuchung der Kultur auf aerobe Bakterien, Antibiogramm
Augenabstrich Hautabstrich Nasenabstrich	Grampräparat Untersuchung der Kultur auf aerobe Bakterien, Antibiogramm
Sputum	Grampräparat (Beurteilung von Leukozyten, Erythrozyten, Epithelzellen) Untersuchung der Kultur auf aerobe Bakterien, Antibiogramm
Liquor	Grampräparat Untersuchung der Kultur auf aerobe und anaerobe Bakterien/Antibiogramm Untersuchung der Kultur auf Pilze
Mittelstrahlurin Katheterurin	Grampräparat Keimzahl Untersuchung der Kultur auf aerobe Bakterien/Antibiogramm
Wund/Eiterabstrich Punktat	Grampräparat Untersuchung der Kultur auf aerobe und anaerobe Bakterien, Antibiogramm

Nachweismethoden von Bakterien

Aufgaben

1. Worauf muss bei der Verwendung von Abstrichen geachtet werden?
2. Nennen Sie zwei Nachweismethoden für Bakterien.
3. Welche Menge einer Stuhlprobe reicht zur Untersuchung aus?

7 Therapie von Infektionskrankheiten

Situation

„Ich bin immer noch krank", klagt eine Patientin, die nach einem Umzug zum ersten Mal die Praxis von Herrn Dr. Hellinghaus aufsucht. „Ihre Kollegin aus der Nachbarstadt hat mir gegen meine chronische Erkältung schon mehrmals Antibiotika verordnet, die aber nicht mehr anschlagen." „Möglicherweise liegt bei Ihnen eine Antibiotikaresistenz vor, da Sie zu oft mit diesem Medikament behandelt worden sind", meint Dr. Hellinghaus. „Eventuell sind Ihre Beschwerden aber auch durch Viren ausgelöst. Dann helfen Antibiotika nicht. Dies müssen wir erst mal abklären."

Die Therapie einer Infektionskrankheit richtet sich in erster Linie nach der Art und Schwere der Erkrankung bzw. nach der Art des Erregers. So unterscheidet sich die Therapie virusbedingter Infektionskrankheiten von der jener Krankheiten, die durch Bakterien verursacht werden.

7.1 Virale Infektionen

Durch Viren bedingte Infektionskrankheiten, wie z. B. Influenza, Masern, Pfeiffersches Drüsenfieber, werden **symptomatisch** behandelt, d. h., es werden nur die Begleiterscheinungen bzw. Beschwerden gelindert. Eine symptomatische Behandlung umfasst die Schmerzbehandlung und Fiebersenkung mit Analgetika (fiebersenkende und entzündungshemmende Schmerzmittel). Fiebersenkung kann auch mit Wadenwickeln erreicht werden. Husten- und Juckreiz stillende Medikamente gehören ebenfalls zur symptomatischen Behandlung. Bei allen viralen Infekten gilt körperliche Schonung als wichtiger Faktor für die Genesung.
Bei Infektionen, die durch einen Herpes-Virus hervorgerufen werden, erfolgt die Therapie ebenfalls symptomatisch und gegebenenfalls auch mit **Virostatika**. Virostatika sind chemische Verbindungen, die zur Therapie virusbedingter Infektionen angewendet werden.

7.2 Bakterielle Infektionen

Durch Bakterien verursachte Infektionskrankheiten werden mit **Antibiotika**, wie z. B. Penicillin, Tetrazykline, Sulfonamide, behandelt. Die Wahl des Antibiotikums richtet sich nach der Schwere der Erkrankung und der Art des Krankheitserregers. Unter gewissen Umständen ist auch eine Antibiotikaprophylaxe, d. h., die kurzzeitige oder auch einmalige Gabe eines Antibiotikums erforderlich. Dies erfolgt vor bestimmten operativen Eingriffen, wie z. B. Implantaten, zur Vermeidung von postoperativen Infektionen.
Ein Antibiotikum sollte nur dann verabreicht werden, wenn die Schwere der Infektion dies unbedingt erfordert. Oft werden diese Medikamente zu schnell, zu häufig und ohne mikrobiologische Voruntersuchung verabreicht, sodass die Gefahr einer Resistenzbildung gegen den Wirkstoff des Antibiotikums besteht. Besonders bei rezivierenden (wiederkehrenden) Infektionen, die erneut eine Antibiotikabehandlung erfordern, ist es unerlässlich, den Keim vorher zu identifizieren, z. B. durch Abstrich oder Blutuntersuchung, und ein **Antibiogramm** anzufertigen. Antibiogramme sind Untersuchungsmethoden zur Resistenzbestimmung von Bakterien.
Eine weitere Gefahr der Resistenzbildung liegt beim Patienten selbst. Viele Patienten nehmen aus Unwissenheit oder weil sie dem Arzt bei der Verordnung nicht zugehört haben, das Antibiotikum nicht bis zu Ende, sondern nur bis zur beginnenden Genesung ein. Hier kann sicherlich die Medizinische Fachangestellte dem Arzt wichtige Hilfe sein, indem sie bei Aushändigung des Rezepts auch nochmals auf die Einnahmedauer des Antibiotikums hinweist. Da die Antibiotikaresistenz generell zunimmt, sollten alle Maßnahmen getroffen werden, um eine solche möglichst zu vermeiden.

Multiresistente Keime

Von multiresistenten Keimen wird gesprochen, wenn der Keim gegen mehr als vier Antibiotikagruppen resistent ist, mit denen er sich normalerweise gut behandeln lässt. Der wohl bekannteste multiresistente Keim ist der Methicillin-resistente Staphylococcus aureus **(MRSA)**, oft auch als „Oxacillin-resistenter Staphylococcus aureus" **(ORSA)**, bezeichnet.
Typische MRSA-Infektionen sind die gleichen wie die durch Staphylococcus aureus hervorgerufenen:

- Wundinfektionen,
- Abszesse,
- Phlegmonen,
- Sepsis.

Bei den im Krankenhaus erworbenen (nosokominalen) Infektionen handelt es sich meist um Wundinfektionen und bei der Beatmung entstehende Pneumonien.
MRSA wird hauptsächlich durch die Hände übertragen. Die Keime gelangen aus dem Nasen-Rachen-Raum beim Sprechen z. B. auf das Inventar oder auf eine Kontaktperson. Somit kann die Kontaktperson selbst MRSA-Trägerin werden oder ihre Hände von den kontaminierten Flächen mit MRSA infizieren und somit diese in den eigenen Nasen-Rachen-Raum einbringen. Von hier aus verteilen sich die Keime über den ganzen Körper.
In einer Arztpraxis gibt es nur wenige Maßnahmen gegen die Verbreitung von multiresistenten Keimen. Ganz wichtig ist hierbei, dass das Krankenhaus den weiterbehandelnden Arzt von der Infektion unterrichtet, damit die möglichen Schutzmaßnahmen getroffen werden können.
Ein weiterer multiresistenter Keim ist der Staphylococcus epidermis **(MRSE)**, der sich auf der Hautflora befindet. Infektionsgefährdet sind vor allem Frühgeborene, Intensivpatienten und Patienten, die mit Immunsuppressiva behandelt werden. Ein weiterer, allerdings weitaus weniger gefährlicher multiresistenter Keim ist der Vancomycin-resistente Enterococcus **(VRE)**. Er ist bei der Tiermast durch die dabei verwendeten Antibiotika entstanden. Zum Menschen gelangt er über die Nahrungskette. Seine Pathogenität ist gering.

Checkliste: MRSA in der Arztpraxis

- Betroffenen Patienten möglichst als letzten am Tag einbestellen,
- bei aerogenen („durch die Luft übertragen") Keimen Schutzkittel, Mund-Nase-Schutz, Handschuhe tragen,
- patientennahe Umgebung und eingesetzte Untersuchungsgeräte (Blutdruckmessgerät, Stethoskop, Reflexhammer usw.) desinfizieren,
- nachgeordnete Einrichtungen, wie z. B. ambulanten Pflegedienst, Pflegeeinrichtung, Reha-Einrichtung, verständigen,
- Angehörige, die selbst einer Risikogruppe angehören wie z. B. Menschen mit chronischen Wunden, chronischen Lungenerkrankungen usw., beraten,
- eventuell im Krankenhaus begonnene Therapie fortsetzen,
- zu gegebener Zeit Abstriche zur Kontrolle anfertigen.

Aufgaben

1. Wonach richtet sich die Größe eines Abstrichbestecks?
2. Was bedeutet die Abkürzung „PCR"?.
3. Was sind Virostatika?

1 Anatomie und Physiologie des Bewegungsapparates

Situation

Nachdem sie ihren Garten umgegraben hat, leidet Frau Nierhoff auf einmal an starken Rückenschmerzen. Als sie es nicht mehr aushält, sucht sie die Praxis von Frau Dr. med. Gudrun Gropp auf. Diese ist Fachärztin für Orthopädie und Unfallchirurgie. An der Rezeption warten bereits etliche Patienten. „Haben Sie einen Termin?" wird Frau Nierhoff von Lara Dickmann, der Auszubildenden zur Medizinischen Fachangestellten, gefragt. „Leider nein", antwortet Frau Nierhoff, „die Schmerzen sind ziemlich plötzlich aufgetreten und immer stärker geworden." „Dann müssen Sie sich noch etwas gedulden", sagt Lara Dickmann, „nehmen Sie bitte im Wartezimmer Platz." Als sie dort eintritt, traut Frau Nierhoff ihren Augen kaum: Das Wartezimmer ist überfüllt. Als sie sich darüber später bei Frau Dr. Gropp beschwert, erklärt diese: „Zu den häufigsten Ursachen für Arztbesuche und langfristige Krankschreibungen gehören Erkrankungen des Stütz- und Bewegungsapparates. Sie betreffen alle Altersstufen, treten aber mit fortschreitendem Alter immer häufiger auf. Ein Knochenbruch, eine Muskelverletzung oder die Entzündung eines Gelenks sind für meine Patienten oftmals nicht nur mit starken Schmerzen, sondern auch mit einer erheblichen Beeinträchtigung ihrer Beweglichkeit, Berufsfähigkeit und Lebensqualität verbunden. Daher ist es bei uns immer voll. Und ohne meine kompetenten Fachangestellten und unsere Physiotherapeutin Frau Peters wäre die viele Arbeit gar nicht zu bewältigen."

Erkrankungen des Bewegungsapparates entstehen durch Verletzungen, Entzündungen, degenerative Veränderungen (Abbau- und Verschleiß), Fehlstellungen und Fehlbelastungen. Fachärzte für Orthopädie, Chirurgie, Radiologie, Rheumatologie, physikalische Medizin und Allgemeinmedizin betreuen die zahlreichen Patienten, die an diesen Erkrankungen leiden.

Die Medizinischen Fachangestellten, die in Fachpraxen für Orthopädie beschäftigt sind, wirken bei der Vorbeugung, Diagnostik und Therapie von Erkrankungen des Stütz- und Bewegungsapparates mit. Für die Erfüllung dieser Aufgaben benötigen sie Informationen über den Aufbau (= **Anatomie**) und die Funktionsweise (= **Physiologie**) des gesunden Stütz- und Bewegungsapparates und die krankhaften Veränderungen (= **Pathologie**).

Im Praxisalltag organisieren die Medizinischen Fachangestellten die Maßnahmen der Diagnostik und der physikalischen Therapie. Sie betreuen die Patienten, wobei sie mögliche Gefahren und Komplikationen beachten müssen.

Medizinische Fachangestellte legen Verbände an und bereiten medikamentöse Therapien, z. B. Injektionen, vor. Zu ihrem Aufgabenbereich gehört auch die Unterstützung des Arztes bei der Information der Patienten über Anwendungen, Wirkungen, Neben- und Wechselwirkungen sowie Risiken der Behandlungsmaßnahmen. Die erbrachten Leistungen werden von den Medizinischen Fachangestellten dokumentiert und abgerechnet.

1.1 Der Bewegungsapparat

Das **Skelett** besteht aus ca. 210 röhrenförmigen, platten, würfelartigen und unregelmäßig geformten **Knochen** und deren Verbindungsstellen, den **Gelenken**. Das Skelett wird als **passiver Bewegungsapparat** bezeichnet, da eine Bewegung der Knochen und Gelenke ohne Muskeln nicht möglich ist. Die **Skelettmuskulatur**, die mit Muskeln und Sehnen die Knochen stützt und bewegt, ist der **aktive Bewegungsapparat**. Dieser bildet zusammen mit dem Skelett das **Organsystem Bewegungsapparat**.

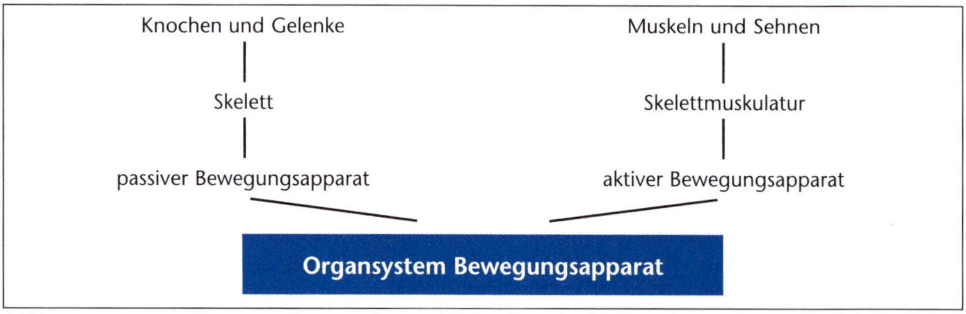

Organsystem Bewegungsapparat

Das **Organsystem Bewegungsapparat** erfüllt folgende **Aufgaben**:

- Es gibt dem Körper seine Gestalt.
- Es stützt den Körper und sorgt für Stabilität.
- Es schützt wichtige Organe.
- Es gibt dem Körper seine Beweglichkeit.
- Es bildet das Blut.

Organsysteme werden von zusammenarbeitenden Organen gebildet. Die Bausteine der einzelnen **Organe** sind die **Gewebe**, die in vier **Hauptgruppen** eingeteilt werden. Die Knochen und Gelenke sind aus verschiedenen **Binde- und Stützgeweben** aufgebaut, die Skelettmuskulatur gehört zur Gruppe der **Muskelgewebe**. Die beiden anderen Gewebegruppen sind das **Epithelgewebe** und das **Nervengewebe**.

1.2 Binde- und Stützgewebe

Die Binde- und Stützgewebe enthalten nur **wenige Zellen**, die in eine **Grundsubstanz** und ein Geflecht aus verschiedenen **Fasern** eingebettet sind. Sie geben dem Körper und den Organen Form und Stütze, füllen Organzwischenräume aus, dienen als Hülle für Gefäße und Nerven und sind an Wasserhaushalt, Stoffaustausch und Abwehrsystem beteiligt. Die **Zellen** des Binde- und Stützgewebes sind die **faserbildenden Zellen** (Fibroblasten), die **Fettzellen**, die **Knorpelzellen** (Chondrozyten), die **Knochenzellen** (Osteozyten) und **Zellen des Immunsystems**. Es gibt drei verschiedene Faserarten. Die **kollagenen Fasern** liegen gebündelt und sind besonders zugfest. Die **elastischen Fasern** sind gut dehnbar und nehmen rasch wieder ihre Ausgangsstellung ein. Die **retikulären Fasern** sind vernetzte kollagene Fasern, die ein schwammartiges Organgrundgerüst bilden.
Lockeres, straffes und retikuläres Bindegewebe sowie das Fettgewebe liegen als Verbindungs- und Füllgewebe zwischen den Organen. Sie gehören zur Gruppe der Bindegewebe. Knochen- und Knorpelgewebe bilden das Skelett und sind deshalb Stützgewebe.

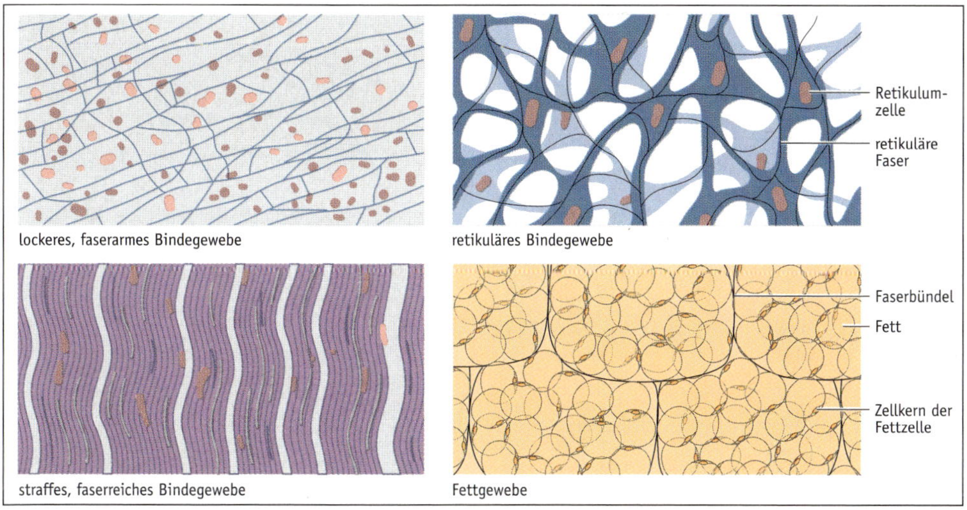

Bindegewebe

1.2.1 Lockeres, faserarmes Bindegewebe

Das histologische Bild (s. Abbildung oben) zeigt, dass nur wenige Zellen und Fasern in reichlich Grundsubstanz angeordnet sind. Dieses Gewebe ist das verbindende Füll- und Stützgewebe in und zwischen den Organen. Es umhüllt und begleitet Nerven und Gefäße, kann viel Flüssigkeit speichern und ist an Abwehrreaktionen beteiligt.

1.2.2 Straffes, faserreiches Bindegewebe

Fibroblasten und viele zu Bündeln angeordnete kollagene Fasern in wenig Grundsubstanz geben diesem Gewebe seine Zugfestigkeit. Es ist das Grundgewebe von Sehnen, Bändern, Organkapseln, Lederhaut und Klappen.

1.2.3 Retikuläres (netzartiges) Bindegewebe

Retikuläre Fasern sind zu einem weitmaschigen Stützgerüst vernetzt, in das Zellen der Blutbildung und des Abwehrsystems eingelagert sind. Die lymphatischen Organe (Lymphknoten, Milz, Rachen- und Gaumenmandeln, Thymus, Appendix) und das rote Knochenmark sind aus diesem Gewebe aufgebaut.

1.2.4 Fettgewebe

In der Abbildung oben sind die mit einem großen Fetttropfen angefüllten Fettzellen dargestellt. Das männliche Fettgewebe wird von überkreuzt angeordneten Faserbündeln straff zusammengehalten. Bei der Frau sind die Fasern parallel und lockerer angeordnet und erlauben dadurch die Speicherung einer größeren Fettmenge.
Das gespeicherte Fett ist eine wichtige **Energiereserve**. Die Fettmenge ist von Ernährung und Energieverbrauch abhängig, weil jede nicht verbrauchte Nahrungsenergie in **Speicherfett** umgewandelt wird. Das **Baufett** hüllt als **Füll- und Polstergewebe** die Organe (z. B. Augapfel, Niere) ein, während das Fettgewebe der Unterhaut (Subcutis) gegen Kälte isoliert **(Kälteschutz)**.

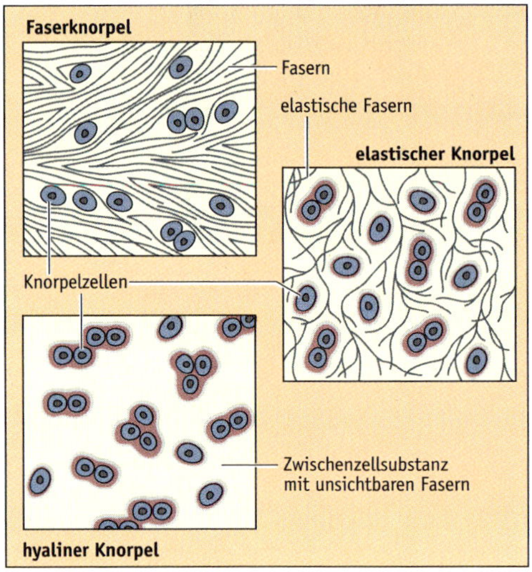

Knorpelgewebe

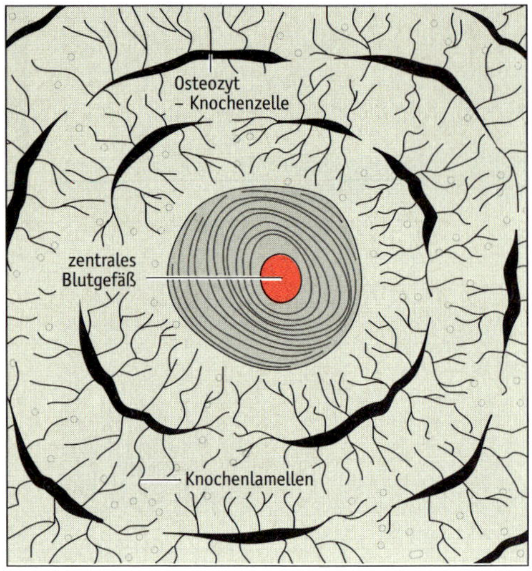

Knochengewebe

1.2.5 Knorpelgewebe

Das Knorpelgewebe ist an den Körperstellen eingebaut, bei denen eine besondere Elastizität erforderlich ist oder auf die eine hohe Druckbelastung einwirkt, die aufgefangen werden muss. Es besteht aus reichlich Grundsubstanz, in die vereinzelt kleine Gruppen von Knorpelzellen (Chondrozyten) und viele meist kollagene Fasern eingebettet sind. Knorpelgewebe enthält keine Blutgefäße und ist deshalb auf die Versorgung aus den umgebenden Geweben angewiesen. Beschädigter und gealterter Knorpel kann sich nur sehr langsam von den Randbereichen aus erneuern.
Die Abbildung oben links gibt einen Überblick über die drei verschiedenen Knorpelarten:

- **hyaliner Knorpel:** Um die Knorpelzellen sind viele kollagene, aufgequollene und deshalb nicht mehr sichtbare Fasern gewickelt. Dieses Knorpelgewebe schimmert glasartig (hyalos = Glas) und kommt am häufigsten vor. Es überzieht die Gelenkflächen und bildet das Kehlkopfskelett, den Nasenknorpel, die Rippenknorpel und die Wachstumsfugen der Knochen.
- **Faserknorpel:** Aus diesem stark faserhaltigen und straffen Knorpelgewebe werden der Faserring der Zwischenwirbelscheiben, der Meniskus und die Schambeinfuge gebildet.
- **elastischer Knorpel:** Viele elastische Fasern verleihen diesem Knorpelgewebe, aus dem die Ohrmuschel und der Kehlkopfdeckel bestehen, eine hohe Elastizität.

1.2.6 Knochengewebe

Das Knochengewebe hat eine Stützfunktion und ist deshalb sehr hart. Die Grundsubstanz oder **Knochenmatrix** wird zu zwei Dritteln aus den **Knochensalzen** und zu einem Drittel aus **kollagenen Fasern** gebildet. Die Knochensalze, die hauptsächlich aus Kalzium, Phosphat und Magnesium bestehen, geben dem Knochen die Festigkeit und lassen ihn Druckbelastungen standhalten. Die Fasern sorgen dafür, dass der Knochen auch Zugkräfte, die bei Biegung und Drehung auf ihn einwirken, aushält, ohne sofort zu zerbrechen.
Die **Knochenzelle**, der **Osteozyt**, ist, wie in der Abbildung oben rechts erkennbar, in die Knochenmatrix fest eingemauert und teilt sich nicht mehr. Die Knochenzelle besitzt einen flachen Kern und weit verästelte Zytoplasmaausläufer, die in den **Knochenkanälchen** verlaufen. Dort finden diese Anschluss an die zahlreichen **Blutgefäße** und können so aus dem Blut Mineralien für den Einbau in die Knochenmatrix aufnehmen oder bei Bedarf wieder in die Blutbahn zu-

rückgeben. Das Knochengewebe wird durch noch teilungsfähige knochenaufbauende Zellen, die **Osteoblasten**, und knochenabbauende Zellen, die **Osteoklasten**, ständig umgebaut und der Form und Belastung neu angepasst. Besonders aktiv sind diese Zellen während der Wachstumsphase und bei der Reparatur von Knochenverletzungen.

Aufgaben

1. Nennen Sie die Binde-/Stützgewebe und beschreiben Sie deren Aufbau und Aufgabe.
2. Welche Knorpelarten gibt es und an welchen Körperstellen befinden sie sich?
3. Beschreiben Sie den Aufbau des Knochengewebes.

1.3 Aufbau der Knochen und Gelenke

1.3.1 Bau der Knochen

Der in der Abbildung unten links dargestellte lange Röhrenknochen wird unterteilt in den **Knochenschaft (Diaphyse)** und die beiden **Knochenenden (Epiphysen)**, die an den **Gelenkflächen** mit hyalinem Knorpel überzogen sind. Dazwischen liegt die **Längenwachstumszone (Epiphysenfuge oder Metaphyse)**, die beim Kind aus Knorpel besteht. Sie verknöchert nach der Pubertät und beendet dadurch das Längenwachstum. Dabei spielt der Einfluss der Geschlechtshormone eine wichtige Rolle. Bis auf die Gelenkflächen ist der Knochen von einer faser- und gefäßreichen, von vielen Nerven durchsetzten und deshalb sehr schmerzempfindlichen **Knochenhaut (Periost)** bedeckt.Die äußere Knochenschicht ist die **harte Rindenschicht**, die **Kortikalis**, die im Schaftbereich Kompakta genannt wird. Diese Knochenrinde besteht aus dichtem Knochengewebe, das, wie in der Abbildung unten rechts dargestellt, aus dünnen Knochenplättchen **(Knochenlamellen)** zusammengesetzt ist. Die Knochenlamellen sind außen in mehreren Schichten hintereinander zu Knochenplatten angeordnet **(Lamellenknochen)**. Nach innen umgeben die Knochenlamellen röhrenartig ein ernährendes Blutgefäß und bilden so den **Säulenknochen**, der für Biegfestigkeit sorgt. Zur Knochenmitte hin schließt sich die **Spongiosa** (schwammartige Knochenschicht) an. Die zarten Knochenbälkchen bilden ein feines, aber sehr tragfähiges Gitterwerk und vermindern dadurch das Knochengewicht. Durch den bogenförmigen Verlauf erreichen die dünn erscheinenden Knochenbälkchen eine hohe Tragkraft.

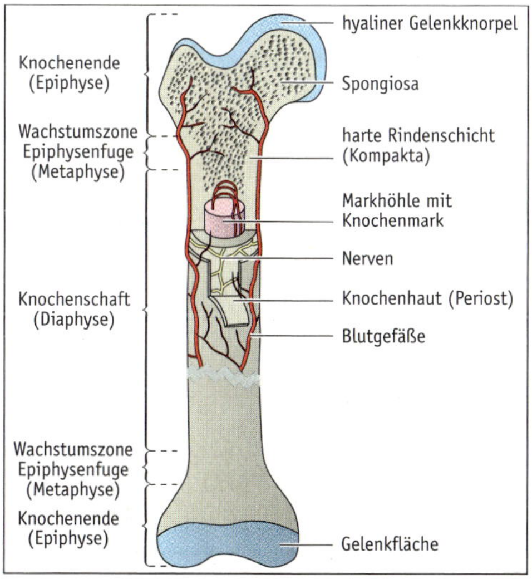

Röhrenknochen

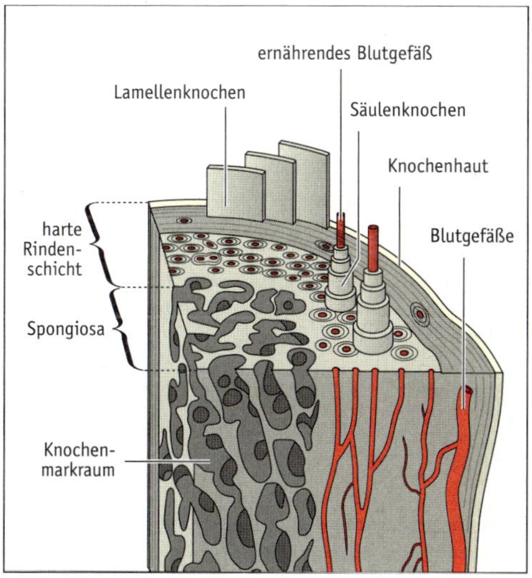

Feinbau eines Röhrenknochens

Die platten und würfelförmigen Knochen sind mit Spongiosa ausgefüllt. Die Röhrenknochen haben im Schaftinneren eine Markhöhle. Die Hohlräume der Spongiosa und die Markhöhlen sind beim Kind mit **rotem Knochenmark** ausgefüllt, in dem die **Bildung der Blutzellen** stattfindet. Beim Erwachsenen wandelt sich das rote Knochenmark der Markhöhlen in **gelbes Fettmark** um, das keine Blutzellen mehr bildet. Knochengewebe enthält viele Blutgefäße, die in längs und quer angeordneten Kanälen verlaufen und so den Knochenumbau, den Austausch von Mineralien und die Blutbildung im roten Knochenmark ermöglichen.
Beim Neugeborenen sind die meisten Knochen mit Ausnahme der Schädelknochen zunächst aus Knorpelgewebe vorgebildet. Sie werden in den ersten Lebensjahren durch die Einlagerung von Mineralien zu Knochengewebe umgestaltet. Der kindliche, sehr elastische Knorpelknochen gewinnt durch diese „Verkalkung" Stabilität, die Bruchgefahr nimmt aber durch den Elastizitätsverlust zu. Der Einbau von Kalzium in den Knochen wird durch das **Vitamin D** gefördert.

1.3.2 Gelenke

Die Knochen sind durch Gelenke miteinander beweglich verbunden. Am Schnittbild durch ein Gelenk (Abb. unten links) kann man seinen Aufbau erkennen. Der **Gelenkkopf** ruht in der dazu passend geformten **Gelenkpfanne**. Die Knochenkontaktflächen sind mit glattem, spiegelndem **hyalinem Gelenkknorpel** überzogen. Dazwischen befindet sich der mit **Gelenkschmiere (Synovia)** gefüllte **Gelenkspalt**. Die Gelenkschmiere wird von der **Gelenkinnenhaut** gebildet. Sie vermindert wie ein Schmieröl die Reibung der Gelenkflächen und ernährt den Knorpel. Der eigentliche Zusammenhalt der Knochen erfolgt durch die aus straffem Bindegewebe gebildete und mit dem Knochen verwachsene **Gelenkkapsel**. Sie umhüllt das Gelenk und ist an besonders belasteten Stellen durch eingeflochtene straffe Bindegewebszüge, die **Gelenkbänder**, verstärkt. In manchen Gelenken verbessert eine im Gelenkspalt liegende **Faserknorpelscheibe** die gleichmäßige Druckübertragung und die Beweglichkeit. Beispiele dafür sind der Meniskus im Kniegelenk und die Zwischenwirbelscheiben der Wirbelsäule. An besonders belasteten Stellen ist die Gelenkhöhle durch kleine mit Gelenkflüssigkeit gefüllte Säckchen, die **Schleimbeutel (Bursa)**, ausgepolstert. In den Gelenken sind je nach Bauart **Bewegungen** in einer, zwei oder drei Raumebenen möglich:

- Beugung (Flexion) – Streckung (Extension),
- Abspreizen (Abduktion) – Anziehen (Adduktion),
- Innendrehung – Außendrehung (Rotation).

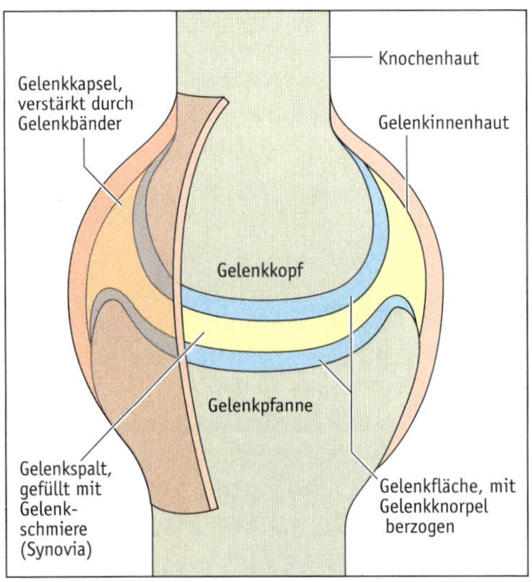

Querschnitt durch ein Gelenk (Schema)

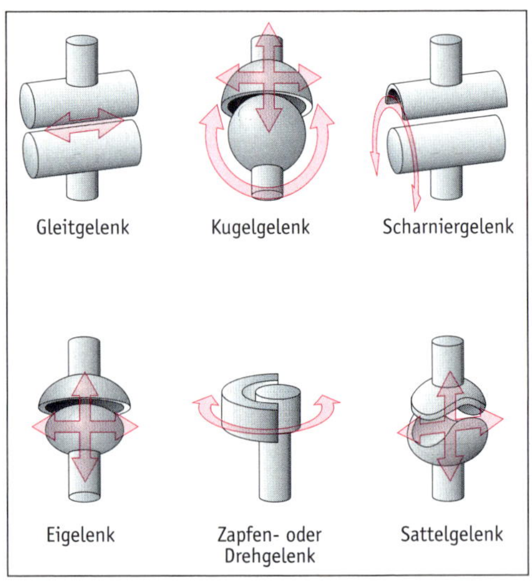

Gelenkformen (und ihre Bewegungsrichtungen)

Nach ihrem Aufbau und Bewegungsumfang werden die folgenden **Gelenkformen** (Abb. S. 340 unten rechts) unterschieden:

- **Gleitgelenk** (Verbindung von Handwurzel- oder Fußwurzelknochen): Die flachen, von straffen Bändern gehaltenen Gelenke ermöglichen nur geringe Gleitbewegungen.
- **Kugelgelenk** (Schultergelenk, Hüftgelenk): Der große kugelige Kopf gehört zu einer halbkugeligen Pfanne und erlaubt darin die größtmögliche Bewegungsfreiheit in alle Richtungen.
- **Scharniergelenk** (Finger- und Zehengelenke): Der walzenförmige Gelenkkopf wird von der Gelenkpfanne zangenartig umschlossen und kann Beugung und Streckung ausführen.
- **Eigelenk** (Handwurzelgelenk): Der eiförmige Gelenkkopf liegt in der entsprechend ausgehöhlten Pfanne und kann gebeugt, gestreckt und seitwärts bewegt werden.
- **Zapfen- oder Drehgelenk** (zwischen Atlas und Axis oder Ulna und Radius): Ein radförmiger Gelenkkopf dreht sich um einen Knochen.
- **Sattelgelenk** (Daumengrundgelenk): Der Gelenkkopf sitzt wie ein Reiter in einer sattelförmigen Gelenkpfanne und bewegt sich vorwärts, rückwärts und seitlich.

Neben den echten Gelenken gibt es Knochenverbindungen durch Knorpelbrücken oder straffe Bindegewebsbänder. Sie erlauben nur **geringe Dehnung** und werden **Haften** genannt. Beispiele hierfür sind die **Knorpelbrücken** zwischen Rippen und Brustbein oder den Schambeinästen (Schambeinfuge) und die **Bandhaften** der Schädelknochen des Kindes.

Aufgaben

1. Welche Aufgabe hat das Knochenmark und wo befindet es sich?
2. Welcher Knochenteil ist schmerzempfindlich?
3. Welches Gewebe bildet die Gelenkflächen?
4. Welcher Knochenteil ist besonders stabil?
5. Zeigen und beschriften Sie ein Gelenk und einen Röhrenknochen.
6. Suchen Sie am Skelett für jede Gelenkart ein Beispiel.
7. Wo gibt es Knorpelbrücken am Skelett?

1.4 Muskelgewebe

Muskelzellen sind lang gestreckte Zellen (Muskelfasern), die sich auf einen Reiz hin aktiv verkürzen **(Kontraktion)**. Die kontrahierte Muskelfaser kann erschlaffen und muss dann von entgegengesetzten Kräften passiv wieder gedehnt werden.
Im menschlichen Körper gibt es drei verschiedene Arten von Muskelgeweben:

- Willkürliche, quer gestreifte **Skelettmuskulatur**
  Sie ist das Grundgewebe der Skelettmuskeln, die Gelenke und Haut stützen und bewegen. Das Skelettmuskelgewebe besteht aus großen, aneinander liegenden ein bis zehn Zentimeter langen Zellen mit mehreren randständigen Kernen. Unter dem Mikroskop betrachtet, erscheint die Muskelfaser durch die regelmäßige Anordnung von dünneren (Aktin) und dickeren (Myosin) Eiweißfäden **quer gestreift**. Die Skelettmuskulatur kann vom Großhirn aus nach unserem Willen gesteuert werden und wird deshalb **willkürliche Muskulatur** genannt. Sie hat einen hohen Energieverbrauch und ist in der Lage, kurzfristig Höchstleistungen zu vollbringen. Sie ermüdet bei mangelndem Training aber wieder schnell.
- Unwillkürliche glatte **Eingeweidemuskulatur**
  Dieses Muskelgewebe findet sich in der Wand von Hohlorganen, z. B. Darm, Bronchien, Harnblase, Gebärmutter, in den Drüsen und in der Muskelschicht der Gefäße.

Die Eingeweidemuskulatur wird von Nervenimpulsen des autonomen, vegetativen Nervensystems, Hormonen oder Dehnungsreizen selbstständig gesteuert und kann von unserem Willen nicht kontrolliert werden = **unwillkürliche Muskulatur**. Die Muskelzellen sind kurz, spindelförmig, einkernig und ineinander verflochten. Sie sind auf Dauerleistung mit niedrigem Energieverbrauch eingerichtet und ziehen sich langsamer und wellenförmig zusammen = **Peristaltik**. Wenn sich diese Muskelfasern krampfartig zusammenziehen, sind Schmerzen bis zur äußerst schmerzhaften **Kolik** die Folge.

- Unwillkürliche, quer gestreifte **Herzmuskulatur**
  Sie bildet die Muskelschicht des Herzens (Myokard). Das Herzmuskelgewebe gehört zur **unwillkürlichen Muskulatur**, denn es kontrahiert sich (zieht sich zusammen) nur bei herzeigenen Nervensignalen und Impulsen des unbewussten, vegetativen Nervensystems. Die Herzmuskelfaser zeigt bei mikroskopischer Betrachtung ebenfalls Querstreifen, ist aber viel kürzer als die Skelettmuskelfaser und hat nur einen Zellkern in der Mitte. Die Zellen sind netzartig miteinander verbunden. Herzmuskelgewebe hat einen hohen Sauerstoff- und Energieverbrauch.

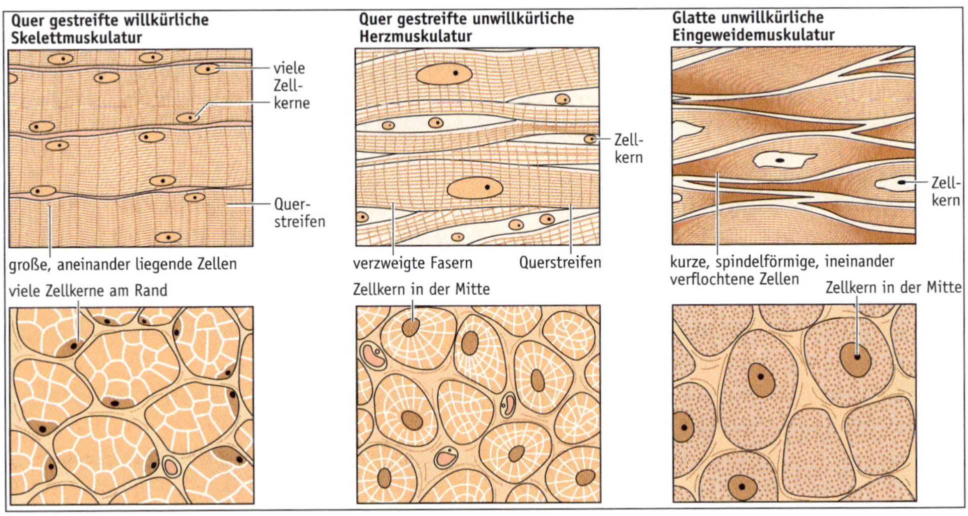

Muskelgewebearten im Längs- und Querschnitt

Aufgaben

1. a) Welche drei Arten von Muskelgeweben gibt es?
   b) Nennen Sie zu jedem Muskelgewebe fünf Merkmale oder Eigenschaften.
2. Erklären Sie die Fachbegriffe: Kontraktion, Myokard, Peristaltik, Kolik.
3. Welche Muskelgewebe zeigen unter dem Mikroskop eine Querstreifung?
4. Welche Muskelgewebe lassen sich nicht vom Willen beeinflussen?

1.5 Bau und Funktion eines Skelettmuskels

Muskeln haben verschiedene Formen; sie sind flach, bauchig, ringförmig, ein- oder mehrköpfig. Der Fachbegriff für Muskel ist **Musculus** (Mäuschen) und wird mit **M.** abgekürzt (Pl.: Musculi = **Mm.**). Jeder Muskel ist von einer Hülle aus straffem Bindegewebe, der Faszie, umgeben. Die Fasern der **Faszie** gehen in die Sehne **(Tendo)** über, die den Muskel an zwei verschiedenen

Knochen, die gegeneinander bewegt werden, anheftet. Die Ursprungssehne liegt näher zur Körpermitte als die Ansatzsehne.

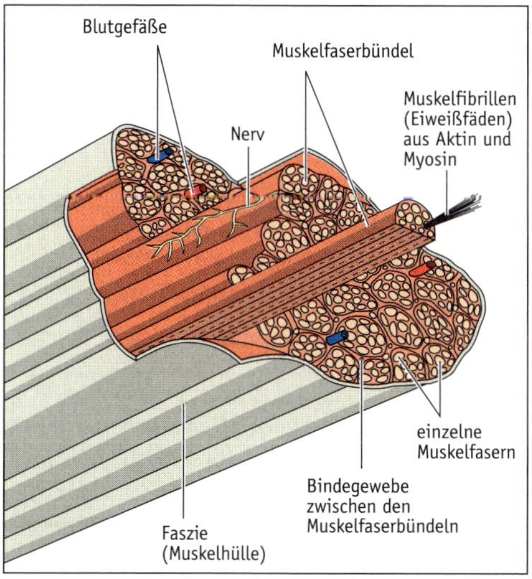

Aufbau und Funktion eines Skelettmuskels

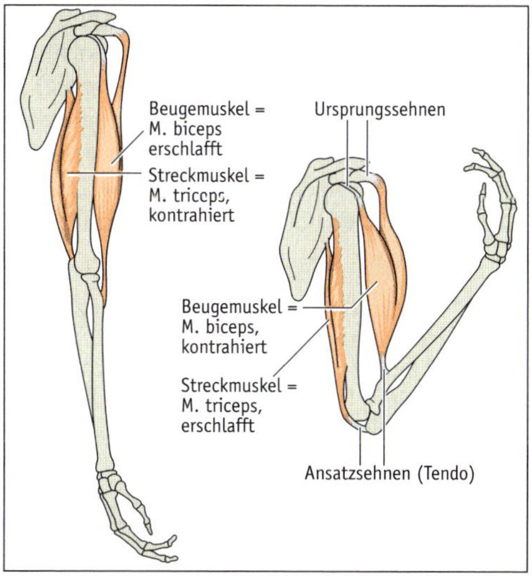

Zusammenarbeit der Muskeln

Im Muskel sind mehrere Muskelfasern zu **Muskelfaserbündeln** zusammengefasst. Dazwischen verlaufen eingebettet in Bindegewebe Blutgefäße und Nerven. Muskelgewebe ist stark durchblutet, weil die arbeitende Muskelzelle sehr viel Sauerstoff und Kohlenhydrate (Glucose) zur Energiegewinnung benötigt. Durch Nervenfasern erhalten die Muskelzellen über einen elektrischen Impuls den Befehl zur Kontraktion. Damit sich die Muskelzelle kontrahiert, müssen Energieträger (Adenosintriphosphat = ATP) und Mineralien (Natrium, Kalium, Magnesium) in und außerhalb der Muskelzelle in ausreichender Konzentration vorhanden sein.

Betrachtet man die Muskelfaser unter dem Mikroskop, werden im Zellplasma feine Eiweißfäden **(Muskelfibrillen)** sichtbar. Zwei unterschiedlich gefärbte Eiweißfäden, das **Aktin** und das **Myosin**, sind in Abschnitten angeordnet. In jedem Abschnitt sind bewegliche Aktin- oder Myosinfäden übereinander gelegt und über zarte, senkrechte Querbrücken miteinander verbunden. Wenn die Querbrücken – durch einen Nervenimpuls veranlasst – umkippen, werden die Myosinfäden zwischen die Aktinfäden geschoben. Dadurch verkürzt sich die Muskelfaser. Weil dieser Vorgang in jeder Muskelfaser gleichzeitig stattfindet, verkürzt sich der ganze Muskel. Die Sehne überträgt die Kontraktionskraft des Muskels auf den Knochen. Nach der Kontraktion kann sich der Muskel nicht mehr von selbst ausdehnen. Er erschlafft und wird von einem ihm entgegenwirkenden Muskel (Gegenspieler = **Antagonist**) wieder auseinandergezogen. Die Abbildung unten rechts erklärt diese Zusammenarbeit am Beispiel der Armbeuge- und Armstreckmuskeln. Jedem Skelettmuskel ist ein Antagonist zugeordnet.

Der Muskel hat eine Grundspannung **(Tonus)**, aus der heraus die Bewegung erfolgt. Für die aufrechte Körperhaltung müssen immer bestimmte Muskelgruppen als Haltemuskulatur angespannt bleiben, sonst würden wir zusammensinken. Wenn ein Muskel seinen Tonus erhöht, ohne sich zu verkürzen, ist das eine **isometrische Kontraktion**. Bei der **isotonischen Kontraktion** verkürzt sich der Muskel bei gleich bleibendem Tonus.

Die männlichen Geschlechtshormone **(Androgene)** fördern den Muskelaufbau und sind für die größere Muskelmasse und -kraft des Mannes verantwortlich. Aber nur regelmäßige Muskelarbeit (Training) verbessert langfristig die Muskeldurchblutung und damit die Energiegewinnung, steigert Muskelmasse und Muskelkraft und hält so den Muskel leistungsfähig.

Ausreichende Durchblutung liefert den Muskelzellen die zur Energiegewinnung benötigten Kohlenhydrate und den Sauerstoff. Das Blut versorgt sie auch mit den für die Muskelkontraktion erforderlichen Mineralien und gewährleistet den Abtransport der Abfallstoffe. Um den vermehrten Blutbedarf eines arbeitenden Muskels sicherzustellen, müssen Herzschlag und Atmung beschleunigt und der Blutdruck erhöht werden. Ein überlasteter, ermüdeter Muskel reagiert mit Schmerzen **(„Muskelkater")**, die durch Übersäuerung bei ungenügender Verbrennung und kleine Muskelfasereinrisse entstehen. Über einen längeren Zeitraum ruhig gestellte Muskeln verkleinern sich **(Muskelatrophie)** und werden schwach. Sie müssen durch gezieltes Training (Krankengymnastik, Physiotherapie) wieder aufgebaut werden. Bei alten Menschen kann Bettlägrigkeit die Muskulatur so schwächen, dass sie zum Pflegefall werden.

1.5.1 Aufgaben der Skelettmuskulatur

- Sicherung der aufrechten Körperhaltung,
- Ermöglichung von Bewegungen,
- Wärmeproduktion,
- Unterstützung der Beinvenen.

Während anstrengender Muskelarbeit schwitzen wir, weil Muskelbewegung Wärmeenergie erzeugt. Wenn wir frieren, beginnen wir zu zittern, denn der Muskel kann durch Zittern Wärme erzeugen und so den drohenden Abfall der Körperkerntemperatur zunächst verhindern. Die Muskelkontraktionen der Beinmuskeln helfen den Beinvenen, das Blut zum Herzen zurückzutransportieren.

1.5.2 Sehnen, Sehnenscheiden und Schleimbeutel

Die **Sehne** (Tendo) verbindet den Muskel mit dem Knochen und überträgt so auf ihn die Kontraktionskraft. Sie besteht aus straffem, faserreichen Bindegewebe, dessen Fasern an der Muskelzelle beginnen und in das Knochengewebe einstrahlen. Die gebündelten kollagenen Fasern sorgen für hohe Zugfestigkeit. Sehnen können auch flächenhaft als Sehnenplatte ausgebildet sein, wie z. B. an der Bauchmuskulatur und der Fußsohle. Da die Muskeln zur Bewegung der Finger größtenteils am Unterarm liegen, sind ihre Sehnen sehr lang, überspannen mehrere Gelenke und liegen den Knochen direkt auf. Um sie vor Knochenreibung zu schonen und in der richtigen Lage zu halten, sind sie von einer schlauchförmigen **Sehnenscheide** (Vagina tendinis) umhüllt.

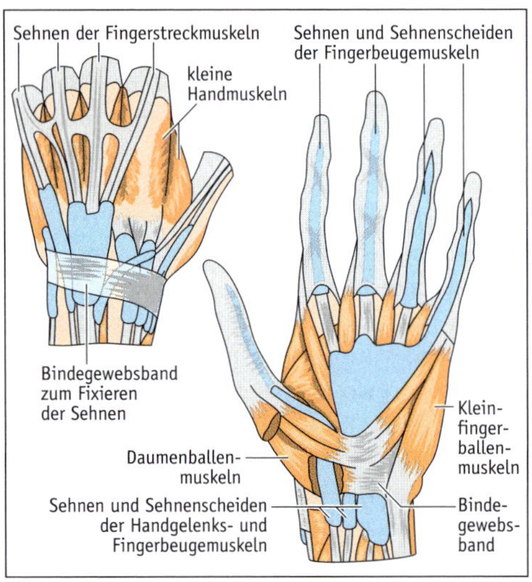

Sehnenscheide der Hand

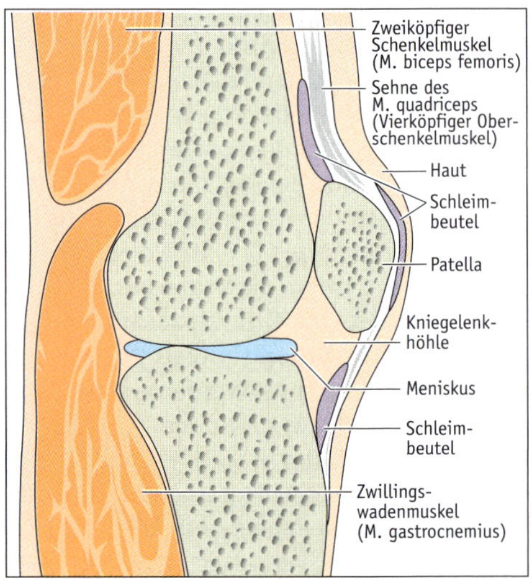

Schleimbeutel

In dieser Bindegewebshülle, die von der Innenhaut eine **Gleitflüssigkeit** absondert, kann sich die Sehne geschützt und reibungsarm bewegen. Die Abbildung links auf Seite 344 zeigt die Sehnenscheiden der Hand. Zusätzlich hält ein breites Bindegewebsband die Sehnen am Handgelenk fest. Auch die Sehnen der Zehenstreck- und Beugemuskeln sind durch Sehnenscheiden geschützt.
Schleimbeutel (Bursa) sind längliche, mit Gelenkschmiere gefüllte Bindegewebssäckchen, die als Polster und Gleitlager zwischen Knochen und Weichteilen oder Sehnen liegen. In der Abbildung rechts auf Seite 344 sind die Schleimbeutel des Kniegelenks dargestellt.

Exkurs

Muskeltraining
Im **konditionellen Bereich** (Ausdauer, Kraft, Schnelligkeit, Beweglichkeit) sind Männer den Frauen überlegen, weil die Trainierbarkeit der Muskulatur bei der Frau geringer ist. Die **koordinativen Fähigkeiten** (motorische Steuerungs- und Lernfähigkeit, Gleichgewicht, Rhythmus) sind bei Frauen stärker entwickelt.
Weil sich Gewebe an Reize anpassen, ist ein Muskelaufbau durch eine optimale Mischung von Belastung und Erholung, eine allmähliche Belastungssteigerung sowie durch Wiederholung und Kontinuität der Übungen möglich.
Ein **allgemeines Konditionstraining** lässt sich erreichen durch häufigen und harmonischen Wechsel der Beanspruchung von Arm-, Schulter-, Bein-, Rücken- und Bauchmuskulatur.
Krafttraining unterstützt den Aufbau des Skelettmuskels, den besseren Kontakt zwischen Nervenzelle und der mit ihr verbundenen Muskelfaser und die energetische Absicherung der Muskeltätigkeit.
Fitness ist ein durch Training, gezielte Ernährung und gesunde Lebensführung bewusst herbeigeführter seelischer und körperlicher Leistungszustand, der über normales Wohlbefinden hinausgeht.

Trainingsregeln:
- Angemessene Trainingskleidung, vor allem richtige Schuhe, tragen.
- Gründliches Aufwärmtraining mit angemessenen Dehnungs- und Lockerungsübungen durchführen.
- Übungen mit der vorgeschriebenen Technik ausführen, um Überbelastungen des Binde- und Stützgewebes zu vermeiden (z. B. Wirbelsäulenschäden).
- Auf richtige Atemtechnik achten.
- Pulswerte beim Training beachten: Für gesunde jüngere Erwachsene ist der Trainingsreiz ausreichend, wenn die Pulsfrequenz nach einer Belastung von mehr als drei bis fünf Minuten auf über 130 Schläge/Minute ansteigt. Sie muss aber nach fünf bis sieben Minuten Pause wieder auf unter 120 absinken. Für Untrainierte gilt bei Dauerleistung: 180 Pulsschläge minus Lebensalter in Jahren = angemessene Belastungsintensität.

Aufgaben

1. Welche Eigenschaften hat eine Muskelzelle?
2. Was geschieht mit einem Muskel, der über längere Zeit ruhiggestellt wird?
3. Beschreiben Sie den Aufbau eines Skelettmuskels und erklären Sie seine Funktion anhand des Feinbaus.
4. Warum ist das Skelettmuskelgewebe stark durchblutet?
5. Welche Aufgabe erfüllt die Skelettmuskulatur?
6. Wie entsteht „Muskelkater" und wie kann er vermieden werden?
7. Wie ist eine Sehne aufgebaut und welche Funktion hat sie?
8. Wo gibt es Sehnenscheiden und welche Funktion haben sie?

1.6 Aufbau des Stütz- und Bewegungsapparates

1.6.1 Überblick Skelett und Muskulatur

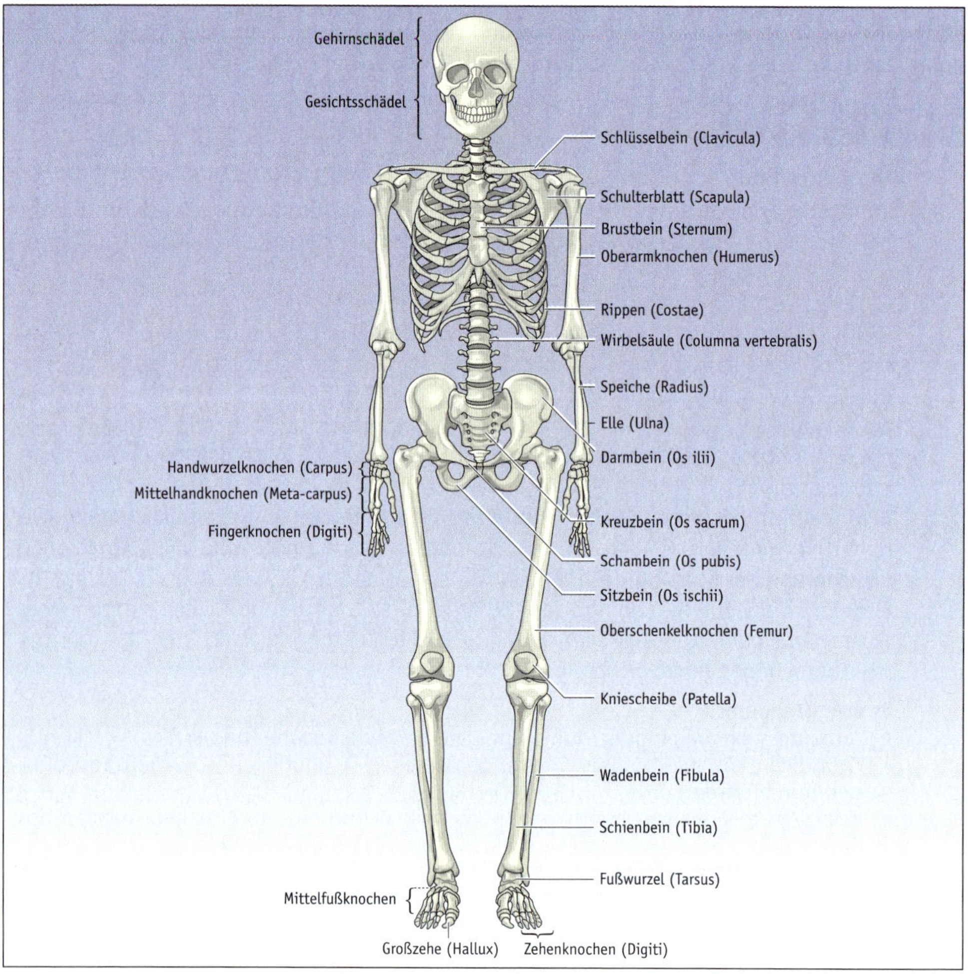

Skelett

1.6.2 Schädel

Schädelknochen

Die platten Schädelknochen formen das Gesicht **(Gesichtsschädel)** und bilden eine knöcherne Schutzhülle für das Gehirn **(Gehirnschädel = Schädeldach** und **Schädelbasis)**. Die Abbildungen auf S. 348 und 349 zeigen den Schädel von vorne und von der Seite. Die miteinander verzahnten Knochen sind farbig voneinander abgesetzt.

Die von innen betrachtete **Schädelbasis** wird durch Knochenwülste in die vordere, mittlere und hintere **Schädelgrube** unter

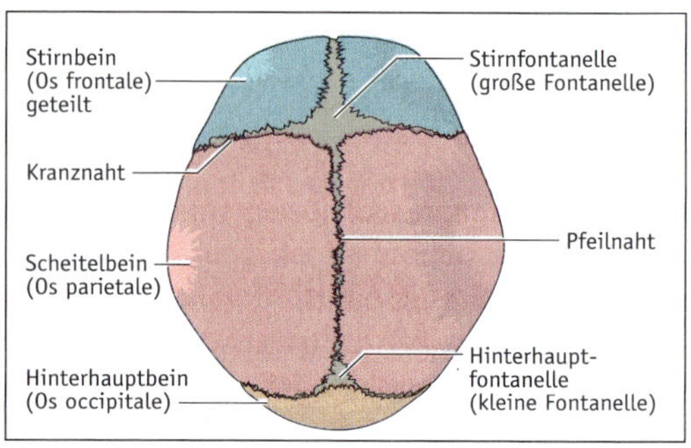

Schädel des Neugeborenen (von oben)

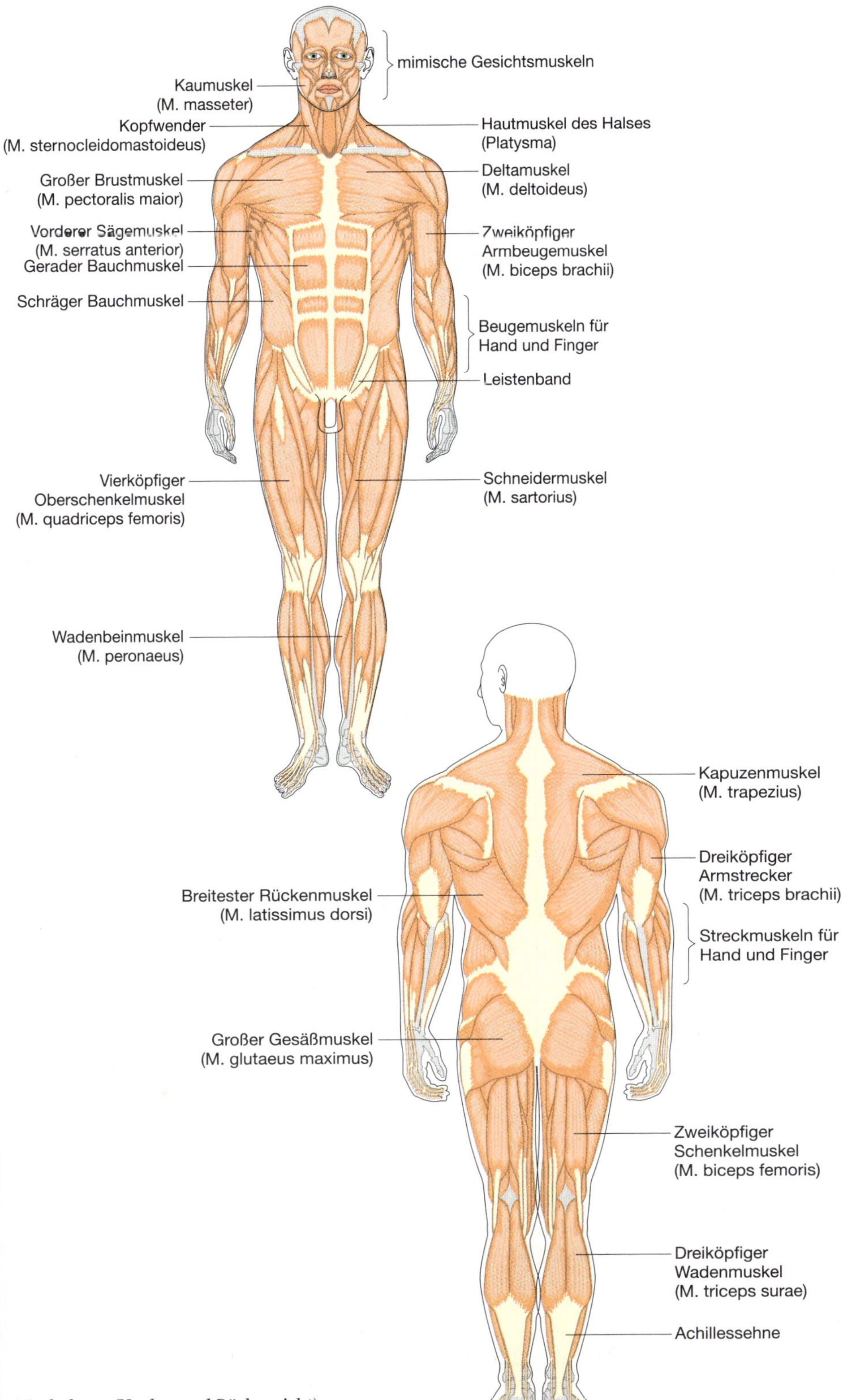

Muskulatur (Vorder- und Rückansicht)

teilt. Sie enthält mehrere Löcher, die als Durchtrittsstellen für Gefäße und Nerven dienen. An der größten Öffnung, dem **Hinterhauptloch**, tritt das Rückenmark vom Gehirn in den Wirbelkanal über. In der Mitte der mittleren Schädelgrube befindet sich eine knöcherne Vertiefung, der **Türkensattel** (Sella turcica). Darin liegt gut geschützt eine wichtige Hormondrüse, die **Hypophyse** (Hirnanhangdrüse).

Der einzige bewegliche Schädelknochen ist der **Unterkieferknochen** (Mandibula). Im **Kiefergelenk** kann der Unterkiefer beim Kauen geöffnet und geschlossen, aber auch seitlich, vorwärts- und rückwärts verschoben werden. Alle anderen Schädelknochen sind beim Erwachsenen miteinander verknöchert, sodass sich der Schädel nicht mehr vergrößern kann. Beim Neugeborenen und Säugling sind die Knochennähte noch weit offen und werden durch straffe Bindegewebszüge und zwei Bindegewebsplatten, die **Stirn**- und die **Hinterhauptfontanelle** zusammengehalten. Dadurch kann sich der Schädel bei der Geburt etwas zusammenschieben und sich später dem Gehirn- und Augenwachstum anpassen.

Nasenhöhlen

Die **Nasennebenhöhlen** sind luftgefüllte Hohlräume im Inneren der Schädelknochen, die mit der Nasenhöhle durch Gänge verbunden sind. Sie dienen als **Resonanzkörper** für die **Klangbildung der Stimme** und vermindern das Gewicht des Schädels. Auf der nebenstehenden Abbildung ist die hinter der Nasenhöhle im Keilbein gelegene **Keilbeinhöhle** nicht sichtbar.

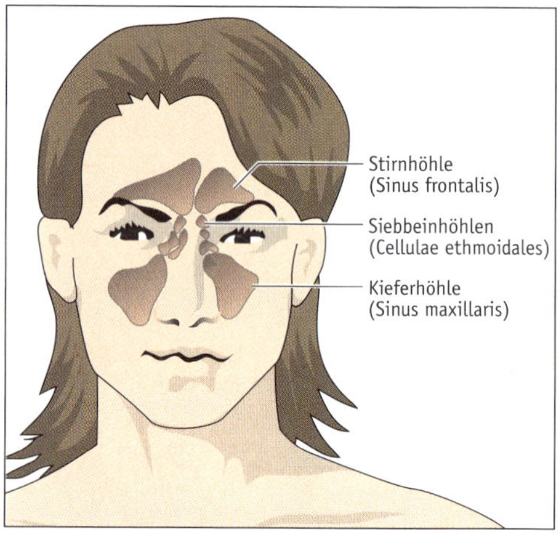

Nasennebenhöhlen

Aufgaben

1. Stellen Sie mithilfe der Abbildungen fest, welche Knochen den Gesichtsschädel bilden und welche Knochen das Gehirn schützen.
2. Welcher Schädelknochen ist beweglich und welche Bewegungen sind im Gelenk möglich?
3. Warum hat der Säugling Fontanellen?
4. Wie heißen die Nasennebenhöhlen und in welchen Knochen liegen sie?

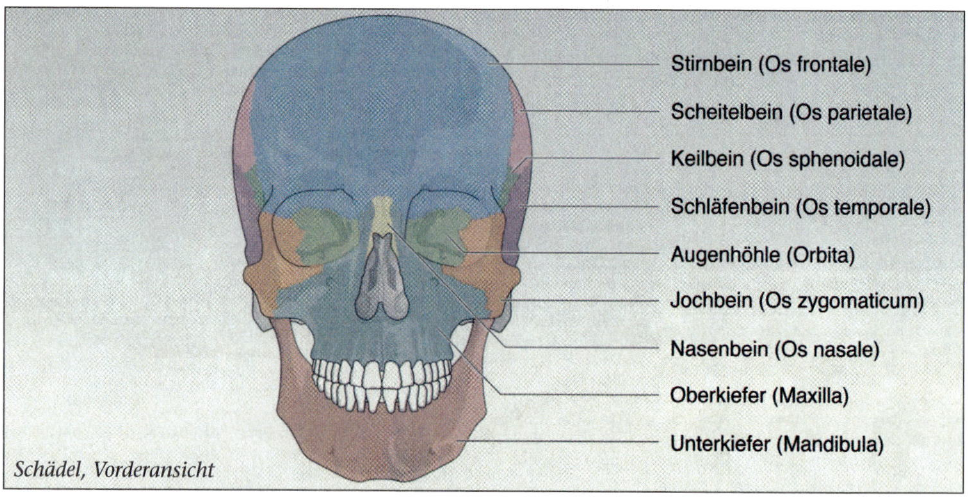

Schädel, Vorderansicht

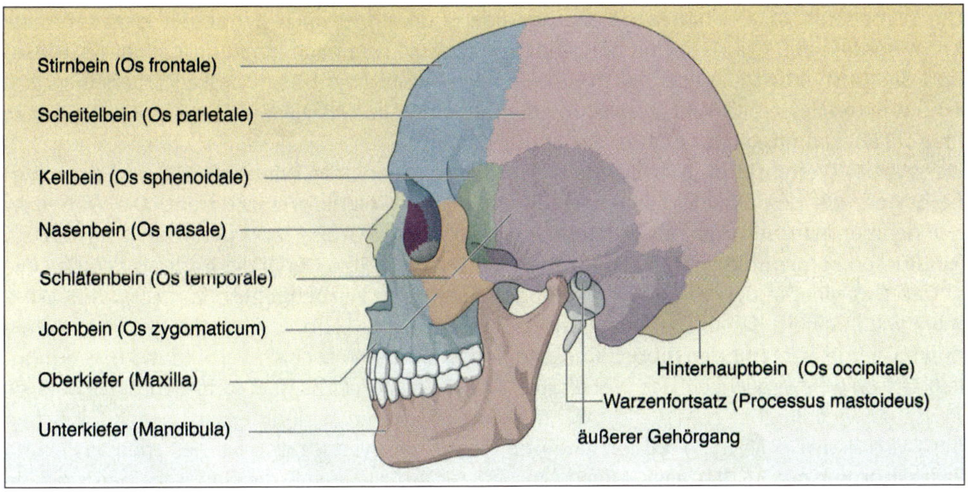

1.6.3 Wirbelsäule

Die Wirbelsäule ist die Stütze und Längsachse unseres Körpers. Sie hat folgende **fünf Abschnitte:**

- **Halswirbelsäule (HWS): C1 bis C7**
  Die HWS besteht aus sieben kleinen Wirbeln und ist der beweglichste Teil der Wirbelsäule. Der erste Halswirbel **(Atlas)** trägt den Kopf. Der zweite Halswirbel **(Axis)** ragt zapfenförmig in den Atlas hinein und ermöglicht so die Kopfdrehung.
- **Brustwirbelsäule (BWS): Th1 bis Th12**
  Die zwölf Brustwirbel tragen die Rippen und sind Bestandteil des Brustkorbs **(Thorax)**.
- **Lendenwirbelsäule (LWS): L1 bis L5**
  Die fünf kräftigen Lendenwirbel tragen die Hauptlast des Kopfes und Rumpfes.
- **Kreuzbein (Os sacrum)**
  Fünf Wirbel sind zu einem platten, dreieckigen Knochen verschmolzen. Das Kreuzbein ist mit dem Darmbein durch ein Gleitgelenk (Sacroiliacalgelenk) straff verbunden und gehört zum Beckenring.
- **Steißbein (Os coccygis)**
  Drei bis fünf Wirbelreste bilden das untere Ende des Kreuzbeines.

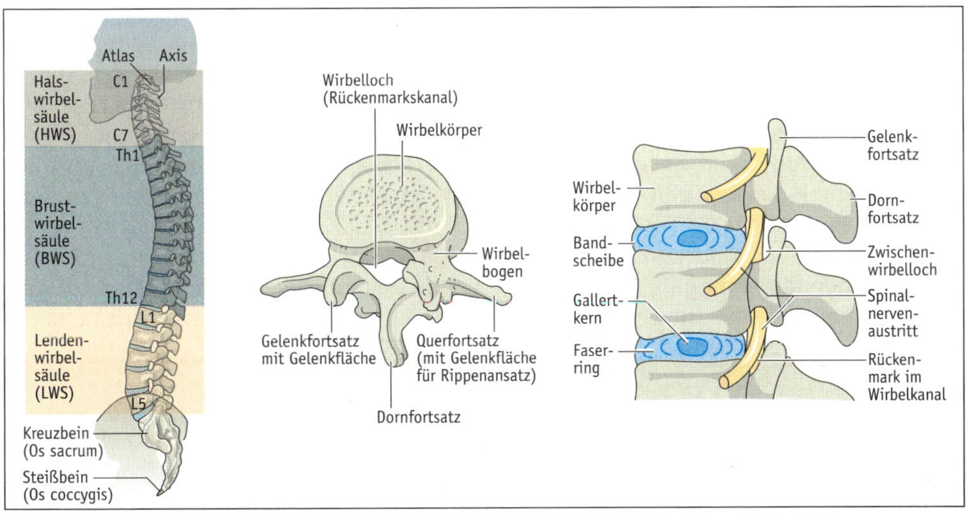

Wirbelsäule von der Seite *Lendenwirbel von schräg oben* *Wirbel im Längsschnitt*

Die Wirbelsäule ist von hinten gesehen gerade und weist seitlich betrachtet zwei s-förmige Krümmungen auf. Die Hals- und die Lendenwirbelsäule sind nach innen gekrümmt **(Lordose)** und die Brustwirbelsäule und das Kreuzbein nach außen **(Kyphose)**. Diese Wirbelsäulenform erhöht durch bessere Gewichtsverteilung die Tragkraft. Die Wirbel werden durch straffe Bänder und die Rückenmuskulatur in ihrer Position gehalten.
Der **Wirbel** (Vertebra) besteht aus dem bauchwärts gelegenen **Wirbelkörper** und dem **Wirbelbogen**, der den **Dornfortsatz** und die **Quer- und Gelenkfortsätze** trägt. Die Wirbelkörper nehmen von der Hals- bis zur Lendenwirbelsäule an Größe, und damit an Tragkraft zu. Am Rücken können die übereinander liegenden Dornfortsätze durch die Haut als gerade Linie getastet werden. In den von den Wirbelbögen gebildeten **Wirbellöchern** verläuft das Rückenmark wie in einem Kanal. Die **Quer- und Gelenkfortsätze** (Abb. S. 349 unten, Mitte) stehen durch Gleitgelenke mit den Rippen und den benachbarten Wirbeln in Verbindung und ermöglichen so die Beweglichkeit der Wirbelsäule. Die Gelenkfortsätze sind so angeordnet, dass sie **Zwischenwirbellöcher** zum Austritt der Rückenmarksnerven (**Spinalnerven**) bilden. Zwischen den Wirbelkörpern liegen die **Bandscheiben** (Discus intervertebralis). Sie bestehen aus einem **Faserknorpelring**, in den ein **Gallertkern** eingebettet ist. Durch die Bandscheiben sind die Wirbel elastisch miteinander verbunden und der Gallertkern gleicht wie ein Wasserkissen den Druck zwischen den Wirbeln aus.

Muskulatur der Wirbelsäule (= tiefe Rückenmuskulatur)

Seitlich der Wirbelsäule ziehen zwei kräftige Muskelstränge entlang. Sie bestehen aus vielen kurzen Muskelzügen, die zwischen den Wirbeln, Schädel, Rippen und Becken verspannt sind. Dadurch wird die Wirbelsäule in ihrer Form stabilisiert und in alle Richtungen beweglich. Zusammen mit der oberflächlichen Rückenmuskulatur, der Hals-, Brust- und Bauchmuskulatur sorgen diese Muskeln für die aufrechte Haltung und die Beweglichkeit des Rumpfes.

Aufgaben

1. Beschreiben Sie den Aufbau und die Form der Wirbelsäule.
2. Erklären Sie anhand des abgebildeten Wirbels die einzelnen Bestandteile und deren Funktion.
3. Woraus bestehen Bandscheiben und welche Aufgabe erfüllen sie?

1.6.4 Brustkorb, Schultergürtel, Arm, Hand

Brustkorb

Der knöcherne Brustkorb (Thorax) wird von der **Brustwirbelsäule**, dem **Brustbein** (Sternum) und **zwölf Rippenpaaren** (Costae) gebildet. Er hat die Form eines Bienenkorbs und umhüllt die Brust- und die Oberbauchorgane. Die flachen, gebogenen Rippenknochen sind durch Gleitgelenke mit den Brustwirbeln verbunden. Sie können für die Atmung gehoben und gesenkt werden. Das erste bis siebte Rippenpaar setzt mit einer **Knorpelbrücke** am Brustbein an. Das achte bis zehnte Rippenpaar erreicht über lange Knorpelstege das Brustbein nur indirekt und bildet den **Rippenbogen**. Die elastischen Knorpelverbindungen ermöglichen eine Brustkorbdehnung bei der Atmung. Die elfte und zwölfte Rippe sind verkürzt und enden frei. Die Rippenzwischenräume heißen **Intercostalräume** (ICR).

Schultergürtel

Die beiden **Schlüsselbeine** (Schlüsselbein = Clavicula) und **Schulterblätter** (Schulterblatt = Scapula) bilden den **Schultergürtel**, der flach auf dem Brustkorb liegt. Er ist Ansatzstelle für Rücken-, Hals- und Oberarmmuskeln und befestigt die Arme beweglich am Rumpf. Das **Schultergelenk** ist ein Kugelgelenk. In der kleinen flachen Gelenkpfanne des Schulterblattes kann der große Kopf des Oberarmknochens (Humerus) kreisen und drehen und so dem Arm eine große Bewegungsfreiheit geben. Das Gelenk wird durch eine straffe Kapsel und die umgebenden Sehnen und Muskeln stabilisiert.

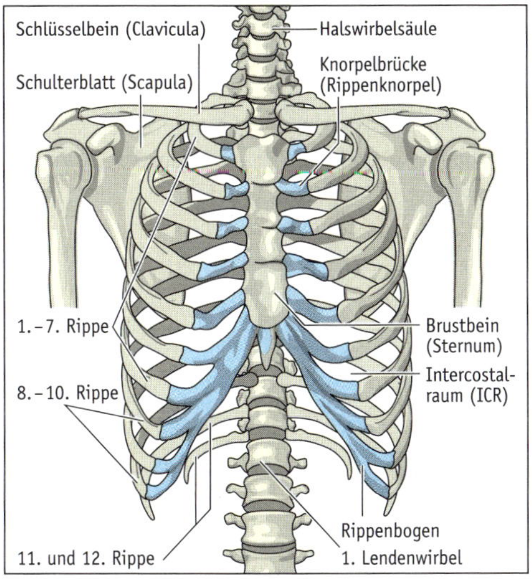

Knöcherner Thorax

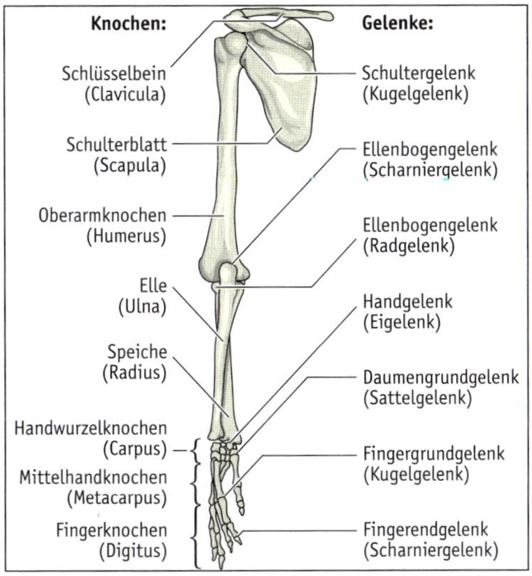

Arm und Hand

Arm und Hand

Das **Ellenbogengelenk** ist aus zwei Gelenken zusammengesetzt. Im **Scharniergelenk** zwischen Oberarmknochen und Elle (Ulna) wird der Unterarm gebeugt und gestreckt. Elle und Speiche (Radius) bilden ein **Radgelenk**, in dem sich die Speiche um die Elle dreht. Dadurch kann die Hand zum Greifen nach innen (Pronation) und für die Hohlhand nach außen (Supination) gedreht werden. Die am Daumen endende **Speiche** und die auf der Kleinfingerseite gelegene **Elle** formen mit den Handwurzelknochen das **Handgelenk**. In diesem Eigelenk kann die Hand gebeugt, gestreckt und seitwärts bewegt werden. Die Handfläche wird von den über Gleitgelenke fest verbundenen **acht Handwurzelknochen** (Carpus) und **fünf Mittelhandknochen** (Metacarpus) gebildet. Daran sind mit Kugelgelenken die vier Finger befestigt. Das Daumengrundgelenk ist ein Sattelgelenk, in dem der Daumen abgespreizt und den vier Fingern zum Greifen gegenübergestellt wird.

Die **Finger** (Finger = Digitus) bestehen aus drei, der **Daumen** aus zwei kurzen Knochen, die in Scharniergelenken gebeugt und gestreckt werden.

Aufgaben

1. Welche Aufgaben hat der Brustkorb und wie erfüllt er sie?
2. An Arm und Hand gibt es alle Gelenkarten. Wo befinden sich die Gelenke und welche Bewegungen sind damit möglich?
3. Welche Knochen treffen am Ellenbogengelenk zusammen?
4. Wie viele Knochen bilden die Hand?

Schulter- und Rückenmuskulatur

Die vielseitige Beweglichkeit des Schultergürtels, und damit auch der Arme, wird durch das Zusammenspiel der oberflächlichen Rücken- und der Brustmuskulatur erreicht. Zu dieser Gruppe gehören viele Muskeln, die wichtigsten zeigen die Abbildungen auf S. 352 und 353. Der fächerförmige **Kapuzenmuskel** (M. trapezius) bewegt die Schulter nach hinten, oben und unten und verhindert ihr Absinken beim Lastentragen. Durch den **Schulterblattheber** wird das

Schulterblatt angehoben. Der **Rautenmuskel** zieht das Schulterblatt nach innen und oben. Der **breiteste Rückenmuskel** (M. latissimus dorsi) verläuft zum Oberarm und führt ihn an den Körper heran, nach hinten und innen. Der dreieckige **Deltamuskel** (M. deltoideus) entspringt breitflächig vom Schultergürtel und setzt mit der Spitze am Oberarm an. Er hebt den Arm seitlich bis in Schulterhöhe und formt die Schulter. Der **große Brustmuskel** (M. pectoralis maior) verbindet Brustbein und Schlüsselbein mit dem Oberarm. Er zieht den Oberarm kraftvoll an den Körper, nach vorne und innen wie bei der Schwimmbewegung. Der **kleine Brustmuskel** (M. pectoralis minor) und der **vordere Sägemuskel** (M. serratus anterior) verbinden Rippen und Schulterblatt. Sie können bei Atemnot als Atemhilfsmuskeln eingesetzt werden, weil sie den Brustkorb oben vergrößern.

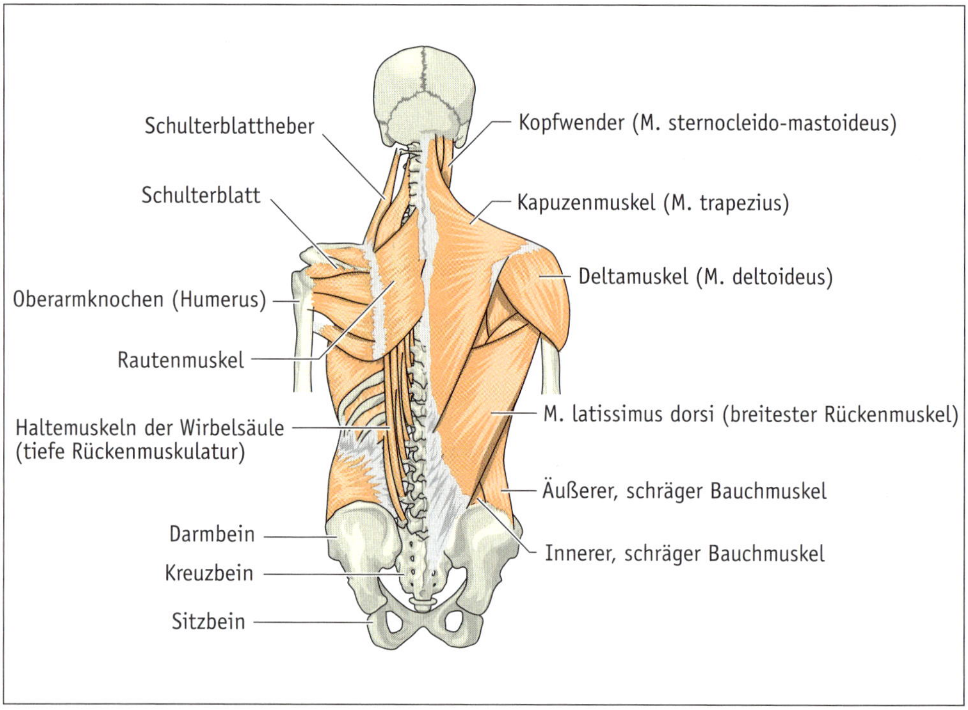

Oberflächliche (rechts) und tiefere (links) Rücken- und Schultermuskulatur

Bauchwandmuskulatur

Die Bauchdecke wird von vier Schichten platter Muskeln gebildet, die zwischen Brustbein, Rippen und Becken in verschiedene Richtungen eingespannt sind. Die langen geraden Bauchmuskeln ziehen unterbrochen von Zwischensehnen von Brustbein und Rippenknorpeln zum Schambein. Darunter verlaufen die äußeren und inneren schrägen Bauchmuskeln und ganz innen – wie ein Gürtel – die queren Bauchmuskeln. In der Mitte treffen alle Bauchmuskeln in einer breiten Sehnenplatte (Aponeurose) zusammen. Dort befindet sich auch die Nabellücke.
Durch diese Muskelverflechtung erfüllt die Bauchmuskulatur mehrere **Aufgaben**:

- Sie schützt die Bauchorgane.
- Sie dehnt sich bei der Schwangerschaft aus.
- Sie richtet den Rumpf aus der Rückenlage auf (Sit-ups).
- Sie hilft bei der Atmung (Bauchatmung).
- Sie kann den Druck in der Bauchhöhle erhöhen (= Bauchpresse) für die Stuhl- und Harnentleerung, beim Husten, beim Erbrechen und beim Auspressen des Kindes in der Austreibungsphase am Ende der Geburt.

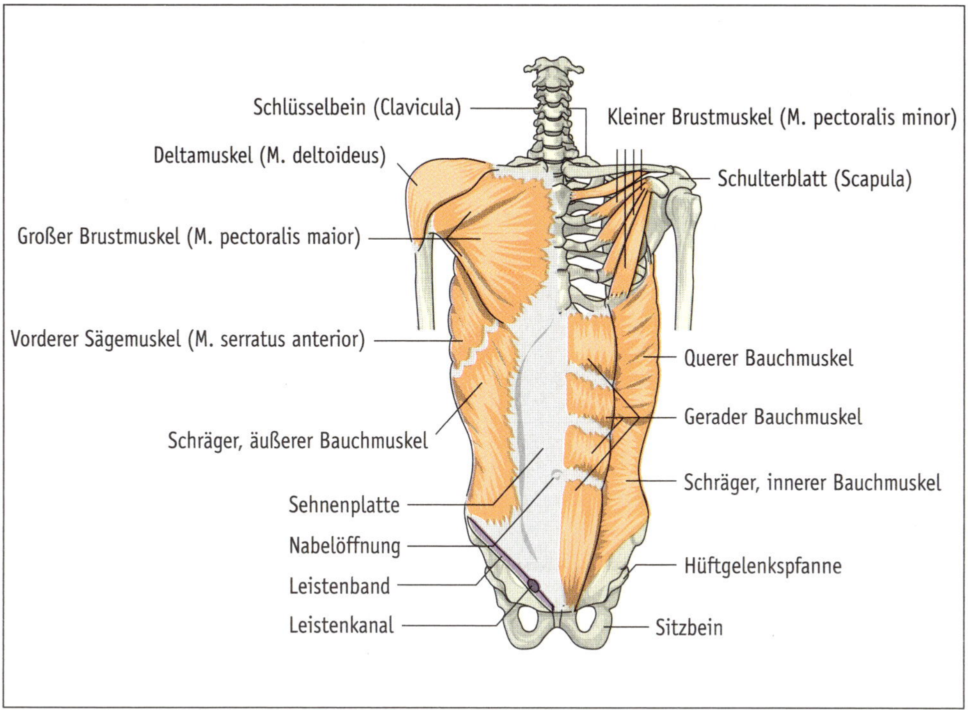

Obere (rechts) und tiefere (links) Brust- und Bauchwandmuskulatur

Leistenband und Leistenkanal

Das Leistenband (Ligamentum inguinale) besteht aus straffem Bindegewebe. Es verbindet den vorderen Darmbeinstachel mit dem Schambein. Oberhalb des Leistenbandes durchzieht ein röhrenförmiger Gang, der Leistenkanal, alle Bauchwandschichten. Im Leistenkanal zieht beim Mann der Samenstrang von der Bauchhöhle in den Hodensack (Scrotum) hinunter. Bei der Frau ist der Kanal von Fettgewebe und einem Band ausgefüllt.

Atemmuskulatur

Der wichtigste Atemmuskel ist das **Zwerchfell** (Diaphragma). Es ist als kuppelförmige Muskelplatte in die untere Brustkorböffnung eingespannt und trennt Brust- und Bauchraum voneinander. Den Raum zwischen den Rippen füllen die kurzen **Zwischenrippenmuskeln** (Intercostalmuskeln) aus. Sie können die Rippen heben und senken.

Für die **Einatmung** (Inspiration) werden die Rippen angehoben und das Zwerchfell gesenkt. Dadurch vergrößert sich der Brustraum (Brustatmung). Das Anheben des Zwerchfells und Absenken der Rippen verkleinert den Brustraum und bewirkt die **Ausatmung** (Exspiration). Bei starker körperlicher Anstrengung und Atemnot helfen die Brust- und Halsmuskeln als **Atemhilfsmuskulatur** mit, den Brustkorb im oberen

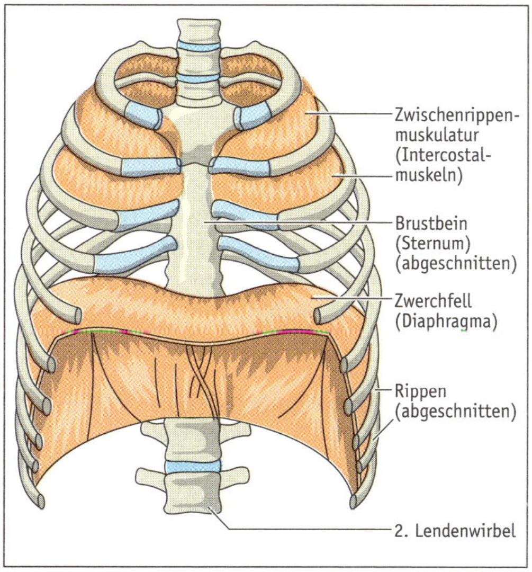

Atemmuskulatur

Bereich stärker zu dehnen. Auch die **Bauchwand** beteiligt sich an der Atmung **(Bauchatmung)**, indem sie sich bei der Inspiration vorwölbt und bei der Exspiration einzieht.

Muskeln der Arme und Hände

Oberarmmuskeln
Die Oberarmmuskeln setzen an Elle und Speiche an und bewegen das Ellenbogengelenk. Der **M. biceps brachii** (zweiköpfiger Armbeuger) ist der wichtigste Beugemuskel des Unterarms. Sein an der Armhinterseite gelegener Antagonist, der **M. triceps brachii** (dreiköpfiger Armstrecker), streckt das Ellenbogengelenk und verhindert sein Einknicken beim Aufstützen.

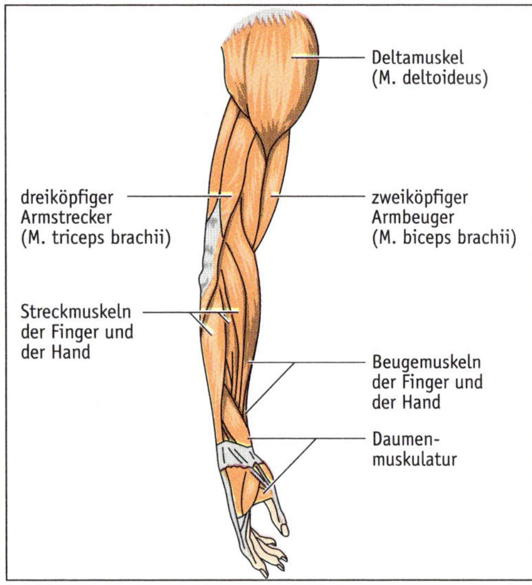

Muskeln des Arms und der Hand

Unterarmmuskeln
In der Abbildung rechts sind am Unterarm zahlreiche kleinere Muskeln zu sehen. Sie ziehen mit langen Sehnen zur Hand und den Fingergelenken und bewegen diese. Die **Beugemuskeln** (Flexoren) verlaufen an der Innenseite, die **Streckmuskeln** (Extensoren) an der Außenseite und die **Drehmuskeln** quer oder schräg. Durch die Zusammenarbeit dieser Muskeln lässt sich der Unterarm ein- und auswärts drehen (Pronation, Supination) und das Handgelenk, der Daumen und die Finger können ihre vielfältigen Bewegungen ausführen. Die Anordnung der Muskeln bewirkt, dass Handgelenk und Hand zartgliedrig und für die Feinmotorik geeignet sind. **Sehnenscheiden** verhindern eine Verletzung der langen Sehnen. Sie erleichtern das Gleiten der Sehnen und halten sie getrennt und geordnet.

Handmuskeln
Mit den **Muskeln des Daumenballens** kann der Daumen abgespreizt und den übrigen Fingern gegenübergestellt werden. Dadurch wird zielgerichtetes, feines Greifen oder Schreiben erst möglich. Die Kleinfingerballenmuskeln führen den Daumen und den Kleinfinger zueinander.

Aufgaben

1. Wo verlaufen die Muskeln zur Bewegung von Schulter und Oberarm und wie heißen sie?
2. Wo liegt das Zwerchfell und auf welche Weise ist es an der Atmung beteiligt?
3. Was sind Atemhilfsmuskeln?
4. Welche Muskeln bewegen die Finger?
5. Welchen Muskel streckt das Ellenbogengelenk?
6. Was verläuft beim Mann im Leistenkanal?
7. Welche Aufgabe erfüllen die Daumenballenmuskeln?

1.6.5 Becken, Bein, Fuß

Becken

Das knöcherne Becken **(Pelvis)** befestigt die Beine beweglich am Rumpf. Es beinhaltet und schützt die Bauchorgane und bildet bei Frauen den Geburtskanal. Es hat die Form eines flachen Trichters und wird vom **Kreuzbein** mit dem **Steißbein** und den beiden **Hüftbeinen** (Os coxae) geformt.

Das Hüftbein besteht aus drei miteinander verschmolzenen Knochen: dem **Darmbein** (Os ilii), dem **Sitzbein** (Os ischii) und dem **Schambein** (Os pubis). Diese drei Knochen bilden gemeinsam die **Hüftgelenkspfanne**. An der Beckenhinterwand ist das Kreuzbein mit den Darmbeinen über die **Sacroiliacalgelenke** verbunden, und vorne schließt eine Knorpelbrücke, die **Schambeinfuge** (Symphyse), die beiden Schambeinäste zum **Beckenring**. Durch die Haut können der Darmbeinkamm und die beiden vorderen Darmbeinstachel getastet werden. Die Schambeinäste setzen sich ins Beckeninnere zu einer knöchernen Ringleiste fort, die das große vom kleinen Becken trennt. Wegen seiner Aufgabe als Geburtskanal ist das weibliche Becken flacher und weiter und die Schambeinfuge kann sich unter der Geburt etwas aufdehnen.

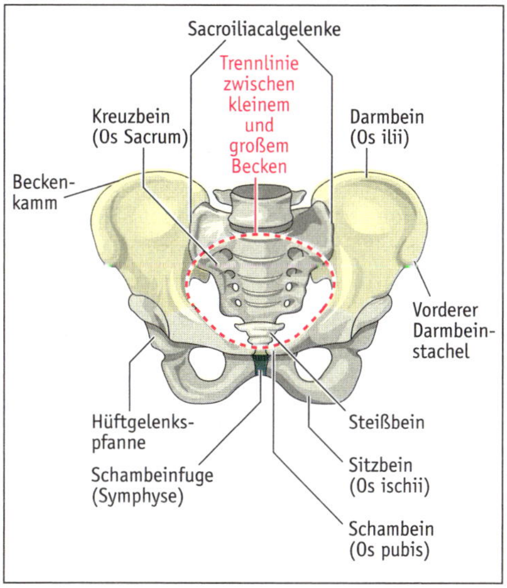

Knöchernes weibliches Becken

Bein und Kniegelenk

Der **Oberschenkelknochen** (Femur) ist der längste Knochen. Sein kugelförmiger Kopf ist über den dünneren **Schenkelhals** schräg mit dem Knochenschaft verbunden und bildet mit der Hüftgelenkspfanne das **Hüftgelenk**. Dieses Kugelgelenk ist durch das auf ihm lastende Körpergewicht und die Beweglichkeit in alle Richtungen großen Belastungen ausgesetzt. Im Schenkelhalsbereich ist die Bruchgefahr besonders groß. Am distalen Ende verbreitert sich der Oberschenkelknochen zu zwei dicken **Knorren** (Gelenkknorre = Condylus), die mit der **Kniescheibe** (Patella) und dem **Schienbein** (Tibia) das Kniegelenk formen. Die beiden starken **Seitenbänder** verstärken die Kniegelenkkapsel an der Innen- und Außenseite. Im Inneren wird das Kniegelenk durch zwei sich überkreuzende **Kreuzbänder** (vorderes und hinteres Kreuzband) stabilisiert. Das Kniegelenk kann dadurch gebeugt und gestreckt und im gebeugten Zustand auch seitwärts und kreisend bewegt werden. Im ebenfalls stark belasteten **Kniegelenk** sorgen zwei halbmondförmige Faserknorpelscheiben, der **Innen- und Außenmeniskus**, für eine ausgeglichene Druckübertragung. Wenn Ober- und Unterschenkel gewaltsam gegeneinander verdreht werden, können Meniskusteile abreißen und im Gelenkspalt einklemmen. Die Folgen davon sind eine Bewegungseinschränkung bis zur Gelenksperre, eine Gelenkentzündung mit Schwellung und starken Schmerzen und langfristig eine Zerstörung des Gelenkknorpels (Arthrose).

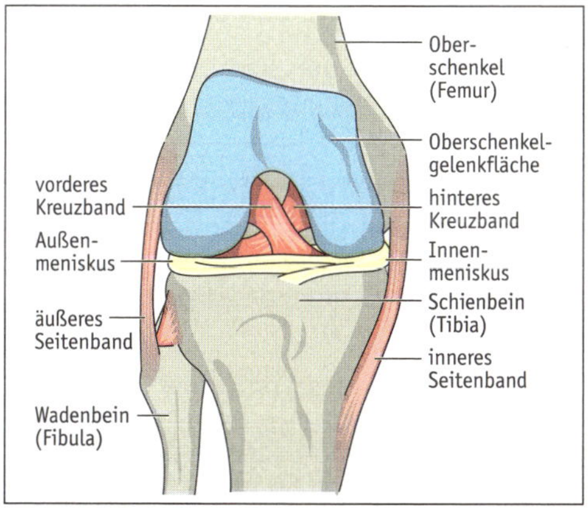

Kniegelenk ohne Kniescheibe

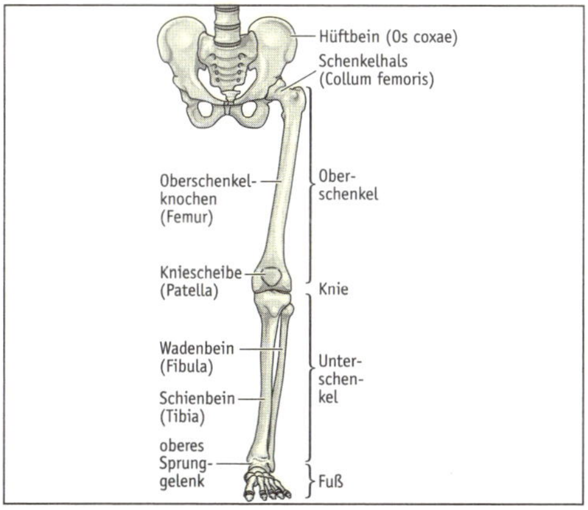

Bein mit Hüftbein

Das dünne **Wadenbein** (Fibula) liegt an der Außenseite des Schienbeins und verbreitert sich unten zum **Außenknöchel**. Der **Innenknöchel** ist das Schienbeinende. Von den Knöcheln ziehen kräftige Bänder zum Fuß **(Außenband, Innenband)**.

Fuß

Das Fußskelett ähnelt dem Handskelett, aber die **sieben Fußwurzelknochen** sind wesentlich kräftiger ausgebildet. Der größte Knochen ist das **Fersenbein** (Calcaneus). Darauf liegt das **Sprungbein** (Talus). Es bildet mit dem Schienbein und dem Wadenbein das obere Sprunggelenk. In diesem Scharniergelenk kann der Fuß zum Laufen gebeugt und gestreckt werden. Der Gelenkspalt des **unteren Sprunggelenks** verläuft zwischen Fersenbein, Sprungbein und dem angrenzenden Kahnbein. Dieses Gelenk ermöglicht das Heben der Fußinnenkante (Supination) und der Fußaußenkante (Pronation). Die Verbindung zu den **fünf Mittelfußknochen** stellen das **Würfelbein** und die **drei Keilbeine** her. Die **Zehen** bestehen aus drei, die Großzehe (Hallux) aus zwei kurzen, plumpen, wenig beweglichen Röhrenknochen. Auf dem Fuß lastet das gesamte Körpergewicht. Um dieses federnd auffangen zu können, sind die Fußknochen durch straffe Längs- und Querbänder, eine Sehnenplatte an der Fußsohle und Muskelzüge der Unterschenkelmuskulatur zu einem Quer- und Längsgewölbe verspannt. Der normal geformte Fuß liegt nur mit der Ferse, der äußeren Fußkante und dem Vorfuß auf. Das Einsinken des Fußgewölbes (Senkfuß, Spreizfuß) kann Fehlbelastungen und Schmerzen in Knie- und Hüftgelenken sowie der Wirbelsäule zur Folge haben.

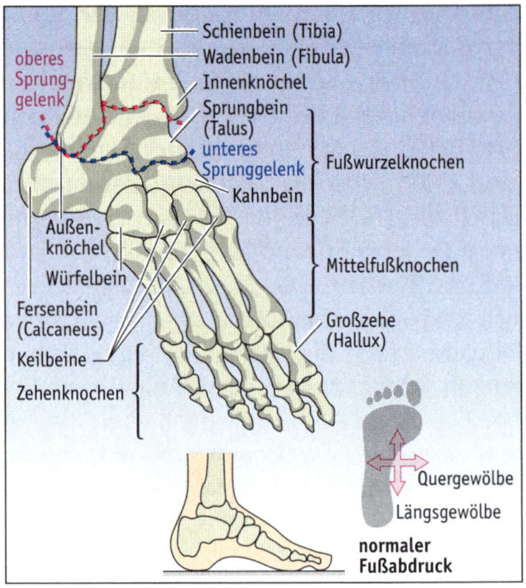

Fuß

Exkurs

Häufige Fußfehlbildungen

- **Knickfuß**
  Unter Belastung gleitet das Sprungbein über dem Fersenbein nach innen und der Fuß sinkt an der Innenkante ein. Dadurch verändert sich auch das Fußgewölbe und sinkt ab.
- **Plattfuß (Senk-, Knicksenk-, Spreizfuß)**
  Das Längsgewölbe (Senkfuß) und das Quergewölbe (Spreizfuß) sind abgeflacht. Beim Gehen berührt die ganze Fußsohle den Boden und kann dadurch die bessere Tragfähigkeit eines Gewölbes nicht mehr nutzen. Die Folgen sind bei längerer Belastung Schmerzen in den Füßen, die bis in die Knie- und Hüftgelenke ausstrahlen können.
- **Hallux valgus („Ballengroßzehe")**
  Die Großzehe ist im Grundgelenk seitlich ausgerenkt und weicht deshalb nach lateral (außen) ab. Stets ist dabei auch ein Spreizfuß vorhanden. Die Ursache ist ein anlagebedingter fehlerhafter Zug der Großzehenmuskeln, der durch zu enge, zu spitze und zu hohe Schuhe gefördert wird. Der hervortretende Großzehenballen entzündet sich häufig. Eine operative Korrektur ist möglich.

Viele **Fußfehlbildungen könnten vermieden werden**, wenn vom ersten Schuh an auf die richtige Passform (genügende Weite, ausreichende Länge, flexible Sohle) geachtet und die Bein- und Fußmuskulatur durch Barfußlaufen auf unebenen Böden oder Fußgymnastik trainiert wird.

Becken- und Beinmuskulatur

Beckenbodenmuskulatur

Die untere Beckenöffnung ist von einer **Muskelplatte** verschlossen, zu der auch die Schließmuskeln des Enddarms, der Harnröhre und der Scheide gehören. Diese Beckenbodenmuskeln tragen das Gewicht der Bauchorgane und müssen deshalb immer angespannt sein. Schwangerschaft und Geburt belasten und dehnen diese Muskulatur besonders stark, aber spezielle Beckenbodengymnastik kräftigt die überlasteten Muskelfasern wieder. Wenn der Muskeltonus des Beckenbodens nachlässt, können eine Gebärmuttersenkung oder Stuhl- und Harninkontinenz (Unvermögen, den Stuhl oder Urin kontrolliert zurückzuhalten) auftreten.

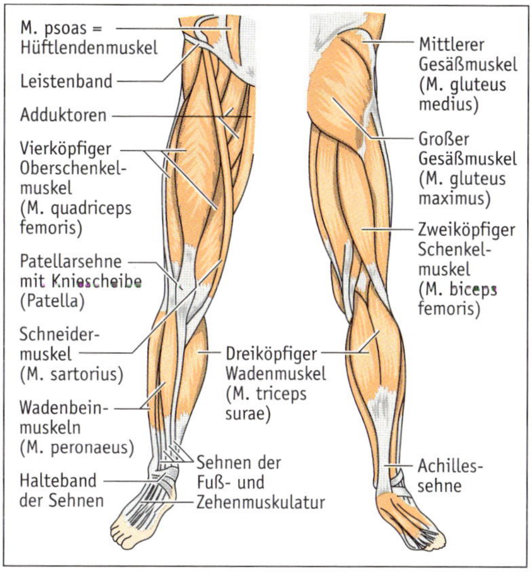

Beinmuskulatur

Hüftmuskulatur

Die Hüftmuskeln verbinden Becken und Lendenwirbelsäule mit den Oberschenkelknochen. Der stärkste Beugemuskel des Hüftgelenks ist der **Hüftlendenmuskel** (M. iliopsoas), der im Beckeninneren verläuft. Er zieht das Bein beim Gehen nach vorne und richtet den Rumpf aus der Rückenlage auf. Sein Antagonist ist der **große Gesäßmuskel** (M. glutaeus maximus). Dieser starke, das Gesäß formende Hüftstreckmuskel ermöglicht den aufrechten Gang und rollt das Bein nach außen. Darunter befinden sich der **mittlere** und der **kleine Gesäßmuskel**, die das Bein seitlich vom Körper abspreizen. Die zwischen der Oberschenkelinnenseite und dem Sitz- und Schambein verlaufenden Muskeln (**Adduktoren** = Heranzieher) ziehen das Bein dann wieder an den Körper heran.

Oberschenkelmuskulatur

Die Oberschenkelmuskulatur bewegt das Kniegelenk. An der Oberschenkelvorderseite befindet sich der kräftige **Vierköpfige Oberschenkelmuskel** (M. quadriceps femoris), der das Kniegelenk streckt und mit einem Kopf an der Hüftbeugung beteiligt ist. In seiner Ansatzsehne am Schienbein **(Patellarsehne)** liegt die Kniescheibe (Patella). Für den Schneidersitz beugt der vom Beckenkamm quer über den Oberschenkel zur Kniekehle kreuzende **Schneidermuskel** (M. sartorius) das Hüft- und Kniegelenk entsprechend. Die Kniebeugemuskeln (z.B. M. biceps femoris = **Zweiköpfiger Schenkelmuskel**) ziehen an der Oberschenkelhinterseite und der Kniekehle entlang.

Unterschenkel- und Fußmuskulatur

Wie auch am Unterarm liegen die Muskeln zur Sprunggelenk-, Fuß- und Zehenbewegung im oberen Unterschenkelbereich und ziehen mit langen, teils durch Sehnenscheiden geschützten Sehnen von Schienbein und Wadenbein zu den Fußknochen. Die Wade wird vom **Dreiköpfigen Wadenmuskel** (M. triceps surae) geformt, der mit der sicht- und tastbaren Achillessehne am Fersenbein ansetzt und die Ferse vom Boden abhebt.

Die Muskeln der Unterschenkelhinterseite ziehen Fuß und Zehen nach unten und heben die Fußinnenkante. Sie werden von den seitlich gelegenen **Wadenbeinmuskeln** (M. peronaeus) unterstützt. An der Vorderseite des Unterschenkels befinden sich Muskeln, die Fuß und Zehen nach oben ziehen und den äußeren Fußrand anheben können. Zwischen den Fußknochen sind **kurze Fußmuskeln** verspannt. Ihre Aufgabe ist es, zusammen mit den Unterschenkelmuskeln, die Zehen zu bewegen und das Längs- und Quergewölbe des Fußes, das an der Fußsohle von einer **Sehnenplatte** bedeckt ist, zu formen und zu halten. Eine ungenügend trainierte Unterschenkel- und Fußmuskulatur und Schuhe, die zu kurz, zu spitz, zu schmal oder am Absatz zu hoch sind, begünstigen das Auftreten von **Fußfehlbildungen**.

Aufgaben

1. Welche Knochen bilden den Beckenring?
2. Welche Muskeln ziehen vom Becken zum Oberschenkel? Nennen Sie deren Aufgaben.
3. Beschreiben Sie den Oberschenkelknochen. An welchen Gelenken ist er beteiligt?

2 Erkrankungen des Bewegungsapparates

Situation

Die 70-jährige Frau Steinkötter wird von ihrer Hausärztin zur Orthopädin Frau Dr. Gropp überwiesen, da sie innerhalb von vier Jahren bereits drei Knochenbrüche erlitten hat. „Ist diese Häufung von Knochenbrüchen nicht einfach zufällig?", fragt Frau Steinkötter, „einmal bin ich eben vom Fahrrad gefallen, dann bei Glatteis ausgerutscht und das dritte Mal beim Fensterputzen von der Leiter gefallen." „Bei Ihnen besteht ein begründeter Verdacht auf Osteoporose", entgegnet Frau Dr. Gropp, „mithilfe einer Knochendichtemessung werde ich dies erst einmal abklären. Sollten Sie an Osteoporose leiden, wird eine entsprechende Therapie eingeleitet."

2.1 Knochenerkrankungen

2.1.1 Frakturen (Knochenbrüche)

Frakturformen

Frakturen sind teilweise oder vollständige Durchtrennungen des Knochens. Sie können Folge einer Verletzung sein **(traumatische Fraktur)** oder bei knochenzerstörenden Erkrankungen und Überlastung spontan auftreten **(pathologische Fraktur oder Spontanfraktur)**.

Die meisten Frakturen sind **geschlossene Frakturen**, bei denen der Knochen von Haut umschlossen und vor Infektionen von außen geschützt bleibt. Bei einer **offenen Fraktur** sind Haut und Muskulatur mitverletzt. Es besteht eine Verbindung des Knochens nach außen und damit eine hohe Infektionsgefahr.

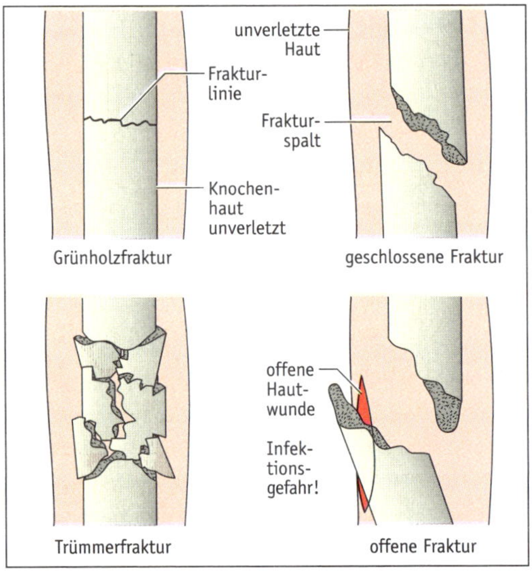

Frakturen

Nach Art der Knochenverletzung unterscheidet man glatte oder verschobene Frakturen, Dreh- oder Spiralfrakturen, Trümmerfrakturen und Gelenkfrakturen. Eine Sonderform ist die nur bei Kindern auftretende **Grünholzfraktur**, bei der der elastische Periostschlauch erhalten bleibt.

Diagnostik

Sichere Hinweiszeichen auf eine Fraktur sind sicht- und tastbare Formveränderungen. Die Symptome Schmerz mit Übelkeit, Bewegungsunfähigkeit, Schwellung und Hämatom (Bluterguss) können den Verdacht auf eine Fraktur lenken.
Die Diagnose einer Fraktur wird durch Röntgenaufnahmen in zwei Ebenen (z. B. von vorne und seitlich) gestellt. Zur Beurteilung von Frakturen am Schädel, an Händen und Füßen sind manchmal auch Röntgenaufnahmen in speziellen Positionen erforderlich. Bei komplizierten Frakturen und Gelenkfrakturen ermöglichen Schichtaufnahmen einen besseren Überblick. Es werden dafür noch weitere bildgebende Diagnoseverfahren eingesetzt wie Computertomografe (CT) und Kernspintomografie (NMR) bzw. Magnetresonanztomografie (MRT).

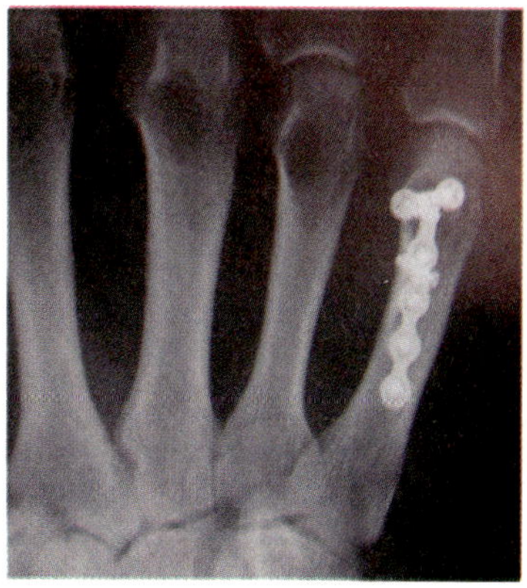

Röntgenbild einer mit Schrauben und Platten versorgten Fraktur

Therapie

Für die **Therapie** müssen die verschobenen Knochenteile in ihre ursprüngliche Stellung gebracht und fixiert werden **(Reposition)**. Dazu sind bei Trümmer- und Gelenkfrakturen oft operative Maßnahmen (Nagelung, Verschrauben, Verplatten, Gelenkersatz = Endoprothese) notwendig. Die Fraktur heilt durch den Aufbau von neuem Knochengewebe **(Kallusbildung)**. Diese beansprucht mehrere Wochen Zeit, in der der Knochen – z. B. durch einen Gipsverband – ruhiggestellt wird.

Komplikationen

Die scharfkantigen und harten Knochenbruchstücke können angrenzende Gewebe und Organe verletzen. Typische Komplikationen einer Fraktur entstehen bei der **Mitverletzung** von

- Gelenkflächen: Arthrose,
- Wachstumsfugen: Wachstumsverzögerung,
- Blut- und Lymphgefäßen: innere Blutungen, Lymphödem,
- Nerven und Muskeln: Gefühlsstörungen, Lähmungen,
- Organen: Lungenverletzung bei Rippenfraktur, Blasenverletzung bei einer Beckenfraktur.

Bei Brüchen des Knochenschaftes kann Fettmark in die Blutgefäße eindringen und eine lebensbedrohliche **Fettembolie** auslösen. Wenn Bakterien über die Blutgefäße oder direkt bei offenen Frakturen in den Knochenmarkraum gelangen, verursachen sie dort eine **Osteomyelitis** (= Knochenmarkentzündung). Diese Infektion lässt sich nur schwer behandeln. Sie heilt wegen der Zerstörung des Knochens häufig nur mit Restschäden aus (Defektheilung).

2.1.2 Osteoporose

Die Osteoporose ist eine Skeletterkrankung mit verminderter Knochenmasse und Knochenfestigkeit, bei der das Risiko für Knochenbrüche erhöht ist. Der Knochenabbau ist intensiver als der Knochenaufbau, wodurch die tragenden Knochenbälkchen dünner und die Markräume größer werden.
Die Knochenveränderungen verursachen Schmerzen (häufig Rückenschmerzen), eine Abnahme der Körpergröße, Rundrückenbildung sowie Fehl- und Schonhaltungen. Im Verlauf der Erkrankung verliert der Knochen immer mehr von seiner Festigkeit und kann schon bei geringen Verletzungen oder unter dem Druck des Körpergewichtes spontan zusammenbrechen (Spontanfraktur). Besonders gefährdet sind die Wirbelkörper, der Schenkelhals und die Unterarmknochen. Die schlecht heilenden Frakturen und Nerveneinklemmungen bei Wirbelbrüchen können bis zur Pflegebedürftigkeit führen.

An Osteoporose erkranken überwiegend ältere Frauen. Das weibliche Geschlechtshormon Östrogen sorgt für einen hohen Kalziumgehalt der Knochen und für ihre Stabilität. Nach den Wechseljahren nimmt durch den Wegfall von Östrogen und durch die natürliche Gewebealterung die Knochenmasse ständig ab. Daraus entwickelt sich bei entsprechender Veranlagung eine Osteoporose. Aber auch Untergewicht, hohes Alter, Stoffwechselstörungen, Nikotin und die Einnahme bestimmter Medikamente können eine Osteoporose verursachen, von der auch Männer betroffen sind.
Die Diagnose der Osteoporose wird durch die **Knochendichtemessung** gestellt. Die Messung erfolgt mit Röntgenstrahlen oder Ultraschallwellen.

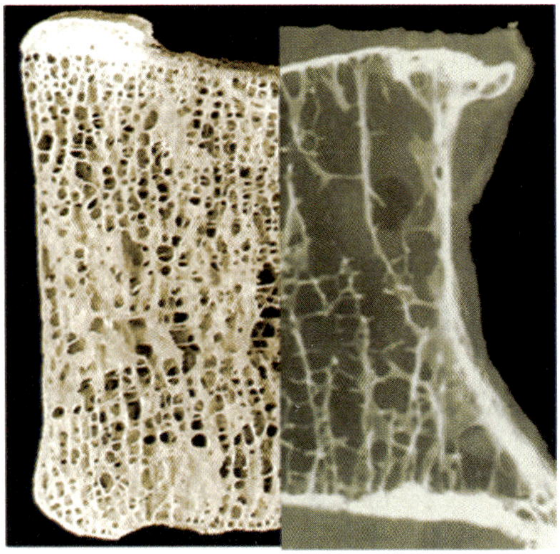

links: gesunder Knochen, rechts: osteoporotischer Knochen – Substanz geht verloren

Der Entstehung einer Osteoporose kann vorgebeugt werden durch

- kalziumreiche Ernährung mit Milch und Milchprodukten oder die Einnahme von Kalziumpräparaten,
- regelmäßige körperliche Bewegung, um die Knochendurchblutung und damit den Knochenstoffwechsel zu verbessern,
- häufigen Aufenthalt im Freien zur Bildung von Vitamin D,
- Training zur Förderung von Muskelkraft und Koordination, um Stürze zu vermeiden.
- Für die Therapie der Osteoporose werden Kalzium, Vitamin D, Phosphatverbindungen und Hormone (Östrogene, Calcitonin) verwendet.

2.1.3 Rachitis (Vitamin-D-Mangel)

Vitamin D fördert die Kalziumresorption aus dem Darm und den Kalziumeinbau in den Knochen. Da bei Säuglingen und Kleinkindern die knorpelig vorgeformten Knochen erst durch Kalziumeinbau gefestigt werden müssen, benötigen sie viel Vitamin D. Die Haut kann mithilfe der UV-Strahlung Vitamin D selbst herstellen.
In sonnenarmen Gegenden, z. B. in Deutschland, reicht diese körpereigene Vitamin-D-Produktion während der ersten beiden Lebensjahre nicht aus. Der Knochen kann nicht ausreichend mineralisiert werden und verformt sich unter Belastung (z. B. O-Beine, platter Schädel, Wirbelsäulenveränderungen).
Zur Rachitisprophylaxe sollte deshalb jedes Kind im ersten und zweiten Lebensjahr täglich 500 I.E. Vitamin D als Tablette erhalten. Das Vitamin D kann auch mit Fluor zur Härtung des Zahnschmelzes kombiniert werden (z. B. D-Fluoretten 500®).

Aufgaben

1. Welche Zeichen deuten auf eine Fraktur hin und wie kann diese sicher diagnostiziert werden?
2. a) Was versteht man unter Osteoporose?
   b) Wer ist gefährdet, eine Osteoporose zu entwickeln?

2.2 Gelenkerkrankungen (Arthropathie)

2.2.1 Gelenkverletzungen

- **Prellung (Contusion)**
  Durch direkte Gewalteinwirkung kommt es zur Quetschung von Unterhautgewebe und Muskulatur, ohne dass die Haut verletzt wird. Weil dabei Blutgefäße zerreißen, treten Blutergüsse (Hämatome) auf. Prellungen sind sehr schmerzhaft, vor allem an Stellen, wo zwischen der Haut und der schmerzempfindlichen Knochenhaut nur wenig Gewebe ist, z. B. am Ellenbogen, Knie, Schienbein, Schädel oder Fuß.
- **Distorsion (Verstauchung, Bänderzerrung)**
  Der Gelenkkopf gleitet kurz aus der Pfanne und überdehnt dabei die Gelenkkapsel und Bänder. Die Folgen sind eine Gelenkschwellung mit Hämatom und Schmerzen, die Behandlung erfolgt durch Ruhigstellung. Häufig ist das obere Sprunggelenk betroffen, wenn der Fuß nach innen einknickt.
- **Bänderriss, Kapselriss (Ruptur)**
  Bei einer Distorsion können Bänder oder die Gelenkkapsel zerreißen. Das Gelenk lässt sich „aufklappen" und ist instabil. Das verletzte Band muss zusammengenäht werden oder sich durch langfristige Ruhigstellung des Gelenks wieder festigen. Kapselrisse treten häufig an den Fingergelenken auf, Bänderrisse an Knie- und Sprunggelenken.
- **Luxation (Auskugelung, Ausrenkung)**
  Der Gelenkkopf ist vollständig aus der Pfanne „ausgekugelt" und hat dabei die Kapsel und Bänder massiv überdehnt oder zerrissen. Wegen der Gefahr einer Gefäß- oder Nervenschädigung muss das Gelenk sofort wieder eingerenkt werden (Reposition). Besonders gefährdet ist das Schultergelenk, weil es nur eine kleine Pfanne hat.

2.2.2 Gelenkentzündungen

Arthritis (akute Gelenkentzündung)

Am betroffenen Gelenk zeigen sich die fünf klassischen Zeichen einer Entzündung: Das Gelenk schwillt an, es schmerzt, ist gerötet, überwärmt und funktionsunfähig. Als Ursachen für eine Gelenkentzündung kommen Infektionen mit Bakterien oder Viren, Verletzungen, Störungen des Stoffwechsels (Harnsäureablagerungen bei Gicht) oder Fehlreaktionen des Immunsystems (Polyarthritis) infrage. Es besteht die Gefahr, dass Gelenkknorpel und Knochen durch den Entzündungsprozess zerstört werden und sich eine chronische Gelenkentzündung (Arthrose) entwickelt.

Arthrose (chronische Gelenkentzündung)

Durch Fehl- und Überbelastung von Gelenken, chronische Entzündungen und natürliche Alterung kommt es zu Abnutzung und Degeneration (Rückbildung) des Gelenkknorpels. Seine schützende und abpuffernde Wirkung nimmt ab, die Gelenkflächen werden rau und uneben. Knorpel und Knochen reiben aufeinander, entzünden sich dadurch und werden tiefergehend beschädigt.

Im Anfangsstadium treten Schmerzen bei Bewegungsbeginn und nach Belastung auf, später auch in Ruhe. Die starken Schmerzen und die fortschreitende Gelenkzerstörung können bis zur Gelenkversteifung und Bewegungsunfähigkeit führen.

Die **Behandlung** umfasst durchblutungsfördernde und knorpelaufbauende Maßnahmen, Bewegungstherapie und die Anwendung von schmerz- und entzündungshemmenden Arzneimitteln. Im Spätstadium können Hüft- und Kniegelenke durch künstliche Gelenke (Endoprothesen) ersetzt werden. Weil es keine Heilung der Arthrose gibt, ist die Prophylaxe hier besonders wichtig.

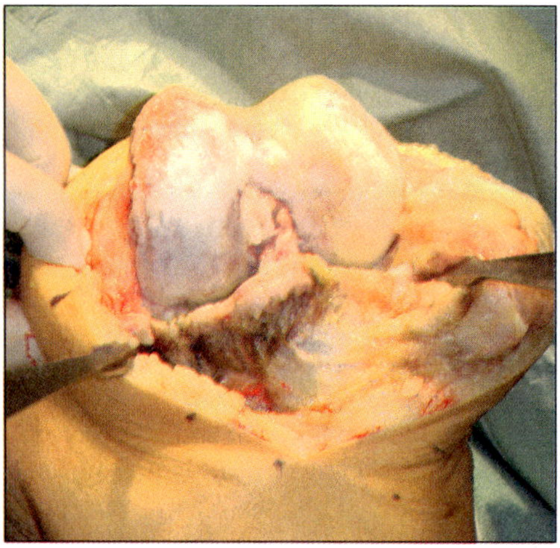

Zerstörter Gelenkknorpel

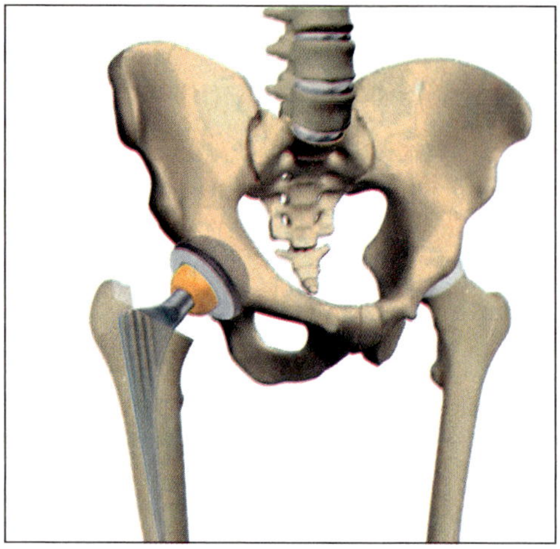

Endoprothese eines Hüftgelenks

Arthrosen treten mit zunehmendem Alter häufiger auf, aber auch jüngere Menschen können bereits von schweren Arthrosen betroffen sein. Die Ursachen dafür können sein: angeborene und nach Verletzungen auftretende Gelenkfehlstellungen, Gelenküberlastung durch Übergewicht oder Leistungssport und rheumatische Erkrankungen.

Chronische Polyarthritis

Die **chronische Polyarthritis**, an der auch schon Kleinkinder erkranken können, gehört zu den rheumatischen Erkrankungen. In Schüben verlaufende schmerzhafte akute Entzündungen von großen und kleinen Gelenken zerstören langfristig die Gelenke und führen oft zu schweren Arthrosen. Als Ursache wird eine fehlgesteuerte Abwehrreaktion des Immunsystems gegen Gelenkgewebe vermutet. Mithilfe von entzündungshemmenden Medikamenten und intensiver physikalischer Therapie wird versucht das Voranschreiten der Krankheit aufzuhalten.
Die Begriffe „Rheuma" oder „Rheumatismus" werden in der Umgangssprache für schmerzhafte und die Funktion beeinträchtigende Zustände des Muskel-Skelett-Systems verwendet (vgl. Kap. 2.3.6 Rheumatische Erkrankungen).

Aufgaben

1. Nennen Sie Unterschiede zwischen Arthrose und Arthritis.
2. Welche Ursachen für das Entstehen einer Arthrose gibt es?

2.3 Muskelerkrankungen

2.3.1 Muskelüberlastung

Durch gezieltes, ausdauerndes Krafttraining vergrößern sich die Muskeln und werden leistungsfähiger. Wenn aber ein untrainierter Muskel einseitig überlastet wird, z. B. beim Sport, treten Schmerzen auf (Muskelschmerz = **Myalgie**). Die ungewohnte Überforderung führt im Muskel zu einer relativen Mangeldurchblutung mit Rückstau von schmerzauslösenden Abfallstoffen und zu winzigen Fasereinrissen **(„Muskelkater")**. Auf chronische Überbeanspruchung, wie z. B. bei einer Fehl- oder Schonhaltung, reagiert der Muskel mit schmerzenden **Verspannungen** (Dauertonus) und druckschmerzhaften umschriebenen Muskelverhärtungen **(Myogelosen)**. Übermüdung, Sauerstoffmangel oder Störungen im Elektrolythaushalt eines Muskels (z. B. Magnesiummangel) sind Ursachen für einen plötzlichen **Muskelkrampf** (Spasmus).

2.3.2 Muskelatrophie (Muskelschwund)

Ein Muskel, der nicht oder ungenügend bewegt wird, verkleinert sich und verliert seine Kraft (Muskelatrophie). **Ursachen** für Muskelatrophien sind längerfristige Ruhigstellung, z. B. im Gipsverband, Bettlägrigkeit, geringere Muskeltätigkeit im Alter und bei Schonhaltungen, fehlende Impulse der motorischen Nerven bei Lähmungen oder vererbte Störungen des Muskelstoffwechsels.

2.3.3 Muskelverletzungen und -erkrankungen

Plötzliche, unkoordinierte Muskelanspannung bei ungenügend aufgewärmter oder übermüdeter Muskulatur ist häufig die Ursache für **Muskelzerrungen** (Verletzung der Faserfeinstrukturen mit Hämatombildung), **Muskelfaserrisse** oder sogar **Muskelrisse**. Um Überlastungsschmerzen und Verletzungen vorzubeugen, ist vor der Belastung ein durchblutungsförderndes Aufwärmtraining mit Dehnungs- und Lockerungsübungen wichtig. Während des Trainings sollten Streck- und Beugemuskeln abwechselnd beansprucht werden und verlorenes Wasser und Elektrolyte, z. B. durch Trinken von Mineralwasser, ersetzt werden. Am Trainingsende müssen die Muskeln durch Lockerungsübungen, Wärme oder Massagen wieder entspannt werden.
Muskelentzündungen (Myositis), die meist mehrere Muskelgruppen gleichzeitig betreffen, sind typisch für Rheuma oder ein Begleitsymptom von Infektionskrankheiten. **Muskellähmungen** (Parese) oder ein dauerhaft erhöhter Muskeltonus (Spastik) sind die Folge von Nervenerkrankungen oder -verletzungen.

2.3.4 Sehnen- und Schleimbeutelerkrankungen

Bei direkter Gewalteinwirkung oder plötzlicher Anspannung der Sehne (z. B. Fehltritt) können einzelne Fasern einreißen **(Sehnenzerrung)** oder die Sehne kann durchreißen **(Sehnenriss = Ruptur)**. Entzündete und vorgeschädigte Sehnen sind dafür besonders gefährdet. Die akute oder chronische **Sehnenscheidenentzündung** (Tendovaginitis) ist die Folge einer Überbeanspruchung, z. B. beim Schreiben. Das Gleiten der Sehne durch die verdickte, entzündete Sehnenscheide verursacht starke Schmerzen und schränkt die Beweglichkeit ein. Eine Ausheilung ist nur durch Ruhigstellung und Wegfall der Überlastung möglich. Die **Schleimbeutelentzündung** (Bursitis) tritt akut bei Gelenkentzündungen und nach Verletzungen oder chronisch bei Überbeanspruchung auf.

2.3.5 Hernien (Eingeweidebrüche)

An Schwachstellen und Lücken der Bauchmuskulatur können sich durch den in der Bauchhöhle herrschenden Druck (Bauchpresse) Darmteile und Baucheingeweide in ihrem Bauchfellsack vorstülpen. Häufige Bruchpforten sind die Nabellücke **(Nabelhernie)**, der Leistenkanal oberhalb **(Leistenhernie)** und unterhalb **(Schenkelhernie)** des Leistenbandes oder schlecht verheilte Bauchnarben **(Narbenhernie)**. Hernien sind meist schmerzhaft, können sich entzünden oder den Bruchinhalt, z. B. eine Darmschlinge, abklemmen und so eine lebensbedrohliche Nekrose verursachen. Darum sollten Hernien zurückverlagert (reponiert) werden, wobei die Bruchpforte operativ verschlossen wird.

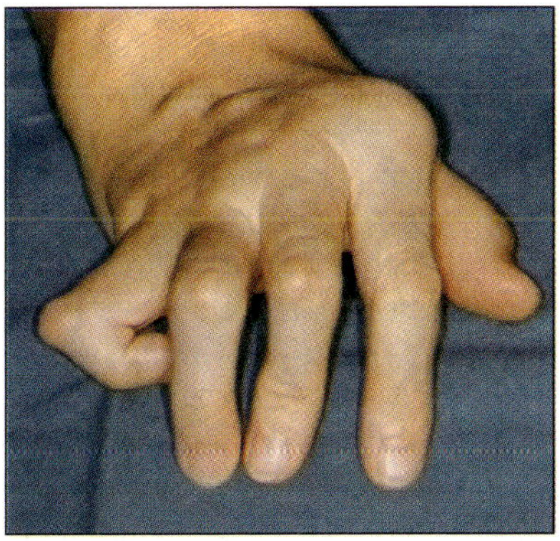

Von Polyarthritis befallene Hand

2.3.6 Rheumatische Erkrankungen

Unter dem Begriff „Rheuma“ (Rheumatismus) wird eine Gruppe von Erkrankungen zusammengefasst, für die ein ziehender Gelenk- und Weichteilschmerz typisch ist. Dieser Schmerz wird verursacht durch chronische oder in Schüben verlaufende Entzündungen der Gelenke, Muskeln, Sehnen und ihrer umgebenden Bindegewebe. Die Entzündungsursachen sind degenerative Veränderungen, fehlgeleitete Abwehrreaktionen gegen körpereigenes Gewebe oder allergische Reaktionen bei Infektionskrankheiten. Die Diagnose wird durch charakteristische Entzündungszeichen im Blut (z. B. Rheumafaktoren) gestellt. Alle Altersstufen können betroffen sein. Die Therapie erfolgt mit schmerzstillenden und entzündungshemmenden Medikamenten (Antirheumatika) und wird ergänzt durch intensive physikalische Therapie. Bei schweren Rheumaformen versteifen die Gelenke oder es können Herz, Gehirn, innere Organe und Augen mitentzündet sein.

2.4 Erkrankungen der Wirbelsäule

Die Wirbelsäule, die darin verlaufenden Nerven und die Rückenmuskulatur bilden eine funktionelle Einheit. Dabei kommt den Muskeln und den Bändern die Aufgabe zu, die für die Stützfunktion optimalen Wirbelsäulenkrümmungen aufrechtzuerhalten und die Beweglichkeit der Wirbelsäule, die für die Gesamtkörperbeweglichkeit entscheidend ist, zu ermöglichen.
Rückenschmerzen und Haltungsschäden sind ein häufiger Anlass für Arztbesuche und langfristige Krankschreibungen. Sie könnten durch vorbeugende und arbeitsmedizinische Maßnahmen oft verhindert werden. Richtiges Verhalten wird in der **Rückenschule** gelernt:

- Beim Aufrichten, Stehen, Sitzen, Heben und Tragen sollte die Wirbelsäule gerade gehalten werden. Dadurch verteilt sich der Belastungsdruck auf Bandscheiben und Wirbel gleichmäßig und verhindert so eine vorzeitige Abnutzung.
- Einseitige Wirbelsäulenbelastungen, z. B. am Arbeitsplatz, müssen vermieden werden.
- Regelmäßige, fachgerecht angeleitete Wirbelsäulengymnastik entspannt und kräftigt die Rückenmuskulatur.

2.4.1 Haltungsschäden

Die Wirbelsäule weicht von ihrer normalen Form ab und bildet einen **Rundrücken** (verstärkte Kyphose der BWS, Buckelbildung), ein **Hohlkreuz** (übermäßige Lordose der LWS) oder sie ist seitwärts verkrümmt **(Skoliose)**. Die Folgen sind die einseitige Überlastung der Rückenmuskeln, die mit schmerzhaften Verspannungen reagieren, und die Fehlbelastung der Wirbelsäule. Bei der Skoliose sind außerdem die Zwischenwirbellöcher verengt – mit Reizung und Einengung der Nervenwurzeln. Haltungsschäden werden verursacht durch Bindegewebsschwäche, untrainierte Rückenmuskulatur, chronische Fehlhaltung beim Sitzen und Laufen oder dauerndes Heben und Tragen von schweren Lasten. Eine Skoliose bildet sich öfters bei Mädchen während des Pubertätswachstumsschubs oder als Folge einer Beinlängendifferenz. Die Therapie erfolgt durch Beseitigung der Ursachen, gezielte Kräftigung der Rückenmuskeln und in schweren Fällen durch Korsett oder Operationen.

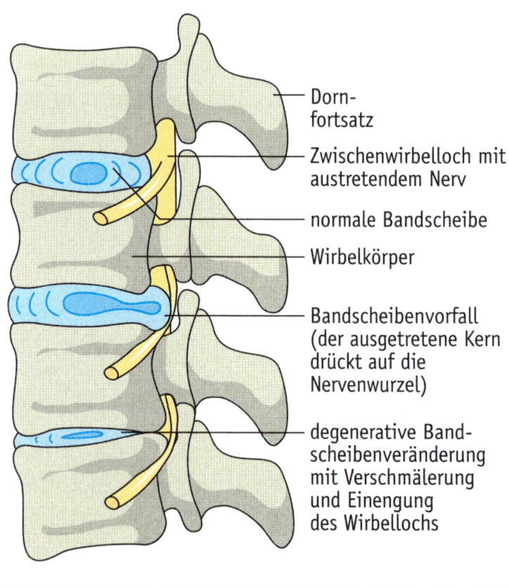

Bandscheibenerkrankungen

2.4.2 Bandscheibenerkrankungen

Chronische Fehlbelastung und degenerative Veränderungen führen meist in der Lenden- oder Halswirbelsäule zum Zerreißen des Bandscheibenfaserrings. Der weiche Kern tritt aus und drückt auf die Nervenwurzel (**Bandscheibenvorfall** = Prolaps). Durch diesen Reiz entstehen im von Nerven versorgten Gebiet (z. B. im Bein oder Arm) zunächst starke Schmerzen. Bei stärkerem Druck werden die sensiblen Fasern (Gefühlsstörungen = Parästhesien) und später auch die motorischen Fasern (Muskellähmung) gereizt und schließlich zerstört. Die **Therapie** besteht in der Entlastung der Nervenwurzel durch Ruhigstellung, Lagerung, physikalische Therapie, schmerz- und entzündungshemmende Medikamente oder Operation. Die Degeneration der Bandscheiben im Alter verringert den Abstand der Wirbelkörper und engt so ebenfalls die Zwischenwirbellöcher ein. Dies begünstigt das Auftreten von chronischen Rückenschmerzen, Lumbago und Bandscheibenprolaps.

2.4.3 Lumbago, „steifer Hals", Ischialgie

Ausgelöst durch Kältereize oder eine plötzliche starke Wirbelsäulenbelastung bei Alltagsbewegungen kommt es meist im Hals- oder Lendenwirbelbereich zu einer akut einsetzenden, sehr schmerzhaften Verkrampfung der Rückenmuskulatur mit Hartspann, Zwangshaltung und Bewegungseinschränkung (**„Hexenschuss"**). Dabei kann es auch zu einer Reizung und entzündlichen Einengung der Ischiasnervenwurzeln kommen (**Ischialgie**). Dies äußert sich durch Schmerzen und Gefühlsstörungen im betroffenen Bein. Die **Behandlung** erfolgt durch entlastende Lagerung, physikalische Therapie und schmerz- und entzündungshemmende sowie muskelentspannende Medikamente.

2.4.4 Wirbelfrakturen

Beim Zusammenbruch der Wirbel durch **Verletzungen** oder im Rahmen von **Osteoporose** und knochenzerstörenden **Wirbelmetastasen** droht eine Zerstörung des Rückenmarks mit Querschnittslähmung oder eine Verengung der Nervenwurzeln mit stärksten Schmerzen, Sensibilitätsstörungen und Lähmungen im Versorgungsgebiet des betroffenen Nerven.

3 Diagnostik des Bewegungsapparates – Assistenz bei ärztlicher Diagnostik

Situation

Julia Koch macht bei dem Radiologen Dr. Bachmann eine Ausbildung zur Medizinischen Fachangestellten. „Hast du keine Angst, durch Röntgenstrahlen geschädigt zu werden?", wird sie von Katrin Funk gefragt. „Nein," entgegnet Julia, „wir Medizinischen Fachangestellten dürfen Röntgengeräte nur unter Aufsicht eines Arztes bedienen, und dies auch nur dann, wenn wir eine Bescheinigung über Kenntnisse des Strahlenschutzes nachweisen können. Demnach darf ich als Auszubildende gar keine Patienten röntgen. Ich arbeite daher in erster Linie am Empfang."

Die **Diagnose** ist die Benennung einer Krankheit. Diagnostische Verfahren dienen der Erkennung und Abklärung von Krankheiten. Zur Diagnostik gehören

- die Befragung des Patienten (Anamnese = Vorgeschichte der Erkrankung),
- die körperliche Untersuchung des Patienten,
- apparative Untersuchungen und bildgebende Verfahren,
- Laboruntersuchungen.

3.1 Untersuchung des Patienten

3.1.1 Anamnese

Je gründlicher die Vorgeschichte der Erkrankung eines Patienten erhoben wird und je genauer der Arzt seinen Patienten kennt, umso zielgerichteter lassen sich diagnostische Verfahren einsetzen und umso eher kann die richtige **Therapie** (Behandlung der Krankheit) durchgeführt werden. Die Vorgeschichte oder **Anamnese** beinhaltet immer Art, Beginn, Verlauf und Begleitumstände der aktuellen Beschwerden. Diese **Kurzanamnese** bietet sich an, wenn der Patient dem Arzt bereits von früher bekannt ist. Im Rahmen der **allgemeinen Anamnese** erfragt der Arzt außerdem

- frühere Erkrankungen, Klinikaufenthalte, Operationen und Verletzungen,
- die aktuelle Arzneimitteleinnahme,
- Allergien und Arzneimittelunverträglichkeiten,
- Alkohol- und Nikotinkonsum,
- Appetit, Trinkverhalten, Gewicht, Sexualleben, Ausscheidungsfunktionen,
- bei Frauen Schwangerschaften und Regelblutung,
- geistige und körperliche Leistungsfähigkeit,
- Impfungen.

Wenn ein Patient den Arzt zum ersten Mal aufsucht, wird das Anamnesegepräch durch Familien-, Sozial- und Berufsanamnese ergänzt.
Bei der **Familienanamnese** geht es um Krankheiten, die in der Familie (Eltern, Großeltern, Geschwister) aufgrund genetischer Veranlagung gehäuft aufgetreten sind. Hierher gehören z. B. Herz-Kreislauf-Erkrankungen (Bluthochdruck, Herzinfarkt, Schlaganfall), Stoffwechselerkrankungen (Diabetes mellitus, Fettstoffwechselstörungen) und Krebsleiden. Die **Berufsanamnese** erschließt die berufliche Tätigkeit mit ihren psychischen und körperlichen Belastungen am Arbeitsplatz (z. B. Schicht-/Nachtarbeit, Schadstoffbelastung, Lärm, Stress, Mobbing). Die **Sozialanamnese** beschäftigt sich mit der familiären Situation, besonderen psychischen und/oder körperlichen Belastungen (z. B. durch die Pflege von Angehörigen) sowie mit dem Freizeitverhalten einschließlich sozialer Beziehungen und sozialem Engagement.
Bei der **Eigenanamnese** beantwortet der Patient die Fragen zur Vorgeschichte seiner Krankheit selbst. Eine **Fremdanamnese** – z. B. von Angehörigen – wird immer dann erhoben, wenn der Patient nicht oder nur unzureichend Auskunft geben kann, z. B. bei Kindern, bei Bewusstlosen oder psychisch Kranken. Einzelne allgemeine Bereiche der Anamnese, z. B. die Einnahme der aktuellen Arzneimittel, können vor dem Arztkontakt über einen **Anamnesefragebogen** abgefragt werden. Diesen Fragebogen kann die Medizinische Fachangestellte dem Patienten schon während der Wartezeit zum Ausfüllen übergeben. Die sorgfältig und einfühlsam erhobene Anamnese ist ein unverzichtbarer Bestandteil der Diagnostik und kann wesentlich dazu beitragen, unnötige und teure Labor- und apparative Untersuchungen zu vermeiden. Deshalb darf eine Anamnese nie ausschließlich über einen Fragebogen erhoben werden.

Aufgaben

1. Welche Anamneseformen gibt es und welche Informationen können sie liefern?
2. Warum ist eine sorgfältige Anamneseerhebung so wichtig?
3. Welche organisatorischen Vorarbeiten sollten erledigt sein, wenn ein bereits bekannter Patient in die Praxis kommt?
4. Nennen Sie Beispiele von Erkrankungen, die – veranlagungsbedingt – familiär gehäuft auftreten können.
5. Erstellen Sie einen Anamnesefragebogen und füllen Sie ihn zusammen mit Ihrer Kollegin aus.

3.1.2 Allgemeinuntersuchung

Nach der Anamnese folgt in einem zweiten Schritt die Diagnostik. Bei der körperlichen Untersuchung sucht der Arzt mit seinen Sinnen – also durch Sehen, Tasten, Riechen, Hören – und nur mit wenigen technischen Hilfsmitteln nach Krankheitszeichen. Aus den festgestellten **Symptomen** (= Krankheitszeichen) und den Informationen der Anamnese stellt der Arzt eine Diagnose. In manchen Fällen ist ihm nur eine Verdachtsdiagnose möglich, die noch durch den nachfolgenden gezielten Einsatz von Laboruntersuchungen und der Apparatemedizin bestätigt werden muss. Die **Allgemeinuntersuchung** eines Patienten umfasst:

- die Inspektion = das Betrachten,
- die Palpation = das Abtasten,
- die Auskultation = das Abhören,
- die Perkussion = das Beklopfen,
- das Messen.

Die Untersuchung wird am (bis auf die Unterwäsche) entkleideten Patienten durchgeführt. Die Medizinische Fachangestellte hat dafür im Sprechzimmer folgende Gegenstände vorbereitet:

- Stethoskop,
- Pulsuhr,
- Mundspatel,
- Diagnostikleuchte,
- Otoskop (Ohrenspiegel),
- Blutdruckmessgerät,
- Reflexhammer,
- Maßband,
- Thermometer,
- Personen- und evt. Säuglingswaage,
- Messlatte,
- Einmalhandschuhe und Fingerlinge,
- Untersuchungsliege.

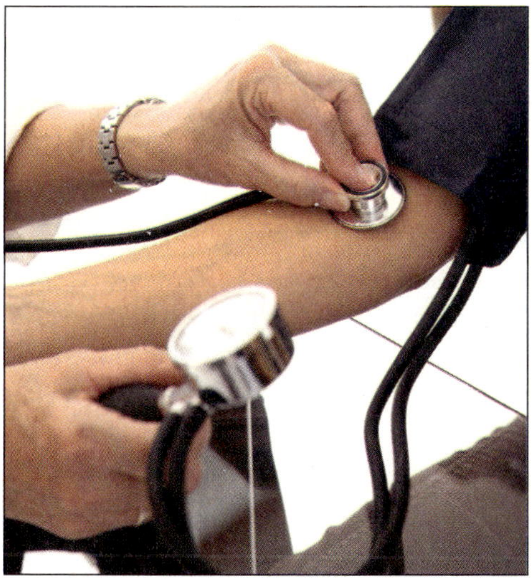

Messen des Blutdrucks

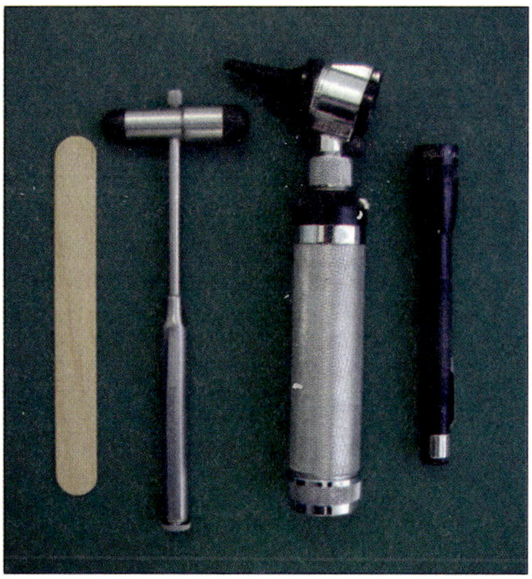

Mundspachtel, Reflexhammer, Otoskop, Diagnostikleuchte

Untersuchung durch Inspektion (Betrachten)

Die äußerliche Betrachtung richtet sich zuerst auf Gesichtsausdruck, Körperhaltung, Gangbild, Körperbau, Allgemein- und Ernährungszustand. An der Haut lassen sich Farbveränderungen (Erythem = Rötung, Zyanose = Blausucht, Ikterus = Gelbsucht, Anämie = Hämoglobinmangel), Ausschläge (Exanthem), Schwellungen, Ödeme (Wassereinlagerungen), Wunden, Verletzungen und Narben erkennen. Durch den Vergleich der beiden Körperhälften oder des aktuellen mit einem früheren Zustand kann der Arzt wichtige Rückschlüsse auf Art und Schwere der Erkrankung ziehen. Für die Inspektion von Mundhöhle und Rachen verwendet der Arzt Taschenlampe und Diagnostikleuchte. Der Gehörgang und das Trommelfell werden mit dem Otoskop beurteilt.

Untersuchung durch Palpation (Abtasten)

Mit der tastenden Hand lassen sich der Spannungszustand von Haut und Muskulatur, Temperaturunterschiede der Hautoberfläche, Schwellungen und Ödeme erkennen. Bei der Palpation des Bauchraums beurteilt der Arzt Größe, Festigkeit und Schmerzempfindlichkeit der tiefer liegenden Bauchorgane, z. B. von Leber und Milz.

Auch das Abtasten von Schilddrüse, Brustdrüsen und Lymphknoten am Hals, in der Achselhöhle und der Leiste gehört zur Allgemeinuntersuchung.

An oberflächlich liegenden Arterien lässt sich die Blutwelle als Pulsschlag fühlen und zählen: z. B. A. radialis (Speichenarterie), A. carotis (Halsschlagader) oder A. femoralis (Leistenschlagader). Bei der rektalen Untersuchung (Einführen des Zeigefingers in den Mastdarm) können der Darmschließmuskel, die Wand des Mastdarms und die Prostata abgetastet werden. Die vaginale Untersuchung durch die Scheide ermöglicht die Beurteilung von Gebärmutter, Eileitern und Eierstöcken.

Untersuchung durch Auskultation (Abhören)

Töne und Geräusche, die von verschiedenen Körperorganen hervorgerufen werden, lassen sich mithilfe eines **Stethoskops** verstärken und abhören. Zur Allgemeinuntersuchung gehören die Auskultation des Herzens (Töne der Herzklappen), der Lunge (Atemgeräusche) und des Darms (Geräusche der Darmbewegungen = Peristaltik). Veränderte Geräusche lassen sich bestimmten Krankheiten zuordnen, z. B. rasselnde Atemgeräusche bei Bronchitis oder vermehrte Darmgeräusche bei Durchfall. Bei der Blutdruckmessung werden die Strömungsgeräusche des Blutes in den Arterien mit dem Stethoskop abgehört. Weil die Blutströmungsgeräusche in verengten

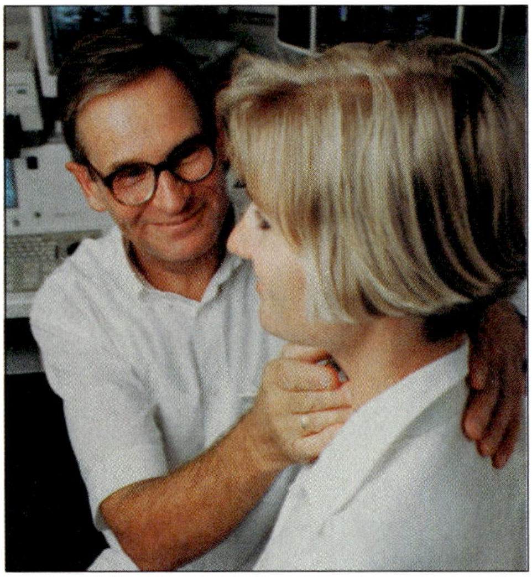

Palpation der Schilddrüse

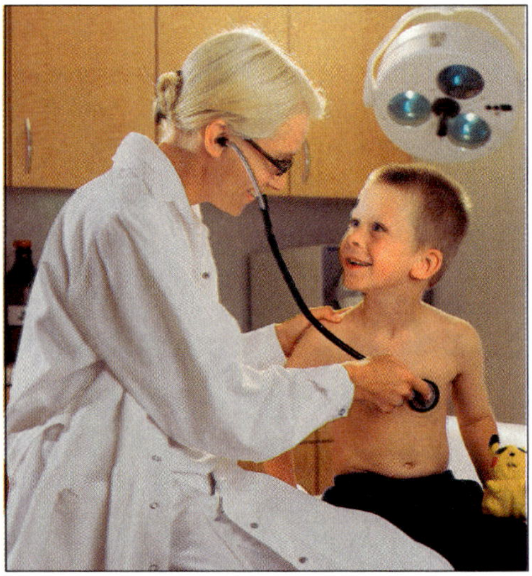

Auskultation der Lunge

Arterien deutlich zu hören sind, kann mit der Auskultation auch eine Stenose (= Verengung) der Halsschlagader (A. carotis) festgestellt werden.

Untersuchung durch Perkussion (Beklopfen)

Das Beklopfen der Haut erzeugt Schall, der von nicht zu tief liegenden Strukturen im Körperinnern reflektiert wird. Der Klopfschall ermöglicht eine Unterscheidung zwischen lufthaltigem (Lunge, Darm) und flüssigem oder festem Gewebe. Dies erlaubt die Beurteilung von Organgrenzen (z. B. Herz, Lungen, Leber, Harnblase) oder krankhaften Flüssigkeitsansammlungen. Heutzutage zieht der Arzt meist den Ultraschall (= Sonografie) zur Diagnostik heran.

Messen

Körpergröße

Die Körpergröße wird mit einer an der Wand befestigten Messlatte im Stehen und ohne Schuhe ermittelt. Säuglinge misst man im Liegen mit durchgestreckten Hüft- und Kniegelenken an einem auf der Untersuchungsliege befestigten Maßband.

Körpergewicht

Gewogen wird möglichst immer unter gleichen Bedingungen (z. B. Kleidung, Tageszeit) und mit einer geeichten Standwaage. Kleinkinder lassen sich am einfachsten auf dem Arm der Mutter wiegen. Ihr Gewicht ergibt sich dann aus dem Gewicht von Mutter und Kind abzüglich des Gewichtes der Mutter. Säuglinge werden mithilfe spezieller Säuglingswaagschalen gewogen.
Zur Beurteilung von Körpergröße und -gewicht stehen Normwerttabellen zur Verfügung, die z. B. Alter und Geschlecht berücksichtigen.
Eine häufig verwendete Messziffer zur Beurteilung des Körpergewichts ist der **Body-Mass-Index = BMI**.

$$\text{BMI} = \frac{\text{Körpergewicht (kg)}}{\text{Körpergröße (m)}^2}$$

Ein BMI zwischen 18,5 bis 24,9 entspricht dem Normalgewicht. Ab einem BMI von 25 beginnt das Übergewicht, ab 30 wird die Diagnose „Adipositas" (Fettsucht) gestellt. Patienten mit BMI-Werten unter 18 sind untergewichtig.

Körpertemperatur

Die Körpertemperatur ist abends etwas höher als am Morgen. Sie wird neben der Tageszeit durch verschiedene Bedingungen beeinflusst wie Außentemperatur, körperliche Aktivität, Menstruationszyklus, Durst oder Erkrankungen.
Die Körpertemperatur kann gemessen werden:

- **im Ohr** (aurikulär) mit einem Infrarotthermometer: eine einfache und schnelle Methode, die sich auch gut für Säuglinge und Kinder eignet;
- **im Mastdarm** (rektal) mit einem klassischen oder digitalen bzw. elektronischen Fieberthermometer: weil direkt im Körperkern gemessen wird, liefert diese Methode die zuverlässigsten Ergebnisse;
- **im Mund** unter der Zunge und bei geschlossenen Lippen (oral): zuverläsige Messmethode, sie darf aber nur bei Patienten angewandt werden, bei denen nicht die Gefahr besteht, dass sie auf das Thermometer beißen;
- **in der trockenen Achselhöhle** (axillar): Zur gemessenen Temperatur muss noch 0,5 °C dazugezählt werden (rektal = axillar + 0,5 °C);

Bei Entzündungen im Unterbauch, z. B. bei der akuten Appendizitis (Blinddarmentzündung) beträgt der Unterschied zwischen der axillar und der rektal gemessenen Körpertemperatur mindestens 1 °C.

Körpertemperatur in °C	Beurteilung
36,0 bis 37,5	Normaltemperatur
37,5 bis 38,0	erhöhte Temperatur
38,0 bis 39,0	mäßiges Fieber
39,0 bis 40,5	hohes Fieber
>40,5	sehr hohes Fieber

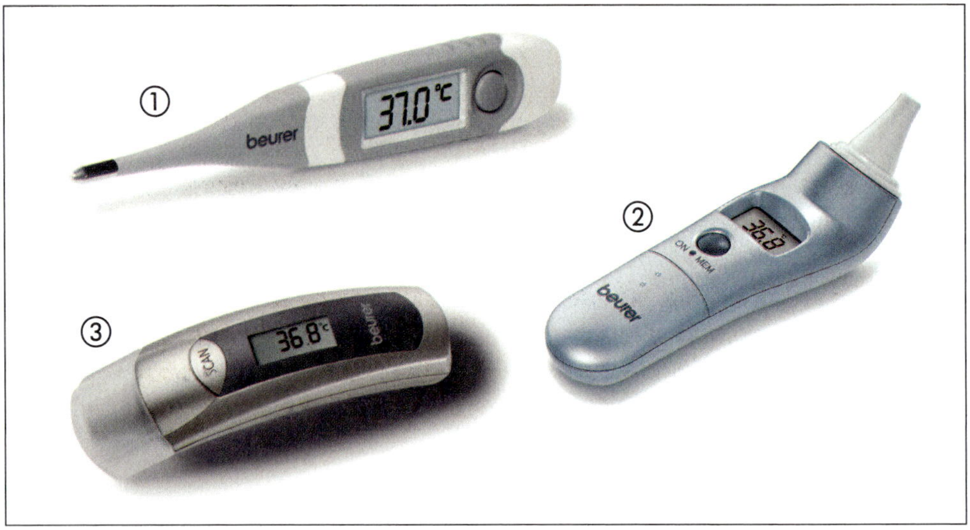

① *Digitales Fieberthermometer,* ② *Infrarotthermometer (Ohr),* ③ *Stirnthermometer*

Gelenkbeweglichkeit

Bei der Untersuchung des Bewegungsapparates wird auch die Beweglichkeit der erkrankten Gelenke beurteilt. Die Messung der Gelenkbeweglichkeit erfolgt mit der Neutral-Null-Methode. Bei dieser Messmethode werden Gelenkbewegungen mit einem Winkelmesser von einer einheitlich definierten Ausgangsstellung aus gemessen. Zur Diagnostik gehören auch Umfang- und Längenmessungen. Der Vergleich mit der anderen Körperhälfte oder mit Vorbefunden gibt wichtige Hinweise zum Krankheitsverlauf.

Aufgaben

1. Nennen Sie alle Gegenstände, die eine Medizinische Fachangestellte für die Allgemeinuntersuchung eines Patienten bereitstellt.
2. Was bedeuten die Begriffe: „Auskultation“, „Inspektion“, „Palpation“ und „Perkussion“?

3.2 Diagnostik mit Röntgenstrahlen

Röntgenuntersuchungen gehen auf die Entdeckung (1895) der energiereichen sogenannten Röntgenstrahlen durch den deutschen Physiker **Wilhelm Conrad RÖNTGEN** (1845–1923) zurück, dem dafür 1901 der erste Nobelpreis für Physik verliehen wurde.

Röntgenstrahlen können die verschiedenen Körpergewebe je nach deren Dichte mehr oder weniger gut durchdringen. Als sehr energiereiche, elektromagnetische Strahlung treten sie dabei in Wechselwirkung mit dem Gewebe. Sie können die Zellvermehrung hemmen, die genetische Information der Zellen verändern, Krebs hervorrufen und Gewebe zerstören.

Um die Belastung durch Röntgenstrahlung in der Medizin so gering wie möglich zu halten, regeln die **Strahlenschutzverordnung** und die **Röntgenverordnung** (RöV, vollständiger Wortlaut unter www.bmu.de) den Betrieb von Röntgenanlagen, die Anwendung der Röntgenstrahlung beim Menschen, die Qualitätssicherung, die Dokumentation und Archivierung sowie den Schutz der Personen, die beruflich der Röntgenstrahlung ausgesetzt sind. Jede Anwendung von Röntgenstrahlen auf den Menschen muss ärztlich angeordnet und begründet sein. Eine Röntgenaufnahme darf nur angeordnet werden, wenn nicht mit anderen Untersuchungen die Diagnose gestellt werden kann, z. B. beim Verdacht auf eine Fraktur. Moderne Röntgengeräte arbeiten mit einer niedrigen Strahlendosis und halten die Strahlenbelastung somit gering.

3.2.1 Röntgenstrahlung

Röntgenstrahlen verfügen über ähnliche Eigenschaften wie Licht: Sie breiten sich mit Lichtgeschwindigkeit aus, können reflektiert und abgelenkt werden. Ferner sind Röntgenstrahlen unsichtbar, breiten sich geradlinig aus und durchdringen die meisten Stoffe unabhängig von ihren optischen Eigenschaften. Röntgenstrahlen besitzen leider aber auch eine biologische Wirkung, sie zerstören nicht nur das Gewebe bzw. hemmen die Zellvermehrung, sondern können auch das Erbmaterial verändern. Als Spätschaden kann dann beispielsweise Krebs entstehen. Insbesondere schnell wachsende Zellen wie Embryonalzellen, Keimzellen, Knochenmark und lymphatisches Gewebe sind sorgfältig zu schützen.

Belastung durch Röntgenstrahlung

Röntgenstrahlung kommt auch in der Natur vor. Die Strahlenbelastung entsteht hier aufgrund kosmischer Strahlung (insbesondere in Höhenlagen) und auch terrestrischer Strahlung aufgrund der Bodenzusammensetzung. Insgesamt ist die Strahlenbelastung des Menschen durch natürliches Strahlungsvorkommen größer als aufgrund von Röntgenuntersuchungen. Allein die natürliche Strahlenbelastung beträgt durchschnittlich 2,37 mS (Millisievert), das sind etwa 61% der gesamten Strahlenbelastung. Im Vergleich dazu beträgt die durchschnittliche Strahlendosis bei einer Thoraxaufnahme etwa 0,1 mS – 1 mS. Schwankungen in der tatsächlichen Strahlenbelastung ergeben sich durch Körpergewicht und -größe sowie durch den Körperbau der einzelnen Personen.

Entstehung der Röntgenstrahlen

Röntgenstrahlen werden in einer von einem Schutzgehäuse umgebenen Röntgenröhre erzeugt. In der luftleeren Röntgenröhre befindet sich die **Glühkathode**. Aus der Glühkathode treten Elektronen aus, die durch eine Stromspannung von 20 bis 150 kV (= Kilovolt) beschleunigt werden. Diese Elektronen werden durch den plötzlichen Aufprall auf die spiegelförmige **Anode** stark abgebremst. Dabei entsteht die Röntgenstrahlung, die am **Strahlenfenster** aus der Röntgenröhre austritt. Weil die Anode durch den Elektronenaufprall stark erhitzt wird, dreht sie sich (Drehanode) und wird durch Wasser oder Luft gekühlt. Röntgenstrahlen entstehen nur, wenn die Röntgenröhre eingeschaltet ist, also Strom zur Glühkathode fließt.
Die unsichtbaren Röntgenstrahlen werden auf den zu untersuchenden Körperteil gerichtet. Weil sich die Röntgenstrahlen wie Lichtstrahlen ausbreiten, kann der Verlauf der Röntgenstrahlen vor der Röntgenaufnahme durch Licht dargestellt werden. Dafür ist in der Röntgenröhre eine Glühbirne eingebaut. Diesen Vorgang bezeichnet man als „**Einblenden**".
Wenn die Röntgenstrahlen den Körper durchdringen, werden sie je nach Dichte der einzelnen Gewebe unterschiedlich stark aufgenommen (absorbiert) und dadurch abgeschwächt. Lufthaltige Gewebe, wie z. B. die Lunge, schwächen die Röntgenstrahlen fast gar nicht, Muskel-, Fett- und Bindegewebe nur wenig, das dichte Knochengewebe aber sehr stark. Die Strahlen, die bei der Röntgenaufnahme den Körper durchdrungen haben, also vom Gewebe nicht aufgenommen wurden, belichten (schwärzen) den **Röntgenfilm**, der sich in einer Kassette befindet. Diese ist für Röntgenstrahlen durchlässig, nicht jedoch für Licht. Mit in der Kassette befindet sich eine Verstärkerfolie, die dazu beiträgt, mit möglichst geringer Strahlungsdosis größtmögliche Aufnahmequalität zu erreichen.
Metalle, vor allem Blei, schwächen die Röntgenstrahlen sehr stark ab. Sie werden zum Schutz vor Röntgenstrahlen (z. B. Bleischürze, Metallgehäuse der Röntgenröhre) eingesetzt. Vor der Röntgenaufnahme muss der Patient Schmuck und metallhaltige Gegenstände (z. B. Reißverschlüsse) entfernen, weil sonst an dieser Stelle das Röntgenbild weiß bleibt und somit nicht beurteilt werden kann.

3.2.2 Röntgenaufnahmen

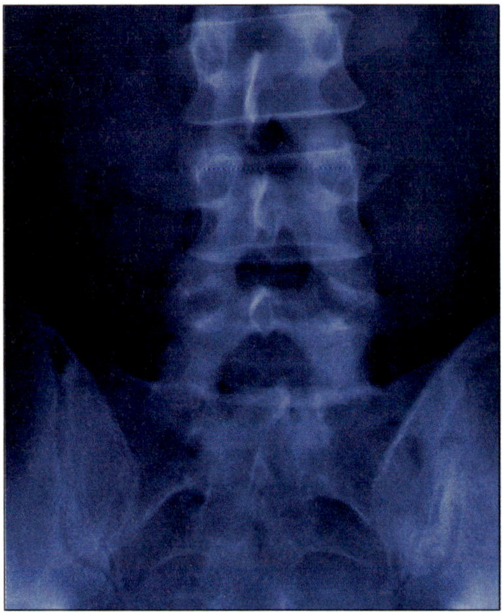

Röntgenbild der Wirbelsäule

Man unterscheidet zwischen weichen und harten Strahlen. **Weiche Strahlen** werden zu Aufnahmen von Weichteilen verwendet, **harte Strahlen** hingegen zur Aufnahme von harten Strukturen wie z. B. Knochen. Generell gilt: Je weicher die Strahlen, umso weniger tief können sie in den Körper eindringen.

Die energiereichen harten Röntgenstrahlen durchdringen das Gewebe schnell. Die energieärmeren, weichen Röntgenstrahlen verweilen länger im Gewebe und belasten es deshalb mit einer höheren Strahlendosis.

Die Härte der Strahlen, also die Energie der Röntgenstrahlung, hängt von der gewählten **Röhrenspannung** ab; je höher die Spannung, desto härter die Strahlung. Die Einstellung der Strahlenhärte erfolgt über Kilo-Volt (kV), die Intensität der Strahlenmenge über Ampere (A).

Wird nun ein Röntgenfilm (Folienfilm) belichtet, erscheint er geschwärzt, d. h., mineralreiche Substanzen – wie die Knochen – erscheinen auf der Aufnahme hell, mineralarme Substanzen entsprechend dunkler, Weichteilgewebe erscheint grau. Mit Luft gefüllte Hohlräume erscheinen schwarz, da hier die Strahlung ungehindert passieren kann. Bei der Erstellung von Röntgenaufnahmen ist genau auf korrekte Beschriftung zu achten, also Familienname, Vorname, Geburtsdatum und Tag der Aufnahme. Bei Extremitätenaufnahmen müssen auch die Symbole für links und rechts auf die Röntgenkassette oder neben den Patienten gelegt und mitbelichtet werden. Um z. B. Knochen besser beurteilen zu können, werden Röntgenaufnahmen in zwei Ebenen, von vorne und von der Seite, oder in einer speziellen Haltung angefertigt.

Entwicklung von Röntgenfilmen

Wie auch herkömmliche (Urlaubs-)Filme müssen Röntgenfilme nach der Belichtung entwickelt und fixiert werden. Der Röntgenfilm wird der Kassette entnommen. Dabei ist unbedingt darauf zu achten, dass er nicht durch das Tageslicht belichtet wird. Das anschließende Entwicklerbad reduziert die belichteten Silberbromidkristalle in metallisches Silber. Man kann hier auch von einer Schwärzung sprechen. Hierbei entspricht der Grad der Schwärzung der Belichtungsstärke. Bevor der entwickelte Film fixiert wird, muss er gewässert werden, um die Emulsionsschicht zu entfernen. Dadurch wird eine Nachbelichtung durch Tageslicht verhindert. Nach der Fixierung wird der Film nochmals gewässert und anschließend getrocknet. Der Entwicklungsautomat führt die einzelnen Schritte selbstständig durch.

Digitales Röntgen

Beim herkömmlichen Röntgen werden die Untersuchungsergebnisse auf einem Film analog „gespeichert". Die Bilddaten lassen sich auch digital, z. B. auf Festplatten, CDs oder Magnetbändern, abspeichern. Die beim digitalen Röntgen ermittelten Bilddaten können sofort nach der Aufnahme ohne Entwicklung weiterbearbeitet werden. Verschiedene Färbungen, Ausschnittvergrößerungen und der Vergleich mehrerer Aufnahmen erlauben bessere diagnostische Aussagen.

Digitale Aufnahmen lassen sich per E-Mail oder über vernetzte Datenleitungen schnell und problemlos zur Mit- und Weiterbehandlung an andere Ärzte verschicken. Eine Rückgabe der

Röntgenbilder erübrigt sich. Auch die langfristige Aufbewahrung der Bilddaten ist platzsparend und die Suche nach Röntgenaufnahmen ist einfacher und schneller. Der Patient hat die Möglichkeit, seine Röntgenaufnahmen und Befunde auf einem Datenträger mit sich zu führen.

3.2.3 Spezielle Röntgenuntersuchungen

Röntgen-Kontrastmitteldarstellungen

Auch Hohlorgane und Gefäße können mit Röntgenstrahlen untersucht werden. Dafür werden diese Organe mit einem Röntgenkontrastmittel gefüllt, das durch Verstärkung des Bildkontrasts zur besseren Darstellung von Dichteunterschieden der Gewebe führt. Röntgenkontrastmittel sind Stoffe, die z. B. Barium oder Jod enthalten, Röntgenstrahlen stark absorbieren und deshalb ebenso wie Knochengewebe auf dem Röntgenbild hell dargestellt werden. Röntgenkontrastmittel werden z. B. in Blutgefäße injiziert oder bei der Untersuchung der Magen-Darm-Passage als Brei geschluckt. Beispiele für Röntgen-Kontrastmitteluntersuchungen:

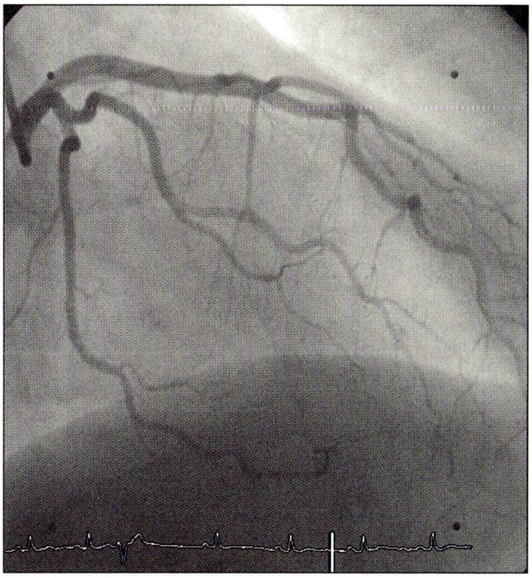

Koronarangiografie

- Angiografie = Darstellung von Blutgefäßen
- Koronarangiografie = Darstellung der Herzkranzarterien
- Phlebografie = Darstellung der (Bein)venen
- Lymphografie = Darstellung von Lymphgefäßen
- i.v. – Urogramm = Darstellung der Niere und der ableitenden Harnwege
- Cholecystografie = Darstellung der Gallenwege

Kontrastmittel können schwere allergische Reaktionen auslösen. Deshalb müssen bei jeder Kontrastmitteluntersuchung Notfallmedikamente zur Behandlung des allergischen Schocks bereitliegen.

Röntgendurchleuchtung

Röntgenstrahlen belichten nicht nur Röntgenfilme, sie können auch auf Monitoren sichtbar gemacht werden. Dazu wird ein Röntgenbildverstärker benutzt, der über ein optisches Übertragungssystem die Röntgenaufnahme auf dem Monitor sichtbar macht. Damit lassen sich Funktionsabläufe, wie z. B. die Atembewegungen der Lunge oder diagnostische und therapeutische Eingriffe, wie z. B. das Reponieren von Frakturen, am Bildschirm verfolgen, beurteilen und dokumentieren. Trotz Verwendung moderner Röntgenbildverstärker ist die Strahlenbelastung dieser Untersuchungstechnik vergleichsweise hoch. Zudem erreicht die Durchleuchtung nicht die Schärfe einer herkömmlichen Röntgenfilmaufnahme.

Mammografie

Die Mammografie ist eine Röntgenuntersuchung der weiblichen Brust mit speziellen Röntgengeräten. Zur Anwendung gelangt dabei weiche Röntgenstrahlung von 26–30 kV. Sie erlaubt kontrastreiche Aufnahmen des Brustdrüsengerwebes. Mit der Mammografie können bereits sehr kleine, noch nicht tastbare tumorverdächtige Gewebeveränderungen erkannt werden. Die Mammografie ist deshalb eine geeignete Methode zur Früherkennung von Brustkrebs. Wegen der höheren Strahlenbelastung darf die Mammografie nur von dafür qualifizierten Personen durchgeführt und beurteilt werden.

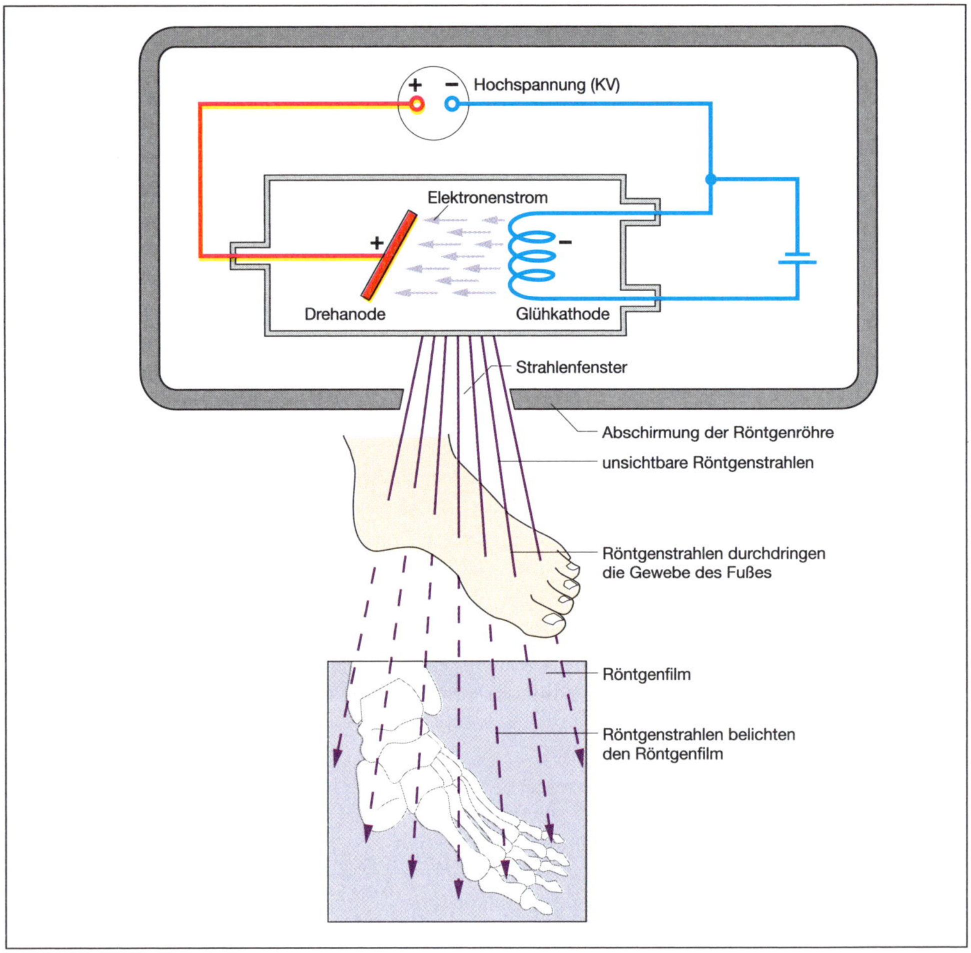

Schematische Darstellung eines Röntgenvorgangs

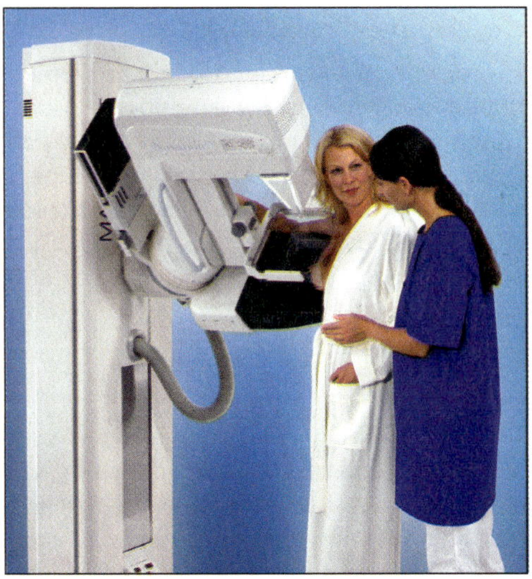

Mammografieröntgengerät, Quelle: Siemens AG, München

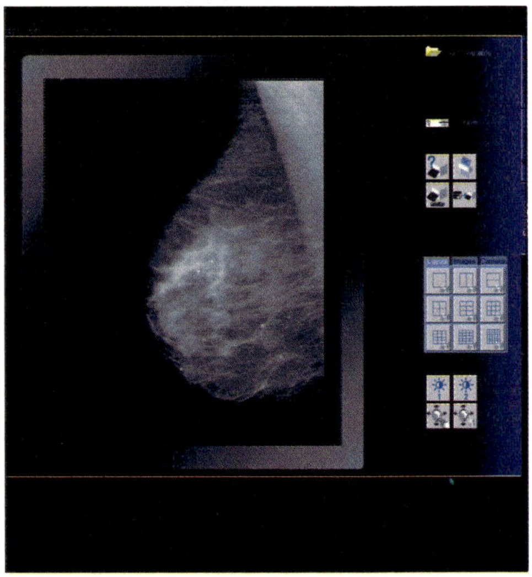

Mammografie, Aufnahme der weiblichen Brust, Quelle: Siemens AG, München

3.2.4 Strahlenschutz

Die **Röntgenverordnung (RöV)**: Verordnung über den Schutz von Schäden durch Röntgenstrahlen, sie besteht seit 1973 und wurde 2002 novelliert. Sie wurde erlassen vom Bundesministerium für Umwelt, Naturschutz und Reaktorsicherheit (BMU). Der vollständige Wortlaut der RöV kann unter www.bmu.de online nachgelesen werden.

Gemäß der RöV muss jede Anwendung von Röntgenstrahlen auf den Menschen **ärztlich angeordnet** werden. Jede unnötige Strahlenexposition muss vermieden werden und auf das kleinstmögliche Maß begrenzt sein. Im Einzelnen regelt die RöV Folgendes: Qualitätssicherung, Räumlichkeiten, Anwendung, Dokumentation, Strahlenexposition und Vorsorgeuntersuchung. Die RöV ist in Praxen mit Röntgenvorrichtungen auszulegen (§ 18 RöV).

Wichtigste Details der RöV:
Die **Genehmigung** zum Betrieb eines Röntgengerätes muss von der zuständigen Stelle erteilt werden und ist durch einen Sachverständigen (§ 4 RöV) nach dem Stand der Technik alle fünf Jahre, insbesondere auf sicherheitstechnische Funktionen, Sicherheit und Strahlenschutz zu überprüfen. Der Prüfbericht muss umgehend an die zuständige Stelle geschickt werden.

Die beim Betrieb einer Röntgeneinrichtung beschäftigten Personen müssen in die sachgerechte Handhabung eingewiesen werden. Der Arzt als Betreiber (und Strahlenschutzverantwortlicher) einer Röntgenanlage muss schriftliche Arbeitsanweisungen für die häufig vorgenommenen Untersuchungen erstellen und auslegen. **Medizinische Fachangestellte** dürfen Röntgenanlagen nur dann bedienen, wenn sie

- unter Aufsicht eines Arztes stehen,
- eine **Bescheinigung über Kenntnisse im Strahlenschutz** nachgewiesen haben (§ 18a RöV).

Der Erwerb dieser Voraussetzungen wird geprüft und bescheinigt, wobei die Kursteilnahme nicht länger als fünf Jahre zurückliegen darf. Die Fachkunde im Strahlenschutz muss alle fünf Jahre erneuert werden.

Die Röntgengeräte dürfen nur in einem zugelassenen Röntgenraum betrieben werden, der Vorkehrungen zum Schutze Dritter vor Röntgenstrahlung bietet (z. B. bauliche Maßnahmen in Form von Bleieinlagen in den Türen, Bleiverglasung, bleihaltige Anstriche etc.).

Darüber hinaus ist die Strahlenbelastung so gering wie möglich zu halten. Körperstellen – insbesondere die strahlungsempfindlichen Keimdrüsen –, die nicht geröntgt werden, sind vor Strahlung zu schützen (z. B. mit Bleischürzen). Gebärfähige Frauen sind generell nach bestehenden Schwangerschaften zu fragen. Medizinische Fachangestellte, die selbst schwanger sind, müssen dies umgehend ihrem Arbeitgeber mitteilen (§ 36 RöV)!

Generell sind bei Röntgenaufnahmen festzuhalten:

- Zeitpunkt und Art der Strahlenanwendung,
- untersuchte Körperregion,
- technische Daten zur Feststellung der Strahlendosis (z. B. kV, A, Belichtungszeit etc.).

Der Zeitpunkt der Röntgenuntersuchung, die untersuchte Körperregion und der Stempel des untersuchenden Arztes oder Krankenhauses werden auch in den **Röntgenpass** eingetragen.

Jeder Patient sollte einen Röntgenpass führen. Für Patienten, die noch keinen Röntgenpass besitzen, muss einer ausgestellt werden.

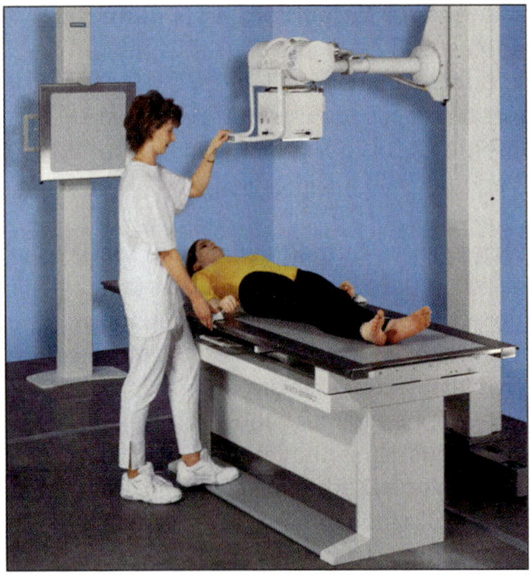

Röntgenplatz für Aufnahmen im Liegen

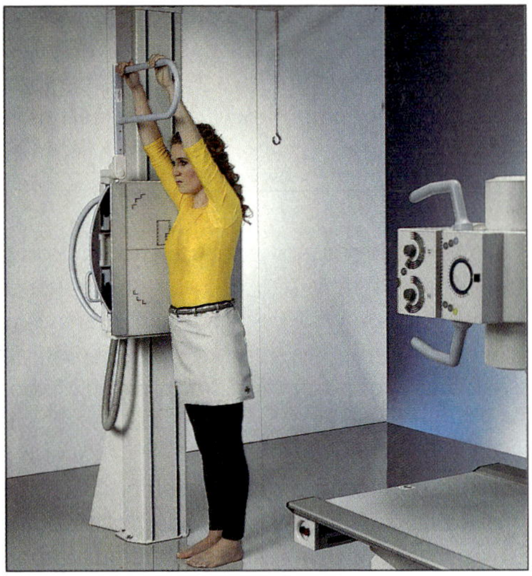

Röntgenplatz für Aufnahmen im Stehen

Die Röntgenbilder, die Befunde und die Daten über die Röntgenuntersuchung müssen **10 Jahre nach der letzten Aufnahme** aufbewahrt werden. Bei Personen unter 18 Jahren verlängert sich die Aufbewahrungsfrist **bis zum 28. Geburtstag**. Für die Unterlagen über **Röntgenbehandlungen**, z. B. die Bestrahlung eines Hauttumors mit weichen Röntgenstrahlen, ist eine **Aufbewahrungsfrist von 30 Jahren** vorgeschrieben.

Um Doppeluntersuchungen zu vermeiden, müssen Röntgenbilder und die dazugehörenden Aufzeichnungen den mit- und weiterbehandelnden Ärzten leihweise überlassen werden. Sie bleiben aber Eigentum der erstellenden Praxis, die auch für die Aufbewahrungsfristen die Verantwortung trägt, und müssen deshalb wieder an diese zurückgegeben werden.

Sämtliche Aufzeichnungen oder Daten bei digitalen Röntgenanlagen sind gegen unbefugten Zugriff bzw. Änderung zu schützen – bei digitalen Anlagen z. B. durch Speicherung auf CD-ROM-Medien. Generell ist darauf zu achten, dass Aufzeichnungen bzw. Daten nicht mehr veränderbar sind. Sollten Änderungen notwendig sein, müssen diese erkennbar sein!

Die RöV unterscheidet zwei Strahlenschutzbereiche (§ 19 RöV) je nach Höhe der Strahlenexposition: den **Überwachungsbereich** und den **Kontrollbereich**. Im **Überwachungsbereich** können Personen im Kalenderjahr eine effektive Dosis von mehr als 1 mSv oder Organdosen mit mehr als 15 mSv für die Augenlinsen oder 50 mSv für Haut, Hände, Unterarme, Füße und Knöchel erhalten. Im **Kontrollbereich** liegt die effektive Dosis bei 6 mSv bzw. Organdosen mit mehr als 45 mSv für die Augenlinsen und mehr als 150 mSv für Haut, Hände, Unterarme, Füße und Knöchel. Als **effektive Dosis** gilt die Summe sämtlicher gewichteter Organdosen in den unter Anlage 3 RöV genannten Geweben und Organen durch äußere Strahlenexposition. Die effektive Dosis ist also ein Maß für die Strahleneinwirkung auf den Körper. Die **Organdosis** ist das Produkt aus mittlerer Energiedosis in einem Organ, Gewebe oder Körperteil und einem Strahlungsgewichtungsfaktor (bei Röntgenstrahlung beträgt dieser Faktor 1).

Der Kontrollbereich ist gegen die übrigen Räumlichkeiten der Praxis abzugrenzen und muss während der Einschaltzeit und der Betriebsbereitschaft der Röntgenanlage durch bauliche Maßnahmen, Bodenkennzeichnung oder mit dem Hinweis „Kein Zutritt – Röntgen" gekennzeichnet sein. Der Zutritt während der Röntgenaufnahme zum Kontrollbereich ist in den meisten Fällen nicht nötig, da der Auslöser sich außerhalb dieses Bereiches befindet.

Das an Röntgenanlagen arbeitende Personal ist zum Tragen eines **Dosimeters** verpflichtet, anhand dessen die tatsächliche Strahlenexposition gemessen wird. Eine Überschreitung der Höchstgrenzen kann so festgestellt werden. Ferner schreibt die RöV vor, während des Aufenthaltes im Kontrollbereich **geeignete Schutzkleidung** zu tragen (z. B. Bleischürzen, -hand-

schuhe oder -schilde) (§ 21 RöV). Auf richtiges Anlegen der Schutzkleidung ist unbedingt zu achten, z. B. im Halsbereich, um eine unnötige Bestrahlung der Schilddrüse zu vermeiden!
Jede Röntgenaufnahme muss durch einen Arzt angeordnet werden, nachdem sorgfältig geprüft wurde, ob eventuell nicht eine andere schonendere Methode (z. B. Sonografie) die gleiche diagnostische Hilfestellung gibt (Stichwort: **rechtfertigende Indikation** § 23 RöV).

Um einen gleichbleibend hohen **Qualitätsstandard** zu gewährleisten, werden Röntgenanlagen einer regelmäßigen Qualitätskontrolle unterzogen. Hierzu werden Prüfkörper aufgenommen und bewertet. Zeigt sich eine Abweichung, so müssen die Ursachen umgehend beseitigt werden.

Häufige und typische Fehler beim Röntgen sind:

- vergessene Markierung LI oder RE,
- keine Patientendaten auf dem Film (Name, Vorname, Geburtsdatum),
- Organ nicht richtig eingeblendet,
- falsche Strahlendosis/Belichtungszeit.

Derartige Fehler machen eine Röntgenaufnahme unbrauchbar, sodass sie mit erneuter Strahlenbelastung wiederholt werden muss.

Aufgaben

1. Welche Eigenschaften besitzen Röntgenstrahlen?
2. Wie wird härteres und weicheres Gewebe abgebildet?
3. Wozu benutzt man ein Kontrastmittel?
4. Wer darf eine Röntgenaufnahme anordnen?
5. Beschreiben Sie in Stichworten die Entwicklung von Röntgenfilmen.

3.2.5 Computertomografie (CT)

Bei der Computertomografie entstehen mithilfe von Röntgenstrahlen Quer- und Längsschichtaufnahmen des Körpers.
Eine Röntgenröhre ist an einem sich drehenden großen Metallring angebracht. Sie umkreist den Körper und sendet dabei fächerförmig Röntgenstrahlen aus. An der gegenüberliegenden Seite des Metallringes befinden sich mehrere Detektoren, die Schicht für Schicht die durch den Körper geschickten Röntgenstrahlen als Signale auffangen. Dieses System ist in einem flachen feststehenden Metallgehäuse (Gantry) untergebracht. Durch die runde Öffnung in der Mitte wird der auf einem Tisch liegende Patient durchgefahren, wobei sich nur der gerade untersuchte Körperabschnitt im Gantry befindet.

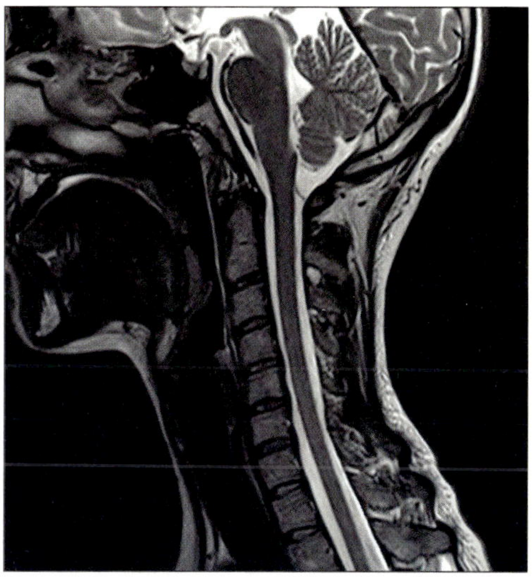

Schichtaufnahme

Der Unterschied zwischen abgegebener und empfangener Intensität der Röntgenstrahlen ist ein Maß dafür, wie stark das untersuchte Gewebe die Strahlen abgeschwächt hat. Die so ermittelten Schwächungsmessdaten werden von einem Computer zu Quer- und Längsschnittbilder oder 3-D-Ansichten verschiedener Körperebenen umgerechnet.

Die Untersuchung eines Organs erfordert die Aufnahme einer ganzen Reihe von Schicht-/Schnittebenen. Sie hat eine deutlich höhere Strahlenbelastung als eine einzelne Röntgenaufnahme. Das moderne **Spiral CT** kann in sehr kurzer Zeit ganze Körperregionen, wie z. B. den Brustkorb, untersuchen.
Durch den Einsatz von Kontrastmitteln lassen sich Blutgefäße und Organe genauer erkennen. Die Darstellung minimaler Dichteunterschiede ermöglicht die Beurteilung von Gewebeveränderungen wie z. B. Tumoren.

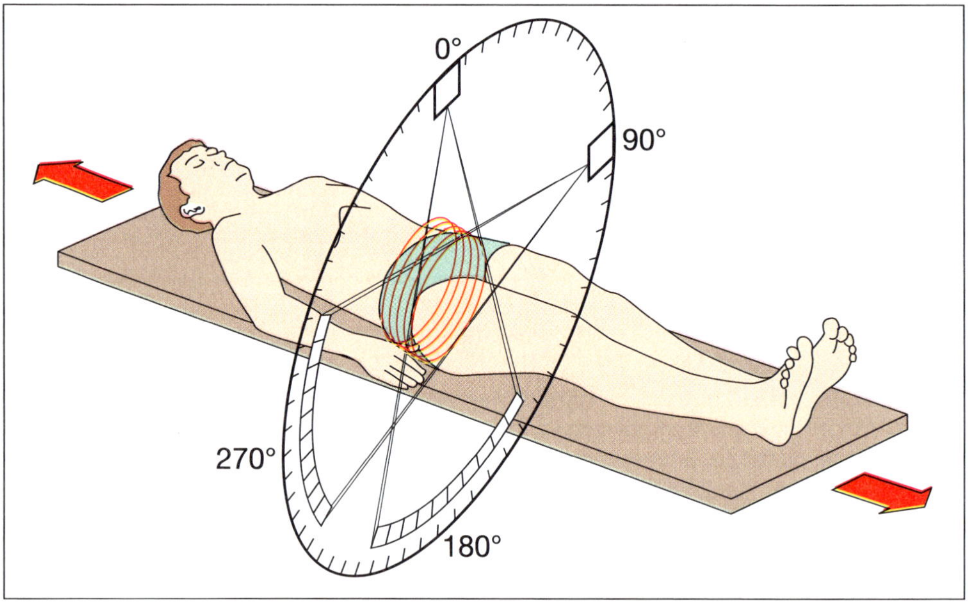

Schematische Darstellung einer Computertomografie

Aufgaben

1. Erklären Sie in Stichpunkten, wie mithilfe der Computertomografie ein Querschnittsbild durch den Bauchraum entsteht.
2. Wie hoch ist die Strahlenbelastung bei der Computertomografie im Vergleich zu einer einzelnen Röntgenaufnahme?

3.3 Weitere Diagnoseverfahren zur Erkennung von Erkrankungen des Bewegungsapparates

Neben der Diagnostik mit Röntgenstrahlen, die sich besonders gut für die Beurteilung des Knochengewebes eignet, gibt es noch weitere Diagnoseverfahren, um pathologische (krankhafte) Veränderungen an Muskeln, Gelenken und Bindegewebe zu erkennen.

3.3.1 Arthroskopie = Gelenkspiegelung

Mit einem Trokar bohrt der Chirurg einen Kanal in das Gelenk, z. B. in das Kniegelenk. Über diesen Kanal schiebt er dann das **Arthroskop** (spezielles Endoskop zur Gelenkspiegelung) in die Gelenkhöhle. Das Arthroskop enthält ein Glasfaserkabel zur Beleuchtung der Gelenkhöhle, eine Videokamera und einen Arbeitskanal, über den Instrumente oder Spülflüssigkeit eingeführt werden können. Das Bild aus der Gelenkhöhle wird vergrößert auf einen Monitor übertragen. Mit winzigen Instrumenten kann der Chirurg auch kleine chirurgische Eingriffe ausführen (minimalinvasive Operationen) durchführen. Er kann die Gelenkhöhle spülen und Schäden am Gelenkknorpel oder am Meniskus behandeln.

3.3.2 Sonografie = Ultraschalluntersuchung

Ultraschallwellen eignen sich nicht für die Knochendiagnostik, die umgebenden Weichteile und der Knorpel können aber durch die Sonografie beurteilt werden. Um eine Hüftdysplasie (ungenügende Entwicklung der Hüftgelenkspfanne) beim Säugling frühzeitig zu erkennen, wird im Rahmen der Früherkennungsmaßnahmen eine Ultraschalluntersuchung der Hüfte durchgeführt. Auch zur Diagnostik von Knorpelveränderungen, Gelenkergüssen oder Schleimbeutelentzündungen kann Ultraschall eingesetzt werden.

3.3.3 Kernspintomografie (NMR) oder Magnetresonanztomografie (MRT)

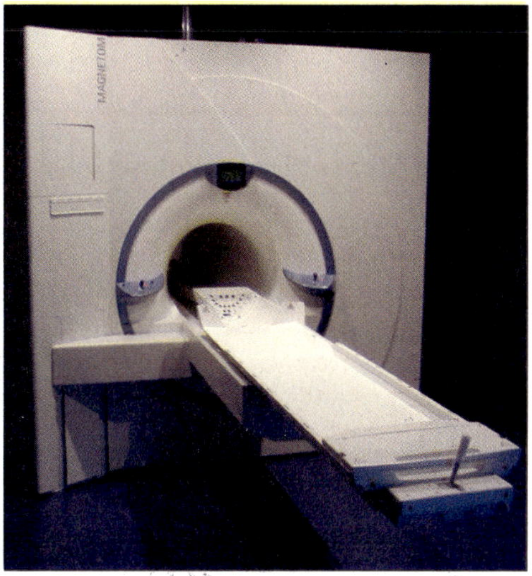

Kernspintomograph, Quelle: Siemens AG, München

Bei diesem Schnittbildverfahren wird der zu untersuchende Körperteil, z.B. die Halswirbelsäule, einem Magnetfeld mit hoher Feldstärke und kurzen Impulsen von Radiowellen ausgesetzt. Die positiv geladenen Atomkerne (Protonen) der Wasser- und Fettbestandteile des Körpers richten sich nach dem Magnetfeld aus, d.h., sie werden zur Kernspinresonanz angeregt.
Wenn das Magnetfeld wieder abgeschaltet wird, drehen sich die Atomkerne wieder in ihre Ausgangsposition zurück. Dabei geben sie kurzfristig elektromagnetische Wellen ab. Diese Resonanzsignale lassen sich im Computer zu einem Schichtbild verarbeiten, dessen Grau- oder Farbtonabstufungen von der Wasserstoffverteilung in den untersuchten Geweben abhängen. Auf diese Weise lassen sich wasser- oder fettreiche sowie wasserstoffarme Gewebe in feinen Dichteunterschieden darstellen und diagnostisch – z.B. als Blutung, Ödem oder Tumor – voneinander abgrenzen. Dieses Verfahren erlaubt auch 3-D-Ansichten verschiedener Körperebenen. Durch den Einsatz von Kontrastmitteln kann der Informationsgehalt eines Schichtbildes erhöht werden. Die Kernspintomografie (NMR engl. nuclear magnetic resonance) eignet sich zur Darstellung von Gelenken und Muskeln, zur Diagnostik von Erkrankungen des Nervensystems und zur Beurteilung von Tumoren.

3.3.4 Positronen-Emissionstomografie (PET)

Auch mit der Positronen-Emissionstomografie (PET) werden Schnittbilder erzeugt. Dargestellt wird die Verteilung einer radioaktiv markierten Substanz im Organismus. Die eingesetzten Substanzen sind natürlichen Stoffen chemisch ähnlich und werden deshalb im Körper auch ähnlich verteilt. So lässt sich beispielsweise die Verteilung und Anreicherung von Glucose im Organismus durch ein der Glucose sehr ähnliches, radioaktiv markiertes Molekül gut verfolgen und der Glucosestoffwechsel in verschiedenen Körperregionen beurteilen.
Die PET wird eingesetzt bei der Diagnostik von bösartigen Tumoren (Onkologie), Erkrankungen des Nervensystems, des Herzens und des Kreislaufs.

3.3.5 Szintigrafie

Bei der Szintigrafie werden dem Patienten schwach radioaktive Substanzen (Isotope) gespritzt. Sie reichern sich je nach chemischer und biologischer Beschaffenheit in bestimmten Organen an (z. B. Schilddrüse, Leber, Niere, Lunge, Knochen). Ihre Verteilung wird anhand der von ihnen ausgesandten Gammastrahlung mithilfe eines Scanners oder einer Gammakamera registriert und in ein Strichrasterbild umgewandelt. Die Intensität der Strahlung bestimmt dabei die Anzahl bzw. die Färbung der Striche. Mit der Szintigrafie kann nicht nur der Umriss, sondern auch die Funktion eines Organs beurteilt werden. Die Knochenszintigrafie unterstützt die Diagnostik von Knochentumoren, Knochenmetastasen oder Knochentzündungen.

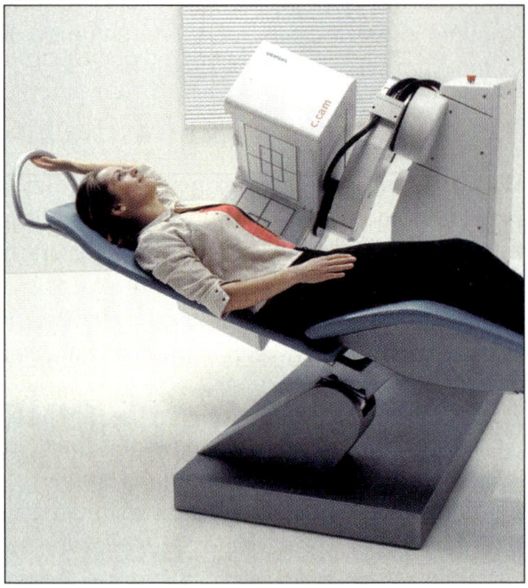

Szintigrafiegerät (Gammakamera)

3.3.6 EMG = Elektromyografie

Das Elektromyogramm zeichnet die elektrischen Impulse des Muskels auf. Dafür wird in den Muskel eine Nadelelektrode eingestochen und damit die Muskelaktivität in Ruhe und bei Bewegung gemessen. Mit dieser Untersuchung werden Erkrankungen des Muskels und der motorischen Nerven erkannt und in ihrem Ausmaß und Verlauf beurteilt.

Aufgaben

1. Mit welchem Untersuchungsverfahren kann die Muskelaktivität eines erkrankten Muskels untersucht werden?
2. Bei welchen Untersuchungsverfahren werden dem Patienten radioaktiv markierte Substanzen gespritzt?
3. Für welche Untersuchungen des Bewegungsapparates wird die Sonografie eingesetzt?
4. Welches Untersuchungsverfahren arbeitet mit dem Magnetfeld?

4 Physikalische Therapie

Situation

Pech gehabt! Die Physiotherapeutin Daniela Peters und die Auszubildende zur Medizinischen Fachangestellten, Nezire Agan, bleiben im Aufzug stecken. Bis zum Eintreffen des Notdienstes unterhalten sie sich über Frau Völlmanns Arbeit. „Was ist eigentlich physikalische Therapie", möchte Nezire wissen. „Physiotherapie wird vor allem zur Rehabilitation und zur Behandlung chronischer Entzündungen eingesetzt", antwortet Frau Peters. „Hierzu werden Wärme, Kälte, Luft, Wasser, Licht und Elektrizität genutzt." „Ich musste nach einem komplizierten Armbruch mal Krankengymnastik machen", erzählt Netire Agan, „gehört die nicht auch dazu?" „Genau", antwortet Frau Peters, „Krankengymnastik und Massagen zählen ebenso wie Elektrotherapie und Inhalationen zur physikalischen Therapie. Und da diese therapeutischen Maßnahmen häufig verordnet werden, ist es für Sie als Medizinische Fachangestellte interessant, über ihre verschiedenen Formen und Einsatzbereiche Bescheid zu wissen."

4.1 Grundlagen der physikalischen Therapie

Die physikalische Therapie oder Physiotherapie umfasst die Anwendung von Wärme und Kälte, Luft und Wasser, Licht und Elektrizität, aber auch Krankengymnastik, Massage und Inhalation zur Vorbeugung oder Behandlung von Erkrankungen.
Eine Hauptwirkung, die von vielen Methoden der physikalischen Therapie erzielt wird, ist die **Hyperämie** = verstärkte Durchblutung. Wärme und Muskelbewegung erweitern die Blutgefäße, steigern die Durchblutung und verbessern den Gewebestoffwechsel. Dadurch wird das Gewebe besser mit Sauerstoff, Nährstoffen und Abwehrzellen versorgt. Stoffwechselabbauprodukte, die häufig mitverantwortlich für die Entstehung von Schmerzen sind, werden schneller abtransportiert. Die Muskulatur entspannt sich und Schmerzen werden gelindert.
Die physikalische Therapie wird vor allem zur Therapie von chronischen Entzündungen und zur Rehabilitation eingesetzt. Akute Verletzungen und Entzündungen, Infektionen und bösartige Tumoren dürfen wegen der Gefahr der Verschlimmerung nicht mit Methoden behandelt werden, die eine Mehrdurchblutung auslösen. Auch bei Schwangeren und Kleinkindern sowie Patienten mit Herzschrittmachern gelten besondere Vorsichtsmaßnahmen.
Die Medizinische Fachangestellte darf physikalische Therapie nur auf ärztliche Anordnung am Patienten anwenden. Sie muss dabei Folgendes beachten:

- Es dürfen nur Geräte verwendet werden, die nach dem Medizinproduktegesetz (vgl. Kap. 6.1) dafür zugelassen sind. Die Vorschriften der Medizinprodukte-Betreiberverordnung müssen eingehalten werden (Bedienungsanleitung, Unterweisung des Personals, Überprüfung, Wartung, Reinigung, Medizinproduktebuch).
- Beim Einsatz von Geräten muss die Geräteeinstellung (Behandlungsstärke) genau überwacht und die Behandlungszeit (Zeituhr) ist genau einzuhalten.
- Die vom Arzt vorgegebene Dosierung darf nicht überschritten werden.
- Während jeder Anwendung muss der Patient beobachtet werden.
- Bei Unbehagen oder Schmerzäußerung des Patienten und bei Zwischenfällen wird die Behandlung sofort unterbrochen, der Arzt verständigt und der Vorfall dokumentiert.
- Vor einer Wärmetherapie muss der Patient alle Metallteile (Schmuck, Piercing usw.), die sich im Bestrahlungsbereich befinden, ablegen. Patienten mit implantiertem Metall, z. B. Knochenplatten oder -schrauben, dürfen in diesem Bereich ebenfalls nicht mit Wärme behandelt werden. Metall erhitzt sich sehr stark und kann innere Verbrennungen verursachen.
- Feuchte oder verschwitzte Haut wird vor Therapiebeginn abgetrocknet.
- Eine Elektrotherapie darf nicht bei Patienten mit Herzschrittmachern eingesetzt werden. Die Stromimpulse können die Funktion des Herzschrittmachers stören und Herzrhythmusstörungen oder einen Herzstillstand auslösen.

Elektromagnetische Wellen

Das **Spektrum** der elektromagnetischen Wellen umfasst Radiowellen, Mikrowellen, Lichtwellen (infrarotes, sichtbares sowie ultraviolettes Licht), Röntgen- und Gammastrahlen. Elektromagnetische Wellen breiten sich im Vakuum mit Lichtgeschwindigkeit (etwa 300 000 km/s) aus. Sie können feste und flüssige Stoffe durchdringen und unterscheiden sich durch ihre unterschiedliche Frequenz, also die Anzahl von Schwingungen pro Sekunde.
Wegen der Formel
Wellenlänge x Frequenz = Lichtgeschwindigkeit
steigt die Frequenz an, wenn die Wellenlänge kürzer wird. Die Frequenz ist auch ein Maßstab für die **Energie**, denn je höher die Frequenz, umso höher ist auch die Energie der elektromagnetischen Welle. Je energiereicher eine Welle ist, umso gefährlicher wird sie für die Körperzellen. Wegen der drohenden Gesundheitsschäden müssen beim Umgang mit UV-Strahlen, Röntgenstrahlen und radioaktiven Strahlen (Gammastrahlen) besondere Vorsichtsmaßnahmen eingehalten werden.

4.2 Elektrotherapie

4.2.1 Grundlagen der Elektrotherapie

Elektrotherapie ist die Anwendung von elektrischem Strom zur Behandlung von Erkrankungen. Dazu wird der elektrische Strom in verschiedenen Formen eingesetzt. Für ein besseres Verständnis folgt hier eine Erklärung der wichtigsten Begriffe:

- **Wellenfrequenz** = Anzahl der Schwingungen einer Welle pro Sekunde, sie wird in Hz = Hertz gemessen (1 Hz = 1 Schwingung pro Sekunde),
- **Gleichstrom** = Strom, der nur in eine Richtung fließt; er kann als gleichbleibender (konstanter) oder pulsierender Strom eingesetzt werden,
- **Wechselstrom** = Strom, der seine Fließrichtung ständig ändert,
- **Anode** = positiver Pol, Pluspol (rot), zu ihm wandern die negativ geladenen Teilchen (Anionen),
- **Kathode** = negativer Pol, Minuspol (blau), zu ihm wandern die positiv geladenen Teilchen (Kationen),
- **Volt** (V) = Messeinheit für die Stromspannung,
- **Ampere** = Messeinheit für die Stromstärke.

Bei der Elektrotherapie wird Strom über Metallelektroden in den Körper geleitet. Dabei müssen einige Regeln beachtet werden:

- Die Elektroden dürfen nur auf gesunder Haut angebracht werden.
- Das Metall der Elektrode darf die Haut nicht direkt berühren, es muss mit Stoff, Gummi oder einem Schwämmchen unterpolstert sein.
- Die Elektroden müssen so angelegt sein, dass der Strom zwischen ihnen direkt und ungehindert fließen kann.
- Elektroden dürfen während der Behandlung nicht verrutschen oder abfallen.
- Der Patient wird bequem und entspannt gelagert. Er darf mit Metallteilen, z. B. der Liege, nicht in Berührung kommen.
- Zu Behandlungsbeginn Stromstärke vorsichtig steigern („Einschleichen“) und am Ende langsam zurücknehmen („Ausschleichen“).
- Bei Schmerzen und Missempfindungen wird die Behandlung unterbrochen und der Arzt verständigt. Patienten mit Gefühlsstörungen müssen besonders gut beobachtet werden!
- Elektroden nach jeder Anwendung gründlich reinigen oder Einmalelektroden verwenden.
- Keine Elektrotherapie für Patienten mit Herzschrittmachern oder Metallteilen im Stromflussgebiet.

4.2.2 Niederfrequenztherapie

Das Gewebe leitet elektrischen Strom, weil es Wasser und Salze enthält. Der durchfließende elektrische Strom beeinflusst die Vorgänge in jeder einzelnen Zelle und wirkt dadurch schmerzlindernd und durchblutungsfördernd. Elektrischer Strom wird zur Behandlung entweder als Gleichstrom mit niedriger Spannung oder als Wechselstrom mit niedriger Frequenz angewendet.

Galvanisation

Bei der Galvanisation fließt **konstanter Gleichstrom** durch den Körper eines Patienten und verstärkt die Durchblutung im Bereich des Stromdurchgangs. Der galvanische Strom wird über eine Elektrode (Pluspol), die auf der Haut liegt, in den Körper eingeleitet und wandert durch das erkrankte Gewebe zur zweiten Elektrode (Minuspol). Der Patient wird dadurch selbst zu einem Teil des Stromkreises. Unter der Minuselektrode (Kathode) wird die Erregbarkeit der Muskulatur erhöht und unter der Pluselektrode (Anode) vermindert. Gleichzeitig wirkt der Gleichstrom unter der Pluselektrode schmerzlindernd. Die Stromstärke wird langsam auf einen für den Patienten angenehmen konstanten Wert gesteigert, auf dem sie über 20 bis 30 Minuten bleibt. Gegen Ende der Behandlung wird die Stromstärke langsam wieder abgesenkt. Mithilfe von Wasserelektroden kann die Galvanisation auf- oder absteigend auch bei elektromedizinischen Bädern, z.B. in Form von Stanger- oder Vierzellenbädern, eingesetzt werden. Beim **Stangerbad** liegt der Patient in einer mit Wasser gefüllten Badewanne, an deren Wänden mehrere Elektroden angebracht sind. Über diese Elektroden kann der Strom durch das Wasser in verschiedenen Richtungen durch den Körper geleitet werden. Beim **Vierzellenbad** werden Arme und Beine einzeln in kleine wassergefüllte Wannen gelegt, durch die Gleichstrom fließt.

Niederfrequenz-Reizstrom-Therapie

Reizströme sind Wechselströme, die nicht konstant, sondern als kurz aufeinander folgende Stromimpulse über Elektroden an den Körper abgegeben werden. Sie können immer gleichförmig sein (Rechteck- oder Dreieckimpulsstrom) oder langsam an- und abschwellen (Schwellstrom). Die Stromimpulse wirken auf den Muskel wie Nervenimpulse.
Bei niedriger Frequenz und Stromstärke lösen die elektrischen Impulse eine Muskelkontraktion aus, die vom Patienten als Muskelbewegung gefühlt wird. Diese Stromtherapie wird als **Faradisation** bezeichnet. Die auslösenden Stromimpulse sind die faradischen Ströme. Sie werden zur Übungsbehandlung und Kräftigung der Muskulatur, z.B. bei Muskelatrophie (Muskelschwund) im Sinne einer Elektrogymnastik eingesetzt.

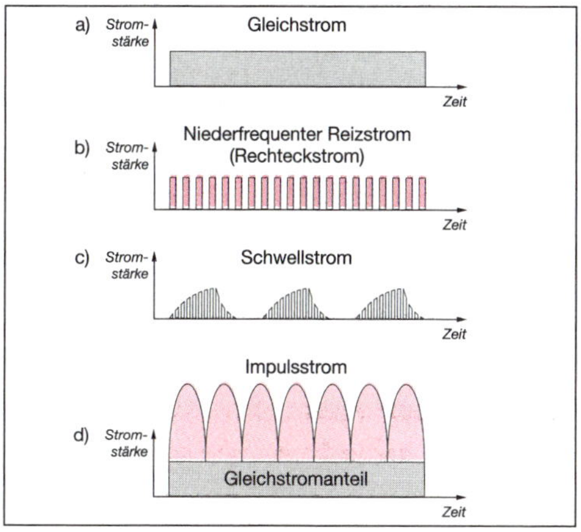

Unterschiedliche Ströme

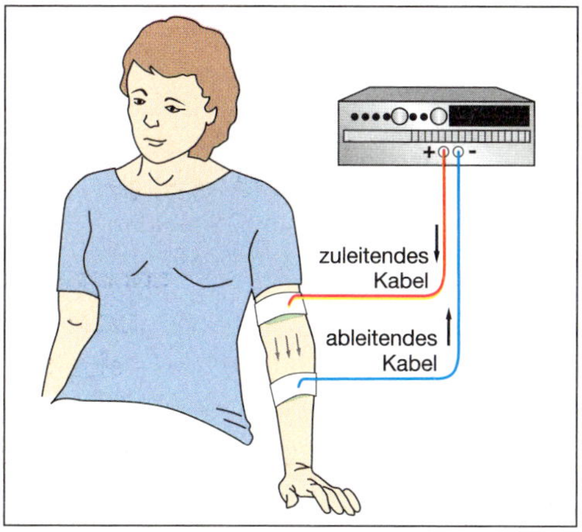

Gleichstrombehandlung

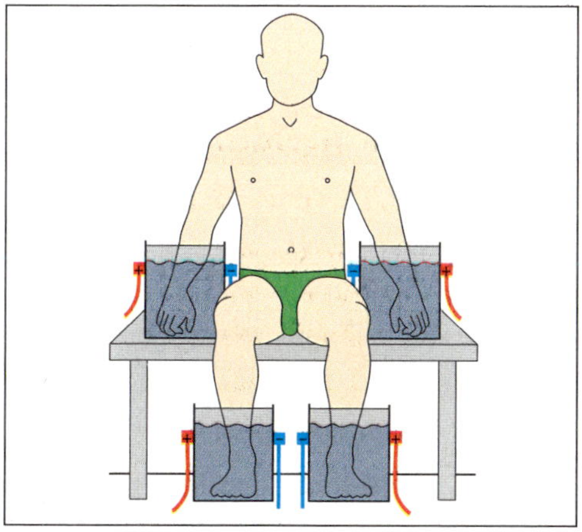

Vierzellenbad

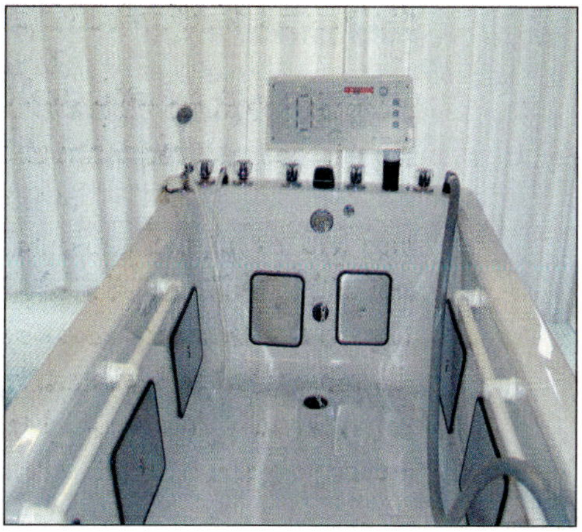

Stangerbad

Bei größerer Reizstärke erzeugen die Stromimpulse eine Dauerkontraktion des Muskels. Diese hat eine schmerzlindernde und durchblutungsfördernde Wirkung. Die Kombination von Wechselstromimpulsen mit Gleichstrom, diadynamischer oder Bernard-Strom genannt, wirkt besonders intensiv. Eine Reizstromtherapie wird angewandt bei Muskel-, Gelenks- und Nervenerkrankungen.

Iontophorese

Bei der Iontophorese werden mithilfe von Gleichstrom Arzneimittel über die unverletzte Haut in den Körper gebracht. Die Arzneimittel sind so zubereitet, dass sie positiv oder negativ geladene Ionen enthalten. Positiv geladene Arzneimittelionen werden z. B. unter dem Pluspol (Anode) aufgetragen. Sie wandern von dort im Gleichstromfeld durch das Gewebe zum Minuspol (Kathode).

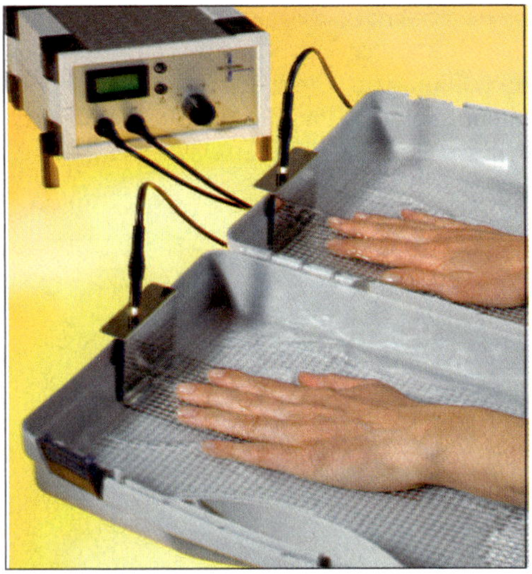

Iontophorese

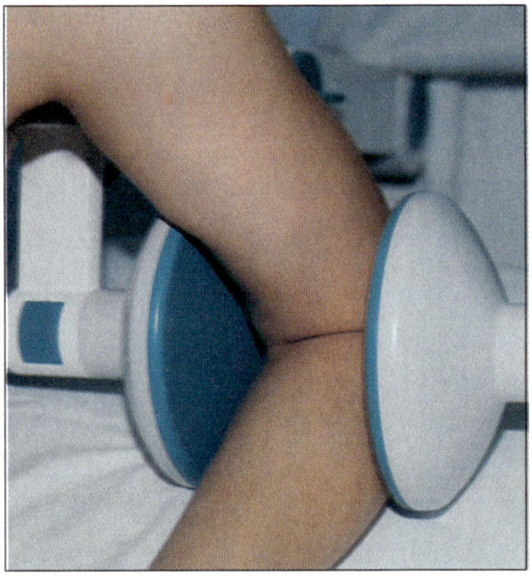

Kondensatorfeldmethode

Aufgaben

1. Was bedeutet der Begriff „Hyperämie"? Wie wirkt Hyperämie im Gewebe?
2. Worauf muss die Medizinische Fachangestellte achten, wenn sie Elektrotherapie am Patienten anwendet?

4.3 Wärmetherapie

4.3.1 Hochfrequenztherapie (Elektrotherapie)

Durch die Anwendung von Kurzwellen, Ultrakurzwellen und Mikrowellen können sowohl die Haut als auch die darunter liegenden tieferen Gewebeschichten erwärmt werden. Die durch die Wärme erzeugte Hyperämie wirkt schmerzlindernd, muskelentspannend und unterstützt den Heilungsprozess von chronischen Entzündungen.

Kurzwellentherapie

Die Kurzwellentherapie kann mit der Kondensatorfeldmethode und der Spulenfeldmethode durchgeführt werden. Bei der **Kondensatorfeldmethode** befindet sich der zu behandelnde Körperteil im elektrischen Feld zwischen zwei Kondensatorplatten und wird dadurch Teil eines

Stromkreises. Wenn an die Kondensatorplatten hochfrequenter Wechselstrom angelegt wird, werden durch den Stromfluss vor allem die Haut und das Unterhautfettgewebe erwärmt. Als Kondensatorplatten können die starren Schliephake-Elektroden oder Flächenelektroden aus weichem Gummi verwendet werden. Für die Querdurchflutung eines Körperteils, z.B. des Kniegelenks, werden die Elektroden gegenüber angelegt, für die Längsdurchflutung in einer Linie nacheinander. Ein korrektes Anlegen der Behandlungselektroden ist erforderlich, denn verkantete Elektroden können Verbrennungen verursachen. Bei der **Spulenfeldmethode** wird nur eine Elektrode verwendet. Sie erzeugt ein Wirbelstromfeld, das die Muskulatur stark erwärmt und nur eine geringe Haut- und Fettgewebeerwärmung bewirkt.

Ultrahochfrequenztherapie

Ultrakurzwellen oder Dezimeterwellen werden über einen runden oder muldenförmigen Strahler gebündelt auf den erkrankten Körperbereich gestrahlt. Sie erzeugen eine intensive und tief reichende Erwärmung der Gelenke und des Muskelgewebes. Weil sich die Hautoberfläche und das Fettgewebe nur schwach erwärmen, spürt der Patient während der Behandlung fast nichts.

Mikrowellentherapie

Klein- oder großflächige Elektroden (Muldenstrahler, Langfeldstrahler, Focusstrahler) senden Mikrowellen auf die zu behandelnde Körperregion, in die sie einige Zentimeter tief eindringen. Im Gewebe werden die elektromagnetischen Wellen in Wärmeenergie umgeformt. Dies führt zur starken Erwärmung der Haut, der Muskeln und Knochen, das Fettgewebe wird nur wenig erwärmt. Bei Behandlungen im Kopfbereich werden die Augen mit einer Teesiebgeflechtbrille geschützt.

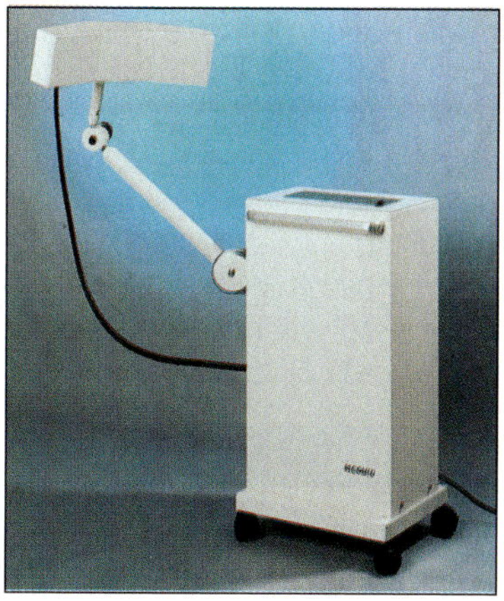

Mikrowellentherapie

4.3.2 Ultraschalltherapie

Die Behandlung mit Ultraschallwellen (Schallimpulse jenseits der Hörgrenze) bewirkt eine tiefer gehende Gewebeerwärmung und gleichzeitig eine Mikromassage. Für die Therapie stehen Schallköpfe in verschiedenen Formen zur Verfügung. Entzündliche und degenerative Erkrankungen des Bewegungsapparates sowie Nervenschmerzen sprechen gut auf eine Behandlung mit Ultraschallwellen an.

4.3.3 Infrarotbestrahlung

Die Infrarotstrahlen können mit dem Auge nicht gesehen werden, weil ihre Wellenlänge unterhalb der Sehgrenze liegt. Sie werden aber als Wärme empfunden und können schon nach wenigen Minuten eine Hautrötung (Erythem) hervorrufen. Rotes Licht, das von einer Glühbirne mit vorgeschaltetem Rotlichtfilter (Rotlichtlampe) erzeugt wird, kann tiefer als weißes Licht in das Gewebe eindringen und die hautnahen Gewebe erwärmen. Bei Rotlichtbestrahlungen im Kopfbereich muss eine Schutzbrille mit blauen oder grünen Gläsern aufgesetzt werden.

4.3.4 Wärmetherapie zuhause

Bauchschmerzen, die durch eine Verkrampfung der glatten Muskulatur der Bauchorgane ausgelöst werden, bessern sich oftmals durch Auflegen einer Wärmflasche oder eines Heizkissens. Auch zu Hause hat der Patient Möglichkeiten, den entspannenden, durchblutungsfördernden, entzündungshemmenden und schmerzlindernden Effekt der Wärmetherapie zu nutzen. Dafür eignen sich:

- Wärmflaschen, Heizkissen, Hot-Packs, Kirschkernsäckchen,
- feuchtwarme Wickel und Umschläge,
- Warm- und Heilpackungen, z. B. Fango, Moor, Heilerde,
- warme Voll- oder Teilbäder, Dampfbad, Sauna.

Das Auflegen der Wärmequellen erweitert vor allem die Blutgefäße der Haut, die sich dadurch rötet. Die gesteigerte Hautdurchblutung bewirkt gleichzeitig eine bessere Blutversorgung der darunter liegenden Gewebe und Organe.
Der Effekt der Wärmetherapie kann durch den Zusatz von durchblutungsfördernden oder entzündungshemmenden Substanzen, z. B. bei Bädern und Umschlägen, gesteigert werden.

4.4 Kältetherapie

Im Gegensatz zur Wärmetherapie wird bei der **Kältetherapie** der physikalische Effekt der Kältestrahlung ausgenutzt, d. h., dem Körper wird Wärme entzogen. Die Gefäße verengen sich, was zu Minderdurchblutung, Reduzierung von Blutergüssen und Schwellungen, aber auch zur Entzündungshemmung oder Schmerzstillung führt. Entscheidend bei dieser Therapieform ist nicht die möglichst tiefe Temperatur, sondern eine möglichst lang dauernde Temperatursenkung. Für die Kältetherapie werden Eisbeutel, Kühlelemente, Cold-Packs, feuchtkalte Umschläge oder Kältesprays verwendet. Keinesfalls darf der Kältereiz direkt auf die Haut einwirken, sondern er muss immer (beispielsweise mit einem Tuch) gedämpft werden (Gefahr von Erfrierungsschäden an der Haut). Auch das Anlegen von Wadenwickeln zur Fiebersenkung gehört zur Kältetherapie. Die Kälte entzieht der heißen Haut und damit dem Körper Wärme. Der Effekt ist ein Absinken der Körpertemperatur. Bei Verbrennungen muss die betroffene Hautstelle über längere Zeit mit kaltem Wasser (nicht mit Eis) gekühlt werden. Dadurch wird eine weitere Ausbreitung der Hitze in die Tiefe verhindert.

Aufgaben

1. Welchen Vorteil hat die Wärmetherapie mit Kurzwellen oder Mikrowellen gegenüber dem Auflegen einer Wärmflasche?
2. Welche Wirkung hat Kältetherapie? Wann wird sie eingesetzt?

4.5 Lichttherapie

4.5.1 Therapie mit sichtbarem Licht

Die **Lichttherapie** wurde in den letzten Jahren verstärkt eingesetzt, vor allem zur Therapie der klassischen „Winterdepression“. Eingesetzt wird hier künstliches Licht ohne Infrarot- und UV-Anteil. Zur Behandlung der Winterdepression wird eine Lichtquelle mit mindestens 10 000 Lux verwendet. Während der Bestrahlung dürfen die Augen keinesfalls geschützt werden, da ein wesentlicher Effekt auf einer Reizvermittlung von Rezeptoren innerhalb des optischen Apparates besteht. **Blaues Licht** kann in der Haut Bilirubin (gelben Blutfarbstoff) zu einem wasserlöslichen und rasch ausscheidbaren Stoff umwandeln. Es wird zur Behandlung von Säuglingen mit Neugeborenen-Gelbsucht als Ganzkörperbestrahlung in einem Inkubator eingesetzt.

4.5.2 Therapie mit ultraviolettem Licht (UV-Licht)

Ultraviolette Strahlen sind für unsere Augen nicht sichtbar, weil ihr Wellenspektrum jenseits der Farbe Violett liegt. Zu den ultravioletten Strahlen gehören
- UV-A-Licht (Wellenlänge 315–400 nm),
- UV-B-Licht (Wellenlänge 280–315 nm),
- UV-C-Licht (Wellenlänge 100–280 nm).

Das Sonnenlicht enthält neben dem sichtbaren gelben Licht auch UV-Strahlen. Die besonders kurzwelligen, energiereichen und für den Menschen schädlichen UV-C-Strahlen werden aber von einer intakten Ozonschicht abgehalten. Für die Therapie werden UV-A- und UV-B-Strahlen in speziellen Lampen erzeugt.
UV-Licht rötet und bräunt die Haut, es kann in höherer Dosis die Haut aber auch verbrennen, die Hautalterung beschleunigen und Hautkrebs verursachen.
Für die Therapie werden die energiereichen UV-Strahlen eingesetzt, weil sie

- Vitamin D aus der Vorstufe „Provitamin" in der Haut bilden,
- Krankheitserreger abtöten,
- die Wirkung von Arzneimitteln verändern (photochemische Reaktion).

Viele **Hautkrankheiten**, z. B. die Schuppenflechte (Psoriasis) oder Sonnenallergie, werden erfolgreich mit UV-Licht-Bestrahlungen behandelt. Auch die Prophylaxe und Therapie der **Rachitis** (Vitamin-D-Mangel) kann durch eine UV-Licht-Therapie unterstützt werden.

5 Verbandlehre

Situation

„Gestern ist mein kleiner Bruder auf dem Spielplatz gestürzt", erzählt Melissa. „Nun hat er den linken Arm in Gips, damit dieser ruhiggestellt ist." „Der arme Kleine", sagt Katrin bedauernd, „ist er jetzt im Krankenhaus?" „Nein, er ist ambulant versorgt worden", sagt Melissa, „und besonders beeindruckt hat mich die Medizinische Fachangestellte, die beim Anlegen des Gipsverbands assistiert hat. Sie war sehr souverän und ist sehr feinfühlig mit meinem Bruder umgegangen."

Das Abdecken von Wunden mit sterilen Wundauflagen und Verbänden soll Verunreinigungen und Infektionen verhindern, Blutungen stillen und Sekrete aufsaugen. Bei Verletzungen und Erkrankungen des Bewegungsapparates ist es erforderlich, mit speziellen Verbänden Gelenke und Körperteile zu schienen oder zu stützen.

5.1 Verbandmaterial

Verbandstoffe werden aus natürlichen Fasern (Baumwolle, Zellstoff), aus halbsynthetischen Fasern (Zellwolle, Viskose) oder aus synthetischen Fasern (Polyamid, Polyester, Polypropylen, Polyurethan) hergestellt.
Verbandmull aus Baum- oder Zellwolle ist besonders saugfähig. Er wird zu Kompressen, Tupfern, Binden, Schlauchverbänden oder Tamponaden verarbeitet. Durch Einweben von Gummifäden entstehen **elastische Mullbinden**, die sich durch ihre Dehnbarkeit verschiedenen Körperformen gut anpassen. **Haftende (kohäsive) elastische Mullbinden** sind so gewebt, dass sich die Verbandlagen klettenartig miteinander verbinden. Sie eignen sich für die Fixierung von Wundauflagen. **Gipsbinden** sind Mullbinden, mit eingearbeitetem Gipspulver oder eingearbeiteten Kunstharzen.
Dauerelastische Binden (Idealbinden) sind aus Baumwolle oder synthetischen Fasern hergestellt. Eingewebte Gummifäden geben diesen kräftigen Binden eine hohe Elastizität und Zugfestigkeit. Für klebende Kompressionsverbände werden Binden verwendet, die Zinkleim oder andere Klebstoffe enthalten. **Verbandwatte** wird zum Polstern von Schienen und Verbänden, z. B. einem Gips- oder Augenverband, benutzt.
Vliesstoffe kommen bei Unterlagen, Wundauflagen und Tüchern oder in OP-Kleidung zum Einsatz.

5.2 Binden- und Stützverbände

Stützverbände werden zur Stabilisierung und Ruhigstellung von verletzten oder entzündeten Gelenken, Knochen und Weichteilen angelegt. Sie unterstützen die Heilung, indem sie vor Belastungen schützen und durch leichten Druck die Bildung von Hämatomen (Blutergüssen) und Schwellungen verringern. Elastische Binden mit einer Dehnbarkeit bis zu 200 % können sich verschiedenen Körperformen anpassen und so dem Patienten eine gewisse Beweglichkeit ermöglichen. Die Breite des gewählten Verbandes entspricht ungefähr dem Durchmesser des zu verbindenden Körperteils.

Der Stützverband kann mit einem **Salbenverband** kombiniert werden. Dazu legt man direkt auf die erkrankte Stelle eine Kompresse, auf die ein entzündungshemmendes, kühlendes oder schmerzstillendes Arzneimittel, z. B. als Salbe, aufgetragen worden ist.

Verbandtechnik

Verbände wickelt man zur Körpermitte hin, in Richtung Herz, z. B. vom Handgelenk zum Oberarm oder vom Fuß zum Knie. Dadurch wird der venöse Blutrückfluss herzwärts unterstützt und ein Blutstau unterhalb des Verbandes vermieden. Der Verband beginnt mit mehreren übereinanderliegenden Kreistouren zur Fixierung. Die Binde wird mit leichtem, gleichmäßigem Zug dicht am Körper abgerollt. Der Bindenkopf liegt dabei in der rechten Hand, wobei man in die Binde hineinsehen kann. Je nach Körperregion bedient man sich verschiedener Anlegetechniken, sogenannter „Touren“. Mit **Schrauben- oder Spiraltouren**, deren einzelne Lagen sich etwa um die Hälfte überlappen, lassen sich die gelenkfreien Bereiche der Extremitäten, wie z. B. Unterarm oder/und Oberschenkel, verbinden. Wenn sich der Verband unterschiedlichen Umfängen anpassen muss, arbeitet man mit Umschlag- oder Achtertouren.

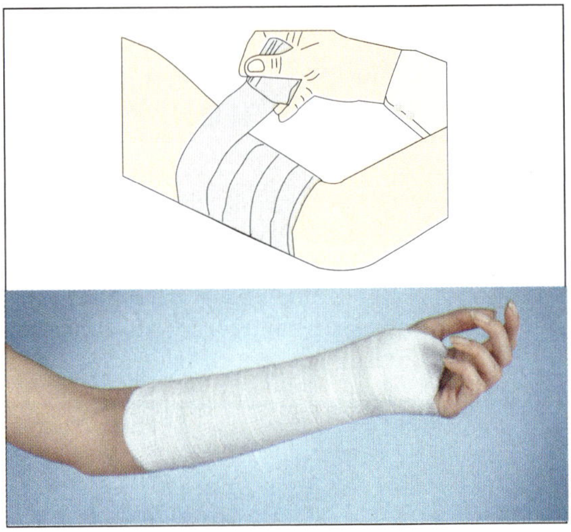

Spiraltouren: Oberarm (oben), Unteram (unten)

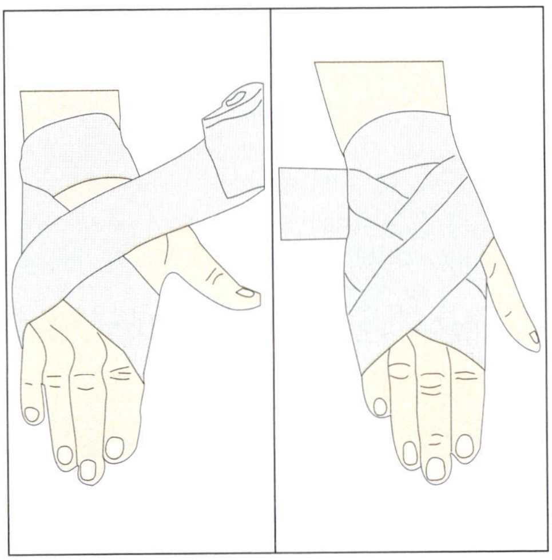

Achtertouren

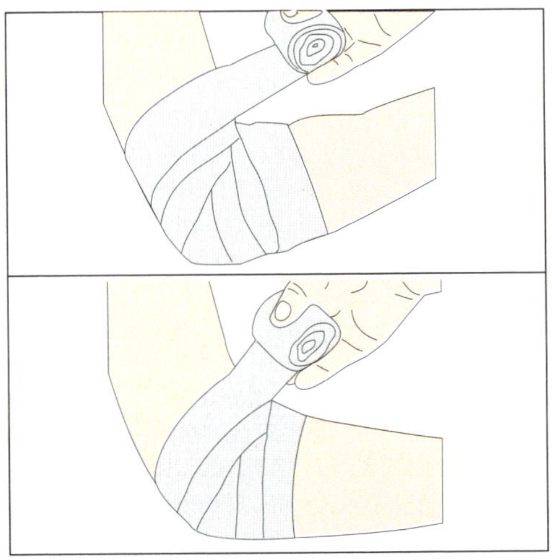

Schildkrötenverband

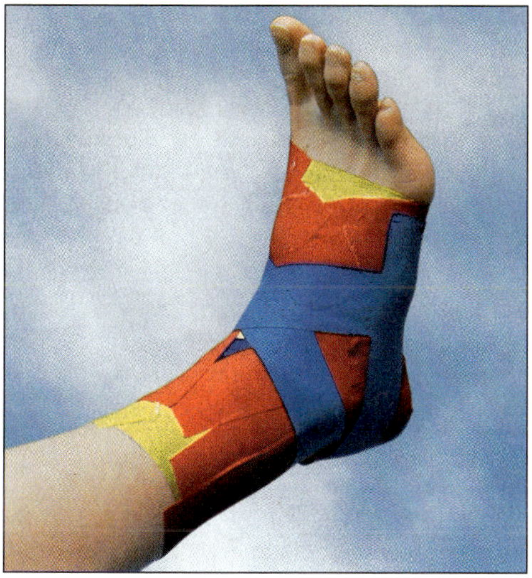

Tapeverband

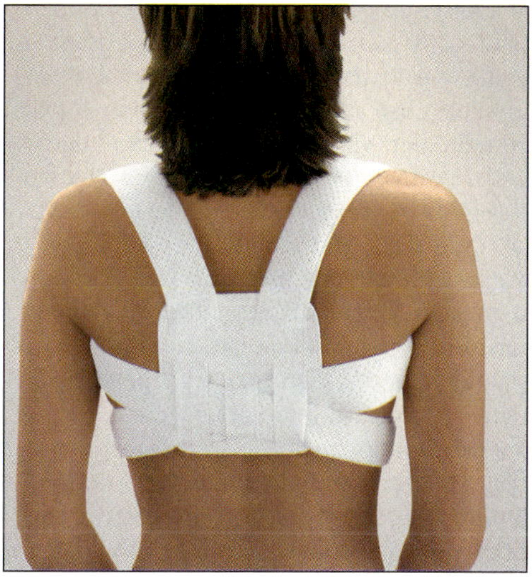

Rucksackverband

Bei der **Umschlagtour** wird nach jeder Tour die Wickelrichtung gewechselt. Dazu hält man die letzte Bindenlage mit einem Finger fest und dreht die Binde vor der nächsten Tour in die Gegenrichtung. Beim Wickeln von **Achtertouren** wird die Binde in Form einer Acht von unten nach oben (aufsteigend) oder umgekehrt (absteigend) angelegt. An den Kreuzungspunkten entsteht ein Kornährenmuster. Achtertouren eignen sich gut für das Verbinden von Gelenken, z.B. für das Hand- oder Sprunggelenk. Am Ellenbogen- und Kniegelenk bilden die Achtertouren die Form einer Schildkröte. Man spricht daher von einem **Schildkrötenverband**.
Zuletzt wird der Verband wieder mit einigen Kreistouren abgeschlossen, wobei das Bindenende mit einem Pflaster gut befestigt wird. Der Verband muss so fest gewickelt sein, dass er ausreichend Druck und Stütze bietet und nicht verrutschen kann. Wenn sich die Haut unterhalb des Verbandes, z.B. der Finger oder Zehen, weiß oder bläulich verfärbt oder taub wird, ist die Blutzirkulation behindert. Der Verband muss dann sofort gelockert werden, um ein Absterben (Nekrose) des nicht mehr ausreichend durchbluteten Gewebes zu verhindern.

Tapeverband

Tapeverbände werden angelegt zur Behandlung von Erkrankungen der Gelenkbänder oder Muskeln und zur Prophylaxe von Verletzungen bei starken Belastungen, z.B. beim Sport.
Für einen Tapeverband klebt man Pflasterbinden (tape, engl. = Band bzw. Klebeband) in zirkulären, halbzirkulären, längs verlaufenden oder schlaufenförmigen Streifen so über die Gelenke, dass sie den Bandapparat entlasten, ohne die Beweglichkeit einzuschränken. Tapeverbände können über andere Verbände als Verstärkung oder direkt auf die durch einen Trikotschlauch geschützte Haut aufgeklebt werden.

Rucksackverband

Der sogenannte „Rucksackverband" wird zur Behandlung von Schlüsselbeinfrakturen angelegt. Er weitet den Brustkorb und zieht dadurch die meist verschobenen Bruchenden des Schlüsselbeines in die normale Position. Beim Rucksackverband legt man einen mit Polsterwatte gefüllten Trikotschlauch um den Nacken. Dann zieht man dessen Enden beidseits über das Schlüsselbein und führt sie unter den Achselhöhlen nach hinten. Über der Wirbelsäule werden die Enden des Trikotschlauches miteinander straff verknotet und mit der Nackenschlaufe verbunden.

Schienenverbände

Schienen werden eingesetzt, um Gelenke in ihrer Beweglichkeit einzuschränken und zu entlasten oder um sie zur Förderung der Heilung ruhigzustellen. Im Rahmen der Notfall- und

Erstversorgung stabilisieren Schienen den Patienten für den Transport, z.B eine Halskrawatte bei Verdacht auf Fraktur der Halswirbelsäule. Bei stark angeschwollenen Verletzungen und über offenen Wunden dürfen keine zirkulären Verbände angelegt werden. Eine Schiene sorgt bis zur endgültigen Versorgung (z.B. mit einem Gipsverband) für Ruhigstellung und Entlastung. Schienen kann man aus Gipsbinden, Metall (z.B. Aluminium) oder Hartplastik anfertigen. Sie werden mit Watte und Verbandmull abgepolstert und dem Patienten individuell angepasst. Es gibt vorgefertigte Schienen oder Stützbandagen, die mit Schaumstoff und Baumwolle oder Mikrofaser gepolstert sind. Sie werden mit elastischen Binden angewickelt oder mit Kletten befestigt. Zur Behandlung von Bandverletzungen am Knie- und Sprunggelenk werden auch Beinschienen eingesetzt, die man über der Kleidung mit Klettverschlüssen befestigt. Bei diesen Schienen kann die Gelenkbeweglichkeit eingestellt und im Verlauf der Therapie verändert werden. Sie sind zur Körperpflege abnehmbar. Schienen und Stützbandagen werden nicht nur zur Therapie, sondern oft auch zur Schonung von vorgeschädigten Gelenken in Belastungssituationen verordnet. Sie können vom Patienten bei Bedarf selbst angelegt werden, z.B. eine Daumenschiene bei Rhizarthrose, eine Halskrause bei einem HWS-Syndrom oder Gelenkbandagen nach Sportverletzungen.

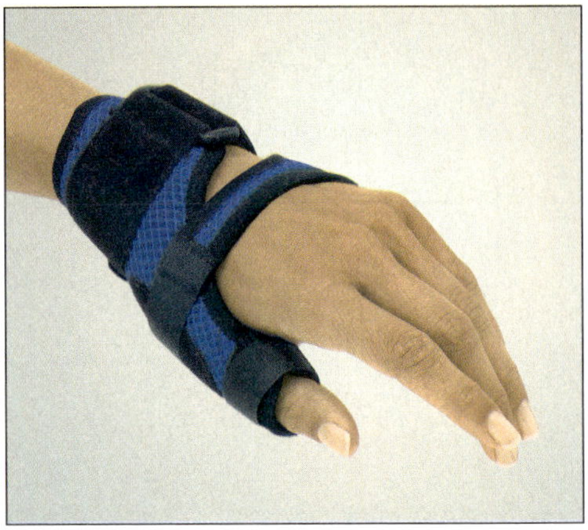

Daumenschiene

5.3 Kompressionsverbände

Kompressionsverbände werden im Rahmen der Ersten Hilfe bei stark blutenden Wunden und verletzten Blutgefäßen als Druckverband zur **Blutstillung** eingesetzt. Ein Druckverband besteht aus einer sterilen Wundauflage und einem darüber mit einer elastischen Binde fixierten Druckpolster, z.B. aus Mull. In der Praxis wickelt die Medizinische Fachangestellte Kompressionsverbände vor allem bei Patienten mit einer **chronischen Venenschwäche** der Beine (CVI = chronische venöse Insuffizienz). Durch den fortschreitenden Elastizitätsverlust der Venenwände entstehen Krampfadern (Varizen) und Ödeme (Wassereinlagerungen). Der verlangsamte Blutfluss erhöht das Thromboserisiko. Der Druck des Kompressionsverbandes mit Achtertouren einer elastischen Binde auf das gesamte Bein verengt die krankhaft erweiterten Venen und bewirkt dadurch eine bessere Durchblutung des Beines. Straffe Binden mit kurzem Zug oder Zinkleimverbände setzen der Muskulatur bei Bewegung einen hohen Widerstand entgegen und aktivieren hierdurch die Muskelpumpe, die den Blutrückfluss zum Herzen unterstützt. Binden mit langem Zug sind durch ihren elastischen Druck vor allem in Ruhe wirksam. Die heute meistens verwendeten Kompressionsstrümpfe werden auch zur Vorbeugung von Beinvenenthrombosen, z.B. nach Operationen oder auf Flugreisen, eingesetzt.

5.4 Hartverbände

Hartverbände können aus Gips oder Kunststoff angefertigt werden. Gipsbinden sind preisgünstig und lassen sich sehr gut anmodellieren. Von Nachteil ist, dass Gipsverbände schwer sind, erst nach einer halben Stunde gefestigt sind und noch 24 Stunden bis zur vollständigen Trocknung und Belastungsstabilität benötigen. Kunststoffverbände sind leicht, aber deutlich teurer und müssen schnell verarbeitet werden, weil sie schon nach wenigen Minuten aushärten. Hartverbände gelangen zur Anwendung, wenn bei Verletzungen oder nach Operationen des Stütz- und Bewegungsapparates Gliedmaßen oder Gelenke ruhiggestellt werden müssen.

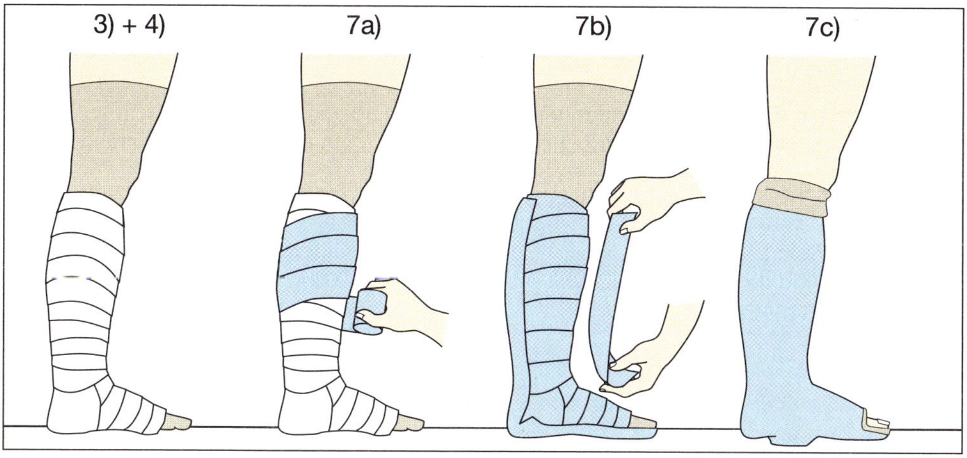

Arbeitsschritte beim Anlegen eines Gipsverbandes

Anlegen eines Gipsverbandes

Gips- und Kunststoffverbände legt der Arzt an, die Medizinische Fachangestellte bereitet dies vor und assistiert. Gelenke werden, von wenigen Ausnahmen abgesehen, immer in Funktionsstellung eingegipst. Der Gipsverband stellt oft auch die der Verletzung benachbarten Gelenke ruhig, ein Beispiel hierfür ist das Eingipsen von Hand- und Ellenbogengelenk bei einer Radiusfraktur.

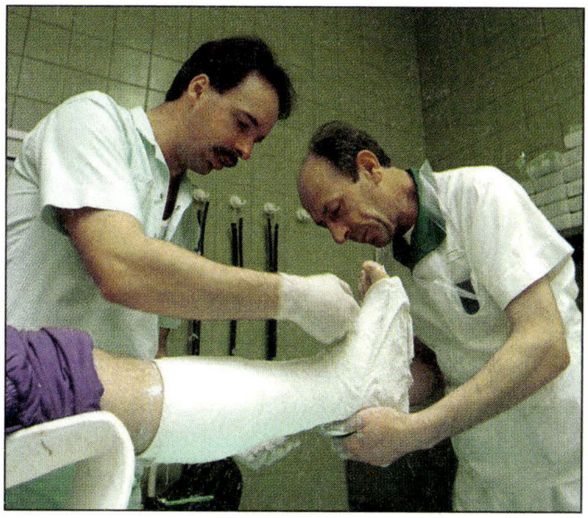

Anlegen eines Gipsverbandes

Arbeitsschritte beim Anlegen eines Gipsverbandes:

1. Lagerung und Gelenkeinstellung in Gipsposition.
2. Elastischen Trikotschlauch über die Haut ziehen: Dieser verhindert das Verkleben des Verbandes mit der Haut. Er wird am Gipsende zur Polsterung über den harten Rand zurückgestreift.
3. Unterpolsterung mit Polsterwattebinden, die über den Schlauch gewickelt werden: Druckempfindliche Stellen, Knochenvorsprünge oder oberflächlich verlaufende Nerven erfordern sorgfältiges Polstern.
4. Kreppbinde oder Kunstfaserbinde faltenfrei über die Watteschicht wickeln: Sie verhindert ein Durchfeuchten der Watte.
5. Handschuhe anziehen (zur Verarbeitung von Kunststoffbinden sind spezielle Handschuhe erforderlich).
6. Gipsbinden in handwarmes Wasser für einige Sekunden eintauchen, kurz abtropfen lassen und ausdrücken; Kunststoffbinden aus der Verpackung entnehmen.
7. Anwickeln der Gipsbinden und Anlegen von Gipslonguetten (Längsbahnen) zur Verstärkung. Dabei wird der Verband mit der flachen Hand gehalten und anmodelliert. Druckstellen sind hierbei zu vermeiden. Die scharfkantigen Gipskanten glätten und mit dem umgeschlagenen Trikotschlauch abpolstern und versäubern.
8. Bei frischen Verletzungen, die noch anschwellen können, wird der Verband zur Vermeidung von Druckschäden an Nerven und Blutgefäßen sorgfältig mit der oszillierenden Säge gespalten und mit elastischen Binden angewickelt.
9. Überprüfen von Sensibilität (Empfindung), Beweglichkeit und Durchblutung an den Stellen unterhalb des Gipsverbandes, z. B. der Finger, der Zehen.

10. Patienten darauf hinweisen, dass er bei starken Schmerzen, Blauverfärbung der Haut oder Gefühlsstörungen an der eingegipsten Extremität sofort einen Arzt aufsuchen muss.
11. Nächsten Termin vereinbaren: z. B. Gipskontrolle, Röntgenkontrolle, Erneuern oder Zirkulieren des Gipsverbandes, wenn die Schwellungen abgeklungen sind. (Wichtige Daten wie Gipstag, Kontrolltermine, Bruchskizze können auf dem Gipsverband notiert werden.)

Die Tragdauer des Gipsverbandes hängt vom Alter des Patienten, der Lokalisation und Art der Verletzung ab. Entfernt werden die Hartverbände in der Regel mit der oszillierenden elektrischen Säge. Diese Säge kann die Haut nicht verletzen. Der Gipsverband wird von beiden Seiten aufgesägt und der Trikotschlauch mit einer Verbandschere durchgeschnitten. Anschließend hebt man die Gipsschalen vorsichtig ab.

Thromboseprophylaxe

Wenn das Bein oder der Arm durch eine Schiene oder einen Hartverband ruhiggestellt wird, steigt das Thromboserisiko. Der Patient muss sich deshalb einmal täglich eine Dosis Heparin (Heparinfertigspritze) subcutan (unter die Haut) spritzen. Heparin reduziert die Gerinnungsfähigkeit des Blutes und kann so das Entstehen einer Thrombose verhinden.

6 Arzneimittellehre

Situation

Frau Kramer verlässt nach einem Arztbesuch erleichtert die Praxis. Frau Dr. med. Gropp hat ihr gegen ihre Rückenschmerzen ein Schmerzmittel verschrieben. Außerdem hat die Ärztin die Medizinische Fachangestellte gebeten, Frau Kramer eine Spritze zu geben, die sofortige Linderung der starken Schmerzen verspricht. Auch über die Nebenwirkungen der verordneten Medikamente ist Frau Kramer von Frau Dr. med. Gropp aufgeklärt worden: Die Medikamente können ihre Reaktionsfähigkeit – z. B. im Straßenverkehr – herabsetzen und unter Umständen Magenschmerzen hervorrufen. Zur Verordnung von Arzneimitteln mit Angabe der Dosierung ist in der Praxis nur der Arzt berechtigt. Die Vorbereitung eines Rezeptes, die Verwaltung der Arzneimittelvorräte und die Verabreichung von Arzneimitteln, z. B. als Salbenverband, Zäpfchen oder Injektion, gehören dagegen zum Aufgabenbereich der Medizinischen Fachangestellten. Daher sind für Medizinische Fachangestellte Grundkenntnisse auf dem Gebiet der Pharmakologie (= Lehre von den Wechselwirkungen zwischen Arzneimittel und Organismus) wichtig.

6.1 Arzneimittelgesetz

Zu Recht erwarten Patienten von einem Arzneimittel, dass es gegen ihre Beschwerden wirksam ist und ihnen nicht schadet. Diese Anforderungen an Qualität, Unbedenklichkeit und Wirksamkeit von Arzneimitteln legt der Staat im **Arzneimittelgesetz** fest. Das **Betäubungsmittelgesetz** mit der **Betäubungsmittel-Verschreibungsverordnung** (vgl. auch S. 413) enthält Bestimmungen über den Umgang mit Stoffen, die den Bewusstseinszustand verändern und bei unkontrolliertem Gebrauch zu einer körperlichen und seelischen Abhängigkeit führen können, wie z. B. stärkste Schmerz- oder Narkosemittel. Das **Medizinproduktegesetz** regelt Herstellung, Verkauf und Qualitätsanforderungen von Produkten, die für die Anwendung von Arzneimitteln benötigt werden, wie z. B. Spritzen, Inhalationsgeräte, Instrumente oder Verbandmaterial. Das Arzneimittelgesetz befasst sich mit folgenden Themen:

Definitionen: Arzneimittel sind Stoffe, die dazu bestimmt sind, durch Anwendung bei Mensch oder Tier Krankheiten und Leiden zu heilen, zu lindern, zu verhüten oder zu erkennen.

Fertigarzneimittel sind Arzneimittel, die im Voraus hergestellt und in einer zur Abgabe an den Verbraucher bestimmten Packung in den Verkehr gebracht werden. Die meisten Arzneimittel sind Fertigarzneimittel.

Anforderungen: Bedenkliche Arzneimittel, die bei bestimmungsgemäßem Gebrauch schädliche Wirkungen haben, die über ein noch vertretbares Maß hinausgehen, dürfen nicht in Verkehr gebracht werden. Auch ist es verboten, Arzneimittel herzustellen oder abzugeben, die in ihrer Qualität gemindert sind, bei denen das Verfallsdatum abgelaufen ist oder die mit irreführenden Angaben (z. B. „Heilt Kopfschmerzen für immer") versehen sind.

Herstellung: Nur wer die erforderliche Sachkenntnis nachweisen kann und die Erlaubnis von der zuständigen Behörde hat, darf Arzneimittel herstellen (z. B. ein Apotheker).

Zulassung: Wer ein neues Arzneimittel entwickelt hat und es in Verkehr bringen will, muss dafür eine Zulassung vom **Bundesinstitut für Arzneimittel und Medizinprodukte** besitzen. Die umfangreichen Voraussetzungen sind in der folgenden Tabelle dargestellt. Die Zulassung kann auf einen Zeitraum oder ein Anwendungsgebiet beschränkt werden und jederzeit widerrufen werden.

Werbung und Abgabe: Die Möglichkeiten für die Arzneimittelwerbung sind stark eingeschränkt. Für die Behandlung zahlreicher Erkrankungen und für verschreibungspflichtige Arzneimittel darf nur in Fachkreisen, z. B. bei Ärzten und Apothekern, geworben werden. Mit den kostenlosen, unverkäuflichen Ärztemustern kann sich der Arzt über Arzneimittel direkt informieren. Pro Jahr, Arzneimittel und Packungsgröße kann der Arzt zwei Ärztemuster persönlich anfordern. Die Verordnung und Abgabe von Arzneimitteln wird in Kap. 6.7 besprochen.

Entwicklung und Zulassung eines Arzneimittels
(Die nächste Stufe wird immer nur erreicht, wenn in der vorangegangenen Stufe Qualität, Wirksamkeit und Unbedenklichkeit des Wirkstoffs nachgewiesen werden konnten.)
Suche nach neuen Wirkstoffen, die chemisch/gentechnisch hergestellt oder aus Pflanzen und Tieren isoliert werden
↓
Untersuchung des Wirkstoffs in Zellkulturen und Tierversuchen
↓
Entwicklung geeigneter Darreichungsformen und Prüfung an freiwilligen gesunden Versuchspersonen
↓
Klinische Prüfung an Patienten in Kliniken und zuletzt in Arztpraxen. Alle Patienten werden informiert und müssen ihr Einverständnis geben.
↓
Anmeldung beim Bundesinstitut für Arzneimittel und Medizinprodukte mit allen Unterlagen
↓
Zulassung und weitere Überwachung

Homöopathische Arzneimittel: Homöopathische Arzneimittel müssen nicht zugelassen, sondern nur in das Register für homöopathische Arzneimittel eingetragen werden. Sie dürfen keinesfalls schädliche Wirkungen haben und keine Angaben über Anwendungsgebiete enthalten.

Kennzeichnung: Das Arzneimittelgesetz schreibt vor, dass jedes Fertigarzneimittel auf der Umhüllung oder dem Behältnis mit folgenden Informationen gekennzeichnet sein muss:

- Name und Anschrift des verantwortlichen pharmazeutischen Unternehmers,
- Bezeichnung des Arzneimittels,
- Zulassungsnummer (Zul.-Nr.), bei homöopathischen Arzneimitteln die Registriernummer (Reg.-Nr.),
- Chargenbezeichnung (Ch.-B.) oder Herstellungsdatum: Eine Charge ist die jeweils in einem einheitlichen Herstellungsgang erzeugte Menge eines Arzneimittels. Mithilfe der Chargenbezeichnung können fehlerhaft produzierte Arzneimittel zugeordnet, entdeckt und gezielt zurückgerufen werden.

- Darreichungsform (Tabletten, Tropfen usw.),
- Inhalt nach Gewicht, Rauminhalt oder Stückzahl,
- Art der Anwendung (z. B. äußerlich, innerlich),
- wirksame Bestandteile nach Art und Menge,
- Verfallsdatum („verwendbar bis ..."),
- Hinweise und Warnhinweise wie „apothekenpflichtig", „verschreibungspflichtig", „unverkäufliches Muster", „homöopathisches Arzneimittel", Lagerungstemperatur, „Arzneimittel für Kinder unzugänglich aufbewahren".

Gebrauchsinformation „Packungsbeilage": Jedes Arzneimittel muss eine Gebrauchsinformation als Packungsbeilage oder aufgedruckt enthalten. Folgende Informationen müssen in allgemeinverständlicher, deutscher Sprache enthalten sein:

- Bezeichnung des Arzneimittels,
- Name und Anschrift des Herstellers,
- Wirkstoff oder Wirkungsweise,
- Darreichungsform und Packungsgröße,
- Zusammensetzung: arzneilich wirksame und sonstige Bestandteile nach Art und Menge,
- Anwendungsgebiete (Indikationen): Symptome und Erkrankungen, für deren Therapie das Arzneimittel zugelassen und geeignet ist,
- Gegenanzeigen (Kontraindikationen): Umstände, unter denen das Arzneimittel nicht eingenommen werden darf,
- Nebenwirkungen: Das sind bei bestimmungsmäßigem Gebrauch eines Arzneimittels auftretende unerwünschte Begleiterscheinungen. Nicht aufgeführte Nebenwirkungen sollen dem Arzt oder Apotheker sofort mitgeteilt werden.
- Wechselwirkungen mit anderen Mitteln: Die gleichzeitige Einnahme anderer Arznei-, Nahrungs- oder Genussmittel (z. B. Alkohol) kann die Wirkung dieses Arzneimittels verstärken oder abschwächen. Auch die Wirkung der anderen Mittel kann sich verändern.
- Dosierungsanleitung mit Hinweisen auf die Art der Anwendung, Einzel- und Tagesgaben und die Anwendungsdauer (wie viel?, wann? wie oft? wie lange?),
- Hinweise für den Fall einer Überdosierung oder unterlassenen Einnahme,
- Aufbewahrungshinweise, z. B. im Kühlschrank lagern, vor Feuchtigkeit schützen usw.,
- Hinweis, dass das Arzneimittel nach Ablauf des Verfallsdatums nicht mehr angewendet werden darf und, falls erforderlich, Angaben über die Haltbarkeit nach dem Öffnen des Behältnisses,
- Datum und Fassung der Packungsbeilage.

Viele Patienten erschrecken, wenn sie die oft mehrere Seiten umfassenden, klein gedruckten Packungsbeilagen lesen. Stark wirksame Arzneimittel haben leider oft auch viele Nebenwirkungen, die alle, auch wenn sie ganz selten auftreten, in der Packungsbeilage aufgeführt werden müssen. Aus Angst und Verunsicherung heraus werden manche Arzneimittel gar nicht oder in zu geringer Dosierung eingenommen.

6.2 Arzneimittelgruppen und ihre Wirkungen

Von den Verbänden der pharmazeutischen Industrie oder Arzneimittelherstellern werden Verzeichnisse über Arzneimittel in Buchform oder als Software herausgegeben, z. B. „Rote Liste", „Pharmaindex" usw. Sie enthalten die in der Gebrauchsinformation aufgeführten Angaben und informieren auch über aktuelle Packungsgrößen und Preise. Sie sind für den Arzt und die Medizinische Fachangestellte wichtige Hilfsmittel für die Therapiewahl, die Ausstellung korrekter Rezepte und die Suche nach kostengünstigen Medikamenten. Arzneimittel werden nach Wirkungsweise und Indikationen in **Arzneimittelgruppen** eingeteilt (die folgenden Begriffe stehen in der Pluralform, der Singular wird mit der Endung -um gebildet):

Analgetika: Arzneimittel zur Bekämpfung von Schmerzen, Schmerzmittel, einige sind auch entzündungshemmend und fiebersenkend

Antazida: Arzneimittel zur Neutralisierung der Magensäure

Antiallergika: Arzneimittel zur Behandlung allergischer Reaktionen

Antiarrhythmika: Arzneimittel zur Behandlung von Herzrhythmusstörungen

Antibiotika: Arzneimittel, die Bakterien töten oder ihre Teilung hemmen, zur Behandlung von bakteriellen Infektionen

Antidepressiva: Arzneimittel zur Behandlung von Depressionen

Antidiabetika: blutzuckersenkende Medikamente zur oralen Anwendung bei Diabetes mellitus

Antiemetika: Arzneimittel zur Verhinderung von Erbrechen, Übelkeit und Reisekrankheit

Antiepileptika (Antikonvulsiva): Arzneimittel zur Verhinderung von zerebralen Krampfanfällen (Epilepsie)

Antihistaminika: schwächen die Wirkung von Histamin durch Blockade der Histaminrezeptoren ab, zur Behandlung von Allergien (= Antiallergika)

Antihypertonika (Antihypertensiva): Arzneimittel zur Senkung des pathologisch erhöhten Blutdrucks (Hypertonie)

Antikoagulantia (Antikoagulanzien): Hemmstoffe der Blutgerinnung („Blutverdünnung")

Antimykotika: Arzneimittel zur Behandlung von Pilzerkrankungen, hemmen die Pilzvermehrung oder töten die Pilze ab (fungizid)

Antiphlogistika: entzündungshemmende Arzneimittel, einige davon wirken auch gegen Schmerzen und Fieber

Antipyretika: fiebersenkende Arzneimittel

Antirheumatika: Arzneimittel zur Behandlung rheumatischer Erkrankungen

Antitussiva: Arzneimittel, die den Hustenreiz hemmen

Bronchospasmolytika: lösen Verkrampfungen der Bronchialmuskulatur und erweitern die Bronchien

Cortikoide („Cortison"): künstlich hergestellte, veränderte Nebennierenrindenhormone zur Behandlung von schweren Entzündungen und allergischen Reaktionen

Dermatika: Arzneimittel zur Behandlung von Hautkrankheiten

Diuretika: entwässernde Arzneimittel, fördern die Ausscheidung von Wasser und Mineralien (Diurese) in der Niere

Expektorantia: verflüssigen den Bronchialschleim, beschleunigen und erleichtern das Abhusten

Hypnotika: Schlafmittel

Immunsuppressiva: Arzneimittel zur Unterdrückung von Abwehrreaktionen des Immunsystems

Koronarmittel: verbessern die Durchblutung der Herzkranzgefäße

Kontrazeptiva: empfängnisverhütende Arzneimittel

Laxantia (Laxanzien): Arzneimittel zur Förderung und Erleichterung der Darmentleerung, Abführmittel

Lipidsenker: Arzneimittel zur Senkung erhöhter Blutfette

Lokalanästhetika: Arzneimittel zur örtlichen Betäubung durch Nervenblockade

Ophthalmika: Arzneimittel zur Behandlung von Augenerkrankungen

Psychopharmaka: Arzneimittel zur Beeinflussung der Psyche

Sedativa: wirken beruhigend und schlaffördernd

Tranquilizer: Beruhigungsmittel, lösen Angst und psychische Anspannung, wirken entspannend auf die Skelettmuskulatur (Muskelrelaxantien)

Spasmolytika: senken den Tonus der glatten Muskulatur und wirken dadurch krampflösend

Virustatika: Arzneimittel zur Behandung von Viruserkrankungen, hemmen das Eindringen von Viren in die Zellen und die Virusvermehrung

Zytostatika: verhindern und verzögern die Zellteilung, z. B. von bösartigen Tumorzellen (Krebstherapie)

6.3 Arzneiformen

Der Arzneiwirkstoff wird mit Hilfsstoffen zu einer Form verarbeitet, die für die Anwendung des Medikamentes günstig ist. Durch die Zubereitungsform können auch Wirkungseintritt und -dauer beeinflusst werden. Die verschiedenen Formen, Farben, Prägungen und Aufschriften an der Oberfläche von festen Arzneimitteln helfen dem Patienten und dem Arzt sie zu erkennen und zu unterscheiden. Gerade ältere Patienten nehmen oft viele Medikamente, deren Namen sie sich nicht mehr merken können, gleichzeitig ein.

Feste Arzneiformen

Pulver, Streupuder: Pulver sind sehr fein zerkleinerte Arzneistoffe. Meist werden sie als Streupuder auf die Haut oder Schleimhaut aufgetragen. Puder, die zur Wundbehandlung in offene Wunden eingestreut werden, müssen steril abgepackt sein. Selten gibt es Pulver, die in Wasser aufgelöst eingenommen werden.

Granulate: Pulverförmige Arzneimittel werden zu kleinen, einheitlichen Körnchen gepresst. Granulate lassen sich leichter als Pulver schlucken und dosieren. Es gibt Granulate zum Einnehmen (z. B. Abführmittel) und zum Auflösen in Wasser (Tee- oder Brausegranulate). Granulate sind die Grundlage der Trockensäfte (z. B. Antibiotikasäfte für Kinder), die erst vor Gebrauch durch Zugabe von Wasser aufgelöst werden.

Globuli (Streukügelchen): Zuckerkügelchen von 1 mm Durchmesser, die mit dem Wirkstoff getränkt sind. Homöopathische Arzneimittel werden oft als Globuli, die sich auf der Zunge auflösen, verordnet. Weil sie alkoholfrei sind und süß schmecken, eignen sie sich auch für Kinder.

Kapseln: Pulverförmige, granulierte oder flüssige Arzneiwirkstoffe sind einzeln oder kombiniert in eine Kapselhülle aus Gelatine eingelagert. Weil die Kapselhülle glatt, geruchs- und geschmacksneutral ist, lassen sich Kapseln, wenn sie nicht allzu groß sind, unzerkaut leicht schlucken und verhindern eine unangenehme Geschmacksempfindung. Die Kapselhülle wird je nach Zusammensetzung im Magen oder Dünndarm von den Verdauungssäften aufgelöst und setzt dort den Wirkstoff frei. Bei Kaukapseln (z. B. Nitroglycerin zur Behandlung des Angina-pectoris-Anfalls) enthält auch die Hülle den Wirkstoff, der dann schon über die Mundschleimhaut aufgenommen wird.

Tabletten: Unter hohem Druck zusammengepresste Pulver oder Granulate. Sie sind rund, oval oder länglich und an der Oberfläche flach oder gewölbt. Oft ist eine Bruchrille zum Teilen sowie eine Kennzeichnung eingeprägt. Tabletten können aus einem Arzneiwirkstoff bestehen oder mehrere Wirkstoffe in verschiedenen Schichten als **Schichttablette** oder **Manteltablette**

enthalten. **Retardtabletten** sind so zubereitet, dass sie nur langsam zerfallen und ihre Wirkstoffe über Stunden hinweg freigeben. In der Retardform (retard = Verzögerung) werden auch andere Arzneiformen, z. B. Kapseln, Dragees, hergestellt. Für die Einnahme werden Tabletten geschluckt, zerkaut **(Kautablette)**, gelutscht **(Lutschtablette)**, unter die Zunge gelegt **(Sublingualtablette)** oder in Wasser aufgelöst **(Brausetablette)**. Die meisten Arzneimittel werden als Tabletten angeboten, weil diese sich billig und maschinell mit fast allen Wirkstoffen herstellen lassen. Sie sind lange haltbar, leicht zu transportieren und zu lagern, einfach zu dosieren und einzunehmen.

Filmtabletten und Dragees: Tabletten können als Filmtablette mit einem dünnen, bunten Lack überzogen sein. Dieser meist magensaftresistente Film bewirkt, dass sich die Tablette erst im Dünndarm auflöst. Dragees sind von einer dicken, bunt gefärbten, glänzenden Zuckerschicht umhüllt. Sie schützt den Wirkstoff, verbessert den Geschmack und sieht gut aus.

Zäpfchen (Suppositorien): Der Arzneimittelwirkstoff ist in eine Grundmasse eingegossen, die bei Körpertemperatur schmilzt und den Wirkstoff dabei freigibt. Wegen ihres niedrigen Schmelzpunktes müssen Zäpfchen vor Wärme geschützt werden. Das Arzneimittel wirkt lokal auf der Schleimhaut und wird über die Blutgefäße in den Kreislauf aufgenommen. Suppositorien haben eine zylinder- oder torpedoähnliche Form und werden in das Rektum (Mastdarm) geschoben. Vaginalzäpfchen zum Einführen in die Scheide sind eiförmig und werden **Ovula** genannt.

Medikamentenpflaster

Die Abbildung unten links zeigt den Aufbau eines Medikamentenpflasters. Durch die Kontrollmembran wandert der Wirkstoff über einen Zeitraum von einigen Stunden bis mehreren Tagen gleichmäßig und in geringer Menge in die Blutgefäße der Haut. Medikamentenpflaster werden z. B. für die Hormontherapie, bei Reisekrankheit, zur Nikotinentwöhnung oder zur Therapie der Angina pectoris eingesetzt.

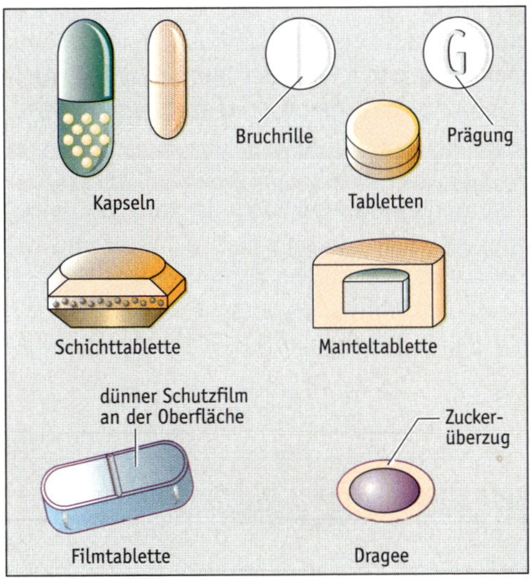

Feste Arzneiformen

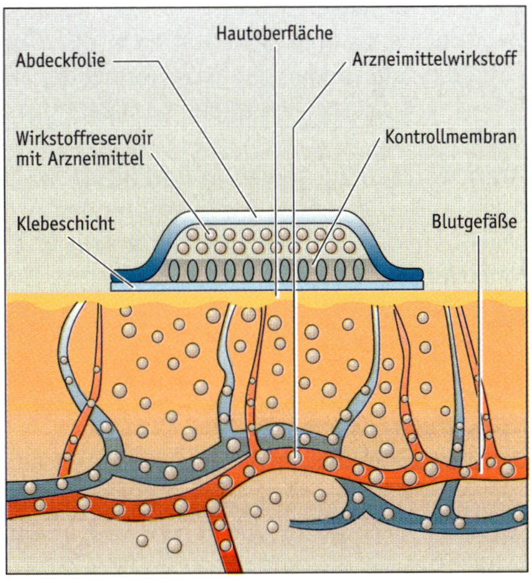

Aufbau und Wirkung eines Medikamentenpflasters

Flüssige Arzneiformen

Die flüssigen Arzneimittel eignen sich zur innerlichen (Einnahme, Schleimhautkontakt) oder äußerlichen (auf die Haut aufzutragen) Anwendung. Sie werden in Milliliter (ml) oder tropfenweise (Tropfen = Guttae = gtt.) dosiert.

Lösungen: Feste, flüssige oder gasförmige Wirkstoffe sind in einem geeigneten Lösungsmittel, z. B. Wasser, Zuckersirup, Alkohol, aufgelöst.

Tinkturen: Arzneimittelwirkstoffe aus Pflanzenbestandteilen sind in Alkohol gelöst.

Suspensionen oder Lotionen: Kleine Teilchen aus schwer löslichen oder unlöslichen Arzneistoffen sind gleichmäßig in einer Flüssigkeit verteilt.

Emulsionen: Zwei nicht mischbare Flüssigkeiten, wie Wasser und Öl, werden zu einer Emulsion verbunden. Bei der Öl-in-Wasser-Emulsion sind Fetttröpfchen in Wasser, bei der Wasser-in-Öl-Emulsion Wassertröpfchen im Fett verteilt.

Gasförmige Arzneiformen (Aerosole)

Sie werden vor allem zur Behandlung von Erkrankungen der Atmungsorgane eingesetzt. Das Arzneimittel wird durch handgepumpte Luft (Spray oder Pumpzerstäuber) oder ein Treibgas (Spray oder Dosieraerosol) in feine Teilchen zerstäubt. Diese schweben in ihrem gasförmigen Verteilungsmittel zum Wirkort, z. B. das Nasenspray in die Nasenhöhle, und verteilen sich dort.

Streichfähige, halbfeste Arzneiformen

Fettsalbe: Die Wirkstoffe sind in eine fetthaltige Grundmasse eingelagert. Wegen ihres hohen Fettgehaltes eignet sich Fettsalbe zur Behandlung trockener Hautstellen.

Creme: In der Grundmasse überwiegen die wässrigen Bestandteile gegenüber den fetthaltigen, wie bei der Öl-in-Wasser-Emulsion.

Gel: Die Grundmasse sind fettfreie, mit Wasser getränkte Quellstoffe. Gele lassen sich leicht aufstreichen, wirken durch die Wasserverdunstung kühlend und hinterlassen nach dem Antrocknen auf der Haut einen dünnen Film.

Paste: Pasten sind Salben mit einem hohen Gehalt an Feststoffen in Puderform. Sie haften gut auf der Haut, lassen sich aber weniger leicht verstreichen.

Wenn der Arzneimittelwirkstoff nicht nur lokal auf der Haut oder Schleimhaut seine Wirkung entfalten soll, sondern auch die Aufnahme in tiefere Hautschichten oder Blutgefäße erforderlich ist, wie z. B. bei einer Rheumasalbe, muss die Salbengrundlage besonders zubereitet sein.

Arzneiformen zur Injektion und Infusion

Arzneimittel, die direkt ins Gewebe oder in die Blutgefäße als Injektion oder Infusion eingebracht werden, müssen steril hergestellt und abgepackt sein. Sie sind dem pH-Wert und der Ionenkonzentration des Blutes angepasst. Sie dürfen keine Schwebeteilchen enthalten, weil diese das Kapillarnetz verstopfen. Es ist bis auf wenige Ausnahmen verboten, fertige Injektionslösungen in einer Spritze zu vermischen, weil sich dabei diese gefährlichen Schwebeteilchen bilden könnten.

Aufgabe

Nennen Sie Beispiele für feste, halbfeste und flüssige Arzneiformen.

6.4 Dosierung von Arzneimitteln

Damit ein Arzneimittel seine volle Wirkung entfalten kann, muss es im erkrankten Gewebe eine **therapeutisch wirksame Konzentration** erreichen. Bleibt die Konzentration zu gering, fehlt die Wirkung, ist sie zu hoch, können Vergiftungserscheinungen auftreten. Wenn der Patient eine Tablette schluckt, ist das Arzneimittel nach einer halben Stunde im Gewebe in wirksamer Menge vorhanden. Nach einem bestimmten Zeitraum, der von der Arzneimittelzubereitung abhängig ist, wird es abgebaut und die Gewebekonzentration sinkt. Um die Wirkung zu erhalten, muss rechtzeitig die nächste Tablette eingenommen werden. Ein Medikament, dessen Einnahme dreimal täglich verordnet wurde, sollte regelmäßig alle acht Stunden, bei zweimal täglich alle zwölf Stunden eingenommen werden. Die richtige Dosierung ist in der Gebrauchsinformation angegeben oder wird vom Arzt festgelegt. Für Säuglinge und Kinder muss die Dosis genau nach dem Körpergewicht berechnet werden.

6.5 Nebenwirkungen, Wechselwirkungen, Risiken

Wenn ein Arzneimittel nicht nur lokal angewendet wird, verteilt es sich über den Kreislauf im ganzen Körper. Arzneimittel sind vom Hersteller so zubereitet, dass sie ihre erwünschte **Hauptwirkung** im erkrankten Gewebe entfalten, z. B. bei Schmerzen an den Schmerzrezeptoren und schmerzleitenden Nervenfasern. Die gesunden Gewebe, durch die das Arzneimittel und seine Abbauprodukte über die Blutgefäße transportiert werden, können im Sinne einer **Nebenwirkung** beeinflusst werden.

Nebenwirkungen sind bei bestimmungsmäßigem Gebrauch (nach Vorschrift des Arztes, Apothekers oder der Gebrauchsinformation) des Arzneimittels auftretende, unerwünschte Begleiterscheinungen.

Die Abbildung auf S. 400 fasst häufiger auftretende Nebenwirkungen von Arzneimitteln zusammen. Besonders belastet wird die **Leber**, weil sie als Stoffwechselorgan die Arzneimittel entgiftet und abbaut. Die **Nieren** scheiden wasserlösliche Arzneimittel aus und können dadurch geschädigt werden. Bei der enteralen Aufnahme kann die Schleimhaut des Verdauungskanals gereizt werden und mit Schmerzen, Übelkeit, Durchfall oder Blutungen reagieren. Einige Arzneimittel beeinträchtigen als Nebenwirkung die Gehirnfunktion. Sie verursachen z. B. Kopfschmerzen oder Müdigkeit und verlangsamen das Reaktionsvermögen. Gefürchtete Nebenwirkungen sind die oft nicht vorhersehbaren allergischen Reaktionen. Während der Schwangerschaft gelangen Arzneimittel über die Plazenta zum Kind. Sie können beim Embryo Fehlbildungen verursachen und beim Foetus die Organreifung, z. B. die Gehirnentwicklung, verzögern. Beim Stillen können von der Mutter eingenommene Arzneimittel vom Säugling aufgenommen werden und ihn schädigen oder belasten. Je stärker die Hauptwirkung eines Arzneimittels ist, umso größer ist meist auch die Gefahr von Nebenwirkungen. So hat z. B. das entzündungshemmende Cortison, wenn es hoch dosiert wird, schwere Nebenwirkungen, ist aber in manchen Fällen das einzige wirksame oder sogar lebensrettende Medikament. In jedem Einzelfall muss deshalb der Arzt vor der Verordnung den Nutzen eines Arzneimittels gegenüber den Nebenwirkungen sorgfältig abwägen und dies mit den oft verunsicherten und vom Text der Gebrauchsinformation verängstigten Patienten besprechen. Ärzte und Apotheker befassen sich während ihrer Ausbildung intensiv mit den Wirkungen und Nebenwirkungen von Arzneimitteln. Dies ist der Grund für den Ihnen allen bekannten Satz: „Zu Risiken und Nebenwirkungen fragen Sie Ihren Arzt oder Apotheker" und dafür, dass viele Arzneimittel nur nach Vorlage eines Rezeptes an den Patienten abgegeben werden dürfen. Wenn ein Patient das Arzneimittel nicht in der verordneten, sondern z. B. in der dreifachen Dosis einnimmt und deshalb Organschäden bei ihm auftreten, handelt es sich nicht um Nebenwirkungen, sondern um eine **Vergiftung** (Intoxikation).

Wechselwirkungen von Arzneimitteln

Ältere Patienten leiden häufig an mehreren und verschiedenartigen Erkrankungen. Sie besuchen deshalb neben ihrem Hausarzt meist noch mehrere Fachärzte, z. B. einen Orthopäden, Augenarzt, Gynäkologen oder Urologen. Jeder Arzt verordnet Arzneimittel in seinem Fachgebiet. Gegen einige Beschwerden kauft sich der Patient in der Apotheke auf Empfehlung des Apothekers oder von Bekannten noch zusätzliche Arznei- und Nahrungsergänzungsmittel, die er dann regelmäßig oder bei Bedarf einnimmt. Zuletzt werden dann täglich sechs bis zehn unterschiedliche Arzneimittel eingenommen, die sich vielleicht in ihrer Wirkung gegenseitig beeinflussen und bei denen sich aber auch die Nebenwirkungen auf ein organgefährdendes Ausmaß steigern können, was auch zum Tode führen kann. Die **gleichzeitige Einnahme von mehreren Arzneimitteln** kann bewirken,

- dass Arzneimittel schneller abgebaut werden, weil sie in Kombination die Abbauenzyme (z. B. in der Leber) zu stark aktivieren: Dies gilt z. B. für die gleichzeitige Einnahme von bestimmten Antibiotika und Hormonen zur Empfängnisverhütung;
- dass Arzneimittel dieselben Abbauenzyme benutzen müssen. Sie werden langsamer abgebaut, wirken länger und können sich in schädlichen und gefährlichen Konzentrationen in den Organen ansammeln;
- dass Arzneimittel dieselben Nebenwirkungen haben und dadurch das Risiko für deren Auftreten sowie für schwere Organschäden erhöhen;
- dass eine eingeschränkte Funktion von Leber und Niere den Arzneimittelabbau verzögert, wodurch sich toxische (giftige) Gewebekonzentrationen ansammeln können. In diesem Fall muss der Arzt die Dosis der noch vorhandenen Organleistung anpassen;
- dass Arzneimittel sich durch die Kombination in ihrer Wirkung gegenseitig aufheben oder verstärken, z. B. bei einer gleichzeitigen Einnahme mehrerer Beruhigungsmittel.

Bei der Einnahme von Arzneimitteln muss sorgfältig beachtet werden, zu welcher **Tageszeit** und in welchem **Abstand zu den Mahlzeiten** diese eingenommen werden sollten. Ein gefüllter Magen kann die Resorption behindern, ein nüchterner Magen erhöht bei Substanzen, die die Magenschleimhaut reizen, das Risiko für eine Schädigung bis hin zur lebensgefährlichen Magenblutung. Auch Nahrungsmittel, Nahrungsergänzungsmittel und Genussmittel (Alkohol, Koffein, Nikotin) können Einfluss auf die Wirkung eines Arzneimittels nehmen: So können Milchprodukte die Resorption verhindern, während Alkohol die Wirkung von Beruhigungs- und Schlafmitteln verstärken kann. Einige Arzneimittel, die auf die Haut aufgetragen werden oder die auf dem Blutweg in die Haut gelangen, kann starkes **Sonnenlicht** so verändern, dass Hautausschläge und allergische Hautreaktionen entstehen. Nur wenn jeder Arzt bei der Anamnese sorgfältig nach allen Arzneimitteln fragt, die der Patient einnimmt – auch nach denen, die sich der Patient selbst kauft – kann das durch Wechselwirkungen entstehende Risiko erfasst und vermieden werden.

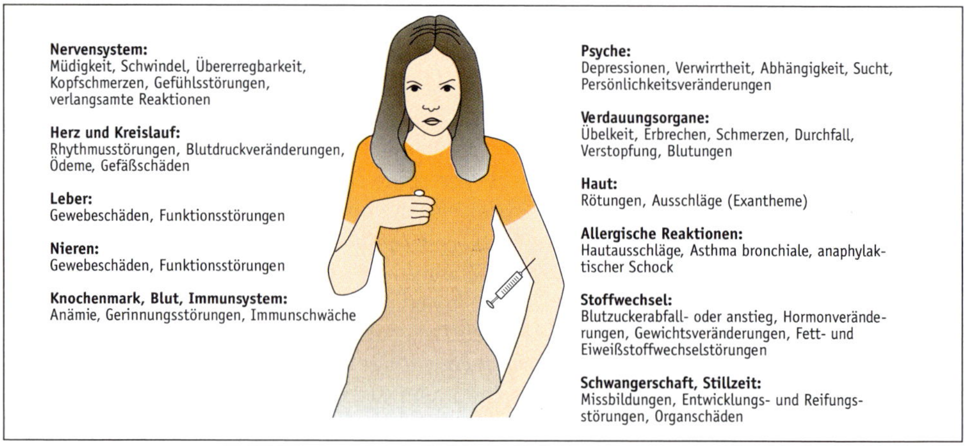

Häufige Nebenwirkungen von Arzneimitteln

Aufgabe

Warum haben Medikamente Nebenwirkungen?

6.6 Verabreichung von Arzneimitteln

Der **Wirkungseintritt**, die **Wirkungsdauer** und die **Wirkungsart** eines Arzneimittels sind abhängig von der **Applikationsart**, also von Weg und Form, wie der Arzneimittelwirkstoff in oder auf den Körper eingebracht bzw. appliziert wird. Folgende Möglichkeiten stehen zur Verfügung:

6.6.1 Enterale Applikation

Enterale Applikation bedeutet „Verabreichung über den Verdauungskanal". Das Arzneimittel wird von der Schleimhaut des Verdauungskanals resorbiert und gelangt dann in die Blutgefäße, die es zum Wirkort transportieren. Das venöse Blut von Magen, Dünndarm und Dickdarm mit Ausnahme des Mastdarmanteils fließt, bevor es in den Kreislauf gelangt, über die Pfortader zur Leber (siehe Abb.). Während der Leberpassage wird ein Teil des Arzneimittels von der Leber „entgiftet". Dabei belasten die Arzneimittelwirkstoffe die Leber und werden in ihrer Wirkung abgeschwächt.

- **oral, peroral = durch den Mund** (schlucken): Das Arzneimittel wird als Tablette, Dragee, Saft, Tropfen usw. geschluckt, löst sich im Magen oder Dünndarm auf, wird dort resorbiert, in der Leber chemisch verändert und erreicht erst nach 20 bis 30 Minuten seinen Wirkort. Erbrechen und Durchfall verkürzen die Darmpassage und verhindern die Resorption. Auch die gleichzeitige Aufnahme anderer Nahrungs-, Genuss- oder Arzneimittel kann die Resorption stören. Einige Arzneimittel belasten und reizen die Schleimhäute des Verdauungskanals und werden deshalb nüchtern schlecht vertragen.

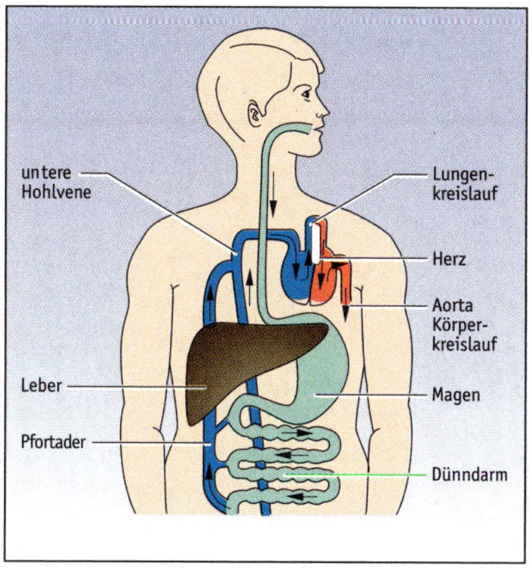

Orale Applikation mit Pfortaderkreislauf

- **rektal = über den Mastdarm** (Rektum): Das Arzneimittel wird als Zäpfchen oder Flüssigkeit (Mikroklistier) in das Rektum eingeführt. Es wirkt lokal auf der Schleimhaut und wird ohne Umweg durch die Leber in den Kreislauf aufgenommen. Die Resorption erfolgt schnell, aber unvollständig. Die rektale Applikation wird angewandt, wenn andere Applikationsarten zu schwierig oder nicht möglich sind, z. B. bei Säuglingen, bei Erbrechen oder zur Unterbrechung eines Krampfanfalls.
- **durch die Schleimhaut der Mundhöhle**: Hierdurch ist eine schnelle Aufnahme des Arzneimittelwirkstoffs in den Blutkreislauf ohne chemische Veränderung durch die Leber möglich. So kann z. B. ein Koronarmittel als Zerbeißkapsel oder Spray rasch Angina-pectoris-Anfälle beenden.

6.6.2 Parenterale Applikation

Parenterale Applikation bedeutet „Verabreichung neben (para) dem Verdauungskanal". Das Arzneimittel wird dabei **lokal** auf die Haut oder Schleimhaut, **direkt in die Blutgefäße** als Injektion oder Infusion oder durch **Inhalation** verabreicht.

Lokale (örtliche) Applikation

Das Arzneimittel entfaltet seine Hauptwirkung an dem Ort, wo es appliziert wurde. Der übrige Organismus bleibt von den Wirkstoffen weitgehend unbeeinflusst, weil das Arzneimittel so zubereitet wurde, dass meist nur geringe Mengen in die Blutgefäße gelangen. Die lokale Wirkung hält längere Zeit an.

- **cutan = auf die Haut:** Die Arzneimittel werden zur Therapie von Hauterkrankungen oder zum Schutz und zur Pflege der Haut in Form von Fettsalben, Cremes, Gelen, Puder, Pasten, Lotionen oder Emulsionen direkt auf die Haut aufgetragen. Sie entfalten ihre Wirkung vor allem in den oberen Hautschichten und durchdringen die unverletzte Haut fast nicht. Desinfektionsmittel zur Haut- und Händedesinfektion sollen die Keimzahl auf der Hautoberfläche vermindern und werden deshalb cutan aufgetragen.
- **auf die Schleimhaut:** Die Arzneimittel wirken z. B. in Form von Nasentropfen oder -sprays auf der Nasenschleimhaut, als Augentropfen oder -salben im Bindehautsack oder als Schleimhautanaesthetika auf der Rachenschleimhaut zur Linderung des Würgereizes bei der Gastroskopie.
- **vaginal = in die Scheide:** Durch Ovula oder Cremes, die zur Therapie von Scheideninfektionen oder zur Empfängnisverhütung in die Scheide eingeführt werden, entfaltet das Arzneimittel seine Hauptwirkung dort.
- **intraartikulär = in die Gelenkhöhle:** Die Gelenkhöhle ist wenig durchblutet, sodass Arzneimittel nur in geringer Konzentration dorthin gelangen. Durch die Injektion in das Gelenk können schmerzstillende, Knorpel aufbauende oder entzündungshemmende Arzneimittel zur Therapie von Gelenksentzündungen oder -verletzungen, Arthrose und Rheuma direkt im Gelenk wirken.
- **intralumbal = in den Wirbelkanal:** Bei der Epiduralanaesthesie („Rückenmarksnarkose") werden Anaesthetika in den Wirbelkanal gespritzt. Dort betäuben sie die sensiblen Rückenmarksnerven unterhalb der Injektionsstelle und machen dadurch diese Körperregion für operative Eingriffe oder unter der Geburt schmerzfrei.

Applikation in die Blutgefäße

- **intramuskuläre (i.m.) Injektion:** Der Arzneiwirkstoff wird vom gut durchbluteten Muskelgewebe schnell in den Kreislauf aufgenommen, sodass die Wirkung nach 10 bis 15 Minuten eintritt. Nur tief in den Muskel dürfen auch ölige Lösungen gespritzt werden, die als Depot ein Arzneimittel über Tage abgeben.
- **subcutane (s.c.) Injektion:** Über die wenigen Blutgefäße im Unterhautgewebe gelangen Arzneimittel verzögert in den Kreislauf. Sie haben eine längere Wirkdauer und stimulieren das Immunsystem. Subcutan werden z. B. Insulin, Heparin zur Thromboseprophylaxe, Impfstoffe, Eigenblut oder Hyposensibilisierungslösungen injiziert.
- **intracutane Injektion:** Injektionen in die obere Hautschicht werden bei der Quaddelung zur Schmerztherapie und der Tuberkulintestung verwendet. Die Wirkung bleibt auf den Injektionsort beschränkt.
- **intravenöse (i.v.) Injektion:** Wenn ein Arzneimittel in die Vene gespritzt wird, verteilt es sich sofort im Kreislauf und wirkt innerhalb von Minuten. Die Gefahr akuter und schwerwiegender Nebenwirkungen ist bei dieser Applikationsart am größten. Deshalb sollte die i.v.-Injektion nur vom Arzt selbst durchgeführt werden. Über die Venen können größere Mengen an Arzneimitteln, Flüssigkeit, Mineralien und Nährstoffen als **Kurz- oder Dauerinfusion** in den Kreislauf geleitet werden. Patienten, die z. B. nach einer Darmoperation längere Zeit nichts essen dürfen, können über eine Dauerinfusion „künstlich ernährt" werden. Wenn bei schwerkranken Patienten mehrmals täglich Arzneimittel i.v. injiziert werden müssen, hält die Infusion die Vene offen.
- **intracardiale Injektion:** Die Injektion direkt in den Herzmuskel ist nur beim Kreislaufstillstand im Rahmen der Wiederbelebung erforderlich.
- **percutan (durch die Haut):** Das Medikamentenpflaster gibt die Arzneimittelwirkstoffe in gleich bleibender, geringer Dosis mehrere Tage lang durch die Haut in die Blutgefäße ab.

Inhalation

Hier werden Arzneimittel als Gase, Dämpfe oder Aerosole zur Therapie von Atemwegserkrankungen eingeatmet. Sie erreichen die Schleimhaut der Atmungsorgane direkt, schnell und in hoher Konzentration und belasten so die anderen Gewebe wenig. Inhaliert werden schleimverflüssigende, entzündungshemmende, abschwellende und krampflösende Arzneimittel. Je kleiner die eingeatmeten Tröpfchen zerstäubt sind, umso tiefer gelangen sie in die Atemwege. Um die kleinen Bronchien zu erreichen, muss das Arzneimittel unter Druck durch Treibgas (Spray) oder in einem Inhaliergerät vernebelt werden.

6.6.3 Injektionen

Eine Injektion wird verabreicht, wenn

- ein Arzneimittel besonders schnell (intravenöse Injektion) oder über einen längeren Zeitraum (Depotpräparate) wirken soll,
- eine enterale Verabreichung nicht ausreichend oder nicht möglich ist, z. B. wegen Bewusstseinsstörungen oder Erkrankung der Verdauungsorgane,
- ein Arzneimittel nur in dieser Applikationsform zur Verfügung steht, z. B. Heparin,
- der Arzt sicher gehen will, dass der Patient das Arzneimittel in der verordneten Dosis auch bekommt, z. B. bei fehlender Mitarbeit (Compliance) des Patienten,
- die psychologische Wirkung einer Injektion genutzt werden soll (sofortige Hilfe, „die Praxismitarbeiter tun etwas für mich").

Die Medizinische Fachangestellte ist für die sorgfältige Vorbereitung der Injektion oder Infusion verantwortlich. Dabei muss sie

- auf Hygiene und Sterilität achten,
- die vom Arzt vorgegebene Dosis genau einhalten, insbesondere, wenn nur Teilmengen aus der Ampulle aufgezogen werden sollen oder der Infusion weitere Ampullen beigemischt werden,
- das Arzneimittel genau nach der Gebrauchsinformation zubereiten,
- das richtige Arzneimittel dem richtigen Patienten zuordnen,
- den Notfallkoffer (siehe Lernfeld 5, Kap. 4.9 im 2. Band dieser Reihe) für unerwartete Zwischenfälle oder allergische Reaktionen bereithalten.

In der Hausarztpraxis werden immer wieder dieselben Arzneimitteln injiziert. Die Medizinische Fachangestellte sollte die Gebrauchsinformationen dieser Arzneimittel kennen. Sie muss unbedingt über die Wirkung, die zu erwartenden Nebenwirkungen, die genaue Zubereitung und die erlaubten Applikationsarten des Arzneimittels Bescheid wissen. Sie trägt außerdem die Verantwortung für die richtige Lagerung der Ampullen und Infusionslösungen, z. B. im Kühlschrank oder lichtgeschützt.

Vorbereitung der Injektion

1. Injektionen immer erst unmittelbar vor der Verabreichung zubereiten bzw. aufziehen.
2. Die Medizinische Fachangestellte wählt die vom Arzt verordnete Injektionslösung. Sie überprüft die Haltbarkeit, die Verpackung und den Inhalt der Ampulle oder Infusion. Die Injektionslösung darf keine Trübungen, Verfärbungen oder Ausflockung aufweisen.
3. **Auswahl von Spritze und Kanüle:**
   Für die Injektion werden nur sterile Einmalspritzen und Einmalkanülen verwendet. Der Spritzenansatz der Kanüle und der Kanülenansatz der Spritze (Konus) müssen aufeinander passen. Das Fassungsvermögen der Spritze (1 ml, 2 ml, 5 ml, 10 ml, 20 ml) entspricht dem Ampulleninhalt. Wenn es keine genau passende Spritzengröße gibt, wird die nächste Größe gewählt: z. B. für 3 ml Injektionslösung eine 5 ml-Spritze. Die Mengenskala auf Spritzen ermöglicht durch die aufgedruckten Teilstriche (0,1 ml oder 0,2 ml) auch ein genaues Aufziehen einer Teilmenge. Es werden zwei Kanülen vorbereitet: eine dickere Kanüle um den Ampulleninhalt in die Spritze aufzuziehen und die Injektionskanüle, die der Injektionstechnik angepasst sein muss. Kanülen gibt es in

unterschiedlichen Durchmessern und Längen. Sie sind durch die Nummern 1 bis 20 und entsprechende Farben des Kanülenansatzes gekennzeichnet. Einen Überblick zeigt die Tabelle auf der folgenden Seite.

4. Vor dem Öffnen wird die Ampulle senkrecht gehalten damit sich der Ampullenkopf vollständig entleert. Wenn der Ampullenhals mit einem auflackierten Ring oder Punkt gekennzeichnet ist, lässt sich der Ampullenhals abbrechen (Brechampulle). Bei allen anderen Ampullen muss der Ampullenhals vorher mit der Ampullensäge angesägt werden. Um Daumen und Zeigefinger vor Schnittverletzungen zu schützen, wird beim Öffnen um Ampullenhals und -kopf ein sterilisierter Zellstofftupfer gelegt. Es dürfen auch keine Glassplitter in die Injektionslösung gelangen.

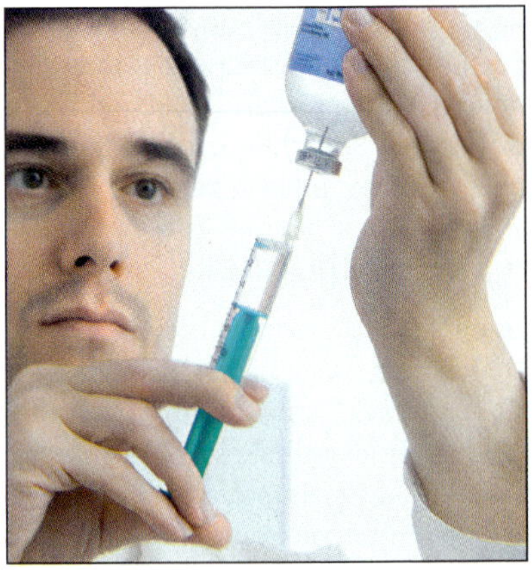

Aufziehen eines Arzneimittels aus einer Stechampulle

5. Die sterile, dicke Aufziehkanüle (Nummer 1, gelb) wird auf die passende Spritze aufgesetzt. Spritze und Kanüle werden dabei aus der sterilen Verpackung so entnommen und zusammengesetzt, dass der Kanülenansatz und der Spritzenansatz auf keinen Fall mit der Hand in Berührung kommen. Mithilfe der Kanüle zieht man die Injektionslösung aus der Ampulle in die Spritze auf. Bei Stechampullen muss zuvor die Schutzhülle entfernt werden. Die meisten Ampullen enthalten die Einzeldosis des Arzneimittels für einen Erwachsenen. Sie müssen deshalb beim Aufziehen vollständig entleert werden. Durch Schräghalten der Ampulle und Drehen der Kanüle lässt sich auch der letzte Tropfen des Arzneimittels vom Ampullenboden aufziehen Stechampullen hält man beim Aufziehen senkrecht und zieht die Kanüle immer weiter nach unten. Wenn nur eine Teilmenge entnommen wird, muss der Rest ebenfalls sofort verwendet oder entsorgt werden, weil die Injektionslösung nach dem Aufbrechen der Ampulle nicht steril bleibt. Die Aufziehkanüle wird in die Kanülensammelbox abgestreift.

6. Aufgezogene Luftblasen lassen sich entfernen, indem man die Spritze senkrecht hält und leicht gegen den Inhalt klopft. Die aufgestiegenen Luftblasen drückt man vorsichtig nach oben, bis sich der Kanülenansatz mit der Injektionslösung füllt. Geringe Luftmengen dürfen in der Spritze zurückbleiben, weil sie im Gewebe oder in der Blutbahn keinen Schaden verursachen. Zuletzt setzt man die passende Injektionskanüle mit Schutzkappe auf die Spritze. Der Kanülenwechsel ist erforderlich, weil die Spitze der Aufziehkanüle durch Kontakt mit der Glasampulle stumpf werden kann, Reste von Injektionslösung an der Außenseite der Kanüle schmerzhafte Gewebereizungen verursachen können oder ein kurze, dünne Injektionskanüle sich nicht zum Aufziehen eignet. Für Impfstoffe und einige Arzneimittel stehen Fertigspritzen mit der passenden Injektionskanüle zur Verfügung. Sie müssen entsprechend den Herstellerangaben zusammengesetzt werden.

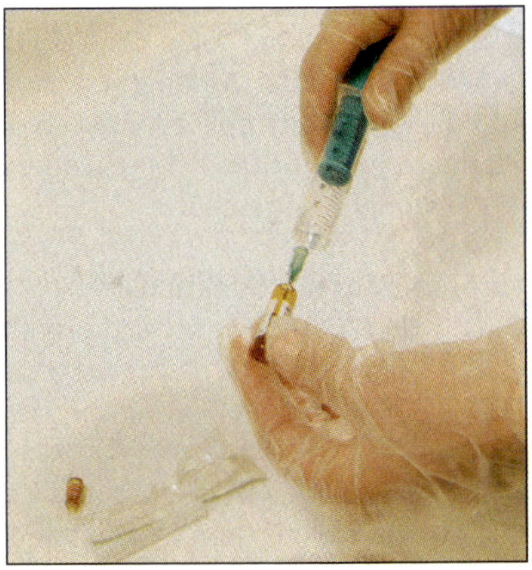

Glasampullen mit Spritze

7. Die fertig vorbereitete Spritze wird zusammen mit der entleerten Originalampulle auf das Spritzentablett gelegt. Dort befinden sich bereits drei sterilisierte Zellstofftupfer,

das Hautdesinfektionsmittel, ein Pflaster und für intravenöse Injektionen auch die Staubinde. Um Verwechslungen zu vermeiden, wird für jede Spritze ein eigenes Spritzentablett verwendet.

Farbe	Nummer	Durchmesser (außen)	Länge	Verwendung
Hellrosa		1,2 mm (18 G)	40 mm	Blutentnahme
Gelb	1	0,9 mm (20 G)	40 bis 70 mm	▪ Aufziehen von Spritzen ▪ i.m.-Injektionen von dickflüssigen und öligen Lösungen ▪ i.v.-Injektionen
Grün	2	0,8 mm (21 G)	40 bis 70 mm	▪ i.m.-Injektionen ▪ i.v.-Injektionen
Schwarz	12	0,7 mm (22G)	30 mm	▪ i.v.-Injektionen ▪ i.m.-Injektionen bei Kindern ▪ i.m.-Injektionen in Oberarm oder Oberschenkel
Blau	14 16	0,6 mm (23G)	30 mm 25 mm	▪ i.m.-Injektionen bei Säuglingen ▪ s.c.-Injektionen: 20–25 mm bei schrägem Einstich, 12 mm bei senkrechtem Einstich (z. B. Insulin, Heparin) ▪ intracutane Injektionen
Lila	17	0,55 mm (24G)	25 mm	
Braun	18	0,45 mm (26G)	25 mm	
Grau	20	0,4 mm (27G) 0,3 mm (G30)	20 mm 12 mm	

Überblick über die verschiedenen Kanülen

Injektionstechnik

Eine Injektion ist im juristischen Sinne eine Körperverletzung. Die Indikation für die Injektion und die Wahl des Arzneimittels sind ärztliche Aufgaben. Der Patient oder sein gesetzlicher Vertreter muss über die Injektion informiert werden und sein Einverständnis muss vorliegen.
Die Medizinische Fachangestellte darf Injektionen stets nur im Auftrag des Arztes durchführen. Der Arzt muss sich aber vorher davon überzeugt haben, dass sie die Technik sicher beherrscht. Die Verantwortung für die korrekte Durchführung der Injektion trägt die ausführende Medizinische Fachangestellte.

Hautdesinfektion

Jede Verletzung der Haut birgt das Risiko einer Infektion. Hauteigene und andere Keime können sich beim Durchdringen der Haut an die Kanüle legen, auf diese Weise in tiefere Gewebeschichten gelangen und dort eine Infektion auslösen. Für die Hautdesinfektion werden in der Regel alkoholhaltige, farblose Desinfektionsmittel eingesetzt. Das Hautdesinfektionsmittel wird auf die Haut aufgesprüht und mit einem sterilisierten Tupfer dort abgewischt. Dadurch wird die Haut auch von Schmutzpartikeln gereinigt. Anschließend sprüht man nochmals Desinfektionsmittel auf und lässt es 30 Sekunden lang einwirken und antrocknen.
In talgdrüsenreichen Hautbezirken (Hals und Kopf) ist die Keimzahl höher. Das Desinfektionsmittel muss mehrfach aufgetragen werden und über einen längeren Zeitraum einwirken.
Ein besonders hohes Infektionsrisiko besteht bei Injektionen in ein Gelenk (intraartikuläre Injektion) oder bei der Punktion einer Körperhöhle. Für die Hautdesinfektion verwendet man dabei ein orange gefärbtes Hautdesinfektionsmittel um Benetzungslücken sicher zu vermeiden. Das Desinfektionsmittel wird mindestens dreimal aufgesprüht und mit einem sterilen Tupfer in die Haut verrieben. Es muss jeweils 30 Sekunden einwirken und nach dem letzten Aufsprühen trocknen.

Injektionsarten

Auf der Ampulle ist angegeben, für welche Applikationsart die Injektionslösung geeignet ist. Diese Vorgaben müssen streng beachtet werden. Dickflüssige, ölige und kristallhaltige Lösungen dürfen niemals in ein Blutgefäß gespritzt werden. Sie verstopfen das Blutgefäß und das vom Blutgefäß versorgte Gewebe stirbt ab (Nekrose) oder es kann eine Embolie entstehen.

- **Intracutane Injektion = i.c.-Injektion**
  Injektion in die Lederhaut
  Anwendung: Tuberkulintest, Allergietest, „Quaddeln" zur Schmerztherapie
  Einmalspritze: 1 ml mit Unterteilungsskala in 0,1 ml
  Kanüle: kurz und dünn (16–20)
  Injektionstechnik: Die Kanüle wird flach in die Lederhaut eingestochen. Bei der langsamen und vorsichtigen Injektion von 0,1 bis 0,2 ml Injektionslösung wölbt sich die Haut zu einer Quaddel vor.

- **Subcutane Injektion = s.c.-Injektion**
  Injektion in das Unterhautfettgewebe (Subcutis).
  Anwendung: Injektion von wässrigen Lösungen wie z. B. Insulin oder Heparin, Impfungen, Hyposensibilisierung.
  Injektionstechnik: Das Fettgewebe enthält wenige Blutgefäße. Das Arzneimittel wird langsam über einen längeren Zeitraum in den Blutkreislauf aufgenommen.
  Einmalspritze: 1 ml oder 2 ml, Fertigspritzen, auch mit Injektionsautomaten (z. B. Pen) möglich
  Kanüle: kurz und dünn (14 bis 18),
  Als Injektionsorte eignen sich alle Körperstellen mit einer dickeren Fettschicht:
  - das obere Drittel der Oberschenkelvorderseite,
  - das mittlere Drittel der Außenseite des Oberarms und
  - die Bauchdecke um die Nabelgegend

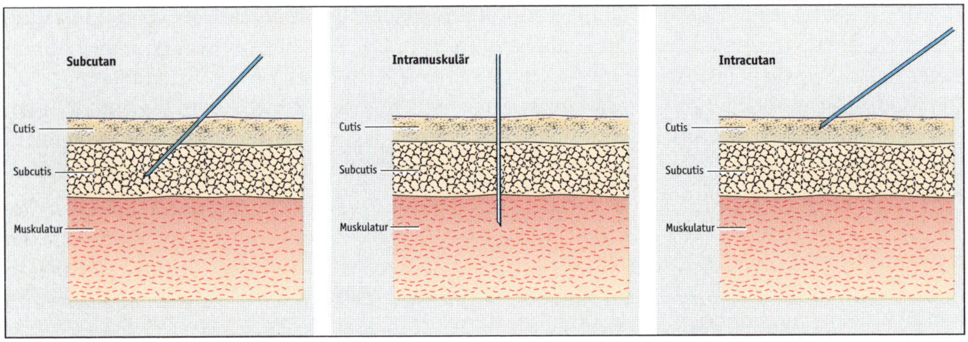

Schematische Darstellung einer s.c.-Injektion, einer i.m.-Injektion und einer i.c.-Injektion.

Für die Injektion fasst man mit der linken Hand eine Hautfalte und sticht die Kanüle im Winkel von 45 °C ungefähr 2 cm tief in die Hautfalte ein. Dazu hält die rechte Hand die Spritze wie einen Stift. Durch vorsichtiges Zurückziehen des Spritzenkolbens, vergewissert man sich, dass nicht in ein Blutgefäß gestochen wurde. Anschließend wird die Injektionslösung mit leichtem Druck ins Fettgewebe gespritzt. Nach der Injektion zieht man die Kanüle im Einstichwinkel heraus und drückt einen Tupfer auf die Einstichstelle. Falls sich Blut aspirieren lässt, muss die Injektion mit einer neuen Kanüle an einem anderen Injektionsort erfolgen.

Bei der Injektion von Heparin oder einfachem Insulin kann auf die Aspiration verzichtet werden, da diese Arzneimittel auch intravenös verabreicht werden können und die Aspirationsprobe eine zusätzliche Belastung für das Gewebe ist.

Bei Fertigspritzen (z. B. Heparin) oder Injektionsautomaten (z. B. Insulin-Pen) mit sehr kurzen Kanülen wird die Kanüle senkrecht und vollständig in die Haut eingestochen.
Die subcutane Injektion kann vom Patienten selbst durchgeführt werden, z. B. vom Diabetiker für die Insulininjektionen. Für die postoperative Thromboseprophylaxe spritzt sich der Patient selbst oder ein Angehöriger die tägliche Heparindosis. Zu den Aufgaben der Medizinischen Fachangestellten gehört es, dem Patienten die Injektionstechnik genau zu erklären.

- **Intramuskuläre Injektion = i.m.-Injektion**
  Injektion in den Muskel
  Weil Muskelgewebe gut durchblutet ist, wird das Arzneimittel schnell in den Blutkreislauf aufgenommen. Das Risiko für Nebenwirkungen und allergische Reaktionen ist deshalb hoch. Durch falsche Injektionstechnik können dem Patienten bleibende Schäden zugefügt werden.
  - Wenn die Regeln der Sterilität nicht genau beachtet werden, kann sich im Muskelgewebe ein Spritzenabszess bilden. Das ist für den Patienten äußerst schmerzhaft und das zerstörte Muskelgewebe kann zu bleibenden Funktionsstörungen des Muskels führen.
  - Durch die versehentliche Injektion von öligen und kristallinen Lösungen in ein Blutgefäß kann eine Embolie und dadurch ein Gefäßverschluss mit nachfolgender Nekrose (Gewebezerstörung) entstehen.
  - Wenn das Arzneimittel nicht tief genug, also nur in das Fettgewebe, injiziert wird, kann es dort eine schmerzhafte Gewebereizung (Entzündungsreaktion) auslösen. Auch die Wirkung des Arzneimittels (z. B. bei Impfungen) fehlt oder ist eingeschränkt.
  - Ein Hämatom (Bluterguss) bildet sich, wenn bei der Injektion ein Blutgefäß angestochen wurde. Bei Patienten mit gehemmter Blutgerinnung (z. B. Einnahme von Marcumar®) darf deshalb keine intramuskuläre Injektion erfolgen.

  Anwendung: Injektion von wässrigen, kristallinen oder öligen Lösungen, Depotpräparaten (z. B. Vitamine oder Hormone) und Impfstoffen
  Einmalspritze: 1 ml, 2 ml oder 5 ml
  Kanüle: dick (1 oder 2) und lang. Die Kanüle muss so lang sein, dass sie durch die Fettschicht hindurch bis ins Muskelgewebe reicht. Für adipöse Patienten gibt es längere Kanülen.
  Bei jeder intramuskulären Injektion muss immer durch die **Aspirationsprobe** sicher gestellt sein, dass die Kanüle nicht in einem Blutgefäß liegt. Wenn beim Zurückziehen des Spritzenkolbens Blut in die Spritze aufgesaugt wird, muss die Kanüle wieder herausgezogen werden. Nach Auswechseln der Kanüle erfolgt ein weiterer Injektionsversuch auf der anderen Körperseite.
  Falls die Kanülenspitze auf den Knochen trifft, genügt es, die Kanüle etwas zurückzuziehen. Als Injektionsorte eignen sich der Gesäßmuskel, der Deltamuskel und der Oberschenkelmuskel.
  - **Ventrogluteale Injektion:** Injektion in die Gesäßmuskulatur nach v. Hochstetter (s. Abb. S. 408, links)
    Die Injektion darf nur im oberen, äußeren Viertel der Gesäßhälfte erfolgen. Für die Wahl des richtigen Injektionsortes legen Sie die Zeigefingerspitze auf den vorderen oberen Darmbeinstachel und die Mittelfingerspitze auf den Darmbeinkamm. Dabei benutzen Sie die linke Hand für den rechten Oberschenkel und umgekehrt. Zeige- und Mittelfinger bilden ein V. Vor der Injektion muss das so entstehende Dreieck gedreht werden, sodass der Handballen auf dem Trochanter major liegt. An dieser Injektionsstelle besteht keine Gefahr für eine Verletzung des Ischiasnervs. Eine fehlerhafte Injektion in den Beinnerv löst starke Schmerzen aus und kann bleibende Gefühlsstörungen und Lähmungen am Bein verursachen.

Die Injektionsnadel wird bei adipösen Patienten senkrecht, bei schlanken Patienten etwas flacher in Richtung Bauch zügig eingestochen. Damit das Muskelgewebe bei der Injektion nicht verkrampf ist, wird der Patient gebeten, die Muskulatur bewusst zu entspannen. Er liegt während der Injektion bauchwärts auf der Liege oder steht auf dem anderen Bein und lässt das Injektionsbein unbelastet.

Bei Kindern und sehr adipösen Patienten oder wenn die tastenden Hände besonders groß oder klein sind, kann die Injektionstechnik nach v. Hochstetter nicht angewendet werden. Es empfiehlt sich, zusammen mit dem Arzt eine Technik zu entwickeln, mit der Sie auch unter diesen Umständen den korrekten anatomischen Injektionsort finden können.

- **Injektion in den Deltamuskel am Oberarm** (s. Abb. unten, mitte): Die Injektionsstelle liegt in der Mitte des dreieckigen Deltamuskels, ungefähr 5 cm senkrecht unter der Schulterhöhe. Sie eignet sich nur für kleine Injektionsmengen (0,5 bis 2 ml). Für viele Impfungen wird die Injektion in den Deltamuskel empfohlen, weil es bei diesem Injektionsort zu einer besseren Antikörperbildung kommt. Da einige Impfstoffe gewebereizende Zusätze enthalten, injiziert man immer in den Arm, den der Patient weniger benutzt, also beim Rechtshänder in den linken Arm.
- **Injektion in die Oberschenkelmuskulatur** (M. vastus lateralis, s. Abb. unten, rechts): Sie wird bei Säuglingen, Kleinkindern und Patienten mit schwachen Muskeln durchgeführt. Für die Wahl der richtigen Injektionsstelle stellt man sich eine Verbindungslinie zwischen dem großen Rollhügel (Trochanter) des Oberschenkelknochens und der Kniescheibe vor. Die Injektion erfolgt im mittleren Drittel dieser Linie.

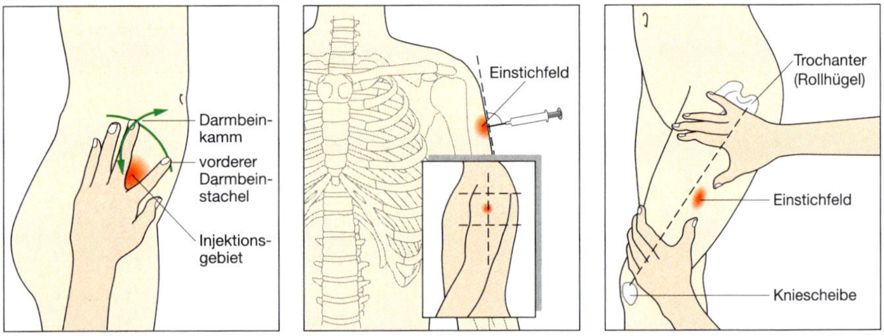

a) Ventrogluteale Injektion in die Gesäßmuskulatur nach v. Hochstetter
b) Injektion in den Deltamuskel am Oberarm
c) Injektion in die Oberschenkelmuskulatur

Schematische Darstellung einer s.c.-Injektion, einer i.m.-Injektion und einer i.c.-Injektion.

Für die intramuskuläre Injektion spannen Sie die Haut leicht mit Daumen und Zeigefinger. Mit der anderen Hand halten Sie die Spritze wie einen Stift und stechen schnell und kräftig bis tief in den Muskel hinein. Nach der Aspirationsprobe injizieren Sie das Arzneimittel langsam und vollständig. Beobachten Sie dabei den Patienten. Unterbrechen Sie die Injektion, wenn der Patient über Unwohlsein oder starke Schmerzen klagt. Nach erfolgter Injektion ziehen Sie die Kanüle schnell heraus. Drücken Sie mit kreisenden Bewegungen einen Tupfer auf die Injektionsstelle. Dadurch verteilen Sie das Arzneimittel besser im Gewebe und verschließen den Stichkanal.

- **Intravenöse Injektion = i.v. – Injektion und Infusion**
  Injektion in eine Vene
  Anwendung: Arzneimittel, die sofort wirken sollen, Infusionen werden eingesetzt, wenn größere Mengen von Arzneimitteln (mehr als 50 ml) oder Flüssigkeiten über eine Vene verabreicht werden müssen.

Die Verabreichung von Arzneimitteln in eine Vene und damit sofort in den Blutkreislauf ist eine ärztliche Aufgabe. Die MFA bereitet für die Injektion vor und assistiert dem Arzt.
Einmalspritze: 2 bis 20 ml oder Infusionsflasche: 50 ml bis 1000 ml
Kanülen: längere und dickere Kanülen (1 oder 2) oder **Venenpunktionssysteme**

- bei größeren Injektionsmengen oder mehreren Injektionen sind **Flügelkanülen** („Butterfly- Kanülen") besser geeignet: am Ende einer kurzen Kanüle befinden sich zwei biegsame schmetterlinsartige Plasikflügel und ein längerer dünner Schlauch. Mit den Plastikflügeln wird die Kanüle während des Einstichs gehalten und während der Injektion mit Pflasterstreifen fixiert. Am Ansatzstück des beweglichen Schlauchendes wird die Spritze oder Kurzinfusion aufgesteckt.
- für Infusionen verwendet man flexible **Venenverweilkanülen** (z. B. Braunüle®, Viggo®): Metallkanülen, die in einem Kunststoffröhrchen stecken. Damit wird die Vene punktiert. Anschließend zieht man die Metallkanüle vorsichtig zurück und das Kunststoffröhrchen bleibt in der Vene liegen. Es ist so weich, dass es auch bei Bewegung die Venenwand nicht durchsticht. Für die Fixierung auf der Haut gibt es Spezialpflaster. Am Ansatzstück des Kunststoffröhrchens wird die Spritze aufgesetzt oder der Infusionsschlauch festgeschraubt. Das Ansatzstück kann nach der Infusion mit einem sterilen Schraubverschluss verschlossen werden.

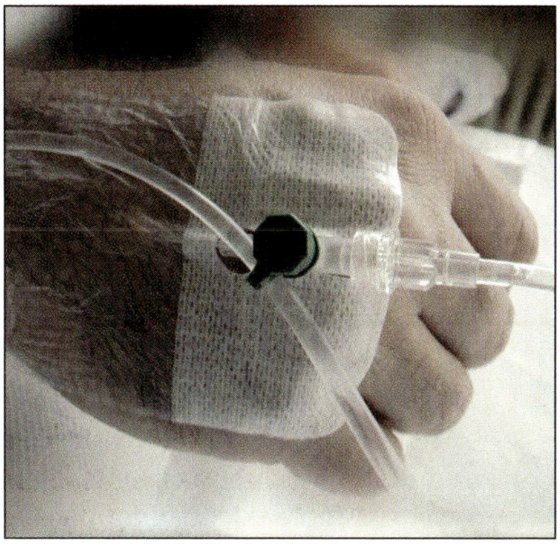
Venenverweilkanüle

Für die Venenpunktion benötigt der Arzt außerdem noch Schutzhandschuhe, einen Venenstauer und ein Lagerungskissen für den Arm. Der Patient liegt während der Injektion auf einer Liege oder sitzt auf einem Stuhl, der bei Zwischenfällen sofort in die Liegeposition gebracht werden kann.
Der Arzt legt den Venenstauer locker um den Arm des Patienten. Er sucht und tastet nach einer passenden Vene. Dann desinfiziert er sorgfältig die Haut über der geplanten Punktionsstelle. Jetzt wird der Venenstauer zugezogen, bis die Vene deutlich erkennbar ist. Mit der Kanüle sticht er schräg in die Vene ein, darf aber nicht durchstechen. Dabei liegt die Spitze der Kanüle direkt auf der Haut und die angeschliffene Öffnung zeigt nach oben. Wenn die Kanülenspitze richtig in der Vene liegt, fließt Blut in die Punktionskanüle zurück und lässt sich leicht in die Spritze ansaugen. Jetzt wird der Venenstauer sofort geöffnet und das Arzneimittel langsam in die Vene injiziert. Während der Injektion oder Infusion muss der Patient sorgfältig beobachtet werden, ob Unverträglichkeitsreaktionen auftreten.
Nach der Injektion zieht der Arzt die Kanüle aus der Vene und komprimiert den Einstichkanal mit dem bereit gelegten Tupfer. Der Arm darf dabei nicht angewinkelt werden, weil die Muskelkontraktion den Blutfluss verstärkt. Bei Patienten mit gestörter Blutgerinnung müssen mehrere Tupfer über einen längeren Zeitraum aufgedrückt werden. Wenn die Blutung gestillt ist, wird die Einstichwunde mit einem Pflaster verschlossen.

Vorbereitung einer Infusion:
Eine besondere Form der intravenösen Injektion stellt die Infusion dar. Hier wird dem Patienten eine größere Menge Flüssigkeit kontinuierlich über einen längeren Zeitraum infundiert. Verwendet wird dazu die mit einem sterilen Gummistopfen verschlossene Infusionsflasche, eine Aufhängevorrichtung für die Infusionsflasche, z. B. ein Infusions-

ständer, sowie das ebenfalls sterile Infusionsbesteck zur einmaligen Verwendung. Das Infusionsbesteck besteht aus einem durchsichtigen Gummischlauch mit einer Tropfkammer und einem Durchflussregler zum Einstellen der Tropfgeschwindigkeit. Am oberen Ende der Tropfkammer befinden sich ein Entlüftungsventil und eine dicke kurze Durchstechkanüle. Das Schlauchende lässt sich an der Venenverweilkanüle festschrauben (Herstellersysteme beachten!).

1. Entfernen Sie zuerst vorsichtig die Schutzfolie vom sterilen Verschlussstopfen der stehenden Infusionsflasche.
2. Wenn der Infusionslösung noch weitere Arzneimittel zugefügt werden müssen, ziehen Sie die benötigten Ampullen steril in passende Spritzen auf. Injizieren Sie mit einer dicken sterilen Kanüle den Spritzeninhalt durch den Verschlussstopfen in die Infusionslösung. Notieren Sie sofort den Namen und die Menge der zugefügten Arzneimittel deutlich sichtbar auf dem Etikett der Infusionsflasche.
3. Entnehmen Sie das Infusionsbesteck aus der sterilen Verpackung. Entfernen Sie die Schutzhülle von der Durchstichkanüle und drücken Sie diese Kanüle fest in den Verschlussstopfen der Infusionsflasche.
4. Drehen Sie jetzt die Infusionsflasche um und hängen Sie sie mit dem Infusionsschlauch nach unten am Infusionsständer auf.
5. Öffnen Sie das Entlüftungsventil und drücken Sie so oft die Tropfkammer zusammen, bis sie sich zur Hälfte gefüllt hat.
6. Nun öffnen Sie vorsichtig die Radklemme am Durchflussregler und lassen die Infusionsflüssigkeit langsam durch den Infusionsschlauch fließen. Wenn die Flüssigkeit das Verschlussende erreicht hat, schließen Sie die Radklemme wieder. Kleine Luftblasen im Schlauchsystem dürfen Sie belassen, sie schaden dem Patienten nicht.
7. Jetzt ist der Schlauch entlüftet und kann nach der Venenpunktion sofort aufgeschraubt und so mit der Venenverweilkanüle fest verbunden werden. Beachten Sie auch dabei die Sterilität und fassen Sie die beiden Verbindungsstücke nur außen an.

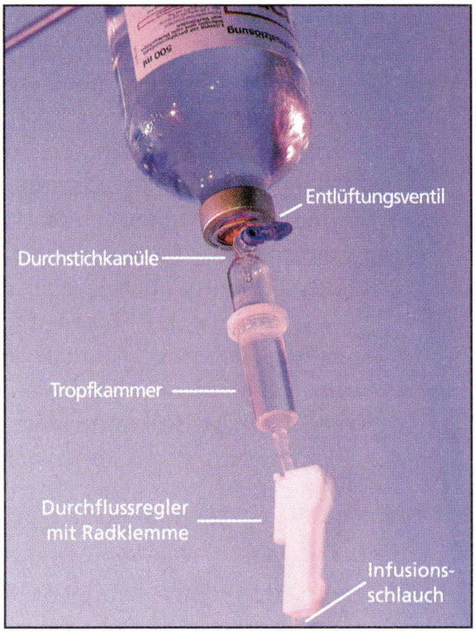

Infusionsbesteck

Viele Fehler können Sie bereits im Vorfeld vermeiden, wenn sie bei jeder Injektion folgende Punkte beachten:

- Verschiedene Injektionslösungen dürfen nicht in einer Spritze miteinander gemischt werden. Jede Injektionslösung wird in einer eigenen Spritze aufgezogen und an verschiedenen Injektionsorten, z. B. Deltamuskel und Gesäßmuskel, gespritzt. Beim Mischen von Injektionslösungen kann es zu Ausflockungen kommen. Die dabei entstandenen Teilchen verstopfen die Kapillaren und das betroffene Gewebe stirbt ab.
- Injektionen dürfen nur in gesundes und intaktes Gewebe verabreicht werden, keine Injektionen in Narbengewebe, Wunden, entzündetes Gewebe, Tumorgewebe oder gelähmte Körperteile verabreichen.

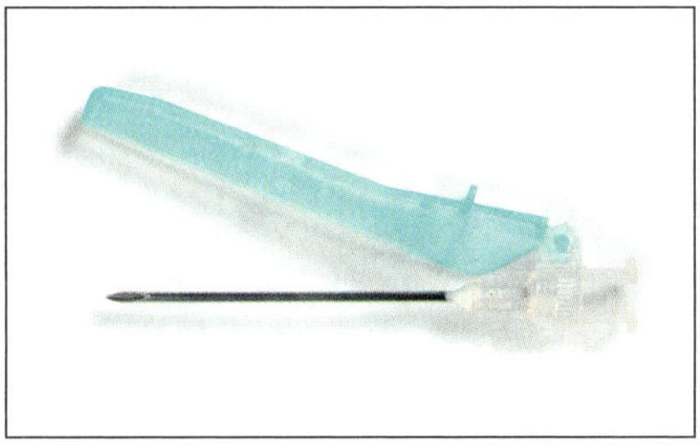
Sicherheitseinmalkanüle

- Vor der Injektion nochmals das Arzneimittel kontrollieren zum Schutz vor Verwechslungen.
- Informieren Sie den Patienten bei einer Injektion darüber, was sie gerade tun und warum Sie es tun. Lenken Sie ängstliche Patienten durch ein Gespräch ab.
- Die sorgfältige Hautdesinfektion schützt den Patienten vor einem Spritzenabszess.
- Injektionen immer am sitzenden oder liegenden Patienten durchführen: beim plötzlichen Auftreten von Übelkeit oder Schwindel kann sich der Patient nicht verletzen.
- Arzneimittel langsam injizieren und den Patienten dabei beobachten. Unterbrechen Sie die Injektion, wenn der Patient plötzlich über starke Schmerzen oder Unwohlsein klagt.
- Entsorgen Sie die gebrauchten Kanülen sofort nach der Injektion in einer durchstichfesten Kanülenbox. Einen besseren Schutz vor Nadelstichverletzungen garantieren Ihnen die Sicherheitskanülen mit einhändig aktivierbarem Nadelschutz. Der Nadelschutz ist an der Kanüle befestigt und umschließt sofort nach der Injektion die ganze Kanüle irreversibel (s. Abb. auf S. 410 unten).
- Überwachen Sie den Patienten nach der Injektion noch für einige Minuten, um allergische Reaktionen zu erkennen. Der Notfallkoffer steht für Zwischenfälle bereit.
- Bei jeder Injektion sollte der Arzt in der Praxis anwesend sein. Er kann bei unerwarteten schweren Nebenwirkungen die erforderlichen Notfallmaßnahmen einleiten.

Aufgaben

1. Wovon hängt die Wahl der richtigen Spritze und Kanüle ab?
2. Erklären Sie einer neuen Kollegin, wie eine Ampulle geöffnet und die Injektionslösung daraus aufgezogen wird.
3. Welche Injektionsstellen eignen sich
   a) für die subcutane Injektion
   b) für die intramuskuläre Injektion?
4. Warum muss eine Aspirationsprobe durchgeführt werden?
5. Welche Gefahren oder Fehler können bei einer intramuskulären Injektion auftreten?
6. Warum darf die intravenöse Injektion nur durch einen Arzt durchgeführt werden?
7. Was bereiten Sie für das Anlegen einer Infusion vor und welche Arbeitsschritte führen Sie selbst durch?
8. Erklären Sie einem Patienten, wie er eine Insulininjektion selbst durchführt.

6.7 Aufbewahrung und Entsorgung von Arzneimitteln

In der Praxis werden die Arzneimittel in einem sauberen, verschließbaren **Arzneimittelschrank** aufbewahrt, der sie auch vor Hitze, Kälte, Licht und Feuchtigkeit schützt. Sie dürfen nur für den Arzt und die Medizinischen Fachangestellten erreichbar sein.
Alle Arzneimittel müssen vor dem Zugriff durch Kinder, Patienten oder unbefugte Personen gesichert werden. Vor allem der Zugang zu Beruhigungs-, Schlaf- und Schmerzmitteln darf, um einem Missbrauch vorzubeugen, nicht möglich sein. Für einige Arzneimittel und Hormonpräparate, Impfstoffe, Seren und Hyposensibilisierungslösungen ist die Aufbewahrung im Kühlschrank bei einer Temperatur von 4 °C vorgeschrieben. Auch der **Kühlschrank** muss verschlossen oder für Unbefugte und Kinder unerreichbar sein. Bei Impfstoffen darf die Kühlkette (z. B. beim Abtauen oder einer Funktionsstörung des Kühlschranks) nicht unterbrochen werden, da sie sonst ihre Wirkung verlieren.
Die Arzneimittel werden erst kurz vor der Anwendung aus dem Kühlschrank entnommen und zubereitet. Betäubungsmittel müssen, von den anderen Arzneimitteln getrennt, im **„Giftschrank"**, einem abgeteilten, stets verschlossenem Fach des Arzneimittelschranks unter doppeltem Verschluss oder im Safe aufbewahrt werden. Den Schlüssel dafür trägt der Arzt bei

sich. Über den Einkauf, die Entnahme und den Verbleib von **Betäubungsmitteln** muss der verantwortliche Arzt ein Betäubungsmittelbuch führen.
Um Arzneimittel schnell zu finden, werden sie in den Arzneimittelschrank nach folgenden Kriterien eingeordnet:

- Alphabet,
- Anwendungsgebiete oder Arzneimittelgruppen,
- Applikationsart (oral, rektal, parenteral, lokal).

Alle Arzneimittel sollen regelmäßig nach dem Verfalldatum überprüft und rechtzeitig verbraucht werden. Wenn Arzneimittel Veränderungen aufweisen, die ihre Wirksamkeit beeinträchtigen könnten, z. B. Trübungen, Farb- und Geruchsveränderungen, werden sie sofort entsorgt.

Entsorgung von Arzneimitteln
Arzneimittel dürfen nach dem Verfalldatum nicht mehr verwendet werden, sie sind auszusondern und zu vernichten. Bei der Entsorgung dürfen die Arzneimittelwirkstoffe auf keinen Fall in die Umwelt und den Wasserkreislauf gelangen, weil sie dort nicht vollständig abgebaut werden, sondern sich vielmehr in der Nahrungskette und im Trinkwasser anreichern. Niemand will mit jedem Schluck Wasser und jeder Mahlzeit einen Arzneimittelcocktail unbekannter Zusammensetzung mit unkontrollierbaren Wirkungen und Nebenwirkungen zu sich nehmen. Arzneimittel sollten deshalb nicht in den Hausmüll oder den Abfluss gegeben werden. Die Entsorgung ist über Sondermüllsammelstellen oder Apotheken möglich. Informationen über die aktuellen Regelungen sind beim Amt für Abfallwirtschaft erhältlich.
Nicht mehr gebrauchsfähige Betäubungsmittel müssen vor Zeugen so vernichtet werden, dass eine Wiedergewinnung des Betäubungsmittels nicht möglich ist. Besser als jede Entsorgung ist die **Abfallvermeidung**. Die folgenden Maßnahmen helfen mit, dass nicht zu viele Arzneimittel übrig bleiben:

- Regelmäßige Kontrolle des Verfalldatums: Ältere Arzneimittel nach vorne stellen und zuerst aufbrauchen.
- Ärztemuster nur dann annehmen, wenn sie auch benötigt werden, Muster rechtzeitig verbrauchen oder an die Patienten weitergeben.
- Arzneimittel in der richtigen Packungsgröße verordnen (N 1: kurzfristige Therapie, N 2: längerfristige Therapie, N 3: Dauertherapie).
- Mit den Patienten über mögliche Nebenwirkungen der verordneten Arzneimittel sprechen.

Aufgabe

1. Warum dürfen Sie einen Antibiotikasaft nach Ablauf des Verfallsdatums nicht in den Abfluss gießen?
2. Was müssen Sie bei der Aufbewahrung von Betäubungsmitteln beachten?
3. Überprüfen Sie in Ihrer Ausbildungspraxis: Sind Arzneimittel und Rezepte verschlossen aufbewahrt? Nach welchem Ordnungsprinzip sind sie eingeordnet?

6.8 Verordnung und Abgabe von Arzneimitteln

Das Arzneimittel- und das Betäubungsmittelgesetz mit der Betäubungsmittel-Verschreibungsverordnung regelt die Verordnung und die Abgabe von Arzneimitteln. Entsprechend ihren Wirkungen und Nebenwirkungen werden sie **vier Abgabekategorien** zugeteilt:

- **Freiverkäufliche Arzneimittel:** Sie dürfen außerhalb von Apotheken verkauft werden. Zu dieser Gruppe gehören Heilwässer, manche Pflanzenbestandteile, einige Vitamin- und Mineralstoffpräparate, bestimmte Desinfektionsmittel und Verbandmaterialien.
- **Apothekenpflichtige Arzneimittel:** Sie dürfen im Einzelhandel nur in Apotheken in den Verkehr gebracht werden und können dort nach eigenen Wünschen, auf Emp-

fehlung des Apothekers oder Verschreibung durch den Arzt gekauft werden. Für die Anwendung dieser Arzneimittel ist die Beratung durch den Apotheker ausreichend.

- **Verschreibungspflichtige Arzneimittel:** Arzneimittel, die ohne ärztliche Überwachung die Gesundheit von Mensch und Tier auch bei bestimmungsmäßigem Gebrauch gefährden können oder oft als Suchtmittel verwendet werden, unterliegen der Verschreibungspflicht. Sie dürfen nur nach Vorlage eines gültigen Rezeptes in Apotheken abgegeben werden. Auch Arzneimittel mit neu entdeckten Wirkstoffen gehören in den ersten Jahren nach der Zulassung in diese Gruppe.
- **Betäubungsmittel:** Betäubungsmittel verändern die Stimmungslage und den Bewusstseinszustand. Wegen der Gefahr von Persönlichkeitsveränderungen sowie psychischer und körperlicher Abhängigkeit dürfen Ärzte nur wenige der im Gesetz aufgeführten Betäubungsmittel bis zu den vorgeschriebenen Höchstmengen verordnen. Ihr Einsatz ist nur bei Patienten erlaubt, die mit anderen Arzneimitteln nicht behandelbar sind, z. B. zur Therapie von unerträglichen Schmerzen bei Krebspatienten. Die Verordnung eines Betäubungsmittels ist nur auf dem dreiteiligen, nummerierten, registrierten und dem Arzt persönlich zugeteilten Betäubungsmittelrezept möglich.

In ihrem Berufsalltag lernt eine Medizinische Fachangestellte die Wirkungen und Nebenwirkungen vieler Arzneimittel kennen.

Exkurs

Rezepte

In der Arztpraxis werden Arzneimittel auf **Arzneimittelverordnungsblättern = Rezepten** verordnet. Das Rezept ist die schriftliche Anweisung eines Arztes an einen Apotheker zur Anfertigung eines Arzneimittels für einen Patienten oder zur Abgabe eines Fertigarzneimittels an den Patienten. Die schriftliche Verordnung stellt sicher, dass der Patient in der Apotheke die richtigen Arzneimittel erhält und ermöglicht die Abrechnung der Kosten mit der Krankenkasse oder Privatversicherung. Rezepte sind **Urkunden**. Sie müssen vorschriftsmäßig erstellt und vor Diebstahl und Missbrauch geschützt werden. Nur Ärzte, Zahnärzte und Tierärzte dürfen Arzneimittel auf Rezepten verordnen. Rezepte müssen dokumentenecht ausgefüllt und deutlich geschrieben oder gedruckt sein. Der Arzt muss jedes Rezept eigenhändig unterschreiben. Mit der Unterschrift übernimmt er die Verantwortung für die Arzneimittelverordnung.
Jedes Rezept muss neben der Unterschrift des Arztes folgende Angaben enthalten, die auch von der Medizinischen Fachangestellten eingetragen werden dürfen:

- Name, Berufsbezeichnung und Anschrift des ausstellenden Arztes (meist oben aufgedruckt oder als Stempel)
- Ausfertigungsdatum.
- genaue Bezeichnung der verordneten Arzneimittel: Dies ist meist der geschützte Name, den der pharmazeutische Hersteller seinem Fertigarzneimittel gegeben hat. Weil oft mehrere Unternehmen denselben Wirkstoff unter verschiedenen Produktnamen unterschiedlich teuer verkaufen, kann auch der chemische Kurzname („Generic name") des Wirkstoffs aufgeschrieben werden, z. B. „Azetylsalizylsäure" oder „Paracetamol". Der Apotheker entscheidet, welches Produkt er abgibt. Vor dem Arzneimitteleintrag steht „Rp." (Abkürzung von recipe = erhalte, nimm).
- Darreichungsform, eventuell mit der Menge der Einzeldosis (z. B. 25 mg Tabl.), Zusätze wie „retard" (verzögerte Wirkung), „forte" (höher dosiert) oder „mite" (niedriger dosiert)
- Stückzahl, Gesamtmenge oder Packungsgröße (N1 = kleinste Packung, N2 = mittlere Packung, N3 = größte Packung für die Dauertherapie). Wenn diese Angabe fehlt, darf der Apotheker nur die kleinste Packung abgeben.

- Einnahmevorschrift („S.:" = Signatur) und Dosierung, wenn sie von den in der Gebrauchsinformation empfohlenen Angaben abweicht.
- Name und Anschrift des Patienten.
- Bei Kindern das Geburtsdatum oder Alter.

Trotzdem darf eine Medizinische Fachangestellte Arzneimittel in der Praxis immer nur nach Anordnung des Arztes dosieren, am Patienten anwenden, ihm abgeben oder empfehlen.

6.9 Arzneimittelmissbrauch

Ein Arzneimittelmissbrauch (Missbrauch = Abusus) liegt vor, wenn Arzneimittel **ohne medizinischen Grund oder in übermäßiger Dosierung** eingenommen werden. Bei Schmerz-, Beruhigungs- und Schlafmitteln oder anregenden Arzneimitteln ist die Gefahr des Missbrauchs besonders hoch. Anfangs wirken diese Arzneimittel als schnelle Problemlöser. Schmerzen, Müdigkeit, Schlafstörungen oder psychische Probleme werden aber nur, solange das Arzneimittel wirkt, also nur kurzfristig, beiseite geschoben. Die eigentlichen Ursachen werden nicht erkannt und bekämpft. Eine Heilung oder Problemlösung findet nicht statt, aber es können gefährliche Folgen des Missbrauchs auftreten:

- **Gewöhnung des Organismus an das Arzneimittel:** Daraus kann sich eine seelische Abhängigkeit mit dem dauernden Verlangen nach weiterer Einnahme entwickeln.
- **Sucht:** Einige Arzneimittel können körperliche und seelische Abhängigkeit verursachen. Dadurch entsteht ein zwanghaftes Verlangen, das Arzneimittel immer wieder einzunehmen. Weil die erwünschte Wirkung oft schnell nachlässt und um Entzugserscheinungen zu verhindern, muss die Dosis immer weiter erhöht werden.

Bei Sucht und Gewöhnung belasten die großen Wirkstoffmengen die Organe und erhöhen das Risiko für schwerwiegende Nebenwirkungen wie Persönlichkeitsveränderungen oder unheilbare Organschäden (Leber- und Niereninsuffizienz, Kreislaufversagen, chronische Gastritis).

Das Angebot an Arzneimitteln ist so groß, dass sich für jede Lebenslage oder Befindensstörung ein geeignetes Arzneimittel finden lässt. Die folgenden Beispiele zeigen, dass Arzneimittel häufig ohne medizinischen Grund, also missbräuchlich eingenommen werden:

- tägliche Einnahme von Abführmitteln, weil es mit der Verdauung nicht mehr klappt,
- der Versuch, durch Appetitzügler Gewicht ohne Hungergefühl zu verlieren,
- nicht mehr ohne Schlafmittel einschlafen zu können,
- zu wenig Schlaf oder die Nachwirkung des Schlafmittels am Morgen durch Einnahme eines anregenden Mittels ausgleichen,
- Stress und Überforderung in Beruf und Alltag nur noch mithilfe von Beruhigungsmitteln bewältigen zu können,
- Sorgen und schlechte Laune durch stimmungsaufhellende Mittel zu vertreiben,
- bei Kindern die Schulnoten und das Konzentrationsvermögen durch die Gabe von Arzneimitteln verbessern zu wollen.

Ursachen für Arzneimittelmissbrauch:

- Unkenntnis über die Wirkungen und Nebenwirkungen von Arzneimitteln,
- die Gewohnheit, oft schon von Kindheit an, jede kleine Befindensstörung mit einem Arzneimittel sofort zu beseitigen,
- Arzneimittel als Problemlöser: Probleme werden lieber zugedeckt als bearbeitet und gelöst,
- Arzneimittel als Ersatzdroge wegen ihrer euphorisierenden, anregenden oder beruhigenden Wirkung.

Vorbeugemaßnahmen:

- längerfristige Arzneimitteltherapien nur unter ärztlicher Überwachung,
- jedes Rezept muss dem Arzt vorgelegt werden, (keine im Voraus unterschriebenen Rezeptformulare in der Praxis aufbewahren!),
- Angebote für andere, nebenwirkungsarme Therapiemaßnahmen, z. B. physikalische Therapie und Akupunktur zur Schmerzbekämpfung oder autogenes Training und Änderung der Lebensführung bei Schlafstörungen,
- genügend Zeit für Gespräche mit den Patienten einplanen, um z. B. seelische Probleme oder berufliche und private Überforderung als Krankheitsursache rechtzeitig erkennen zu können.

7 Abrechnung

7.1 Arzneiverordnungsblatt (Muster 16)

Situation

Frau Dr. Schmitz erlebt in ihrer Praxis einen hektischen Vormittag. Sie verschreibt Herrn Klein, der an Durchfall leidet, ein Arzneimittel. Dem 6-jährigen Manuel, der von der Rutsche gestürzt ist, legt sie einen Verband an. Frau Bozza, die immer wieder unter Nasennebenhöhlenentzündung leidet, verschreibt sie ein Inhalationsgerät. Und Herrn Schäfer, der über Rückenschmerzen klagt, wird Krankengymnastik verordnet. „Was musste bei der Rezeptierung von Arznei-, Hilfs- und Heilmitteln noch beachtet werden?", fragt sich Katrin und wendet sich Hilfe suchend an Maria.

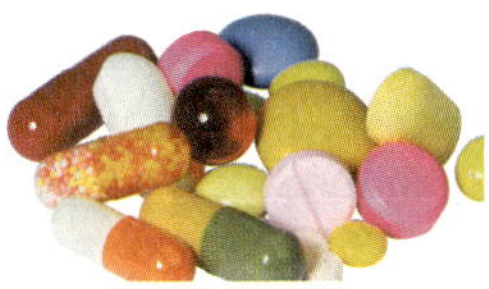
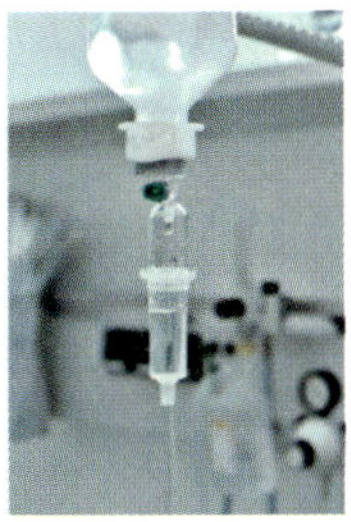
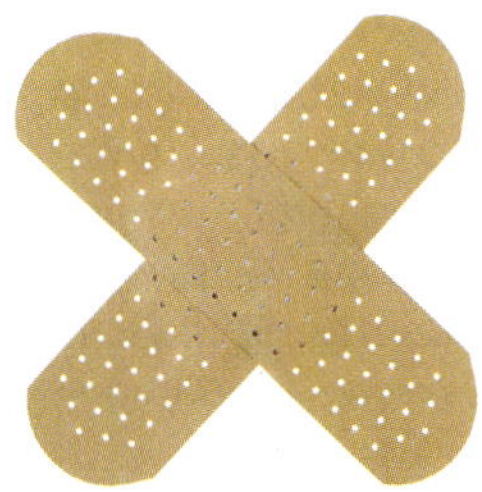
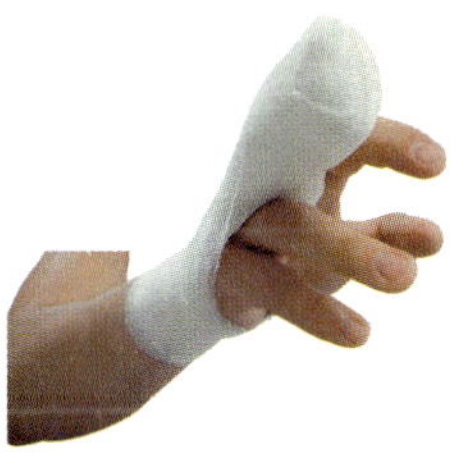
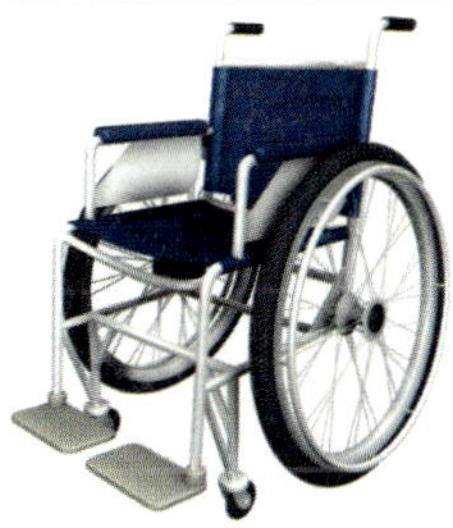
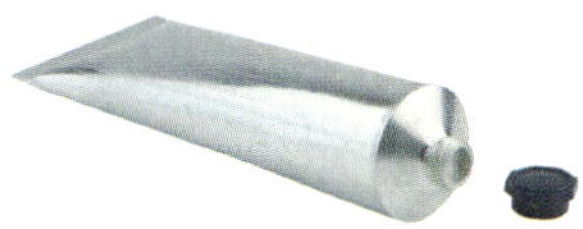

Aufgabe

Lesen Sie die Erklärungen zu den Kategorien „Arzneimittel", „Verbandmittel" und „Hilfsmittel" auf der folgenden Seite durch. Ordnen Sie die Bilder den Kategorien zu, indem Sie die oben abgebildeten Beispiele den Angaben in der Tabelle zuordnen.

Kategorie	Erklärung
Arzneimittel	Arzneimittel sind Stoffe, die am oder im menschlichen (tierischen) Organismus eine Wirkung hervorrufen sollen: ▪ Medikamente heilen, lindern oder verhüten Beschwerden oder Krankheiten, ▪ Insulin, Kortison, Hormone ersetzen körpereigene Wirkstoffe, ▪ Antibiotika, Virostatika, Fungizide bekämpfen Krankheitserreger, Parasiten oder körperfremde Stoffe, ▪ Psychopharmaka beeinflussen den seelischen Zustand des Körpers, ▪ Schlafmittel, Anabolika, die „Pille" beeinflussen die Funktion des Körpers ▪ Salben dienen der lokalen Wirkstoffapplikation auf der Haut, ▪ Kontrastmitteluntersuchungen und Szintigrafien zeigen Funktion und Zustand des Körpers auf.
Verbandmittel	Verbandmittel sind Materialien, die dazu dienen, eine Krankheit zu heilen oder Beschwerden zu lindern. Für die Verschreibung von Verbandmitteln gelten die gleichen Bedingungen wie für die Verordnung von Arzneimitteln.
Hilfsmittel	Hilfsmittel sind i. d. R. sächliche medizinische Mittel, die dazu dienen, den Erfolg der Krankenbehandlung zu sichern oder eine Behinderung auszugleichen. Versicherte haben Anspruch auf die medizinisch notwendigen, ärztlich verordneten Hilfsmittel, soweit diese nicht als allgemeine Gebrauchsgegenstände des täglichen Lebens anzusehen sind. Der Anspruch umfasst neben der Erstbeschaffung auch eine notwendige Änderung und Instandsetzung des Hilfsmittels.
Zuzahlung	Die Patienten zahlen 10 % der Kosten, mindestens 5,00 EUR, aber höchstens 10,00 EUR. Für Hilfsmittel, die verbraucht werden, z. B. Inkontinenzwindeln, ist die Zuzahlung auf 10,00 EUR/Monat beschränkt.

Funktion und Grundsätze

Über das Arzneiverordnungsblatt (Muster 16) werden sowohl verschreibungspflichtige Arznei- und Verbandmittel als auch Hilfsmittel verschrieben. Während maximal drei Verbandmittel und/oder Arzneimittel auf einem Vordruck rezeptiert werden dürfen, müssen Hilfsmittel immer gesondert aufgeschrieben werden. Der Empfang des Hilfsmittels ist vom Patienten auf der Rückseite des Rezeptes zu quittieren. Bei der Verordnung von Hilfsmitteln muss neben der Diagnose die Produktart (oder 7-stellige Positionsnummer), die Anzahl und ggf. die Herstellungsart angegeben werden.

Hilfsmittel müssen immer getrennt von den Arznei- und Verbandmitteln rezeptiert werden.

Die Seh- und Hörhilfe wird nicht über das Rezept verordnet, sondern über eigenständige Vordrucke (Muster 8 und 15). Betäubungsmittel dürfen ebenfalls nicht über das Muster 16 rezeptiert werden. Bei der Verordnung von Fertigarzneimitteln muss die Packungsgröße mit N1, N2 oder N3 angegeben werden. Um Missbrauch auszuschließen müssen Freiräume auf dem Arzneiverordnungsblatt entwertet werden. Gültigkeit erlangt die Verordnung, wenn sie mit dem Vertragsarztstempel und der Unterschrift des Vertragsarztes versehen ist. Dieser Vordruck darf nicht an andere Vertragsarztpraxen abgegeben werden, falls diese z. B. vergessen haben sollten, neue Formulare zu bestellen. Der Vordruck trägt eine persönliche Arztnummer in der Codierzeile, die niemals beschriftet werden darf, zur Erfassung der Verordnungen. Zur Erfassung der verordneten Arzneimittel wird die lebenslange Arztnummer (LANR) zugrunde gelegt. Deshalb sollten die Arztunterschrift bzw. der verordnende Arzt und die LANR übereinstimmen.

Aufgaben

1. Welche Funktion erfüllt das Arzneiverordnungsblatt (Muster 16) und welche Grundsätze müssen bei Verordnungen eingehalten werden?
2. Ermitteln Sie die zurzeit gültigen Zuzahlungen bei den Arzneimitteln.
3. Ordnen Sie die in der Tabelle angegebenen Nummern den Feldern auf dem Arzneiverordnungsblatt zu.

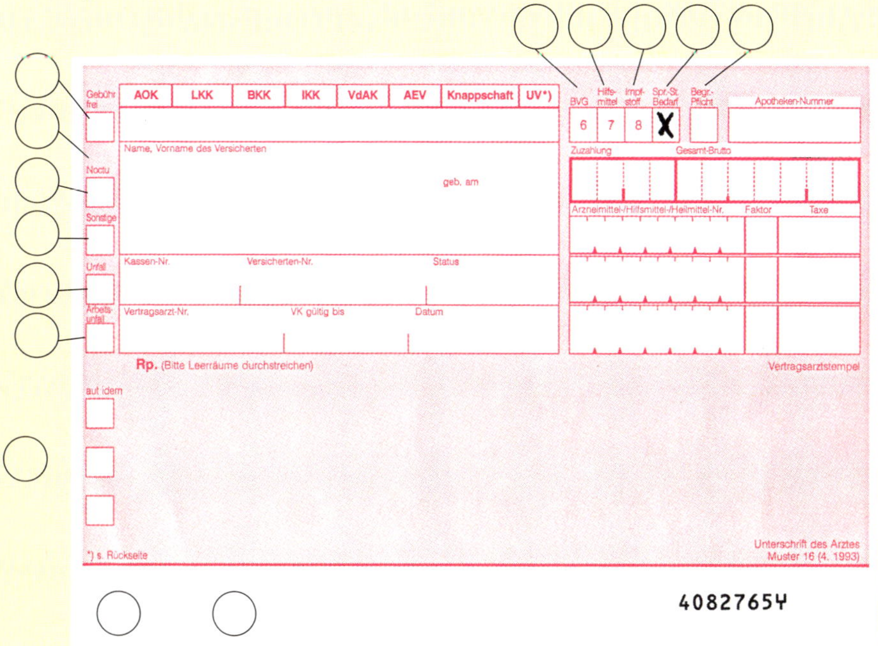

Nr.	Feld	Erklärungen
①	Gebühr frei	Dieses Feld ist nur anzukreuzen bei … ▪ Patienten bis 18 Jahren. ▪ Verordnungen, die bei Schwangerschaftsbeschwerden oder im Rahmen mit der Entbindung erfolgen. ▪ Verordnungen zulasten eines Unfallsversicherungsträgers. ▪ Patienten, die einen gültigen Befreiungsausweis vorgelegt haben, oder bestimmten sonstigen Kostenträgern.
②	Gebührenpflichtig	Dieses Feld muss in allen anderen Fällen angekreuzt werden.
③	noctu	Dieses Feld sollte angekreuzt werden, wenn der Patient die Verordnung während der Ladenschlusszeiten einlösen muss, z. B. weil mit der Einnahme des Arzneimittel umgehend begonnen werden muss. Der Patient ist dann von der Zahlung der Notdienstgebühr befreit.
④	Sonstige	Dieses Feld ist anzukreuzen, wenn die Verordnung zulasten eines Sonstigen Kostenträgers, z. B. dem Bundesamt für Zivildienst bei Zivildienstleistenden, erfolgt.
⑤	Unfall	Dieses Feld ist anzukreuzen, wenn die Verordnung im Zusammenhang mit den Folgen eines privaten Unfalls steht.
⑥	Arbeitsunfall	Dieses Feld ist anzukreuzen, wenn die Verordnung zulasten eines Unfallversicherungsträgers erfolgt.

Aufgaben

Nr.	Feld	Erklärungen
⑦	aut idem	Durch das Ankreuzen dieses Feldes schließt der Vertragsarzt ausdrücklich die Substitution aus. Das heißt, der Vertragsarzt schließt die Auswahl unter wirkstoffgleichen Arzneimitteln aus und der Apotheker gibt exakt das verordnete Arzneimittel heraus.
⑧	Unfalltag	Hier muss der Unfalltag des Arbeitsunfalls eingetragen werden.
⑨	Unfallbetrieb o. Arbeitgeber-Nr.	Hier muss der Unfallbetrieb oder die Arbeitgeber-Nummer bei einem Arbeitsunfall angegeben werden.
⑩	BVG	Dieses Feld wird angekreuzt, wenn Verordnungen für Anspruchsberechtigte nach Bundesversorgungsgesetz (BVG) oder Bundesentschädigungsgesetz (BEG) erfolgen.
⑪	Hilfsmittel	Dieses Feld muss angekreuzt werden, wenn Hilfsmittel verordnet werden.
⑫	Impfstoff	Dieses Feld muss angekreuzt werden, wenn Impfstoffe verordnet werden.
⑬	Sprechstundenbedarf	Dieses Feld muss angekreuzt werden, wenn Verordnungen im Rahmen des Sprechstundenbedarfs erfolgen.
⑭	Begr. Pflicht	Dieses Feld ist zurzeit nicht besetzt und muss nicht angekreuzt werden.

Die Apotheke trägt das Abgabedatum der Verordnung im entsprechenden Feld ein.

4. Welche Felder auf dem Rezept müssen angekreuzt bzw. ausgefüllt werden.

Fall	Nummer des Feldes												
	1	2	3	4	5	6	7	8	9	10	11	12	13
a) Dem 13-jährigen AOK-Patienten wird am Sonntag im organisierten Notdienst ein fiebersenkendes Medikament verordnet, mit der Einnahme soll noch heute begonnen werden. Eine Substitution durch den Apotheker wird ausgeschlossen.													
b) Dem 35-jährigen DAK-Patienten wird ein Schmerzmedikament und eine Salbe verordnet. Er ist auf dem Weg zu einem Fußballturnier von einem Fahrradfahrer angefahren und verletzt worden.													
c) Der 19-jährigen Medizinischen Fachangestellten wird ein Schmerzmittel verordnet. Sie ist beim Einräumen der gelieferten Ware von der Trittleiter gefallen.													
d) Die 25-jährige IKK-Patientin erhält ein Medikament gegen Schwangerschaftserbrechen.													
e) Der 20-jährige Zivildienstleistende erhält ein Antibiotikum. Eine Substitution durch den Apotheker wird ausgeschlossen.													
f) Dem 5-jährigen BEK-Patienten wird ein Inhalationsgerät verordnet.													

Aufgaben

5. Füllen Sie anhand der Angaben ein Arzneiverordnungsblatt aus: Juliane Gruber, geb. am 14.09.1980, wohnhaft Am Teich 2 in 88131 Lindau, familienversichert bei der AOK Niedersachsen [17101] über Norbert Gruber, geb. am 10.10.1979, erhält heute um 17:00 Uhr Ibuprofen AL 400 Tabletten N1. Da die Patientin starke Beschwerden hat, soll sie noch heute mit der Einnahme der Tabletten beginnen. Eine Substitution wird ausgeschlossen.
6. Füllen Sie anhand der Angaben ein Arzneiverordnungsblatt aus: Manfred Gerber, geb. am 16.02.1980, wohnhaft Hauptstraße 5 in 88131 Lindau, selbst versichert bei der Techniker Krankenkasse [74605] erhält eine Verordnung über Gastrosil Tbl. N1.

7.2 Heilmittelverordnung (Muster 13 und 18)

Situation

In der Berufsschule geht es um die Verordnung von Heilmitteln. Katrin meldet sich: „Die Unterschiede zwischen Arzneimitteln, Verbandmaterialien und Hilfsmitteln sind mir klar. Aber meine Mutter hat gestern wegen ihrer Rückenschmerzen Krankengymnastik verschrieben bekommen. Wozu gehört die? Die passt ja irgendwie in keine Gruppe."

Einteilung der Heilmittel

Bei den Heilmitteln werden die physikalische Therapie/podologische Therapie, die Stimm-, Sprech- und Sprachtherapie und die Ergotherapie unterschieden. Diese Unterscheidung ist wichtig, da für alle drei Bereiche unterschiedliche Vordrucke verwendet werden müssen. Zur physikalischen Therapie zählen z. B. die Massage-, Bewegungs-, Elektro-, Inhalations- und Thermotherapie. Die Maßnahmen der Stimm-, Sprech- und Sprachtherapie dienen u. a. dazu, die Kommunikationsfähigkeit, die Stimmgebung oder das Sprechen wiederherzustellen, zu verbessern oder eine Verschlimmerung zu vermeiden. Die Ergotherapie dient der Wiederherstellung, Entwicklung, Verbesserung, Erhaltung oder dem Ausgleich motorischer, sensorischer, psychischer und kognitiver Funktionen und Fähigkeiten, die krankheitsbedingt gestört sind. Heilmittel unterliegen im Gegensatz zu den Hilfsmitteln der Budgetierung.

Aufgabe

1. Erklären Sie, warum die Krankengymnastik in keine der anderen Kategorien passt.
2. Nennen Sie weitere Verordnungen, die durch eine qualifizierte Person erbracht werden.
3. Leiten Sie aus Ihrem Ergebnis eine Definition der Kategorie „Heilmittel" ab und notieren Sie diese.
4. Nennen Sie die drei Bereiche, in die sich die Heilmittel unterteilen lassen, und die Vordrucke, die jeweils verwendet werden müssen.

Heilmittelrichtlinien

Seit dem 01.07.2001 gibt es neue Heilmittelrichtlinien, welche die Verordnung von Heilmitteln präzisieren und erleichtern sollen. In den Richtlinien ist geregelt, bei welcher Indikation welche Heilmittel in welchen Mengen grundsätzlich verordnet werden können.
Neu sind die Heilmittelkataloge, die dem zweiten Teil der Heilmittelrichtlinien entsprechen. Bei diesen Katalogen handelt es sich um leitlinienähnliche tabellarische Verzeichnisse, die von der Diagnose über die Funktionsstörung zum Therapievorschlag führen.

Aufgabe

Was regeln die Heilmittelrichtlinien und wie nennt man das leitlinienähnliche tabellarische Verzeichnis dieser Richtlinien?

Erläuterungen zum Heilmittelkatalog

Neue Begriffe bei der Verordnung von Heilmitteln sind „vorrangiges", „optionales", „ergänzendes" Heilmittel sowie „standardisierte Heilmittelkombination". Außerdem wird differenziert zwischen der „Regelverordnung" und „Verordnung außerhalb des Regelfalls".

Regelfall

Eine Verordnung nach den Vorgaben der Kataloge wird als Regelfall bezeichnet. Der Regelfall bleibt auch dann erhalten, wenn sich im Verlauf einer Behandlung die Leitsymptomatik und damit auch das verordnete Heilmittel ändert, zum Beispiel bei einer Folgeverordnung. Bei gleichbleibender Diagnose ergibt sich daraus kein neuer Regelfall. Tritt allerdings nach einer behandlungsfreien Zeit von mehr als sechs Wochen bei Verordnungen der physikalischen Therapie ein Recidiv auf, so ist dies ein neuer Regelfall. Bei der Verordnung von Ergotherapie und Stimm-, Sprech- und Sprachtherapie beträgt das behandlungsfreie Intervall mehr als 12 Wochen. Der neue Regelfall beginnt dann wieder mit einer Erstverordnung. Nach einer Erstverordnung gilt jede Verordnung zur Behandlung derselben Diagnose als Folgeverordnung. Beginnt ein neuer Regelfall (s. o.), ist wieder mit einer Erstverordnung zu beginnen.
Sind mehr Verordnungen erforderlich als der Katalog bei dieser Indikation vorgibt, erfolgt eine Verordnung außerhalb des Regelfalls. Eine Verordnung außerhalb des Regelfalls (also nicht auf Grundlage des Heilmittelkataloges) muss vor Beginn der Behandlung durch die Krankenkasse genehmigt werden. Verzichtet die Krankenkasse auf die vorherige Genehmigung, hat sie darüber die Kassenärztlichen Vereinigungen schriftlich informiert. Die KV gibt dann ihrerseits die Information an die Arztpraxen weiter. Die neuen Richtlinien sehen vier Verordnungsmöglichkeiten vor, die durch die Buchstaben A, B, C und D unterschieden werden.

A: Vorrangiges Heilmittel

Dies ist das Heilmittel, das am ehesten bzw. am häufigsten verordnet wird (Heilmittel der 1. Wahl).

B: Optionales Heilmittel

Mit diesem Buchstaben werden die Alternativen gekennzeichnet. Diese sind dann anzuwenden, wenn die Verordnung des vorrangigen Heilmittels aus in der Person des Patienten liegenden Gründen nicht möglich ist. Beispiel: Wegen einer Hauterkrankung kann die klassische Massagetherapie nicht angewendet werden oder es steht kein Therapeut zur Verfügung, der das vorrangige Heilmittel am Wohnort anbieten kann (Heilmittel der 2. Wahl).

C: Ergänzende Heilmittel

Diese Heilmittel sind als mögliche Ergänzung zu einem vorrangigen oder optionalen Heilmittel vorgesehen und nicht ohne diese verordnungsfähig.

D: Standardisierte Heilmittelkombinationen

Diese Heilmittelkombinationen stellen eine physiotherapeutische Intensivbehandlung dar. Ihre Verordnung ist an (vier) Voraussetzungen geknüpft.

Verordnungsmenge je Diagnose, weitere Hinweise

Die letzte Spalte der Tabellen des Heilmittelkataloges gibt Auskunft über Verordnungsmenge und Verordnungsfrequenz sowie über das Therapieziel. Wenn die vorgegebenen Verordnungen nicht ausreichen, ist auf dem Verordnungsblatt die Rubrik „Verord. außerhalb d. Regelfalles" anzukreuzen. Eine solche Verordnung muss von einigen Krankenkassen genehmigt werden. Verlangt wird in diesem Fall eine kurze Begründung, für die auf dem Verordnungsblatt Platz gelassen wurde. Die Befundberichte der Therapeuten dürfen zur Begründung nicht beigelegt werden. Denn diese Berichte unterliegen der ärztlichen Schweigepflicht und dürfen nur auf Anfrage (Muster 11) und nur im verschlossenen Umschlag als vertrauliche Arztsache an den Medizinischen Dienst der Krankenkassen weitergegeben werden. Alternativ kann der Patient selbst diese Information an die Krankenkasse weitergeben.

Aufgaben

1. Mit welchen Farben sind die unterschiedlichen Gruppen der Heilmittel gekennzeichnet? Nutzen Sie dazu den Auszug des HMK in diesem Buch (S. 423)
2. Erklären Sie, was unter einer Verordnung im Regelfall gemeint ist.
3. Wann kann es zu einer Verordnung außerhalb des Regelfalls kommen und was muss dabei beachtet werden?

Die Formulare

Bei den Verordnungsmustern handelt es sich um ein zweiseitiges Formular. Auf der Vorderseite werden neben den Personalien des Patienten Angaben zur Verordnung des Heilmittels gemacht und ggf. wird die Begründung für eine Verordnung außerhalb des Regelfalls angegeben. Das Feld „EWR/CH" muss bei Patienten aus dem **e**uropäischen **W**irtschafts**r**aum oder der **Sch**weiz angekreuzt werden, die in diesen Ländern krankenversichert sind.
Auf der Rückseite genehmigt die Krankenkasse die Verordnung außerhalb des Regelfalls. Der Versicherte bestätigt dort unter Angabe der Behandlungsdaten und des Heilmittels mit seiner Unterschrift, dass er die Behandlung erhalten hat. Bricht der Patient die Behandlung ab, muss dies vom Heilmittelerbringer dokumentiert werden. Änderungen des verordneten Heilmittels müssen nach Rücksprache mit dem verordnenden Arzt ebenfalls durch den Heilmittelerbringer auf der Rückseite vermerkt werden.

Feld		Erläuterungen
Verordnung nach Maßgabe des Katalogs (Regelfall)	Erstverordnung	erstmalige Verordnung, beachte die behandlungsfreien Intervalle
	Folgeverordnung	weitere Verordnung, beachte eingeschränkte Möglichkeit von Folgeverordnungen lt. HMK
Gruppentherapie		Wenn die Verordnung nicht als Einzeltherapie durchgeführt werden muss, ist dies durch Ankreuzen zu dokumentieren.
Verordnung außerhalb des Regelfalls		Handelt es sich um eine Verordnung außerhalb des Regelfalls, ist dies hier durch ein Kreuz zu kennzeichnen. In diesen Fällen ist die Genehmigungspflicht der Krankenkasse (s. Rückseite des Vordrucks) zu beachten.
Behandlungsbeginn spätestens am		Dieses Feld ist nur auszufüllen, wenn die Behandlung nicht innerhalb von 10 Tagen (Muster 13) bzw. von 14 Tagen (Muster 18 und 14) nach Ausstellung der Verordnung erfolgen kann.
Hausbesuch		Hier ist durch Ankreuzen anzugeben, ob die Verordnung beim Heilmittelerbringer oder beim Patienten erfolgen muss.

Feld	Erläuterungen
Therapiebericht	Hier ist durch Ankreuzen anzugeben, ob der Heilmittelerbringer einen Therapiebericht an den verordnenden Arzt geben soll.
Indikationsschlüssel	Angabe des Verordnungsschlüssels lt. HMK, s. Indikation des Heilmittelkataloges

Aufgaben

1. Notieren Sie, welche Funktionen die Rückseiten der Verordnungen erfüllen.
2. Füllen Sie mithilfe des Auszuges des Heilmittelkataloges (s. Seite 423) und den folgenden Angaben eine Heilmittelverordnung (Muster 13) aus.
   Die Patientin Gerdes, Hilda, geb. am 14.05.1960, wohnhaft Nordweg 15 in 88131 Lindau ist unter der Versicherten-Nr. 5893671 selbstversichert bei der Betriebskrankenkasse Volkswagenwerk [07423]. Frau Dr. Gropp diagnostiziert akute Blockierungen der HWS mit segmentalen Schmerzen. Durch die Verordnung soll eine Schmerzreduktion durch Verringern der Gelenkfunktionsstörung erzielt werden.
   a) Welche vorrangigen Heilmittel kann Frau Dr. Gropp der Patientin verordnen?
   b) Besteht die Möglichkeit, optionale und ergänzende Heilmittel zu verordnen? Wenn ja, nennen Sie diese.
   c) Wie viele Heilmittel kann Frau Dr. Gropp verordnen und welche Frequenzempfehlungen gibt der Katalog?
   d) Frau Dr. Schmitz verordnet das erste vorrangige Heilmittel, das durch Wärmetherapie ergänzt werden soll, in der maximalen Verodnungsmenge zweimal wöchentlich. Notieren Sie die Verordnungen auf dem Vordruck.
   e) Wären weitere Verordnungen laut Heilmittelkatalog möglich?

Auszug aus dem Heilmittelkatalog[1]

1. Erkrankungen der Stütz- und Bewegungsorgane

Indikation		Ziel der physikalischen Therapie	Heilmittelverordnung im Regelfall	
Diagnosegruppen	Leitsymptomatik: Schädigung, Funktionsstörung		A: vorrangige Heilmittel B: optionale Heilmittel C: ergänzende Heilmittel D: standardisierte Heilmittelkombination	Verordnungsmenge je Diagnose weitere Hinweise
WS 1 Wirbelsäulenerkrankungen mit prognostisch kurzzeitigem Behandlungsbedarf z. B. ▪ Discopathien ▪ Myotendopathien ▪ Blockierungen ▪ Osteochondrosen ▪ Spondyl- oder Uncovertebralarthose ▪ reflektorische Störungen ▪ Osteoporose ▪ Skoliosen/Kyphosen ▪ behandlungsbedürftige Haltungsstörungen (obligat positiver Mathiaß-Test) ▪ statische Störungen	**a** Funktionsstörungen/Schmerzen durch Gelenkfunktionsstörung, Gelenkblockierung (auch ISG oder Kopfgelenke)	Funktionsverbesserung, Schmerzreduktion durch Verringern o. Beseitigen der Gelenkfunktionsstörung	A KG/manuelle Therapie C Traktion/Wärme-/Kältetherapie	Erst-VO: 6x/VO Gesamtverordnungsmenge des Regelfalls: bis zu 6 Einheiten Frequenzempfehlung: mindestens 2 x wöchentlich Ziel: Erlernen eines Eigenübungsprogramms
	b Funktionsstörungen/Schmerzen durch Fehl- oder Überlastung discoligamentärer Strukturen	Funktionsverbesserung, Verringerung, Beseitigung der Fehl- oder Überlastung discoligamentärer Strukturen	A KG C Traktion	
	c Muskeldysbalance, -insuffizienz, -verkürzung	Wiederherstellung, Besserung der gestörten Muskelfunktion	A KG/KG-Gerät B Übungsbehandlung/Chirogymnastik	
	d segmentale Bewegungsstörungen	Wiederherstellung, Besserung der gestörten Beweglichkeit	A KG/manuelle Therapie B Übungsbehandlung/Chirogymnastik C Wärme-/Kältetherapie	
	e Schmerzen/Funktionsstörungen durch Muskelspannungsstörungen, Verkürzung elastischer und kontraktiler Strukturen, Gewebequellungen, -verhärtungen, -verklebungen	Regulierung der schmerzhaften Muskelspannung, der Durchblutung, des Stoffwechsels, Beseitigung der Gewebequellungen, -verhärtungen, -verklebungen	A KMT B UWM/SM/PM/BGM C Elektrotherapie/Wärmetherapie/Kältetherapie/hydroelektrische Bäder	

[1] *Quelle: IntelliMed GmbH, Ludwigsburg (Hrsg.): Heilmittelkatalog – Heilmittelrichtlinien, in Kraft getreten am 01.07.2004; http://www.heilmittelkatalog.de/physio/ws1.htm; abgerufen am 03.02.2009*

8 Kommunikation: Patientenorientierung

Situation

Die 78-jährige Anna Kretschmer betritt Frau Dr. Gropps Praxis. Frau Kretschmer ist leicht gehbehindert und kommt langsam auf die Rezeption zu. „Guten Tag, Frau Kretschmer", grüßt Maria Müller sie freundlich und nimmt Blickkontakt auf. „Guten Tag, junge Frau. Ich habe so furchtbare Rückenschmerzen", sagt Frau Kretschmer. „Sicher möchten Sie dies mit Frau Dr. Gropp besprechen", antwortet Maria Müller verständnisvoll, „heute Nachmittag um 17:30 Uhr hätte ich noch einen Termin für Sie frei." „So spät?! Da komme ich ja auf dem Rückweg in die Dunkelheit!" Frau Kretschmer klingt nicht begeistert. „Wenn Ihnen dieser Termin nicht zusagt, müssten Sie eine Wartezeit von ca. einer Stunde in Kauf nehmen, dann hat Frau Dr. Gropp Zeit für Sie", bietet Maria Müller verständnisvoll an. „Ja, dann muss ich wohl warten", antwortet die Patientin. „Kommen Sie, ich führe Sie in unser Wartezimmer", sagt Maria und nimmt den Arm der alten Frau.

8.1 Der Umgang mit Patienten

Kundenorientierung in Arztpraxen wird als „Patientenorientierung" bezeichnet. Heute ist Patientenorientierung nicht nur eine Frage der Praxisphilosophie und des Praxismarketings, sondern auch eine formalisierte Forderung in Qualitätsmanagementsystemen. Der Grad ihrer Erfüllung ist ein Qualitätsmerkmal beim Erbringen von Leistungen in der Praxis. Zugleich entspricht die Praxis mit patientenorientierter Ausrichtung in den Feldern Kommunikation, Koordination und Kooperation vor allem den Bedürfnissen der Patienten. In der Folge führt dies zur größeren Patientenzufriedenheit, was wiederum positiv auf die Praxis selbst zurückwirkt. Patientenorientierung lässt sich definieren als

„ ... die geistige Einstellung von Mitarbeitern, die Ausrichtung auf das Befinden, die Bedürfnisse und die Erwartungen des Patienten durch Wahrnehmung, Einschätzung, Bewertung und Beachtung seines Zustandes. Das daraus abgeleitete Verhalten und Handeln ist auf den Patienten als Individuum in seiner Situation gerichtet und als solches von ihm erkennbar. Hierfür setzen die Handelnden ihre berufliche sowie soziale Kompetenz, Empathie und Erfahrung ein. Sie verbinden bei der Interaktion und Kommunikation mit dem Patienten Sachebene und Beziehungsebene. Ihrem Handeln liegt eine auf den ganzen Menschen/die ganze Person gerichtete Haltung zugrunde, die die Integrität und Würde des Einzelnen ohne Einschränkung wahrt. Gleichberechtigte Kommunikation und Interaktion mit dem Patienten sind Grundbedingung für Orientierung am Patienten. Patientenorientierung bedeutet die Ausrichtung der gesamten Organisation auf die Erfordernisse des Patienten."

Quelle: Bleses, Helma: Patientenorientierung als Qualitätsmerkmal. Dissertation, Berlin, 2004, S. 28; http://edoc.hu-berlin.de/dissertationen/bleses-helma-2005-01-24/PDF/Bleses.pdf; abgerufen am 16.03.2009

Aufgrund ihrer individuellen Wahrnehmung bewerten Menschen fortlaufend die Kommunikation, und damit auch das Verhalten anderer – ebenso wie auch andere Handlungen und Ereignisse von ihnen bewertet werden. Menschen schaffen sich ihre subjektive Wirklichkeit, die nur sie selbst beurteilen können. So spiegeln Aussagen von Patienten über die von ihnen wahrgenommene und bewertete Wirklichkeit in einer Arztpraxis nicht nur objektivierbare Tatsachen wider. Vielmehr geben solche Aussagen vor allem die subjektiv erlebte Art und Qualität der Interaktion zwischen ihnen und ihren Kontaktpersonen in der Praxis wieder.
Für Patienten sind demnach zunächst weniger die fachlichen Kompetenzen der Praxismitarbeitenden von entscheidender Bedeutung, sondern die professionelle Haltung der Teammitglieder. Diese **Professionalität** ist der Patient in der Lage zu beurteilen. Hierfür bedient er sich u. a. seiner eigenen Emotionalität, seines eigenen Wertsystems und bereits gemachter Erfahrungen.

„Zu einer professionellen Haltung gehört, dass Mitarbeiter dem Patienten ... unter Beachtung seiner Identität und Integrität, seiner persönlichen Lebensbiographie und Sozialisation, seiner spezifischen Lebensumwelt und seines Kulturkreises respektvoll begegnen. Dazu gehört auch, dass Mitarbeiter die körperlichen, psychischen, sozialen Bedürfnisse, Gefühle, Ziele, Erwartungen des Patienten sowie seine Erfahrungen im Bezug auf die Erkrankung erkennen, sach- und fachgerecht einschätzen und bei ihren Dienstleistungen berücksichtigen."

Quelle: Bleses, Helma: Patientenorientierung als Qualitätsmerkmal. Dissertation, Berlin, 2004, S. 29; http://edoc.hu-berlin.de/dissertationen/bleses-helma-2005-01-24/PDF/Bleses.pdf; abgerufen am 16.03.2009

Zu bedenken ist weiterhin, dass Patienten in der Regel nicht aus freien Stücken in eine Arztpraxis kommen. Sie müssen vielmehr kommen, damit ihnen bei gesundheitlichen Problemen geholfen wird. Die Kommunikation zwischen Praxisteam und Patienten wird dabei immer ungleich sein und als solche auch von Patienten erlebt werden. Patienten müssen sich öffnen und viel von sich preisgeben, Teammitglieder hingegen nicht. Daraus entsteht eine Ungleichheit, aufgrund derer es manchen Patienten umso schwerer fällt, ausreichend viele Informationen über sich zu geben. Für Diagnostik und Therapie ist es aber wichtig, dass Patienten von sich sprechen, Entwicklungen in ihrer Gesundheit schildern, von ihren gesundheitlichen Problemen erzählen und Fragen stellen.

Hierfür muss der Patient die Gelegenheit bekommen und gleichzeitig dazu ermuntert werden, sich zu öffnen und Vertrauen zu fassen. Die Art und Weise, wie mit ihm in der Praxis verfahren wird und die patientenorientierte Kommunikation sind dabei entscheidend. Der sogenannte „Umgang" ist das, was der Patient in einer Arztpraxis wirklich beurteilen kann. Dieser „Umgang" ist für Patienten von zentraler Bedeutung – das gesamte Praxisteam muss daher um eine patientenorientierte Kommunikation bemüht sein.

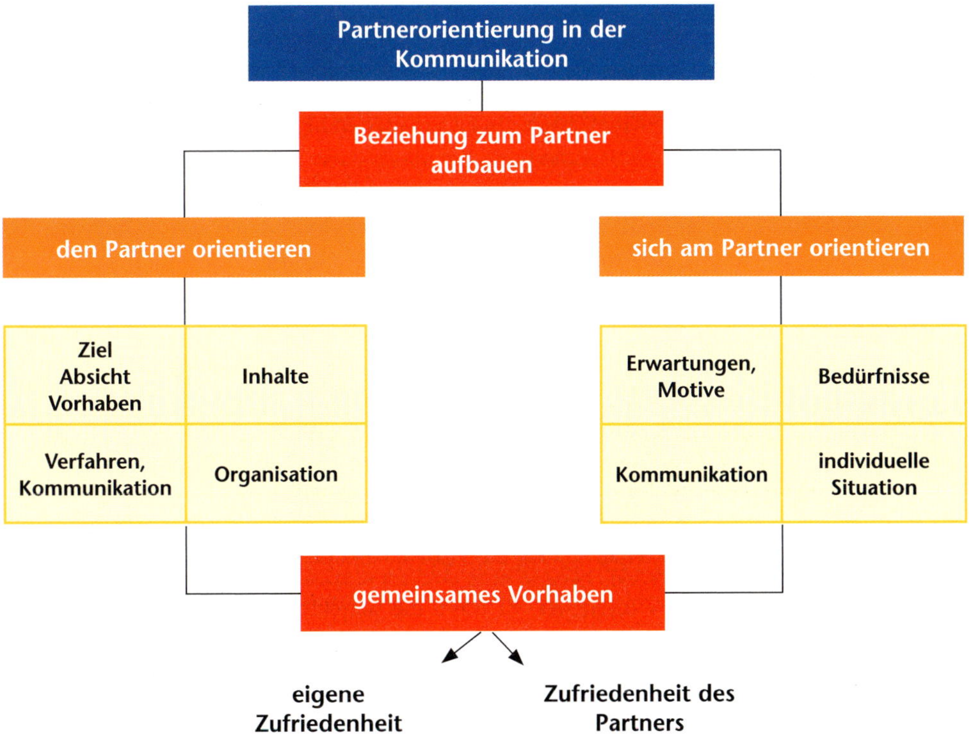

8.2 Merkmale patientenorientierter Informationsvermittlung

Für die patientenorientierte Vermittlung von Informationen gelten grundsätzlich dieselben Merkmale wie in Lehr- und Lernsituationen. Dies trifft umso mehr zu, je komplizierter die Informationen sind und je größer ihre Menge ist. Besonders wichtig wird es, wenn der Patient mitarbeiten muss bzw. wenn der Patient seine Gewohnheiten, und damit sein Verhalten verändern soll (z. B. in der Prävention, in der Ernährungsberatung).

Merkmale patientenorientierter Informationsvermittlung (Ablauf):

- Stellen Sie sich – falls notwendig – kurz vor (Name und Funktion). Dies dient der Gesprächseinstimmung und der Orientierung des Patienten.
- Geben Sie einen kurzen Überblick über das, was Sie besprechen wollen, bevor Sie mit dem Patienten Details durchgehen. Der Vorteil ist: Das Gehirn des Patienten kann nach Speicherplätzen suchen und die folgenden Detailinformationen besser aufnehmen.
- Sprechen Sie die Sprache Ihres Patienten. Passen Sie Ihre Sprache in Wortwahl und Satzbau dem jeweiligen Patienten an. Der Patient versteht Sie so besser.
- Passen Sie sich dem Vorwissen des Patienten an. So kann der Patient Neues schon Bekanntem zuordnen, es passend verarbeiten und in der Folge besser behalten.
- Gliedern Sie für den Patienten umfassende bzw. komplizierte Informationen, und geben Sie ihm die Informationen in kleinen „Häppchen". Patienten können auf diese Weise inhaltlich besser folgen.
- Folgen Sie dabei dem Prinzip „Von leicht nach schwieriger". Dieses Vorgehen ermuntert/motiviert den Patienten, auch den nächsten inhaltlichen Schritt mitzugehen. Der Patient fühlt sich nicht unterlegen, weil er sofort etwas nicht versteht.
- Sind Informationen für den Patienten kompliziert und schwer verständlich, verwenden Sie zusätzlich Metaphern (Vergleiche) und konkrete Bilder, Grafiken, Skizzen oder auch Modelle. Orientieren Sie diese Hilfen – so weit möglich – an der realen Erlebniswelt des Patienten. Lassen Sie nach Möglichkeit die Informationen über mehrere Kanäle (u. a. Hören und Sehen; weitere sind: Fühlen, Riechen, Schmecken) ihren Weg ins Gehirn des Patienten finden; sie werden auf diese Weise dort dauerhafter gespeichert.
- Zeigen Sie dem Patienten auf, warum Sie ihn informieren und warum was für ihn wichtig ist. Transparenz lässt den Patienten eher zuhören und Neugierde weckt sein Interesse.
- Versuchen Sie, beim Patienten ggf. vorhandene Ängste abzubauen. Mittel hierfür sind: Zu- und Hinwendung, Verständlichkeit und Mitfühlen (Empathie). Positive Gefühle sind die beste Voraussetzung für dauerhafte Speicherungen im Gehirn und das erfolgreiche spätere Abrufen von Informationen.
- Klären Sie mit dem Patienten die Verständlichkeit von wichtigen Informationen. Bitten Sie ihn ggf. hierzu, das widerzugeben, was er bis dahin verstanden hat. Änderungen können durch Sie leichter vorgenommen werden, solange der Patient noch in der Phase des Speicherns ist. Geben Sie nach Möglichkeit positive Verstärker, wenn der Patient richtig verstanden hat. („Genau", „Gut, das haben Sie richtig verstanden".)
- Lassen Sie Fragen des Patienten nicht nur zu, sondern ermuntern Sie ihn, Fragen zu stellen.
- Wichtiges fassen Sie zusammen, wiederholen bzw. verorten es in den Zusammenhang (anfangs gegebener inhaltlicher Überblick). Schaltungen zwischen Gehirnzellen müssen häufiger gelegt werden, damit sie dauerhaft werden.

8.3 Beispiele patientenorientierter Kommunikation

Die folgenden Beispiele zeigen, wie Medizinische Fachangestellte auf die Bedürfnisse von Patienten eingehen können.

Beispiel 1

Ausgangssituation:
Herr Jakob Lingen, 42 Jahre alt, Familienvater, berufstätig, will in den Skiurlaub fahren. Seine Hausärztin, Frau Dr. Schmitz, hat bei ihm soeben einen Kreuzbandanriss diagnostiziert und empfohlen, den Urlaub anzutreten und vorsichtig Ski zu fahren.
Herr Lingen kommt aus dem Behandlungszimmer an den Empfang. Dort wartet er, bis er von der Medizinischen Fachangestellten, Frau Ingeborg Sterzik, angesprochen wird.

Gesprächsablauf:
Ingeborg Sterzik: *„Herr Lingen, was kann ich für Sie tun?"*
Jakob Lingen: Sieht etwas unsicher aus (Mimik, Blickkontakt, Gestik) und sagt *„Ja, also, äh ... Frau Dr. Schmitz hat mir gesagt, ich soll ruhig wie geplant in den Skiurlaub fahren, ich soll nur etwas vorsichtig beim Skifahren sein."*
Jakob Lingen: Schweigt
Ingeborg Sterzik: Sieht Herrn Lingen aufmerksam an und spiegelt ihm seine Äußerung in neutralem Ton: *„Also, Sie sollen vorsichtig beim Skifahren sein?"*
Jakob Lingen: *„Ja. Aber ich bin mir nicht so ganz sicher, ob das so richtig ist. Nicht dass mir nachher im Urlaub etwas passiert."*
Ingeborg Sterzik: Schaut Herrn Lingen aufmerksam an, nickt, zeigt Verständnis und beginnt, Herrn Lingen zu Entscheidungen zu führen *„Das kann ich gut verstehen, Herr Lingen. Möchten Sie denn noch einmal zur Ärztin rein?"*
Jakob Lingen: Schweigt und schüttelt den Kopf.
Ingeborg Sterzik: *„Oder möchten Sie lieber eine Überweisung zum Facharzt haben, sodass der sich Ihr Knie auch anschaut?"*
Jakob Lingen: Nickt und sagt etwas zögerlich: *„Ich glaube, das ist eine gute Idee. Nur, mein Urlaub fängt ja schon in zehn Tagen an, und wir haben gebucht."*
Ingeborg Sterzik: Lächelt und erwidert *„Wir arbeiten mit der orthopädischen Praxis von Frau Dr. Gropp hier im Praxiszentrum zusammen. Wenn Sie möchten, rufe ich dort gleich an und versuche, einen kurzfristigen Termin für Sie zu bekommen. Natürlich können Sie auch zu jeder anderen orthopädischen Praxis Ihrer Wahl gehen."*
Jakob Lingen: *„Wenn das geht? Das wäre prima, wenn Sie bei dieser Orthopädin, mit der Sie zusammenarbeiten, für mich einen Termin vereinbaren könnten!"*
Ingeborg Sterzik: *„Gut, dann warten Sie bitte hier, Herr Lingen. Ich rufe in der Praxis Dr. Gropp gleich an. Anschließend stelle ich Ihnen noch die Überweisung aus, die Sie dann bitte mitnehmen."*

Beispiel 2

Ausgangssituation:
Frau Susanne Jost, 25 Jahre alt, berufstätig, Tochter drei Jahre alt, seit mehreren Jahren Patientin in der Praxis.
Als Frau Jost in die Praxis kam, hatte sie auf die Medizinische Fachangestellte, Frau Ingeborg Sterzik, einen angespannten Eindruck gemacht. Sie hat nun im Gespräch mit dem Arzt die Nachricht erhalten, dass sie wieder schwanger ist.
Dr. Meierhoff kommt mit Frau Jost aus dem Behandlungszimmer zum Empfang und bittet Frau Sterzik, der Patientin Blut für eine große Laboruntersuchung abzunehmen. Anschließend verabschiedet sich der Arzt von der Patientin freundlich und wünscht ihr alles Gute. Frau Jost wirkt entspannt und lächelt still.

Gesprächsablauf:
Ingeborg Sterzik: *„Frau Jost, kommen Sie bitte mit ins Labor."*
Ingeborg Sterzik: geht vor zum Labor, die Patientin folgt. Die MFA öffnet die Tür und betritt den Raum, hält der Patientin die Tür auf und lässt sie eintreten, schließt danach die Tür.
Ingeborg Sterzik: *„Bitte machen Sie den rechten Arm frei, Frau Jost, und nehmen Sie auf dem Stuhl hier Platz."* Die MFA schaut währenddessen die Patientin an und macht eine Zeigegestik zum Stuhl.
Ingeborg Sterzik: bereitet alles Notwendige zur Blutentnahme vor. Währenddessen vergewissert sie sich mittels zweier Blickkontakte, was die Patientin tut. Diese wirkt weiterhin entspannt und lächelt.
Ingeborg Sterzik: vermittelt der Patientin ihren Eindruck, während sie sich ihr zuwendet und am Arm zu manipulieren beginnt: „Sie wirken so entspannt und gut gelaunt auf mich."
Susanne Jost: *„Ja, mir geht es jetzt auch sehr gut. Ich habe gerade erfahren, dass ich wieder schwanger bin. Und ich freue mich ja so."*
Ingeborg Sterzik: *„Herzlichen Glückwunsch; Frau Jost! Das freut mich für Sie."*
Susanne Jost: *„Danke. Ach, ich muss nachher gleich meinen Mann anrufen. Na, und meine Tochter wird sich bestimmt auch freuen, wenn ich ihr erzähle, dass sie in ein paar Monaten ein Geschwisterchen bekommen wird."*
Ingeborg Sterzik: *„Das ist ja auch eine freudige Nachricht. Einfach toll!"*
Nach einer kurzen Pause: *„So, ich bin mit der Blutentnahme auch gleich fertig. Nun vereinbaren wir noch einen neuen Termin, zu dem Sie bitte wieder kommen. Dr. Meierhoff wird mit Ihnen dann die Ergebnisse besprechen."*

Beispiel 3

Ausgangssituation:
Frau Inga Baumann, 75 Jahre alt, beginnende Demenz (Leitsymptom aller Demenz-Erkrankungen ist die Störung des Gedächtnisses, vor allem des Kurzzeitgedächtnisses), lebt mit ihrem 76 Jahre alten Mann zusammen, seit vielen Jahren Patientin in der Praxis.
Frau Dr. Schmitz hat der Patientin zwei Medikamente verschrieben und ihr dafür ein Rezept gegeben; sie begleitet die Patientin aus dem Behandlungszimmer zum Empfang und verabschiedet sich dort von ihr mit den Worten: „Dann sehen wir uns in vier Wochen wieder, Frau Bachmann. Und vergessen Sie nicht, Ihre Medikamente regelmäßig einzunehmen. Am besten lassen Sie sich von Frau Müller gleich einen neuen Termin geben. Auf Wiedersehen."

Gesprächsablauf:
Maria Müller (MFA): beobachtet, dass Frau Baumann einen etwas ratlosen Eindruck macht und sich in Richtung Labor in Bewegung setzt. Frau Müller geht um den Empfangstresen herum zur Patientin: *„Frau Baumann, bleiben Sie doch bitte bei mir."*
Inga Baumann: *„Ich will doch nur meinen Mantel holen. Was wollen Sie denn von mir?"* Frau Baumann schaut Frau Müller dabei etwas irritiert und leicht verärgert an.
Maria Müller: macht eine langsame, positive Zeigegestik in Richtung Empfang, lächelt der Patientin freundlich zu und spricht Sie mit warmer und etwas leiserer Stimme an: *„Bitte kommen Sie mit mir, Frau Baumann, ich möchte mit Ihnen einen neuen Termin vereinbaren."*
Inga Baumann: zögert und sagt *„Ich wollte nur meinen Mantel holen."*
Maria Müller: *„Ihren Mantel hole ich Ihnen gleich."* Währenddessen schaut Frau Müller die Patientin weiterhin freundlich an und zeigt mit einer ruhigen, offenen Geste zum Empfang und sagt *„Bitte kommen Sie mit."* Sie geht dann langsam vor.
Inga Baumann: folgt der MFA langsam
Maria Müller: nachdem beide am Empfang angekommen sind *„Für den neuen Termin, Frau Baumann, ist Ihnen Montagmorgen in 14 Tagen wieder recht?"*
Inga Baumann: *„Montagmorgen in 14 Tagen. Ja."*

Maria Müller: *„Gut, Montagmorgen, 04. März, 09:00 Uhr, trage ich für Sie ein."*
Frau Müller schreibt der Patientin einen Terminzettel und händigt ihr diesen aus. Nachdem sie sich vergewissert hat, dass der Arzt Frau Baumann genau aufgeschrieben hat, wie viel sie von welchem Medikament wann nehmen soll, holt sie ihr ihren Mantel. Nachdem sie ihr in den Mantel geholfen hat und darauf geachtet hat, dass Rezept und Terminzettel eingesteckt worden sind, verabschiedet Frau Müller die Patientin freundlich.

Exkurs

Im Umgang mit dementen Menschen sind folgende Punkte/Hinweise generell wichtig:

- gefühlsorientierter Umgang,
- weitgehend auf Fragen verzichten, da das logische Denken, das eine Voraussetzung ist, um mit Fragen sinnvoll umgehen zu können, bei Dementen reduziert oder nicht mehr vorhanden ist, nicht korrigieren und belehren, denn die Wahrnehmungssicht der demenziell erkrankten Menschen ist für sie selbst die Richtige
- Wichtiges an den Satzanfang stellen,
- kurze Sätze bilden,
- in Übereinstimmung von verbaler und nonverbaler Sprache kommunizieren, da Körpersprache für Demente besonders wichtig ist,
- möglichst viel mit möglichst wenigen Worten sagen,
- Inhalte mit denselben Worten wiederholen, falls notwendig, denn derselbe Inhalt mit neuen Worten kann verwirren,
- alte/herkömmliche anstatt neue, moderne Worte verwenden,
- keinen Zeitdruck ausüben,
- über die Stimme beruhigend wirken – etwas leiser sprechen.

(vgl. Mück, Herbert: Kommunizieren bei leichter Demenz, 2006, S. 1–3.)

Aufgaben

1. Erläutern Sie die Prinzipien der professionellen Patientenorientierung.
2. Welches sind die Merkmale patientenorientierter Informationsvermittlung?
3. Worauf ist beim Umgang mit dementen Patienten zu achten?

Stichwortverzeichnis

G

H

Q

R

S

W

Z

Bildquellenverzeichnis

Wir danken für die freundliche Unterstützung durch Bereitstellung von Bildmaterial:

ADP e.V. Arbeitsgemeinschaft Dermatologische Prävention e.V., Büchen

Albis Ärzteservice Product GmbH & Co KG, Koblenz: S. 163 unten

Barmer Ersatzkasse, Wuppertal: S. 179

Bernhard-Nocht-Institut für Tropenmedizin, Dr. Barbara Ebert, Hamburg

Beurer GmbH & Co. KG, Ulm: S. 370

BilderBox Bildagentur GmbH, Thening (A): S. 157 oben, 227, 391 unten

Bildungsverlag EINS GmbH, Troisdorf: S. 126 oben (8x)

BODE Chemie GmbH & Co. KG, Hamburg: S. 297 links

Bort Medical GmbH, Weinstadt-Benzach: S. 389 rechts, 390

Brüller, Hans, Mönkeberg: S. 126 unten (3x)

BSN medical GmbH, Hamburg: S. 388 unten Mitte, 389 links

Bundesanzeiger Verlagsgesellschaft mbH, Köln: S. 197

Bundesministerium für Gesundheit, Berlin: S. 75, 79 oben und unten

Canon Deutschland GmbH, Krefeld: S. 159 oben links

Celectronic GmbH, Berlin: S. 158 unten rechts

CGC, Cramer-Gesundheits-Consulting GmbH, Eschborn: S. 368 links

Chiron Behring GmbH & Co. KG, Marburg

Co-med. GmbH & Co. KG, Cooperation medizinisch-technischer Fachgeschäfte, Linden: S. 300, 301, 385

Däubener, PD Dr. med. Walter, Heinrich-Heine-Universität, Institut für med. Mikrobiologie und Virologie, Düsseldorf: S. 314 unten, 329 rechts

Dell GmbH, Langen: S. 157 unten, 159 Mitte

Deutscher Ärzte-Verlag GmbH, Köln: S. 170

dpa-infografik GmbH, Hamburg: S. 69, 73, 75, 76, 81, 85, 90, 91, 97, 102, 173, 212, 282, 319, 324, 325

Emontzpohl, Peter, St. Augustin: S. 129

Esselte Leitz GmbH & Co KG, Stuttgart

Fotolia Deutschland, Berlin: S. 52 © Biscaya; 59 © Monkey Business; 135 © nyul; 251 © bilderbox; 254 © Tomasz Trojanowski; 367 © amridesign; 404 unten © Miriam Böttne; 409 © Elvira Gerecht; 415 oben Mitte © a. aperture; 415 unten Mitte © Thomas Teufel

Harnack, Prof. emer. Dr. Gustav-Adolf von (Hrsg.), Koletzko, Prof. Dr. med. Berthold (Hrsg.): Kinderheilkunde, Springer-Verlag, Berlin

Hewlett-Packard GmbH, Böblingen: S. 159 unten links

Hönle, Dr. K., Medizintechnik, Kaufering: S. 384 links

Hug, Dr. med. Jürgen, Günzburg: S. 373

Ilmtalklinik GmbH Pfaffenhofen, Pfaffenhofen a. d. Ilm: S. 383 unten rechts

Kur- und Kongress-GmbH, Bad Homburg v.d. Höhe

Lick, Prof. Dr. Rainer F.: Farbatlas der Chirurgie, F.K. Schattauer Verlagsgesellschaft mbH Stuttgart/New York 1979

Logitech GmbH, Gemering: S. 158 oben rechts und Mitte

MEV Verlag GmbH, Augsburg: S. 14, 23, 33, 55, 63, 106, 114, 130, 138, 143, 168, 175, 186, 192, 195, 198, 199 oben links, 199 unten rechts, 205, 220, 236, 240, 255, 258, 269 links, 368 rechts, 404 oben, 415 oben links, 415 oben rechts, 415 unten links, 415 unten rechts

MSD SHARP & DOHME GMBH, Haar: S. 360

Neubert, Dr. Rudolf, Tönisvorst, www.arthro-uerdingen.de: S. 362 rechts

Paul Albrechts Verlag, Lütjensee: S. 189, 199 oben rechts, 417

Pohl, Dr. med. Mark, Facharzt für Innere Medizin, Naturheilverfahren, Bad Neuenahr-Ahrweiler: S. 367 rechts

PREVENT, IAS, Institut für Arbeits- und Sozialhygiene Stiftung, Karlsruhe: S. 156

Project Photos GmbH & Co. KG, Augsburg: S. 18, 45, 61, 89, 199 unten links, 372, 410 oben

ProPatient AG, Berlin: S. 388 oben Mitte, 388 unten links und rechts

Rheumapraxis, Prof. Dr. Erika Gromnica-Ihle, Berlin, Privatarchiv: S. 363

richter & heß – VERPACKUNGS-SERVICE GmbH, Chemnitz: S. 303

Rote, Dr. Günter, Berlin: S. 359

Schreinerei Schüller, Daun-Waldkönigen: S. 135 oben

Sean Monks – Ärzte im Netz, www.kinderaerzte-im-netz.de, München: S. 319 rechts

Siemens AG, Bereich Medizin und Technik, Erlangen: S. 374 unten links und rechts, 376 links und rechts, 377, 379, 380

Speiko, Dr. Speier GmbH, Münster: S. 163 oben

Squire, Lucy Frank, M.D., Novelline, Robert, M.D.: Squires Fundamentals of Radiologie; Copyright by the President and Fellows of Harvard College, Harvard University Press, Cambridge 1988

Szaszi, Iris und Rudolf, Jever: S. 269 rechts, 271, 272

Terumo Europe N.V., Leuven (B): S. 410 unten

Teutotechnik – Med. Produktions- und Vertriebs-GmbH, Elke Mussenbrock, Bad Iburg

Universitäts-Krankenhaus Eppendorf, Haut- und Poliklinik, Hamburg: S. 314 oben, 319 links, 323 links und rechts

Verband Physikalische Therapie, VPT Verlag, Hamburg: S. 384 rechts

Wikipedia, Die freie Enzyklopädie, http://de.wikipedia.org: S. 317, 318, 321, 330

Yokochi, Chihiro, M.D., Rohen, Johannes W., M.D.: Photographic Anatomy of the Human Body, 2nd edition, Igaku-Shoin Ltd. Tokyo 1978

Zimmer Germany GmbH, Michaela Rau, Wiesbaden: S. 362 links

Zeichnungen:

Di Gaspare, Michele, Kerpen/Bildungsverlag EINS GmbH, Troisdorf: S. 15, 32, 121

Galas, Elisabeth, Köln/Bildungsverlag EINS GmbH, Troisdorf: S. 347, 374 oben, 378, 383 oben links und rechts, 383 unten links, 391 oben, 397 rechts, 408

Mair, Jörg, München/Bildungsverlag EINS GmbH, Troisdorf: S. 280, 284, 285, 286, 289, 306, 310, 316, 327, 329 oben links, 329 unten rechts, 337, 338 links und rechts, 339 links und rechts, 340 links und rechts, 342, 343 links und rechts, 344 links und rechts, 346 oben und unten, 348 oben und unten, 349 oben und unten, 351 links und rechts, 352, 353 oben und unten, 354, 355 oben, 355 unten links und rechts, 356, 357, 358, 364